U0742294

·品读国学经典 汲取无穷智慧·

|彩色详解|

资治通鉴

〔北宋〕司马光 撰

任思源 主编

团结出版社

图书在版编目（CIP）数据

彩色详解资治通鉴 /（北宋）司马光撰；任思源主编. -- 北京：团结出版社， 2017.6（2020.8 重印）
ISBN 978-7-5126-5222-4

Ⅰ. ①彩… Ⅱ. ①司… ②任… Ⅲ. ①中国历史—古代史—编年体 ②《资治通鉴》—注释 ③《资治通鉴》—译文 Ⅳ. ①K204.3

中国版本图书馆CIP数据核字（2017）第120254号

出　版： 团结出版社
（北京市东城区东皇城根南街 84 号　邮编：100006）
电　话：（010）65228880　65244790（传真）
网　址： www.tjpress.com
E-mail： zb65244790@vip.163.com
经　销： 全国新华书店
印　刷： 三河市南阳印刷有限公司

开　本： 155mm×220mm　16 开
印　张： 56 印张
字　数： 540 千字
版　次： 2017 年 7 月　第 1 版
印　次： 2020 年 8 月　第 2 次印刷

书　号： 978-7-5126-5222-4
定　价： 298.00 元（全四册）

前言

《资治通鉴》是中国第一部编年体通史，其内容上起周威烈王二十三年（公元前403年），下至后周显德六年（公元959年），囊括了十六朝，一千三百多年的史事，并按朝代分为十六纪。全书约300万字，以时间为纲，事件为目，内容涵盖了政治、军事、民族、经济、文化、人物评价等多个方面。其所取材料除了正史以外，还有不少稗官野史、百家谱录、正集、别集、墓志、碑碣、行状、别传……周密而完备。和司马光一同编写该书的刘攽、刘恕、范祖禹都是当时著名的历史学家，其中刘攽负责战国、两汉部分；刘恕负责三国、南北朝部分；范祖禹负责隋、唐、五代部分。他们对浩如烟海的资料进行辨析、选择，然后再交由司马光取舍要点、编辑定度，制成初稿。这样，在保证全书内容的丰富性和准确性的同时，又让彼此独立的材料系统化。

无论是在史学史，还是在文学史上，《资治通鉴》都占有举足轻重的地位，其和司马迁的《史记》并称“史学双璧”。宋元之交的史学家胡三省称它：“为人君而不知《通鉴》，则欲治而不知自治之源，恶乱而不知防乱之术。为人臣而不知《通鉴》，则上无以事君，下无以治民。为人子而不知《通鉴》，则谋身必至于辱先，作事不足以垂后。”近代思想家梁启超评价它：“司马温公《通鉴》，亦天地一大文也，其结构之宏伟，其取材之丰赡，使后世有欲著通史者，势不能据以为蓝本，而至今卒未能愈之者焉。温公亦伟人哉！”

一部伟大的史书不只可以帮助人们知悉过去，它就像一条深沉舒缓的大河，人们可以临河照影，把它当作了解自己的镜子，也可以以身涉河，如渔夫捕鱼一般，于其中攫取自己需要的东西，或许还会得到自己想都未曾想过的宝藏。而纵览它的奔流之貌，人们还能借它来推求未来。

当然，读完300余万字的鸿篇巨制，并不是一件容易事，既需要坚强的毅力，还需要大量的时间。因此本书精选了其中具代表性的、精彩的篇章，让人们能够以精达全、深入浅出地体悟整部《资治通鉴》的精神。由于在精选的同时，本书完好地保留了《资治通鉴》的通史体例，就确保了整部作品灵魂的完整性。

此外，阅读古代经典，语言文字是一大难关，古人的行文方式和今人有很大区别，再加上《资治通鉴》的语言虽然简繁得宜，飞扬生动，却并不通俗浅显，很多人对其望而却步。因此，本书在原文后面搭配了注释、译文，帮助读者理解，并对全书进行了精编精校，保证了原文、注释、译文的严谨性、准确性。

阅读既是获取知识、充盈思想、陶冶身心的过程，也是一种美妙的精神享受的过程。本书将原文、注释、译文、插图以及图注，有机地结合起来，层次清晰，赏心悦目，将阅读古代经典由一件枯燥耗神的事变成一种愉悦身心的美好体验。

目录

·周纪·

·秦纪·

·汉纪·

·魏 纪·

·晋 纪·

·宋 纪·

·齐 纪·

·梁 纪·

·陈纪·

·隋纪·

·唐纪·

·后梁纪·

·后唐纪·

·后晋纪·

·后汉纪·

·后周纪·

周纪

三家分晋

【导语】

“三家分晋”是指春秋末年，晋国被韩、赵、魏三家瓜分的事件，因此韩、赵、魏三国又被合称为“三晋”。

晋国在春秋时代曾是一个称霸的大国。到了春秋末年，周灵王十四年（公元前 558 年），晋国内一场长达数十年的公室与卿大夫争权的斗争，在晋悼公死后终于有了结果，晋国形成了韩、赵、魏、智、范、中行六卿专政的局面。六卿按照自己意志行事，晋国的奴隶制度也逐渐被瓦解，国君的作用日益减小。

晋平公十四年（公元前 544 年），吴国的延陵季子出使晋，

周威烈王姬午分封晋国大夫魏斯、赵籍、韩虔为诸侯国君。

同晋国的赵文子、韩宣子、魏献子晤谈后，做出了这样的预言："晋国之政，卒归此三家矣。"其实，此时晋国的执政者除韩、赵、魏之外，还有范、中行、智氏三家。

在与晋公室的斗争中，六卿为与晋君争夺人民，采取亩制改革，废除井田制，取消奴隶式的劳役剥削制度。周敬王七年（公元前 513 年），六卿在法律制度上进行了重大改革。铸刑鼎，公布范宣子的刑书，以体现新兴地主阶级的意志，动摇了奴隶主阶级的政治地位，并且损害了他们的经济利益，这预示了奴隶制国家的灭亡。

六卿势均力敌，相互约束，但心怀各异的六卿都在暗中准备扩张。周敬王二十三年（公元前 497 年），酝酿已久的六卿之间的兼并战争终于爆发了。赵、魏、韩、智联盟的一方，经过七八年的战争，终将范、中行二氏联盟的一方彻底消灭。周贞定王十六年（公元前 453 年），赵、魏、韩又联合将智氏消灭，逐渐形成了"三家分晋"的局面，成了与秦、齐、楚、燕一样的政治实体。从此，晋公室成了三家的附庸。公元前 403 年，周天子正式承认三家为诸侯，标志着战国时代的开始。这篇《三家分晋》讲的就是这个故事。

"三家分晋"是历史上具有划时代意义的重大事件，史学界以此作为东周时期春秋与战国的分界点。它是中国奴隶社会瓦解、封建社会确立的标志。

春秋五霸之一的晋国灭亡了，战国七雄中的韩、赵、魏三国产生了。由此，奴隶社会开始向封建社会过渡，七雄兼并的战国序幕也由此揭开。

【原文】

周威烈王二十三年（公元前403年）①

初命晋大夫魏斯、赵籍、韩虔为诸侯②。

今晋大夫暴蔑其君，剖分晋国，天子既不能讨，又宠秩之，使列于诸侯，是区区之名分复不能守而并弃之也。先王之礼于斯尽矣！

或者以为当是之时，周室微弱，三晋强盛，虽欲勿许，其可得乎！是大不然。夫三晋虽强，苟不顾天下之诛而犯义侵礼，则不请于天子而自立矣。不请于天子而自立，则为悖逆之臣，天下苟有桓、文之君，必奉礼义而征之。今请于天子而天子许之，是受天子之命而为诸侯也，谁得而讨之！故三晋之列于诸侯，非三晋之坏礼，乃天子自坏之也③。

【注释】

①周威烈王：亦称周威王，名午，周考王之子，公元前425年—前402年在位。②初命晋大夫魏斯、赵籍、韩虔为诸侯：魏的祖先与周同姓，其苗裔始封于魏，到了魏舒，开始为晋正卿，历经三世传到魏斯这一代。赵的祖先为造父后，到了赵盾这一代开始为晋正卿。韩的祖先出于周武王，到了韩虔这一代六世皆为晋正卿。魏、赵、韩三家几代既是晋大夫，又是周的陪臣。周朝已经衰败，一个称霸的大国——晋国国君作为盟主，应"以尊王室"，所以周朝封晋国国君为伯。魏斯、赵籍、韩虔三卿三分晋国，按照此时周朝的王法是当诛杀的。而此时，周威烈王不但不诛杀他们，反而分封这三家为诸侯，是鼓励褒奖犯奸乱臣。所以，胡三省作注说："通鉴始于此，其所以谨名分欤！"③坏：毁；自坏，自毁。

【译文】

周威烈王二十三年（戊寅，公元前403年）

周威烈王姬午首次分封晋国大夫魏斯、赵籍、韩虔为诸侯国君。

这时晋国的三家大夫欺凌藐视国君，瓜分了晋国，作为天子的周王不仅不派兵征讨，反而还对他们加封赐爵，使他们列位于诸侯国君之中，这样做的结果，导致周王朝仅有的一点名分也不能再守定，而全部放弃了。周朝先王创下的礼教到此丧失殆尽！

有人认为当时周王室已经衰微了，而晋国三家强盛起来，就算周王不想承认他们，又怎么能做得到呢！这种说法是完全错误的。晋国三家虽然强悍，但如果他们打算不顾天下的指责公然侵犯礼义的话，就不会来请求周天子的批准，而是去自立为君了。不向天子请封而自立为国君，那就是叛逆之臣，天下如果有像齐桓公、晋文公那样的贤德诸侯，一定会尊奉周朝的礼义对他们进行征讨。现在晋国三家向天子请封，天子又批准了，他们就是奉天子之命而成为诸侯的，谁又能对他们加以讨伐呢！所以，晋国三家大夫僭位成为诸侯，不是晋国三家破坏了礼教，而是周天子自己毁坏了周朝的礼教啊！

【原文】

初，智宣子将以瑶为后①。智果曰："不如宵也。瑶之贤于人者五，其不逮者一也。美鬓长大则贤②，射御足力则贤，伎艺毕给则贤，巧文辩慧则贤，强毅果敢则贤；如是而甚不仁。夫以其五贤陵人而以不仁行之，其谁能待之？若果立瑶也，智宗必灭。"弗听，智果别族于太史③，为辅氏。

赵简子之子，长曰伯鲁，幼曰无恤。将置后，不知所立，乃书训戒之辞于二简，以授二子曰："谨识之！"三年而问之，伯鲁不能举其辞；求其简，已失之矣。问无恤，诵其辞甚习；求其简，出诸袖中而奏之。于是简子以无恤为贤，立以为后。

【注释】

①瑶：即荀瑶，又称知襄子、知瑶（智瑶），后世多称知伯（智伯）、知伯瑶（智伯瑶），由于智氏出于荀氏，故《左传》又称之荀瑶。姬姓，知（智）氏。中国春秋时期晋国卿大夫，智氏家族领主，于公元前475年在晋国执政，此后欲灭同列卿位的赵、魏、韩三家并取代晋国。公元前455年，智氏与魏、韩共同对赵氏发动晋阳之战。此后赵襄子派人向魏、韩陈说利害，魏、韩因而与赵氏联合反攻智氏，智伯被赵襄子擒杀，智氏就此衰落。②美鬓：通鉴俗传写者多作"美须"。胡三省注作"美鬓"。③别族：从智氏宗族分出，另立族姓。

智果向智宣子建议立智宵不立智瑶。

【译文】

当初，智宣子准备立智伯为继承人，族人智果说："立智伯不如立智宵好。因为智伯比别人贤能的地方有五点，不如别人的地方有一点。他留有美鬓，身材高大，是一贤；擅长射箭，驾车有力，是二贤；技能出众，才艺超群，是三贤；巧言善辩，文辞优美，是四贤；坚强刚毅，果断勇敢，是五贤。虽然他有如此的贤能，但唯独没有仁德之心。如果他运用这五种贤能去驾驭别人，而用不仁之心去做恶事，谁能拥戴他呢？如果立智伯为继承人，智氏宗族必定要遭灭门之灾。”智宣子不听智果的劝告。智果为了避灾，便向太史请求脱离智族姓氏，另立为辅氏。

赵国大夫赵简子的大儿子叫伯鲁，小儿子叫无恤。赵简子将要确立继承人，却不知道立哪一个更好，于是他把日常训诫之言刻写在两块竹简上，分别交给两个儿子，并嘱咐道：“用心记住上面的这些话！”过了三年，赵简子叫来两个儿子，问他们竹简上的内容，大儿子伯鲁说不出来；让他拿出竹简，却早已丢失了。赵简子又问小儿子无恤，无恤熟练地将竹简上的话背出来；问他竹简在哪儿，他立即从袖中取出来奉上。通过这件事，赵简子认为无恤贤能，便立他为继承人。

【原文】

简子使尹铎为晋阳，请曰：“以为茧丝呼[①]？抑为保障乎[②]？”简子曰：“保障哉！”尹铎损其户数。简子谓无恤曰：“晋国有难，而无以尹铎为少，无以晋阳为远，必以为归。”

及智宣子卒，智襄子为政，与韩康子、魏桓子宴于蓝台。智伯戏康子而侮段规[③]。智国闻之，谏曰：“主不备难，难必至矣！”智伯曰：“难将由我。我不为难，谁敢兴之！”对曰：“不然。《夏书》有之曰：‘一人三失[④]，怨岂在明，不见是图。’夫君子能勤小物，故无大患。今主一宴而耻人之君相，又弗备，曰‘不敢兴难’，无乃不可乎！蚋、蚁、蜂、虿[5]，皆能害人，况君相乎！”弗听。

【注释】

①茧丝：指敛取人民的财物像抽丝一样，不抽尽就不停止。②保障：指待民宽厚、少敛取财物，犹如筑堡为屏障一样。③智伯：或作“知伯”。④三：多的意思。⑤虿：蛇、蝎类的毒虫的古称。

【译文】

赵简子派尹铎去治理晋阳，尹铎请示说：“您是打算让我去抽丝剥茧般地搜刮财富呢，还是去爱护那里的人民把那里建为一道使国家安全的屏障呢？”赵简子说：“建为一道使国家安全的屏障。”尹铎到了晋阳，便去整理户籍，减少交税的户数，减轻百姓的负担。赵简子对儿子无恤说：“晋国如果有祸乱，你不要嫌尹铎的地位低，不要怕晋阳路途遥远，一定要以他那里作为依靠。”

赵简子派尹铎去治理晋阳。

智宣子去世后，智伯继位执掌国政，一天，他与韩康子、魏桓子在蓝台饮宴。宴席间，智伯戏弄韩康子，又羞辱了他的国相段规。智伯的家臣智国听说此事，便劝谏道："主公，您不加提防，灾祸就一定会降临啊！"智伯说："别人的生死祸福都取决于我。我不给他们降灾祸就算不错了，谁还敢威胁我！"智国说："并不像您所说的那样。《夏书》上有这样的话说：'一个人多次犯错误，结下的仇怨岂能在明处，应该在它没有表现出来时就谨慎提防。'贤德的人只有在小事上谨慎戒备，才能避免招来大祸。现在主公在一次宴会上就得罪了人家的国君和国相，事后又不加戒备，还说：'谁敢对我兴风作浪！'没有什么是不可能的，蚊子、蚂蚁、蜜蜂、蝎子是小虫子，却都能害人，何况是国君、国相呢！"智伯不听。

【原文】

智伯请地于韩康子[①]，康子欲弗与。段规曰："智伯好利而愎，不与，将伐我；不如与之。彼狃于得地[②]，必请于他人；他人不与，必向之以兵[③]，然后我得免于患而待事之变矣[④]。"康子曰："善。"使使者致万家之邑于智伯。智伯悦。又求地于魏桓子[⑤]，桓子欲弗与。任章曰："何故弗与？"桓子曰："无故索地，故弗与。"任章曰："无故索地，诸大夫必惧；吾与之地，智伯必骄。彼骄而轻敌，此惧而相亲[⑥]；以相亲之兵待轻敌之人，智氏之命必不长矣。《周书》曰[⑦]：'将欲败之，必姑辅之。将欲取之，必姑与之。[⑧]'主不如与之，以骄智伯[⑨]，然后可以择交而图智氏矣[⑩]，奈何独以吾为智氏质乎！[⑪]"桓子曰："善。"复与之万家之邑一。

【注释】

①请：求，要求。韩康子：名虎。晋六卿之一。②狃：因袭，拘泥。③向之以兵：对他使用武力。④后：有的版本“后”作“则”。⑤魏桓子：名驹。晋六卿之一。⑥此：指“诸大夫”。相亲：互相团结。⑦《周书》：此书已佚。⑧败：击败，打败。姑：暂且。⑨骄智伯：使智伯骄。⑩择交：选择联盟。图：谋。⑪奈何：为什么。质：箭靶子，目标。

【译文】

智伯逼韩康子割地，韩康子想不给他。段规说：“智伯好利又任性，如果不给，他就会讨伐我们；不如答应他。他得到了土地会更加狂妄，一定会再向别人索要；别人不给，他必定会向对方实施武力，这样我们就可以免于祸患而等待事态的变化了。”韩康子说：“好。”于是派使者把一处有万户人家的城邑送给智伯。智伯很高兴。他又向魏桓子索取土地，魏桓子想不给。任章说：“为什么不给呢？”魏桓子说：“无故索取土地，所以不给。”任章说：“智伯无故索取土地，各个大夫必然恐惧；我们给了土地，智伯必然更加骄傲。他这样就会轻敌，我们这边因恐惧就会相互团结起来；用团结的军队来攻打轻敌的智伯，智氏的命数长不了了！《周书》上说：‘想要打败它，一

段规劝说韩康子割地给智伯。

定要暂且帮助它。想要得到它，一定要暂时给予它。’主公不如先答应智伯的要求，以助长他的骄横，然后我们可以选择盟友共同对付智氏，又何必我们一家现在去激怒他遭受出头鸟的打击呢！”魏桓子说：“好。”于是也把一块万户人口的土地割让给智伯。

【原文】

智伯又求蔡、皋狼之地于赵襄子①，襄子弗与。智伯怒，帅韩、魏之甲以攻赵氏。襄子将出，曰：“吾何走乎？”从者曰：“长子近，且城厚完。②”襄子曰：“民罢力以完之③，又毙死以守之④，其谁与我！”从者曰：“邯郸之仓库实⑤。”襄子曰：“浚民之膏泽以实之⑥，又因而杀之，其谁与我！其晋阳乎⑦，先主之所属也⑧，尹铎之所宽也⑨，民必和矣⑩。”乃走晋阳。

【注释】

①蔡：公元前447年，楚已灭蔡。“蔡”，当作“蔺”。蔺：故城在今山西吕梁市离石区西。皋狼：故城在吕梁市离石区西北。赵襄子：名无恤。晋六卿之一。②长子：今山西长子县。完：完整。③罢力：精疲力竭。罢：通“疲”。④毙死以守之：即以死守之。毙，死。⑤仓：藏谷之处。库：古时国家藏宝物、车马、兵甲之处。⑥浚：榨取。⑦其晋阳乎：还是去晋阳吧。其，表决定的语气。⑧先主：指襄子之父赵简子。属：叮嘱。⑨尹铎之所宽也：尹铎在晋阳待民宽厚。⑩和：响应，拥护。

【译文】

智伯又向赵襄子要求割让蔡、皋狼两个地方。赵襄子拒绝了他。智伯大怒，遂率韩、魏两家的兵马一起去攻打赵氏。赵襄子准备逃跑，问道："我到哪里去呢？"随从的人说："长子城离这里近，而且城墙坚厚完整。"赵襄子说："百姓用尽了气力才修好城墙，现在又要他们舍生入死地为我坚守，这时候谁能和我同心！"随从的人说："邯郸城里的仓库充实，可以到那里去。"赵襄子说："从老百姓那里搜刮粮食来充实仓库，又要使他们受战争之灾，有谁会来支持我！还是投奔晋阳去吧，那是先主嘱托过的地方，尹铎又待民宽厚，城里的百姓一定会和我们同舟共济的。"于是前往晋阳。

【原文】

三家以国人围而灌之，城不浸者三版；沉灶产蛙，民无叛意。智伯行水[①]，魏桓子御，韩康子骖乘[②]。智伯曰："吾乃今知水可以亡人国也。"桓子肘康子，康子履桓子之跗[③]，以汾水可以灌安邑，绛水可以灌平阳也[④]。絺疵谓智伯曰[⑤]："韩、魏必反矣。"智伯曰："子何以知之？"疵曰："以人事知之。夫从韩、魏之兵以攻赵[⑥]，赵亡，难必及韩、魏矣。今约胜赵而三分其地，城不没者三版，人马相食，城降有日[⑦]，而二子无喜志[⑧]，有忧色，是非反而何[⑨]？"明日，智伯以絺疵之言告二子，二子曰："此夫谗人欲为赵氏游说，使主疑于二家而懈于攻赵氏也。不然，夫二家岂不利朝夕分赵氏之田，而欲为危难不可成之事乎！"二子出，絺疵入曰："主何以臣之言告二子也？"智伯曰："子何以知之？"对曰："臣见其视臣端而趋疾[⑩]，知臣得其情故也。"智伯不悛[⑪]。絺疵请使于齐[⑫]。

【注释】

智家的谋士絺疵对智伯说：韩魏两家一定要反叛了。

①行水：察看水势。行，巡视、视察。②魏桓子御，韩康子骖乘：魏桓子在前居中驾车，韩康子在后为陪乘。骖（cān）乘：又作“参乘”，陪乘或陪乘的人。③肘：用肘触。此用作动词。履：踩。跗（fū）：脚。魏桓子、韩康子不敢明言，双方以肘、足相触，暗通其意。④汾水可以灌安邑，绛水可以灌平阳：“汾水”、“绛水”，当互易。汾水，流经平阳。平阳，韩康子邑，故城在今山西临汾县南。绛水，即涑水，流经安邑。安邑，魏桓子邑，故城在今山西夏县西北。⑤絺疵：晋之公族。⑥从：率领。⑦有日：指日可待。⑧志：意。⑨非反而何：不是背叛又是什么。而，则。⑩视臣端：眼睛直勾勾地看着我发愣。趋疾：很快就走过去了。⑪悛：悔改。⑫絺疵请使于齐：疵因不被智伯信任，故请求使齐以避祸。

【译文】

智伯、韩康子、魏桓子三家围住晋阳，并引晋水灌城，城墙没有被水浸没的地方只有三版；城中百姓的锅灶泡在水中，青蛙四处乱跳，但百姓都没有叛变的念头。一天，智伯巡视水势，魏桓子为他驾车，韩康子站在右边护卫。智伯说，“我今天才知道水可以让人亡国啊！”听到这话，魏桓子用臂肘碰了一下韩康子，韩康子也会意地踩了一下魏桓子的脚背，因为用汾水可以灌魏国都城安邑，用绛水可以灌韩国都城平阳。事后，智家的谋士絺疵对智伯说："韩魏两家一定要反叛了！"智伯说："你是怎么知道的？"絺疵说："这是以人的常理推断出来的。我们联合韩、魏两家的军队攻打赵氏，一旦赵氏灭亡，随后灾难必然会降临到韩、魏两家。现在我们约定灭掉赵家后三家分割其地，晋阳城只剩三版没有淹没，城内宰马为食，指日就会降服。然而韩、魏二子并不欣喜，反倒面有忧色，这不是想反叛又是什么？"第二天，智伯把絺疵的话告诉了韩康子、魏桓子二人，二人说："这一定是离间小人要替赵氏游说，使主公您对我们韩、魏二家产生怀疑而放松对赵氏的进攻。不然的话，我们二家难道对眼前就可分得的赵氏土地不感兴趣，反要去干那危险万分必不可成的事情吗？"二人出去了，絺疵进来说："主公为什么把臣下的话告诉他们二人呢？"智伯惊奇地反问道："你怎么知道的？"絺疵回答说："我见他们神色慌张地看了我一眼就匆忙离去，因为他们知道我看穿了他们的心思，所以会有这种表现。"智伯仍不悔悟。于是絺疵请求让他出使齐国，以避大祸。

【原文】

赵襄子使张孟谈潜出见二子[①]，曰："臣闻唇亡则齿寒[②]。今智伯帅韩、魏以攻赵，赵亡则韩、魏为之次矣。"二子曰："我心知其然也；恐事未遂而谋泄[③]，则祸立至矣[④]。"张孟谈曰："谋出二主之口，入臣之耳，何伤也！"二子乃潜与张孟谈约，为之期日而遣之[⑤]。襄子夜使人杀守堤之吏，而决水灌智伯军。智伯军救水而乱，韩、魏翼而击之[⑥]，襄子将卒犯其前[⑦]，大败智伯之众，遂杀智伯，尽灭智氏之族[⑧]。唯辅果在[⑨]。

【注释】

①张孟谈：赵襄子家臣。潜：秘密。②唇亡则齿寒：古谚语。见《左传》僖公五年传。③遂：成。④立：必定。⑤期日：约定日期。遣之：送回张孟谈。⑥翼而击之：左右夹击。⑦将：带领。犯：进攻。⑧灭智氏之族：将智氏族人全部诛灭。⑨辅果：即智果。因不被智伯信任，乃从智氏家族分出，另立门户，姓辅氏。

【译文】

赵襄子派张孟谈秘密出城去见韩、魏二子，对二人说："臣听说唇亡则齿寒。现在智伯率领韩、魏两家来围攻赵家，赵氏灭亡以后，就该轮到你们两家了。"韩康子、魏桓子二人说："我们也知道会这样，只是怕事情还未发动，计谋就泄露出去，那样就要大祸临头了。"张孟谈道："计谋出自二位主公之口，只有我一人听

智伯、韩康子、魏桓子三家引水灌晋阳城。

见，有什么可担心的呢？”于是韩、魏二人便秘密地和张孟谈商议，约定好起事的日子便送他回城了。这天夜里，赵襄子派人出城杀了智氏守堤的官吏，使大水决口倒灌智伯军营。智伯的军队为救水淹，顿时乱作一团，韩、魏两军乘机从两侧出击，赵襄子率领士卒从正面杀过去，大败智伯军，趁势杀死智伯，又将智家族人尽行诛灭。只有智果一家因改姓辅氏得以幸免。

【原文】

臣光曰：智伯之亡也，才胜德也。夫才与德异，而世俗莫之能辨，通谓之贤，此其所以失人也。夫聪察强毅之谓才，正直中和之谓德。才者，德之资也；德者，才之帅也。云梦之竹，天下之劲也；然而不矫揉[①]，不羽括[②]，则不能以入坚。棠谿之金，天下之利也；然而不镕范，不砥砺，则不能以击强。是故才德全尽谓之“圣人”，才德兼亡谓之“愚人”；德胜才谓之“君子”，才胜德谓之“小人”。凡取人之术，苟不得圣人、君子而与之，与其得小人，不若得愚人。何则？君子挟才以为善，小人挟才以为恶。挟才以为善者，善无不至矣；挟才以为恶者，恶亦无不至矣。愚者虽欲为不善，智不能周，力不能胜，譬如乳狗搏人，人得而制之。小人智足以遂其奸，勇足以决其暴，是虎而翼者也，其为害岂不多哉！夫德者人之所严，而才者人之所爱；爱者易亲，严者易疏，是以察者多蔽于才而遗于德。自古昔以来，国之乱臣，家之败子，才有馀而德不足，以至于颠覆者多矣，岂特智伯哉！故为国为家者苟能审于才德之分而知所先后，又何失人之足患哉！

【注释】

①矫揉：矫正；整饬。矫，使曲的变直；揉，使直的变曲。②羽括：锻炼，磨砺。《孔子家语·子路初见》："括而羽之，镞而砺之，其人之不亦深乎！"括，箭的末端。

【译文】

臣司马光认为：智伯的灭亡，在于他才胜过德。才与德是不同的，而世俗之人往往把二者分辨不清，把二者一概而论，认为是贤明，于是就看错了人。所谓才，是指聪明、明察、刚强、坚毅；所谓德，是指正直、公道、平和待人。才，是德的辅助；德，是才的统帅。云梦地方的竹子，天下都称为刚劲，然而如果不矫正其曲，不配上羽毛箭镞，就不能成为利箭穿透坚物。谿棠地方出产的金属，是天下最尖锐的，然而如果不经熔烧铸造，不锻打出锋，就不能作为兵器击穿硬甲。所以，德才兼备的人才能称之为"圣人"；无德无才的人称之为"愚人"；德胜过才的人称之为"君子"；才胜过德的人称之为"小人"。选取人才的方法，如果找不到圣人、君子而委任，与其选择小人，不如选择愚人。为什么这样说呢？因为君子持有才干是把它用到善事上；而小人持有才干是用来作恶的。持有才干做善事的人，能处处行善；而凭借才干作恶的人，无恶不作了。愚人即使想作恶，因为智慧不济，能力不胜任，就好像小狗扑人，人还能制服它。而小人却有足够的阴谋诡计来发挥邪恶，又有足够的能力来逞凶施暴，智慧对他来说就如给恶虎添了翅膀，危害之大可想而知了！有德的人令人尊敬，有才能的人让人喜爱；对喜爱的人容易宠信专任，对尊敬的人容易疏远，所以察选人才者经常被人的才干所蒙蔽而忘了考察他的品德。自古至今，国家的乱臣奸佞，家族的败家浪子，因为才能有余而德行不足，导致家国覆亡的多了，又岂止智伯一个人呢！所以，治国治家的人如果能审察才与德两种不同的标准，知道选择的先后顺序，又何患失去人才呢！

【原文】

三家分智氏之田①。赵襄子漆智伯之头②，以为饮器。智伯之臣豫让欲为之报仇，乃诈为刑人，挟匕首，入襄子宫中涂厕。襄子如厕心动，索之，获豫让。左右欲杀之，襄子曰："智伯死无后，而此人欲为报仇，真义士也，吾谨避之耳。"乃舍之。豫让又漆身为癞，吞炭为哑。行乞于市，其妻不识也。行见其友，其友识之，为之泣曰："以子之才，臣事赵孟，必得近幸。子乃为所欲为，顾不易邪？何乃自苦如此？求以报仇，不亦难乎！"豫让曰："既已委质为臣③，而又求杀之，是二心也。凡吾所为者，极难耳。然所以为此者，将以愧天下后世之为人臣怀二心者也。"襄子出，豫让伏于桥下。襄子至桥，马惊；索之，得豫让，遂杀之。

【注释】

①三家：指原来晋国的韩、赵、魏三家。周威烈王二十三年（公元前403年），韩、赵、魏三家共同出兵消灭了智氏，周天子只好承认三家的诸侯地位。自此，中国的历史进入了战国时代。这段故事是在周威烈王二十三年之前发生的，司马光在这里追述魏、赵、韩分晋之前的故事，用以阐述自己基本的历史观。②漆：名词作动词，

赵襄子杀死智伯。

用漆涂到物体上。③ 委质：臣服、归附。

【译文】

韩、赵、魏三家分了智氏的田地。赵襄子还把智伯的头颅涂上漆，当作自己的饮酒器具。智伯的家臣豫让想为主公报仇，就假扮为受过刑罚做苦工的人，怀揣匕首，混进赵襄子宫中打扫厕所。赵襄子在上厕所的时候，心里忽然感到一阵不安，就下令搜查，抓获了豫让。赵襄子的左右随从都想杀死豫让，赵襄子却说："智伯死了，又没有什么后人，而此人还要为他报仇，真是一个义士，我小心躲避他就好了。"然后把豫让释放了。豫让又把自己的全身涂上漆，好像得了癞病一般，还吞下火炭使声音变得嘶哑。他在集市上乞讨，就连他的结发妻子见面也认不出来。豫

豫让吞下火炭使声音变得沙哑。

让走到一位朋友面前，朋友认出他后大吃一惊，流着泪对他说："以你的才干，如果投靠赵家，一定会得到重用，那时会有机会接近他。到时候你想做什么，还不是易如反掌吗？何苦自残形体以至于此呢？用这种方式来报仇，不是太难了吗？"豫让说："如果我已经委身做赵家的臣子，而又找机会去刺杀他，这是对他怀有二心。我也知道现在这种做法，要报仇是极困难的。然而之所以还要这样做，是要后世那些为人臣子而心怀不忠的人感到羞愧。"有一天，赵襄子乘车出行，豫让就埋伏在他必经的桥下。赵襄子到了桥前，所骑的马突然受惊；于是下令搜索，捕获豫让，就杀了他。

【原文】

襄子为伯鲁之不立也，有子五人，不肯置后。封伯鲁之子于代，曰代成君，早卒；立其子浣为赵氏后。襄子卒，弟桓子逐浣而自立；一年卒。赵氏之人曰："桓子立非襄主意。"乃共杀其子，复迎浣而立之，是为献子。献子生籍，是为烈侯。魏斯者①，魏桓子之孙也，是为文侯。韩康子生武子；武子生虔，是为景侯。

韩借师于魏以伐赵，文侯曰："寡人与赵，兄弟也，不敢闻命。”赵借师于魏以伐韩，文侯应之亦然。二国皆怒而去。已而知文侯以讲于己也[②]，皆朝于魏。魏于是始大于三晋，诸侯莫能与之争[③]。

【注释】

①魏斯：即魏文侯，中国战国时期魏国的建立者。姬姓，魏氏，名斯，一曰都。公元前445年，继魏桓子即位。他在位时礼贤下士，师事儒门子弟子夏、田子方、段干木等人，任用李悝、翟璜为相，乐羊、吴起为将。这些出身于小贵族或平民的士人开始在政治、军事方面发挥作用，标志着世族政治开始为官僚政治所代替。②讲：和解。③诸侯莫能与之争：晋在春秋时代是举足轻重的强国，三分之后，魏国是晋国的主要继承者。战国初年，魏文侯、魏武侯时期，魏国是七国中的强国。

【译文】

赵襄子因为赵简子没有立哥哥伯鲁为继承人，自己虽然有五个儿子，也不肯立为继承人。他封赵伯鲁的儿子于代国，称代成君，代成君早逝；又立其子赵浣为赵家的继承人。赵襄子死后，弟弟赵桓子驱逐了赵浣自立为国君；继位一年也死了。赵家的族人说：“赵桓子做国君本来就不是赵襄子的主意。”大家一起杀死了赵桓子的儿子，再次迎回了赵浣，拥立为国君，即赵献子。赵献子生子名赵籍，就是赵烈侯。魏斯，是魏桓子的孙子，就是魏文侯。韩康子生子名韩武子；武子又生韩虔，被封为韩景侯。

韩国向魏国借兵攻打赵国，魏文侯说：“我和赵国情同手足，我不能答应你。”赵国向魏国借兵攻击韩国，魏文侯也用同样的话拒绝了。韩、赵两国使者都怒气冲冲地离去。事后，两国得知魏文侯的外交政策，是为了使两国和解，于是都开始向魏国朝贡。魏国于是开始成为魏、赵、韩三国之首，其他诸侯国都不能跟它争锋。

围魏救赵

【导语】

孙膑和庞涓是同门师兄弟，两人同在鬼谷子门下学习。后来，庞涓到了魏国，孙膑到了齐国，两个人不可避免地在战场上相遇。

齐、魏都是当时的强国，双方多次交兵，桂陵之战是两国间爆发的一场规模最大的战争。在交战中，齐国军师孙膑运用“批亢捣虚”的战法，撇开强点，攻击弱点，乘其长途跋涉、疲惫不堪之机，大破魏军。

齐国为巩固和扩张其领土范围，积极采取了一些富国强兵的政策，国力日渐强大。马陵之战，对齐国和魏国来说，都是具有决定性意义的一战。齐国以“深结韩之亲，晚承魏之弊”的策略，用减灶示弱，诱歼了魏军。齐国于桂陵之战和马陵之战中打败强魏，大获全胜，从根本上削弱了魏国的作战实力。齐国从此威震天下，形成了“诸侯东面朝齐”的局面。魏国开始走下坡路，失去了中原的霸权。

【原文】

周显王十六年（戊辰，公元前353年）

初，孙膑与庞涓俱学兵法，庞涓仕魏为将军，自以能不及孙膑，乃召之；至，则以法刑断其两足而黥之①，欲使终身废弃。齐使者至魏，孙膑以刑徒阴见②，说齐使者③；齐使者窃

庞涓设计陷害孙膑。

载与之齐。田忌善而客待之，进于威王。威王问兵法，遂以为师④。于是威王谋救赵，以孙膑为将；辞以刑馀之人不可，乃以田忌为将而孙子为师，居辎车中⑤，坐为计谋。

【注释】

①以法：按法律。这里指假借罪名。刑：施行刑罚。黥：即墨刑。在脸上刺字的一种刑罚。②阴：暗中。③说：用话劝说。④以为师：即以之为师。把他尊为老师。⑤辎车：带有帷盖的车子。

【译文】

周显王十六年（戊辰，公元前353年）

当初，孙膑与庞涓一起学兵法，庞涓到魏国做将军，他知道自己的才能不如孙膑，便召孙膑来魏国；孙膑刚到魏国，庞涓就设计依法砍断了孙膑的双脚，在脸上刺字，想使他终身成为废人。齐国使者来到魏国，孙膑以受刑待罪人的身份暗中与他相见，说动了齐国的使者，齐使偷偷地把孙膑藏在车中带回了齐国。齐国大臣田忌把孙膑奉为座上客，又推荐给齐威王。威王向他请教兵法，于是请他当老师。这时齐威王想出兵援救赵国，便任命孙膑为大将，孙膑以自己是个受过刑的人坚决推辞，齐威王便以田忌为大将、孙膑为军师，让他坐在帘车里，为田忌出谋划策。

【原文】

田忌欲引兵之赵。孙子曰："夫解杂乱纷纠者不控拳[①]，救斗者不搏撠，批亢捣虚[②]，形格势禁[③]，则自为解耳。今梁、赵相攻，轻兵锐卒必竭于外，老弱疲于内；子不若引兵疾走魏都，据其街路，冲其方虚[④]，彼必释赵以自救：是我一举解赵之围而收弊于魏也。"田忌从之。十月，邯郸降魏。魏师还，与齐战于桂陵，魏师大败。

【注释】

孙膑向田忌献上"围魏救赵"之计。

①杂乱纷纠：事情好像纠缠在一起的乱丝，没有头绪。控拳：不能紧握拳头。控，控制，操纵，引申为握掌。②批亢捣虚：撇开敌人充实的地方，冲击敌人空虚的地方。批，排除、撇开。亢，充满。③形格

势禁：（敌人）局势发生了被阻遏的变化，对原来的进攻计划必然有所顾忌。格，被阻遏。禁，顾忌。④方虚：正当空虚处。

【译文】

田忌将要率兵前往赵国，孙膑说："排解两方的争斗，不能用拳脚将他们打开，更不能上手帮着一方打另一方，只能因势利导，乘虚而入，紧张的形势受到阻禁，自然就解除了。如今梁、赵两国攻战正激烈，精兵锐卒倾巢而出，国中只剩下老弱病残；您不如率军突袭魏国都城，占据交通要道，冲击他们空虚的后方，魏军一定会放弃攻赵而回兵救援；这样我们一举两得，既解了赵国之围，又给魏国以打击。"田忌听从了孙膑的计策。十月，赵国的邯郸城投降了魏国。魏军又急忙还师援救都城，在桂陵与齐国军队发生激战，结果魏军大败。

【原文】

魏庞涓伐韩。韩请救于齐[①]。齐威王召大臣而谋曰："蚤救孰与晚救？[②]"成侯曰："不如勿救。"田忌曰："弗救则韩且折而入于魏[③]，不如蚤救之。"孙膑曰："夫韩、魏之兵未弊而救之，是吾代韩受魏之兵，顾反听命于韩也。且魏有破国之志，韩见亡，必东面而愬于齐矣。吾因深结韩之亲而晚承魏之弊，则可受重利而得尊名也。"王曰："善。"乃阴许韩使而遣之。韩因恃齐，五战不胜，而东委国于齐。

【注释】

①韩请救于齐：据《田敬仲完世家》，马陵之役起因于魏伐赵，赵与韩共击魏，赵不利，韩求救于齐。与此说异。②蚤：同"早"。

齐威王召集大臣商议救援韩国的事。

③弗：不。

【译文】

魏国庞涓率军攻打韩国。韩国派使者向齐国求救。齐威王召集大臣商议说："是早救好呢，还是晚救好呢？"成侯邹忌建议："不如不救。"田忌不同意，说："我们坐视不管，韩国很快就会灭亡，被魏国吞并。还是早些出兵救援为好。"孙膑却说："如今韩国、魏国的军队士气正是旺盛的时候，我们前去救援，其实是我们代替韩国承受魏国的打击，反而听命于韩国了。这次魏国有吞并韩国的野心，等到韩国感到亡国已经迫在眉睫时，一定会向东再来恳求齐国，那时我们再发兵，一来可以加深与韩国的亲密关系，二来则可以趁魏国军队疲弊之时给以痛击，这正是一举两得，名利双收。"齐威王说："说得好！"于是暗中答应韩国使臣，让他先回去，却迟迟不出兵。韩国自以为有齐国来援救，便奋力抵抗，但经过五次大战都大败而归，只好把国家的命运寄托在东方齐国身上。

【原文】

齐因起兵，使田忌、田婴、田盼将之，孙子为师，以救韩，直走魏都。庞涓闻之，去韩而归。魏人大发兵，以太子申为将，以御齐师。孙子谓田忌曰："彼三晋之兵素悍勇而轻齐[①]，齐号为怯。善战者因其势而利导之[②]。《兵法》：'百里而趣利者蹶上将[③]，五十里而趣利者军半至。[④]'"乃使齐军入魏地为十万灶，明日为五万灶，又明日为二万灶[⑤]。庞涓行三日，大喜曰："我固知齐军怯，入吾地三日，士卒亡者过半矣！[⑥]"乃弃

田忌为将军，孙膑为军师，前去救援韩国。

其步军[7]，与其轻锐倍日并行逐之[8]。孙子度其行[9]，暮当至马陵[10]，马陵道狭而旁多阻隘，可伏兵，乃斫大树[11]，白而书之曰[12]："庞涓死此树下！"于是令齐师善射者万弩夹道而伏[13]，期日暮见火举而俱发[14]。庞涓果夜到斫木下，见白书，以火烛之[15]，读未毕，万弩俱发，魏师大乱相失[16]。庞涓自知智穷兵败，乃自刭[17]，曰："遂成竖子之名！[18]"齐因乘胜大破魏师，虏太子申。

【注释】

① 三晋之兵：这里指魏国的士兵。春秋末年，韩、赵、魏三家分晋，史称三晋。② 因其势而利导之：是说既然魏兵素轻齐兵，不妨假装示之以怯，顺应魏兵认为齐兵胆怯的思想，让齐兵伪装胆怯逃亡，目的是诱导魏军深入。③ 趣利：趣，同"趋"。是速进争利之义，利指会战的先机之利，即先敌到达会战地点，取得战势之便。蹶：受挫折，折损。"上将"，即上将军，战国以来，上将军是最高的军事统帅。④ 五十里而趣利者军半至：今本《孙子·军争》述军争之法曰："是故卷甲而趋，日夜不除，倍道兼行，百里而争利，则擒三将军，劲者先，疲者后，其法十一而至；五十里而争利，则蹶上将军，其法半至；三十里而争利，则三分之二至。"这里讲述的是蹶上将于五十里而争利，与此不同。这段话的意思是说两军争利，距离愈长，速度愈快，愈难保持行军动作的协调一致，掉队的人愈多。⑤ 又明日为二万灶：孙膑为了迷惑魏军，故意仿照军争之法，逐日减少做饭用的灶炊，让魏军以为齐军大量掉队。⑥ 过半：孙膑减灶从十万至五万又至二万，似其兵力已仅存不足三分之一，

齐军增兵减灶。

故谓“过半”。⑦弃其步军：战国时期，双方作战往往采取车兵、骑兵和步兵混同作战，车兵和骑兵行进速度较快，而步兵较为慢。庞涓以为，眼下齐军到达会战的地点，兵力已经不足三分之一了，所以敢于丢下行进速度较慢的步兵与齐军争利。⑧轻锐：轻兵锐卒，指速度快、体力好的士兵。倍日并行：两天的路程一天走到。⑨度：揣度，估计。⑩马陵：齐地，在今河北大名东南；一说在今山东莘县西南。⑪斫：用斧斤砍削。⑫白：刮去树皮使白木露出。书：写。⑬弩：一种用弩机控制发射的弓。⑭期：约定。⑮以火烛之：取火照亮树干上的字。烛，照，照亮。⑯相失：队形被打乱，士兵失去各自的相对位置，彼此不相照应。古代行军、宿营、作战皆有固定队形，失去队形则不能作战。⑰乃自刭：于是自杀了。⑱竖子：是骂人话，犹言小子。

【译文】

齐国这时才发兵，任命田忌、田婴、田盼为将军，孙膑为军师，前去救援韩国，他们仍旧用老办法，直捣魏国的都城。庞涓听说后，急忙放弃攻打韩国，回兵救援国都。魏国集中了全部兵力，任命太子申为将军，抵抗齐国军队。孙膑对田忌说："魏、赵、韩一带的兵士向来剽悍勇猛，看不起齐国士兵，不过齐国士兵的名声也确实不佳。善于指挥作战的将军必须做到因势利导，扬长避短。《孙子兵法》上说：'从一百里外去奔袭会损失上将军，从五十里外去奔袭则只有一半军队能到达。'"于是就下令齐国军队进入魏国地界后，第一天做饭修造十万个灶，第二天减为五万个灶，第三天再减为两万个灶。庞涓率兵追击齐军三天，见到如此情形，大笑着说道："我早就知道齐兵生性胆怯，进入我国三天的时间，士兵就已逃散一多半了。"于是丢掉步兵，亲自率领轻兵锐卒日夜兼程追击齐军。孙膑估计魏军当晚将到达马陵。马陵这个地方道路狭窄而多险隘，可以埋伏重兵，孙膑便派人刮去一棵大树的树皮，在白树干上写上大字："庞涓死于此树下！"又从齐国军队中挑选万名优秀射箭手沿路埋伏，约定天黑后看见有火把亮光就万箭齐发。果然，庞涓在夜里赶到那棵树下，看见白树干上隐隐约约有字，便令人举火把照看，还未读完，便见两边箭如雨下，魏军顿时大乱，溃不成军。庞涓自知大势已去，便拔剑自刎了，临死前叹息道："到底让孙膑这小子成名了！"齐军乘势大破魏军，俘虏了魏国大将太子申。

胡服骑射

【导语】

赵武灵王即位时，赵国正处在国势衰落时期，不断为大国和北方游牧民族所压迫和侵扰。赵武灵王看到胡人穿窄袖短袄，生活起居和狩猎作战都比较方便。他们作战用骑兵、弓箭，与中原的兵车、长矛相比，具有更大的灵活机动性。

为了富国强兵，赵武灵王力排众议，提出“着胡服”“习骑射”的主张，决心取胡人之长补中原之短。改革的中心内容是穿胡人的服装，学习胡人骑马射箭的作战方法。

“胡服骑射”的改革使赵国的生产能力和军事实力大大提高，在与北方民族及中原诸侯的抗争中发挥了很大的作用。从胡服骑射的第二年起，赵国的国力就逐渐强大起来，特别是军事力量日益增强。赵国西退胡人，夺取了林胡、楼烦等地，并设立了云中、雁门、代郡三个行政区，管辖范围达到今河套地区，开辟了上千里的疆域，又北灭中山国，成为“战国七雄”之一。

“胡服骑射”是我国古代军事史上的一次大变革，被历代史学家传为佳话。在中原王朝把少数民族看作“异类”的政治背景下，赵武灵王以敢为天下先的精神，力排众议，冲破守旧势力的阻挠，坚决向夷狄学习，表现出了作为古代社会改革家的魄力和胆识。

【原文】

周赧王八年（甲寅，公元前 307 年）

赵武灵王北略中山之地[①]，至房子[②]，遂至代[③]，北至无穷[④]，西至河[⑤]，登黄华之上[⑥]。与肥义谋胡服骑射以教百姓[⑦]，曰："愚者所笑，贤者察焉。虽驱世以笑我[⑧]，胡地、中山，吾必有之！"遂胡服。

【注释】

① 赵武灵王：名雍，赵肃侯之子，周显王四十四年（公元前 325 年）即位。为加强边防，于赵武灵王十九年（公元前 307 年）下令"胡服骑射"。胡服：战国时北方游牧民族的服装，窄袖短装，皮靴皮带，头戴羽冠。北略：向北攻占。中山之地：中山国的土地，今河北定县一带。中山，古代国名。② 房子：古地名，今河北临城。③ 代：古地名，代郡，今山西大同一带。④ 无穷：自代郡出塞外，

赵武灵王登临黄华顶峰。

大漠数千里，故称无穷。⑤河：黄河。⑥黄华：山名，在黄河边上。⑦肥义：赵国的国相。⑧驱世：意为世上所有的人。

【译文】

周赧王八年（公元前307年）

赵武灵王向北征伐中山国，大军进攻到了房子城，又来到代地，再向北进攻到了大漠之中，向西进攻到了黄河，登临黄华顶峰。他与大臣肥义商量让百姓穿胡人的短衣，学习骑马射箭，他说："愚蠢的人会嘲笑我的举措，但聪明的人是可以理解的。即使天下的人都嘲笑我，我也要这样做，我一定能把北方胡人的领地和中山国都据为己有！"于是他带头改穿胡服。

胡服骑射。

【原文】

国人皆不欲，公子成称疾不朝[①]。王使人请之曰："家听于亲，国听于君。今寡人作教易服而公叔不服[②]，吾恐天下议己也。制国有常[③]，利民为本；从政有经[④]，令行为上[⑤]。明德先论于贱[⑥]，而从政先信于贵[⑦]，故愿慕公叔之义以成胡服之功也[⑧]。"公子成再拜稽首曰[⑨]："臣闻中国者[⑩]，圣贤之所教也，礼乐之所用也，远方之所观赴也，蛮夷之所则效也[11]。今王舍此而袭远方之服，变古之道，逆人之心，臣愿王孰图之也[12]！”使者以报。

【注释】

① 公子成：赵武灵王的叔父。② 不服：不穿胡服。③ 制国：治理国家。④ 有经：有一定的原则。⑤ 令行：政令得以施行。⑥“明德先论于贱”一句：意思是修明德行必须先让百姓论议明白。贱，指底层的百姓。⑦“而从政先信于贵”一句：意思是贯彻政令首先要使贵族信服奉行。⑧ 慕公叔之义：仰仗叔父的声望。⑨ 稽首：叩头至地，是古时最恭敬的一种跪拜礼。⑩ 中国：中原地区。⑪ 则效：取法仿效。⑫ 孰图：深思熟虑。孰，同“熟”。

【译文】

国中的士人都不想这样做，公子成称有病不来上朝。赵武灵王便派人前往说服他说：“家事听命于父母，国事听命于国君。现在我向世人倡导改变服装，而叔父您不穿，我担心天下人会议论我徇私。治理国家要有一定的章法，以对百姓有利为根本；从事政务有一定的原则，政令得以执行是最重要的。修明德行必须先让百姓论议明白，而贯彻政令首先要使贵族信服奉行，所以我希望能树立叔父您为榜样，来实现改穿胡服的功业。”公子成拜谢道：“我听说，中国是在古代先贤的教化下，用礼乐仪制，使远方国家前来朝拜，是让四方蛮夷学习效法的地方。现在君王您舍弃这些不顾，反而去仿效远方蛮夷的服饰，这是擅改传统习俗、违背人心的举动，我希望您能慎重考虑。”使者把他的这番话报告给赵武灵王。

赵武灵王亲自前往公子成府中进行劝说。

【原文】

王自往请之，曰："吾国东有齐、中山，北有燕、东胡，西有楼烦、秦、韩之边[①]。今无骑射之备，则何以守之哉？先时中山负齐之强兵[②]，侵暴吾地，系累吾民[③]，引水围鄗[④]；微社稷之神灵，则鄗几于不守也。先君丑之。故寡人变服骑射，欲以备四境之难，报中山之怨。而叔顺中国之俗，恶变服之名，以忘鄗事之丑，非寡人之所望也！"公子成听命，乃赐胡服；明日服而朝。于是始出胡服令，而招骑射焉。

【注释】

① 楼烦：古代国名，今山西省西北部。② 负：依仗。③ 系累：用绳索捆绑，指被俘。④ 鄗：赵国城名，今河北柏乡县北。

【译文】

赵武灵王于是亲自前往，当面解释道："我国东面是齐国、中山国，北面是燕国、东胡，西面是楼烦，与秦、韩两国接壤。现在如果没有骑马射箭的训练，用什么来坚守呢？早先中山国仰仗齐国的强兵，侵犯我们的领地，掠夺我们的子民，又引水围灌鄗城；如果不是靠着祖先神灵保佑，恐怕鄗城已经失守了。对此先王深以为耻。因此我决心改变服饰，学习骑射，想以此抵御四边的威胁侵略，一雪中山国之耻。而叔父您一味因循守旧，憎恶改变服装，这是忘记了鄗城的奇耻大辱，不是我所希望的呀！”公子成听从了赵武灵王的命令，赵王亲自赐给他胡服，第二天他便穿着胡服上朝。于是，赵武灵王正式颁布改穿胡服的政令，并且提倡学习骑马射箭。

【原文】

五月戊申，大朝东宫，传国于何①。王庙见礼毕，出临朝，大夫悉为臣。肥义为相国，并傅王。武灵王自号“主父”。主父欲使子治国，身胡服，将士大夫西北略胡地。将自云中、九原南袭咸阳，于是诈自为使者，入秦，欲以观秦地形及秦王之为人。秦王不知，已而怪其状甚伟，非人臣之度，使人逐之；主父行已脱关矣，审问之，乃主父也。秦人大惊。

秦王派人追赶赵武灵王，而赵武灵王一行已经出了秦国边关。

【注释】

①何：赵何，即赵惠文王。

【译文】

五月戊申（二十六日），赵武灵王在东宫举行盛大朝会，把国君之位传给了赵何。赵何行完祭祀宗庙的礼仪，登朝处理政事，他手下的大夫都成了朝廷大臣。赵何又任命肥义为相国，并尊称为国君老师。赵武灵王自称“主父”。赵主父想让儿子在国中主事，他则准备身穿胡服率领文臣武将前去攻打西北胡人领地。他计划从云中、九原向南袭击秦国的都城咸阳，于是他自己假扮成使者，前往秦国，想借机考察秦国地形以及秦王的为人。秦王没有察觉，事后觉得此人相貌伟岸不凡，有着臣子不具备的风度，急忙派人去追赶他；主父一行此时已经出了秦国边关。经过一番调查，秦国人才知道他就是赵主父。秦国人都大惊失色。

即墨之战

【导语】

公元前284年，燕昭王任命乐毅为上将军，统率燕、秦、韩、赵、魏五国的军队攻齐。齐湣王骄傲自恃，开始并未料到燕国会联合诸国攻齐，及至发现联军已攻入齐国时，才匆忙任命触子为将。触子率军渡过济水，西进拒敌。

双方在济水之西展开决战，史称“济西之战”。

齐军由于连年征战，士气低落。齐湣王为迫使将士死战，以挖祖坟、行杀戮的法令相威胁，更使将士离心、斗志消沉。结果，当联军进攻时，齐军一触即溃，遭到惨败。触子逃亡，不知下落，副将达子收拾残兵，退保都城临淄。

齐军主力被消灭后，秦韩两军撤走。乐毅派魏军南攻宋地，命赵军北取河间，乐毅自率燕军向临淄实施战略追击，继续追歼齐军，并攻占了齐国的国都临淄。

齐湣王被迫出逃，后被楚相淖齿所杀。

乐毅攻克临淄后，采取德政，以收取民心。他申明军纪，严禁掳掠，废除了残暴法令和苛捐杂税。然后兵分五路，以彻底消灭齐军，占领齐国全境。仅六个月的时间，燕军就攻取了齐国七十余城，只剩下莒和即墨（今山东平度东南）两城未被攻克。

乐毅又重新调整部署，集中右军和前军攻莒，左军和后军攻即墨。即墨军民在守将战死之后，共推齐宗室田单为将，坚守抗燕。莒和即墨，成为齐国当时抗燕的两个坚强堡垒。燕军围攻莒和即墨一年未下，乐毅遂改用攻心战，命燕军撤至距两城九里的地方设营筑垒。并下令凡城中居民有出来的不加拘捕，有困难的予以赈济，以争取齐民。如此相持三年之久，两城依然未被攻下。此战即所谓的“即墨保卫战”，或曰“即墨之战”。

田单智谋超群，知己知彼，在国破城围、双方力量对比悬殊的形势下，坚守孤城，麻痹燕军。并且利用敌人的矛盾和弱点，积极创造反攻条件。在时机成熟时，田单下令以“火牛阵”进行夜间突袭，出其不意，攻其不备，最终战胜了燕军。

“即墨之战”是战国时期的著名战役之一，也成为中国战争史上以弱胜强的典型战例。

【原文】

燕师乘胜长驱①，齐城皆望风奔溃。乐毅修整燕军②，禁止侵掠，求齐之逸民③，显而礼之④。宽其赋敛，除其暴令，修其旧政，齐民喜悦。乃遣左军渡胶东、东莱；前军循泰山以东至海，略琅邪⑤；右军循河、济，屯阿、鄄以连魏师；后军旁北海以镇抚千乘⑥：中军据临淄而镇齐都。祀桓公、管仲于郊，表贤者之闾，封王蠋之墓。齐人食邑于燕者二十馀君，有爵位于蓟者百有馀人。六月之间，下齐七十馀城，皆为郡县。

【注释】

① 燕师乘胜长驱：燕昭王二十八年（公元前 284），燕昭王拜乐毅为上将军，联合秦、韩、赵、魏四国共同伐齐，激战于济西，大

败齐军。乐毅率燕军乘胜攻克齐七十二城，直入都城临淄。②乐毅：战国后期杰出的军事家，拜燕上将军，受封昌国君，辅佐燕昭王振兴燕国，报了强齐伐燕之仇。他统帅燕国等五国联军攻打齐国，创造了中国古代战争史上以弱胜强的著名战例。修整：同“休整”。③逸民：古代称节行超逸、避世隐居的人。④显：露出。⑤略：进攻。⑥旁：靠近。镇抚：安抚。北海：今山东省临淄东北沿海一带。千乘，今山东省博兴西。《齐记》载：“千乘城，在齐城西北百五十里，有南北二城，相去二十余里，其一城县治，一城太守治。千乘郡，其治所在千乘县。高帝置。莽曰建信。属青州。”

燕国军队乘胜长驱直入。

【译文】

燕国军队乘胜长驱直入，齐国大小城池望风崩溃。乐毅整肃燕军纪律，禁止侵掠，寻访齐国的隐士高人，致以荣誉礼待。还放宽人民赋税，革除苛刻的法令，恢复齐国过去治理国家的良好传统，齐国人民都十分喜悦。乐毅于是就调左军在胶东、东莱渡过胶水；前军沿着泰山脚下向东到达渤海，进攻琅邪；右军顺着黄河、济水而下，屯扎在东阿、鄄城，与魏国军队相连；后军靠近北海，安抚千乘，中军占据临淄，镇守齐国国都。他还亲自到城郊祭祀齐桓公、管仲，旌表齐国贤良人才所住里巷的大门，赐封王蠋的陵墓。经过收敛人心，齐国人接受燕国的封号、领取俸禄的有二十余人；接受燕国爵位的有一百多人。六个月之内，燕军攻下齐国七十余座城池，都设立郡县治理。

【原文】

初，燕人攻安平，临淄市掾田单在安平[①]，使其宗人皆以铁笼傅车辖。及城溃，人争门而出，皆以辖折车败，为燕所擒；独田单宗人以铁笼得免，遂奔即墨[②]。是时齐地皆属燕，独莒、即墨未下[③]，乐毅乃并右军、前军以围莒，左军、后军围即墨。即墨大夫出战而死。即墨人曰："安平之战，田单宗人以铁笼得全[④]，是多智习兵。"因共立以为将以拒燕。乐

田单预先让家人用铁皮包上车轴头。

毅围二邑，期年不克，乃令解围，各去城九里而为垒，令曰：“城中民出者勿获，困者赈之，使即旧业，以镇新民。”三年而犹未下。或谗之于燕昭王曰：“乐毅智谋过人，伐齐，呼吸之间克七十馀城，今不下者两城耳，非其力不能拔，所以三年不攻者，欲久仗兵威以服齐人，南面而王耳。今齐人已服，所以未发者，以其妻子在燕故也。且齐多美女，又将忘其妻子。愿王图之！”昭王于是置酒大会，引言者而让之曰[5]：“先王举国以礼贤者，非贪土地以遗子孙也。遭所传德薄，不能堪命，国人不顺。齐为无道，乘孤国之乱以害先王。寡人统位，痛之入骨，故广延群臣，外招宾客，以求报雠[6]；其有成功者，尚欲与之同共燕国。今乐君亲为寡人破齐，夷其宗庙，报塞先仇，齐国固乐君所有，非燕之所得也。乐君若能有齐，与燕并为列国，结欢同好，以抗诸侯之难，燕国之福，寡人之愿也。汝何敢言若此！”乃斩之。赐乐毅妻以后服，赐其子以公子之服；辂车乘马，后属百两，遣国相奉而致之乐毅，立乐毅为齐王。乐毅惶恐不受，拜书，以死自誓。由是齐人服其义，诸侯畏其信，莫敢复有谋者。

【注释】

①田单：临淄人，战国时田齐宗室远房的亲属，任齐都临淄市掾（秘书），后来到赵国作将相。市掾：管理市场的官员。②即墨：今莱州。③“独莒、即墨未下”句：只有莒城、即墨没有沦陷。莒城，又称莒州，位于山东省东南部。④“田单宗人以铁笼得全”句：田单是齐国田氏远房的贵族，曾在临淄做过小吏，齐国都城临淄被攻

陷时，田单携家乘车逃到安平。一路上见到逃难的车辆十分拥挤，他估计燕军还要来追，就把车轴用铁皮包起来。过了不久果然燕军追来，齐人争相逃命，一路上许多车辆为夺路互相碰撞，车子撞断了车轴，无法行走，只有田单的车顺利地逃到了即墨。⑤引：拉。⑥雠：同“仇”。

【译文】

当初，燕国军队攻打齐国安平时，临淄市一个小官田单正在城中，他预先让家族人都用铁皮包上车轴头。到了城破的时候，人们争相涌出城门，都因为车轴相互碰断，车辆损坏难行，被燕军俘虏，只有田单一族因用铁皮包裹车轴得以幸免，逃到了即墨。当时齐国大部分地区都被燕军占领，仅有莒城、即墨未沦陷。乐毅于是就集中右军、前军包围莒城，集中左军、后军包围即墨。即墨大夫出阵战死。即墨人士说：“安平之战，田单一族人因铁皮包轴得以保全，是因为田单足智多谋，熟悉兵事。”于是共同拥立田单为守将来抵御燕军。乐毅包围两城，一年未能攻克，于是就下令解除包围，左军、后军都退到即墨城外九里处修筑营垒，下令说：“城中的百姓出来不要抓捕他们，有饥饿的赈济他们，让他们各操旧业，以安抚新占地区的百姓。”过了三年，两城还未攻下。有人在燕昭王面前挑拨说：“乐毅智谋过人，进攻齐国，一口气攻克了七十余城。现在只剩下两座城没有攻破，不是他的兵力不能攻下，之所以三年未攻克，是他想倚仗兵威来收服齐国人心，自己好南面称王呀。如今齐国人心已服，他之所以还不行动，是因为他的妻子、儿子在燕国。况且齐国多有美女，他早晚将忘记妻子。希望大王早些防备！”燕昭王听罢下令设置盛大酒宴，拉出说此话的人斥责道："先王倡导在全国礼待贤明的人，不是为了多得土地留给子孙。他不幸碰到继承人缺少德行，不能完成大业，使国内人民怨愤不从，无道的齐国趁着我们国家动乱之机残害先王。我即位以后，对此痛心疾首，所以才广泛邀请群臣，对外招揽宾客，以求报仇。能使我成功的人，我愿意和他分享燕国大权。现在乐毅亲自征战，为我大破齐国，平毁齐国宗庙，报了旧仇，齐国本来就应归乐毅所有，不是燕国该得到的。乐毅如果能拥有齐国，与燕国成为大周的诸侯国，两国结为友好邻邦，共同抵御其他诸侯国的来犯，这正是燕国的福气、我的心愿啊！你怎么敢说这种话呢！"于是将那人处死。又赏赐乐毅妻子以王后的服饰，赏赐他的儿子以王子的服饰，配备君王车驾乘马，及上百辆属车，派宰相送到乐毅那里，立乐毅为齐王。乐毅十分惶恐，不敢接受，一再拜谢，写下辞书，并宣誓以死效忠燕王。从此齐国人敬服乐毅的德义，各诸侯国也敬畏他的信义，没有敢再来算计乐毅的了。

【原文】

顷之[①]，昭王薨[②]，惠王立[③]。惠王自为太子时，尝不快于乐毅[④]。田单闻之，乃纵反间于燕[⑤]，宣言曰："齐王已死，城之不拔者二耳。乐毅与燕新王有隙[⑥]，畏诛而不敢归[⑦]，以伐齐为名，实欲连兵南面王齐。齐人未附[⑧]，故且缓攻即墨以待其事[⑨]。齐人所惧，唯恐他将之来，即墨残矣[⑩]。"燕王固已疑乐毅，得齐反间，乃使骑劫代将[⑪]，而召乐毅。乐毅知王不善代之[⑫]。遂奔赵。燕将士由是愤惋不和[⑬]。

燕惠王即位后中了齐国的反间计，派骑劫代替乐毅统率部队。

【注释】

①顷之：过了一些时候，不久。②薨：诸侯去世叫薨。③惠王：昭王的儿子姬乐资。④尝：曾经。不快：有矛盾。⑤纵：施行。反间：反间计，挑拨离间的计策。⑥新王：新即位的王，指惠王。隙：裂痕，引申为怨仇。⑦畏诛：怕遭杀害。⑧附：归附，投降。⑨且：暂且。待其事：等待即墨一带的人慢慢归附乐毅。⑩残：破灭。⑪骑劫：燕将。代将：代替乐毅带兵。⑫王不善代之：惠王派骑劫代替乐毅带兵，不怀好意。⑬愤惋：愤恨惋惜。不和：不平。

【译文】

不久，燕昭王去世，燕惠王即位。惠王做太子的时候，就与乐毅有矛盾。田单听说了，便派人到燕国去施行反间计，散布说："齐王已经死了，齐国的城池没有被攻下的只有两座了。乐毅和燕国新君有怨仇，害怕被杀而不敢回燕国，他以征伐齐国为名，实际上是想联合齐军在齐国南面称王。只是齐国的民众还没有归附，所以乐毅缓攻即墨是为了等待齐国民众归附他。齐国人所害怕的，是燕国改派其他大将来，到那时即墨城就破灭了。”燕惠王本来就怀疑乐毅，听了齐国挑拨离间的话，便派骑劫去代替乐毅统率部队，而且召乐毅回国。乐毅知道惠王派骑劫来代替他不怀好意，于是就投奔赵国去了。燕军将士为此都愤愤不平，内部开始不和。

【原文】

田单令城中人食，必祭其先祖于庭①，飞鸟皆翔舞而下城中②。燕人怪之，田单因宣言曰："当有神师下教我。"有一卒曰："臣可以为师乎？"因反走③。田单起引还，坐东向④，师事之⑤。卒曰："臣欺君。"田单曰："子勿言也！⑥"因师之。每出约束，必称神师。乃宣言曰："吾唯惧燕军之劓所得齐卒⑦，置之前行⑧，即墨败矣！"燕人闻之，如其言⑨。城中见降者尽劓⑩，皆怒，坚守，唯恐见得⑪。单又纵反间，言"吾惧燕人掘吾城外冢墓⑫，可为寒心⑬！"燕军尽掘冢墓，烧死人。齐人从城上望见，皆涕泣⑭，共欲出战，怒自十倍⑮。

齐城上空飞鸟盘旋飞舞而下。

【注释】

①庭：庭院。②翔舞：盘旋飞舞。③因反走：转身就跑。因，即。④坐东向：请这个士卒面向

东而坐。古代以面向东而坐为尊。⑤ 师事之：用对待老师的礼节侍奉他。⑥ 子勿言：你不要说穿。这里田单叮嘱他不要把神师的假象说穿。⑦ 劓：劓刑，割去鼻子。⑧ 前：列。⑨ 如其言：按照他的话做了。⑩ 城中：城中的人。⑪ 见得：被俘。⑫ 冢墓：坟墓。⑬ 寒心：心寒，害怕，担忧。⑭ 涕泣：掉泪抽泣。⑮ 怒自十倍：比往常增加了十倍的愤怒。

【译文】

田单命令城中的民众，在吃饭前必须先在庭院里祭祀他们的祖先，飞鸟争吃祭饭都盘旋落到城中。燕国人远远望见感到很惊讶，田单又让人散布说："就会有神师降临来教导我。"有个士兵说："我可以当神师吗？"说完话转身就跑。田单连忙起身拉他回来，请他坐在向东的上座，奉为神师。这个士兵说："我骗您的。"田单说："你不要说话了！"于是把他当神师。此后，每次发布号令，一定声称是神师教导的。田单又令人散布说："我只害怕燕国人割掉齐国俘虏的鼻子，作战时把他们赶到队伍的前面，那样即墨城就完了！"燕国人听到田单这番话，果然这样做了。即墨城里的人一见被俘的人全都被割去了鼻子，都十分愤怒，更加坚守城池，唯恐被俘。田单又派人施行反间计，说："我怕燕国人挖掘城外的祖坟，那样实在是让人心寒！"燕军又中计，把城外的坟墓都挖了，焚烧死尸。齐国人在城头上望见这一切，都悲愤得流泪抽泣，纷纷要求出战，怒气倍增。

【原文】

田单知士卒之可用，乃身操版、锸[①]，与士卒分功[②]；妻妾编于行伍之间[③]；尽散饮食飨士[④]。令甲卒皆伏[⑤]，使老、

田单亲自拿着筑墙和掘土的工具，和士卒一道修筑工事。

弱、女子乘城[⑥]，遣使约降于燕；燕军皆呼万岁。田单又收民金得千镒[⑦]，令即墨富豪遗燕将，曰："即降[⑧]，愿无虏掠吾族家！"燕将大喜，许之，燕军益懈[⑨]。

【注释】

① 身操版、锸：亲自拿着筑墙和掘土的工具。② 分功：分担工作。③ 行伍：军队的编制。④ 飨士：让士卒吃。⑤ 甲卒皆伏：披甲的战士都埋伏起来。伏，埋伏。⑥ 乘城：登城守卫。⑦ 镒：二十两为一镒。⑧ 即降：就要投降了。⑨ 益懈：渐渐松懈。

【译文】

田单知道这时士卒都做好了死战的准备，于是就亲自拿着筑墙和掘土的工具，和士卒一道修筑工事；他将自己的妻妾也编入部队；又把吃的喝的全部分发给士卒。然后，他命令披甲的士卒全都埋伏起来，派老弱的兵丁和妇女们登城守卫，并派使者和燕国的军队相约投降的事宜；燕国将士齐声高呼万岁。田单又在城中百姓间募集到一千镒金银，让即墨城里的富豪们偷偷送给燕军将领，说："齐军就要投降了，希望贵军受降后不要虏掠我们的家族！"燕军将领非常高兴，便答应了他们的请求。燕军将士的戒备就渐渐松懈下来。

【原文】

田单乃收城中，得牛千馀，为绛缯衣[①]，画以五采龙文，束兵刃于其角[②]，而灌脂束苇于其尾[③]，烧其端，凿城数十穴[④]，夜纵牛，壮士五千随其后。牛尾热，怒而奔燕军。燕军大惊，视牛皆龙文，所触尽死伤。而城中鼓噪从之[⑤]，老弱皆击铜器为声，声动天地。燕军大骇[⑥]，败走。齐人杀骑劫，追亡逐北[⑦]，所过城邑皆叛燕，复为齐。田单兵日益多，乘胜，

火牛在前，齐国精兵在后攻击燕军。

燕日败亡，走至河上[8]，而齐七十馀城皆复焉[9]。乃迎襄王于莒[10]；入临淄，封田单为安平君[11]。

燕军将士惊慌失措，纷纷败逃。

【注释】

①绛缯衣：大红色的薄绢所制成的被服。②兵刃：打仗的兵器，一般是指冷兵器。最常见的兵刃有刀、剑等。③灌脂束苇于其尾：把灌着油脂的干芦苇缚在牛尾上。④穴：洞穴。⑤城中鼓噪从之：城中的人群一齐呼喊，跟随在后面。⑥大骇：大惊。⑦追亡逐北：追赶逃跑败亡的敌人。⑧河上：黄河边上。⑨复：收复。⑩襄王：名法章，公元前283年至公元前265年在位。⑪安平君：田单当初起于安平，所以以安平君为封号。

【译文】

田单又派人在城里收集，得到一千多头牛，用深红色的薄绢披在牛身上，在上面画上五彩龙纹，在牛角上绑上锋利的刀子，把灌有油脂的干芦苇绑在牛尾上，点燃它的尾端，在城墙上凿了几十个洞，趁黑夜把牛放出去，五千名精壮的士卒跟随在牛群后面。那些牛的尾巴烧得疼痛难当，拼命地向燕军狂奔。燕国将士大惊失色，火光中隐约看到牛身上都有龙的花纹，被牛碰上的不是死就是伤。此时，即墨城里的人也聚众呐喊，老弱兵丁全都敲击铜器，发出的声响震天动地。燕军将士惊慌失措，纷纷败逃。齐国人杀死了燕军主将骑劫，追杀逃跑的燕军，一路上经过的城池全都背叛燕国，重新成了齐国的城邑。田单的兵力不断增加，乘胜追击，燕军天天都在逃跑，一直逃到黄河边上，齐国的七十多座城池都被田单收复了。于是，田单从莒迎回襄王；襄王回到临淄，封田单为安平君。

长平之战

【导语】

战国中晚期，秦国任用商鞅实行变法，经过多代努力，国势日益强盛。秦国先后西并巴、蜀，东侵三晋，南攻荆楚，取得了军事、政治、外交各方面的胜利。至秦昭王时，秦国已成为战国七雄中实力最强的国家。当时秦周边的韩、魏、燕、赵四国，为了遏制秦的扩张，建立了盟友关系。其中，最强的是赵国，最弱的是魏国。秦采用“远交近攻”的战略，从公元前268年起，先出兵攻魏，迫使魏亲附于己。接着又大举攻韩，韩王异常恐惧，遂遣使入秦，表示愿意献上党郡（今山西长治）求和。上党太守冯亭不愿献地入秦，为了促成韩、赵两国联合抗秦，他将上党郡献给了赵国。赵王贪利受地，将上党并入了自己的版图。秦王闻之大怒，于公元前261年命左庶长王乾率军攻打上党，赵军不敌，退守长平（今山西高平西北）。赵王闻秦军东进，派大将廉颇率赵军主力抵达长平，以图夺回上党。战国时期规模空前的长平之战由此揭开序幕。

廉颇率赵军主力抵达长平，由于秦强赵弱，赵军屡战屡败。廉颇改变战略方针，转攻为守，依托有利地形，筑垒固守，以逸待劳，使秦军陷于疲惫。两军在长平一带相持不下。秦采用离间手段，派人去邯郸收买赵王的左右权臣，离间赵王与廉颇的关系。于是赵王命赵括接替廉颇为将。秦王见离间计得逞，立即任命骁勇善战的广武君白起为上将军，代替王乾出任秦军统帅。

公元前260年，赵括统帅赵军向秦军发起了大规模进攻，遭到秦军主力的坚强抵抗，赵军受挫。秦昭王亲赴河内（今河南沁阳）进行增援。赵括率赵军强行突围，在战斗中被秦军乱箭射死。赵军失去主将，斗志全无，全部解甲投降。这四十万赵军降卒，除幼小的二百四十人外，全部被白起坑杀。秦军终于取得了长平之战的彻底胜利。

长平之战中，秦军共歼灭赵军四十五万人，取得了军事上的重大胜利。赵国受创，从此衰落下去。这一仗不仅大大地削弱了赵国，而且也镇服了东方各国，为秦国后来完成统一大业创造了极为有利的条件。

【原文】

周赧王五十三年（己亥，公元前262年）

赵国群臣就献地问题而产生不同的意见。

楚人纳州于秦以平。

冯亭派使者去向赵国献地。

武安君伐韩[1]，拔野王。上党路绝，上党守冯亭与其民谋曰[2]："郑道已绝，秦兵日进，韩不能应，不如以上党归赵。赵受我，秦必攻之；赵被秦兵，必亲韩；韩、赵为一，则可以当秦矣。"乃遣使者告于赵曰："韩不能守上党，入之秦，其吏民皆安于赵，不乐为秦。有城市邑十七，愿再拜献之大王！"赵王以告平阳君豹，对曰："圣人甚祸无故之利。"王曰："人乐吾德，何谓无故？"对曰："秦蚕食韩地[3]，中绝，不令相通，固自以为坐而受上党也。韩氏所以不入于秦者，欲嫁其祸于赵也。秦服其劳而赵受其利，虽强大不能得之于弱小，弱小固能得之于强大乎！岂得谓之非无故哉？不如勿受。"王以告平原君，平原君请受之。王乃使平原君往受地，以万户都三封其太守为华阳君，以千户都三封其县令为侯，吏民皆益爵三级。冯亭垂涕不见使者，曰："吾不忍卖主地而食之也！"

【注释】

① 武安君：历朝历代国之能安邦胜敌者均号"武安"，最早出自西周，武安者，以武功治世、威信安邦誉名。"君"是卿大夫的一种新爵号。白起数立战功，秦封其为武安君，这里指白起。② 冯亭：（？—公元前 260 年），战国时期韩国人。公元前 262 年，秦国武安君白起伐韩，取野王邑。上党与韩国本土的道路被断绝。韩国派阳

城君到秦国谢罪，割上党之地请和。另一方面，派遣韩阳，通知上党靳黈撤离上党，靳黈不肯，韩桓惠王派冯亭接替他的位置。③蚕食：蚕吃桑叶。像蚕吃桑叶那样一步步侵占。比喻逐步侵占。

【译文】

周赧王五十三年（己亥，公元前262年）

楚国把州陵献给秦国，以求和平。

秦国武安君白起进攻韩国，攻克野王。上党与外界的通道被切断。上党郡守冯亭与民众商议说："现在去都城新郑的道路已经断绝，秦国军队每日都在不断向这里推进，韩国又无法接应，不如把上党献给赵国。赵国如果接受我们，秦国必定进攻他们；赵国面对秦国军队的进攻，一定会与韩国联合；韩、赵联合起来，就可以抵挡秦国了。"于是派使者去告诉赵国说："我们韩国无法守住上党，如今想把上党献给秦国，但郡中的官员和百姓都心向赵

冯亭垂涕不见使者。

国，不愿做秦国的属下。我们现有大邑共十七个，愿意恭敬地把这些献给赵王！”赵王把这件事告诉平阳君赵豹，赵豹说：“圣人认为接受无缘无故的利益是不好的兆头。”赵王说：“别人仰慕我的恩德，怎么说是无缘无故呢？”赵豹回答说：“秦国蚕食吞并韩国的土地，从中切断上党与都城新郑的道路，不使它们相通，本来以为可坐待上党归降。韩国人之所以不把它献给秦国而献给赵国，就是想把患祸转嫁给赵国。秦国付出千辛万苦而赵国却坐收其利，即使我们强大也不能这样从弱小手中夺取土地，何况我们本来就弱小，怎么能与强大的秦国相争呢！这难道还不是无缘无故吗？不如不接受上党。”赵王又把此事告诉平原君赵胜，赵胜却劝赵王接受。赵王于是派赵胜前去接收，封冯亭为华阳君，赐给他三个拥有万户百姓的城做封地；又封其县令为侯，赐给三个拥有千户百姓的城做封地，官吏都加爵三级。冯亭不愿见赵国使者，垂着泪说：“我不忍心出卖国家的土地而作为自己的俸禄啊！”

【原文】

五十五年（辛丑，公元前 260 年）

秦左庶长王龁攻上党[①]，拔之。上党民走赵。赵廉颇军于长平，以按据上党民[②]。王龁因伐赵。赵军数战不胜，止一裨将、四尉。赵王与楼昌、虞卿谋，楼昌请发重使为媾[③]。虞卿曰：“今制媾者在秦；秦必欲破王之军矣，虽往请媾，秦将不听。不如发使以重宝附楚、魏，楚、魏受之，则秦疑天下之合从，媾乃可成也。”王不听，使郑朱媾于秦，秦受之。王谓虞卿曰：“秦内郑朱矣。”对曰：“王必不得媾而军破矣。何则？

秦左庶长王龁攻上党。

天下之贺战胜者皆在秦矣。夫郑朱，贵人也，秦王、应侯必显重之以示天下。天下见王之媾于秦，必不救王；秦知天下之不救王，则媾不可得成矣。”既而秦果显郑朱而不与赵媾。

【注释】

① 王龁：战国末期秦国大将，经历三代秦王，为秦国宿将，曾与蒙骜王陵交替征战。在长平之战中，为初期和后期的秦军统帅。始皇帝二年，王龁战死。现有多部史书记载。② 按据：谓屯兵支援。③ 媾：连合，结合，交好。

【译文】

五十五年（辛丑，公元前 260 年）

秦国派左庶长王龁率兵进攻上党，不久就攻破了。上党百姓被迫逃往赵国。赵国派廉颇率军驻守在长平，以接应上党逃来的百姓。王龁于是挥师攻打赵国。赵军迎战，几战都没取胜，一员副将和四名都尉先后阵亡。赵王与楼昌、虞卿商议，楼昌建议派地位高的使节与秦国交好。虞卿反对说：“和与不和，控制权都在秦国；秦国现在已下决心要打败赵军，我们即使去求和，秦国的将领也不会同意。我们不如派使者用贵重的珍宝拉拢楚国、魏国。一旦楚国、魏国接受，那么秦国就会疑心各国重新结成了抗秦阵线，那时与秦国交好才可成功。”赵王不听虞卿的意见，仍派郑朱赴秦国求和。秦国接待了郑朱。赵王便对虞卿说：“秦国接纳郑朱了。”虞卿回答说：“大王肯定见不到和谈成功而赵军就被击破了。为什么这样说呢？各国都派使者赴秦国庆贺胜利。郑朱是赵国地位很高的人，秦王、应侯肯定会把郑朱来求和的事向各国宣扬。各国看到赵王派人去向秦国求和，一定不会再出兵援救赵国；秦国知道赵国孤立无援，就愈发不肯与赵国讲和了。”不久，秦国果然大肆宣扬郑朱来使，而不与赵国进行和谈。

【原文】

秦数败赵兵，廉颇坚壁不出。赵王以颇失亡多而更怯不战，怒，数让之[①]。应侯又使人行千金于赵为反间，曰：“秦之所畏，独畏马服君之子赵括为将耳！廉颇易与，且降矣！”赵王遂以赵括代颇将。蔺相如曰：“王以名使括，若胶柱鼓瑟耳[②]。括徒能读其父书传，不知合变也。”王不听。初，赵括自少时学兵法，以天下莫能当；尝与其父奢言兵事，奢不能难，然不谓善。括母问其故，奢曰：“兵，死地也，而括易言之。使赵不将括则已；若必将之，破赵军者必括也。”及括将行，其母上书，言括不可使。王曰：“何以？”对曰：“始妾事其父，时为将，身所奉饭而进食者以十数，所友者以百数，王及宗室所赏赐者，尽以与军吏士大夫；受命之日，不问家事。今括一旦为将，东乡而朝，军吏无敢仰视之者；王所赐金帛，归藏于家，而日视便利田宅可买者买之。王以为如其父，父子异心，愿王勿遣！”王曰：“母置之，吾已决矣！”母因曰：“即如有不称，妾请无随坐！”赵王许之。

赵括之母向赵王上书要求免去赵括的职务。

【注释】

①让：责备。②胶柱鼓瑟：柱，瑟上调节声音的短木。瑟，一种古乐器。是用胶把柱粘住以后奏琴，柱不能移动，就无法调弦。意指固执拘泥，不知灵活变通。

【译文】

赵军与秦军交战屡屡失败，廉颇便下令赵兵坚城固守，拒不出战。赵王以为廉颇损失惨重后更加胆怯，不敢迎战，气愤得多次斥责他。这时应侯范雎又派人带上千金去赵国施行反间计，到处散布谣言说："秦国所畏惧的，只是马服君赵奢的儿子赵括做大将。廉颇极易对付，不久他就快投降了！"赵王听说后就任用赵括代替廉颇去率领军队。蔺相如劝阻道："大王因为赵括有名望就重用他，这就像是粘住调弦的琴柱再弹琴呀！赵括只知道死读他父亲留下的兵书，不知道在战场上随机应变。”赵王不听。起初，赵括从小学习兵法时，就自以为天下无人可与之相比。他曾与父亲赵奢讨论兵法，赵奢也难不倒他，但赵奢始终不说他有才干。赵括的母亲询问原因，赵奢说：“带兵打仗，就是出生入死，而赵括谈起来却很随便。赵国不用他为大将则已，如果一定用他，灭亡赵军的一定是赵括。”待到赵括将要出发时，他的母亲急忙上书给赵王，指出赵括不能担当重任。赵王问：“为什么？”赵括的母亲回答说：“当年我侍奉赵括的父亲，他做大将时，亲自去捧着饭碗招待的有几十位，他的朋友有几百人，大王及宗室王族给他的赏赐，他全部分发给将士和周围的人。他自接受命令之日起，就不再过问家事。而赵括刚刚做了大将，就向东高坐，接受拜见，大小军官没人敢抬头正脸看他。大王赏给他的金银绸缎，全部拿回家藏起来，每天忙于察看有什么良田美宅可买的就买下。大王您以为他像他的父亲，其实他们父子用心完全不一样。请大王千万不要派他去。”赵王说：“老太太你不要再说了，我已经决定了。”赵括母亲便说：“万一赵括出了什么差错，我请求不要连累我。”赵王同意了赵母的请求。

【原文】

秦王闻括已为赵将，乃阴使武安君为上将军而王龁为裨将，令军中：“有敢泄武安君将者斩！”赵括至军，悉更约束，易置军吏，出兵击秦师。武安君佯败而走，张二奇兵以劫之。赵括乘胜追造秦壁，壁坚拒不得入；奇兵二万五千人绝赵军之后，又五千骑绝赵壁间。赵军分而为二，粮道绝。武安君出轻兵击

周子劝说齐王出兵救赵。

之，赵战不利，因筑壁坚守以待救至。秦王闻赵食道绝，自如河内发民年十五以上悉诣长平[①]，遮绝赵救兵及粮食。齐人、楚人救赵。赵人乏食，请粟于齐[②]，齐王弗许。周子曰："夫赵之于齐、楚，扞蔽也，犹齿之有唇也，唇亡则齿寒；今日亡赵，明日患及齐、楚矣。救赵之务，宜若奉漏瓮沃焦釜然[③]。且救赵，高义也；却秦师，显名也；义救亡国，威却强秦。不务为此而爱粟，为国计者过矣！"齐王弗听。

【注释】

①诣：到。②粟：小米，中国古称稷或粟。这里指军粮。③瓮：陶制盛器，小口大腹。

【译文】

秦王听说赵王任用赵括为大将，便暗地里派武安君白起为上将军，改王龁为副将，下令军中："有谁胆敢泄露白起为上将军的消息，格杀勿论！”赵括来到军中，将原来的规定全部废除，更换军官，下令出兵攻打秦军。白起佯装战败逃走，预先布置下两支奇兵准备截击。赵括不知其计，乘胜追击，直捣秦军营垒，秦军坚守不出，赵军无法攻克。这时，秦军一支二万五千人的奇兵已经切断了赵军的后路，另外一支五千人的骑兵也堵截住赵军返回营垒的通道。赵军被一分为二，粮道也被断绝。白起下令精锐轻军前去袭击赵军，赵军接连失利，只好坚筑营垒等待援兵。秦王听说赵军的粮草通道已经被切断，便亲自到河内征发十五岁以上的男子全部调往长平，阻断赵国的救兵及粮草救济。有些齐国人、楚国人增援赵国。赵军缺乏粮草，向齐国请求救济，齐王不同意。周子说：“赵国对于齐国、楚国来说，是一道屏障，就像牙齿外面的嘴唇一样，唇亡则齿寒；今天赵国一旦灭亡，明天灾祸就会降临到齐国和楚国的头上。因此救援赵国这件事，应该像捧着漏瓦罐去浇烧焦了的铁锅那样，刻不容缓。何况救援赵国表现出的是高尚的道义；抵抗秦军，更是显示威名的好事；必须主持正义救援亡国，击退秦国以显示兵威。眼下不倾尽全力救赵国反而爱惜粮食，这样为国家谋划真是大错啊！”齐王不听。

【原文】

九月，赵军食绝四十六日，皆内阴相杀食①。急来攻垒，欲出为四队，四五复之②，不能出③。赵括自出锐卒搏战，秦人射杀之。赵师大败，卒四十万人皆降。武安君曰：“秦已拔上党，上党民不乐为秦而归赵。赵卒反覆，非尽杀之，恐为乱。”乃挟诈而尽坑杀之④，遣其小者二百四十人归赵，前后斩首虏四十五万俘虏；赵人大震。

【注释】

①内：指内部。②四五复之：连续四五次反复冲杀。③出：指突围。④挟诈：暗用欺骗诡计。坑杀：陷之于坑而杀，即活埋。

【译文】

到了九月，赵军已经断粮四十六天，赵军开始暗中残杀，互相吞食。赵括心急，便下令赵军进攻秦军营垒，打算派出四队人马，连续四五次反复冲杀，仍无法突围出去。赵括亲自率领精兵上阵肉搏，被秦兵射死。赵军于是大败，四十万士兵全部投降秦国。白起说："当初秦军已攻克上党，上党百姓却不愿归秦而去投奔赵国。赵国士兵反复无常，不全部杀掉，恐怕会有后乱。"于是使用奸计把赵国降兵全部活埋，只放出二百四十个年岁较小的回到赵国，长平之战前后共杀死四十五万俘虏，赵国大为震惊。

秦纪

李园乱楚

【导语】

俗话说："害人之心不可有，防人之心不可无。"春申君聪明一世，糊涂一时，他没想到一个小小的李园，竟能将他置于死地。当朱英向他提出警告的时候，他还一笑置之，最后不但相位不保，连身家性命也没有了。

春申君是楚国贵族，为战国四公子之一，曾以辩才出使秦国，并上书秦王说秦楚应友好相处。当时楚太子完到秦国当人质并被扣留，春申君以命相保，设计将太子送回，随后他也回到楚国，被任为楚相。春申君曾率兵救赵，又曾率六国诸侯军攻秦。后因贪图富贵中李园圈套而被杀。

对于春申君其人，司马迁作了大体公允的评价："春申君之说秦昭王，及出身遣楚太子归，何其智之明也！后制于李园，旄矣。"春申君以身殉君是对暴秦恃强凌弱行为的一种抗争，在一定程度上维护了楚国的利益，是值得称道的明智之举。但他"招致宾客，以相倾夺"，无非是把宾客当作显示富贵的摆设，他不可能得到真正的贤才。即使有朱英那样的人，最终也只能恐祸及身而远去。

朱英探知到李园豢养刺客的情况，预见李园在楚考烈王死后，必定会因为与春申君争权而抢先下手谋害他。朱英将自己的预见告知了春申君，提醒他对李园进行必要的防范，并建议抢先下手除掉李园。可惜，春申君对李园没有正确的认识，对李园准备谋害自己的行为也没有丝毫察觉，因此，他拒不采纳朱英的意见。

俗话说："当断不断，反受其乱。"说的就是春申君失去了杀李园的机会吧？

【原文】

昭襄王九年（癸亥，公元前238年）

楚考烈王无子，春申君患之，求妇人宜子者甚众[①]，进之，卒无子。赵人李园持其妹欲进诸楚王[②]，闻其不宜子，恐久无宠，乃求为春申君舍人[③]。已而谒归[④]，故失期而还[⑤]。春申君问之，李园曰："齐王使人求臣之妹[⑥]，与其使者饮，故失期[⑦]。"春申君曰："娉入乎？[⑧]"曰："未也。"春申君遂纳之。既而有娠，李园使其妹说春申君曰："楚王贵幸君[⑨]，虽兄弟不

春申君遍寻能生育的妇女进献给楚王。

如也。今君相楚二十馀年而王无子，即百岁后将更立兄弟[10]，彼亦各贵其故所亲，君又安得常保此宠乎！非徒然也，君贵，用事久，多失礼于王之兄弟，兄弟立，祸且及身矣[11]。今妾有娠而人莫知，妾幸君未久，诚以君之重，进妾于王，王必幸之。妾赖天而有子男[12]，则是君之子为王也。楚国尽可得，孰与身临不测之祸哉[13]！”春申君大然之。乃出李园妹，谨舍而言诸楚王[14]。王召入，幸之，遂生男，立为太子。

【注释】

① 宜子：宜于生子。② 持：带着。③ 舍人：王公贵族的侍从宾客，亲近左右。④ 谒：请求。⑤ 故：故意。⑥ 使：派遣。⑦ 故：所以。⑧ 娉：通“聘”。以礼物订婚。⑨ 幸：宠幸。⑩ 即：如果。⑪ 且：将要。⑫ 子男：儿子。⑬ 孰与身临不测之祸哉：这一句的意思说“这与身遭意外的祸患相比，哪样好？”⑭ 谨舍：严密地安排住所。

【译文】

昭襄王九年（癸亥，公元前 238 年）

楚考烈王没有儿子，春申君为此十分忧虑，他遍寻很多能生育的妇女进献给楚王，虽然进献了不少，但是她们最终还是没能为楚王生下儿子。有个叫李园的赵国人，带着他的妹妹来，想进献给楚王，可听说楚王不能生儿子，便担心时间一长，自己的妹妹会失去楚王的宠幸。于是他请求服侍春申君，做春申君的舍人。没过多久，李园告假回赵国探亲，故意超过了请假的期限才返回来。春申君询问他晚回来的原因，李园说：“齐国国君派使者来求娶我的妹妹，我陪使者饮酒，所以延误了归期。”春申君说：“已经下过聘礼订婚了吗？”李园回答道：“还没有。”于是春申君便纳李园的妹妹为妾。没过多久，李园的妹妹怀了身孕，李园便让她去劝说春申君道：“楚王非常宠信您，即使是他的亲兄弟也比不上。如今您担任楚国的相国已经二十多年了，而楚王依旧还没有儿子。照此情景下去，他去世以后必将立他的兄弟为国君，而新国君也必定要使他的旧亲信分别得到显贵，这样的话，您又如何能永久地保持住您的荣宠地位呀！不仅如此，由于您受到楚王的宠幸，长期执掌国事，肯定对楚王的兄弟有过许多失礼的地方，一旦他们登上王位，您就要大祸临头了。现在我怀有身孕的事还没有人知道，况且我受您宠爱的时间还不长，倘若以您的尊贵身份，将我进献给楚王，一定会得到他的恩宠。如果我靠着上天的恩赐生下一个男孩，那么将来继位为王的就是您的儿子了。这样一来，楚国便全是您的了，这与在新君主统治下身临难以预料的灾祸相比，哪一个结果更好呢？”于是春申君就同意了，将李园的妹妹送出府，安置在一个馆舍中住下，然后向楚王推荐她。楚王很快就召李园的妹妹入宫，并且很宠爱她。没过多久，李园的妹妹果然生了个儿子，被立为太子。

【原文】

李园妹为王后，李园亦贵用事，而恐春申君泄其语，阴养死士①，欲杀春申君以灭口；国人颇有知之者②。楚王病，朱英谓春申君曰：“世有无望之福③，亦有无望之祸。今君处无望之世④，事无望之主⑤，安可以无无望之人乎！”春申君曰：“何谓无望之福？”曰：“君相楚二十馀年矣，虽

朱英劝说春申君杀死李园。

名相国，其实王也。王今病，旦暮薨，薨而君相幼主，因而当国[⑥]，王长而反政[⑦]，不即遂南面称孤，此所谓无望之福也。”“何谓无望之祸？”曰：“李园不治国而君之仇也，不为兵而养死士之日久矣。王薨，李园必先入，据权而杀君以灭口，此所谓无望之祸也。”“何谓无望之人？”曰：“君置臣郎中，王薨，李园先入，臣为君杀之，此所谓无望之人也。”春申君曰：“足下置之[⑧]。李园，弱人也，仆又善之[⑨]。且何至此！”朱英知言不用，惧而亡去。后十七日，楚王薨，李园果先入，伏死士于棘门之内[⑩]。春申君入，死士侠刺之[⑪]，投其首于棘门之外；于是使吏尽捕诛春申君之家。太子立，是为幽王。

【注释】

①阴：暗中。死士：冒死的刺客。②国人：住在国都的人。③无望：不期而至，非常。④无望之世：指生死无常的世间。⑤无望之主：喜怒无常的君主。⑥因而当国：代少主掌握国政。⑦反：同“返”。归还。⑧置：放弃。⑨仆：对自己的谦称。⑩棘门：寿州的城门。⑪侠：通“夹”。从两侧夹住。

【译文】

李园的妹妹成为王后以后，李园的地位也随着显赫起来，在朝廷当权主事。但是他又深怕春申君将他曾指使妹妹说过的那些话泄露出去，便暗中收养武士，想让他们杀春申君灭口；楚国人中有不少知道这件事情的。没过多久，楚王卧病不起。朱英便对春申君说：“世上有未预料到而来的福气，也有不期而至的祸患。如今您处在生死变化不定的乱世之中，为喜怒无常的君王卖命，身边怎么能没有不期而至的人呢？”春申君问道：“什么叫‘未预料到而来的福气’呢？”朱英答道：“您担任楚国的相国二十多年了，虽然名义上是相国，可实际上已经相当于国君了。现在楚王病危，随时都有可能死去，一旦楚君病故，您就可以辅佐幼主，从而执掌国家大权，等到幼主成年后再还政给他，或者干脆就南面而坐，自称为王。这就是所谓的‘未预料到而来的福气’了。”春申君又问：“那什么是‘不期而至的祸患’呢？”朱英说：“李园虽然不治理国事，但他却是您的仇敌，他不管理军务统领军队，却长期以来豢养一些勇士。这样一来，一旦楚王去世，李园必定会抢先进入宫廷篡权，并且杀您灭口。这即是所谓的‘未预料到而来的灾祸’。”春申君又问道：“这样说来，‘不期而至的人’又是

春申君一进宫，立即遭到武士的两面夹击。

怎么回事呢？”朱英回答说：“您将我安置在郎中的职位上，一旦楚王去世，李园抢先入宫时，我就替您先杀了他，以此除掉后患。这就是所谓的‘不期而至的人’。”春申君说：“您要放弃这种打算。李园是个软弱的人，况且我对他又很好，哪至于发展到如此地步呀！”朱英知道自己的建议不会被春申君采纳，他担心发生变故累及自己，便先逃亡了。十七天后，楚王去世，李园果然抢先进宫，将他豢养的勇士埋伏在宫门里面。等到春申君一进来，勇士们立即上前两面夹击，将他刺杀，并割下他的头颅扔到宫门外面。接着，李园又派出官吏把春申君的家人全部捕杀。随后，太子芈悍继位，是为幽王。

王翦伐楚

【导语】

“王翦益兵定楚地”是秦灭掉韩、魏、赵、燕等国之后，最后统一中国的决定性战役。秦王最初任用缺乏经验的年轻将领李信为帅，李信轻敌冒进，被楚军打得大败。王翦在秦始皇处于战败的紧急关头，亲自率领60万秦军，抗衡楚军的凌厉攻势。他命秦军坚壁不战，养精蓄锐，周密准备，等待战机。终于，秦军抓住楚军东撤的时机，一鼓作气，大败楚军。不久，秦国就灭掉了强大的楚国。

【原文】

二十一年（乙亥，公元前226年）

冬，十月，王翦拔蓟，燕王及太子率其精兵东保辽东，李信急追之。代王嘉遗燕王书，令杀太子丹以献。丹匿衍水中，燕王使使斩丹，欲以献王，王复进兵攻之。

王贲伐楚，取十馀城。王问于将军李信曰：“吾欲取荆①，于将军度用几何人而足？”李信曰：“不过用二十万。”王以问王翦，王翦曰：“非六十万人不可。”王曰：“王将军老矣，何怯也！”遂使李信、蒙恬将二十万人伐楚；王翦因谢病归频阳②。

二十二年（丙子，公元前225年）

王贲伐魏，引河沟以灌大梁。三月，城坏。魏王假降，杀

秦将李信领兵急追燕军。

之，遂灭魏。

王使人谓安陵君曰："寡人欲以五百里地易安陵。"安陵君曰："大王加惠，以大易小，甚幸。虽然，臣受地于魏之先王，愿终守之，弗敢易！"王义而许之。

李信攻平舆[③]，蒙恬攻寝[④]，大破楚军。信又攻鄢郢，破之。于是引兵而西，与蒙恬会城父[⑤]。楚人因随之，三日三夜不顿舍[⑥]，大败李信，入两壁，杀七都尉；李信奔还。

【注释】

①荆：即楚国，因有荆山，故又称荆。②谢病：托病辞官。③平舆：楚邑名。④寝：楚邑名。⑤城父：楚邑名。⑥顿舍：停驻，休息。

【译文】

二十一年（乙亥，公元前 226 年）

冬季，十月，秦将王翦攻克燕都蓟城，燕国国君和太子丹率精兵向东退却图保辽东，秦将李信领兵急追。代王赵嘉送信给燕王，要他杀太子丹献给秦王。太子丹这时躲藏在衍水一带，燕王即派使节往衍水杀了太子丹，准备把他的头颅献给秦王，但秦王再次发兵攻燕。

秦将王贲进攻楚国，攻陷十多座城。秦王向将军李信询问说："我准备占领楚国，根据你的推测，要用多少兵力才够？"李信回答说："不超过二十万。"秦王又询问王翦，王翦说："非得六十万人不可。"秦王说："王将军老了，怎么如此胆怯啊！"于是派李信、蒙恬率领二十万人进攻楚国；王翦以有病为由辞职，返回家乡频阳。

二十二年（丙子，公元前225年）

秦将王贲率军征伐魏国，引汴河的水灌淹魏国都城大梁。三月，大梁城垣塌毁，魏王魏假投降，为秦军杀死。魏国灭亡。

秦王嬴政遣人通知安陵君说："我想要用五百里的土地换你的安陵国。"安陵君说："大王您施加恩惠给我，用大换小，真是太幸运了。但虽然如此，我这小国的土地是受封于魏国前代国君的，我愿意终生守护它，不敢交换！"秦王赞许他奉守道义，便应允了他的请求。

李信攻打平舆，蒙恬进攻寝城，大败楚军。李信又进攻鄢郢，攻克了该城。于是带领军队向西推进，同蒙恬在城父会师。楚军便紧紧跟在秦军的后边，三天三夜不停留，李信的军队被拖得疲惫不堪，遭到惨败，秦军的两座军营被攻下，七名都尉被杀死；李信逃回秦国。

秦王亲自到频阳向王翦道歉。

【原文】

王闻之，大怒，自至频阳谢王翦曰："寡人不用将军谋，李信果辱秦军。将军虽病，独忍弃寡人乎！"王翦谢："病不能将。"王曰："已矣[①]，勿复言！"王翦曰："必不得已用臣，非六十万人不可！"王曰："为听将军计耳。"于是王翦将六十万人伐楚。王送至霸上，王翦请美田宅甚众。王曰："将军行矣，何忧贫乎！"王翦曰："为大王将，有功，终不得封侯，故及大王之向臣[②]，以请田宅为子孙业耳。"王大笑。王翦既行，至关，使使还请善田者五辈[③]。或曰："将军之乞贷亦已甚矣！"王翦曰："不然，王怚中而不信人[④]，今空国中之甲士而专委于我，我不多请田宅为子孙业以自坚[⑤]，顾令王坐而疑我矣[⑥]。"

【注释】

①已矣：本是停止的意思。这里相当于"好了""罢了"。②向：接近，亲近。③善田：良田。④怚中：粗心。⑤自坚：指自己主动表示为秦王效命的心意十分坚定。⑥顾：却。令：使。坐：无缘无故，自然而然。矣：表示疑问的语气助词。

【译文】

秦王听到这个消息，大怒，亲自去到频阳向王翦道歉说：

“我没有采用将军的计谋，使得李信玷辱了秦军的声威。将军虽然有病，但难道忍心丢下寡人不管吗！”王翦推托说：“我有病，不能带兵。”秦王说：“从前的事已经过去了，不要再说了！”王翦说：“如果迫不得已，一定要用我，非得六十万的军队不行！”秦王说：“但凭将军安排吧。”于是王翦率领六十万大军进攻楚国。秦王亲自将王翦送到霸上，王翦要求秦王赏赐给他很多良田大宅。秦王说：“将军出发了，为什么担心日后贫穷呀！”王翦说：“担任大王的将领，即使立了功，终究也不会得到封侯之赏，所以趁着大王看重我的时候，只好讨些田宅来作为留给子孙的产业。”秦王大笑。王翦出发后，到了武关，先后派五批使者回去向秦王请求赏赐良田。有人说：“将军讨封赏也太过分了！”王翦说：“不是这样。大王心性粗暴多猜忌，现在倾尽国内兵力委托我独自指挥，我如果不多讨封良田大宅为子孙谋立产业，来表示自己坚决为大王效力，大王反而会无缘无故地猜疑我了。”

【原文】

二十三年（丁丑，公元前 224 年）

王翦取陈以南至平舆。楚人闻王翦益军而来[①]，乃悉国中兵以御之[②]；五翦坚壁不与战。楚人数挑战，终不出。王翦日休士洗沐[③]，而善饮食，抚循之[④]；亲与士卒同食。久之，王翦使人问：“军中戏乎？”对曰：“方投石、超距[⑤]。”王翦曰：“可用矣！”楚既不得战，乃引而东。王翦追之，令壮士击，大破楚师，至蕲南，杀其将军项燕，楚师遂败走。王翦因乘胜略定城邑。

王翦率兵大败楚军。

二十四年（戊寅，公元前223年）

王翦、蒙武虏楚王负刍，以其地置楚郡。

【注释】

①益军：增兵。②悉：竭尽。③休士洗沐：让士兵休整洗浴。洗，指洗脚。沐，指洗头。④抚循：安抚，安顿抚慰。⑤投石、超距：指军事游戏。超距，跳远。

【译文】

二十三年（丁丑，公元前224年）

王翦占领了陈以南直到平舆一带。楚人听说王翦增兵攻打过来，于是调动了全国兵力来抵抗；王翦坚守营垒不与楚人交战。楚人多次挑战，王翦始终不肯出兵。王翦每天只让士卒休息洗浴，吃好喝好，安抚他们；并同士卒一起用饭。过了很长一段日子，王翦派人打听："军中在玩什么？"回答说："正在玩投石、跳远的游戏。"王翦说："可以出兵了！"这时楚军见找不到战机，便向东转移。王翦趁机出兵追赶，命令壮士攻击，将楚军打得大败，一直追到蕲南地区，杀死了楚国将军项燕，楚军于是全线溃败。王翦便乘胜占领并平定了楚国的一些城邑。

二十四年（戊寅，公元前223年）

秦将王翦、蒙武俘获了楚国国君芈负刍，在楚地设置楚郡。

荆轲刺秦

【导语】

公元前228年，秦攻灭赵国。此后，秦国兵临易水，威胁燕国。当时燕国由燕王喜之子太子丹主持朝政。

太子丹决定派刺客去胁迫秦王嬴政。经田光引见，太子丹结识了著名的侠士荆轲。荆轲开始婉拒太子丹命他刺杀秦王的要求，但太子丹将他尊为上卿，并给予他极为优厚的礼遇，因此荆轲答应了他的请求。

公元前227年，荆轲携带着燕国督亢的地图和樊於期的首级，前往秦国刺杀秦王嬴政。太子丹到易水边为他送行，荆轲临别而歌，歌声慷慨悲凉，然后与秦舞阳乘车前往秦国都城咸阳。

荆轲来到秦国后，秦王在咸阳宫隆重地召见了他。荆轲在献燕国督亢地图时，图穷匕首见，刺秦王不中，被杀。秦舞阳也被侍从的武士砍杀于朝堂台阶之下。

秦王大怒，命大将王翦攻打燕国。公元前222年，秦军攻打辽东，俘获燕王喜，燕国灭亡。

【原文】

太子闻卫人荆轲之贤[①]，卑辞厚礼而请见之。谓轲曰："今秦已虏韩王，又举兵南伐楚，北临赵。赵不能支秦，则祸必至于燕。燕小弱，数困于兵，何足以当秦！诸侯服秦，莫敢合从[②]。丹之私计愚，以为诚得天下之勇士使于秦，劫秦王，使悉反诸侯侵地，若曹沫之与齐桓公[3]，则大善矣；则不可，因而刺杀之，彼大将擅兵于外而内有乱，则君臣相疑，以其间，诸侯得合从，其破秦必矣。唯荆卿留意焉！”荆轲许之。于是舍荆卿于上舍，太子日造门下[4]，所以奉养荆轲，无所不至。及王翦灭赵，太子闻之惧，欲遣荆轲行。荆轲曰：“今行而无信，则秦未可亲也。诚得樊将军首与燕督亢之地图[5]，奉献秦王，秦王必说见臣[6]，臣乃有以报。”太子曰：“樊将军穷困来归丹，丹不忍也！”荆轲乃私见樊於期曰：“秦之遇将军，可谓深矣，父母宗族皆为戮没！今闻购将军首，金千斤，邑万家，将奈何？”於期太息流涕曰：“计将安出？”荆卿曰：“愿得将军之首以献秦王，秦王必喜而见臣，臣左手把其袖，右手揕其胸[7]，则将军之仇报而燕见陵之愧除矣！”樊於期曰：“此臣之日夜切齿腐心也！”遂自刎[8]。太子闻之，奔往伏哭，然已无奈何，遂以函盛其首[9]。太子豫求天下之利匕首，使工以药焠之[10]，以试人，血濡缕[11]，人无不立死者。乃装为遣荆轲，以燕勇士秦舞阳为之副，使入秦。

荆轲私下里会见樊於期。

【注释】

①荆轲：战国末期卫人，好读书击剑，卫人称为“庆卿”，后到燕

国，被当地人称为荆卿。由燕国田光推荐给太子丹，拜为上卿。公元前227年，荆轲带燕督亢地图和樊於期首级，前往秦国进献。秦王大喜，在咸阳宫隆重召见。献图时，图穷匕首现，刺秦王不中，被杀。②合从：即“合纵”，泛指联合。③曹沫之与齐桓公：曹沫，鲁国人。齐桓公和鲁会盟，曹沫劫持齐桓公，逼迫他答应尽数归还侵夺鲁国的土地。④造：到。⑤督亢：今河北涿州东南有督亢陂，其附近定兴、新城、固安诸县一带即战国燕督亢，是燕国的膏腴之地。⑥说：同“悦”。⑦揕：刺。⑧自刎：割颈自杀。⑨函：匣子。这里作动词用，指用盒子装上。⑩焠：浸染。⑪濡缕：沾湿一缕。形容沾湿范围极小，引申指力量微弱。

【译文】

太子丹听说卫国人荆轲贤能，便携带厚礼，以谦卑的言词请求见他。太子丹对荆轲说：“现在秦国已经俘虏了韩王，又乘势举兵向南进攻楚国，向北逼近赵国；赵国无力对付秦国，那么灾难就要降临到燕国头上了。燕国又小又弱，多次被战争拖累，哪里还能抵挡得住秦国啊！各诸侯国都屈服秦国，没有哪个国家再敢合纵抗秦了。我个人的计策很愚鲁，认为如果能获得一位天下勇猛的勇士，让他前往秦国，劫持秦王，迫使秦王将兼并来的土地还给各国，就像曹沫当年逼迫齐桓公归还鲁国丧失的

太子丹听说樊於期自杀，急奔而来，伏尸痛哭。

太子丹在易水为荆轲送行。

领土一样，如此当然是最好的了；假如不行的话，便乘机杀了秦王。到那时，秦国的大将拥兵在外，而国内发生动乱，那么君臣之间一定会相互猜疑，趁此时机，各国如果能够合纵抗秦，就一定可以打败秦国。希望你留心这件事情啊！”荆轲答应了太子丹。于是，太子丹安排荆轲住进上等客舍，他天天亲往舍中探望，凡是能够供给荆轲的东西，没有不送到的。等到秦将王翦灭了赵国，太子丹听说后非常害怕，便想送荆轲出行。荆轲说：“我现在前往秦国，但是没有令秦人信任我的理由，不一定能接近秦王。倘若能得到樊将军的头颅和燕国督亢的地图，把它们献给秦王，秦王必定很高兴召见我，那时我才能刺杀他来回报您。”太子丹说：“樊将军在穷途末路时投奔我，我不忍心杀他啊！”于是，荆轲私下里去见樊於期说：“秦国对待你，可以说是残酷至极了，你的父母、宗族都被诛杀或没收为官奴！现在听说秦国悬赏黄金千斤、万户封地来买你的头颅，你打算怎么办呢？”於期流泪叹息道：“能想出什么办法呢？”荆轲说：“希望能得到你的头颅献给秦王，秦王见此一定高兴而召见我，那时我左手拉住他的袖子，右手持匕首刺他的胸膛，那么你的大仇就可以得报，而且燕国遭受的耻辱也可以消除了！”樊於期说：“这正是我日夜渴望实现的事情！”于是，樊於期拔剑自刎。太子丹听说后，急奔而来，伏在尸体上痛哭，但已经无可奈何了，于是就用匣子装起樊於期的头颅。太子丹已预先找到了天下最锋利的匕首，命令工匠把匕首烧红浸入毒药中，又用这染毒的匕首试刺人，只渗出一丝血，没有不立即死去的。于是准备行装送荆轲出发，又派燕国的勇士秦舞阳做他的助手，让二人作为使者前往秦国。

【原文】

始皇帝下二十年（甲戌，公元前227年）

荆轲至咸阳①，因王宠臣蒙嘉卑辞以求见，王大喜，朝服，设九宾而见之②。荆轲奉图以进于王，图穷而匕首见③，因把王袖而揕之；未至身，王惊起，袖绝。荆轲逐王，王环柱而走。群臣皆愕，卒起不意④，尽失其度。而秦法，群臣侍殿上者不得操尺寸之兵⑤，左右以手共搏之，且曰：“王负剑⑥！”负剑，王遂拔以击荆轲，断其左股⑦。荆轲废，乃引匕首擿王⑧，中铜柱。自知事不就，骂曰：“事所以不成者，以欲生劫之，必得约契以报太子也！”遂体解荆轲以徇⑨。王于是大怒，益发兵诣赵，就王翦以伐燕⑩，与燕师、代师战于易水之西，大破之。

【注释】

荆轲追逐刺杀秦王，秦王绕着柱子奔跑。

①咸阳：秦国都城，今陕西咸阳。②九宾：为古代宾礼中最隆重的礼仪，主要有九个迎宾赞礼的官员延迎上殿。③图穷而匕首见：地图打开到最后，里面藏着的匕首露了出来。图，地图。穷，尽。见，同“现”。④卒：同“猝”。⑤兵：武器。⑥负：背。⑦股：腿。⑧擿：投掷。⑨徇：示众。⑩王翦：秦著名将领，在秦始皇统一六国的战争中立有大功。荆轲事件之后，秦王派王翦攻打燕国，在易水西击破燕军主力，逼迫燕王逃到辽东，平定了燕蓟。

【译文】

始皇帝下二十年（甲戌，公元前227年）

荆轲到达秦国都城咸阳，通过秦王的宠臣蒙嘉，用谦卑的言词求见秦王；秦王非常高兴，穿上朝会时穿的礼服，安排朝会大典接见荆轲。荆轲捧着地图进献给秦王，图卷全部展开后，匕首现了出来，荆轲乘机抓住秦王的袍袖，举起匕首刺向秦王；没等荆轲近身，秦王已惊恐地跃起，挣断袍袖。荆柯随即追逐秦王，秦王绕着柱子奔跑。这时，殿上的群臣都大吃一惊，事发突然，群臣全都失去了常态。秦国法律规定，在殿上侍从的群臣不得携带任何武器，众人只好徒手上前搏击荆轲，并喊道：“大王把剑推到背上去！”于是秦王将剑推到背上，随即拔出剑来回击荆轲，砍断了他的左大腿。荆轲肢体受伤，就把匕首向秦王投了过去，却击中了铜柱。荆轲知道行刺之事已经无法完成，就大骂道：“此事所以不能成功，只是想活捉你，迫使你订立契约，归还所兼并的土地，以此来报答燕太子！”于是，荆轲被分尸示众。秦王为此勃然大怒，增派军队到赵国，同王翦的大军攻打燕国，秦军在易水以西与燕军和代王的军队会战，大败燕、代军。

汉纪

韩信破赵

【导语】

代（今山西北部）、赵（今河北南部）、燕（今河北北部）三种割据势力，投靠项羽，成为楚的羽翼。汉要灭楚，就必须先翦除这些诸侯国，使项羽陷入孤立的处境。

公元前 204 年，韩信统率新招募的三万人马，越过太行山，向东挺进，对赵国发起攻击。赵王歇、赵军主帅陈馀闻讯后，率军集结于井陉口防守。

井陉口是太行山有名的八大隘口之一，就是现在河北获鹿西十里的土木关。在它以西，有一条长约几十公里的狭窄驿道，易守难攻。这场战役中，陈馀被杀，赵王歇和李左车束手就擒。“井陉之战”以韩信大获全胜、一举灭赵而告终。“井陉之战”的结局，对楚汉战争的整个进程具有重大的意义。

【原文】

太祖高皇帝上之下三年（丁酉，公元前 204 年）

冬，十月，韩信、张耳以兵数万东击赵[①]。赵王及成安君陈馀闻之[②]，聚兵井陉口[③]，号二十万。

【注释】

①张耳：大梁（今河南开封市西北）人，汉时常山王。后封为赵王。汉高帝五年薨，谥曰景王。习称赵景王。年少时，曾为魏国公无忌（信陵君）座上常客。②陈馀：大梁（今河南开封）人。秦末

人物，魏地名士。《通鉴》卷七载："大梁人张耳、陈馀相与为刎颈交。"③井陉口：要隘名。九塞之一。故址在今河北省井陉县北井陉山上。又县西有故关，乃井陉西出之口。

【译文】

汉高帝三年（丁酉，公元前 204 年）

冬季，十月，韩信和张耳率领数万名士兵向东攻打赵国。赵王赵歇和成安君陈馀听到这个消息，在井陉口集结部队，号称二十万大军。

【原文】

广武君李左车说成安君曰："韩信、张耳乘胜而去国远斗，其锋不可当。臣闻'千里馈粮，士有饥色；樵苏后爨，师不宿饱。[①]'今井陉之道，车不得方轨，骑不得成列；行数百里，其势粮食必在其后。愿足下假臣奇兵三万人[②]，从间路绝其辎重[③]；足下深沟高垒勿与战[④]。彼前不得斗，退不得还，野无所掠，不至十日，而两将之头可致于麾下；否则必为二子所禽矣。"成安君尝自称义兵，不用诈谋奇计，曰："韩信兵少而疲，如此避而不击，则诸侯谓吾怯而轻来伐我矣。"

广武君李左车向成安君献计。

【注释】

①樵苏后爨，师不宿饱：这句话的意思是临时打柴割草，烧火做饭，士兵们很难安饱。樵苏，砍柴刈草。樵，砍柴。苏，割草。爨，烧火做饭。②假：借。③间路：隐蔽小道。辎重：军需物资，此指粮草。④深沟高垒：深挖战壕，加高营垒。

【译文】

广武君李左车劝成安君道："韩信、张耳乘胜势离开本国远征，其锋芒锐不可当。我听说：'从千里之外供给军粮，士兵会面有饥色；临时拾柴割草来做饭，军队会常常食不果腹。'而今井陉这条路，车辆不能并行，骑兵不能成列；行军队伍前后拉开几百里，依此形势，随军的粮草必定在大部队的后面。望您拨给我三万人作为奇兵，抄小路截断对方的辎重粮草，而您则深挖壕沟、高筑营垒，坚守不出战。这样一来，他们向前无仗可打，退后无路可回，野外又无什么东西可抢，用不了十天，韩信、张耳这两个将领的头颅就可以献到您的帐前了；不这样做肯定要被他们二人所俘获。"陈馀曾经自称是义兵，不屑于使用诈谋奇计，故说："韩信兵力单薄且又疲惫不堪，对这样的军队还避而不击，诸侯会认为我胆怯而随便来攻打我了。"

【原文】

韩信使人间视[①]，知其不用广武君策，则大喜，乃敢引兵遂下。未至井陉口三十里，止舍。夜半，传发，选轻骑二千人，人持一赤帜，从间道萆山而望赵军[②]。诫曰："赵见我走，必空壁逐我[③]；若疾入赵壁，拔赵帜，立汉赤帜。"令其裨将传餐，曰："今日破赵会食！"诸将皆莫信，佯应曰"诺。"信曰："赵

韩信对将士们说：待今天打败赵军后再会餐。

已先据便地为壁；且彼未见吾大将旗鼓[④]，未肯击前行，恐吾至阻险而还也。”乃使万人先行，出，背水陈；赵军望见而大笑。

【注释】

①间视：暗中探听，窥伺。②革：通“蔽”，隐蔽。③空壁：全军离营。④大将旗鼓：主将的旗帜和仪仗。

【译文】

韩信派人暗中打探消息，得知陈馀不采纳广武君的计策，异常高兴，于是大胆率军径直前进。在距离井陉口三十里的地方停下来安营扎寨。到半夜时分，韩信传令部队出发，挑选两千名轻骑兵，每人手拿一面红旗，从小道上山隐蔽起来，观察赵军的动向；并告诫他们说：“交战时赵军看到我军退却，必会倾巢出动来追赶我们；你们就趁机快速冲入赵军营垒，拔掉赵军的旗帜，遍插汉军的红旗。”又命他的副将送一些食物给将士们，对他们说：“待今天打败赵军后再会餐！”众将领们都不相信，只是假意应承道：“好吧。”韩信说：“赵军已经抢先占据了有利地形安营扎寨，而且他们没有看见我军大将的旗鼓，是不肯出兵攻打我们先头部队的，这是因为他们怕我军到了险要的地方，遇阻后就会撤回去。”韩信随即命一万人打先锋，出井陉口，背靠河水摆开阵列；赵军望见后都哗然大笑。

【原文】

平旦[①]，信建大将旗鼓，鼓行出井陉口；赵开壁击之，大战良久。于是信与张耳佯弃鼓旗，走水上军；水上军开入之，复疾战。赵果空壁争汉旗鼓，逐信、耳。信、耳已入水上军，军皆殊死战，不可败。信所出奇兵二千骑共候赵空壁逐利[②]，则驰入赵壁，皆拔赵旗，立汉赤帜二千。赵军已不能得信等，欲还归壁；壁皆汉赤帜，见而大惊，以为汉皆已得赵王将矣，兵遂乱，遁走，赵将虽斩之，不能禁也。于是汉兵夹击，大破赵军，斩成安君泜水上，禽赵王歇。

韩信和张耳假装丢旗弃鼓诱敌追击。

【注释】

①平旦：天刚亮。②逐利：追夺战利品。

【译文】

天刚蒙蒙亮的时候，

韩信打出了大将的旗鼓，敲着战鼓开出了井陉口；赵军打开营门迎击，双方激战了很久。这时，韩信和张耳便假装丢旗弃鼓，逃回河边的阵营；河边部队大开营门放他们进去，然后双方又展开鏖战。赵军果然倾巢出动，争抢汉军抛下的旗鼓，追逐韩信和张耳。韩信、张耳进入河边的阵地后，全军上下都拼死奋战，赵军无法打败他们。韩信派出的二千名骑兵等到赵军将士全体出动去追逐抢夺战利品时，立刻快速进入赵军营地，拔掉所有赵军旗帜，插上两千面汉军红旗。赵军已经无法抓获韩信等人，想退回营地；却见自己的营垒中遍是汉军的红旗，都惊慌失措，以为汉军已将赵王的将领全部擒获了，于是士兵们大乱，纷纷逃跑，赵将虽然不停地斩杀逃兵，但也无法禁止溃败之势。汉军随即前后夹击，大败赵军，在水边杀了陈馀，活捉了赵王歇。

赵军见自己的营垒中遍是汉军的红旗。

【原文】

诸将效首虏[①]，毕贺，因问信曰："兵法：'右倍山陵，前左水泽[②]。'今者将军令臣等反背水陈，曰'破赵会食'，臣等不服，然竟以胜。此何术也？"信曰："此在兵法，顾诸君不察耳！兵法不曰：'陷之死地而后生，置之亡地而后存'？且信非得素拊循士大夫也[③]，此所谓'驱市人而战之'，其势非置之死地，使人人自为战；今予之生地，皆走，宁尚可得而用之乎！”诸将皆服，曰：“善！非臣所及也。”

【注释】

①效：呈献，贡献。首虏：首级和俘虏。②右倍山陵，前左水泽：右面靠着山陵，前方和左面靠着水泽。倍，背靠，背向。③拊循：抚慰，顺从。引申为受过训练，听从指挥。士大夫：指一般将士。

【译文】

将领们献上赵军的首级和俘虏，都向韩信祝贺，并问韩信说：“兵法上提出：‘布军列阵要右面和背面靠着山陵，前面和左边靠着水泽。’而这次您却反而让我们背水布阵，还说‘待打败赵军后再会餐’，我们当时都颇不信服，结果竟然取胜了。这是什么战术呀？”韩信说：“这战术也是兵法上有的，只不过你们没有留意罢了！兵法上不是说‘陷之死地而后生，置之亡地而后存’吗？况且我所率领的不是平时训练有素的将士，这就是所谓的‘驱赶着街市上的平民百姓去作战’，势必非把他们置于死地，使他们人人为各自的生存而战不可；如果我给他们留下活路，他们就会逃走了，那样一来，怎么还能用他们去冲锋陷阵啊！”将领们都心悦诚服地说：“是啊！您的谋略不是我们所能比的呀！”

【原文】

信募生得广武君者予千金。有缚致麾下者，信解其缚，东乡坐，师事之。问曰：“仆欲北伐燕，东伐齐，何若而有功？”广武君辞谢曰：“臣，败亡之虏，何足以权大事乎！”信曰：“仆闻之：百里奚居虞而虞亡，在秦而秦霸；非愚于虞而智于秦也，用与不用，听与不听也。诚令成安君听足下计，若信者

韩信为李左车松绑。

亦已为禽矣；以不用足下，故信得侍耳。今仆委心归计，愿足下勿辞！”广武君曰：“今将军涉西河，虏魏王，禽夏说；东下井陉，不终朝而破赵二十万众，诛成安君；名闻海内，威震天下，农夫莫不辍耕释耒[①]，褕衣甘食[②]，倾耳以待命者，此将军之所长也。然而众劳卒罢，其实难用。今将军欲举倦敝之兵顿之燕坚城之下，欲战不得，攻之不拔，情见势屈；旷日持久，粮食单竭。燕既不服，齐必距境以自强。燕、齐相持而不下，则刘、项之权未有所分也，此将军所短也。善用兵者，不以短击长而以长击短。”韩信曰：“然则何由？”广武君对曰：“方今为将军计，莫如按甲休兵，镇抚赵民，百里之内，牛酒日至，以飨士大夫；北首燕路[③]，而后遣辩士奉咫尺之书，暴其所长于燕，燕必不敢不听从。燕已从而东临齐，虽有智者，亦不知为齐计矣。如是，则天下事皆可图也。兵固有先声而后实者，此之谓也。”韩信曰：“善！”从其策，发使使燕，燕从风而靡；遣使报汉，且请以张耳王赵，汉王许之。楚数使奇兵渡河击赵，张耳、韩信往来救赵，因行定赵城邑，发兵诣汉。

【注释】

①释耒：放下农具。谓停止耕作。②褕衣甘食：褕衣，美衣。穿漂亮衣服，吃美味食品。③首：方位。

【译文】

韩信悬赏千金招募活捉广武君李左车的人。不久就有人将李左车绑送到韩信帐前。韩信立刻为他松绑，让他面朝东而坐，以老师的礼节对待李左车。问李左车道：“我想向北攻打燕国，向东征伐齐国，该如何做才能成功呢？”李左车推辞说：“我是一个兵败国亡的阶下囚，哪里有资格来谋划大事啊！”韩信道：“我听说百里奚在虞国而虞国灭亡，在秦国而秦国称霸；这并不是百里奚在虞国时愚蠢，在秦国时聪明，而是在于国君用不用他，接不接受他的建议。如果成安君陈馀真的采纳了您的计策，像我韩信这样的人早就被俘虏了；只是因为他不接受您的意见，所以我才能够侍奉在您身边向您请教啊。现在我实心实意地听取您的计策，望您不要推辞。”李左车于是说：“如今您渡过西河，俘获魏王，生擒夏说；东下井陉口，用了不到一个早上的时间就打垮了赵军二十万人马，杀了成安君，名闻海内，威震天下，使农夫们慑于您的声势，无不放下农具停止耕作，只图穿漂亮衣服、吃美味食品，恭候将军您的号令，这是将军您用兵的长处。然而如今百姓实在劳苦不堪，士兵已疲惫之极，实在是很难再用他们去继续攻伐了。现在您想要调动疲惫困乏的军队停扎在燕国防守坚固的城池下面，结果是想打打不了，要攻又攻不下，军队内情暴露在敌前，威势也就随之减弱，如此时间久了，粮食必将耗尽。且燕国这样弱小的国家都不肯屈服，齐国必定要据守边境逞一时之强。这么一来，燕、齐两国都与汉军对峙，相持不下，刘邦和项羽双方胜负的趋势也难见分晓，这是将军您用兵的短处。善于用兵的人，从不以自己的短处去攻击他人的长处，而是用自己的长处去对付他人的短处。”韩信说：“既然如此，那该怎么办呢？”李左车答道：“现在将军最好的办法，不如按兵不动，暂作休整，镇守并安抚赵国的百姓，使方圆百里之内，天天都有人送来牛肉美酒犒劳众将士；将部队向北移动，指向通往燕的道路，然后派遣能言善辩的人拿着一封书信去向燕国炫耀汉军的优势，燕国一定不敢不听从。燕国已经顺服了，再向东威临齐国，如此，纵使有聪明人，也不知道该怎样为齐国出谋划策了。这样，天下大事就可图谋了。用兵之道原本便有先造声势然后再有行动的，我这里所说的就是这个道理。”韩信说：“好。”随即采用李左车的计策，派使者出使燕国，燕国听到消息就立即归降了；韩信于是派人向

韩信向李左车询问国家大事。

汉王刘邦报告，并请求封张耳为赵王，刘邦应允了。这时楚国屡次派兵渡过黄河袭击赵国，张耳、韩信往来奔波，救援赵国，乘势平定了所经过的赵国的城邑，随即又调兵赶赴增援汉王。

【原文】

伐赵之役，韩信军于泜水之上而赵不能败[①]。彭城之难，汉王战于睢水之上，士卒皆赴入睢水而楚兵大胜。何则？赵兵出国迎战，见可而进，知难而退，怀内顾之心，无出死之计；韩信军孤在水上，士卒必死，无有二心，此信之所以胜也。汉王深入敌国，置酒高会，士卒逸豫[②]，战心不固；楚以强大之威而丧其国都，士卒皆有愤激之气，救败赴亡之急，以决一旦之命，此汉之所以败也。且韩信选精兵以守，而赵以内顾之士攻之；项羽选精兵以攻，而汉以怠惰之卒应之。此同事而异情者也。

【注释】

①泜水：古代鸿沟支派之一，故道自今河南开封县东从鸿沟分出东流经杞县、睢县北，宁陵、商丘南，夏邑、永城北，安徽濉溪县南，宿县、灵璧、江苏睢宁北，至宿迁市南注入古代泗水。②逸豫：安乐。

汉军背水一战。

【译文】

汉军攻打赵国这场战

役，韩信率军驻扎在地形不利的泜水边上，但赵军却无法将其打败。彭城遭陷落一仗，汉王也在睢水岸边作战，但士兵却被赶入睢水，楚军大获全胜。这是为什么呢？赵军出国迎战汉军，见到可以打赢就前进，知道难于取胜就后退，怀着关顾自身存亡的心理，没有出阵拼死一搏的打算；而韩信的军队孤立无援地在水边，士兵背水作战，不进就必死无疑，故将士们都不怀二心，抱定决一死战的信念。这就是韩信所以能获胜的原因。汉王深入到敌国，摆设酒宴，兵士们安逸快乐，求战心理不稳固；而楚国凭着它强大的威势却丢失了自己的国都，将士们个个义愤填膺，急于挽救败局，无畏惧地奔向死亡，以决胜败。这便是汉军所以失败的原因。况且韩信挑选精兵坚守阵地，赵军却用瞻前顾后的士兵去攻打他；项羽选择精兵发动进攻，汉军却用怠惰散漫的将士去应战。这就是所做的事情相同，而结果不同的例子啊。

【原文】

故曰：权不可豫设，变不可先图；与时迁移①，应物变化，设策之机也。

【注释】

①与时：指准确把握时代特征。

【译文】

所以说，应对事物的权变是不可预先设计好的，事态的变化也是不能事先谋划定的；而是要随着时局的变化而变动，应事物的发展而变化，这才是制订策略的关键。

四面楚歌

【导语】

楚汉战争，是继秦末农民战争后，项羽和刘邦之间进行的一场长达五年之久的争夺战。

由于项羽分封不公，引起了诸侯和功臣的不满，他们先后反楚。公元前202年初，韩信率汉军向项羽发动进攻。当时汉军有三十万，项羽军有十万。韩信初战诈败而退，项羽率兵追击韩信，陷入韩信的十面埋伏中。楚军连环中伏，韩信趁势反击，汉军主力从左右两翼夹击楚军，楚军大败。

项羽退守垓下，被汉军及诸侯军重重包围。楚军在夜间听到四面都是楚歌，以为汉已尽得楚地，士气消沉。项羽率八百壮士乘夜突围，渡过淮河后，身边只剩下百余骑。汉军穷追不舍，项羽退至乌江，自觉无颜面对江东父老，自刎身亡。

有关“楚汉战争”的史料在《资治通鉴》中并不是最早和最详尽的，但是所有的记载都沿着时间的推进而展开。其间双方力量对比的变化，不同人物对于情势的不同理解和反应，都使得这一事件的铺陈显得特别生动。《资治通鉴》用了相当详尽的篇幅记述了项羽的最后时刻。而且《资治通鉴》一改以往历史描述项羽“意忌信谗”“优柔寡断”的形象，在生死胜败之际，我们可以看到一个令人同情的末路英雄。

【原文】

汉太祖高皇帝三年（丁酉，公元前204年）

刘邦询问陈平天下何时可以太平。

汉王谓陈平曰[①]："天下纷纷，何时定乎？"陈平曰："项王骨鲠之臣[②]，亚父、钟离昧、龙且、周殷之属[③]，不过数人耳。大王诚能捐数万斤金[④]，行反间[⑤]，间其君臣，以疑其心；项王为人，意忌信谗，必内相诛，汉因举兵而攻之，破楚必矣。"汉王曰："善！"乃出黄金四万斤与平，恣所为[⑥]，不问其出入。平多以金纵反间于楚军，宣言："诸将钟离昧等为项王将，功多矣，然而终不得裂地而王，欲与汉为一，以灭项氏而分王其地。"项王果意不信钟离昧等。

【注释】

①陈平：刘邦谋臣。足智多谋，锐意进取，屡以奇计辅佐刘邦定天下，汉初被封为曲逆侯。汉文帝时，曾升为右丞相，后改任左丞相。②骨鲠之臣：忠直敢于直言进谏的属下。③亚父：即范增，项羽的主要谋士，被尊称为"亚父"。钟离昧：楚王项羽的大将。龙且、周殷：均为项羽的大将。④捐：舍弃。⑤间：离间。⑥恣：放纵，没有拘束。

刘邦交给陈平四万斤黄金，令他在楚军中进行离间活动。

【译文】

汉太祖高皇帝三年（丁酉，公元前204年）

汉王刘邦对陈平说："天下纷扰混乱，什么时候才能太平呢？"陈平说："项王身边正直忠心的臣子，亚父、钟离眛、龙且、周殷这些人，只不过几个而已。大王如果能拿出数万斤金，行反间计，离间他们君臣，让他们互生疑心；项王为人，易于猜忌，易听信谗言，这样一来，君臣之间起了疑心，他们内部必定互相残杀，我们借机发兵去攻打他们，一定能够击败楚军。"汉王说："好！"便拿出黄金四万斤交给陈平，任由他自己掌握，不过问他使用的情况。陈平用许多黄金在楚军中进行离间活动，扬言说："各位将领如钟离眛等，他们为项王领兵打仗，立了那么多功劳，然而却终究不能分得一块土地而称王，现在他们要跟汉联合，消灭项氏，瓜分楚国的土地，各自称王。"项王果然有所猜忌，不再信任钟离昧等人。

【原文】

夏，四月，楚围汉王于荥阳[①]，急；汉王请和，割荥阳以西者为汉。亚父劝羽急攻荥阳；汉王患之[②]。项羽使使至汉，陈平使为大牢具[③]。举进，见楚使，即佯惊曰：“吾以为亚父使，乃项王使！”复持去，更以恶草具进楚使[④]。楚使归，具以报项王；项王果大疑亚父。亚父欲急攻下荥阳城，项王不信，不肯听。亚父闻项王疑之，乃怒曰：“天下事大定矣，君王自为之，愿请骸骨归[⑤]！”未至彭城[⑥]，疽发背而死[⑦]。

【注释】

①荥阳：今河南荥阳西。②患：担心，担忧。③大牢具：即太牢具。盛牲的食具叫牢，大的叫太牢，太牢盛牛、羊、豕三牲，因此宴会或祭祀时并用三牲也称为太牢。这里指用丰盛的酒食款待。④恶草具：粗糙简陋的待客食具。⑤请骸骨：请求退休。⑥彭城：今江苏徐州。⑦疽：指毒疮。

【译文】

夏季，四月，楚军在荥阳包围了汉王，形势紧急；刘邦向项羽请求议和，将荥阳以西地区划为汉。亚父范增劝项羽急攻荥阳，汉王十分担心。项羽派使者到刘邦处，陈平

范增劝项羽急攻荥阳。

范增向项羽请求告老还乡。

准备了丰盛的酒食，命人端去款待楚国的使者，一见楚使，就假装吃惊地说："我以为是亚父的使者，原来是项王派来的！"又让人把东西端走，改换成粗劣的酒食送给楚使食用。楚使回去后把这些情况如实禀报给项王，项王果然对亚父起了疑心。亚父急着要攻下荥阳城，项王不信任他，不肯听他的建议。亚父闻听项王对他有疑心，于是怒气冲冲地说："天下大局已定，君王好自为之，请让老臣告老还乡吧。"范增还未到彭城，就因背上的毒疮发作死去。

【原文】

五月，将军纪信言于汉王曰[①]："事急矣！臣请诳楚[②]，王可以间出。"于是陈平夜出女子东门二千馀人，楚因四面击之。纪信乃乘王车，黄屋，左纛[③]，曰："食尽，汉王降。"楚皆呼万岁，之城东观。以故汉王得与数十骑出西门遁去，令韩王信与周苛、魏豹、枞公守荥阳。羽见纪信，问："汉王安在？"曰："已出去矣。"羽烧杀信。周苛、枞公相谓曰："反国之王，难与守城！"因杀魏豹。

【注释】

①纪信：刘邦手下将领，在"楚汉之争"中保护刘邦有功。②诳：

欺骗。③ 纛：古时军队或仪仗队的大旗。

【译文】

五月，将军纪信对汉王说："势态紧急！请让臣用计策迷惑一下楚军，您可以趁机离开荥阳城。"于是陈平在夜里将二千多名女子放出城东门，楚军即刻便从四面围击她们。纪信于是乘汉王的车，车上张黄盖，左边竖着汉王的旗帜，驶到楚军面前，说道："我军的粮食已经吃光了，汉王前来乞降。"楚人都山呼万岁，涌到城东来围观。汉王借此机会带着数十骑从西门出城逃走，令韩王信与周苛、魏豹、枞公守荥阳。项羽见到纪信，问："汉王在哪里？"纪信回答道："已经出城走了。"项羽烧死了纪信。周苛、枞公商议说："背叛汉国的君王魏豹，很难让人和他一道守城！"于是杀了魏豹。

【原文】

汉高帝四年八月

项羽自知少助；食尽，韩信又进兵击楚[①]，羽患之。汉遣侯公说羽请太公[②]。羽乃与汉约，中分天下，割鸿沟以西为汉[③]，以东为楚。九月，楚归太公、吕后，引兵解而东归。汉王欲西归，张良、陈平说曰："汉有天下太半，而诸侯皆附；楚兵疲食尽，此天亡之时也。今释弗击[④]，此所谓'养虎自遗患'也[⑤]。"汉王从之。

【注释】

① 韩信：刘邦大将，汉初著名军事家。② 太公：汉王刘邦的父亲。③ 洪沟：即鸿沟。古代最早沟通黄河和淮河的人工运河。西汉时期

又称狼汤渠。④释：放弃。⑤养虎自遗患：留着老虎不除掉，就会成为后患。比喻纵容坏人坏事，留下后患。

【译文】

高帝四年八月

项羽自知楚军缺乏援助，粮草即将用尽，韩信又进兵击楚，项羽心中非常忧虑。汉王派侯公见项羽，劝说他放回太公。于是项羽和汉王约定，平分天下，洪沟以西划归汉，鸿沟以东划归楚。九月，项羽放还了太公和吕后，带兵解阵东行归去。汉王打算西归关中，张良、陈平劝阻说："汉已拥有大半个天下，诸侯也都前来归附；楚兵疲惫不堪，粮草将尽，这是上天让我们灭楚的最好时机。今天放走楚军而不去追击，这就是所谓的'饲养猛虎给自己留下后患'呀。"汉王听从了他们的建议。

【原文】

太祖高皇帝中五年（己亥，公元前202年）

冬，十月，汉王追项羽至固陵[①]，与齐王信、魏相国越期会击楚[②]；信、越不至，楚击汉军，大破之。汉王复坚壁自守，谓张良曰："诸侯不从，奈何？"对曰："楚兵且破[③]，二人未有分地，其不至固宜；君王能与共天下，可立致也[④]。齐王信之立，非君王意，信亦不自坚；彭越本定梁地，始，君王以魏豹故拜越为相国[⑤]；今豹死，越亦望王，而君王不早定。今能取睢阳以北至谷城皆以王彭越[⑥]，从陈以东傅海与韩王信[⑦]。信家在楚，其意欲复得故邑。能出捐此地以许两人，使各自为战，则楚易破也。"汉王从之。于是韩信、彭越皆引兵来。

【注释】

汉王询问张良如何令诸侯听从自己的命令。

①固陵：古地名，今河南淮阳西北。②齐王信：即韩信，时为齐王。魏相国越：即彭越，汉初著名将领。拜魏相国，又被封为梁王。③且：将要，快要。④致：招引，引来。⑤魏豹：六国时魏国的公子。⑥睢阳：今河南商丘南。谷城：今山东东阿。⑦陈：陈州，相当于今河南周口地区。

【译文】

汉高帝五年（己亥，公元前202年）

冬季，十月，汉王追击项羽到了固陵，与齐王韩信、魏相国彭越约定日期合击楚军。但是韩信、彭越的军队没有来，楚军攻打汉军，汉军大败。汉王只好重新坚固营垒加强防守，并对张良说："诸侯不听我的，怎么办？"张良答道："楚军即将被打败，而韩信、彭越二人没有分封到明确的土地，他们不按约期前来会合是必然的。君王如果能与他们一起共分天下，就可以立即把他们召来。齐王韩信的封立，不是您的本意，韩信自己也不放心。彭越平定了梁地，当初，您因为魏豹的缘故封彭越为魏国相国；现在魏豹死了，彭越也在等着您封他为王，但您却不早作决定。现在，您可以把从睢阳以北到谷城的土地都封给彭越，把从陈县以东到沿海一带的区域封给齐王韩信。韩信的家乡在楚地，他的本意是想要重新得到自己故乡的土地。假如您答应分割这些土地给他们二人，让他们各自为自己的利益而战，那么楚军就很容易攻破了。”汉王听从了张良的建议。于是韩信、彭越都率军前来。

【原文】

十一月，刘贾南渡淮，围寿春，遣人诱楚大司马周殷。殷畔楚，以舒屠六，举九江兵迎黥布，并行屠城父，随刘贾皆会。

十二月，项王至垓下[①]，兵少，食尽，与汉战不胜，入壁；汉军及诸侯兵围之数重。项王夜闻汉军四面皆楚歌，乃大惊曰："汉皆已得楚乎？是何楚人之多也！”则夜起，饮帐中，悲歌慷慨，泣数行下；左右皆泣，莫能仰视。于是项王乘其骏马名骓[②]，麾下壮士骑从者八百馀人[③]，直夜，溃围南出驰走。平明[④]，汉军乃觉之，令骑将灌婴以五千骑追之[⑤]。项王渡淮，骑能属者才百馀人[⑥]。至阴陵[⑦]，迷失道，问一田父，田父绐曰“左”。左，乃陷大泽中，以故汉追及之。

【注释】

①垓下：古地名，在今安徽灵璧东南。②骓：毛色青白相杂的马。③麾下：指将帅的部下。④平明：天刚亮的时候。⑤灌婴：汉初名将。⑥属：连接，跟着。⑦阴陵：春秋楚邑。为项羽兵败

项羽一行人到阴陵时迷了路，向一农夫问路，农夫骗他们说“向左”。

后迷失道处，汉时置县。故城在今安徽定远西北。

【译文】

十一月，刘邦的堂兄刘贾南渡淮河，包围了寿春，派人去诱降楚国的大司马周殷。周殷即反叛楚国，用舒地的兵力屠灭了六县，并调发九江的部队迎接黥布，一同去屠灭了城父县，接着随同刘贾等人一齐会合。

十二月，项王到了垓下，兵少粮尽，与汉军交战未能取胜，便退守营垒；这时汉军和诸侯的军队将项王的军营重重包围起来。项王夜里听见汉军阵营中到处传唱楚歌，于是惊问道："汉军已经得到所有楚国的土地了吗？怎么楚人这么多！"项王便连夜起身，在帐中饮酒，慷慨悲歌，泪下数行；身边的人也都哭泣，不忍心抬头看他。于是项王骑上他的骏马骓，带领八百多名壮士骑从，当夜突围往南奔驰。天大亮时，汉军才发觉，便命令骑将灌婴率五千骑兵追击。项王渡过淮河的时候，相随的骑兵能跟得上他的才一百多人。项羽一行人到阴陵时迷了路，便向一农夫问路，农夫骗他们说"向左"。项羽等向左走，却陷入大沼泽地中，汉军因此追上了他们。

【原文】

项王乃复引兵而东，至东城[①]，乃有二十八骑；汉骑追者数千人。项王自度不得脱，谓其骑曰："吾起兵至今，八岁矣；身七十馀战，未尝败北，遂霸有天下。然今卒困于此，此天之亡我，非战之罪也！今日固决死，愿为诸君快战，必溃围，斩将，刈旗[②]，三胜之，令诸君知天亡我，非战之罪也。"乃分其骑以为四队，四乡。汉军围之数重。项王谓其骑曰："吾为公取彼一将。”令四面骑驰下，期山东为三处。于是项王大呼驰下，汉军皆披靡[③]，遂斩汉一将。是时，郎中骑杨喜追项王[④]，项王瞋目而叱之[⑤]，喜人马俱惊，辟易数里[⑥]。项王与其骑会为三处，汉军不知项王所在，乃分军为三，复围之。项王乃驰，复斩汉一都尉[⑦]，杀数十百人；复聚其骑，亡其两骑耳。乃谓其骑曰：“何如？”骑皆伏曰：“如大王言！”

【注释】

① 东城：今安徽定远东南。② 刈旗：砍断敌旗。刈，砍断。③ 披靡：草木随风倒伏，比喻军队溃败。④ 郎中骑：骑兵禁卫官。当时的武职名称。⑤ 瞋目：睁大眼睛。叱：大声责骂。⑥ 辟易：惊慌地退避，避开。⑦ 都尉：武官名。始置于战国，位略低于将军。秦时设郡，掌郡内军事。西汉时为郡守之辅佐，掌全郡军事。

【译文】

项王于是再领兵向东走，到东城，相随的只有二十八个骑兵了；而汉军骑兵追逐前来的有几千人。项王估计不能脱身，便对他的骑兵们说：“我从起兵到现在，已经八年了，身经七十多次战斗，不曾失败过，这才霸有天下。但是今天最终被困在这里，这是上天要灭亡我啊，不是我用兵有什么过错！今天定要一决生死，愿为你们痛快地打一仗，一定突出重围，斩杀敌将，拔取敌旗，接连三次取胜，让你们知道这是天要亡我，不是我用兵的过错。”于是分二十八骑为四队，向四个方向冲杀。汉军将他们重重包围。项王对他的骑兵们说：“看我为你们斩杀他一员将领！”命令骑士们从四面奔驰而下，约定在山的东边分三处会合。于是项王大声呼喝着策马飞奔而下，汉军随即都溃败散乱，项王就斩杀了一员汉将。这时，郎中骑杨喜追击项王，项王瞪着双眼厉声呵叱他，杨喜人马都受到惊吓，退避了好几里地。项王与他的骑兵们分三处会合，汉军不知道项王究竟在哪里，于是分兵三路，又把他们包围起来。项王随即奔驰冲杀，又斩杀了汉军的一名都尉，杀死汉军近百人，重新聚拢他的骑兵，至此仅仅损失了两名骑士。项王就对他的骑兵们说："怎么样？"骑兵们都敬服地说："正如大王所说。"

【原文】

于是项王欲东渡乌江①，乌江亭长舣船待②，谓项王曰："江东虽小，地方千里，众数十万人，亦足王也。愿大王急渡！今独臣有船，汉军至，无以渡。"项王笑曰："天之亡我，我何

项羽策马飞奔杀入汉阵，汉军随即都溃败散乱。

渡为！且籍与江东子弟八千人渡江而西，今无一人还；纵江东父兄怜而王我，我何面目见之！纵彼不言，籍独不愧于心乎！”乃以所乘骓马赐亭长，令骑皆下马步行，持短兵接战。独籍所杀汉军数百人，身亦被十馀创。顾见汉骑司马吕马童[③]，曰：“若非吾故人乎？”马童面之，指示中郎骑王翳曰：“此项王也。”项王乃曰：“吾闻汉购我头千金，邑万户；吾为若德[④]。”乃自刎而死。王翳取其头；馀骑相蹂践争项王[⑤]，相杀者数十人；最其后，杨喜、吕马童及郎中吕胜、杨武各得其一体；五人共会其体，皆是，故分其户，封五人皆为列侯[⑥]。

【注释】

①乌江：在安徽和县境内。②亭长：秦汉时每十里为一亭，设亭长一人，掌治安、诉讼等事。舣船：使船靠岸。③骑司马：项羽自立建立郡国后采用的新的军事官职。④德：情义，恩惠。⑤蹂践：踩踏。⑥列侯：爵位名。秦制爵分二十级，彻侯位最高。汉承秦制，为避汉武帝刘彻讳，改彻侯为通侯，或称列侯。

【译文】

这时项王想东渡乌江，乌江亭长把船停在岸边等着他，并对项王说：“江东虽然狭小，土地方圆千里，民众几十万人，却也足够用以称王的了。望大王赶快渡江！现在只有我有船，汉军即使追到，也无法过江。”项王笑着说：“上天要灭亡我，我还要渡江做什么！况且我与江东子弟八千人渡江西征，如今没有一人回去；纵使江东父兄怜惜我，仍然视我为王，可我又有何面目去见他们！即便他们不说什么，难道我就无愧于心吗！”于是把自己所骑的骓送给了亭长，命令他的骑兵都下马步行，手持短兵器迎战。

仅项王一人就杀死汉军几百人，项王自己也身受十多处伤。项王回头看见汉军骑司马吕马童，就说："你不是我的老朋友吗？"吕马童看到了，指给中郎骑王翳说："这就是项王！"项王便说道："我听说汉王以千金悬赏我的头颅，分给享用万户赋税的封地，我就把这份好处留给故人吧。"于是自刎而死。王翳取下项王的头颅。其余的骑兵相互践踏争抢项王的躯体，互相残杀的有几十个人。到了最后，杨喜、吕马童和郎中吕胜、杨武各夺得项王的一部分肢体。五个人把项王的肢体会合拼凑到一起，都对得上，在封赏时，将悬赏的封地分为五份，五人都被封为列侯。

【原文】

楚地悉定，独鲁不下；汉王引天下兵欲屠之。至其城下，犹闻弦诵之声；为其守礼义之国，为主死节，乃持项王头以示

确认项羽死后，鲁县人向汉军投降。

鲁父兄，鲁乃降。汉王以鲁公礼葬项王于谷城[①]，亲为发哀，哭之而去。诸项氏枝属皆不诛。封项伯等四人皆为列侯，赐姓刘氏；诸民略在楚者皆归之。

【注释】

①谷城：宋白曰：宋州谷熟县，古谷城也。一说位于山东省西南部。楚汉战争时，东平一带曾是项羽的根据地，驻扎着项羽的后方精锐部队，故项羽死后葬此。《皇览》中亦载“县（谷城）东十五里有项羽冢”。墓原有封土，高10米左右，直径100米，墓前原有碑刻四方，汉柏数株。后代名士多有前来凭吊者，如清代进士德清人俞樾在《项王墓》诗中有“已置头颅生赠客，还留魂魄战死神”之句。

【译文】

楚地全部平定了，唯独鲁县仍不投降。汉王刘邦率领天下的兵马，打算屠灭它。大军抵达城下，仍然能听到城中礼乐弦诵的声音；由于鲁县是信守礼义的故国，为自己的君主尽忠守节，汉军便拿出项羽的头颅给鲁县的父老看，鲁县父老这才投降。汉王用葬鲁公的礼仪把项羽葬在谷城，并亲自为项羽发丧举哀，哭了一阵后离去。对项羽的家族亲属都不加杀害，还把项伯等四人都封为列侯，赐他们姓刘，将过去被掳掠到楚国来的百姓们都交给他们统治。

诛灭诸吕

【导语】

“诸吕之变”是西汉初期的著名历史事件。

汉十二年四月，汉高祖刘邦去世。刘邦死后，因惠帝年少，吕后执掌朝政，成为中国历史上第一个独揽国家大权的女人。吕后压制功臣势力，迫害刘氏宗亲，大封诸吕为王，拔擢亲信，专擅用事。公元前180年吕后去世，齐王刘襄兄弟兴兵伐吕，周勃、陈平见势亦响应，夷灭吕氏一族，杀掉相国吕产、上将军吕禄，灭吕氏家族，恢复了刘氏政权。史称“荡涤诸吕”。

【原文】

高后元年（甲寅，公元前187年）

冬，太后议欲立诸吕为王[①]，问右丞相陵[②]，陵曰：“高帝刑白马盟曰：‘非刘氏而王，天下共击之。’今王吕氏，非约也。”太后不说[③]。问左丞相平、太尉勃[④]，对曰：“高帝定天下，王子弟[⑤]；今太后称制，王诸吕，无所不可。”太后喜。罢朝。王陵让陈平[⑥]、绛侯曰：“始与高帝啑

陈平、周勃对王陵说：安定刘氏后人，您就不如我们了。

血盟⑦，诸君不在邪！今高帝崩，太后女主，欲王吕氏；诸君纵欲阿意背约⑧，何面目见高帝于地下乎？”陈平、绛侯曰：“于今，面折廷争，臣不如君；全社稷，定刘氏之后，君亦不如臣。”陵无以应之。十一月甲子，太后以王陵为帝太傅⑨，实夺之相权；陵遂病免归。

【注释】

① 太后：刘邦皇后吕雉。② 右丞相陵：王陵，刘邦的重臣之一。孝惠帝六年（公元前 189 年），相国曹参去世，安国侯王陵为右丞相，陈平为左丞相。③ 说：同“悦”。④ 太尉：掌军事，地位与丞相相同。勃：即周勃，是刘邦的大将，被封为绛侯。⑤ 王子弟：封子弟为王。⑥ 让：责备。⑦ 啑血盟：古代几方相会结盟时的一种仪式。口中含牲血表示忠诚。一说手指蘸血涂在口四周。啑血，即“歃血”。⑧ 阿意：迎合他人的意旨。⑨ 太傅：太子太傅，辅导太子的官。

【译文】

高后元年（甲寅，公元前 187 年）

冬天，吕太后与臣下商议，打算册封吕氏外戚为诸侯王，于是征询右丞相王陵的意见，王陵回答说：“高皇帝当年曾与群臣杀白马盟誓：‘假若不是刘姓的人称王，天下臣民共同讨伐他。’如今分封吕氏为王，违背了白马之盟所约。”太后听了，很不高兴。又问左丞相陈平、太尉周勃，他们回答说：“高皇帝平定天下，分封刘姓子弟为王；如今太后临朝管理国家，那么封吕氏子弟为王，没有什么不可以的。”太后听了很高兴。罢朝后王陵责备陈平、周勃道：“当初和高皇帝歃血盟誓时，你们不在吗？现在高帝驾崩，太后以女主当政，要封吕氏为王；你们想要迎合太后的意旨，违背誓约，将来有何面目去见高帝？”陈平、周勃对王陵说：“如今在朝廷之上当面谏阻太后，我们不如您；可将来保全社稷，安定刘氏后人，您就不如我们了。”王陵无言答对。十一月，甲子，太后升王陵为皇帝的太傅，实际上剥夺了他右丞相的实权；王陵于是称病不再上朝，不久，就被免职归家。

【原文】

乃以左丞相平为右丞相；以辟阳侯审食其为左丞相[1]，不治事，令监宫中，如郎中令[2]。食其故得幸于太后，公卿皆因而决事。

【注释】

①审食其：刘邦同乡，汉初被封为辟阳侯。②郎中令：皇帝左右亲

吕后升左丞相陈平为右丞相。

近的高级官职。

【译文】

太后升左丞相陈平为右丞相；任命辟阳侯审食其为左丞相，但不履行左丞相的职权，而是只让他监理宫廷事务，同郎中令一样。审食其过去得到太后的宠幸，公卿都按照他的意思办事。

【原文】

太后怨赵尧为赵隐王谋[①]，乃抵尧罪。

上党守任敖尝为沛狱吏[②]，有德于太后；乃以为御史大夫[③]。

太后又追尊其父临泗侯吕公为宣王，兄周吕令武侯泽为悼武王，欲以王诸吕为渐。

【注释】

① 赵隐王：刘邦之子刘如意，戚夫人所生，后为吕后所杀。赵尧为赵王谋，事见《资治通鉴》高祖十年。② 上党：上党郡，在今山西的东南部。任敖：初为沛县狱吏，与刘邦友善，后跟随刘邦起兵。③ 御史大夫：秦置，为御史台长官，地位仅次于丞相，掌管弹劾纠察及图籍秘书，与丞相（大司徒）、太尉（大司马）合称“三公”。

【译文】

太后怨恨赵尧当年为高祖设谋保全赵王刘如意之事，就治了他的罪。

上党郡守任敖曾经做过沛县狱吏，有恩德于太后，太后就任用任敖为御史大夫。

太后又追尊早已去世的父亲临泗侯吕公为宣王，追尊其兄周吕令武侯吕泽为悼武王，想以此为分封诸吕为王的开端。

【原文】

高后八年（辛酉，公元前180年）

秋，七月，太后病甚，乃令赵王禄为上将军，居北军①；吕王产居南军。太后诫产、禄曰："吕氏之王，大臣弗平。我即崩，帝年少，大臣恐为变。必据兵卫宫，慎毋送丧，为人所制！"辛巳，太后崩。遗诏：大赦天下，以吕王产为相国，以吕禄女为帝后。高后已葬，以左丞相审食其为帝太傅。

【注释】

① 北军：汉代守卫京师的屯卫兵。未央宫在京城西南，其卫兵称南军；长乐宫在京城东面偏北，其卫兵称北军。

【译文】

高后八年（辛酉，公元前180年）

秋季，七月，太后病重，于是下令任命赵王吕禄为上将军，统率北军；吕王吕产统率南军。太后告诫吕产、吕禄说："封立吕氏为王，大臣心中不服。我就要死了，皇帝年幼，大臣中恐怕会有人乘机向吕氏发难。你们一定要统率禁军保卫皇宫，千万不要为送丧而轻离重地，以免被人所制！"辛巳（三十

高后八年秋季太后病重。

日），太后驾崩，留下遗诏：大赦天下，以吕王吕产为相国，以吕禄之女为皇后。高后下葬之后，左丞相审食其出任皇帝太傅。

【原文】

诸吕欲为乱，畏大臣绛、灌等，未敢发。朱虚侯以吕禄女为妇[①]，故知其谋，乃阴令人告其兄齐王，欲令发兵西，朱虚侯、东牟侯为内应[②]，以诛诸吕，立齐王为帝。齐王乃与其舅驷钧、郎中令祝午、中尉魏勃阴谋发兵[③]。齐相召平弗听。八月丙午，齐王欲使人诛相；相闻之，乃发卒卫王宫。魏勃绐召平曰[④]："王欲发兵，非有汉虎符验也[⑤]。而相君围王固善，勃请为君将兵卫王。"召平信之。勃既将兵，遂围相府；召平自杀。于是齐王以驷钧为相，魏勃为将军，祝午为内史[⑥]，悉发国中兵。

【注释】

① 朱虚侯：刘章，齐悼惠王刘肥次子。刘肥是汉高祖长子，公元前201年，立刘肥为齐王。惠帝终，刘肥去世，子襄立，是为齐哀王。刘章到长安入宿卫，被吕后封为朱虚侯，并以吕禄女妻之。文帝即位，因朱虚侯刘章诛诸吕有功，封朱虚侯户二千，银千斤。后又被封为城阳王，都莒（今山东莒城）。② 东牟侯：刘兴居，齐悼惠王刘肥之子。③ 郎中令：秦置，汉初沿袭，为皇帝左右亲

齐王和他的舅舅驷钧、郎中令祝午、中尉魏勃密谋发兵。

近的高级官职，掌守卫宫殿门户。中尉：汉官，掌京师治安。④绐：欺哄。⑤虎符：中央发给地方官或驻军首领的调兵凭证，虎形，刻有铭文，分为两半，多为铜质。调兵遣将时需两半勘合验真，才能生效。⑥内史：官名，西汉初，诸侯王国置内史，掌民政。

魏勃哄骗召平交出了兵权。

【译文】

吕氏诸人想作乱，由于惧怕大臣绛侯周勃、灌婴等人，不敢贸然行事。朱虚侯刘章娶吕禄的女儿为妻，所以得知吕氏的阴谋，于是暗中让人告诉了其兄齐王刘襄，想让齐王发兵西进，朱虚侯、东牟侯为内应，图谋诛杀诸吕，立齐王为皇帝。齐王和他的舅舅驷钧、郎中令祝午、中尉魏勃密谋发兵。齐相召平不听他们的谋划，反对举兵。八月丙午（二十六日），齐王打算派人杀国相召平；召平听说后，就发兵包围了王宫。魏勃骗召平说："齐王要发兵，非有汉虎符证明不可。您发兵包围了齐王本是对的，我请求为您带兵入宫保护齐王。"召平相信了魏勃的话。魏勃掌握统兵权之后，就包围了召平的相府；召平自杀。于是，齐王任命驷钧为相，魏勃为将军，祝午为内史，征发齐国的全部兵马向都城进发。

【原文】

吕禄、吕产欲作乱，内惮绛侯、朱虚等，外畏齐、楚兵；又恐灌婴畔之[①]，欲待灌婴兵与齐合而发，犹豫未决。

吕禄、吕产想作乱，却犹豫不决。

【注释】

①畔：通“叛”。

【译文】

吕禄、吕产想作乱，却又惧怕朝中绛侯周勃、朱虚侯刘章等人，外怕齐国和楚国的军队；又恐怕灌婴背叛他们，他们想等到灌婴所率汉兵和齐军交战之后再动手，所以犹豫未决。

【原文】

当是时，济川王太、淮阳王武、常山王朝及鲁王张偃皆年少，未之国，居长安；赵王禄、梁王产各将兵居南、北军；皆吕氏之人也。列侯群臣莫自坚其命[①]。

太尉绛侯勃不得主兵。曲周侯郦商老病，其子寄与吕禄善。

绛侯乃与丞相陈平谋，使人劫郦商[②]，令其子寄往绐说吕禄曰："高帝与吕后共定天下，刘氏所立九王，吕氏所立三王，皆大臣之议，事已布告诸侯，皆以为宜。今太后崩，帝少，而足下佩赵王印，不急之国守籓，乃为上将，将兵留此，为大臣诸侯所疑。足下何不归将印，以兵属太尉，请梁王归相国印，与大臣盟而之国。齐兵必罢，大臣得安，足下高枕而王千里，此万世之利也。"吕禄信然其计，欲以兵属太尉；使人报吕产及诸吕老人，或以为便，或曰不便，计犹豫未有所决。

吕禄信郦寄，时与出游猎，过其姑吕媭[③]。媭大怒曰："若为将而弃军，吕氏今无处矣！"乃悉出珠玉、宝器散堂下，曰："毋为他人守也！"

【注释】

① 莫自坚其命：没有人能保证自己性命的安全。坚，牢固，保证。② 劫：威逼，胁制。③ 吕媭：史书中或作"吕须"。汉初舞阳侯樊哙之妻，汉高后吕雉胞妹。吕后四年，封为临光侯。

【译文】

周勃与陈平派人劫持郦商，让他的儿子郦寄去欺哄吕禄。

此时，济川王刘太、淮阳王刘武、常山王刘朝及鲁王张偃都还年少，没有到封地去，居住于长安；赵王吕禄、梁王吕产各自统率南军和北军，都是吕氏一党的人马。列侯群臣没有人能保证自己性命的安全。

太尉绛侯周勃手中没有军权。曲周侯郦商年老有病，他儿子郦寄与吕禄关系很好。绛侯周勃就与丞相陈平商定，派人威逼劫持郦商，让他儿子郦寄去欺哄吕禄说：“高帝与吕后共同安定天下，刘氏立为诸侯王的有九人，立吕氏为诸侯王的有三人，这些都是经过朝廷大臣议定的，立诸侯王的事已经向天下诸侯公开宣布，诸侯都认为这样立定很合适。现在太后驾崩，皇帝年幼，您身佩赵王大印，不立即返回封国镇守，却出任上将，率兵留在京师，必然会受到大臣和诸侯王的猜疑。您为什么不交出将印，把军权交给太尉，请梁王归还相国大印，您二人与朝廷大臣盟誓后各归封国，这样不是更好吗？这样，齐兵一定会撤走了，大臣也得以安定了，您就可以高枕无忧地去治理方圆千里之地，做一国之王，这是造福于子孙万代的好事啊。”吕禄相信了郦寄的话，想把军队交给太尉；他派人把这个打算告知吕产及吕氏长辈，有人认为可以这样，有人认为这样不行，这事一直犹豫没有结果。

吕禄信任郦寄，时常与他一起出外游猎，途中前往拜见其姑母吕媭。吕媭大怒说：“你身为上将却轻易地离军游猎，吕氏如今将无处容身了！”于是就拿出家中所有的珠玉、宝器抛散到堂下，说：“不要为他人守着这些东西了！”

【原文】

九月庚申旦，平阳侯窋行御史大夫事[①]，见相国产计事。郎中令贾寿使从齐来，因数产曰：“王不早之国；今虽欲行，尚可得耶！”具以灌婴与齐、楚合从欲诛诸吕告产，且趣产急入宫[②]。平阳侯颇闻其语，驰告丞相、太尉。

【注释】

①行：代理。②趣：催促，督促。

【译文】

九月庚申（初十）清早，平阳侯曹窋代理御史大夫事，前来与相国吕产商量事情。郎中令贾寿出使齐国回来，责备吕产说："大王不早到封国去，现在即使准备去了，恐怕也来不及了。"他把灌婴和齐、楚联合欲诛灭吕氏的事情告诉了吕产，并且催促吕产迅速进入皇宫。平阳侯曹窋听到了这些话，赶紧向丞相和太尉报告。

【原文】

太尉欲入北军，不得入。襄平侯纪通尚符节[①]，乃令持节矫内太尉北军。太尉复令郦寄与典客刘揭先说吕禄曰[②]："帝使太尉守北军，欲足下之国。急归将印，辞去！不然，祸且起。"吕禄以为郦况不欺己，遂解印属典客，而以兵授太尉。太尉至军，吕禄已去。太尉入军门，行令军中曰："为吕氏右袒，为刘氏左袒！"军中皆左袒，太尉遂将北军；然尚有南军。丞相平乃召朱虚侯章佐太尉；太尉令

吕禄解下将军印绶交给典客刘揭。

朱虚侯监军门，令平阳侯告卫尉[③]：“毋入相国产殿门！”

【注释】

① 符节：古代派遣使者或调兵时用作凭证的东西，用竹、木、玉、铜等制成，刻上文字，分成两半，一半存朝廷，一半给外任官员或出征将帅。尚：管理，掌管。② 郦寄：汉初大臣郦商之子。典客：官名，秦置，掌管接待少数民族和诸侯来朝事务。③ 卫尉：汉九卿之一，掌宫廷警卫。卫尉主宫门和宫内，与主宫外的中尉相为表里。

【译文】

太尉想进入北军营垒，但没有办法入内。襄平侯纪通掌管皇帝符节，太尉就命令他手持信节，假传圣旨称奉皇帝之命允许太尉进入北军营垒。太尉又命令郦寄与典客刘揭先去劝说吕禄：“皇帝派太尉掌管北军，想要您回封地去。你赶紧将掌管北军的印交出去，回到封地。否则将有祸事发生！”吕禄以为郦寄不会骗自己，就解下将军印绶交给典客刘揭，将北军的兵权交给了太尉周勃。太尉到了北军时，吕禄已经离开。太尉进入军门，就在军中下令说：“站在吕氏一边的袒露右臂，站在刘氏一边的袒露左臂。”军中将士都袒露左臂，太尉就这样接管了北军。而南军仍然在吕氏手中。丞相陈平召来朱虚侯刘章辅助太尉；太尉令朱虚侯监守军门，又令平阳侯告诉统率宫门禁卫军的卫尉说：“别让相国吕产进入殿门！”

【原文】

吕产不知吕禄已去北军[①]，乃入未央宫[②]，欲为乱。至殿门，弗得入，徘徊往来。平阳侯恐弗胜，驰语太尉。太尉尚恐不胜诸吕，未敢公言诛之，乃谓朱虚侯曰：“急入宫卫帝！”朱虚侯请卒，太尉予卒千馀人。入未央宫门，见产廷中。日铺时[③]，遂击产；产走。天风大起，以故其从官乱，莫敢斗；逐产，杀之郎中府吏厕中。朱虚侯已杀产，帝命谒者持节劳朱虚侯[④]。朱虚侯欲夺其节，谒者不肯。朱虚侯则从与载，因节信驰走，斩长乐卫尉吕更始[⑤]。还，驰入北军报太尉，太尉起拜贺。朱虚侯曰：“所患独吕产；今已诛，天下定矣！”遂遣人分部悉捕诸吕男女，无少长皆斩之。辛酉，捕斩吕禄而笞杀吕媭，使人诛燕王吕通而废鲁王张偃。戊辰，徙济川王王梁。遣朱虚侯章以诛诸吕事告齐王，令罢兵。

吕产到殿门外却无法入内，急得他在殿门外徘徊。

【注释】

① 去：离开。② 未央宫：汉未央宫在长安城的西南部（今陕西西安西北），是汉朝君臣朝会的地方。③ 铺时：午后三时到五时，傍晚。④ 谒者：官名。始置于春秋、战国时，秦汉因之。掌宾赞受事，即为天子传达。节：符节，使臣执以示信之物。⑤ 长乐卫尉：皇后所居为长乐宫，设长乐卫尉。

朱虚侯斩杀了长乐卫尉吕更始。

【译文】

吕产不知道吕禄已离开北军，于是就进入未央宫，准备作乱。吕产到了殿门，禁卫军士阻止他入内，急得他在殿门外徘徊往来。平阳侯怕难以制止吕产入宫，骑马告知太尉。太尉也怕不能战胜诸吕，不敢公开宣布说诛杀诸吕的事，于是就对朱虚侯刘章说："马上进宫保卫皇上！"朱虚侯请求兵马支援，太尉给了他一千多士兵。朱虚侯进入未央宫门，看见吕产正在廷中。此时到了傍晚，朱虚侯带人袭击吕产，吕产逃跑。这时刮起了大风，因此吕产所带党羽亲信都十分慌乱，不敢接战搏斗；朱虚侯等人追逐吕产，在郎中府的厕所里杀了他。朱虚侯杀了吕产后，皇帝命谒者持节前来慰劳朱虚侯。朱虚侯想要抢谒者符节，谒者不肯给他。朱虚侯就与持节的谒者共乘一车，凭着皇帝之节，驱车疾驰，进入长乐宫，斩杀了长乐卫尉吕更始。事毕返回，驰入北军向太尉报告。太尉站起来，向朱虚侯表示祝贺。朱虚侯说："我们担心的只是吕产。如今吕产已被杀死，天下太平了！"于是派人分头捉拿所有吕氏男女，无论老少一律处死。辛酉（十一日），捕斩吕禄，将吕媭乱棒打死，派人杀燕王吕通，废除鲁王张偃。戊辰（十八日），周勃、陈平等决定改封济川王刘太为梁王，派朱虚侯去告知齐王，吕氏已被诛灭，令齐王罢兵。

【原文】

灌婴在荥阳，闻魏勃本教齐王举兵[①]，使使召魏勃至[②]，责问之。勃曰：“失火之家，岂暇先言丈人而后救火乎[③]！”因退立，股战而栗，恐不能言者，终无他语。灌将军熟视笑曰：“人谓魏勃勇，妄。庸人耳，何能为乎！”乃罢魏勃。灌婴兵亦罢荥阳归。

【注释】

①本：原先。②使使召魏勃至：前一个“使”作动词用，后面的“使”为名词。③暇：空闲，没有事的时候。

【译文】

灌婴驻扎在荥阳，闻知魏勃首先唆使齐王起兵，便派人召魏勃来见，就此事责问他。魏勃回答说：“家中失火的时候，哪有空闲时间先请示长辈而后再去救火呢！”随即退立一旁，两腿发抖，不停地哆嗦，恐惧得说不出话来，直到最后也没有说出别的话。灌婴仔细审视魏勃，笑着说：“人说魏勃很有胆量，其实不过是个狂妄平庸的人罢了，能有什么作为呢！”于是赦免了魏勃。灌婴也率领人马从荥阳撤回长安。

飞将李广

【导语】

在汉文帝、景帝期间，匈奴不时骚扰边界。为了抵御敌人，汉朝涌现出了许多抗击匈奴的名将。飞将军李广就是其中最著名的一位。

李广一生的大部分时间都投入到抗击匈奴的事业中，身经大小七十多次战役，由于他英勇善战，成为匈奴心目中可怕的劲敌。但是他的一生都不太走运，虽然功劳很多，却一直不能封侯，最后一次出征，途中迷路，没有及时与卫青的大军会合，按律应当受审。李广不愿受幕府那些刀笔吏的污辱，拔剑自刎。

汉初的边境战争具有特殊性：远离后方的长途奔袭，以及众寡悬殊的孤军奋战，成为作战的普遍方式。李广无疑是适应这些作战方式的杰出将领。非凡的勇气、极强的决断力和应变能力、忠信正直的磊落襟怀，以及有别于传统的治军方法，使他成为受部下拥戴、使敌军闻之丧胆的一代名将。

【原文】

中元年（壬辰，公元前149年）

六月，匈奴入雁门，至武泉，入上郡，取苑马[①]，吏卒战死者二千人[②]。陇西李广为上郡太守，尝从百骑出，遇匈奴数千骑，见广，以为诱骑，皆惊，上山陈。广之百骑皆大恐，欲驰还走。广曰："吾去大军数十里，今如此以百骑走，匈奴追射我立尽。今我留，匈奴必以我为大军之诱，必不敢击我。”广令诸骑曰：“前！”未到匈奴阵二里所，止，令曰：“皆下马解鞍！”其骑曰：“虏多且近[③]，即有急，奈何？”广曰：“彼虏以我为走；今皆解鞍以示不走，用坚其意。”于是胡骑遂不敢击。有白马将出，护其兵；李广上马，与十馀骑奔，射杀白马将而复还，至其骑中解鞍，令士皆纵马卧。是时会暮，胡兵终怪之，不敢击。夜半时，胡兵亦以为汉有伏军于旁，欲夜取之，胡皆引兵而去。平旦[④]，李广乃归其大军。

【注释】

① 苑马：苑囿中的马。② 卒：同“猝”，突然。③ 近：靠近。④ 平旦：清晨。

中元年六月，匈奴攻入雁门，直至武泉县。

【译文】

中元年（壬辰，公元前149年）

六月，汉武帝元朔元年六月，匈奴攻入雁门郡，直到武泉县，并攻入上郡，抢去朝廷在那儿放养的马，汉军将士二千人战死。陇西人李广任上郡太守，曾率领百名骑兵出行，突然遭遇几千匈奴骑兵。匈奴人看见李广的小队伍，以为是汉军大部队派出的诱兵，都感到吃惊，到山上摆开阵势。李广手下的百名骑兵很害怕，想驰马逃跑，李广劝阻他们说道："我们距离大军数十里远，如今仅靠百名骑兵往回跑，一旦匈奴人追杀射击，我们马上就完了。现在我们留在这里，匈奴人一定会把我们当成大军的诱敌队伍，必定不敢轻易进击我们。"李广便命令队伍说："前进！"队伍来到距离匈奴阵地约有二里的地方，停了下来，李广命令道："都下马解下马鞍！"他手下的骑兵说："敌人很多，而且离我们很近，一旦有什么紧急情况，怎么办？"李广说道："敌人以为我们会逃跑；现在下令都解下马鞍就是向他们表示不会逃跑，用这个办法来坚定他们认为我们是诱敌部队的想法。"于是匈奴骑兵果真不敢进攻他们。有一位骑白马的匈奴将领出阵来，监护他

李广飞身上马，射杀了骑白马的匈奴将领。

李广命令属下都下马解下马鞍布迷阵。

的人马；李广飞身上马，带上十多个骑兵奔过去，射杀了骑白马的将军后重新返了回来，抵达他的阵营后解下马鞍，命令士兵都解开战马躺倒休息。这时，正好是黄昏，匈奴骑兵始终对李广部队的行为感到奇怪，不敢进攻。到了半夜，匈奴军队仍然认为附近有汉朝大军埋伏，准备在夜间突袭他们，便都领兵撤走了。等到黎明时，李广才率军返回到汉军大营。

【原文】

世宗孝武皇帝上之下元朔元年（癸丑，公元前 128 年）

秋，匈奴二万骑入汉，杀辽西太守，略二千馀人，围韩安国壁；又入渔阳、雁门[①]，各杀略千馀人。安国益东徙，屯北平；数月，病死。天子乃复召李广，拜为右北平太守。匈奴号曰“汉之飞将军”，避之，数岁不敢入右北平。

世宗孝武皇帝中之上元狩四年（壬戌，公元前 119 年）

大将军既出塞[②]，捕虏知单于所居，乃自以精兵走之，而令前将军广并于右将军军，出东道。东道回远而水草少，广自请曰：“臣部为前将军，今大将军乃徙令臣出东道。且臣结发而与匈奴战[③]，今乃一得当单于，臣愿居前，先死单于。”大将军亦阴受上诫[④]，以为“李广老，数奇，毋令当单于，恐不得所欲”。而公孙敖新失侯，大将军亦欲使敖与俱当单于，故徙前将

元朔元年秋，匈奴二万骑入侵汉境。

军广。广知之，固自辞于大将军；大将军不听，广不谢而起行，意甚愠怒。

【注释】

① 雁门：位于山西代县。与宁武关、偏头关为内长城“外三关”。② 大将军：指大将军卫青。③ 结发：束发，扎结头发。古人男20岁束发而冠，女子15岁束发而笄，表示成年。④ 阴：暗中。

【译文】

汉武帝元朔元年（癸丑，公元前128年）

秋季，匈奴出动两万骑兵入侵汉境，杀死了辽西郡太守，俘虏了两千多人，包围了韩安国守卫的汉军壁垒；又进犯渔阳和雁门，在两地各杀害、俘虏了一千多人。韩安国率军迁往东边，屯驻北平；没过几个月，就病死了。汉武帝于是再次起用李广，拜李广为右北平太守。匈奴曾经称李广为“汉朝的飞将军”，可见他们十分畏惧李广，所以有意躲避他，连续数年不敢轻易入侵右北平郡。

汉武帝元狩四年（壬戌，公元前119年）

大将军卫青出塞后，从匈奴俘虏口中得知单于的住地，于是亲自领精兵向王庭挺进，同时命令前将军李广与右将军赵食其合兵一处，从东路进军。东路迂回遥远，而且水草稀少，所以李广主动请求说：“我的部队是前将军的部队，现在大将军却让我部改为从东路进军。我从少年时就与匈奴作战，直到今天才有机会正面对抗单于，我愿做前锋，率先和单于拼个你死我活。”卫青出征前曾暗中受汉武帝的嘱咐，认为“李广年纪已老，运气又不好，千万不要让他与单于正面交锋，担心他难以完成擒获单于的任务”。而公孙敖刚刚失去侯爵的爵位，卫青也想让公孙敖同自己一道正面攻击单于，使他作战立功，所以将前将军李广调为东路。李广得知内情后，坚决要求仍任先锋；卫青拒绝了他，李广没有向卫青行礼就转身离去，心中非常恼怒。

【原文】

前将军广与右将军食其军无导，惑失道，后大将军，不及单于战。大将军引还，过幕南[①]，乃遇二将军。大将军使长史责问广、食其失道状，急责广之幕府对簿。广曰：“诸校尉无罪，乃我自失道，吾今自上簿至莫府[②]。”广谓其麾下曰：“广结发与匈奴大小七十馀战，今幸从大将军出接单于兵，而大将军徙广部，行回远而又迷失道，岂非天哉！且广年六十馀矣，终不能复对刀笔之吏[③]！”遂引刀自刭。广为人廉，得赏赐辄分其麾下，饮

李广引刀自刎。

食与士共之，为二千石四十馀年，家无馀财。猿臂，善射，度不中不发。将兵，乏绝之处见水，士卒不尽饮，广不近水，士卒不尽食，广不尝食，士以此爱乐为用。及死，一军皆哭。百姓闻之，知与不知，无老壮皆为垂涕。而右将军独下吏，当死，赎为庶人。

【注释】

① 幕南：古代泛指蒙古大沙漠以南地区。幕，通“漠”。② 莫府：即幕府。莫，通“幕”。上簿，颜师古注：“簿，谓文状也。”③ 刀笔之吏：刀笔，古时在竹简上用刀削改字。指代办文书的小吏。

【译文】

前将军李广与右将军赵食其率领的东路军因没有向导，在沙漠中迷路了，落到了大将军卫青的后面，没来得及参与和单于的那一场战争。卫青班师回营，经过沙漠南部时才碰上迷路的李广和赵食其。卫青派长史责问二人迷路的原因，责令李广的幕僚立刻到大将军处听候发落。李广说道：“众校尉没有罪，是我自己迷失了方向，我现在就一个人到大将军的幕府去听候处置。”李广又对他的部下说：“我从年少时作战，到现在和匈奴大大小小有过七十多场战争，如今好不容易跟从大将军和匈奴单于当面交锋，而大将军却把我部从前锋调到东路，路途本来就曲折遥远，又迷失了道路，这一切难道不是天意吗？何况我已经六十多岁了，哪里还能再去面对那些刀笔小吏！”于是拔刀自刎了。李广一生为人清廉，一得到赏赐就分给部下，与部下吃在一起，做了四十多年二千石俸禄的官，家里没有多余的财产。他的手臂像长臂猿一样又长又灵活，擅长射箭，如果预料到射不中目标，就不放箭。行军打仗时，在给养困难的情况下，如果发现水源，士兵没有全部喝过，李广就不会靠近水边；士兵们没有全部吃饱，李广就不会进食，士兵们因此很乐意做他的部下。等到李广死后，全军都为之痛哭。百姓听到他死去的消息，无论与李广认不认识，也无论年老的还是年轻的，都为他伤心落泪。右将军赵食其一人被交付幕府审判，其罪当死，交纳赎金后被贬为平民。

李广死后，全军都为之痛哭。

大将卫青

【导语】

司马迁在《史记》中对卫青的评价十分微妙。他把卫青、霍去病与李延年一起放在《佞幸列传》中评论，但在传中又表现出了对卫青军事才能的由衷敬佩，并给予了充分的肯定。

司马光在《资治通鉴》对卫青的评价是：卫青虽然出身微贱，但善于骑射，材力过人；与士大夫交往很注意礼节，对士卒很关心、很宽容，常施恩惠，因而大家乐于接受卫青的调遣。

卫青是汉朝第一位打败匈奴的将军，学者们认为，卫青是中国古代大规模骑兵集团作战思想的创始人，也是汉朝对匈战争的奠基人。卫青参加并指挥了七次反击匈奴的大战。在这些极其艰苦的战斗中，他作战英勇顽强，身先士卒，遇敌临危不惧，指挥若定，并且善于利用机动灵活的策略，取得了很大的战果。

卫青官拜大司马、大将军直到去世，他一生中与匈奴进行过多次大规模决战，而且从来没有打过败仗，这不能不说是一个奇迹。

【原文】

汉武帝建元二年（壬寅，公元前139年）

上祓灞上①，还，过上姊平阳公主②，悦讴者卫子夫。子夫母卫媪，平阳公主家僮也；主因奉送子夫入宫，恩宠日隆。

陈皇后闻之，恚[③]，几死者数矣；上愈怒。

子夫同母弟卫青，其父郑季，本平阳县吏，给事侯家，与卫媪私通而生青，冒姓卫氏。青长，为侯家骑奴。大长公主执囚青，欲杀之。其友骑郎公孙敖与壮士篡取之。上闻，乃召青为建章监、侍中，赏赐数日间累千金。既而以子夫为夫人，青为太中大夫。

【注释】

①祓：祓除，古代为除灾去邪而举行的一种仪式。②平阳：在今山西临汾。③恚：怒，恼怒。

【译文】

汉武帝建元二年（壬寅，公元前139年）

汉武帝去霸上举行祓除仪式，回宫的路上，去探访他的姐姐平阳公主，看上了平阳公主府中的歌女卫子夫。卫子夫的母亲卫

汉武帝看上了平阳公主府中的歌女卫子夫。

媪，是平阳公主的家奴；平阳公主于是把卫子夫送入宫中，卫子夫日益得到武帝的宠幸。陈皇后听到后，十分恼怒，寻死觅活了好几次；武帝对陈皇后越来越恼怒。

卫子夫同母异父的弟弟叫卫青，卫青的父亲郑季，原本是平阳县的县吏，后来到平阳侯家里侍奉当差，和卫媪私通生了卫青，让他冒充卫姓。卫青长大了，就在平阳侯家中做骑奴。大长公主把卫青囚禁起来，打算杀掉他。卫青的好友骑郎公孙敖和勇士把他从公主那里抢了回来。汉武帝听到了这件事，便任命卫青为建章宫宫监，还给他侍中的官衔，给卫青的赏赐几天之内就到了千金。没过多久，汉武帝封卫子夫为夫人，任命卫青为太中大夫。

【原文】

匈奴入上谷，杀略吏民。遣车骑将军卫青出上谷，骑将军公孙敖出代，轻车将军公孙贺出云中，骁骑将军李广出雁门，各万骑，击胡关市下[①]。卫青至龙城，得胡首虏七百人，公孙贺无所得，公孙敖为胡所败，亡七千骑，李广亦为胡所败。胡生得广，置两马间，络而盛卧，行十馀里；广佯死，暂腾而上胡儿马上[②]，夺其弓，鞭马南驰，遂得脱归汉。下敖、广吏，当斩，赎为庶人；唯青赐爵关内侯。青虽

卫青率军在龙城击败匈奴。

出于奴虏，然善骑射，材力绝人，遇士大夫以礼，与士卒有恩，众乐为用，有将帅材，故每出辄有功。天下由此服上之知人。

【注释】

① 关市：边关的交易场所。② 暂腾：突然跃起。

【译文】

匈奴入侵上谷郡，杀害抢掠官吏百姓。武帝令车骑将军卫青从上谷郡出兵、骑将军公孙敖从代郡出兵、轻车将军公孙贺从云中郡出兵、骁骑将军李广从雁门郡出兵，各率一万骑兵，攻打在边关贸易市场附近的匈奴军。卫青进攻到龙城，斩首俘获匈奴七百人，公孙贺一无所得，公孙敖被匈奴打败，损失了七千骑兵，李广也被匈奴打败。匈奴人活捉了李广，把他安置在两匹并行的马中间，让他躺在用绳子结成的网袋中，走出了十多里；李广一直假装昏死，麻痹了押送的人，突然间，李广跃起，跳到了一个匈奴人骑坐的马上，夺下他的弓箭，打着马向南奔驰，于是得以逃脱。汉朝廷把公孙敖、李广逮捕下狱，罪当斩首，后出钱赎罪，做了平民；只有卫青立功被赐关内侯的爵位。卫青虽然出身于奴仆，但善于骑马射箭，勇力超人，对士大夫以礼相待，对士兵爱护备至，众人都愿为他效力，他有做军事统帅的才能，所以每次率兵出征都能立下战功。天下人由此都佩服武帝知人善任。

骁骑将军李广从雁门郡出兵。

汉武帝元朔五年，匈奴右贤王屡次侵扰朔方郡。

【原文】

汉武帝元朔五年（丁巳，公元前 124 年）

匈奴右贤王数侵扰朔方。天子令车骑将军青将三万骑出高阙，卫尉苏建为游击将军，左内史李沮为强弩将军，太仆公孙贺为骑将军，代相李蔡为轻车将军，皆领属车骑将军，俱出朔方；大行李息、岸头侯张次公为将军，俱出右北平；凡十馀万人，击匈奴。右贤王以为汉兵远，不能至，饮酒，醉。卫青等兵出塞六七百里，夜至，围右贤王。右贤王惊，夜逃，独与壮骑数百驰，溃围北去。得右贤裨王十馀人，众男女万五千馀人，畜数十百万[①]，于是引兵而还。

至塞，天子使使者持大将军印，即军中拜卫青为大将军，诸将皆属焉。夏，四月乙未，复益封青八千七百户，封青三子伉、不疑、登皆为列侯。青固谢曰[②]："臣幸得待罪行间，赖陛下神灵，军大捷，皆诸校尉力战之功也。陛下幸已益封臣青；臣青子在襁褓中，未有勤劳，上列地封为三侯，非臣待罪行间所以劝士力战之意也。”天子曰：“我非忘诸校尉功也。”乃封护军都尉公孙敖为合骑侯，都尉韩说为龙頟侯，公孙贺为南窌侯，李蔡为乐安侯，校尉李朔为涉轵侯，赵不虞为随成侯，公孙戎奴为从平侯，李沮、李息及校尉豆如意皆赐爵关内侯。

【注释】

① 十百万：意思是数十万以至百万。② 固：坚持。

【译文】

汉武帝元朔五年（丁巳，公元前 124 年）

匈奴右贤王屡次率兵侵扰朔方郡。汉武帝令车骑将军卫青率领三万骑兵从高阙出塞，任卫尉苏建为游击将军，左内史李沮为强弩将军，太仆公孙贺为骑将军，代相李蔡为轻车将军，都归属车骑将军统率，一同领兵从朔方出塞；令大行李息、岸头侯张次公为将军，都率兵从右北平出塞，共十几万人，一同进击匈奴。匈奴右贤王以为汉军路途遥远，一时半会儿不可能到达，喝得酩酊大醉，毫不防备。卫青等率军出塞六七百里，连夜赶到，团团包围了右贤王的大营。右贤王大惊，急忙乘夜色率领数百名精壮骑兵冲出汉军包围向北逃去。汉军俘虏右贤王手下将领十多人，匈奴男女部众一万五千多人，牲畜近

汉武帝令车骑将军卫青率领三万骑兵出塞。

百万头，于是汉军班师回朝。

卫青率大军到了边塞，汉武帝派使臣带着大将军的印信到来，于是就在军中拜卫青为大将军，各路将领全部归卫青统领。夏季，四月，乙未（初八），又加封卫青八千七百户的食邑，封他的三个儿子卫伉、卫不疑、卫登为列侯。卫青坚持辞谢道："我有幸能够在军中效力，完全是仰仗陛下您的神灵，如今出师大捷，都是众校尉奋力作战的功劳。我现在已经很有幸得到陛下加封的食邑，我的儿子还在襁褓中，没有任何功劳，陛下却要划出土地封他们三人为侯，这不是我效力军中、鼓励众将士奋力杀敌的本意。"汉武帝说："我没有忘记各校尉的功劳。"于是，封护军都尉公孙敖为合骑侯，都尉韩说为龙额侯，公孙贺为南窌侯，李蔡为乐安侯，校尉李朔为涉轵侯，赵不虞为随成侯，公孙戎奴为从平侯，李沮、李息以及校尉豆如意都被封为关内侯。

【原文】

于是青尊宠，于群臣无二，公卿以下皆卑奉之，独汲黯与亢礼[①]。人或说黯曰："自天子欲群臣下大将军，大将军尊重，君不可以不拜。"黯曰："夫以大将军，有揖客反不重邪[②]！"大将军闻，愈贤黯，数请问国家朝廷所疑，遇黯加于平日。大将军青虽贵，有时侍中，上踞厕而视之[③]；丞相弘燕见[④]，上或时不冠；至如汲黯见，上不冠不见也。上尝坐武帐中，黯前奏事，上不冠，望见黯，避帐中，使人可其奏。其见敬礼如此。

【注释】

①亢礼：抗礼。谓以对等的礼节相待。②揖客：长揖不拜之客。③踞

厕：坐在厕屋里。一说，坐于床侧。④燕见：古代帝王退朝闲居时召见或接见臣子。

【译文】

从此，汉武帝对卫青的尊宠超过了朝中任何一位大臣，公卿以下都对卫青奉承巴结，唯独汲黯始终对卫青不卑不亢。有人劝汲黯道："皇上有意让群臣都居于大将军之下，大将军的地位如此尊贵，你不可以不拜。"汲黯说："以大将军的身份而有长揖不拜的平辈客人，正体现他礼贤下士，大将军会因此不尊贵吗！"卫青听说了这件事，越加欣赏汲黯的贤明，多次向汲黯请教国家和朝廷的疑难大事，待汲黯比平时更为尊重。卫青虽然地位显贵，但有时入宫侍奉，汉武帝会坐在床侧接见他；丞相公孙弘在汉武帝空闲的时候谒见，汉武帝有时不戴帽子；可是等到汲黯谒见时，汉武帝没有戴好帽子是不会出来接见他的。有一次，汉武帝坐在陈列兵器的帐中，这时汲黯前来奏事，汉武帝没有戴帽子，望见汲黯前来，躲进了后帐，派人传出话来，批准汲黯所奏之事。由此可见，汲黯受到汉武帝的尊重和礼遇是非同一般的。

朝廷中公卿以下都对卫青奉承巴结。

【原文】

春，二月，大将军青出定襄，击匈奴。以合骑侯公孙敖为中将军，太仆公孙贺为左将军，翕侯赵信为前将军，卫尉苏建为右将军，郎中令李广为后将军，左内史李沮为强弩将军，咸属大将军[①]。斩首数千级而还，休士马于定襄、云中、雁门。

【注释】

①咸：都。

【译文】

春季，二月，大将军卫青率兵从定襄郡出发，攻打匈奴。汉武帝命合骑侯公孙敖为中将军，太仆公孙贺为左将军，翕侯赵信为前将军，卫尉苏建为右将军、郎中令李广为后将军，左内史李沮为强弩将军，全都归大将军卫青统领，斩杀匈奴数千人后班师，在定襄、云中、雁门一带扎营休养兵马。

【原文】

议郎周霸曰："自大将军出，未尝斩裨将。今建弃军，可斩，以明将军之威。"军正闳、长史安曰："不然。《兵法》：'小敌之坚，大敌之禽也。'今建以数千当单于数万，力战一日馀，士尽，不敢有二心，自归，而斩之，是示后无反意也，不当斩。"大将军曰："青幸得以肺腑待罪行间，不患无威，而霸说我以明威，甚失臣意。且使臣职虽当斩将，以臣之尊宠而不敢擅诛于境外，而具归天子，天子自裁之，于以见为人臣不敢专权，不亦可乎？军吏皆曰："善！"遂囚建诣行在所[①]。

【注释】

①行在所：指天子所在的地方。

【译文】

议郎周霸请求卫青处死苏建。

议郎周霸说："自大将军出师以来，从未斩过一位部将。如今苏建丢弃本部人马，应将其处死，以示大将军的威信。"军正闳、长史安说："不应这样。兵法上说：'小部队的战斗力再强，也会被大部队所击败。'此次苏建以数千人马抵挡匈奴单于数万人马，奋战了一天多，将士伤亡殆尽，而苏建仍坚持不投降，独自返回，如果将其斩首，就是告诉其他将领说，以后战败就别回来了，所以不应杀苏建。"卫青说："我有幸以皇上近亲的身份统领大军，不怕没有威信，周霸劝我杀苏建来显示威信，很不符合为人臣的本分。况且，即使我有权处决将领，作为地位尊贵又深受皇上宠信的大臣，却也不敢擅自诛杀大将于国境之外。应将苏建交给皇上，由皇上亲自裁决，以显示做人臣的不敢专权，不也很好吗？"部下一致说："好！"于是将苏建囚禁起来送到汉武帝所在的地方。

巫蛊之乱

【导语】

巫蛊之乱也就是武帝时著名的“戾太子事件”。

武帝一生笃信鬼神，晚年更是沉溺其中，性格也更加偏执多疑，加之奸佞之徒的推波助澜，最终酿成一场殃及无辜的政治灾难。

“巫蛊事件”令太子刘据全家几乎遭到灭门，受牵连的人前后超过十万。一年后，此事真相大白，太子是无辜的，皇后也是冤死的，纯粹是由佞臣江充策划的一场宫廷冤案。武帝本人精神受到重创，颓败不振，筑“思子台”，又在太子蒙难处筑“归来望思台”。

【原文】

征和二年（庚寅，公元前 91 年）

初，上年二十九乃生戾太子[①]，甚爱之。及长，性仁恕温谨[②]，上嫌其材能少，不类己；而所幸王夫人生子闳，李姬生子旦、胥，李夫人生子髆，皇后、太子宠浸衰[③]，常有不自安之意。上觉之，谓大将军青曰[④]：“汉家庶事草创，加四夷侵陵中国，朕不变更制度，后世无法[⑤]；不出师征伐，天下不安；为此者不得不劳民。若后世又如朕所为，是袭亡秦之迹也。太子敦重好静，必能安天下，不使朕忧。欲求守文之主[⑥]，安有贤于太子者乎！闻皇后与太子有不安之意，岂有之邪？可以意晓之。”大将军顿首谢。皇后闻之，脱簪请罪[⑦]。太子每谏证伐四夷，上笑曰："吾当其劳[8]，以逸遗汝，不亦可乎！"

太子刘据性格仁慈宽厚。

【注释】

①戾太子：刘据，卫子夫（卫皇后）为汉武帝生下的长子，也是其唯一的嫡子，又称卫太子。刘据之孙刘询后来登上帝位，是为汉宣帝。即位后谥刘据曰"戾"（东汉著作《说文》："戾。曲也，从犬出户下。戾者身曲戾也。"故而"戾"字应取蒙冤受屈之意），所以刘据又称"戾太子"。②仁恕：仁爱宽容；温谨，温和恭谨。③浸：逐渐。④大将军青：汉大将军卫青，卫皇后同母异父的弟弟。⑤法：标准，仿效。⑥守文：遵循先王法度。⑦脱簪请罪：周宣姜后曾经用脱簪珥，待罪于永巷的方法劝谏宣王，后世指后妃取下簪珥等首饰，表示自责请罪。⑧当：承担。

【译文】

征和二年（庚寅，公元前91年）

当初，汉武帝二十九岁时才有了戾太子刘据，对他非常疼爱。刘据长大后，性格仁慈宽厚、温和恭谨，汉武帝嫌他不精明强干，不像自己；那时汉武帝宠爱的王夫人也生一子名叫刘闳，李姬生二子刘旦、刘胥，李夫人生一子刘髆。皇后、太子因皇上对他们的宠爱逐渐减少，常有不安的感觉。汉武帝察觉后，对大将军卫青说："我朝有很多事都还处于草创阶段，再加上周围的外族侵扰中原，朕如不变更制度，后代就没有可以效法的准则；不出师征伐，天下就不能安定。因此不得不劳民。但如果后世也像朕这样去做，就等于重蹈秦朝灭亡的覆辙。太子为人稳重好静，肯定能安定天下，不会让朕忧虑。要找一个能够维持国家安定的君主，还能有谁比太子更好呢！听说皇后和太子有不安的感觉，难道真有这事吗？你可以把朕的意思转告他们。”卫青叩头谢恩。皇后听说后，摘掉首饰向汉武帝请罪。每当太子劝阻征伐四方时，汉武帝就笑着说：“我承担艰苦重任，而将安逸留给你，不也挺好吗！”

【原文】

上每行幸，常以后事付太子，宫内付皇后。有所平决[①]，还，白其最，上亦无异，有时不省也。上用法严，多任深刻吏[②]；太子宽厚，多所平反，虽得百姓心，而用法大臣皆不悦。皇后恐久获罪，每戒太子，宜留取上意，不应擅有所纵舍。上闻之，是太子而非皇后。群臣宽厚长者皆附太子，而深酷用法者皆毁之；邪臣多党与[③]，故太子誉少而毁多。卫青薨[④]，臣下无复外家为据，竞欲构太子[⑤]。

【注释】

①平决：裁断处置。②深刻：刻薄寡恩。③党与：即党羽。④薨：古代称诸侯之死。后世有封爵的大官之死也称薨。⑤构：图谋，设计陷害。

【译文】

武帝每次出外巡游，常把日常事务托付给太子，宫内的事托付给皇后。遇到事情，他们有所处置，待武帝回来将重要的事向他报告，武帝也没有异议，有时甚至不过问。武帝用法严厉，任

皇后经常告诫太子发落官员要听取皇上的意见后再处理。

用的多是严苛的官吏；太子宽厚，经常将处罚过重的事从轻发落，这样做虽然得百姓的心，但是执法的大臣都不高兴。皇后怕时间长了会受处罚，经常告诫太子，应该留下案宗，听取皇上的意见后再处理，不应擅自有所纵容宽放。武帝听说后，认为太子是对的，而皇后不对。群臣中，凡是宽厚长者都倾向于太子，而用法严苛的则都诋毁太子；奸邪的臣子党羽众多，所以说太子好话的少而说太子坏话的多。卫青死后，那些不满的大臣看太子失去了母亲娘家的靠山，竟然想设计陷害太子。

【原文】

上与诸子疏，皇后希得见。太子尝谒皇后，移日乃出[①]。黄门苏文告上曰[②]："太子与宫人戏。"上益太子宫人满二百人。太子后知之，心衔文[③]。文与小黄门常融、王弼等常微伺太子过[④]，辄增加白之。皇后切齿，使太子白诛文等。太子曰："第勿为过[⑤]，何畏文等！上聪明，不信邪佞[⑥]，不足忧也！"上尝小不平[⑦]，使常融召太子，融言"太子有喜色"，上嘿然[⑧]。及太子至，上察其貌，有涕泣处，而佯语笑，上怪之；更微问，知其情，乃诛融。皇后亦善自防闲[⑨]，避嫌疑，虽久无宠，尚被礼遇。

黄门太监苏文抓住机会向汉武帝报告说太子调戏宫女。

【注释】

①移日：形容时间久。②黄门：宦官。③衔：怀恨。④微伺：暗中伺察。⑤第：但，且。⑥邪佞：奸邪，奸邪小人。⑦小不平：小病。⑧嘿然：沉默。⑨防闲：防备约束。

【译文】

武帝与儿子们逐渐疏远，连皇后也难得见到他。一次，太子进宫谒见皇后，过了很久才出来。黄门太监苏文抓住机会向汉武帝报告说："太子调戏宫女。"于是汉武帝将太子宫中的宫女增加到二百人。后来太子得知此事，心里怀恨苏文。苏文与小太监常融、王弼等经常暗中寻找太子的过失，然后再去添枝加叶地向汉武帝报告。对此皇后恨得咬牙切齿，让太子禀明皇上杀死苏文等人。太子说："只要我不做错事，又何必怕苏文等人！皇上圣明，不会相信邪恶谗言，用不着忧虑。"武帝曾经有点不舒服，便派常融召太子前来，常融回来后说"太子有喜色"，武帝默然不语。等太子到了，汉武帝观其神色，见太子脸上有泪痕，好像哭过，但表面上假装有说有笑，武帝觉得奇怪；再暗中查问，才了解了内情，于是杀了常融。皇后自己也小心防备，远避嫌疑，尽管已有很长时间不再得宠，却仍能使汉武帝以礼相待。

【原文】

是时，方士及诸神巫多聚京师[1]，率皆左道惑众[2]，变幻无所不为。女巫往来宫中，教美人度厄[③]，每屋辄埋木人祭祀之。因妒忌恚詈[④]，更相告讦[⑤]，以为祝诅上[⑥]，无道。上怒，所杀后宫延及大臣，死者数百人。上心既以为疑，尝昼寝，梦木人数千持杖欲击上，上惊寤[⑦]，因是体不平，遂苦忽忽善忘。江充自以与太子及卫氏有隙[⑧]，见上年老，恐晏驾后为太子所诛[⑨]，因是为奸，言上疾祟在巫蛊[⑩]。于是上以充为使者，治巫蛊狱。充将胡巫掘地求偶人，捕蛊及夜祠、视鬼[⑪]，染污令有处，辄收捕验治，烧铁钳灼[⑫]，强服之。民转相诬以巫蛊，吏辄劾以为大逆无道，自京师、三辅连及郡、国，坐而死者前后数万人。

【注释】

①方士：古代称从事求仙、炼丹等活动的人。②左道：邪道。泛指非正统、不正派者。③度厄：旧时迷信，认为人有灾难，可以禳除逃过，谓之度厄。④恚詈：怒骂。⑤讦：攻击别人的短处或揭发别人的隐私。⑥祝诅：诅咒。⑦惊寤：受惊而醒。⑧江充：因举发赵太子刘丹事为武帝信用。曾经惩办过在御用驰道中疾驰的太子家使，拒绝太子的求情。⑨晏驾：古时帝王死亡的讳称。⑩祟：迷信说法指鬼怪害人。巫蛊：巫师使用邪术加害于人。蛊，古代传说把许多毒虫放在器皿里使互相吞食，

巫蛊案发之前，方士和众多神巫聚集在京师。

最后剩下不死的毒虫叫蛊，用来害人。⑪夜祠：夜间祭祀。祠，祭祀。⑫烧铁钳灼：一种酷刑，用烧红的烙铁夹人和烫人。

从京师长安、三辅到各郡、国，因受巫蛊案牵连而死的先后有数万人。

【译文】

这时，方士和众多神巫聚集在京师，大多都以旁门左道迷惑人，变幻多端，无所不为。女巫往来宫中，教宫中美人躲避灾难的法术，在每间屋里都埋上木头人祭祀。一旦彼此因为妒忌互相咒骂，就争着告发对方诅咒皇上无道。汉武帝大怒，因此事杀后宫妃嫔、宫女和大臣数百人。武帝心里常怀疑宫里有人用法术诅咒他。有一次，汉武帝在白天睡觉，梦见好几千木头人持杖要攻击他，不觉霍然惊醒，从此感到身体不舒服，精神恍惚，记忆力衰退。江充自认为和太子及卫氏家族有嫌隙，见武帝年老，担心皇帝过世后被太子诛杀，借此机会定下奸谋，说武帝的病是因为有巫蛊在作祟。于是武帝派江充为使者，追查巫蛊案。江充带了胡巫到各处掘地寻找木头人，捉拿巫蛊及夜间祭祀的人，命人事先在一些地方洒上血污，然后对被捕之人进行审讯，施以铁钳烧灼之刑，强迫他们认罪。于是百姓彼此诬告进行巫蛊，官吏动不动就弹劾别人为大逆不道，从京师长安、三辅到各郡、国，因受牵连而死的先后有数万人。

【原文】

是时，上春秋高[①]，疑左右皆为蛊祝诅；有与无，莫敢讼其冤者。充既知上意，因胡巫檀何言："宫中有蛊气，不除之，上终不差[②]。”上乃使充入宫，至省中，坏御座，掘地求蛊。又使按道侯韩说、御史章赣、黄门苏文等助充。充先治后宫希幸夫人[③]，以次及皇后、太子宫，掘地纵横，太子、皇后无复施床处。充云：“于太子宫得木人尤多，又有帛书，所言不道，当奏闻。”太子惧，问少傅石德。德惧为师傅并诛，因谓太子曰：“前丞相父子、两公主及卫氏皆坐此[④]，今巫与使者掘地得征验，不知巫置之邪，将实有也？无以自明。可矫以节收捕充等系狱，穷治其奸诈。且上疾在甘泉[⑤]，皇后及家吏请问皆不报；上存亡未可知，而奸臣如此，太子将不念秦扶苏事邪[⑥]！”太子曰：“吾人子，安得擅诛！不如归谢，幸得无罪。”太子将往之甘泉，而江充持太子甚急；太子计不知所出，遂从石德计。秋，七月，壬午，太子使客诈为使者，收捕充等；按道侯说疑使者有诈，不肯受诏，客格杀说。太子自临斩充，骂曰：“赵虏！前乱乃国王父子不足邪[⑦]！乃复乱吾父子也！”又炙胡巫上林中[⑧]。

【注释】

江充回奏汉武帝说：在太子宫中找出的木头人最多。

①春秋：年纪。②差：病除。③希幸：很少受到宠幸。④前丞相父子、两公主及卫氏：指公孙贺及其子敬声、诸邑公主、阳石公主和卫伉，都是公孙贺巫蛊案中牵连的人，其中公孙

太子询问少傅石德应怎样应对巫蛊之乱。

贺之妻为卫皇后的姐姐卫君孺，诸邑公主、阳石公主是武帝的女儿，卫皇后所生。卫伉是卫青之子。⑤甘泉：甘泉宫，在今陕西淳化北的甘泉山南麓。⑥秦扶苏事：扶苏，秦始皇太子，始皇死后，遗命扶苏即位，赵高联络李斯，矫诏立始皇幼子胡亥，并逼迫扶苏自尽。⑦乱乃国王父子：指赵国太子丹和其父赵王刘彭祖。⑧炙：烧。

【译文】

此时，汉武帝年事已高，怀疑周围的人都在用巫蛊诅咒他；而那些被逮捕治罪的人，无论是否与巫蛊有关，没有敢诉说自己有冤的。江充知道了皇帝的心思，便指使胡人巫师檀何说："宫中有蛊气，不除去，皇上的病就好不了。"汉武帝就派江充进入宫中，直至宫禁深处，拆掉御座，挖地找蛊。又派按道侯韩说、御史章赣、黄门苏文等协助江充。江充先在后宫不受宠的夫人那里着手，一直搜到皇后宫和太子宫中，各处的地面都被纵横翻起，以致太子和皇后连放床的地方都没有了。江充回奏说："在太子宫中找出的木头人最多，还有写在绸缎上的文字，内容大逆不道，应当奏闻皇上。"太子非常害怕，问少傅石德怎么办。石德害怕因为自己是太子的老师而受牵连，便对太子说："前丞相公孙贺父子、两位公主及卫氏家族的人都被指犯有用巫蛊害人而被杀死，现在巫师与皇上的使者又从宫中挖出证据，不知是巫师放置的呢，还是确实有此事？自己无法解释清楚。你可假传圣旨逮捕江充等人下狱，彻底追查其奸谋。况且皇上有病住在甘泉宫，皇后和您派去请安的人都没能见到皇上，皇上是否还在，实未可知，而奸臣竟敢如此，难道您忘了秦朝太子扶苏的事了吗！”太子说道：“我做儿子的怎么能擅自诛杀大臣呢！不如前往甘泉宫向皇上请罪，也许能侥幸无事。”太子将要前往甘泉宫，但江充却抓住太子之事逼迫甚急，太子一时想不出别的办法，就听了石德的计策。秋季，七月壬午（初九），太子派门客冒充皇帝使者，逮捕了江充等人。按道侯韩说怀疑使者是假的，不肯接受诏书，太子派去的人就杀了韩说。太子亲自监斩江充，骂道：“你这赵国的奴才，以前在赵国害国君父子还不够吗，如今又来扰害我们父子！”又把江充手下的胡人巫师烧死在上林苑中。

太子亲自监斩江充。

【原文】

太子使舍人无且持节夜入未央宫殿长秋门①，因长御倚华具白皇后②，发中厩车载射士③，出武库兵④，发长乐宫卫卒。长安扰乱，言太子反。苏文迸走，得亡归甘泉，说太子无状⑤。上曰：“太子必惧，又忿充等，故有此变。”乃使使召太子。使者不敢进，归报云：“太子反已成，欲斩臣，臣逃归。”上大怒。丞相屈牦闻变，挺身逃，亡其印绶，使长史乘疾置以闻⑥。上问："丞相何为？"对曰："丞相秘之，未敢发兵。"上怒曰："事籍籍如此[⑦]，何谓秘也！丞相无周公之风矣，周公不诛管、蔡乎[⑧]！"乃赐丞相玺书曰[⑨]："捕斩反者，自有赏罚。以牛车为橹[⑩]，毋接短兵，多杀伤士众！坚闭城门，毋令反者得出！"太子宣言告令百官云："帝在甘泉病困，疑有变；奸臣欲作乱。"上于是从甘泉来，幸城西建章宫[⑪]，诏发三辅近县兵[⑫]，部中二千石以下[⑬]，丞相兼将之。太子亦遣使者矫制赦长安中都官囚徒[⑭]，命少傅石德及宾客张光等分将，使长安囚如侯持节发长水及宣曲胡骑[⑮]，皆以装会。侍郎马通使长安[⑯]，因追捕如侯，告胡人曰："节有诈，勿听也！"遂斩如侯，引骑入长安；又发楫棹士以予大鸿胪商丘成。初，汉节纯赤，以太子持赤节，故更为黄旄加上以相别。

【注释】

①舍人：太子属官。②长御：宫中女官名。③中厩：宫中的车马房。④武库：储藏兵器的仓库。⑤无状：罪大不可言状。⑥长史：官名，秦置，汉相国、丞相都有长史。疾置：古时为供紧急传递公文的使人途中停宿、换乘马匹等而设置的驿站。⑦籍籍：众口喧腾貌。⑧周公不诛管、蔡乎：周公不是也诛杀了管、蔡了吗。周武王死后，成王年幼，由周公摄政。管叔、蔡叔和霍叔勾结武庚及东方夷族叛周，周公奉成王命出师东征平定。⑨玺书：指皇帝的诏书。⑩橹：盾。⑪建章宫：汉长安城西郊的一处园林式离宫。⑫三辅：京畿之地，辖境相当于今陕西中部地区。⑬二千石：汉制，郡守俸禄为二千石，即月俸百二十斛。世因称郡守为"二千石"。⑭都官：汉代京师各官署的统称。⑮长水及宣曲胡骑：长水，关中河名。宣

曲亦为河名。宣曲宫在今咸阳市区渭河南，汉置官于此，也屯驻胡骑。长水校尉，汉武帝置，八校尉之一，掌屯于长水与宣曲的乌桓人、胡人骑兵，秩二千石。所属有丞及司马，领骑兵七百三十六人。⑯侍郎：秦汉郎中令的属官之一。

【译文】

太子派舍人无且手持符节夜入未央宫长秋门，通过长御女官倚华将一切禀告皇后，然后调发皇家马车运载射手，又打开武库取出兵器，征调长乐宫的卫卒。长安城中一片混乱，都说太子造反。宦官苏文逃出长安，跑到甘泉宫，向汉武帝禀报太子的种种无礼举动。武帝说："太子一定是怕了，又痛恨江充等人，所以才发生这样的变故。"于是派使臣召太子前来。使者不敢进城，回来向武帝禀告说："太子已经造反了，要斩臣，臣逃回来了。"武帝大怒。丞相刘屈牦听到事变消息后，起身就逃，连丞相的官印、绶带都丢掉了，派长史乘驿站快马奏报皇帝。武帝问："丞相是怎么做的？"长史回答说："丞相封锁消息，没敢擅自发兵镇压。"武帝生气地说："事情已经传得沸沸扬扬，还有什么秘密可言！丞相没有周公的风范啊，周公不是诛除了管、蔡吗！"武帝于是颁赐印有玺印的诏书给丞相说："捕杀叛乱者，朕自有重赏。

使者向武帝禀告说：太子已经造反了。

将牛车作为掩护，不要短兵相接，尽量多杀叛军兵卒！关闭城门，决不要让叛军冲出长安城！”太子发表宣言，向文武百官发出号令说：“皇上在甘泉宫卧病，我怀疑可能发生了变故，奸臣想趁机叛乱。”于是武帝从甘泉宫来到城西建章宫，下诏征调三辅附近各县的士兵，部署各地二千石以下的官员，由丞相统率。太子也派出使者假传圣旨，赦免长安各官署的囚徒，命少傅石德及宾客张光等分别率领，又派长安囚徒如侯持符节征发长水和宣曲的胡骑，都准备好前来会合。侍郎马通奉汉武帝之命到长安，得知此事后立即追捕如侯，告诉胡骑说：“如侯所持的符节是假的，不能听他调遣！”于是斩杀如侯，带领胡人骑兵进入长安；又征调专门使船的兵卒，交给大鸿胪商丘成指挥。当初，汉朝的符节是纯赤色，因太子用赤色符节，所以汉武帝所发的符节上改加黄缨以示区别。

【原文】

太子立车北军南门外，召护北军使者任安[①]，与节，令发兵。安拜受节，入，闭门不出。太子引兵去，驱四市人凡数万众[②]，至长乐西阙下，逢丞相军，合战五日，死者数万人，血流入沟中。民间皆云“太子反”，以故众不附太子，丞相附兵浸多[③]。

【注释】

①护北军使者：官名，北军指挥官员。②四市：长安城内的东西南北四个商业区。③浸：逐渐。

【译文】

太子来到北军军营南门外，站在车上，召护北军使者任安，颁与符节，命令任安发兵。任安拜受符节，返回营中，却闭门不出，不肯出兵。太子带兵离去，驱使长安四方百姓数万人，到长乐宫西门外，正遇到丞相率领的军队，双方会战五天，死亡数万人，鲜血流到街边的水沟里。民间都说“太子谋反”，所以百姓都不肯跟随太子，而依附丞相的兵力则越来越多。

【原文】

庚寅，太子兵败，南奔覆盎城门①。司直田仁部闭城门②，以为太子父子之亲，不欲急之；太子由是得出亡。丞相欲斩仁，御史大夫暴胜之谓丞相曰③：“司直，吏二千石，当先请，奈何擅斩之！”丞相释仁。上闻而大怒，下吏责问御史大夫曰：“司直纵反者，丞相斩之，法也。大夫何以擅止之？”胜之惶恐，自杀。诏遣宗正刘长、执金吾刘敢奉策收皇后玺绶④，后自杀。上以为任安老吏，见兵事起，欲坐观成败，见胜者合从之，有

御史大夫暴胜之劝说丞相不可擅自斩杀田仁。

两心，与田仁皆要斩。上以马通获如侯，长安男子景建从通获石德，商丘成力战获张光，封通为重合侯，建为德侯，成为秺侯。诸太子宾客尝出入宫门，皆坐诛；其随太子发兵，以反法族；吏士劫略者皆徙敦煌郡[⑤]。以太子在外，始置屯兵长安诸城门。

【注释】

① 覆盎城门：长安城门之一。② 司直：官名。指丞相司直，西汉武帝时置，帮助丞相检举不法。③ 御史大夫：御史台长官，地位仅次于丞相，掌管弹劾纠察及图籍秘书，与丞相（大司徒）、太尉（大司马）合称“三公”。暴胜之：西汉御史大夫，善于治理地方。④ 宗正：官名，掌管王室亲族的事务。汉魏以后，都由皇族担任。执金吾：负责京城治安的长官。⑤ 敦煌郡：治所在今甘肃敦煌，西汉元鼎六年（公元前 111 年）置。

【译文】

庚寅（十七日），太子兵败，朝南逃向覆盎门。司直田仁率兵把守城门，认为太子和皇帝是父子之亲，不想逼迫太子，太子所以得以逃出城。丞相想杀田仁，御史大夫暴胜之对丞相说：“司直为朝廷二千石的官员，处置他应当先请示皇帝，怎么能擅自斩杀他呢！”于是丞相释放了田仁。武帝听后大发雷霆，将暴胜之逮捕治罪，责问他说：“司直放走了谋反的人，丞相杀他是合法的，你为什么擅自阻止？”暴胜之惶恐不安，就自杀了。武帝下令派宗正刘长、执金吾刘敢携带谕旨收缴皇后的印玺和绶带，皇后自杀。汉武帝认为，任安身为老臣，见到叛乱事起，却坐观成败，看哪方得胜就归附哪一边，说明他对朝廷怀有二心，因此将任安与田仁一同腰斩。汉武帝因马通抓获如侯，封其为重合侯；长安男子景建跟随马通抓住石德，封其为德侯，商丘成力战抓获张光，封为秺侯。所有太子的门客曾经出入宫门的，都被诛杀；那些跟随太子发兵谋反的，一律以谋反论罪灭族；被胁迫的军吏士卒凡非出于本心，而被太子强迫参加的，都流放到敦煌郡。因太子逃亡在外，所以开始在长安诸城门设置屯守军队。

【原文】

上怒甚，群下忧惧，不知所出。壶关三老茂上书曰："臣闻父者犹天，母者犹地，子犹万物也，故天平地安，物乃茂成；父慈母爱，子乃孝顺。今皇太子为汉适嗣，承万世之业，体祖宗之重，亲则皇帝之宗子也。江充，布衣之人，闾阎之隶臣耳；陛下显而用之，衔至尊之命以迫蹴皇太子[①]，造饰奸诈[②]，郡邪错缪[③]，是以亲戚之路鬲塞而不通[④]。太子进则不得见上，退则困于乱臣，独冤结而无告，不忍忿忿之心，起而杀充，恐惧逋逃，子盗父兵，以救难自免耳。臣窃以为无邪心。《诗》曰：'营营青蝇，止于藩。恺悌君子[⑤]，无信谗言。谗言罔极，交乱四国。'往者江充谗杀赵太子，天下莫不闻。陛下不省察[⑥]，深过太子，发盛怒，举行大兵而求之，三公自将；智者不敢言，辩士不敢说，臣窃痛之！唯陛下宽心慰意，少察所

壶关三老令狐茂上书劝汉武帝赦免太子。

亲，毋患太子之非，亟罢甲兵，无令太子久亡！臣不胜惓惓，出一旦之命，待罪建章宫下。”书奏，天子感寤[7]，然尚未敢显言赦之也。

【注释】

① 迫蹴：同“迫蹵”，逼迫。② 造饰：伪造掩饰。③ 错缪：相矛盾，错乱。缪，通“谬”。④ 鬲塞：阻塞，隔断。鬲，通“隔”。⑤ 恺悌：和乐平易。⑥ 省察：审察，仔细考察。⑦ 感寤：受感动而醒悟。

【译文】

汉武帝愤怒异常，群臣又担心又害怕，不知所措。壶关三老令孤茂上书汉武帝说：“我听说父亲就好比是天，母亲就好比是地，儿子就好比是天地间的万物，所以只有上天平顺，大地安然，万物才能茂盛；只有父亲仁慈，母亲疼爱，儿子才能孝顺。如今皇太子本是汉朝的合法继承人，承继万世大业，执行祖宗的重托，论关系又是皇上的嫡长子。江充本为一介平民，不过是市井中的奴才罢了，陛下却对他尊显重用，让他挟至尊之命来迫害皇太子，纠集一批奸邪小人，对皇太子进行欺诈栽赃、逼迫陷害，使陛下与太子的父子至亲关系阻塞不通。太子进则不能面见皇上，退则被乱臣贼子陷害困扰，独自蒙冤，无处申诉，这才忍不住忿恨的心情，起而杀死江充，却又害怕皇上降罪，被迫逃亡，太子作为陛下的儿子，盗用父亲的军队，不过是为了救难使自己免遭别人的陷害罢了。臣私下认为太子没有什么险恶的用心。《诗经》上说：‘绿蝇往来落在篱笆上，和乐平易的君子不信谗言。谗言无休止，天下必然大乱。’从前，江充以谗言害死赵太子，天下没人不知道的。而今陛下不仔细考察，就过分地责备太子，发雷霆之怒，征调大军追捕太子，还命丞相亲自指挥，致使智慧之人不敢进言，善辩之士难以张口，我心中实在感到痛惜。希望陛下放宽心怀，平心静气，不要苛求自己的亲人，不要对太子的错误耿耿于怀，立即结束对太子的征讨，不要让太子长期逃亡在外！我以对陛下的一片忠心，随时准备献出我的性命，待罪于建章宫外。”奏章递上去，汉武帝受到感动而醒悟，但还没有公开说赦免太子。

【原文】

太子亡，东至湖[①]，藏匿泉鸠里。主人家贫，常卖屦以给太子[②]。太子有故人在湖，闻其富赡，使人呼之而发觉。八月，辛亥，吏围捕太子。太子自度不得脱，即入室距户自经[③]。山阳男子张富昌为卒，足蹋开户[④]，新安令史李寿趋抱解太子，主人公遂格斗死，皇孙二人并皆遇害。上既伤太子，乃封李寿邘侯，张富昌为题侯。

汉武帝感伤于太子之死，就封李寿为邘侯、张富昌为题侯。

【注释】

① 湖：湖县，今河南灵宝北。② 屦：鞋子。③ 距户：撑拄门户。距：通“拒”。自经：自缢而死。④ 蹋：踢。

【译文】

太子逃亡，向东到湖县，隐藏在泉鸠里的农户家中。主人家境贫寒，常靠卖鞋子来奉养太子。太子有故人住在湖县，听说那人富有，派人去叫他因此被人发觉。八月辛亥（初八），官吏围捕太子。太子估计难以逃脱，便回到屋中，紧闭房门，自缢而死。前来搜捕的兵卒中，有一山阳男子名叫张富昌，用脚踢开房门，新安县令史李寿跑上前去，将太子抱住解下，农家主人与搜捕太子的人格斗而死，二位皇孙也一同遇害。汉武帝感伤于太子之死，就封李寿为邘侯、张富昌为题侯。

昆阳之战

【导语】

王莽篡汉后，施行了一系列违反社会经济发展规律的政治措施，导致阶级矛盾日趋激化，广大民众纷纷揭竿而起，反抗新朝的统治。一时间，新莽王朝处于众叛亲离、风雨飘摇的境地。

新莽地皇四年二月，绿林军推举汉室后裔刘玄为帝，恢复汉制，年号更始。更始政权建立后，绿林军主力北上，围攻战略要地宛城（今河南南阳）。同时派王凤、王常和刘秀等人统率部分兵力，迅速攻下昆阳（今河南叶县）、定陵（今河南舞阳北）、郾县（今河南郾城南）等地，与围攻宛城的主力形成掎角之势。

为了对付更始军，王莽派遣大司空王邑和司徒王寻率领优势兵力与农民军进行决战。王邑、王寻率军至昆阳城下，列营百余座，猛攻昆阳。刘秀等人说服了不愿出兵的诸营守将，率领步骑万余人驰援昆阳。刘秀亲率千余援军步骑为前锋，斩杀王邑军数十人，取得了初战的胜利，大大鼓舞了士气。

在刘秀的猛烈进攻下，更始军内外夹攻，打得王邑全军一败涂地。王邑军的将卒纷纷逃命，互相践踏，积尸遍野，只有王邑、严尤等少数人狼狈逃脱，窜入洛阳。

“昆阳之战”使起义军歼灭了王莽军的主力，取得了辉煌胜利。随后起义军兵分两路，乘胜直趋长安，彻底推翻了王莽政权。

昆阳之战，是绿林、赤眉起义中决定性的一战。它聚歼了王莽赖以维持统治的军队主力，为起义军胜利进军洛阳、长安，最终推翻新莽统治创造了有利的条件。

【原文】

淮阳王更始元年（癸未，公元 23 年）①

春，正月甲子朔②，汉兵与下江兵共攻甄阜、梁丘赐③，斩之，杀士卒二万馀人。王莽纳言将军严尤、秩宗将军陈茂引兵欲据宛④，刘缜与战于淯阳下，大破之，遂围宛。先是，青、徐贼众虽数十万人，讫无文书、号令、旌旗、部曲；及汉兵起，皆称将军，攻城略地，移书称说。莽闻之，始惧。

【注释】

① 更始：刘玄称帝的年号。② 甲子朔：正月初一。③ 甄阜、梁丘赐：王莽的官员。④ 宛：今河南省南阳市。

汉军包围宛城。

【译文】

淮阳王更始元年（癸未，公元23年）

春季，正月甲子朔（初一），汉军与下江兵共同攻打甄阜、梁丘赐的军队，斩甄阜、梁丘赐，杀死王莽军队士卒二万余人。王莽的纳言将军严尤与秩宗将军陈茂率军前进，打算驻防宛城，汉缜军与他们在淯阳城会战，大破严尤、陈茂军，接着包围宛城。在此之前，青州和徐州的盗贼虽有几十万人，但一直没有文书、号令、旗帜、军队组织。但等到汉兵起事，大家都自称将军，攻打城市，掠夺土地，传递文书，声讨王莽的罪恶。王莽听到了，开始担心害怕起来。

【原文】

三月，王凤与太常偏将军刘秀等徇昆阳、定陵、郾[①]，皆下之。

王莽军驱赶虎、豹、犀、象等猛兽以助军威。

王莽闻严尤、陈茂败[②]，乃遣司空王邑驰传[③]，与司徒王寻发兵平定山东[④]；征诸明兵法六十三家以备军吏，以长人钜毋霸为垒尉[⑤]，又驱诸猛兽虎、豹、犀、象之属以助威武[⑥]。邑至洛阳[⑦]，州郡各选精兵，牧守自将，定会者四十三万人，号百万；馀在道者，旌旗、辎重[⑧]，千里不绝。夏，五月，寻、邑南出颍川[⑨]，与严尤、陈茂合。

【注释】

① 王凤：农民起义军领袖，新莽王朝末年，与王匡等在绿林山（今湖北京山一带的大洪山地区）领导农民起义。绿林军在王匡、王凤等人的领导下，力量极为强大，终于推翻了新莽王朝的反动统治。更始帝封其为成国上公。昆阳：今河南叶县。定陵：今河南省舞阳县北。郾：今河南省郾城县南。② 严尤：时任纳言大将军。陈茂：时任秩宗大将军，都是王莽的将领。这是指他们在宛城一带被刘秀的哥哥所打败。③ 司空：西汉成帝改御史大夫为司空。御史大夫在汉代本是丞相的副职。传：古代驿所备的车辆叫传车，这个传就是传车的简称。④ 司徒：西汉哀帝时改丞相为司徒。山东：当时称崤山以东的广大地区，不是指今天的山东省。⑤ 垒尉：主持营垒的武将。⑥ 犀、象：犀牛大象。⑦ 洛阳：今河南洛阳。⑧ 辎重：辎是一种有帷盖的大车，辎重本是指出行时所带的包裹箱笼，但后来多用指军用物资。⑨ 颍川：今河南禹县，在昆阳之北。

【译文】

三月，王凤和太常偏将军刘秀等率领汉军攻掠昆阳、定陵、郾等城，一连都攻了下来。

王莽得知严尤、陈茂兵败，就派遣司空王邑乘坐飞快的传车前往，和司徒王寻一起发兵去平定崤山以东地区。同时征召通晓六十三家兵法的人为军官，任用巨人钜毋霸为垒尉，又赶来虎、豹、犀、象等猛兽以助军威。王邑到了洛阳，各州郡选派精锐的兵士，由州郡的长官亲自带领，定期汇集起来的有四十三万人，号称百万；其余尚未汇集在路上的军队，旌旗、辎重，千里不绝。夏季，五月，王寻、王邑向南到了颍川，与严尤、陈茂的部队会合。

【原文】

诸将见寻、邑兵盛，皆反走，入昆阳，惶怖，忧念妻孥[①]，欲散归诸城。刘秀曰："今兵谷既少而外寇强大，并力御之，功庶可立；如欲分散，势无俱全。且宛城未拔，不能相救；昆阳即拔，一日之间，诸部亦灭矣。今不同心胆，共举功名，反欲守妻子财物邪！"诸将怒曰："刘将军何敢如是！[②]"秀笑而起。会候骑还[③]，言："大兵且至城北，军陈数百里，不见其后。"诸将素轻秀，及迫急，乃相谓曰："更请刘将军计之。"秀复为图画成败[④]，诸将皆曰："诺。"时城中唯有八九千人，秀使王凤与廷尉大将军王常守昆阳，夜与五威将军李轶等十三骑出城南门，于外收兵。

【注释】

① 妻孥：妻子儿女。② 刘将军：刘秀。③ 会：恰巧。④ 图画：图谋策划。

【译文】

汉军的将领们看到王寻、王邑军队声势浩大，都往回跑，退到昆阳城，惊慌不安，担忧妻子儿女，想从这里分散到原来占据的城邑去。刘秀对他们说："现在城内兵寡粮缺，而城外敌军又很强大，集中兵力抵抗敌军，也许可以立功；如果分散，势必不能保全。况

汉军将领见王莽军势大，惶恐想要各自撤退。

刘秀让王凤与廷尉大将军王常守昆阳，当夜与五威将军李轶等十三骑出城南门。

且咱们的部队还没有攻下宛城，不能前来救援；一旦昆阳被敌军占领，只要一天的工夫，我军各部就会遭到歼灭。现在怎么能不同心协力，共立功业，反而贪生怕死想要守着妻子和财物呢！”将领们大怒说：“刘将军怎么敢这样说！”刘秀笑而起身。正在此时，侦察的骑兵回来，报告说：“王寻大军即将到达城北，军队连绵百里，看不到它后面的人马。”将领们一向轻视刘秀，到了这样急迫的时候，才互相商量道：“再去请刘将军谋划这件事。”于是刘秀又分析情况，制定具体行动方案，将领们听了后都说：“是。”当时城中只有八九千人，刘秀让王凤和廷尉大将军王常守卫昆阳，当夜自己同五威将军李轶等十三人骑马驰出昆阳城的南门，在外面收集士兵。

【原文】

时莽兵到城下者且十万，秀等几不得出。寻、邑纵兵围昆阳，严尤说邑曰：“昆阳城小而坚，今假号者在宛，亟进大兵，彼必奔走；宛败，昆阳自服。”邑曰：“吾昔围翟义[①]，坐不生得以见责让，今将百万之众，遇城而不能下，非所以示威也。当先屠此城，蹀血而进，前歌后舞，顾不快邪！”遂围之数十重，列营百数，钲鼓之声闻数十里，或为地道、冲车加朋撞城；积弩乱发，矢下如雨，城中负户而汲。王凤等乞降，不许。寻、邑自以为功在漏刻，不以军事为忧。严尤曰："《兵法》：'围城为之阙'，宜使得逸出以怖宛下。"邑又不听。

【注释】

① 翟义：东郡太守，起兵反抗王莽。后兵败，自杀。

【译文】

当时开到昆阳城下的王莽军将近十万人，刘秀等人几乎不能出城。王寻、王邑指挥大军包围了昆阳，严尤向王邑献策说："昆阳城小而坚固，现在假冒皇帝名号的刘玄在宛城，我们大军迅速向宛城进兵，刘玄必定逃跑；宛城的汉军一旦失败，昆阳城里的汉军将不战而降。"王邑说："我以前围攻翟义，因没有活捉到他而受到责备，如今我带领百万大军，遇城竟绕道而过，不能攻下，这就不能显示军威了。应当先攻陷屠杀此城，踏着血泊前进，前歌后舞，难道不痛快吗！"于是把昆阳包围了几十层，列营上百个，钲鼓之声响彻几十里，还挖掘地道，使用冲车来攻城；集中了所有弓弩向城内乱射，矢下如雨，城内的人为了躲避飞矢，背着门板出外打水。王凤等乞求投降，不被理睬。王寻、王邑自以为片刻就可成功，并不担心作战的事。严尤建议说："《兵法》上说：'围城要留下缺口'，现在应让被围之敌得以逃出，到宛城传播失败的消息，从而使围攻宛城的绿林军害怕以动摇其军心。"王邑又不听取这个建议。

【原文】

刘秀至郾、定陵，悉发诸营兵；诸将贪惜财物，欲分兵守之。秀曰："今若破敌，珍宝万倍，大功可成；如为所败，首领

刘秀调发各营的全部军队支援昆阳。

无馀，何财物之有！”乃悉发之。六月己卯朔[①]，秀与诸营俱进，自将步骑千馀为前锋，去大军四五里而陈；寻、邑亦遣兵数千合战，秀奔之，斩首数十级[②]。诸将喜曰：“刘将军平生见小敌怯，今见大敌勇，甚可怪也！且复居前，请助将军！”秀复进，寻、邑兵却，诸部共乘之，斩首数百、千级。连胜，遂前，诸将胆气益壮，无不一当百，秀乃与敢死者三千人从城西溓水上冲其中坚[③]。

【注释】

①己卯：初一。②斩首数十级：秦法斩一个敌人的头赐爵一级，后来就把斩几个人头叫作斩首若干级。③中坚：中军精锐部队。

【译文】

刘秀到了郾、定陵等地，调发各营的全部军队支援昆阳；各营将领们贪惜财物，想要分出一部分兵士留守。刘秀说：“现在如果打败敌人，财宝要比现在多万倍，大功可成；

刘秀再次发起攻击，王莽军退却。

如果被敌人打败，脑袋都保不住，还谈什么金银财物呢！”于是就命令全部军队出发。六月初一，刘秀和各营部队一同出发，他亲自带领步兵和骑兵一千多人为先头部队，在距离王莽大军四五里远的地方摆开阵势。王寻、王邑也派几千人出来迎战，刘秀带兵冲了过去，斩了几十人首级。将领们高兴地说：“刘将军平时看到弱小的敌军都胆怯，现在见到强敌反而英勇，太奇怪了！还是我们在前面协助你破敌！”刘秀又发起攻击，王寻、王邑的部队退却，汉军各部一同冲杀过去，斩了数百上千个首级。汉军接连获胜，继续进兵，将领们胆气更壮，没有一个不是以一当百，刘秀见全军振奋，于是就和敢死队三千人从城西滍水岸边攻击王莽军的主将营垒。

【原文】

寻、邑易之，自将万馀人行陈，敕诸营皆按部毋得动，独迎与汉兵战，不利，大军不敢擅相救；寻、邑陈乱，汉兵乘锐崩之，遂杀王寻。城中亦鼓噪而出，中外合势，震呼动天地；莽兵大溃，走者相腾践[①]，伏尸百馀里。会大雷、风，屋瓦皆飞，雨下如注，滍川盛溢，虎豹皆股战[②]，士卒赴水溺死者以万数，水为不流。王邑、严尤、陈茂轻骑乘死人渡水逃去[③]，尽获其军实辎重，不可胜算，举之连月不尽，或燔烧其余[④]。士卒奔走，各还其郡，王邑独与所将长安勇敢数千人还洛阳，关中闻之震恐。于是海内豪桀翕然响应，皆杀其牧守，自称将军，用汉年号以待诏命；旬月之间，遍于天下。

【注释】

①腾践：踏践。②股战：颤抖。③乘死人：趁死尸堵塞河流。

④ 燔：焚烧。

【译文】

王寻、王邑轻视汉军，亲自带领一万余人巡视阵地，命令各营按部管束自己的部队，没有命令不得擅自出动，单独迎上来同汉军交战，王寻等出战不利，大部队又不敢擅自相救；王寻、王邑所部阵脚大乱，汉军乘机击溃莽军，并杀死了王寻。昆阳城中的汉军见刘秀在城外取胜，也击鼓大喊冲杀出来，里应外合，呼声震天动地；王莽军全部溃败，逃跑者互相践踏，倒在地上的尸体遍布一百多里。适值大雷、大风，屋瓦全都被风刮得乱飞，大雨好似从天上倒灌下来，滍水暴涨，虎豹都吓得发抖，掉入水中溺死的士兵数以万计，河水为此都不能流动了。王邑、严尤、陈茂等以轻骑踏着死人渡过滍水逃走，汉军获得王莽军抛下的全部军用物资，不可胜计，一连几个月都运不完，有些余下的就烧掉了。王邑的残兵奔跑，各自逃回故乡，只有王邑和他带领的长安勇士几千人回到洛阳，长安的人听到这个消息十分惊惧。于是海内豪杰都纷纷响应，杀掉当地的州郡长官，自称将军，采用汉的年号，等待更始皇帝的诏命；一个月之内，这种形势遍及了全国。

汉军获得王莽军抛下的全部军用物资，不可胜算。

赤壁之战

【导语】

东汉建安十三年（公元208年），孙权、刘备联军在长江赤壁（今湖北赤壁市西北的赤壁山，一说在今湖北武汉市江夏区西赤矶山）一带与曹军展开了一场战略会战，这是孙、刘联军大败曹军的一场决战，对于“三国鼎立”局面的确立具有决定性的意义，史称“赤壁之战”，这是中国历史上以少胜多的著名战争之一。

公元200年，曹操在“官渡之战”中击败袁绍，进而统一了北方。统一北方后，曹操便积极从事南下的战争准备。他首先在邺城修建玄武池训练水军，接着又派人到凉州（今甘肃）拉拢马腾，以避免南下作战时侧后受到威胁。一切就绪后，于建安十三年七月，曹操率大军自宛（今河南南阳）挥师南下，欲先灭刘表，再顺长江东进，击败孙权，以统一天下。九月，曹军进占新野（今属河南），当时刘表已死，其子刘琮不战而降。曹操收编刘表部众，之后率大军向长江推进。

此时依附刘表屯兵于樊城的刘备，见刘琮降曹，仓促率军民南撤，在当阳被曹军击败。于退军途中，刘备派诸葛亮赴柴桑（今江西九江西南）说服孙权，与孙权结盟共同抗曹。

孙刘结盟后，孙权任命周瑜为主将，率三万精锐水军，联合屯驻樊口的刘备军，沿长江西进迎击曹军。十一月，孙刘联军与曹军对峙于赤壁。周瑜采纳部将黄盖所献的火攻之计，大败曹军。

【原文】

初[①]，鲁肃闻刘表卒，言于孙权曰："荆州与国邻接[②]，江山险固，沃野万里，士民殷富，若据而有之，此帝王之资也。今刘表新亡，二子不协，军中诸将，各有彼此[③]。刘备天下枭雄，与操有隙，寄寓于表[④]，表恶其能而不能用也[⑤]。若备与彼协心，上下齐同，则宜抚安[⑥]，与结盟好[⑦]；如有离违，宜别图之，以济大事[⑧]。肃请得奉命吊表二子，并慰劳其军中用事者[⑨]，及说备使抚表众，同心一意，共治曹操[⑩]，备必喜而从命。如其克谐[⑪]，天下可定也。今不速往，恐为操所先[⑫]。"权即遣肃行。

【注释】

①初：当初。②国：指孙权割据的地区。邻接：（土地）相连接。

鲁肃向孙权请求奉命去吊慰刘表的两个儿子。

③各有彼此：有向着那边的，有向着这边的（有拥护刘琦的，有拥护刘琮的）。④寄寓：寄居。⑤恶其能：畏忌他的才能。⑥若……则……：如果……就……。彼：指荆州方面的人。抚安：抚慰。⑦盟好：友好同盟。⑧济：成，成功。大事：即上文说的“据而有之”。⑨用事者：掌权的人。⑩治：对付。⑪克谐：能办妥，能成功。克，能。⑫为……所先：被……占了先。

【译文】

当初，鲁肃听说刘表死了，便对孙权说：“荆州与我国接邻，地理形势险要坚固，土地肥沃广阔，人口繁多，百姓殷实富足，如能占据这个地方，就有了创建帝王大业的资本。现在刘表刚死，他的两个儿子不和，军队里的将领们，有的拥戴刘琦，有的拥戴刘琮。刘备是天下的英雄，与曹操有怨仇，现寄居在刘表那里，刘表嫉妒他的才能而不能重用他。如果刘备和刘表的部下们同心协力，上下一致，就应当安抚他们，与他们结成友好同盟；如果他们彼此离心离德，我们就应另作打算，以成就我们的大事。我请求能奉您的命令去吊慰刘表的两个儿子，并慰劳军中掌权的人，同时劝说刘备安抚刘表的部下，同心一意，共同对付曹操，刘备一定很高兴，并且会听从我的意见。如果这件事能够成功，那么天下大局便可以定了。现在不赶快去，恐怕就要被曹操占了先。”孙权即刻派鲁肃前往荆州。

【原文】

到夏口闻操已向荆州[①]，晨夜兼道，比至南郡[②]，而琮已降，备南走，肃径迎之，与备会于当阳长坂[③]。肃宣权旨[④]，论天下事势，致殷勤之意[⑤]。且问备曰：“豫州今欲何至[⑥]？”备

鲁肃日夜兼程，赶到南郡。

曰："与苍梧太守吴巨有旧[⑦]，欲往投之。"肃曰："孙讨虏聪明仁惠[⑧]，敬贤礼士，江表英豪[⑨]，咸归附之，已据有六郡[⑩]，兵精粮多，足以立事。今为君计，莫若遣腹心自结于东[⑪]，以共济世业。而欲投吴巨，巨是凡人，偏在远郡，行将为人所并[⑫]，岂足托乎[⑬]！"备甚悦。肃又谓诸葛亮曰："我，子瑜友也。"即共定交。子瑜者，亮兄瑾也，避乱江东，为孙权长史[⑭]。备用肃计，进住鄂县之樊口[⑮]。

【注释】

① 夏口：夏水注入处。今湖北武昌市。② 比：及，等到。南郡：荆州属下的一个郡（郡治在今湖北江陵县）。③ 当阳长坂：今湖北省当阳市长坂坡。④ 宣权旨：传达孙权的意旨。⑤ 殷勤之意：深厚而恳切的希望。⑥ 豫州：指刘备。刘备曾任豫州刺史，故称。⑦ 苍梧：郡名，郡治在今广西梧州市。有旧：有交情。⑧ 孙讨虏：指孙权，孙权曾被汉朝封为讨虏将军，故称。⑨ 江表：江外，指长江以南地方。⑩ 六郡：会稽郡、吴郡、豫章郡、庐江郡、丹阳郡和新都郡（今江苏、浙江、江西等省一带）。⑪ 莫若：不如。腹心：心腹之人，即亲信。自结：主动交结。东：指孙权政权。⑫ 行将：将要。⑬ 岂足托乎：哪里可以托靠呢！⑭ 长史：官名。⑮ 鄂县：今湖北鄂州市。樊口：在鄂州市西北。

【译文】

鲁肃和刘备讨论天下大事的势态。

到了夏口，鲁肃听说曹操已经向荆州进发，于是日夜兼程，等他赶到南郡，刘琮已经投降曹操，刘备往南逃跑，鲁肃直接去迎刘备，和刘备在当阳长坂坡相会。鲁肃向刘备传达了孙权的意思，和刘备讨论天下大事的势态，并向刘备表达了深厚而恳切的希望。鲁肃又问刘备说："刘豫州现在打算去哪里？"刘备说："我与苍梧太守吴巨是老交情，打算前去投奔他。"鲁肃说："孙将军英明仁慈，尊敬贤才，礼遇士人，江东的英雄豪杰全都来归顺、依附他，现在已经占有六个郡，兵精粮广，足以成就大业。现在我替您打算，不如派遣亲信主动去结好东吴，以共建大业。眼下您却打算投奔吴巨，吴巨是个平庸的人，又地处偏远的苍梧郡，将来很快会被人吞并，他怎么能够依靠呢？"刘备听后很高兴。鲁肃又对诸葛亮说："我是子瑜的朋友。"于是两个人随即交了朋友。子瑜，就是诸葛亮的兄长诸葛瑾，他在江东避乱，成为孙权的长史。刘备采纳鲁肃的计策，率兵进驻鄂县的樊口。

【原文】

曹操自江陵将顺江东下①。诸葛亮谓刘备曰："事急矣，请奉命求救于孙将军。"遂与鲁肃俱诣孙权②。亮见权于柴桑③，说权曰："海内大乱，将军起兵江东④，刘豫州收众汉南，与曹

诸葛亮与鲁肃一起去见孙权。

操共争天下。今操芟夷大难[5]，略已平矣，遂破荆州，威震四海。英雄无用武之地，故豫州遁逃至此，愿将军量力而处之[6]！若能以吴、越之众，与中国抗衡，不如早与之绝；若不能，何不按兵束甲[7]，北面而事之[8]！今将军外托服从之名而内怀犹豫之计[9]，事急而不断，祸至无日矣。”权曰：“苟如君言[10]，刘豫州何不遂事之乎？”亮曰：“田横[11]，齐之壮士耳，犹守义不辱；况刘豫州王室之胄，英才盖世，众士慕仰，若水之归海。若事之不济[12]，此及天也，安能复为之下乎[13]！”权勃然曰：“吾不能举全吴之地，十万之众，受制于人。吾计决矣！非刘豫州莫可以当曹操者；然豫州新败之后，安能抗此难乎？”亮曰：“豫州军虽败于长坂，今战士还者及关羽水军精甲万人，刘琦合江夏战士亦不下万人[14]。曹操之众，远来疲敝，闻追豫州，轻骑一日一夜行三百馀里，此所谓‘强弩之末势不能穿鲁缟’者也。故《兵法》忌之，曰：‘必蹶上将军[15]’。且北方之人，不习水战；又，荆州之民附操者，逼兵势耳[16]，非心服也。今将军诚能命猛将统兵数万[17]，与豫州协规同力[18]，破操军必矣。操军破，必北还；如此，则荆、吴之势强，鼎足之形成矣。成败之机[19]，在于今日！”权大悦，与其群下谋之。

【注释】

①江陵：今湖北江陵县。②诣：到……去。③柴桑：县名，今江西九江市。④江东：长江下游南岸一带。⑤芟夷大难：铲除削平大患。⑥处之：对付这种情况。⑦按兵束甲：停止使用武器，收拾起铠甲。⑧北面而事之：投降曹操。北面，面向北，即降服。封建时代君主面南而坐，臣子面北而趋。事，侍奉。⑨外托服从之名：表面上假托服从曹操的名义。⑩苟：假使。⑪田横：战国时齐国贵族。秦亡后自立为齐王。刘邦即帝位，田横和部下五百人逃入海岛。刘邦派人召他，在前往洛阳的路上田横自杀，坚决不归附汉朝。⑫事：指与曹操抗衡，争夺天下。⑬复为之下：再做他的属下。⑭江夏：荆州属下的一个郡，郡治在今湖北麻城南。刘琦时为江夏太守。⑮必蹶上将军：一定会使大将受挫。⑯逼兵势：被武力所迫。⑰诚：果真，假如。⑱协规：共同规划合谋。⑲机：关键。

【译文】

曹操从江陵将要顺江东下。诸葛亮对刘备说："事情紧急，请让我奉命去向孙将军求救。"于是与鲁肃一起去见孙权。诸葛亮在柴桑见到孙权，劝孙权说："天下大乱，将军在江东起兵，刘豫州在汉南招收兵马，一齐跟曹操争夺天下。如今曹操对大的祸患已铲除削平，大致已经平定北方了，接着南下攻破荆州，威势震动天下。在曹操大军面前，英雄没有施展的地方，所以刘豫州避逃到这里，希望将军估量自己的实力来对付这个局面！如果将军能以吴越的人力、物力与曹操对抗，不如早点和他断绝关系；如果不能，那么就放下武器、收拾铠甲，向曹操面北投降称臣！现在，将军外表上假托服从曹操的名义，而内心犹豫不决，局势危急而

诸葛亮在柴桑见到孙权激他抗曹。

不能决断，大祸马上就要临头了。”孙权说：“假若像你所说的，刘豫州为什么不向曹操投降呢？”诸葛亮说：“田横，不过是齐国的一个壮士而已，还能恪守节义不受屈辱；何况刘豫州是汉王室的后代，英明才智盖世无双，众人敬仰倾慕他，就像水归入大海一样。如果事情不成功，这是天意，怎能再居于曹操之下呢？”孙权勃然大怒，说：“我不能拿全东吴的土地和十万将士拱手奉送，去受曹操控制。我的主意打定了！除了刘豫州就没有人可以来抵挡曹操的了；可是刘豫州在刚刚打了败仗之后，怎么能抗得住曹操的强大攻势呢？”诸葛亮说：“刘豫州的军队虽然在长坂坡打了败仗，现在归队的士兵加上关羽率领的精锐水兵还有一万人，刘琦收拢江夏的战士也不下万人。曹操的军马，远道而来已疲惫不堪，听说追逐刘豫州时，轻装的骑兵一日一夜跑三百多里，这就是所谓‘强弓射出的箭到了尽头，连鲁国的薄绢也穿不透’啊。所以《兵法》上忌讳这样做，说‘一定会使主帅遭到挫败’。何况北方人不习惯水上作战；还有，荆州的民众所以归附曹操，是一时被曹操的威势所逼，不是发自内心的顺服。现在，将军如果能派一员虎将统领几万人马，和刘豫州共同规划、同心协力，攻破曹军是必然的了。曹操的军队被打败了，势必退回到北方；这样荆州、东吴方面的势力就会强大，三国鼎立的局势就会出现。成败的关键，就在今天！”孙权听了十分高兴，便同部下们商讨这件事。

【原文】

是时，曹操遗权书曰：“近者奉辞伐罪，旌麾南指，刘琮束手。今治水军八十万众，方与将军会猎于吴。”权以示臣下，莫不响震失色。长史张昭等曰：“曹公，豺虎也，挟天子以征四方，动以朝廷为辞；今日拒之，事更不顺①。且将军大势可以拒操者，长江也；今操得荆州，奄有其地②，刘表治水军，蒙冲斗舰乃以千数③，操悉浮于沿江④，兼有步兵，水陆俱下，此为长江之险已与我共之矣，而势力众寡又不可论。愚谓大计不如迎之。”鲁肃独不言。权起更衣，肃追于宇下。权知其意，执肃手曰：“卿欲何言？”肃曰：“向察众人之议⑤，专欲误将军，不足与图大事。今肃可迎操耳⑥，如将军不可也。何以言之？今肃迎操⑦，操当以肃还付乡党，品其名位，犹不失下曹从事⑧，乘犊车，从吏卒，交游士林，累官故不失州郡也⑨。将军迎操，欲安所归乎？愿早定大计，莫用众人之议也！”权叹息曰：“诸人持议，甚失孤望。今卿廓开大计，正与孤同。”

长史张昭等人劝说孙权投降曹操。

【注释】

①不顺：不顺于理。

鲁肃劝说孙权不可迎顺曹操。

②奄有：全部占有。③蒙冲：蒙着生牛皮用来冲锋的快速战艇。斗舰：大的战船。④悉浮于沿江：全部把它们布置在江边。⑤向：刚才。察：细致深刻地观察。⑥今：至于。⑦今：如果。⑧下曹从事：下级官吏。曹，官府中分科办事的单位。从事，州郡的属吏。⑨累官：逐步升迁。累，逐步积累。故：仍旧。不失州郡：不失做州郡的长官。

【译文】

这个时候，曹操派人给孙权送来一封信，信上说："近来我奉朝廷命令讨伐有罪的人，军旗指向南方，刘琮束手投降。现在训练水军八十万之多，正要和将军共同在东吴打猎。"孙权把这封信拿给众人看，没有不吓得变了脸色的。长史张昭等人说："曹操是豺虎豹，他挟持皇帝来征讨天下，动不动就拿朝廷的名义来发布命令；如果和他对抗，事情更为不利。况且将军凭借抗曹的有利地形，不过是一条长江；如今曹操得到了荆州，完全占有了那里，刘表组建的水军，大小战船多到以千艘来计算，曹操将这些战船全部布置在沿江一带，又加上步兵，水路陆路一齐进攻，这样一来，已经和我方共同占有长江天险了，至于军事力量悬殊又不可相提并论。我认为不如投降曹操。"只有鲁肃一个人沉默不语。孙权起身上厕所，鲁肃追到屋檐下，孙权知道他的来意，拉着鲁肃的手说："你想说什么？"鲁肃说："刚才我细致地观察了大家的议论，觉得他们只是想贻误将军，实在不值得和他们谋划大事。现在，像我鲁肃这样的人可以投降曹操，而像将军您却不可以。这话怎么说呢？如果我鲁肃迎顺曹操，曹操会把我送还乡里，让父老去品评，以确定我的名位，还能在大官下面讨个小差事，出去仍可坐牛车，带几个吏卒，和士大夫们往来，然后积累资历逐渐擢升官职，仍可以做到不低于州郡一级的长官。将军您一旦投降了曹操，将会得到一个什么样的结局呢？希望您早定大计，不要听那些人的意见！"孙权叹息道："这些人所持的议论，很让我失望。现在您阐明利害，正和我的想法一样。"

【原文】

时周瑜受使至番阳，肃劝权召瑜还。瑜至，谓权曰："操虽托名汉相，其实汉贼也。将军以神武雄才[①]，兼仗父兄之烈[②]，割据江东，地方数千里[③]，兵精足用，英雄乐业[④]，当横行天下，为汉家除残去秽[⑤]；况操自送死，而可迎之邪！请为将军筹之：今北土未平，马超、韩遂尚在关西，为操后患；而操舍鞍马[⑥]，仗舟楫[⑦]，与吴、越争衡，今又盛寒，马无藁草[⑧]；驱中国士众远涉江湖之间，不习水土，必生疾病。此数者用兵之患也，而操皆冒行之。将

周瑜请求率军击败曹操。

孙权拔刀砍断面前放奏章的几案表示抗曹的决心。

军禽操，宜在今日。瑜请得精兵数万人，进住夏口，保为将军破之！”权曰：“老贼欲废汉自立久矣，徒忌二袁、吕布、刘表与孤耳。今数雄已灭，惟孤尚存。孤与老贼势不两立，君言当击，甚与孤合，此天以君授孤也。”因拔刀斫前奏案曰[⑨]：“诸将吏敢复有言当迎操者，与此案同！”乃罢会。

【注释】

①神武：非凡的军事才干。②烈：功业。③地方：土地方圆。④乐业：乐于为国建立功业。⑤除残去秽：除掉残暴污秽（之人）。⑥鞍马：这里指骑兵。⑦仗舟楫：凭借舟船。楫，船桨。⑧藁草：喂牲口的饲料。⑨斫：砍。前奏案：面前放置奏章文书的几案。

【译文】

当时周瑜奉命到番阳，鲁肃建议孙权召周瑜回来。周瑜到了后，对孙权说：“曹操虽然在名义上是汉朝丞相，实际上是汉朝的奸贼。将军凭着武功和英雄的才能，同时继有父兄的功业，拥有江东，方圆几千里，军队精良、物资充足，英雄豪杰愿意为国家效力，正应当驰骋于天下，替汉朝除去残暴、邪恶之人；何况曹操自己前来送死，怎么可以迎顺他呢？请允许我为将军筹划这件事：现在北方并未完全平定，马超、韩遂还在函谷关以西，他们是曹操的后患；曹操又舍弃骑兵，依仗舟船来和我东吴争高下，现在正值严冬，战马没有草料，驱赶中原的士兵们远来跋涉在江南的多水地带，不服水土，一定会生病。这几件事都是用兵的禁忌，而曹操都冒失地干了。将军捉拿曹操，应当就在眼下。请您拨给我几万精兵，让我进驻夏口，一定为将军击败曹操！”孙权说：“曹操那老贼想要废除汉朝自立为帝已经很久了，只是顾忌袁绍、袁术、吕布、刘表与我而已。现在那几位豪杰已被消灭，只有我还幸存。我和老贼势不两立，你说应当抗击曹操，很合我的心意，这是天意要把你交给我啊。”于是拔刀砍断面前放奏章的几案，说：“各位武将文官有谁敢再说应当迎顺曹操的，和这几案一样！”于是宣布散会。

【原文】

是夜，瑜复见权曰：“诸人徒见操书言水步八十万而各恐慑，不复料其虚实，便开此议①，甚无谓也②。今以实校之：彼所将中国人不过十五六万，且已久疲；所得表众亦极七八万耳，尚怀狐疑。夫以疲病之卒御狐疑之众，众数虽多，甚未足畏。瑜得精兵五万，自足制之③，愿将军勿虑！”权抚其背曰：“公瑾，卿言至此，甚合孤心。子布、元表诸人④，各顾妻子，挟持私虑⑤，深失所望；独卿与子敬与孤同耳，此天以卿二人赞孤也。五万兵难卒合，已选三万人，船粮战具俱办。卿与子敬、程公便在前发，孤当续发人众，多载资粮，为卿后援。卿能办之者诚决⑥，邂逅不如意，便还就孤，孤当与孟德决之。”遂以周瑜、程普为左右督，将兵与备并力逆操；以鲁肃为赞军校尉，助画方略⑦。

【注释】

①开：发。此议：投降的议论。②甚无谓也：很没有道理。③自足：完全可以。制：制伏。④子布：张昭的字。元表：当是“文表”之误。秦松，字文表。⑤挟持私虑：带着个人打算。⑥卿能办之者诚决：假如你能对付得了曹操，那就应当和他决胜。⑦助画：协助筹划。方略：策略。

【译文】

这天夜里，周瑜再次见孙权说：“众人只见曹操信上说水军步兵八十万，就各自害怕，不再考虑他们的真实情况，便发出投降的议论，很没道理。现在按实际情况查核一下，曹操所率领的中原士兵不过十五六万，而且早已疲惫不堪；新收编的刘表水军最多也只有七八万，还三心二意。曹操用疲惫染病的士兵，驱使犹豫动摇的军队，人数虽多，却并没有什么可怕的。请拨给我精兵五万，我就可以制伏曹军，希望将军不必多虑！”孙权拍着周瑜的背说：“公瑾，你说得这样忠心、恳切，很合我的心意。子布、元表这些人，他们只顾念各自的妻子儿女，带有个人的打算，使我非常失望；只有你和子敬与我同心，这是苍天让你们二人来辅助我啊！五万兵难在短时间内集合起来，我已选好三万人，船只、粮草及武器都已办齐。你与

夜里，周瑜再次拜见孙权，请求率军击曹。

子敬、程公先行，我会陆续调兵遣将，多多运载物资、粮食，做你的后援。假如你能对付得了曹操，就同他决战，万一遇到意外，就撤回来靠近我，我当和孟德决一死战。”于是，孙权任命周瑜、程普为左右都督，率兵与刘备齐心协力迎击曹操；任命鲁肃为赞军校尉，协助谋划作战的策略。

【原文】

刘备在樊口，日遣逻吏于水次候望权军。吏望见瑜船，驰往白备[①]，备遣人慰劳之。瑜曰：“有军任，不可得委署[②]；傥能屈威[③]，诚副其所望[④]。”备乃乘单舸往见瑜问曰[⑤]：“今拒曹公，深为得计。战卒有几[⑥]？”瑜曰：“三万人。”备曰：“恨少。”瑜曰：“此自足用，豫州但观瑜破之[⑦]。”备欲呼鲁肃等共会语，瑜曰：“受命不得妄委署；若欲见子敬，可别过之[⑧]。”备深愧喜[⑨]。

【注释】

①白：报告。②委署：托人代行职务。指离开岗位。③傥：同“倘”，倘若，假如。屈威：委屈尊威。④诚：确实，真的。副：符合。⑤单舸：单独一条船。⑥战卒：作战的士卒。有几：有多少。⑦但：只管。

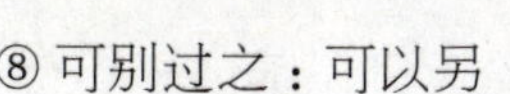
⑧可别过之：可以另

刘备单独坐船去会见周瑜。

外去访他。⑨愧喜：又惭愧又高兴。

【译文】

刘备驻扎在樊口，每天派巡逻的官吏在江边眺望等候孙权军队的到来。官吏望见周瑜的船队，便飞马赶回营地禀告刘备，刘备马上派人前去慰劳他们。周瑜对慰劳的人说："我有军务在身，不便托他人代行职务；倘若刘豫州能屈尊前来，真的是我所希望的。"刘备便单独坐船去会见周瑜，问道："现在抗拒曹操，是十分正确的决策。您有多少人马？"周瑜回答说："三万人马。"刘备说："可惜太少了。"周瑜说："这完全够用，豫州您只管看我击破曹军。"刘备想叫上鲁肃等人来一起会面交谈，周瑜说："鲁肃等有军务在身，不便委托他人代理；如果您想见子敬，可以另外去看他。"刘备深感惭愧，又十分高兴。

【原文】

进，与操遇于赤壁。

时操军众，已有疾疫。初一交战，操军不利，引次江北。瑜等在南岸，瑜部将黄盖曰："今寇众我寡，难与持之。操军方连船舰，首尾相接，可烧而走也[①]。"乃取蒙冲斗舰十艘，载燥荻、枯柴[②]，灌油其中，裹以帷幕，上建旌旗[③]，豫备走舸[④]，系于其尾。先以书遗操，诈云欲降。时东南风急，盖以十舰最著前[⑤]，中江举帆，馀船以次俱进。操军吏士皆出营立观，指言盖降。去北军二里馀[⑥]，同时发火，火烈风猛，船往如箭，烧尽北船，延及岸上营落。顷之[⑦]，烟炎张天[⑧]，人马烧溺死者甚众。瑜等率轻锐继其后，雷鼓大震[⑨]，北军大坏[⑩]。操引军从华容道步走[⑪]，遇泥泞，道不通，天又大风，悉使羸兵负

吴军点燃火船，攻击曹军。

草填之[12]，骑乃得过。羸兵为人马所蹈藉[13]，陷泥中，死者甚众。刘备、周瑜水陆并进，追操至南郡。时操军兼以饥疫，死者太半[14]。操乃留征南将军曹仁、横野将军徐晃守江陵，折冲将军乐进守襄阳[15]，引军北还。

【注释】

①走：使败走。②燥荻、枯柴：干燥的芦荻、木柴。③建：设立。④走舸：轻快小船。这里准备放火后乘坐的。⑤最著前：排在最前边。⑥去北军：离曹军。⑦顷之：一会儿。⑧烟炎张天：火焰浓烟布满天空。炎，同“焰”。张，布满。⑨雷：同“擂”。⑩大坏：彻底溃败。⑪华容道：通往华容县的道路。步走：从陆路逃跑。⑫羸：弱。负：背。⑬蹈藉：践踏。⑭太半：过半。⑮征南、横野、折冲：都是将军名。曹仁、徐晃、乐进：都是曹操手下的名将。襄阳：今湖北省襄樊市。

【译文】

孙刘联军向前推进，在赤壁与曹军相遇。

这时曹操军中已经发生了传染病。刚一交战，曹军就失利，于是曹操率军马退到长江北岸驻扎。周瑜的军马驻扎在南岸，周瑜部下的将领黄盖提议道：“目前敌众我寡，很难和他们持久对峙。曹军正好把战船连接在一起，首尾相接，如用火烧战船，就可以打退曹兵。”于是调集十只大小战船，装载干芦荻、枯柴草，在里边灌了油，外面用篷布包裹起来，上面竖立起黄盖的旗帜，还准备了轻快小船，系在大船的尾部。黄盖先派人送信给曹操，假称准备去投降。当时正值东南风来势很急，黄盖把十只战船排在最前头，到了江中升起船帆，其余的船只按次序一起前进。曹军将士都出营站在那里观看，指着来船说黄盖来投降了。距离曹操军队二里多远时，各船同时点火，风势猛，火势大，船像箭一般飞驰，把北岸曹军的战船全都烧尽，火势还蔓延到岸上的军营。霎时间，火焰浓烟满天，曹军人马烧死的、淹死的很多。周瑜等率领轻装的精锐部队随后进击，擂起战鼓震天动地，奋勇向前，曹军大败。曹操带领着败兵从华容道陆路逃跑，遇上雨后道路泥泞，不便行走，天又刮起大风，曹操命令疲弱的士兵全部背草填路，骑兵才得以通过。疲弱的士兵被人马践踏，陷在泥坑中，死的很多。刘备、周瑜水陆一齐前进，追赶曹军到了南郡。这时，曹军饥饿，又有传染病，死了将近大半。于是曹操留下征南将军曹仁、横野将军徐晃把守江陵，折冲将军乐进把守襄阳，自己带领其余人马退回北方。

赤壁火攻，风猛火大，火光冲天，把北岸曹军的战船全都烧尽。

夷陵之战

【导语】

赤壁之战后，荆州被曹操、刘备、孙权三方瓜分。曹操占据南阳和江夏北部，刘备夺取了长沙、武陵、零陵、桂阳四郡，孙权据有南郡和江夏南部。曹操回军北方并将兵锋指向关中、凉州一带。公元 210 年，在刘备的请求和鲁肃的规劝之下，孙权又把位于长江北岸的战略要地借给了刘备。这样一来，刘备实际上基本控制了荆州。刘备通过武力夺得西川和汉中后，已经拥有了横跨二州（益州和荆州一部分）的庞大势力。到了公元 211 年，孙权占据交州（今广东、广西）后，力量进一步扩大，此时曹操正忙于稳定后方，无暇南顾。孙权趁机向刘备索还荆州，而刘备则以“须得凉州，当以荆州相与”为借口拒绝归还。由于当时双方正在合力抗曹，这一矛盾暂时未被激化。

汉中和荆州是蜀汉的两个战略基地，从汉中可以北出潼关，攻打洛阳；从荆州北上可以经襄阳攻打许昌，东下则可以直捣吴国的腹地，使蜀汉处于进可以攻，退可以守的有利地位。东吴处于长江中下游，对刘备势力的迅速发展深感不安。

建安二十四年（公元 219 年），关羽发动“襄樊战役”。孙权乘蜀汉荆州军北攻襄阳、樊城，与曹魏大军激战不已，后方空虚之际，派大将吕蒙“白衣渡江”，袭占江陵。关羽闻讯后仓促率军回救，结果兵败被杀，孙权遂占有了整个荆州。孙、刘联盟破裂，矛盾全面激化，最终导致了“夷陵之战”。

面对强敌，东吴主帅陆逊采取积极防御的方针，实施战略退却，把难以展开兵力的峡谷险地留给了蜀军，使蜀军颠簸在崇山峻岭之中，将士疲惫，处于极为不利的境地。吴军掌握了主动，集中兵力进行决战，赢得了胜利。

刘备兵败逃到白帝城后，陆逊为避免曹魏方面乘机浑水摸鱼、袭击后方，遂停止追击，主动撤兵。次年四月，刘备因“夷陵之战”的惨败一病不起，亡故于白帝城。“夷陵之战”就此结束。

【原文】

魏文帝黄初二年（辛丑，公元221年）

蜀中传言汉帝已遇害[①]，于是汉中王发丧制服，谥曰孝愍皇帝。群下竞言符瑞，劝汉中王称尊号。前部司马费诗上疏曰：“殿下以曹操父子逼主篡位，故乃羁旅万里，纠合士众，将以讨贼。今大敌未克而先自立，恐人心疑惑。昔高祖与楚约，先破秦者王之。乃屠咸阳，获子婴，犹怀推让；况今殿下未出门庭，便欲自立邪！愚臣诚不为殿下取也。”王不悦，左迁诗为部永昌从事。

夏，四月，丙午，汉中王即帝位于武担之南[②]，大赦，改元章武。以诸葛亮为丞相，许靖为司徒。

蜀中传言汉帝已遇害，群臣请求刘备即位称帝。

【注释】

①汉帝：献帝，名刘协。延康元年（公元220年），曹操死，次子曹丕继任魏王之位，其后废汉献帝，建立了魏朝，称魏文帝。当时盛传献帝已经遇害，甚至魏国边境大臣苏则也不知详情，误信流言为献帝发丧。②汉中王：魏黄初二年（公元221年），刘备为了延续汉朝，实现霸业，乃于成都称帝，立国号为汉，史称蜀汉，改元章武元年，蜀汉政权正式建立。

【译文】

魏文帝黄初二年（辛丑，公元221年）

蜀地纷纷传言汉献帝已经遇害，于是，汉中王刘备下令全国披麻戴孝，为汉献帝举行丧礼，尊谥汉献帝为孝愍皇帝。群臣上书说，有很多吉祥之兆，请求刘备即位称帝。前部司马费诗上书说："殿下因为曹操父子逼迫皇帝，篡夺帝位，所以才万里流亡，召集士卒，领兵讨伐曹氏奸贼。如今大敌还没有击败而先自称皇帝，恐怕人们会产生疑惑。从前汉高祖与楚人相约，先灭掉秦朝的人称王。等到攻克咸阳，俘获了子婴，汉高祖对王的称号尚且还推让。而如今殿下尚未走出门庭，便要自己称皇帝，我实在认为您不应该这样做。"汉中王听了很不高兴，将费诗降职为州部永昌从事。夏季，四月丙午（初六），刘备在成都西北的武担山之南登基称帝，大赦天下，改年号为章武。任命诸葛亮为丞相，许靖为司徒。

【原文】

汉主耻关羽之没，将击孙权。翊军将军赵云曰："国贼，曹操，非孙权也。若先灭魏，则权自服。不应置魏，先与吴战。

众多臣子劝谏刘备不可伐吴，刘备都不听。

兵势一交，不得卒解，非策之上也。”群臣谏者甚众，汉主皆不听。

秋，七月，汉主自率诸军击孙权，权遣使求和于汉。南郡太守诸葛瑾遗汉主笺曰[1]：“陛下以关羽之亲，何如先帝？荆州大小，孰与海内？俱应仇疾，谁当先后？若审此数，易于反掌矣。”汉主不听。

【注释】

① 诸葛瑾：三国时期吴国大臣，诸葛亮之兄。经鲁肃推荐，为东吴效力。胸怀宽广，温厚诚信，得到孙权的信赖，努力缓和蜀汉与东吴的关系。建安二十五年（公元220年）吕蒙病逝，诸葛瑾代吕蒙领南郡太守，驻守公安。

【译文】

刘备为报杀害关羽之仇，调集兵力准备进攻孙权。翊军将军赵云谏劝道：“国贼是曹操，而不是孙权。如先出兵灭掉魏国，孙权自会屈服投降。不应把大敌魏国置于一边，先去与吴国交战。战争一旦打起来，是不能很快结束的，伐吴不是上策！”向刘备劝谏的臣子很多，刘备都不听。

秋，七月，刘备亲率各路大军讨伐孙权，孙权派人向刘备议和。吴国南郡太守诸葛瑾写了一封信给刘备，说：“您与关羽的关系，与先帝比起来哪个亲呢？以荆州的大小与整个国家比起来哪个大呢？您与吴魏都有仇怨，哪个在先，哪个在后？如果您明白我说的这些话，就很容易明白先攻哪个了。”刘备不理睬。

孙权派人向刘备议和，刘备不同意。

【原文】

汉主遣将军吴班、冯习攻破权将李异、刘阿等于巫，进兵秭归①，兵四万馀人。武陵蛮夷皆遣使往请兵②。权以镇西将军陆逊为大都督、假节③，督将军朱然、潘璋、宋谦、韩当、徐盛、鲜于丹、孙桓等五万人拒之。

【注释】

①秭归：今湖北省秭归县。②武陵：郡名，治所临沅，在今湖南省常德市西。蛮夷：指居住在武陵山上的少数民族。③假节：假以符节，持节。古代使臣出行，持节为符信，故称。汉末与魏晋南北朝时，掌地方军政的官往往加使持节、持节或假节的称号。

【译文】

刘备派将军吴班、冯习带兵在巫山打败孙权的守将李异和刘阿，率兵四万多人继续向秭归推进。武陵地方的少数民族首领派使者到刘备那里，请求

孙权任命镇西将军陆逊为大都督。

派兵前往武陵。孙权任命镇西将军陆逊为大都督，假节，率领将军朱然、潘璋、宋谦、韩当、徐盛、鲜于丹、孙桓等五万人去迎战刘备。

【原文】

八月，孙权遣使称臣，卑辞奉章[①]，并送于禁等还[②]。朝臣皆贺，刘晔独曰："权无故求降，必内有急。权前袭杀关羽，刘备必大兴师伐之。外有强寇，众心不安，又恐中国往乘其衅，故委地求降[③]，一以却中国之兵，二假中国之援，以强其众而疑敌人耳。宜大兴师，径渡江袭之。蜀攻其外，我袭其内，吴之亡不出旬日矣。"帝不听，遂受吴降。

【注释】

①卑辞：言辞谦恭。②于禁：东汉末年、三国时期曹魏重要将领，为五子良将之一。关羽攻樊城，于禁与庞德一起救援曹仁，时汉水暴涨，于禁援军被大水淹没，于禁与庞德都被关羽捉住。庞德不肯投降，被关羽处斩，于禁却向关羽投降。曹操说："我与于禁相知三十年，怎料到在危难时，他还不及庞德呢！"之后，孙权夺取了荆州，于禁留在东吴。③委地：蜷伏于地。

【译文】

八月，孙权派人向魏国称臣，在给魏文帝的表文中，孙权言辞谦恭，极力恭维魏文帝，并把以前为关羽俘虏的魏国将军于禁送回来。魏国的大臣都向文帝祝贺，只有刘晔说："孙权无缘无故来向我们称臣，必定国内有紧急的事情。孙权以前偷袭荆州杀了关羽，刘备一定大举兴师讨伐他。孙权外面有强大的敌人进攻，内部人心惶惶，又怕我们魏国乘机去攻他，所以来向我们投降，一则可以阻止魏国出兵，二则可以借魏国的名义，来壮他们的士气迷惑敌人。我们应乘此机会大举出兵，直接渡江袭击东吴。这样，刘备攻外面，我们突然袭击它，用不了多少天，吴国就灭亡了。”文帝不听刘晔的建议，于是接受了吴国的投降。

魏文帝不听刘晔的建议，接受了吴国的投降。

【原文】

汉主自秭归将进击吴，治中从事黄权谏曰：“吴人悍战，而水军沿流，进易退难。臣请为先驱以当寇，陛下宜为后镇。”汉主不从，以权为镇北将军，使督江北诸军；自率诸将，自江南缘山截岭，军于夷道猇亭[①]。吴将皆欲迎击之。陆逊曰：“备举军东下，锐气始盛；且乘高守险，难可卒攻。攻之纵下，犹难尽克，若有不利，损我大势，非小故也。今但且奖励将士，广施方略，以观其变。若此间是平原旷野，当恐有颠沛交逐之忧；今缘山行军[②]，势不得展，自当罢于木石之间，徐制其敝耳。”诸将不解，以为逊畏之，各怀愤恨。

【注释】

① 夷道：在今湖北省宜都市西北。猇亭：在夷道县（古县名）境内，今湖北省宜都市西北。② 缘：沿着。

【译文】

刘备从秭归进攻东吴，治中从事黄权劝道："吴国人勇敢善战，我水军顺流而下，前进容易，后退就难了。我请作为先锋在前面抵挡敌人，陛下应当在后面坐镇。"刘备不听，任命黄权为镇北将军，让他统领江北的军队；自己带领诸将，从长江南岸翻山越岭，一直进军到夷道的猇亭。吴将都想立刻迎战。陆逊说："刘备率领大军沿江东下，士气正盛；而且据高固守险要的地方，不容易很快攻破他。纵然能攻下，也难全部攻取，如果我们失利，将损伤我们的主力，这不是小事。现在，我们只有奖励士兵，鼓舞士气，从多方面考虑攻击敌人的策略，以此观察敌情的变化，待机破敌。如果这里是平原旷野，恐怕我们早已有被驱逐的危险；现在刘备沿山进军，兵力展不开，只有在山林岩石中间，使他的军队精疲

刘备从秭归进攻东吴。

力尽，我们可以慢慢攻击他的弱点。”将领们不了解陆逊的作战意图，以为陆孙惧怕敌人，都极为不满。

【原文】

汉人自巫峡建平连营至夷陵界[①]，立数十屯，以冯习为大督，张南为前部督，自正月与吴相拒，至六月不决。汉主遣吴班将数千人于平地立营，吴将帅皆欲击之，陆逊曰：“此必有谲，且观之。”汉主知其计不行，乃引伏兵八千从谷中出，逊曰：“所以不听诸君击班者，揣之必有巧故也。”逊上疏于吴王曰：“夷陵要害，国之关限，虽为易得，亦复易失。失之，非徒损一郡之地，荆州可忧[②]，今日争之，当令必谐。臣初嫌之水陆俱进，今反舍船就步，处处结营，察其布置，必无他变。伏愿至尊高枕，不以为念也。”

【注释】

① 巫峡：在今湖北省巴东县西。夷陵：同“彝陵”，在今湖北宜昌。

② 荆州：今湖北省江陵。

【译文】

蜀军从巫峡建平起到夷陵，接连设营，一路上设了几十个大营，任命冯习为大都督，张南为前部都督，自正月与吴军交战，到了六月双方一直相持不下。刘备派吴班带领数千人在平地立营，吴军将领都想出战。陆逊说：“这里面一定有诈，我们暂且看看再说。”刘备知道这一计不成，就带着八千伏兵从山谷中撤出。陆逊对他的部将说：“我之所以不听你们的话迎战吴班，因为我猜想他一定有什么巧谋奇计。”接着陆逊上书给孙权说：“夷陵地处要害，

蜀军从巫峡建平起到夷陵，接连设营。

是我们东吴重要的关口，虽然很容易攻取，也很容易失守。一旦失去，不仅只是损失一个郡的问题，就连荆州也难以保住。今天我们争夺这个地方，要一举成功，一劳永逸。当初我顾虑刘备水陆大军同时前来，那样，我们势必要分兵抵抗，现在他不走水路只沿陆路进军，又在处处结营，兵力分散，看来刘备的布置，不会再有什么变化。陛下放心，不用再把这事挂在心上。”

【原文】

闰月，逊将进攻汉军，诸将并曰：“攻备当在初，今乃令入五六百里，相守经七八月，其诸要害皆已固守，击之必无利矣。”逊曰：“备是猾虏，更尝事多，其军始集，思虑精专，未可干也。今住已久，不得我便，兵疲意沮，计不复生。掎角此寇[①]，正在今日。”乃先攻一营，不利，诸将皆曰：“空杀兵耳！”逊曰：“吾已晓破之之术。”乃敕各持一把茅，以火攻，拔之；一尔势成，通率诸军，同时俱攻，斩张南、冯习及胡王沙摩柯等首，破其四十馀营。汉将杜路、刘宁等穷逼请降。

【注释】

①掎角：分兵牵制或夹击敌人。

【译文】

闰六月，陆逊打算向蜀军发动进攻。

闰六月，陆逊要向蜀军发动进攻，将领们都说：“发动进攻应在刘备立足未稳的时候，如今蜀军已深入我境内五六百里，和我们对峙七八个月了，险要的地方都加强了防守，现在进攻不会取胜的。”陆逊说：“刘备是个很狡猾的家伙，再加之经验丰富，蜀军刚刚集结的时候，他思虑周详，我们无法向他发动攻击。如今蜀军已驻扎很长时间，却仍找不到我军的漏洞，将士疲惫且心情沮丧，再也无计可施。分兵夹击敌人，就在今天。”于是，下令先向蜀军的一个营垒发动攻击，战斗失利，将领们都说：“白白损兵折将！”陆逊说：“我已经有了破敌之策。”于是命令战士每人拿一束茅草，用火攻击，得胜；接着，又乘势领各路军全面出击，斩杀张南、冯习及胡王沙摩柯等，攻破蜀军营垒四十余座。蜀将杜路、刘宁等走投无路，只得向吴军投降。

【原文】

汉主升马鞍山[①]，陈兵自绕，逊督促诸军，四面蹙之，土崩瓦解，死者万数。汉主夜遁，驿人自担烧铙铠断后，仅得入白帝城[②]，其舟船、器械，水、步军资，一时略尽，尸骸塞江而下。汉主大惭恚曰[③]：“吾乃为陆逊所折辱，岂非天耶！”将军义阳傅肜为后殿，兵众尽死，肜气益烈。吴人谕之使降，肜

夷陵之战蜀军土崩瓦解。

骂曰："吴狗，安有汉将军而降者！"遂死之。从事祭酒程畿溯江而退，众曰："后追将至，宜解舫轻行。"畿曰："吾在军，未习为敌之走也。"亦死之。

【注释】

① 马鞍山：今湖北省宜昌马鞍山。② 白帝城：在今重庆市奉节县白帝山上。③ 惭恚：羞惭怨恨，羞惭愤怒。

【译文】

刘备登上马鞍山，布置好军队，陆逊督促各军四面围攻，紧缩包围圈，蜀军土崩瓦解，被杀死的数以万计。刘备连夜逃走，一路上将辎重、器械焚烧，堵塞山路隘口，才阻止了东吴的追兵，刘备得以逃进白帝城。蜀军的船只、器械，水、陆军的军用物资，全都落到东吴手里，蜀军的尸体浮满江面，顺流而下。刘备羞惭怨恨地说："我被陆逊羞辱，这是天意啊！"将军义阳人傅彤掩护大军退却，部下全部战死，傅彤愈战愈勇，吴军劝他投降，傅彤大骂说："吴狗，哪有汉将军会投降的！"终于血战而死。从事祭酒程畿逆长江乘船退却，部下说："后面追兵就要到了，应把两船连结的方舟拆开，轻舟撤退。"程畿说："我从军以来，还未学过如何逃跑。"也战死了。

【原文】

初，吴安东中郎将孙桓别击汉前锋于夷道[①]，为汉所围，求救于陆逊，逊曰："未可。"诸将曰："孙安东，公族，见围已困，奈何不救？"逊曰："安东得士众心，城牢粮足，无可忧也。待吾计展，欲不救安东，安东自解。"及方略大施，汉果奔溃。桓后见逊曰："前实怨不见救；定至今日，乃知调度自有方耳！"

【注释】

① 孙桓：吴国建武将军。二十五岁拜安东中郎将，与陆逊共拒刘备伐吴。

【译文】

当初，吴安东中郎将孙桓，率军在夷道抗击蜀军前锋，被蜀军包围，向陆逊求援，陆逊说："不可以。"将领们说："孙将军是

孙桓夸奖陆逊调度有方。

大王的同族，如今被围受困，为什么不派兵救援？”陆逊说：“孙将军深得军心，城池坚固，军粮充足，不必担忧。等我的计划成功之后，不去救孙将军，而孙将军的包围会自行解除。”等到陆逊的计划大获成功，包围孙桓的蜀军果然争相逃走。后来，孙桓见到陆逊说：“之前确实埋怨你不来救我，到现在才知道你调度有方啊！”

【原文】

初，逊为大都督，诸将或讨逆时旧将，或公室贵戚，各自矜恃[①]，不相听从。逊按剑曰：“刘备天下知名，曹操所惮[②]，今在疆界，此强对也。诸君并荷国恩，当相辑睦，共翦此虏，上报所受，而不相顺，何也？仆虽书生，受命主上，国家所以屈诸君使相承望者，以仆尺寸可称，能忍辱负重故也。各在其事，岂复得辞！军令有常，不可犯也！”及至破备，计多出逊，诸将乃服。吴王闻之曰：“公何以初不启诸将违节度者邪？”对曰：“受恩深重，此诸将或任腹心，或堪爪牙，或是功臣，皆国家所当与共克定大事者，臣窃慕相如、寇恂相下之义以济国事。”王大笑称善，加逊辅国将军，领荆州牧，改封江陵侯。

【注释】

①矜恃：自负。②惮：怕，畏惧。

【译文】

起初，陆逊被任命为大都督时，部下将领，有的是讨逆将军孙策的老部下，有的是孙权的同族或亲戚，都很傲慢，不服从指挥调度。陆逊手按宝剑说：“刘备是天下闻名的人，曹操都忌惮他，如今率大军进入我境内，是我们的强劲对手。诸位都受过国家大恩，应该和睦相处，齐心合力消灭强敌，来报效国家，然而你们却不服从我的指挥，这是为什么呢？我陆逊虽为一介书生，却是受了主公的任命。

最初陆逊被任命为大都督时，部下将领不服从他的指挥调度。

主公之所以委屈各位作我的部下，是认为我仍有一点可称道之处，就是我可以忍辱负重。大家各有职责，岂能推辞！军有常法，不可违犯！”等到大败刘备，知道计谋多出自陆逊，各位将领于是心悦诚服。吴王知道这些后，对陆逊说：“将军为什么当初不向我举报那些不听指挥的人呢？”陆逊回答说：“我受主公恩德深重，这些将领，有的是陛下的心腹爱将，有的是陛下的得力助手，有的是国家功臣，都是陛下应当依赖、共同成就大业的人。我仰慕蔺相如、寇恂以国事为重，委曲求全的做法，为的是有利于国家大事。”吴王大笑，倍加赞赏，加给陆逊辅国将军称号，兼任荆州牧，改封为江陵侯。

【原文】

初，诸葛亮与尚书令法正好尚不同[①]，而以公义相取，亮每奇正智术。及汉主伐吴而败，时正已卒，亮叹曰：“孝直若在，必能制主上东行；就使东行，必不倾危矣。”汉主在白帝，徐盛、潘璋、宋谦等各竞表言“备必可禽[②]，乞复攻之。”吴王以问陆逊。逊与朱然、骆统上言曰：“曹丕大合士众，外托助国讨备，内实有奸心，谨决计辄还。”

【注释】

①好尚：爱好和崇尚。好，喜好。②禽：同“擒”。

【译文】

起初，诸葛亮和尚书令法正的爱好与崇尚不同，但二人都以公事为重，各取所长，诸葛亮很赞赏法正的智谋。到刘备攻吴惨败，那时法正已经去世，诸葛亮感叹道：“如果法正仍然在世，一定能阻止主公进攻吴国的行动；即使去进攻吴国，也绝不会失败。”刘备逃至白帝城，吴将徐盛、潘璋、宋谦等人争相上表说：“一定能生擒刘备，请继续进攻蜀兵。”吴王问陆逊怎么办。陆逊和朱然、骆统上书说：“曹丕正在调集军队，表面上称帮助我们讨伐刘备，实际包藏奸心，请您下令全军退回。”

【原文】

初，帝闻汉兵树栅连营七百馀里，谓群臣曰：“备不晓兵，岂有七面里营可以拒敌者乎！‘苞原隰险阻而为军者为敌所禽[①]’，此兵忌也[②]。孙权上事今至矣。”后七日，吴破汉书到。

【注释】

①“苞原隰险阻而为军者为敌所禽”一句：苞，茂盛；隰，低湿的地方；险阻，路途险恶而有阻碍。②兵忌：兵家所当避忌者。

【译文】

起初，魏文帝听说蜀军树立木栅扎营，相连七百余里，便对他的大臣们说：“刘备不懂军事，哪有连营七百里可以和敌人对峙的呢！‘在杂草丛生、地势平坦、潮湿低洼、艰险阻塞等处安营的军队，一定会被敌人打败’，这是兵家所当避忌的。孙权报捷的上奏就要到了。”仅过七天，吴军攻破蜀军的捷报就送来了。

魏文帝听蜀军树立木栅扎营，相连七百余里时，就判断蜀军将败。

【原文】

汉主既败走，黄权在江北，道绝，不得还，八月，率其众来降。汉有司请收权妻子，汉主曰：“孤负黄权，权不负孤也。”待之如初。帝谓权曰：“君舍逆效顺，欲追踪陈、韩邪？”对曰：“臣过受刘主殊遇，降吴不可，还蜀无路，是以归命。且败军之将，免死为幸，何古人之可慕也！”帝善之，拜为镇南将军，封育阳侯，加侍中，使陪乘。蜀降人或云汉诛权妻子，帝诏权发丧。权曰：“臣与刘、葛推诚相信，明臣本志。窃疑未实，请须①。”后得审问，果如所言。马良亦死于五谿。

【注释】

①须：等待。

【译文】

刘备已经大败而逃，道路被吴军切断，黄权在长江北岸，无法退回，八月，率部下向曹魏投降。蜀汉的有关官员请示是否收捕黄权的妻子、儿女，刘备说：“我对不起黄权，黄权没有对不起我。”仍同以前一样对待黄权的家属。文帝问黄权说：“你舍弃叛逆，投效朝廷，是想效法陈平、韩信脱离项羽，投奔汉高祖吗？”黄权回答说：“臣下以前受蜀主的厚恩，不能向吴国投降，可又因道路不通而无法回蜀，只好归顺了陛下。况且败军之将，能保住一条性命已是万幸，哪里还敢谈效法古人！”文帝待他很好，拜为镇南将军，封育阳侯，加给侍中的官衔，还让他作自己的陪乘。有从蜀汉投降过来的人说，蜀汉已处死黄权的家属，文帝要黄权为亲人发丧。黄权说：“我与刘备、诸葛亮以诚相待，他们深知我的为人和志向。我怀疑此事未必属实，应再等一等。”后来得到确切消息，事实果然如黄权所说。马良也死在武陵的五谿。

魏文帝问黄权是否想效法陈平、韩信辅佐自己。

·品读国学经典　汲取无穷智慧·

|彩色详解|

资治通鉴

②

〔北宋〕司马光　撰

任思源　主编

團结出版社

魏纪

政归司马氏

【导语】

魏明帝临终时将八岁的儿子托付给了司马懿和曹爽。起初二人轮番值宿，一切都很顺利。但曹爽是个浮躁急进、不能容人且有野心的人。他和他的同党要做的第一件事就是把司马懿排挤出去，他要大权在握，控制禁宫宿卫，安插亲信，党同伐异，任意更张制度。司马懿则韬光养晦，成功地让对方觉得他不再具有任何威胁，最后除掉曹爽几乎是在谈笑间完成的。

因为这次政变，司马懿消除了由曹爽领导的曹氏宗室在朝中的势力，曹氏宗室的力量日渐衰微。司马氏得以完全掌握权力，控制了曹魏朝政，逐步消灭了支持曹氏的势力，向篡夺曹魏政权的目标前进了一大步，为日后司马炎代魏立晋奠定了基础。

太子曹芳即位，尊皇后为皇太后。

【原文】

景初三年（己未，公元239年）

太子即位，年八岁；大赦。尊皇后曰皇太后，加曹爽、司马懿侍中，假节钺[1]，都督中外诸军、录尚书事。诸所兴作宫室之役，皆以遗诏罢之。

【注释】

① 节钺：符节和斧钺。古代授予将帅，作为加重权力的标志。

【译文】

景初三年（己未，公元 239 年）

太子曹芳即位，时年八岁；大赦天下。尊皇后为皇太后，加封曹爽、司马懿侍中官职，授符节、黄钺，都督中外诸军事，录尚书事。明帝时各处修建宫殿的劳役，都以遗诏的名义罢除。

【原文】

爽、懿各领兵三千人更宿殿内[①]，爽以懿年位素高，常父事之，每事谘访，不敢专行。

丁谧为曹爽谋划。

【注释】

① 更：轮流。

【译文】

曹爽、司马懿各自领兵三千轮流在宫内宿卫，曹爽因司马懿年纪大，地位一向很高，经常把他当作父辈对待，每遇到事情都向他拜访咨询，不敢独断专行。

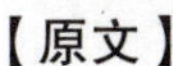

【原文】

初，并州刺史东平毕轨及邓飏、李胜、何晏、丁谧皆有才名[①]，而急于富贵，趋时附势，明帝恶其浮华，皆抑而不用。曹爽素与亲善，及辅政，骤加引擢，以为腹心。晏，进之孙；

谧，斐之子也。晏等咸共推戴爽，以为重权不可委之于人。丁谧为爽画策，使爽白天子发诏，转司马懿为太傅，外以名号尊之，内欲令尚书奏事，先来由己，得制其轻重也。爽从之。二月，丁丑，以司马懿为太傅。以爽弟羲为中领军、训为武卫将军、彦为散骑常侍、侍讲[②]，其馀诸弟皆以列侯侍从，出入禁闼，贵宠莫盛焉。

【注释】

①东平：地名，在今山东省。②中领军：官名，汉末曹操置。品级较领军将军稍低。武卫将军：官名，三国魏置，掌管中军宿卫禁兵。散骑常侍：官名，三国魏置，由汉代散骑和中常侍合并而成，在皇帝左右规谏过失，以备顾问。

【译文】

当初，并州刺史东平人毕轨及邓飏、李胜、何晏、丁谧都有才名，但急于求富贵，趋炎附势，明帝厌恶他们浮华，都压制他们不加重用。曹爽向来和他们亲近友好，等到掌权辅政时，马上提拔他们，视之为心腹。何晏是何进的孙子，丁谧是丁斐的儿子。何晏等人共同推戴曹爽，认为大权不可托付给别人。丁谧为曹爽谋划，让曹爽禀告天子发布诏书，改任司马懿为太傅，外表上用虚名尊崇他，实际上打算让尚书主事，尚书奏事要先通过曹爽，以此控制大权。曹爽听从了提议。二月丁丑（二十一日），任命司马懿为太傅，任命曹爽的弟弟曹羲为中领军，曹训为武卫将军，曹彦为散骑常侍、侍讲，其余诸弟都成为列侯，担任皇帝侍从，出入宫廷禁地，尊贵宠信没有人能超过他们。

【原文】

爽事太傅，礼貌虽存，而诸所兴造，希复由之[①]。爽徙吏部尚书卢毓为仆射[②]，而以何晏代之，以邓飏、丁谧为尚书，毕轨为司隶校尉。晏等依势用事，附会者升进，违忤者罢退，内外望风，莫敢忤旨[③]。黄门侍郎傅嘏谓爽弟羲曰："何平叔外静而内躁，铦巧好利，不念务本，吾恐必先惑子兄弟，仁人将远而朝政废矣！"晏等遂与嘏不平，因微事免嘏官。又出卢毓为廷尉，毕轨又枉奏毓免官，众论多讼之，乃复以为光禄勋。孙礼亮直不挠，爽心不便，出为扬州刺史。

【注释】

① 希复由之：很少再通过他（司马懿）。② 仆射：官名，汉成帝置尚书五人，一人为仆射，地位仅次于尚书令。③ 忤旨：违抗意旨。

曹爽调任官吏，培植自己的势力。

【译文】

曹爽对待太傅，虽然还像以前那样恭敬有礼，但各项决定很少再跟司马懿商量了。曹爽调任吏部尚书卢毓为仆射，而让何晏取代这个职位，任命邓飏、丁谧为尚书，毕轨为司隶校尉。何晏等人依仗曹爽的势力处理事务，迎合他们的就升官进职，违逆他们的就罢黜辞退，朝廷内外都看风使舵，官员不敢违抗他们的意旨。黄门侍郎傅嘏对曹爽的兄弟曹羲说："何晏外表文静而内心躁乱，巧取好利，不求务本，我恐怕他诱惑你们兄弟，这样，仁人志士将离去，朝政就要荒废了。"何晏等于是对傅嘏心怀不满，因细微小事免去他的官职。又让卢毓担任廷尉，毕轨又上奏诬谄卢毓，卢毓被免官，舆论多为卢毓辩冤，于是又任命卢毓为光禄勋。孙礼为人耿直不屈，曹爽感到孙礼留在京城不便，就让孙礼出京担任扬州刺史。

【原文】

正始八年（丁卯，公元 247 年）

大将军爽用何晏、邓飏、丁谧之谋，迁太后于永宁宫，专擅朝政，多树亲党，屡改制度。太傅懿不能禁，与爽有隙。五月，懿始称疾，不与政事。

【译文】

正始八年（丁卯，公元 247 年）

大将军曹爽采用何晏、邓飏、丁谧的计策，将太后迁居到永宁宫，独揽朝政大权，广泛树立亲信党羽，多次更改制度。太傅司马懿不能阻止，与曹爽之间开始有了矛盾。五月，司马懿开始称病，不上朝参与政事。

【原文】

大将军爽，骄奢无度，饮食衣服，拟于乘舆[①]；尚方珍玩[②]，充牣其家[③]；又私取先帝才人以为伎乐。作窟室[④]，绮疏四周[⑤]，数与其党何晏等纵酒其中。弟羲深以为忧，数涕泣谏止之，爽不听。爽兄弟数俱出游，司农沛国桓范谓曰[⑥]："总万机，典禁兵，不宜并出，若有闭城门，谁复内入者？"爽曰："谁敢尔邪！"

大将军曹爽骄奢无度。

【注释】

①乘舆：代指皇帝。②尚方：皇室库房。③牣：丰足。④窟室：地下室。⑤绮疏：雕饰花纹的窗户。⑥桓范：曹爽的"智囊"。司马懿起兵讨曹爽时，桓范劝曹爽挟持魏帝到许昌，曹爽不听。后曹爽被司马懿所杀，桓范也被杀。司农：官名，掌租税钱谷盐铁和国家的财政收支，为九卿之一。沛国：今江苏沛县。

【译文】

大将军曹爽骄奢无度，饮食衣服都和皇帝相同；宫廷才有的珍玩，也充满了他的家；又私自将明帝的才人当作歌舞伎乐。他营造地下宫室，在四周雕饰了华丽的花纹，经常和何晏等人在里面饮酒作乐。他的弟弟曹羲非常担忧，多次流泪劝谏他别再这样做，但曹爽不听。曹爽兄弟经常一起出游，大司农沛国人桓范对他说："你们兄弟总揽大权，掌管禁兵，不宜同时出城，如果有人关闭城门，又有谁在城内接应呢？"曹爽说："谁敢这样做！"

【原文】

初，清河、平原争界[①]，八年不能决。冀州刺史孙礼请天府所藏烈祖封平原时图以决之[②]；爽信清河之诉，云图不可用，礼上疏自辨，辞颇刚切。爽大怒，劾礼怨望，结刑五岁。久而复为并州刺史，往见太傅懿，有忿色而无言。懿曰："卿得并州少邪？恚理分界失分乎？"礼曰："何明公言之乖也[③]！礼虽不德，岂以官位往事为意邪！本谓明公齐踪伊、吕[④]，匡辅魏室，上报明帝之托，下建万世之勋。今社稷将危，天下凶凶[⑤]，此礼之所以不悦也！"因涕泣横流。懿曰："且止，忍不可忍！"

【注释】

①清河：今河北清河。平原：今山东平原。②天府：朝廷藏物之府库为天府。烈祖封平原时图：即明帝曹叡封平原王时的地图。③乖：不正常，古怪。④齐踪伊、吕：和伊尹、吕尚（姜子牙）相比。⑤凶凶：骚动不安的样子。

【译文】

当初，清河、平原因地界争论不休，八年不能解决。冀州刺史孙礼请求用天府所藏的明帝受封为平原王时的地图来决断边界；曹爽相信了清河郡的说法，说地图不能用了，孙礼上疏辩解，言辞颇为强硬激烈。曹爽大怒，弹劾孙礼心怀不满，叛罪五年。过了很久，孙礼又做并州刺史，去见太傅司马懿时，面露忿然之色却不说话。司马懿说："你是嫌得到并州地盘小呢，还是怨恨处理分界事务不公正呢？”孙礼说：“为什么您说话这样不合道理！孙礼虽然没有什么德能，难道会将官位和过去的事放在心上吗？我本想说明公您应该追循伊尹、吕尚的足迹，匡正辅佐魏室，上可以报明帝的重托，下可以建万世功勋。如今国家将要遭受危难，天下都动荡不安，这才是我不高兴的原因！”说完他已经悲痛万分，泪流满面了。司马懿说：“你先不要这样，要学会忍受那些不能忍受的事。”

【原文】

冬，河南尹李胜出为荆州刺史，过辞太傅懿。懿令两婢侍。持衣，衣落；指口言渴，婢进粥，懿不持杯而饮，粥皆流出沾胸。胜曰：“众情谓明公旧风发动，何意尊体乃尔！”懿使声气才属[①]，说：“年老枕疾，死在旦夕。君当屈并州，并州近胡，好为之备！恐不复相见，以子师、昭兄弟为托。”胜曰：“当还忝本州，非并州。”懿乃错乱其辞曰：“君方到并州？”胜复曰：“当忝荆州[②]。”懿曰：“年老意荒，不解君言。今还为本州，盛德壮烈，好建功勋！”胜退，告爽曰：“司马公尸居馀气[③]，形神已离，不足虑矣。”他日，又向爽等垂泣曰：“太傅病不可复济[④]，令人怆然[⑤]！”故爽等不复设备。

司马懿装病，叫两名婢女搀扶着出来接见李胜。

【注释】

①属：连接。②忝：有愧于，常用作谦辞。③尸居馀气：形容人即将死亡。④济：有利，有益。⑤怆然：悲伤的样子。

【译文】

冬季，河南尹李胜出任荆州刺史，去向太傅司马懿辞行。司马懿叫两名婢女搀扶着出来接见。让他更衣，他却把衣服掉地上；指着嘴说口渴，婢女端来了粥，司马懿拿不动碗，就由婢女端着喝，粥都流出来沾满了前胸。李胜说："大家都说明公旧病发作，没想到身体已经这样了！"司马懿假装气喘吁吁地说："我年老病重，生死不过早晚的事。你屈就并州刺史，并州靠近胡地，要很好地加强戒备！恐怕我们不再相见，我把我的儿子司马师、司马昭兄弟托付给你了。"李胜说："我是回到本州，不是并州。"司马懿就装聋作哑，故意打岔说："你刚到并州？"李胜又说："是愧居荆州。"司马懿说："我年老耳聋思绪乱了，听不明白你的话。如今你回到家乡为官，正好轰轰烈烈地大展德才建立功勋。"李胜告退后，告诉曹爽说："司马公只是比死人多一口气，身体和神魂已经分离，已不足为虑了。"过了几天，他又向曹爽等垂泪道："太傅的病不会再好了，实在令人悲伤。"因此曹爽等不再对司马懿加以戒备。

【原文】

太傅懿阴与其子中护军师、散骑常侍昭谋诛曹爽。

嘉平元年（己巳，公元249年）

春，正月甲午，帝谒高平陵[①]，大将军爽与弟中领军羲、武卫将军训、散骑常侍彦皆从。太傅司马懿以皇太后令，闭诸城门，勒兵据武库[②]，授兵出屯洛水浮桥[③]，召司徒高柔假节行大将军事，据爽营；太仆王观行中领军事④，据羲营。因奏爽罪恶于帝曰："臣昔从辽东还，先帝诏陛下、秦王及臣升御床，把臣臂，深以后事为念。臣言'太祖、高祖亦属臣以后事⑤，此自陛下所见，无所忧苦。万一有不如意，臣当以死奉明诏'。今大将军爽，背弃顾命，败乱国典，内则僭拟⑥，外则专权，破坏诸营，尽据禁兵，群官要职，皆置所亲，殿中宿卫，易以私人，根据盘互⑦，纵恣日甚。又以黄门张当为都监⑧，伺察至尊，离间二宫，伤害骨肉，天下汹汹，人怀危惧。陛下便为寄坐，岂得久安！此非先帝诏陛下及臣升御床之本意也。臣虽朽迈，敢忘往言！太尉臣济等皆以爽为有无君之心，兄弟不宜典兵宿卫，奏永宁宫，皇太后令敕臣如奏施行。臣辄敕主者及黄门令：'罢爽、羲、训吏兵，以侯就第，不得逗留，以稽车驾；敢有稽留，便以军法从事！'臣辄力疾将兵屯洛水浮桥⑨，伺察非常。"爽得懿奏事，不通；迫窘不知所为，留车驾宿伊水南⑩，伐木为鹿角⑪，发屯田兵数千人以为卫。

【注释】

司马懿向魏帝禀奏曹爽的罪恶。

①高平陵：明帝曹叡之墓，在今河南洛阳东南。②勒兵：带领军队。武库：储藏兵器军备的仓库。③浮桥：在并列的船或筏子上铺上木板而成的桥。④太仆：官名，

秦汉九卿之一，掌舆马畜牧之事。⑤太祖：曹操。高祖：文帝曹丕。⑥僭拟：僭越，超出规定范围，自比皇帝。⑦根据盘互：把持据守，互相勾结。⑧都监：三国时称内侍官。⑨力疾：勉强支撑病体。⑩伊水：在今河南西部，源出栾川伏牛山北麓。⑪伐木为鹿角：一种用带有枝杈、形似鹿角的树木堆放地上以阻挡敌军前进的防御物。

【译文】

太傅司马懿暗中与其子中护军司马师、散骑常侍司马昭谋划如何诛杀曹爽。

嘉平元年（己巳，公元249年）

春季，正月甲午（初六），魏皇帝祭扫高平陵，大将军曹爽与他的弟弟中领军曹羲、武卫将军曹训、散骑常侍曹彦等都随侍同行。太傅司马懿以皇太后名义下令，关闭各个城门，带兵占领武库，并派遣军队据守洛水浮桥，命令司徒高柔持节代理大将军的职事，占据曹爽营地；太仆王观代理中领军职事，占据曹羲营地。然后向魏帝禀奏曹爽的罪恶说："臣当年从辽东回来时，先帝诏令陛下、秦王及臣到御床跟前，拉着臣的手臂，深为后事忧虑。臣进言说：'太祖、高祖也曾把后事托付给臣，这是陛下亲眼见到的，陛下不用忧虑担心。万一有违陛下意愿的事情发生，臣当不惜一死执行您的诏令。'如今大将军曹爽，背弃先帝的遗命，败坏国家的典章制度，在内僭越自比为君主，在外专权擅政，扰乱破坏军队的编制，控制禁军，各种重要官职，都安插他的亲信担任，殿中守卫都换上了他自己的人，亲党势力盘根错节，恣意妄为日甚一日。曹爽又任用宦官张当为都监，窥视陛下动静，离间太后和陛下的关系，伤害骨肉感情，如今天下动荡不安，人们心怀恐惧。

陛下就像是暂时寄坐在皇位上，岂能长治久安。这种局面绝非先帝要陛下及臣到御床前当面嘱托的本意。臣虽然老朽年迈，怎敢忘记以前说的话！太尉蒋济等人都认为曹爽有篡逆之心，他们兄弟不应该掌管军队担任皇家侍卫，我把这些意见上奏永宁宫，皇太后命令臣按照奏章所言执行。臣就吩咐主事者和黄门令说：'免去曹爽、曹羲、曹训的官职，剥夺他们军权，以列侯的身份回到府邸，不得逗留而阻碍陛下车驾；如敢于阻碍车驾，就以军法从事！'臣还擅自做主勉强支撑病体率兵驻扎在洛水浮桥，又伺察有无异常情况。"曹爽得到司马懿的奏章，没有通报魏帝；但窘迫不知所措，于是就把魏帝的车驾留宿在伊水之南，伐木构筑防卫工事，征发屯田兵数千人为护卫。

【原文】

懿使侍中高阳许允及尚书陈泰说爽，宜早自归罪，又使爽所信殿中校尉尹大目谓爽①，唯免官而已，以洛水为誓。泰，群之子也。

【注释】

①殿中校尉：武职官名。

【译文】

司马懿派侍中、高阳人许允及尚书陈泰劝说曹爽，告诉他应及早回来认罪，又派他信任的殿中校尉尹大目去告诉曹爽，不过免官而已，并指着洛水为誓。陈泰是陈群之子。

【原文】

初，爽以桓范乡里老宿，于九卿中特礼之，然不甚亲也。及懿起兵，以太后令召范，欲使行中领军。范欲应命，其子止之曰："车驾在外，不如南出。"范乃出。至平昌城门，城门已闭。门候司蕃，故范举吏也，范举手中版示之[1]，矫曰："有诏召我，卿促开门！"蕃欲求见诏书，范呵之曰："卿非我故吏邪，何以敢尔？"乃开之。范出城，顾谓蕃曰："太傅图逆，卿从我去！"蕃徒行不能及，遂避侧。懿谓蒋济曰："智囊往矣！"济曰："范则智矣；然驽马恋栈豆，爽必不能用也。"

【注释】

①版：朝笏，即手板。

【译文】

当初，曹爽因桓范是他同乡年长的故旧，在九卿之中对桓范特别加以礼遇，但关系不太近。到了司马懿起兵时，以太后的名义下令召桓范，想让他担任中领军。桓范打算接受任命，他的儿子劝阻他说："皇帝的车驾在城外，您不如出南门去投奔。"于是

桓范出城，逃出平昌城。

桓范就离城出去。走到平昌城门时，城门已经关闭。守门将领司蕃是桓范过去提拔的人，桓范把手中的版牒让他看，谎称说："有诏书召我，你快点开门。"司蕃想要亲眼看看诏书，桓范大声呵斥说："你难道不是我过去手下的官吏吗？怎敢如此对我？"司蕃于是打开城门。桓范出城后，回过头对司蕃说："太傅图谋叛逆，你还是跟我走吧！"司蕃步行追赶不及，只好躲避在道旁。司马懿得知后对蒋济说："曹爽的智囊去了！"蒋济说："桓范是很有智谋的，然而曹爽就像劣马贪恋马房的草料一样，因顾恋他的家室而不能作长远打算，所以必然不能采纳桓范的计谋。"

【原文】

范至，劝爽兄弟以天子诣许昌①，发四方兵以自辅。爽疑未决，范谓羲曰："此事昭然，卿用读书何为邪！于今日卿等门户，求贫贱复可得乎！且匹夫质一人，尚欲望活；卿与天子相随，令于天下，谁敢不应也！"俱不言。范又谓羲曰："卿别营近在阙南，洛阳典农治在城外②，呼召如意。今诣许昌，不过中宿③，许昌别库，足相被假；所忧当在谷食，而大司农印章在我身。"羲兄弟默然不从，自甲夜至五鼓④，爽乃投刀于地曰："我亦不失作富家翁！"范哭曰："曹子丹佳人⑤，生汝兄弟，㹠犊耳⑥！何图今日坐汝等族灭也！"

【注释】

①许昌：今河南许昌东部。②洛阳典农治：洛阳屯田部队。③中宿：次夜。胡三省注："中宿，次宿也。"④甲夜：初更时分。五鼓：天亮。⑤曹子丹：曹真，字子丹，曹操族子，三国著名将领，

曹爽、曹羲的父亲。⑥犊犊：小猪，小牛。

桓范劝说曹爽兄弟未果，失声痛哭。

【译文】

桓范到了之后，劝曹爽兄弟挟持天子到许昌，然后调集四方的军队辅助自己。曹爽迟疑未决，桓范对曹羲说："此事很明显，真不知你读书是干什么用的！今日情形下，像你们曹家这样门第的人，想求得贫贱平安的日子还能做到吗？况且平民百姓抓了一个人为人质，人们尚且希望他能存活，何况你们现在和天子在一起，挟天子号令天下，谁敢不听！"大家都默然不语。桓范又对曹羲说："你的中领军别营近在城南，洛阳屯田部队也在城外，你可随意召唤调遣他们。现在起程去许昌的话，第二天半夜就到了，许昌的武库，足可以装备士兵；所忧虑的只有粮食，而大司农的印章就带在我身上。"曹羲兄弟默然不动，从初夜一直坐到五更，曹爽将刀扔在地上说："即使免官了我仍然不失为富贵人家。"桓范哭道："曹子丹这样有才能的人，却生出你们这群如猪如牛的兄弟！想不到今日受你们的连累要灭族了。"

【原文】

爽乃通懿奏事[①]，白帝下诏免己官，奉帝还宫。爽兄弟归家，懿发洛阳吏卒围守之；四角作高楼，令人在楼上察视爽兄弟举动。爽挟弹到后园中，楼上便唱言："故大将军东南行！"爽愁闷不知为计。

【注释】

① 通：通传，转达。

【译文】

于是曹爽把司马懿的奏章转交给魏帝，请魏帝下诏免除自己的官职，然后奉送魏帝回宫。曹爽兄弟回到家里，司马懿派洛阳的兵士将曹家围住并日夜看守；在宅院四角建起高楼，令人在楼上监视曹氏兄弟的举动。曹爽带弹弓到后园中，楼上的人便大声喊："前大将军往东南去了。"曹爽愁闷，不知如何是好。

【原文】

戊戌，有司奏："黄门张当私以所择才人与爽，疑有奸。"收当付廷尉考实[①]，辞云："爽与尚书何晏、邓飏、丁谧、司隶校尉毕轨、荆州刺史李胜等阴谋反逆，须三月中发。"于是收爽、羲、训、晏、飏、谧、轨、胜并桓范皆下狱，劾以大逆不道，与张当俱夷三族[②]。

【注释】

① 廷尉：官名，掌司法刑狱。考实：审讯出实情。② 夷三族：秦汉时代的刑罚。凡犯特殊重罪，尤其谋反谋叛等十恶罪名者，处以诛灭三族的极刑。三族之范围说法不一，一般认为指父、兄弟及妻子。

【译文】

戊戌（初十），有关部门奏告："黄门张当私自将所选择的才人送给曹爽，怀疑他们之间有不可告人的勾当。"于是逮捕了张当，交付廷尉讯问查实。张当交待说："曹爽与尚书何晏、邓飏、丁谧、司隶校尉毕轨、荆州刺史李胜等人阴谋反叛，等到三月中旬起事。"

曹爽等人与张当都被诛灭三族。

于是把曹爽、曹羲、曹训、何晏、邓飏、丁谧、毕轨、李胜和桓范等人都逮捕入狱，弹劾他们大逆不道罪，与张当都被诛灭三族。

【原文】

鲁芝将出，呼参军辛敞欲与俱去。敞，毗之子也，其姊宪英为太常羊耽妻，敞与之谋曰："天子在外，太傅闭城门，人云将不利国家，于事可得尔乎？"宪英曰："以吾度之，太傅此举，不过以诛曹爽耳。"敞曰："然则事就乎？"宪英曰："得无殆就！爽之才非太傅之偶也。"敞曰："然则敞可以无出乎？"宪英曰："安可以不出！职守，人之大义也。凡人在难，犹或恤之；为人执鞭而弃其事，不祥莫大焉。且为人任，为人死，亲昵之职也，从众而已。"敞遂出。事定之后，敞叹曰："吾不谋于姊，几不获于义！"

【译文】

辛敞与姐姐辛宪英商量是否应该出城。

当初鲁芝将要出城之时，呼唤参军辛敞，想让他与自己一起去。辛敞是辛毗之子。辛敞的姐姐辛宪英是太常羊耽的妻子，辛敞与姐姐商量说："天子在外，太傅关闭了城门，人都说这将不利于国家，做事情能这样吗？"宪英说："以我看来，太傅这一举动，不过是想诛杀曹爽而已。"辛敞说："那么事情能成功吗？"宪英说："不是已经接近成功了吗！曹爽的才能是不能与太傅相比的。"辛敞说："这样我可以不必出城了？"宪英说："怎么可以不出去呢？忠于职守，是人之大义。一般人遇到危难，尚且需要救助；为人执鞭驾车突然不管了，没有比这更凶险的了。再说为人承担责任，为人去死，这是为人亲信的职责，你只要随大多数就行了。"于是辛敞就出城了。事情平定之后，辛敞感叹说："如果我不是先同姐姐商量，差点背离了大义。"

【原文】

爽从弟文叔妻夏侯令女[①]，早寡而无子，其父文宁欲嫁之；令女刀截两耳以自誓，居常依爽。爽诛，其家上书绝昏，强迎以归，复将嫁之；令女窃入寝室，引刀自断其鼻，其家惊惋，谓之曰："人生世间，如轻尘栖弱草耳，何至自苦乃尔！且夫家夷灭已尽，守此欲谁为哉！"令女曰："吾闻仁者不以盛衰改节，义者不以存亡易心。曹氏前盛之时，尚欲保终，况今衰亡，何忍弃之！此禽兽之行，吾岂为乎！”司马懿闻而贤之，听使乞子字养为曹氏后。

【注释】

①夏侯令女：生卒年不详，三国时期人物。夏侯文宁之女。其事迹见于《三国志·魏书·诸夏侯曹传第九》裴松之注引皇甫谧《列女传》。在《三国演义》中，由于作者断句错误，便认为“夏侯令女”是“夏侯令之女”。

【译文】

曹爽的堂弟曹文叔，他的妻子夏侯令女，早年守寡而无子，他父亲夏侯文宁想让她改嫁，夏侯令女用刀割下两耳以示誓死不改嫁，平时居家度日常依靠曹爽。曹爽被诛，夏侯家上书断绝婚约，强行把夏侯令女接回家，再次让她改嫁；夏侯令女悄悄进入寝室，用刀割断了自己的鼻子，家人十分惊愕惋惜，对她说：“人生在世，如同轻轻的尘土栖息在柔弱的草上而已，你何必这样苦了自己呢？而且你丈夫家人已被杀尽，你在替谁守寡守节呢！”夏侯令女说：“我听说仁者不会因盛衰而改变节操，义者不会因存亡而改变心志。曹家以前兴盛之时，我尚且想终生守节，何况现在衰亡了呢，我怎么忍心抛弃它？这是禽兽的行为，我岂能这样做！”司马懿听说后，很称赞她的贤德，心中升起敬佩之意！并准许夏侯令女可以收养儿子作为曹家的后代。

晋纪

桓温废立

【导语】

东晋桓温，历代评论者多因其行废立、求九锡而骂其篡位、逆臣，史书也将他与王敦、苏峻等叛臣放在一起来写。桓温长期掌握大权，素有不臣之志，颇羡王敦之举。有一次，他抚枕而叹："既不能流芳百世，不足覆遗臭万载耶？"沛国刘惔尝称之曰："温眼如紫石棱，须作猥毛磔，孙仲谋、晋宣王之流亚也。"

据史料记载，桓温的父亲桓彝原为宣城太守。桓温出生不到一岁，太原温峤到他家见到他时说："这个小孩骨格清奇，可以试着让他哭一下。"听到了他的哭声，温峤惊异地说："真是英雄人物。"由于温峤的欣赏，桓彝给孩子取名为温。

永和元年（公元345年），桓温任荆州刺史。次年，趁成汉内部不稳之际，桓温率军沿长江直上，平定蜀地。桓温建立大功，朝廷加封他为征西将军、开府仪同三司，封临贺郡公。桓温灭亡成汉，建立大功，威名大振，但朝廷并没有信任并任用他，而是对他产生了猜忌。会稽王司马昱与扬州刺史殷浩联合，与桓温相抗衡。

桓温在东晋是个重要人物，他富有军政之才，熟悉兵法，也善于用兵，但他并不是一个出色的军事家。桓温曾率军三次北伐，志在收复中原，但战绩是负多胜少，而且多数是先胜后败。第二次北伐虽胜，但规模不大，第一、三次北伐则都是惨败而归。

桓温北伐不是真正想收复中原，而是志在立威，企图通过北伐，树立个人威信，伺机取晋室而代之。东晋君臣也无意恢复失地，而是志在割江自保。随着桓温军功的增加和个人威望的增长，加之权势日盛，他和朝廷的关系变得越来越微妙。朝廷需要他，寄希望于他北伐成功，收复故地，但朝廷又对其深怀戒心。当桓温大军进展顺利之时，申胤就曾预料说："以温今日声势，似能有为，然在吾观之，必无成功。何则？晋室衰微，温专制其国，晋之朝臣未必皆与之同心。故温之得志，众所不愿也，必将乖阻以败其事。"（《资治通鉴·卷第一百二》）

桓温长期掌握东晋的军事大权，野心越来越大。有人向他献计，让他学西汉霍光的做法，把现在的皇帝废了，另立新帝。于是桓温带兵到建康，废了司马奕，另立司马昱当皇帝。公元361年至公元373年（海西公、简文帝、孝武帝期间）间，桓温独揽朝政，欲行篡位之事，后综合各方利益没有发动政变，遂忧愤而死。

【原文】

永和二年（丙午，公元346年）

安西将军桓温将伐汉[①]，将佐皆以为不可。江夏相袁乔劝之曰："夫经略大事[②]，固非常情所及，智者了于胸中[③]，不必待众言皆合也。今为天下之患者，胡、蜀二寇而已，蜀虽险固，比胡为弱，将欲除之，宜先其易者。李势无道，臣民不附，且恃其险远，不修战备。宜以精卒万人轻赍疾趋，比其觉之，我已出其险要，可一战擒也。蜀地富饶，户口繁庶，诸葛武侯用之抗衡中夏，若得而有之，国家之大利也。论者恐大军既西，胡必窥觎，此似是而非。胡闻我万里远征，以为内有重备，必不敢动；纵有侵轶，缘江诸军足以拒守，必无忧也。”温从之。

【注释】

①安西将军桓温：桓温，东晋大将。娶明帝女南康公主为妻，曾三次北伐，一度收复洛阳，但北伐最终未能成功。由于长期掌握大权，渐渐有了不臣之心。咸安元年（公元371年），废帝司马奕为东海王，改立简文帝，以大司马专掌朝政。次年，简文帝死，桓温有代晋之心，但不久病故。汉：成汉，十六国之一，巴贵族李雄所建。以成都为都城，最盛时包括了今四川东部和云南、贵州的一部分。公元347年，东晋桓温伐蜀，成汉亡。②经略：筹划；谋划。③了于胸：心里非常明白。了：了解，明白。

【译文】

永和二年（丙午，公元346年）

江夏相袁乔劝谏桓温伐蜀。

安西将军桓温准备讨伐汉，将领辅佐都认为不可行。江夏相袁乔劝谏桓温说："攻取天下这样的大事，本来就不是按常理所能预测的，高明的人心里非常明白，不必等众人的意见都一致。如今天下的祸患，只有胡、蜀二敌而已，蜀国虽然地势险固，但力量比胡人弱，如果准备除掉胡、蜀二敌，应该先攻打容易攻取的一方。李势毫无道义，臣僚百姓与他离心，且蜀国凭借天险又远离我们，没有做交战的准备。应该派一万精锐人马轻装迅速出击，等到他们察觉以后，我们已经穿越了他的险要之地，只要一战就可擒获。蜀地物产富饶，人口众多，诸葛亮占据蜀国与中原抗衡，如果我们得到并占领蜀地，这对国家大有好处。谈论此事的人担心大军西进之后，胡人一定会乘虚图谋，这种说法似是而非。胡人听说我们万里远征，会认为国内设有重防，一定不敢轻举妄动。纵然有侵扰的情况发生，沿长江布防的各路军马也足以抵御防守，一定没有什么忧患。"桓温听从了袁乔的建议。

【原文】

朝廷以蜀道险远，温众少而深入，皆以为忧，惟刘惔以为必克。或问其故，惔曰："以博知之[①]。温，善博者也，不必得则不为。但恐克蜀之后，温终专制朝廷耳。"

【注释】

① 博：古代的一种棋戏。后泛指赌财物。

【译文】

朝廷认为蜀道险远，桓温人少而深入敌后，都为这事担忧，只有刘惔以为此战必能取胜，有人问他为什么，刘惔说："通过赌

朝廷中只有刘惔认为伐蜀必能取胜。

博知道的。桓温是个善赌的人，不能肯定取胜的事他就不会出手。但是怕他攻克蜀地之后，桓温最终要在朝廷专权了。”

【原文】

朝廷论平蜀之功，欲以豫章郡封桓温①。尚书左丞荀蕤曰②：“温若复平河、洛，将何以赏之？”乃加温征西大将军、开府仪同三司③，封临贺郡公④，加谯王无忌前将军，袁乔龙骧将军，封湘西伯。蕤，崧之子也。

温既灭蜀，威名大振，朝廷惮之。会稽王昱以扬州刺史殷浩有盛名⑤，朝野推服，引为心膂⑥，与参综朝权，欲以抗温，由是与温寝相疑贰⑦。

【注释】

①豫章郡：治所南昌（今江西南昌），原辖境大致同今江西省。②尚书左丞：尚书省官员，类似于秘书长之类的官职。③开府仪同三司：魏晋南北朝时期的一种高级官位，东晋南朝，开府仪同三司是虚号，渐不为人所重。④临贺郡：今广西贺州东南。⑤会稽王昱：司马昱，初封琅邪王，后徙会稽王。司马奕为帝，进位丞相。桓温废立，迎司马昱为帝。在位二年病故，谥简文帝。会稽，在今江苏东部及浙江西部。殷浩：善玄谈，有重名。晋康帝时，会稽王司马昱征聘殷浩出山，以对抗桓温。永和九年（公元353年）十月，殷浩率领7万人北征许昌、洛阳，大

败，被废为庶人。⑥心膂：心与脊骨，比喻主要的辅佐人员，或亲信得力之人。⑦寖相疑贰：渐渐起了疑忌之心。疑贰，也作“疑二”，指因猜忌而生异心。

【译文】

朝廷对平定蜀汉论功行赏，想要把豫章郡封给桓温。尚书左丞荀蕤说：“桓温如果再平定黄河、洛水一带，将用什么赏赐他呢？”于是就加封桓温为征西大将军、开府仪同三司，封临贺郡公，加封谯王司马无忌为前将军，让袁乔任龙骧将军，并封为湘西伯。荀蕤是荀菘的儿子。

桓温平定了蜀地以后，威名大振，朝廷也忌惮他。会稽王司马昱认为扬州刺史殷浩素有盛名，朝野上下都很推崇他，所以将他视为心腹，让他参与朝政总揽朝廷权力，想用他来对抗桓温，由此殷浩和桓温逐渐开始互相猜疑，进而彼此产生了异心。

【原文】

兴宁元年（癸亥，公元363年）

五月，加征西大将军桓温侍中、大司马、都督中外诸军、录尚书事[①]，假黄钺[②]。温以抚军司马王坦之为长史[③]。坦之，述之子也。又以征西掾郗超为参军[④]，王珣为主簿[⑤]，每事必与二人谋之。府中为之语曰：“髯参军[⑥]，短主簿，能令公喜，能令公怒。”温气概高迈，罕有所推，与超言，常自谓不能测，倾身待之。超亦深自结纳。珣，导之孙也，与谢玄皆为温掾[⑦]，温俱重之。曰：“谢掾年四十必拥旄杖节，王掾当作黑头公，皆未易才也。”玄，奕之子也。

兴宁二年（甲子，公元364年）

五月戊辰，以扬州刺史王述为尚书令。加大司马温扬州牧[⑧]、录尚书事。壬申，使侍中召温入参朝政，温辞不至。

王述每受职，不为虚让，其所辞必于不受。及为尚书令，子坦之白述："故事当让。"述曰："汝谓我不堪邪？"坦之曰："非也，但克让自美事耳。"述曰："既谓堪之，何为复让！人言汝胜我，定不及也。"

【注释】

①侍中：魏晋以后，往往相当于宰相。大司马：南朝时为兼握政务与军事重权的高官。都督中外诸军：掌管全国军事。录尚书事：凡掌握重权的大臣经常带"录尚书事"的名号，总揽政要大权，无所不管。②假黄钺：魏晋南北朝时，重臣出征往往加有假黄钺的称号。黄钺，以黄金为饰，古代帝王所用，后世用为仪仗。借之以增威重，有代表皇帝亲征之意。③抚军司马：官名。抚军府中掌军事的属官。长史：官名，战国末年秦已置，属官。④征西掾：征西将军的属官。掾，属官，辅佐的助手。郗超：字景兴，东晋大臣。参军：武官名，掌辅助谋划军事。⑤王珣：和其父亲王洽、祖父王导三代皆以能书著名。主簿：掌管文书的属吏。⑥髯：两腮上面的胡子，也泛指胡子。⑦谢玄：宰相谢安之侄，东晋著名军事家。⑧扬州牧：扬州的最高官员。牧，州郡长官。

【译文】

兴宁元年（癸亥，公元363年）

五月，东晋加封征西大将军桓温担任侍中、大司马、都督中外诸军、录尚书事，给予他持黄钺的礼遇。桓温任命抚军司马王坦之为长史。王坦之是王述之子。又任命征西掾郗超为参军，王珣为主簿，遇事必与二人商量。王府里的人这样说他们："长胡子参军，矮个子主簿，能让桓公欢喜，也能让桓公愤怒。"桓温气概高迈，很少有他所推重的人，桓温和郗超谈话，常常说对方深不可测，而尽心敬待他。郗超也很认真地与桓温交往。王珣是王导的孙子，与谢玄都是桓温的辅佐掾吏，桓温对他们都很看重。桓温说："谢玄年四十必定会拥旗执节，王珣当成为少壮而居高位的黑头公，都是不可多得的人才。"谢玄是谢奕的儿子。

兴宁二年（甲子，公元 364 年）

五月戊辰（二十日），朝廷任命扬州刺史王述为尚书令。加封大司马桓温担任扬州牧、录尚书事。壬申（二十四日），朝廷派侍中召桓温入朝参政，桓温推辞不去。

王述每当接受任命，都不假意辞让，只要是他推辞的，就肯定不接受。到他做尚书令时，儿子王坦之告诉他："按照过去的做法，您应当表示辞让。"王述说："你认为我不能胜任吗？"王坦之说："不是，只是辞让比较好。"王述说："既然认为能够胜任，为什么又要辞让！人们都说你比我强，我看你一定赶不上我。"

【原文】

兴宁三年（乙丑，公元365年）

大司马温移镇姑孰①。二月乙未，以其弟右将军豁监荆州、扬州之义城、雍州之京兆诸军事②，领荆州刺

桓温对贤才能诚敬相待。

史；加江州刺史桓冲监江州及荆、豫八郡诸军事③，并假节。

司徒昱闻陈祐弃洛阳④，会大司马温于洌洲⑤，共议征讨。丙申，帝崩于西堂，事遂寝⑥。

帝无嗣。丁酉，皇太后诏以琅邪王奕承大统。百官奉迎于琅邪第，是日，即皇帝位，大赦。

【注释】

①姑孰：今江苏苏州。②监：掌管。荆州：治所在今湖北江陵。义城：义城郡，治所在今湖北光化。雍州之京兆：治所在今湖北襄阳。③江州：今江西九江。④陈祐：东晋冠军将军，镇守洛阳。燕人进攻洛阳，陈祐不敌，逃出洛阳。⑤洌洲：今安徽当涂长江中小岛。⑥寝：平息，停止。

【译文】

兴宁三年（乙丑，公元365年）

司马奕即皇帝位，大赦天下。

大司马桓温转移到姑孰镇守。二月乙未（二十一日），桓温让他弟弟右将军桓豁掌荆州、扬州之义城、雍州的京兆诸军事，兼领荆州刺史；加封江州刺史桓冲掌管江州及荆、豫八郡诸军事，全都持有符节。

司徒司马昱听说陈祐放弃了洛阳，在洌洲和大司马桓温会面，共同商议征讨洛阳的事。丙申（二十二日），东晋哀帝司马丕在西堂驾崩，征讨事宜中止。

哀帝没有后嗣，丁酉（二十三日），皇太后下诏让琅邪王司马奕继承皇位。百官到琅邪王府第迎接司马奕入宫，当天，司马奕即皇帝位，大赦天下。

【原文】

咸安元年（辛未，公元 371 年）

大司马温，恃其材略位望，阴蓄不臣之志[①]，尝抚枕叹曰："男子不能流芳百世，亦当遗臭万年！"术士杜炅能知人贵贱，温问炅以己禄位所至。炅曰："明公勋格宇宙，位极人臣。"温不悦。温欲先立功河朔以收时望[②]，还受九锡[③]。及枋头之败[④]，威名顿挫。既克寿春[⑤]，谓参军郗超曰："足以雪枋头之耻乎？"超曰："未也。"久之，超就温宿，中夜，谓温曰："明公都无所虑乎？"温曰："卿欲有言邪？"超曰："明公当天下重任，今以六十之年，败于大举，不建不世之勋，不足以镇惬民望[⑥]！"温曰："然则奈何？"超曰："明公不为伊、霍之举者[⑦]，无以立大威权，镇压四海。"温素有心，深以为然，遂与之定议。以帝素谨无过，而床笫易诬[⑧]，乃言"帝早有痿疾，嬖人相龙、计好、朱灵宝等，参侍内寝，二美人田氏、孟氏生三男，将建储立王，倾移皇基”。密播此言于民间，时人莫能审其虚实。

【注释】

①不臣之志：不守臣节，不合臣道的心思，指想谋反篡位。②立功河朔：收复北方，北伐成功。③九锡：古代天子赐给诸侯、大臣的九种器物，是最高的礼遇。西汉末，王莽篡汉时先受赐九锡，魏晋六朝以后权臣夺取政权、建立新王朝时都沿袭此例，后世就以九锡为权臣篡位先声。④枋头之败：枋头，今河南浚县。公元369年，桓温第三次北伐，在枋头大败于燕人。⑤寿春：魏晋南北朝时期淮南军事重镇，今安徽寿县。⑥惬：满足，称心。⑦伊、霍之举：伊、霍，伊尹、霍光，即指废立。⑧床笫：床和垫在床上的竹席，指男女房中之事。

【译文】

咸安元年（辛未，公元371年）

大司马桓温倚仗他的才能、地位与声望，暗地里怀有篡逆之心，曾经抚枕慨叹道：“大丈夫不能流芳百世，也应当遗臭万年！”术士杜炅能够预测人的贵贱，桓温就问杜炅自己的官位最大可以做到什么程度。杜炅说：“明公的功劳天下无双，必定可以位极人臣。”桓温听后不高兴。他想先在河朔建立战功，赢得更大的声望，回来后接受加九锡的礼遇。等到在枋头失败，桓温的威名受挫。攻占寿春后，他问参军郗超道：“这次胜利足以洗雪枋头之败的耻辱了吧？”郗超答道：“不能。”过了很久，郗超到桓温的住所留宿，夜半时，郗超问桓温道：“明公没有忧虑的事吗？”桓温说：

“你想对我说什么？”郗超说：“明公身上担负着天下重任，现已到了六十岁，却在一次大规模行动中遇到惨败，如果不建立非常的功勋，不足以震慑人心。”桓温问：

郗超劝说桓温废黜皇帝。

“那么该怎么做呢？”郗超答：“明公不做伊尹、霍光废立的事，就无法建立大的威势与权力，慑服天下。”桓温一直就有这样的心思，对郗超的话深以为然，于是就和郗超商定计议。由于皇帝司马奕平时谨慎没有过错，只有男女间的事容易诬陷他，于是说：“皇帝早有阳痿的毛病，他宠信的相龙、计好、朱灵宝等人，服侍起居床笫之事，与皇帝的两位美人田氏、孟氏生下三个儿子，将要设立太子赐封王位，这样皇室的根本就被动摇了。”并将这话秘密地散播到民间，当时的人们谁也无法辨别真假。

【原文】

十一月癸卯，温自广陵将还姑孰①，屯于白石②。丁未，诣建康③，讽褚太后④，请废帝立丞相会稽王昱，并作令草呈之。太后方在佛屋烧香，内侍启云：“外有急奏。”太后出，倚户视奏数行，乃曰：“我本自疑此！”至半，便止，索笔益之曰：“未亡人不幸罹此百忧⑤，感念存没，心焉如割！”

桓温暗示褚太后，请求废黜皇帝。

【注释】

①广陵：今江苏扬州。②白石：今安徽当涂采石矶西南。③建康：东晋都城，今江苏南京。④褚太后：名蒜子，晋康帝司马岳皇后。⑤罹：遭遇。

【译文】

十一月癸卯（初九），桓温自广陵准备返回姑孰，驻扎在白石。丁未（十三日），到了都城建康，暗示褚太后，请求废黜皇帝，另立丞相会稽王司马昱，同时将草拟好的诏令进呈给褚太后。太后此时正在佛屋烧香，内侍启奏说："外面有急奏。"褚太后出来，靠在门边看奏章，刚看了几行字就说："我本来就怀疑是这样！"看到一半便停下不看了，向内侍要来笔添上这样的话："我不幸遭受种种忧患，想到死去的和活着的，心如刀割！"

【原文】

己酉，温集百官于朝堂。废立既旷代所无[①]，莫有识其故典者，百官震栗[②]。温亦色动，不知所为。尚书左仆射王彪之知事不可止[③]，乃谓温曰："公阿衡皇家[④]，当倚傍先代。"乃命取《汉书·霍光传》，礼度仪制，定于须臾[⑤]。彪之朝服当阶，神彩毅然，曾无惧容，文武仪准，莫不取定，朝廷以此服之。于是宣太后令，废帝为东海王，以丞相、录尚书事、会稽王昱统承皇极。百官入太极前殿，温使督护竺瑶、散骑侍郎刘亨收帝玺绶[⑥]。帝著白帢单衣[⑦]，步下西堂，乘犊车出神虎门[⑧]，群臣拜辞，莫不歔欷[⑨]。侍御史、殿中监将兵百人卫送东海第[⑩]。温帅百官具乘舆法驾[⑪]，迎会稽王于会稽邸。王于朝堂变服，著平巾帻[⑫]、单衣，东向流涕，拜受玺绶，是日，即皇帝位，改元。温出次中堂，分兵屯卫。温有足疾，诏乘舆入殿。温撰辞，欲陈述废立本意，帝引见，便泣下数十行，温兢惧，竟不能一言而出。

【注释】

①旷代：绝代，当代无人能及。②震栗：震惊害怕。③尚书左仆射：官名，地位仅次于尚书令。王彪之：王导之侄。④阿衡：商代官名，伊尹曾任此职。后引申为辅导帝王，主持国政。⑤须臾：片刻。⑥督护：武官名，晋置。散骑侍郎：官名，三国魏置。⑦白帢单衣：白色便帽和单衣。⑧犊车：牛车。⑨歔欷：悲泣，抽噎。⑩侍御史：官名，秦置，汉沿袭，在御史大夫之下。掌管给事殿中、举劾非法、督察郡县，或奉使出外执行指定任务。殿中监：官名，魏晋以后，在门下省设殿中监一官，多以皇帝之亲戚、贵臣担任，掌

管皇帝生活起居之事。⑪乘舆法驾：天子车驾仪仗。⑫平巾帻：帻本是古时的头巾。东汉时用一种平顶的帻做戴冠时的衬垫物，称为平巾帻。西晋末，出现了一种小冠，前面呈半圆形平顶，后面升起呈斜坡形尖突，戴时不能覆盖整个头顶，只能罩住发髻的，就是平巾帻（也称小冠）。

【译文】

己酉（十五日），桓温召集百官到朝堂。废立皇帝既然是历代没有过的事情，没有人知道废立过去的典则，百官们都震惊恐惧。桓温也神色紧张，不知该怎么办。尚书左仆射王彪之知道事情已不可挽回，就对桓温说："明公废立皇帝，应当效法前代的成规。"于是命令取来《汉书·霍光传》，礼节仪制很快就决定了。王彪之身穿朝服站在朝堂上，神情沉着，毫无惧色，文武仪规典则，全都由王彪之决定，朝廷百官都因此而佩服他。于是宣布太后的诏令，废黜司马奕为东海王，以丞相、录尚书事、会稽王司马昱继承皇位。百官进太极前殿，桓温让督护竺瑶、散骑侍郎刘亨收取废帝的印玺绶带。司马奕戴着白色便帽，身穿仅次于朝服的大臣盛装，走下西堂，乘着牛车出了神虎门，群臣叩拜辞别，没有不流泪叹息的。侍御史、殿中监带领百名士卒护送废帝至东海王的宅第。桓温率领百官准备好天子车驾仪仗，到会稽王的官邸去迎接会稽王司马昱。会稽王在朝堂更换了衣服，戴着小冠，穿着拜见尊者的服饰，面向东而立，流着眼泪拜受天子印玺，这天，会稽王司马昱即皇帝位，改年号为咸安。桓温临时住在中堂，分派兵力屯驻守卫。桓温的脚有毛病，皇帝诏令他可以乘车入殿。桓温事先准备好辞章，想在进见时陈述废立的本意，皇帝召见他，一见他便不断哭泣，桓温战战兢兢，始终竟一句话也没说出来。

【原文】

太宰武陵王晞[①]，好习武事，为温所忌，欲废之，以事示王彪之。彪之曰："武陵亲尊，未有显罪，不可以猜嫌之间便相废徙。公建立圣明，当崇奖王室，与伊、周同美。此大事，宜更深详！"温曰："此已成事，卿勿复言！"乙卯，温表："晞聚纳轻剽[②]，息综矜忍[③]；袁真叛逆[④]，事相连染。顷日猜惧，将成乱阶。请免晞官，以王归藩。"从之，并免其世子综、梁王𤩽等官。温使魏郡太守毛安之帅所领宿卫殿中[⑤]。安之，虎生之弟也。

【注释】

①太宰：晋以避司马师讳，置太宰以代太师。武陵王晞：司马晞，晋元帝子，简文帝兄弟。综、均为其子。②聚纳轻剽：召集轻浮急躁之徒。③息综：其子司马综。矜忍：傲慢残忍。④袁真叛逆：公元369年，东晋发生袁真叛乱。⑤魏郡：今河北大名、临漳一带。毛安之：荥阳人，是简文帝时期的重要将领。

【译文】

太宰武陵王司马晞，喜好习武练兵，被桓温所忌恨，想废黜他，就把此事告诉了王彪之。王彪之说："武陵王是天子的兄弟，没有明显的罪过，不可因为猜忌就将其废黜。您要建立贤明的君主，应当尊崇辅佐王室，与伊尹、周公有同样的美德。这样的大事，应该从长计议！"桓温说："此事已定，你不必再说了！"乙卯（二十一日），桓温上表称："司马晞招纳轻浮急躁之徒，其子司马综自负残忍；袁真叛逆，事情与他有牵连。朝廷和他彼此猜惧，必将酿成大乱。请求免除司马晞的官职，让他以王的身份返回藩地。”皇帝同意了。同时罢免其世子司马综、梁王司马𤩽等人的官职。桓温派魏郡太守毛安之率其部下宿卫皇宫。毛安之是毛虎生的弟弟。

【原文】

庚戌，尊褚太后曰崇德太后。

初，殷浩卒，大司马温使人赍书吊之[①]。浩子涓不答，亦不诣温，而与武陵王晞游。广州刺史庾蕴[②]，希之弟也，素与温有隙。温恶殷、庾宗强，欲去之。辛亥，使其弟秘逼新蔡王晃诣西堂叩头自列，称与晞及子综、著作郎殷涓、太宰长史庾倩、掾曹秀、舍人刘彊、散骑常侍庾柔等谋反[③]。帝对之流涕，温皆收付廷尉。倩、柔，皆蕴之弟也。癸丑，温杀东海王三子及其母。甲寅，御史中丞谯王恬承温旨[④]，请依律诛武陵王晞。诏曰："悲惋惶怛[⑤]，非所忍闻，况言之哉！其更详议！"恬，承之孙也。乙卯，温重表固请诛晞，词甚酷切。帝乃赐温手诏曰："若晋祚灵长，公便宜奉行前诏；如其大运去矣，请避贤路。"温览之，流汗变色，乃奏废晞及三子，家属皆徙新安郡。丙辰，免新蔡王晃为庶人，徙衡阳，殷涓、庾倩、曹秀、刘彊、庾柔皆族诛，庾蕴饮鸩死[⑥]。蕴兄东阳太守友子妇，桓豁之女也，故温特赦之。庾希闻难，与弟会稽王参军邈及子攸之逃于海陵陂泽中[⑦]。

【注释】

①赍：送信。②庾蕴：庾希之弟，庾氏为东晋大族。③著作郎：官

桓温将司马晞抓起来送交廷尉审讯。

名，三国魏明帝始置，属中书省，掌编纂国史。太宰长史：太师的属吏。散骑常侍：官名，秦汉设散骑（皇帝的骑从）和中常侍，三国魏时将其并为一官，称“散骑常侍”，在皇帝左右规谏过失，以备顾问。晋以后，往往预闻要政。④御史中丞：官名，汉以御史中丞为御史大夫的助理，外督部刺史，内领侍御史，受公卿章奏，纠察百僚，其权颇重。⑤惶怛：惶恐痛苦。⑥鸩：传说中的一种毒鸟。把它的羽毛放在酒里，可以毒杀人。后世指毒药。⑦陂泽：湖泽。

【译文】

庚戌（十六日），尊奉褚太后为崇德太后。

当初，殷浩去世的时候，大司马桓温派人送信吊唁他。殷浩的儿子殷涓不回信，也不到桓温那里回拜，而与武陵王司马晞去游玩。广州刺史庾蕴，是庾希的弟弟，平素与桓温有隔阂。桓温厌恨殷涓、庾蕴宗族的强大，想要铲除他们。辛亥（十七日），桓温派他的弟弟桓秘逼迫新蔡王司马晃到西堂去叩头自述，称与司

殷涓、庾倩、曹秀、刘彊等人都被灭族。

马晞及他的儿子司马综、著作郎殷涓、太宰长史庾倩、掾曹秀、舍人刘彊、散骑常侍庾柔等阴谋反叛。简文帝面对他流下眼泪，桓温将他们都抓起来送交廷尉。庾倩、庾柔，都是庾蕴的弟弟。癸丑（十九日），桓温杀掉了东海王司马奕的三个儿子和他们的母亲。甲寅（二十日），御史中丞谯王司马恬秉承桓温意旨，请求依据法律诛杀武陵王司马晞。简文帝下诏说："悲痛惋惜，惊恐不安，不忍心耳闻，更何况是亲口说呢！此事再仔细商议吧！"司马恬是司马承的孙子。乙卯（二十一日），桓温再次上表，坚持要求杀掉司马晞，言词非常激烈恳切。简文帝于是亲手写下诏令赐给桓温说："如果晋王朝的神灵悠长，桓公就遵行我上道诏书的意思；如果晋王朝的大运已去，就请求让我退位避让贤人晋升之路。"桓温看了后，惊慌失色，汗流满面，于是就奏请黜废司马晞及他的三个儿子，将他的家属全都流放到新安郡。丙辰（二十二日），黜免新蔡王司马晃为庶人，将他迁徙到衡阳，殷涓、庾倩、曹秀、刘彊、庾柔都被灭族，庾蕴服毒而死。庾蕴的哥哥东阳太守庾友的儿媳，是桓豁的女儿，所以桓温特别地赦免了她。庾希听说此事，与弟弟会稽参军庾邈及儿子庾攸之逃到了海陵的湖泽中。

【原文】

温既诛殷、庾，威势翕赫[①]，侍中谢安见温遥拜[②]。温惊曰："安石，卿何乃尔？"安曰："未有君拜于前，臣揖于后。"

【注释】

① 翕赫：显赫。② 谢安：出身士族，东晋名臣。

【译文】

桓温诛杀了殷、庾之后，威势显赫至极，侍中谢安看见桓温远远就开始叩拜。桓温惊道："安石，你为什么要这样呢？"谢安说："没有君主叩拜于前，臣下拱手还礼于后的。"

【原文】

咸安二年（壬申，公元 372 年）

甲寅，帝不豫[1]，急召大司马温入辅，一日一夜发四诏，温辞不至。初，帝为会稽王，娶王述从妹为妃，生世子道生及弟俞生。道生疏躁无行，母子皆以幽废死。馀三子，郁、朱生、天流，皆早夭。诸姬绝孕将十年，王使善相者视之，皆曰："非其人。"又使视诸婢媵，有李陵容者，在织坊中，黑而长，宫人谓之"昆仑"，相者惊曰："此其人也！"王召之侍寝，生子昌明及道子。

简文帝一日一夜连发四道诏书召桓温入朝，桓温推辞不去。

【注释】

① 不豫：身体不适，生病。

【译文】

咸安二年（壬申，公元 372 年）

甲寅（二十三日），简文帝身体不适，急召大司马桓温入朝辅政，一日一夜连发四道诏书，桓温推辞不去。当初，简文帝为会稽王时，娶了王述的堂妹为妃，生下长子司马道生和二子司马俞生。司马道生粗鲁急躁，品行不端，母子都因此被囚禁废黜而死。其他三个儿子，司马郁、司马朱生、司马天流，都早年夭折。众姬妾绝孕将近十年，会稽王让会相面的人观察她们，都说："能生儿子的不是这些人。"会稽王又让相面的人去观察女仆女佣，有一个叫李陵容的，在纺织作坊里，长得又高又黑，宫女们叫她"昆仑"。相面的人见到她后吃惊地说："这就是会生儿子的人！"会稽王召她服侍起居，生下了儿子司马昌明和司马道子。

【原文】

己未，立昌明为皇太子，生十年矣。以道子为琅邪王，领会稽国，以奉帝母郑太妃之祀。遗诏："大司马温依周公居摄故事[①]。"又曰："少子可辅者辅之，如不可，君自取之。"侍中王坦之自持诏入，于帝前毁之。帝曰："天下，傥来之运[②]，卿何所嫌！"坦之曰："天下，宣、元之天下[③]，陛下何得专之！"帝乃使坦之改诏曰："家国事一禀大司马，如诸葛武侯、王丞相故事[④]。"是日，帝崩。

【注释】

①周公居摄：西周时周公旦在武王去世后，出任摄政，辅佐年幼的成王。故事：旧例。②傥来：无意中得到。③宣、元：宣帝司马懿，元帝司马睿，西晋的创立者。④诸葛武侯、王丞相：诸葛亮、王导，都是辅佐君主的名臣。

己未日，简文帝驾崩。

【译文】

己未（二十八日），简文帝立司马昌明为皇太子，当时昌明已经十岁了。封司马道子为琅邪王，兼领会稽国，以尊奉帝母郑太妃的祀位。简文帝下达遗诏说：“大司马桓温依照周公的遗规，代理皇帝摄政。”又说：“太子可以辅佐就辅佐他，如不能辅佐，大司马自取皇位。”侍中王坦之手持诏书进入宫中，在简文帝面前撕毁了诏书。简文帝说：“我拥有天下也不过是出于意外，你有什么不满意的！”王坦之说：“天下，是宣帝、元帝创立的天下，陛下怎么能独断专行！”于是简文帝让王坦之将诏书改为：“家国事全部交付给大司马处分，就像诸葛亮、王导辅政时的做法一样。”这一天，简文帝驾崩。

【原文】

群臣疑惑，未敢立嗣，或曰：“当须大司马处分①。”尚书仆射王彪之正色曰：“天子崩，太子代立，大司马何容得异！

简文帝去世后，群臣不敢立嗣，有人提议要大司马桓温入朝处置。

若先面谘，必反为所责。”朝议乃定。太子即皇帝位，大赦。崇德太后令[2]，以帝冲幼，加在谅暗[3]，令温依周公居摄故事。事已施行，王彪之曰：“此异常大事，大司马必当固让，使万机停滞，稽废山陵[4]，未敢奉令，谨具封还。”事遂不行。

【注释】

①须：等待。②崇德太后：即褚太后。③谅暗：居丧，多用于皇帝。④稽废山陵：稽迟荒废安葬事宜。

【译文】

群臣疑惑，不敢就此立嗣，有人说：“要等大司马来了处分。”尚书仆射王彪之正色说：“天子驾崩，太子继立，大司马怎能有资格提出异议！如果事先当面向他询问，一定反会被他责备。”于是经过朝臣讨论就决定了。太子即皇帝位，大赦天下。崇德褚太后下令，因为孝武帝年幼，又在居丧期，命桓温依据周公摄政的旧例行事。诏令发下去，王彪之说：“这是非常之事，大司马一定会固执地辞让，这样一来，朝廷上下的政务都会停顿，连先帝的事业也会荒废，所以臣不敢奉命，谨将诏书密封归还。”因此桓温摄政一事终究未成。

【原文】

温望简文临终禅位于己，不尔便当居摄。既不副所望，甚愤怨，与弟冲书曰："遗诏使吾依武侯、王公故事耳。"温疑王坦之、谢安所为，必衔之[①]。诏谢安征温入辅[②]，温又辞。

【注释】

① 衔：含在心里。指心里怨恨。② 征：召。

【译文】

桓温希望简文帝临终前将皇位禅让给他，不这样的话，也应让他摄政。然而这个愿望没能实现，他非常怨恨愤怒，给弟弟桓冲写信说："简文帝下诏让我按诸葛亮、王导的旧例辅政。"桓温怀疑这事是王坦之、谢安干的，对他们怀恨在心。朝廷诏令谢安前去召桓温入朝辅政，桓温又推辞。

【原文】

烈宗孝武皇帝上之上宁康元年（癸酉，公元373年）

春，正月，己卯朔大赦改元。

二月，大司马温来朝。辛巳，诏吏部尚书谢安、侍中王坦之迎于新亭。是时，都下人情恟恟，或云欲诛王、谢，因移晋室。坦之甚惧，安神色不变，曰："晋祚存亡[①]，决于此行。"温既至，百官拜于道侧。温大陈兵卫，延见朝士[②]，有位望者皆战慑失色。坦之汗汁沾衣，倒执手版。安从容就席，坐定，谓温曰："安闻诸侯有道，守在四邻，明公何须壁后置人邪！"温笑曰："正自不能不尔。"遂命左右撤之，与安笑语移日。郗超常为温谋主，安与坦之见温，温使超卧帐中听其言。风动帐开，安笑曰："郗生可谓入幕之宾矣。"时天子幼弱，外有强臣，安与坦之尽忠辅卫，卒安晋室。

温治卢悚入宫事，收尚书陆始付廷尉，免桓秘官，连坐者甚众。迁毛安之为左卫将军。桓秘由是怨温。

三月，温有疾，停建康十四日，甲午，还姑孰。

【注释】

①祚：帝位。②延见：召见，引见。

【译文】

晋孝武帝宁康元年（癸酉，公元373年）

春季，正月己卯朔（初一），东晋实行大赦，改换年号为宁康。

二月，大司马桓温来晋见孝武帝。辛巳（二十四日），孝武帝诏令吏部尚书谢安、侍中王坦之到新亭迎接。这时，都城里人心惶惶，有的说桓温要杀掉王坦之、谢安，晋王室的天下就要转

桓温入朝后召见朝廷百官。

到他人之手。王坦之非常害怕，谢安则神色不变，说："晋朝国运的存亡，取决于此行。"桓温抵达朝廷后，百官夹道叩拜。桓温部署重兵，召见朝廷百官，有地位有名望的人全都惊慌失色。王坦之汗流浃背，连手版都拿倒了。谢安从容就座，坐定后，对桓温说："谢安听说诸侯有道，守卫的人在四方邻国，明公何必要在墙壁后面安置人呢！"桓温笑着说："正是由于不能才不这样做。"于是命令左右的人撤走，与谢安笑谈许久。郗超经常作为桓温的主谋，谢安和王坦之去见桓温，桓温让郗超藏在帐中听他们谈话。风吹开了帐子，谢安笑着说："郗超可谓入帐之宾。"当时天子年幼力弱，外边又有强臣，谢安与王坦之竭尽忠诚辅佐护卫，最终使晋王室得以安稳。

桓温处理卢悚攻入宫廷的事件，拘捕尚书陆始并送交廷尉处置，罢免了桓秘的官职，株连的人很多。提升毛安之为左卫将军。桓秘从此开始怨恨桓温。

三月，桓温生病，在建康停留了十四天，甲午（初七），返回姑孰。

【原文】

秋，七月己亥，南郡宣武公桓温薨。

初，温疾笃，讽朝廷求九锡，屡使人趣之。谢安、王坦之故缓其事，使袁宏具草。宏以示王彪之，彪之叹其文辞之美，因曰："卿固大才，安可以此示人！"谢安见其草，辄改之，由是历旬不就。宏密谋于彪之，彪之曰："闻彼病日增，亦当不复支久，自可更小迟回[①]。"

【注释】

①迟回：犹滞留。

【译文】

秋季，七月己亥（十四日），南郡宣武公桓温去世。

当初，桓温病重的时候，暗示朝廷给他加九锡的礼遇，多次派人去催。谢安、王坦之故意拖延此事，让袁宏草拟诏令。袁宏草拟完后让王彪之过目，王彪之赞叹他文辞优美，接着说："你本来是杰出的人才，怎么能写这样的文章让别人看呢！"谢安看到袁宏写的草诏，就加以修改，因此前后十多天也没有最后定稿。袁宏暗地里和王彪之商量，王彪之说："听说桓温的病情日益严重，应该不会再支持多久了，自然可以再晚一些回复。"

【原文】

温弟江州刺史冲，问温以谢安、王坦之所任，温曰："渠等不为汝所处分。"其意以为，己存，彼必不敢立异，死则非冲所制，若害之，无益于冲，更失时望故也。

温以世子熙才弱，使冲领其众。于是桓秘与熙弟济谋共杀冲，冲密知之，不敢入。俄顷，温薨，冲先遣力士拘录熙、济而后临丧。秘遂被废弃，熙、济俱徙长沙。诏葬温依汉霍光及安平献王故事。冲称温遗命，以少子玄为嗣[①]，时方五岁，袭封南郡公。

【注释】

①玄：即桓玄。桓温少子，深受桓温钟爱。桓温临终，命为继嗣，袭爵南郡公，时年五岁。

【译文】

桓温的弟弟江州刺史桓冲，向桓温询问谢安、王坦之应该担任什么职务，桓温说："他们不由你来安排。"这话的意思是，自己活着的时候，他们一定不敢公开抗衡，自己死了以后，则不是桓冲所能控制的，如果谋害了他们，对桓冲没有什么好处，反而会使其失去声望。

桓温的弟弟江州刺史桓冲，向桓温询问谢安、王坦之应该担任什么职务。

桓温考虑到世子桓熙才能不足，就让桓冲统领他的兵众。因此桓秘和桓熙的弟弟桓济谋划一起杀掉桓冲。桓冲私下里知道此事，不敢进入府内。不久，桓温死了，桓冲先派身强力壮的士兵拘捕了桓熙、桓济，然后才前去吊丧。桓秘于是也被废黜了，桓熙、桓济都被迁徙到长沙。孝武帝下诏，依据汉代霍光及安平献王的旧例安葬桓温。桓冲称桓温留下遗嘱，以小儿子桓玄为继承人。当时桓玄刚刚五岁，继承南郡公的爵位。

淝水之战

【导语】

随着西晋王朝的灭亡，中国呈现出南北方对峙的政治局面。在南方，司马睿重建晋朝，史称东晋；在北方，各少数民族的上层人物纷纷起兵，建立政权，史称十六国。北方各国为争权夺利互相混战，直至前秦永兴元年（公元 357 年），前秦苻坚降服了鲜卑、羌、羯各族，统一北方。

前秦王苻坚在王猛的辅佐下，将前秦治理得井然有序，国力逐渐强大，苻坚的名望也越来越高。苻坚在自信满满的时候很自然地想到了伐晋，他的心腹谋臣王猛在临终前曾经劝谏他不要南征。但是在公元 383 年，苻坚终于还是决定出兵。

苻坚的臣下、亲人无一赞成出兵。他们很清楚，臣服的诸国各怀异心，而东晋远不如苻坚以为的那样不堪一击。但苻坚一意孤行，坚持要打这一仗。

公元 383 年，这场战争在淮南淝水展开，这是一次决定五胡时代中国命运的交锋。这场战争的结果出乎当时很多人的意料，东晋军队以少胜多，八万晋军战胜了号称九十七万的前秦大军。淝水之战中，前秦军被歼灭和逃散的共有七十多万，唯有鲜卑慕容垂部的三万人马完整无损。苻坚统一南北的希望彻底破灭。不仅如此，北方暂时统一的局面也随之解体，再次分裂成更多的地方民族政权。鲜卑族的慕容垂和羌族的姚苌等贵族重新崛起，各自建立了新的国家。苻坚本人也在两年后被姚苌俘杀，前秦随之灭亡。各族纷纷独立，中国北方重新陷入分裂混乱的局面，先后成立了十国。直到公元 439 年，北魏才又重新统一北方。

“淝水之战”也成为以少胜多的著名战例，它对后世兵家的战争观念和决战思想产生了深远的影响。

【原文】

太元七年（壬午，公元 382 年）①

冬，十月，秦王坚会群臣于太极殿②，议曰：“自吾承业，垂三十载，四方略定，唯东南一隅③，未沾王化。今略计吾士卒，可得九十七万，吾欲自将以讨之，何如？”秘书监朱肜曰④：“陛下恭行天罚⑤，必有征无战，晋主不衔璧军门⑥，则走死江海，陛下返中国士民⑦，使复其桑梓⑧，然后回舆东巡，告成岱宗，此千载一时也。”坚喜曰：“是吾志也。”

【注释】

①太元七年：太元，晋孝武帝年号。七年，即公元 382 年。②秦王坚：即氐族所建前秦国的皇帝苻坚，字永固，一名文玉。少博学多才，有大志。公元 352 年，坚叔父健称秦帝，任坚为龙骧将军。公元 357 年，坚杀健子生，自立为大秦天王。在位期

秦王苻坚认为时机成熟，想要讨伐东晋。

间，重用著名汉族政治家王猛，修明政治，镇压豪强，提倡儒学和佛教，加速各民族与汉族的融合；又先后灭前燕、前凉，取仇池，攻下东晋汉中、成都等地，在十六国中其国势最强，国力一度超过东晋数倍。王猛死后，坚率大军攻晋，但在淝水大败，秦国内部久怀异心的慕容垂（前燕后裔）、姚苌（羌酋）等乘机分裂，坚为姚苌所杀。传见《晋书》卷113、卷114《苻坚载记》。太极殿：前秦皇宫的正殿。③隅：一角，指东晋。④秘书监朱肜：秘书监，掌典图书文字的官署长官。朱肜（音róng），《晋书》作"朱彤"。⑤恭行天罚：恭敬地代天讨伐。⑥衔璧军门：自缚其手，口衔碧玉，到宫门来投降。⑦中国：指中原。⑧桑梓：指故乡。

【译文】

太元七年（壬午，公元382年）

冬季，十月，前秦王苻坚在太极殿会见群臣，和他们商量说："自从我继承先王的大业，至今已经三十年了，四方之地大致平定了，只有东南的东晋，尚未蒙受君王的教化。如今粗略地计算一下我的兵力，能有九十七万，我想亲自统帅军队讨伐晋朝，怎么样？"秘书监朱肜说："陛下恭敬地奉行上天的惩罚，一定是只需要出征而不需要战斗，晋朝国君不是在军营门前口衔璧玉来投降，就是仓惶出逃，葬身于江海，陛下让中原

秦王苻坚会群臣于太极殿。

之国的百姓返回故土，让他们恢复家园，然后回车东巡，在岱宗泰山奉告成功，这是千载难逢的时机。”苻坚高兴地说：“这正是我的志向。”

【原文】

尚书左仆射权翼曰[①]：“昔纣为无道，三仁在朝[②]，武王犹为之旋师。今晋虽微弱，未有大恶；谢安，桓冲皆江表伟人[③]，君臣辑睦[④]，内外同心，以臣观之，未可图也！”坚嘿然良久，曰：“诸君各言其志。”

尚书左仆射权翼认为讨伐东晋时机并不成熟。

【注释】

① 尚书左仆射：尚书省的长官。② 三仁：指夏朝微子、箕子、比干三人。③ 江表：长江以外，即江南地区。④ 辑睦：和睦。

【译文】

尚书左仆射权翼说：“过去商纣王无道，但微子、箕子、比干三位仁人在朝，周武王尚且为此回师，不予讨伐。如今晋朝虽然衰微软弱，但还没有大的罪恶；谢安、桓冲又都是长江一带才识卓越的人才，他们君臣和睦，内外同心，以我来看，不可图谋！”苻坚沉默了良久，说：“你们都说说自己的见解。”

【原文】

太子左卫率石越曰[①]：“今岁镇守斗[②]，福德在吴，伐之必有天殃。且彼据长江之险，民为之用，殆未可伐也。”坚曰：“昔武王伐纣，逆岁违卜[3]。天道幽远，未易可知。夫差、孙皓皆保据江湖[4]，不免于亡。今以吾之众，投鞭于江，足断其流[5]，又何险之足恃乎？”对曰：“三国之君皆淫虐无道[6]，故敌国取之，易于拾遗[7]。今晋虽无德，未有大罪，愿陛下且按兵积谷，以待其衅[8]。”于是群臣各言利害，久之不决。坚曰：“此所谓筑舍道傍[9]，无时可成。吾当内断于心耳。”

【注释】

①太子左卫率：护卫太子的官。②岁镇守斗：岁，即木星，也称“太岁”。镇，指土星。斗，指牛、女星。③逆岁违卜：逆岁，逆着太岁的方向行动。④夫差：春秋时吴国的君主。⑤足断其流：完全可以横断长江的流水。⑥三国之君：指殷纣、夫差、孙皓。⑦易于拾遗：比捡起遗落的东西还容易。⑧衅：空隙。⑨筑舍道傍：比喻自己没有主见，乱听别人指点，做事永远不能成功。

【译文】

太子左卫率石越说：“今木星、土星居于斗宿，福德在吴地，如果讨伐他们必有天灾。而且他们占据长江天险，百姓又为其所用，恐怕不能讨伐。”苻坚说：“过去周武王讨伐商纣，就是逆太岁运行的方向行动，也违背了占卜的结果。天道隐微幽远，不

苻坚群臣各言伐晋的利害。

是可以轻易知道的。夫差、孙皓全都据守江湖，但也不能免于灭亡。如今凭借我的兵力，把鞭子投进长江，也足以断绝水流，又有什么天险足以凭藉依靠呢。”石越回答说：“商纣、夫差、孙皓这三国之君，全都淫虐无道，所以敌对的国家攻取他们，比捡起遗落的东西还容易。如今晋朝虽然缺乏道德，但没有大的罪恶，愿陛下暂且按兵不动，积聚粮谷，等待他们灾祸的降临。”于是群臣们各言利害，久久未能决断。苻坚说：“这正所谓在道路旁边修筑屋舍，什么时候才能够建成。我要自我决断了。”

【原文】

群臣皆出，独留阳平公融[①]，谓之曰：“自古定大事者，不过一二臣而已。今众言纷纷，徒乱人意，吾当与汝决之。”对曰：“今伐晋有三难：天道不顺，一也；晋国无衅，二也；我数战兵疲[②]，民有畏敌之心，三也。群臣言晋不可伐者，皆忠臣也，愿陛下听之。”坚作色曰[③]：“汝亦如此，吾复何望！吾强兵百万，资仗如山[④]；吾虽未为令主[⑤]，亦非阘劣。乘累捷之势，击垂亡之国，何患不克？岂可复留此残寇，使长为国家之忧哉？”融泣曰：“晋未可灭，昭然甚明。今劳师大举，恐无万全之功。且臣之所忧，不止于此。陛下宠育鲜卑、羌、羯[⑥]，布满畿甸，此属皆我之深仇。太子独与弱卒数万留守京师，臣惧有不虞之变生于腹心肘掖[⑦]，不可悔也。臣之顽愚，诚不足采。王景略一时英杰[⑧]，陛下常比之诸葛武侯，独不记其临没之言乎？”坚不听。于是朝臣进谏者众，坚曰：“以吾击晋，校其强弱之势，犹疾风之扫秋叶，而朝廷内外皆言不可，诚吾所不解也。”

太子宏曰："今岁在吴分，又晋君无罪，若大举不捷，恐威名外挫，财力内竭，此群下所以疑也。"坚曰："昔吾灭燕[9]，亦犯岁而捷，天道固难知也。秦灭六国，六国之君岂皆暴虐乎？"

【注释】

①阳平公融：指苻融，苻坚的弟弟，这时为征南大将军，封阳平公。②我数战兵疲：引自《通鉴·晋纪二十六》载，阳平国常侍慕容绍对其兄楷说的话。③作色：改变脸色。④资仗：军资和武器。⑤令主：好君主。令，善。⑥宠育：宠爱养育。⑦不虞：意料不到。掖：同"腋"。肘掖，比喻近处。⑧王景略：即王猛，字景略。⑨燕：即前燕，鲜卑人建立的政权。

【译文】

群臣们都出去了，苻坚唯独把阳平公苻融留下了。苻坚对他说："自古参与决定大事的人，不过是一两个大臣而已。如今众说纷纭，只能扰乱人心，我要与你来决定此事。"苻融对苻坚说："如今讨伐晋朝有三难：天道不顺，此其一；晋国自身无灾祸，此其二；我们频繁征战，士兵疲乏，百姓怀有畏敌之心，此其三。群臣当中说不能讨伐晋朝的人，全都是忠臣，愿陛下听从他们的意见。"苻坚脸色一变说："你也是如此，我还寄希望于谁呢？我有

阳平公苻融也认为此时不能伐晋，苻坚深感失望。

强兵百万，资财兵器堆积如山；我虽然不是好的君主，但也不是昏庸之辈。乘着捷报频传之势，攻击垂死挣扎之国，还怕攻不下来吗？怎么可以再留下这些残敌，使他们长久地成为国家的忧患呢！”苻融哭泣着说：“晋朝无法灭掉，事情非常明显。如今大规模地出动疲劳的军队，恐怕没有完全取得胜利的可能。况且我所忧虑的，还不仅于此。陛下宠爱养育鲜卑人、羌人、羯人，让他们布满京师，这些人都对我们有深仇大恨。太子独自和数万弱兵留守京师，我害怕有不测之变出现在我们的心腹地区，后悔莫及。我的意见不高明又顽固，确实不值得采纳。可是王猛是英明杰出的人，陛下常常把他比作诸葛亮，为什么唯独不铭记他的临终遗言呢？”苻坚依然没有听从。此时向苻坚进谏的朝臣很多，苻坚说：“以我们的力量攻打晋朝，比较双方的强弱之势，就像疾风扫秋叶一样，然而朝廷内外都说不能攻打，这确实令我不能理解。”

太子苻宏说：“如今木星在吴地的分野，再加上晋朝国君没有罪恶，如果大举进攻不能取胜，我担心在外威风名声受挫，在内资财力量耗尽，这就是群臣不明白为什么要出战的原因。”苻坚说：“过去我消灭燕国，也违背了木星的征兆，但取得了胜利，天道本来就是难以确知的。秦灭六国，六国之君难道全都是暴虐的君主吗？”

【原文】

冠军、京兆尹慕容垂言于坚曰[①]：“弱并于强，小并于大，此理势自然，非难知也。以陛下神武应期[②]，威加海外，虎旅百万，韩、白满朝[③]，而蕞尔江南[④]，独违王命，岂可复留之以遗子孙哉？《诗》云：‘谋夫孔多，是用不集[⑤]。’陛下断自圣心足矣，何必广询朝众？晋武平吴[⑥]，所仗者张、杜二三臣而已，若从朝众之言，岂有混一之功[⑦]？”坚大悦曰：“与吾共定天下者，独卿而已。”赐帛五百匹。

【注释】

①冠军：冠军将军。京兆尹：京城长安的行政长官。慕容垂：淝水之战时为苻坚的冠军将军、京兆尹，淝水之战后，自称燕王，建都中山，历史上称为后燕。②应期：应运而生。③韩、白：韩信、白起。用以比喻名将。④蕞尔：藐小的样子。⑤谋夫孔多，是用不集：见《诗经·小雅》。孔，甚。不集，不成。这两句的意思是，因为出主意的人太多，所以事情办不成。⑥晋武：晋武帝司马炎。⑦混一：统一。

【译文】

冠军将军、京兆尹慕容垂向苻坚进言说：“弱被强所并，小被大所吞，这是自然的道理与趋势，并不难理解。像陛下这样神明威武，适应天意，威名远播海外，拥有强兵劲旅百万，韩信、白起那样的良将满朝都是，而江南弹丸之地，独敢违抗王命，岂能再留下他们而交给子孙后代呢？《诗经》云：‘出谋划策的人太多，所以事情办不成。’陛下自己在内心做出决断就完全可以了，何必广泛征询众朝臣的意见？晋武帝

慕容垂向苻坚进言，请求伐晋。

平定吴国，所倚仗的只有张华、杜预两三位大臣而已，如果听从众朝臣的话，难道能有统一天下的功业？”苻坚十分高兴地说：“与我共同平定天下的人，只有你而已。”赏赐给慕容垂五百匹帛。

【原文】

坚锐意欲取江东，寝不能旦[①]。阳平公融谏曰：“‘知足不辱，知止不殆。’自古穷兵极武，未有不亡者。且国家本戎狄也，正朔会不归人[②]。江东虽微弱仅存，然中华正统，天意必不绝之。”坚曰：“帝王历数[③]，岂有常邪，惟德之所在耳。刘禅岂非汉之苗裔邪。终为魏所灭。汝所以不如吾者，正病此不达变通耳。”

【注释】

①寝不能旦：睡觉总睡不到天亮就醒。意思是说极其兴奋的状态。

②正朔：正月初一。古时改朝换代要改正朔。③历数：气数，运命。

【译文】

苻坚专注于想要攻取晋朝，连睡觉也不能睡到天明。阳平公苻融劝谏他说：“‘知道满足就不会感到耻辱，知道停止就不会出现危险。’自古以来，穷兵黩武的人没有不灭亡的。况且我们的国家本来就属戎狄之人，天下的正宗嫡传大概不会归于像我们这样的外族人。长江以南的晋朝虽然衰微软弱，残喘生存，但他们是中华的正统，天意一定不会灭绝他们。”苻坚说：“帝王更替之道，怎么会有一成不变的呢？只看道德在哪里。刘禅难道不是汉朝的后裔吗？但最终被魏国所灭。你之所以不如我的原因，症结正在于不了解变通的道理。”

【原文】

坚素信重沙门道安[①]，群臣使道安乘间进言。十一月，坚与道安同辇游于东苑，坚曰："朕将与公南游吴、越，泛长江，临沧海，不亦乐乎？"安曰："陛下应天御世[②]，居中土而制四维[③]，自足比隆尧、舜，何必栉风沐雨，经略遐方乎？且东南卑湿，沴气易构[④]，虞舜游而不归，大禹往而不复，何足以上劳大驾也！"坚曰："天生烝民而树之君，使司牧之，朕岂敢惮劳，使彼一方独不被泽乎？必如公言，是古之帝王皆无征伐也。"道安曰："必不得已，陛下宜驻跸洛阳[⑤]，遣使者奉尺书于前，诸将总六师于后，彼必稽首入臣，不必亲涉江、淮也。"坚不听。

【注释】

①沙门道安：沙门，即僧人。道安，姓卫，晋朝时的名僧。苻坚攻下

苻坚历来重视僧人道安，于是向他征询伐晋意见。

襄阳，对他非常器重，把他迎到长安。② 应天御世：应天，上应天命。御世，指统治国家。③ 制四维：统治全国。思维，指四方。④ 沴气易构：沴气，恶气。构，遭遇。⑤ 驻跸：跸，清道。皇帝出巡，途中暂住在某地，叫驻跸。

【译文】

苻坚历来信任重视僧人道安，群臣们让道安寻找机会向苻坚进言。十一月，苻坚与道安同乘一车在东苑游览，苻坚说："朕将要与你一起南游吴、越之地，泛舟长江，亲临沧海，不也是快乐的事情吗？"道安说："陛下顺应天意统治天下，身居中原而控制四方，自身的昌隆足以与尧、舜相比，何必再栉风沐雨，经营远方呢？而且东南地区低洼潮湿，容易遇到灾害不祥之气，虞舜前去游猎就没有回来，大禹去了一趟就再没去第二趟，有什么值得劳您大驾的呢！"苻坚说："上天生育民众而为他们选定了君主，是让君主统治他们，朕岂敢害怕辛劳，唯独使那一方土地不承受恩泽呢？如果一定像你所说的那样，古代的帝王就都没有征伐之事了。"道安说："一定要这样做的话，陛下应该在洛阳停驻，先派遣使者给他们送去书信，众将领统领六军跟随于后，他们就一定会叩首称臣，您不必亲自过长江、淮河。"苻坚没有听从。

【原文】

坚所幸张夫人谏曰[①]："妾闻天地之生万物，圣王之治天下，皆因其自然而顺之，故功无不成。是以黄帝服牛乘马[②]，因其性也；禹浚九川[③]，障九泽，因其势也；后稷播殖百谷[④]，因其时也；汤、武帅天下而攻桀、纣，因其心也[⑤]，皆有因则成[⑥]，无

张夫人劝谏苻坚不可伐晋。

因则败。今朝野之人皆言晋不可伐，陛下独决意行之，妾不知陛下何所因也！《书》曰：‘天聪明自我民聪明。’天犹因民，而况人乎？妾又闻王者出师，必上观天道，下顺人心。今人心既不然矣，请验之天道。谚云：‘鸡夜鸣者不利行师，犬群嗥者宫室将空，兵动马惊，军败不归。’自秋冬以来，众鸡夜鸣，群犬哀嗥，厩马多惊，武库兵器自动有声，此皆非出师之祥也。”坚曰：“军旅之事，非妇人所当预也！”

【注释】

①所幸张夫人：幸，宠爱。张夫人，苻坚妾，明辨有才识，谏议苻坚不要伐晋，苻坚不听。后苻坚败于寿春，张夫人乃自杀。②服牛乘马：服牛，驾牛，用牛拉车。乘马，骑马。③浚：疏通。④后稷：周人的祖先。⑤因其心：顺着人心。⑥有因：有所遵循。

【译文】

苻坚所宠爱的张夫人劝谏他说：“妾听说天地滋生万物，圣王治理天下，全都是顺其自然，所以功业无所不成。黄帝之所以能驾牛骑马，是顺应了它们的禀性；大禹之所以能疏通九川，挡住九泽，是顺应流水的趋势；后稷之所以能播种繁殖百谷，是顺应了天时；商汤、周武王之所以能率领天下人攻下夏桀、商纣，是顺着人心，全都是顺应则成功，不顺应则失败。如今朝野上下都说晋朝不可讨伐，唯独陛下一意孤行，妾不知道陛下是顺应了什么！《尚书》上说：‘上天的聪慧明察来自于民众的聪慧明察。’上天尚且要顺应民意，何况是人呢？妾又听说君王出动军队，一定要上观天道，下顺人心。如今人心既然不同意讨伐晋朝，请您再查验一下天道。俗谚说：‘鸡夜鸣时不利于出师，犬群嚎时宫室将空，出征时遇马惊，军败难归。’自秋末冬初以来，众鸡夜鸣，群犬哀嚎，圈马多惊，武库里的兵器自己响动，这些都是不能出师的兆头。”苻坚说：“军旅之事，不是妇人所应当参与的！”

【原文】

坚幼子中山公诜最有宠①，亦谏曰：“臣闻国之兴亡，系贤人之用舍。今阳平公，国之谋主，而陛下违之，晋有谢安、桓冲，而陛下伐之，臣窃惑之。”坚曰：“天下大事，孺子安知②！”

苻坚的小儿子中山公苻诜最受宠爱，他也劝谏苻坚不要伐晋。

【注释】

①中山公诜：《晋书·苻坚载记》："少子中山公诜，有宠于坚。"②孺子安知：小孩子哪里知道。

【译文】

苻坚的小儿子中山公苻诜最受宠爱，他也劝谏苻坚说："我听说国家的兴亡，与对贤明之人的弃用相联系。如今阳平公苻融，是国家的主谋，然而陛下却不听他的意见，晋朝有谢安、桓冲，而陛下却要讨伐他们，我私下里感到大惑不解。"苻坚说："天下大事，小孩子知道什么！"

【原文】

太元八年（癸未，公元383年）

秋，七月，秦王坚下诏大举入寇[①]，民每十丁遣一兵；其良家子年二十已下[②]，有材勇者，皆拜羽林郎。又曰："其以司马昌明为尚书左仆射[③]，谢安为吏部尚书[④]，桓冲为侍中[⑤]，势还不远[⑥]，可先为起第。"良家子至者三万馀骑，拜秦州主簿赵盛之为少年都统[⑦]。是时朝臣皆不欲坚行，独慕容垂、姚苌及良家子劝之[⑧]。阳平公融言于坚曰："鲜卑、羌虏，我之仇雠[⑨]，常思风尘之变以逞其志，所陈策画，何可从也？良家少年皆富饶子弟，不闲军旅[⑩]，苟为谄谀之言，以会陛下之意。今陛下信而用之，轻举大事，臣恐功既不成，仍有后患，悔无及也。"坚不听。

【注释】

①入寇：侵入东晋。②良家子：古代多调发罪人从军作战，对于来自一般人家的应募子弟，叫作良家子。③司马昌明：即东晋孝武帝

司马曜，字昌明。④谢安：字安石，东晋陈国阳夏（今河南太康）人。出身名门大族，少有重名，年四十余始仕为桓温司马，后历任侍中、吏部尚书、中护军等职。简文帝死后，他与王坦之合力挫败桓温称帝之谋，并于温死后执政，继承王导之政风，“镇之以和静”，“为政务举大纲，不为小察”。淝水战后，以功拜太保，都督扬、江等十五州诸军事，加黄钺。不久，被孝武帝同母弟司马道子排斥，病卒。⑤桓冲：字幼子，东晋谯国（治今安徽亳县）龙亢人，桓温之弟。温死后，冲领其军职，累迁徐州、荆州刺史，都督江、荆等九州军事，与谢安同心保护朝廷。苻坚南征，冲以为谢安不任军事，故有“吾其左衽”语。及谢玄等破苻坚，自以为失职，惭恨成疾而死。⑥势还不远：意谓依情势看，凯旋还师，为时不远。即苻坚断定南征必胜，东晋必亡，所以诏书中连东晋皇帝、大臣归降后的官职都预先派定。⑦秦州：今甘肃天水。都统：武官名，始置于十六国时期，为统兵将官。⑧慕容垂：字道明，鲜卑人，世居昌黎（今辽宁义县）棘城，为前燕主慕容日加韦之叔，封吴王。公元369年，率军击败东晋桓温军于枋头（今河南浚县西南），以功遭燕主忌，被迫投奔苻坚。历任前秦京兆尹，统兵转战有功，封泉州侯。淝水战后，前秦分裂，垂遂于公元384年自称燕帝，都中山（今河北定州），建立后燕。姚

阳平公苻融再次劝谏苻坚不可伐晋。

苌：字景茂，晋南安赤亭（今甘肃陇西县西）烧当羌人。父弋仲、兄襄皆为羌酋，附后赵、东晋。襄被苻坚所杀后，苌降前秦，得坚信任，命为将，屡立战功，但始终心持异端。淝水战后，前秦分裂，苌于公元384年据北地（今陕西富平），自称大将军、大单于、万年秦王。次年，攻杀苻坚，取长安，自称秦帝，建立后秦。⑨仇雠：仇敌。⑩闲：通“娴”，熟习、懂得。

【译文】

太元八年（癸未，公元383年）

秋，七月，秦王苻坚下诏大举发兵侵入东晋，百姓每十名成年男子中征一人当兵；良家子弟年龄在二十岁以下，勇武有力的人，都被任命为羽林郎。又说：“胜利后要用东晋皇帝司马昌明为尚书左仆射，宰相谢安为吏部尚书，车骑将军桓冲为侍中，以此形势来看，这是很快的事了，可以先为他们起好宅第。”良家子弟自带战马应征而来的有三万多人，任命秦州主簿赵盛之为少年都统，统领这些人。当时，朝臣都不想让苻坚南行，只有慕容垂、姚苌和应征来的良家子弟希望苻坚南下。阳平公苻融对苻坚说：“鲜卑、羌族的俘虏都是我们的仇敌，他们一直在等待机会报仇复国，他们所说的计策怎么能听呢？良家少年都是富家子弟，不熟悉军旅的事，不过是说些阿谀奉承的话讨陛下的欢心罢了。如今陛下相信并采纳了他们的话，轻率地率大军南下，我担心不仅不能成就战功，还会有后患，到时后悔就来不及了。”苻坚不听。

【原文】

八月戊午，坚遣阳平公融督张蚝、慕容垂等步骑二十五万为前锋；以兖州刺史姚苌为龙骧将军，督益梁州诸军事。坚谓苌曰："昔朕以龙骧建业[①]，未尝轻以授人，卿其勉之！"左将军窦冲曰："王者无戏言，此不祥之征也！"坚默然。

慕容楷、慕容绍言于慕容垂曰："主上骄矜已甚，叔父建中兴之业，在此行也。"垂曰："然。非汝，谁与成之！"

甲子，坚发长安，戎卒六十馀万，骑二十七万，旗鼓相望，前后千里。九月，坚至项城[②]，凉州之兵始达咸阳，蜀、汉之兵方顺流而下，幽、冀之兵至于彭城[③]，东西万里，水陆齐进，运漕万艘。阳平公融等兵三十万先至颍口[④]。

【注释】

① 昔朕以龙骧建业：苻坚是苻健弟雄之子，健称秦帝，任坚为龙骧将军。公元 355 年，健死，子生继位，凶狠残暴。公元 357 年，苻坚借众怒杀生，自立为秦帝，故有此语。② 项城：今河南项城东南槐坊店。③ 彭城：今江苏徐州。④ 颍口：即颍水入淮之口，在晋下蔡县（今安徽颍上县）附近。

【译文】

八月戊午（初二），苻坚派阳平公苻融督帅张蚝、慕容垂等人的步、骑兵二十五万人为前锋，任命兖州刺史姚苌为龙骧将军，督益州和梁州各方面的军事。苻坚对姚苌说："过去我靠龙骧

苻坚出语随意，左将军窦冲严肃提醒他。

慕容楷、慕容绍劝说慕容垂建立中兴大业。

将军的官位建立了大业，不曾轻易地把这个官位授予别人，你好好努力吧！”左将军窦冲说：“君王无戏言，这话是不祥的征兆！”苻坚沉默不语。

慕容楷、慕容绍对慕容垂说：“主上骄纵傲慢已经非常严重，叔父建立中兴大业，就在此行。”慕容垂说：“对。除了你们，谁能和我一起成就大业呢！”

甲子（初八），苻坚从长安出发，有步兵六十余万，骑兵二十七万，旌旗战鼓彼此相望，前后绵延千里。九月，苻坚到达项城，而凉州的军队才到达咸阳，蜀、汉的军队正沿长江顺流而下，幽州、冀州的军队到达彭城，东西万里之内，水陆并进，运输的船只数以万计。阳平公苻融等率兵三十万先到达颍口。

【原文】

诏以尚书仆射谢石为征虏将军、征讨大都督①，以徐兖二州刺史谢玄为前锋都督②，与辅国将军谢琰、西中郎将桓伊等众共八万拒之[③]；使龙骧将军胡彬以水军五千援寿阳[④]。琰，安之子也。

【注释】

①谢石：字石奴，谢安之弟。累官尚书仆射。淝水战后，升任尚书令，封南康郡公。无干才，聚敛无厌，为时所讥。②谢玄：字幼度，谢安兄奕之子。以才略闻名，为安所器重。曾任徐州、兖州刺史，屡与前秦军作战，其部将刘牢之亦随征成为东晋名将。淝水战中，玄军为晋军主力，其前锋五千人即刘牢之统率的北府兵。秦军败后，玄任前锋都督，率军北伐，收复徐、兖、青、司、豫、梁六州，刘牢之部还直入河北名都邺城。战后，玄以功加都督徐、兖等七州诸军事，封康乐县公。③谢琰：字瑗度，谢安之子。淝水战前任辅国将军，战后以功封望蔡县公，累官至徐州刺史。后与刘牢之共同镇压孙恩起义，兵败，为部将所杀。桓伊：字叔夏，东晋谯国（治今安徽亳县）铚人。以有武材，被荐为淮南、历阳等郡太守，屡与前秦军作战有功，任西中郎将。淝水战后，以功封永修县侯，累官至豫州、江州刺史。又以善音乐闻名，时称江左第一。④寿阳：今安徽寿县。

【译文】

东晋下达诏令，任命尚书仆射谢石为征虏将军、征讨大都督，任命徐兖二州刺史谢玄为前锋都督，与辅国将军谢琰、西中郎将桓伊等人的兵马计

东晋任命将领准备抵抗秦军。

八万人抵抗前秦；让龙骧将军胡彬率领五千水军援助寿阳。谢琰是谢安的儿子。

【原文】

是时秦兵既盛，都下震恐[①]。谢玄入，问计于谢安，安夷然答曰[②]："已别有旨。"既而寂然。玄不敢复言，乃令张玄重请[③]。安遂命驾出游山墅，亲朋毕集，与玄围棋赌墅[④]。安棋常劣于玄，是日，玄惧，便为敌手而又不胜。安遂游陟，至夜乃还。桓冲深以根本为忧[⑤]，遣精锐三千入卫京师。谢安固却之，曰："朝廷处分已定，兵甲无阙，西藩宜留以为防[⑥]。"冲对佐吏叹曰："谢安石有庙堂之量[⑦]，不闲将略。今大敌垂至，方游谈不暇，遣诸不经事少年拒之[⑧]，众又寡弱，天下事已可知，吾其左衽矣[⑨]！"

【注释】

①都下：指东晋朝廷上下。②夷然：夷，平坦。夷然，形容坦然而无异于平日的样子。③张玄：《晋书》无传。按《晋书·谢玄传》谓：谢玄转授会稽内史，时吴兴太守、晋宁侯张玄之亦以才显，自吏部尚书与谢玄同年到郡。玄之名亚于玄，时人称为"南北二玄"。疑玄之即此张玄之字。④与玄围棋赌墅：谓谢安和谢玄下围棋，以别墅作赌注。⑤根本：指东晋都城建康（今江苏南京）。⑥西藩：桓冲时镇荆州（治今湖北江陵），地当京师建康之西，故称西藩。⑦庙堂之量：庙即太庙，堂即明堂。古代帝王每遇大事，皆告于太庙而议于明堂，后即以庙堂喻指朝廷。庙堂之量，谓执掌朝政的才能和度量。⑧不经事：即未经历过世事、不懂事之意。⑨吾其左衽矣：语出《论语·宪问》，乃孔子赞扬管仲之言，原意谓：如果没有管

仲，我大概就要披发左衽了。衽即衣襟，左衽指衣襟向左交领。按古代北方游牧民族都披发左衽，而中原华夏民族则束发右衽。桓冲在这里借用此典故，意指东晋将会战败，国民都将臣服于前秦氐族人的统治。

谢安与谢玄下棋，谢玄因秦军南下之事恐惧而心不在焉。

【译文】

这时前秦的军队正是最强盛的时候，东晋朝廷上下闻听苻坚南下的消息，都震惊恐慌。谢玄入朝，向谢安询问应对之策，谢安一副平静的样子，回答说："已经另有打算了。"紧接着就不说话了。谢玄不敢再问，就让张玄重新请求指令。谢安于是就命令驾车出游山间别墅，亲戚朋友云集，与谢玄在别墅玩围棋赌博。谢安的棋术平时不如谢玄，这天，谢玄由于内心恐惧，在有利的形势下反而不能取胜。谢安于是就登山漫游，到夜晚才回来。桓冲对东晋的根基大业感到很忧虑，于是派精锐部队三千人到建康来保卫京师。谢安坚决地阻拦他，说："朝廷的处理办法已经决定，士兵武器都不缺乏，应留在西藩以作防备。"桓冲对藩府参佐叹息道："谢安有执掌朝政的才能和度量，但不熟悉带兵打仗的方法。如今大敌马上就要到了，还尽情游玩，高谈阔论不止，只派遣未经战事的年轻人前去抵抗，再加上兵力不足，力量弱小，天下的结局已经可以知道了，我们将要受外族的统治了！"

【原文】

冬，十月，秦阳平公融等攻寿阳，癸酉，克之，执平虏将军徐元喜等。融以其参军河南郭褒为淮南太守。慕容垂拔郧城[①]。胡彬闻寿阳陷，退保硖石[②]，融进攻之。秦卫将军梁成等帅众五万屯于洛涧[③]，栅淮以遏东兵。谢石、谢玄等去洛涧二十五里而军，惮成不敢进。胡彬粮尽，潜遣使告石等曰："今贼盛粮尽，恐不复见大军！"秦人获之，送于阳平公融。融驰使白秦王坚曰："贼少易擒，但恐逃去，宜速赴之！"坚乃留大军于项城，引轻骑八千，兼道就融于寿阳[④]。遣尚书朱序来说谢石等[⑤]，以为"强弱异势，不如速降"。序私谓石等曰："若秦百万之众尽至，诚难与为敌。今乘诸军未集，宜速击之。若败其前锋，则彼已夺气，可遂破也。"

【注释】

①郧城：在晋江夏郡云杜县（今湖北安陆市境）。②硖石：胡三省注引《水经注》说："淮水东过寿春县北，右合肥水；又北迳山峡中，谓之峡石，对岸山上结二城，以防津要。"又引杜佑《通典》说："硖石，今汝阴郡下蔡县。"按其地当在今安徽寿县西北、凤台县东南。③洛涧：胡三省注引《水经注》说："洛涧上承死马塘水，北历秦墟，下注淮，谓之洛口。"按即今安徽洛河。源出肥东县北，流经定远、寿县间，过淮南市东，至怀远县西南入淮河。④兼道：加倍赶路。⑤朱序：字次伦，东晋义阳（今河南新野南）人。家世为将，曾任东晋梁州刺史，镇襄阳，前秦攻陷襄阳时被俘，任为秦度支尚书。淝水战后，复归东晋，历官豫州刺史等职。

【译文】

朱序私下劝谢石迅速出击，通过挫败秦军前锋来瓦解秦军。

冬季，十月，前秦阳平公苻融等攻打寿阳，癸酉（十八日），攻入城中，擒获了东晋平虏将军徐元喜等人。苻融任命他的参军河南人郭褒为淮南太守。慕容垂攻克郧城。东晋胡彬听说寿阳陷落，便退守硖石，苻融进军攻打硖石。前秦卫将军梁成等率领五万将士驻扎在洛河，在淮河上设立栅栏以阻止东晋的援军。谢石、谢玄等在离洛涧二十五里的地方扎营，因为害怕梁成而不敢进兵。胡彬粮草将要用尽，暗中派人向谢石等报告说："现在贼寇强盛而我的粮食已经耗尽，恐怕不能再见到大军了。"秦人抓到送信的人，押送到苻融那里。苻融急速派使者向前秦王苻坚报告说："晋军人少，容易擒获，只怕他们逃走，应该迅速率兵前来。"苻坚于是将大军留在项城，自己带了八千轻骑兵，日夜兼程，赶赴寿阳和苻融会合。苻坚派尚书朱序去劝降谢石，认为"形势强弱悬殊，不如赶快投降"。朱序私下却对谢石等人说："如果秦军百万之众全数到达，晋军实在很难与之对抗。现在趁各路大军尚未会集，应该迅速出击。如果打败前秦前锋，那他们就丧失了士气，就可击败他们了。"

【原文】

石闻坚在寿阳，甚惧，欲不战以老秦师[①]。谢琰劝石从序言。十一月，谢玄遣广陵相刘牢之帅精兵五千趣洛涧[2]，未至十里，梁成阻涧为陈以待之[3]。牢之直前渡水，击成，大破之，斩成及弋阳太守王泳。又分兵断其归津，秦步骑崩溃，争赴淮水，士卒死者万五千人，执秦扬州刺史王显等，尽收其器械军实。于是谢石等诸军，水陆继进。秦王坚与阳平公融登寿阳城望之，见晋兵部阵严整，又望见八公山上草木[4]，皆以为晋兵，顾谓融曰："此亦勍敌，何谓弱也！"怃然始有惧色[5]。

【注释】

①老秦师：老，疲、衰之意，这里作使动用法，谓使秦军疲乏力衰。②刘牢之：字道坚，彭城（今江苏徐州）人，东晋名将。③阻涧为陈：阻，抢先占据。陈，同"阵"。谓抢先占据洛河，布成阵势。④八公山：古山名，在今安徽寿县北、淮南市西。传说汉淮南王刘安好神仙，有八公须眉皓白，至门求见，守门者谓："吾王好

秦王苻坚与阳平公苻融登上寿阳城观望晋军阵地，视草木皆以为晋军。

长生，今先生等无驻衰之术，未敢以闻。”八公忽都变为童子，淮南王遂于此山立庙祭祀，名为八公山。一说当时庙内所供奉的是淮南王的门客左吴、伍被等八人。⑤怃然：怅然失意貌。

【译文】

谢石听说苻坚已到寿阳，非常害怕，想用不出战的方式拖垮前秦的军队。谢琰劝谢石听从朱序的话。十一月，谢玄派广陵相刘牢之率领五千精兵直奔洛涧，在离洛涧不到十里的地方，梁成就依涧布好阵势等待他们。刘牢之径直向前渡水，攻击梁成，大破梁成的前秦军，斩杀了梁成和弋阳太守王咏。又分兵阻断秦军撤退的险要渡口，秦军步兵和骑兵陷入混乱中，争相渡河，损失了一万五千人马，抓获前秦扬州刺史王显等，全部缴获了他们的武器军备和粮饷。于是谢石诸军从水陆相继前进。秦王苻坚与阳平公苻融登上寿阳城观望，见东晋的军队布阵严整，又望见八公山上草木摇动，以为都是晋兵，苻坚回头对苻融说："晋军也是劲敌，怎么能说他们软弱呢！"怅然若失，脸上开始有畏惧之色。

【原文】

秦兵逼肥水而陈[①]，晋兵不得渡。谢玄遣使谓阳平公融曰："君悬军深入，而置陈逼水，此乃持久之计，非欲速战者也。若移陈少却，使晋兵得渡，以决胜负，不亦善乎？"秦诸将皆曰："我众彼寡，不如遏之使不得上，可以万全。"坚曰："但引兵少却，使之半渡，我以铁骑蹙而杀之[②]，蔑不胜矣[③]。"融亦以为然，遂麾兵使却[④]。秦兵遂退，不可复止。谢玄、谢琰、桓伊等引兵渡水击之。融驰骑略陈[⑤]，欲以帅退者，马倒，为晋兵所杀，秦兵遂溃。玄等乘胜追击，至于青冈[⑥]。秦兵大败，自相蹈藉而死者[7]，蔽野塞川。其走者闻风声鹤唳[8]，皆以为晋兵且至，昼夜不敢息，草行露宿，重以饥冻，死者什七八。初，秦兵少却，朱序在陈后呼曰："秦兵败矣！"众遂大奔。序因与张天锡、徐元喜皆来奔[9]。获秦王坚所乘云母车及仪服、器械、军资、珍宝、畜产不可胜计[10]。复取寿阳，执其淮南太守郭褒。

【注释】

①陈：同"阵"，布阵。②蹙：通"蹴"，踢、踩、踏之意。③蔑不：蔑，无。蔑不，即无不。④麾：指挥。⑤驰骑略陈：骑着马来回奔驰，想要压住阵脚。⑥青冈：古地名。今安徽凤台西北。胡三省注："青冈去今寿春县（今安徽寿县）三十里。"⑦蹈藉：践踏倒卧，纵横相枕。⑧风声鹤唳：形容惊慌失措，或自相惊扰。唳，鹤叫声。⑨张天锡：字纯嘏，晋安定乌氏（今甘肃平凉西北）人。本为张轨所建前凉国的末代君主，公元376年被苻坚击灭，降秦，官尚书。苻坚攻晋，任南征司马。淝水战中，又奔降东晋，官凉州刺史，甚为晋人所轻。⑩云母车：别的版本"云母车"下有"及仪服、器械、军资、珍宝、畜产不可胜计"十五字。云母晶体透明，成板状，有色彩，古代用以饰车，以示贵重。晋制：以云母饰犊车，以赐王公，臣下不得乘。

【译文】

前秦的军队在靠近淝水的地方布好阵，晋军无法渡江。谢玄派使者对阳平公苻融说："您孤军深入，而靠着河岸列阵，这是作持久战的打算，不是想迅速交战的办法。如果贵军能将兵阵稍稍向后移动一下，让晋兵能够渡过河，然后一决胜负，不也是件好事吗？”前秦的将领都说：“我众敌寡，不如遏制晋军渡河，使他们不能上岸，这样才能万无一失。”苻坚说：“我们带领兵众稍微后撤一点，等他们渡河渡到一半的时候，我们再出动铁甲骑兵奋起攻杀，这样没有不胜的道理。”苻融也认为可以，于是就挥舞战旗，指挥兵众后退。秦兵一退就停不下来。谢玄、谢琰、桓伊等立刻带兵渡河追击。苻融骑马布阵，想要指挥后退的士兵，但是马被绊倒，为晋兵所杀，秦兵于是溃败。谢玄等乘胜追击，一直追到青冈。秦兵大败，自相践踏而死的人，遮蔽山野，堵塞山川。逃走的士兵听见风声和鹤的鸣叫声，都以为是东晋的军队将要来到，昼夜不敢停下来休息，慌不择路，风餐露宿，冻饿交加，死者十有七八。当初，秦兵稍作退却时，朱序就在阵后面高声呼喊：“秦兵败了！”兵众们听到后就狂奔乱逃。朱序乘机和张天锡、徐元喜投奔到东晋。晋军俘获秦王苻坚所乘坐的装饰着云母的车乘及仪服、器械、军资、珍宝、畜产不可胜数。又收复寿阳，抓获前秦淮南太守郭褒。

【原文】

坚中流矢，单骑走至淮北，饥甚，民有进壶飧、豚髀者①，坚食之，赐帛十匹，绵十斤。辞曰：“陛下厌苦安乐，自取危困。臣为陛下子，陛下为臣父，安有子饲其父

苻坚中了流箭，单枪匹马逃往淮北。

而求报乎[②]？”弗顾而去。坚谓张夫人曰：“吾今复何面目治天下乎[③]？”潸然流涕。

【注释】

①壶飧、豚髀：飧，《孟子·滕文公》：“饔飧而治。”赵岐注：“饔飧，熟食也；朝曰饔，夕曰飧。”胡三省注引《字林》释飧曰：“水浇饭也。”按这里当从胡注，壶飧即用壶盛装的稀饭。豚，猪。髀，大腿。豚髀，指猪腿肉。②饲：给人吃食。③张夫人：苻坚的宠姬，曾劝坚不可伐晋。

【译文】

苻坚中了流箭，单枪匹马逃到淮北，十分饥饿，有的百姓送来盛在壶里的水泡饭、猪骨头，苻坚吃了以后，赏赐给他们十匹布帛，十斤绵。这些人推辞说：“陛下不肯安于逸乐，冒险征伐东晋，是自取困苦。臣民是陛下的儿子，陛下是臣民的父亲，哪里有儿子给父亲饭吃还求取报偿的呢？”他们连赏赐的那些东西看也没看就离开了。苻坚对张夫人说：“我如今再以什么面目去治理天下呢？”说着便潸然泪下。

【原文】

是时，诸军皆溃，惟慕容垂所将三万人独全，坚以千馀骑赴之。世子宝言于垂曰[①]：“家国倾覆，天命人心皆归至尊，但时运未至，故晦迹自藏耳。今秦主兵败，委身于我，是天借之便以复燕祚，此时不可失也，愿不以意气微恩忘社稷之重[②]。”垂曰：“汝言是也。然彼以赤心投命于我，若之何害之[③]！天苟弃之，不患不亡。不若保护其危以报德，徐俟其衅而图之，既不负宿心，且可以义取天下。”奋威将军慕容德曰[④]：“秦强而并燕，秦弱而图之，此为报仇雪耻，非负宿心也，兄奈何得而不取，释数万之众以授人乎？”

【注释】

①世子宝：即慕容宝，慕容垂第四子。苻坚时，任太子洗马、万年令。垂称帝，建后燕，立宝为太子；垂死，宝继位为后燕帝。②意气微恩：指苻坚厚待慕容垂父子事。③若之何：如何、怎能。④慕容德：字玄明，慕容垂的少弟。前、后燕时，封范阳王。后慕容宝被杀，德在滑台（今河南滑县东）称燕王。公元400年，攻下广固（今山东益都县北），称帝，建立南燕。

【译文】

这时，前秦的各路军队全都溃散，唯独慕容垂所统领的三万人完整保全，苻坚带领一千多骑兵到了他那里。长子慕容宝向慕容垂进言说：“国与家覆灭，天命人心全都归于极其尊贵的帝王，只是时运还未到，所以应该掩饰形迹不要表露出来。如今秦主兵败，委身于我们，这是上天赐予的有利时机以恢复燕国，这个时机不可失去，愿您不要因为受到过小恩小惠而忘掉了恢复燕国的重要事情。”慕容垂说：“你说得对。然而他以一片赤诚之心把自身的安全交给我，我怎能伤害他！假如上天抛弃他，不用担心他不灭亡。不如在危难中保护他以报答他的恩德，慢慢地等待他的灾祸，然后再图谋他，这样既不违背往日的心愿，又能以道义征服天下。”奋威将军慕容德说：“秦国强大的时候吞并了燕国，秦国微弱的时候图谋它，这是报仇雪耻，不是违背往日的心愿。哥哥为什么得到了却不占取，放弃数万兵众而给他人呢？”

【原文】

垂曰：“吾昔为太傅所不容[①]，置身无所，逃死于秦，秦主以国士遇我，恩礼备至。后复为王猛所卖[②]，无以自明，秦主独能明之，此恩何可忘也？若氐运必穷，吾当怀集关东[③]，以复先业耳，关西会非吾有也。”冠军行参军赵秋曰：“明公当绍复燕祚，著于图谶[④]；今天时已至，尚复何待！若杀秦主，据邺都鼓行而西，三秦亦非苻氏之有也[⑤]！”垂亲党多劝垂杀坚，垂皆不从，悉以兵授坚。平南将军慕容暐屯郧城[⑥]，闻坚败，弃其众遁去；至荥阳[⑦]，慕容德复说暐起兵以复燕祚，暐不从。

【注释】

①太傅：指前燕慕容暐时的太傅慕容评。评与太后可足浑氏密谋诛慕容垂，迫垂投奔前秦。②后复为王猛所卖：王猛，字景略，北海剧（今山东昌乐西）人，十六国时著名政治家。少贫贱，隐居华山读书，尤好兵书。后事苻坚，甚见亲信，累官至丞相，镇压豪强，休息民力，选拔清廉，无才不任，使前秦出现汉魏以来少见的清明政治。临终语坚，说东晋乃正统所在，希勿攻伐；又劝坚斩除鲜卑慕容氏、西羌姚氏等仇敌，以杜后患。坚不听，后果如猛所言。慕容垂谓为王猛所卖事，当指公元370年王猛伐

慕容垂的亲信党羽劝他杀掉苻坚，慕容垂一概没有听从，命令把军队交给苻坚。

前燕，以垂子令参军事，任向导，至洛阳诈为垂使者让令叛秦，以借此谋杀垂，但因苻坚不欲罪垂而未果。③ 怀集关东：谓以怀柔之策招集关东兵民。关东，指潼关以东地区。④ 著于图谶：著，显现、显示。图谶，古代巫师、方士所制作的一种隐语或预言，以作为吉凶的符验或征兆，多为王者受命的舆论工具。⑤ 三秦：指关中（亦称关西）地区。按：秦朝灭亡后，项羽称西楚霸王，将关中秦国故地划分为三部分，分别封授给雍王章邯（领有咸阳以西地）、塞王司马欣（领有咸阳以东地）、翟王董翳（领有今陕北地），三地合称“三秦”。⑥ 慕容暐：字景茂，前燕主慕容儁第三子，嗣儁即位称帝。因燕国贵族争权内乱，于公元 370 年为前秦王猛率军攻破，暐被俘，前燕亡。苻坚封暐为新兴侯，后任平南将军，从坚伐晋；淝水战败，又随坚返长安。慕容垂起兵叛秦时，暐欲谋杀坚以应，事泄被杀。⑦ 荥阳：郡县名，治所在今河南郑州西、黄河南岸。

【译文】

慕容垂说：“我过去被太傅慕容评所不容，无处安身，逃死到了秦国，秦国主像对待国中才能出众的人那样对待我，恩义礼遇没有做不到的地方。后来我又被王猛所出卖，无法自我明辩，唯独秦国主能明察，这样的恩情怎么能忘记呢？如果氐族人的命运必定穷尽，我应以怀柔之策招集关东兵民，以光复先帝的大业，关西之地必定不会归我所有。”冠军行参军赵秋说：“明公您应当继承光复燕国的国统，这已经明显地表现在图谶上了；如今天时已经到了，还等待什么！如果杀掉秦国主苻坚，占据邺都，之后再向西发展，三秦之地也就不归苻氏所有了！”慕容垂的亲信党羽大多都劝他杀掉苻坚，慕容垂一概没有听从，命令把军队交给

谢安接到驿站传来的书信，知道前秦的军队已经失败。

苻坚。平南将军慕容暐驻扎在郧城，听说苻坚失败后，丢弃了他的兵众逃走了。到达荥阳，慕容德又劝说慕容暐起兵以恢复前燕的国统，慕容暐没有听从。

【原文】

谢安得驿书，知秦兵已败，时方与客围棋，摄书置床上，了无喜色[①]，围棋如故。客问之，徐答曰："小儿辈遂已破贼。"既罢，还内，过户限，不觉屐齿之折[②]。

【注释】

①摄书置床上，了无喜色：摄，收、敛。床，坐榻。了无，全无、毫无。谓谢安把信收起放在坐榻上，脸上全无喜色，这是描写他故作镇静。②过户限，不觉屐齿之折：户限，门槛。屐齿，木屐的底齿。谓谢安尽管故作镇静，但仍难以控制内心喜悦之情，以致过门槛时步履不稳，不知不觉间竟折断了屐齿。

【译文】

谢安接到驿站传来的书信，知道前秦的军队已经失败，当时他正与客人玩围棋，拿着信放到了床上，毫无高兴的样子，像没接到书信之前一样继续下棋。客人问他是什么事，他慢条斯理地回答说："小孩子们已经打败敌寇了。"下完棋后，他返回屋里，过门槛时，高兴得竟然连屐齿被折断都没有发觉。

宋纪

刘裕受禅

【导语】

宋武帝刘裕是一位卓越的政治家、改革家、军事家。公元399年，刘裕参军起义，对内平定战乱，先后消灭了南方各大割据势力，使南方出现了百年未有的统一局面；对外致力于北伐，取巴蜀、伐南燕、灭后秦。公元420年，刘裕受晋恭帝禅，即位做皇帝，国号宋，南朝从此开始。刘裕就是南朝宋的高祖武皇帝。

桓玄失败后，晋朝已经成为刘裕的天下。晋朝末代皇帝司马德文在傅亮要他写禅位诏书时，一点也不感到意外，而是“欣然操笔”，并对左右说：“桓玄之时，晋氏已无天下，重为刘公所延，将二十载；今日之事，本所甘心。”司马德文的话是符合实际情况的。

刘裕即位后，他吸取了前朝士族豪强挟主专横的教训，抑制豪强兼并，劝课农商，减免赋役，赈济穷困。他从宽执法，注重学校教育，使社会出现了相对安定的局面。刘裕进一步打击了腐朽黑暗的贵族势力，改善了政治和社会状况。刘裕生前清心寡欲，生活简朴，起居有常，严整有度，被誉为“南朝第一帝”。

公元422年，刘宋武帝刘裕去世，终年六十岁。庙号高祖，谥武帝。

【原文】

永初元年（庚申，公元420年）

春，正月己亥，魏主还宫。

秦王炽磐立其子暮末为太子，仍领抚军大将军、都督中外诸军事，大赦，改元建弘。

宋王欲受禅而难于发言，乃集朝臣宴饮，从容言曰："桓玄篡位，鼎命已移。我首唱大义[①]，兴复帝室，南征北伐，平定四海，功成业著，遂荷九锡[②]。今年将衰暮，崇极如此，物忌盛，非可久安；今欲奉还爵位，归老京师。"群臣惟盛称功德，莫谕其意。日晚，坐散。中书令傅亮还外，乃悟，而宫门已闭，亮叩扉请见，王即开门见之。亮入，但曰："臣暂宜还者。"王解其意，无复他言，真云："须几人自送？"亮曰："数十人可也。"即时奉辞。亮出，已夜，见长星竟天，拊髀叹曰[③]："我常不信天文，今始验矣。"亮至建康，夏，四月，征王入辅。王留子义康为都督豫、司、雍、并四州诸军事、豫州刺史，镇寿

刘裕想让晋恭把帝位以禅让的形式传给自己，于是召集群臣暗示心意。

阳。义康尚幼，以相国参军南阳刘湛为长史，决府、州事。湛自弱年即有宰物之情，常自比管、葛，博涉书史，不为文章，不喜谈议，王甚重之。

五月乙酉，魏更谥宣武帝曰道武帝。

【注释】

① 首唱：同“首倡”。② 九锡：中国古代皇帝赐给诸侯、大臣有殊勋者的九种礼器，表示最高礼遇。锡，在古代通“赐”字。③ 拊髀：拍着大腿，像麻雀似的跳跃。形容非常高兴的样子。拊，拍；髀，大腿。

【译文】

永初元年（庚申，公元420年）

春季，正月己亥（十四日），北魏国主回宫。

西秦王乞伏炽磐封他的儿子乞伏暮末为太子，任命他仍旧兼任抚军大将军，总管全国内外的军事，大赦天下，改年号为建弘。

宋王刘裕想让晋恭帝司马德文把帝位以禅让的形式传给自己，但是他无法开口，于是，他召集朝臣饮酒欢宴，刘裕十分从容地说：“当年桓玄篡位时，晋国的大权落入他人之手。我首先提倡大义，复兴皇帝宗室，我南征北讨，平定了天下，可以说是大功告成，业绩卓著，因此皇上恩赐我九锡之尊。现在我的年纪快老了，地位又如此尊崇，天下之事最忌讳装得太满而溢出来，那样就得不到长久的安宁了；如今我想把爵位奉还皇上，回到京师养老。”群臣只是一味盛称他的功德，却不理解他真正的含义。这天天色已晚，群臣散去。中书令傅亮走出宫门，这才悟出宋王一席话的真正含义，但是宫门已经关闭了，傅亮就叩门请求拜见宋王，宋王就命令开门召见他。傅亮进入宫中，只是说：“我应当暂且返回京师。”

刘裕让他的儿子刘义康留守，并让刘湛帮助其子决策和处理府、州事务。

宋王刘裕明白了他的用意，就不再说别的了，直接问道："你需要多少人护送？"傅亮说："几十个人就够了。"傅亮于是就与宋王刘裕辞别。傅亮出宫时已是半夜时分，见到彗星划过夜空，傅亮拍着腿叹道："我过去常不相信天象，如今看来天象开始应验了。"傅亮来到京师建康，当时正是初夏四月，晋恭帝征召刘裕入京辅助。刘裕让他的儿子刘义康留守，任命他为都督豫司雍并四州诸军事、豫州刺史，令他镇守寿阳。刘义康还年幼，刘裕就任用相国参军南阳人刘湛为长史，令他帮助决策和处理府、州事务。刘湛从小就有做宰相的志向，他经常以管仲、诸葛亮自比，刘湛博览书史，却不喜欢做文章，也不喜欢空发议论。刘裕非常器重他。

五月乙酉（初二），北魏变更宣武帝拓跋珪的谥号为道武帝。

【原文】

魏淮南公司马国璠、池阳子司马道赐谋外叛，司马文思告之。庚戌，魏主杀国璠、道赐，赐文思爵郁林公。国璠等连引平城豪桀，坐族诛者数十人，章安侯封懿之子玄之当坐。魏主以玄之燕朝旧族，欲宥其一子。玄之曰："弟子磨奴早孤，乞全其命。"乃杀玄之四子而宥磨奴[①]。

六月壬戌，王至建康。傅亮讽晋恭帝禅位于宋，具诏草呈帝，使书之。帝欣然操笔，谓左右曰："桓玄之时，晋氏已无天下，重为刘公所延，将二十载；今日之事，本所甘心。”遂书赤纸为诏。

甲子，帝逊于琅邪第，百官拜辞，秘书监徐广流涕哀恸[②]。

丁卯，王为坛于南郊，即皇帝位。礼毕，自石头备法驾入建康宫。徐广又悲感流涕，侍中谢晦谓之曰：“徐公得无小过！”广曰：“君为宋朝佐命，身是晋室遗老，悲观之事，固不可同。”广，邈之弟也。

帝临太极殿，大赦，改元。其犯乡论清议，一皆荡涤，与之更始。

【注释】

①宥：宽容，饶恕。②哀恸：极为悲痛。悲哀到了极点。

【译文】

北魏淮南公司马国璠、池阳子司马道赐阴谋反叛，司马文思告发了他们。庚戌（二十七日），北魏国主拓跋嗣杀了司马国璠与司马道赐，赐封司马文思为郁林公。司马国璠等人的阴谋牵连了平城的大户豪强，全族被诛杀的就有几十个人，章安侯封懿的儿子封玄之也应当被斩首。北魏国主因为封玄之是燕朝旧族，想要宽恕他的一个儿子。封玄之说：“我弟弟的儿子封磨奴幼年丧父，乞求您保全他的性命。”北魏国主就杀掉了封玄之的四个儿子而饶恕了封磨奴。

六月壬戌（初九），宋王刘裕来到建康。傅亮暗示晋恭帝将帝位禅让给宋王刘裕，并且将草拟的退位诏书呈送给了晋恭帝，让他自己再抄写一遍。晋恭帝非常高兴地拿起了笔，并对左右侍臣说：“桓玄之乱时，晋朝已经失去了天下，是依靠刘公才又得以延

刘裕登临太极殿即帝位。

续，到如今已经将近二十年了；如今禅让给刘公，是我心甘情愿的。”于是将傅亮呈上来的草稿抄写在红纸上，作为正式诏书。

甲子（十一日），晋恭帝让位，回到琅邪旧邸，百官叩拜辞别，秘书监徐广痛哭流涕，极其哀恸。

丁卯（十四日），宋王刘裕在南郊设坛，即帝位。典礼结束后，刘裕乘车从石头进入建康宫。徐广又痛哭流涕，十分悲伤，侍中谢晦对他说：“徐公这样做未免有点过分了吧！”徐广说：“您是宋朝的佐命大臣，我是晋室遗留下来的老臣，悲欢之情，本来就是各不相同的。”徐广是徐邈的弟弟。

刘宋武帝刘裕登临太极殿，大赦天下，改年号为永初。刘裕宣布，犯罪的人中，凡是行为不道德，受过舆论抨击的，一律除去罪名，使他们改过自新。

【原文】

裴子野论曰：昔重华受终，四凶流放；武王克殷，顽民迁洛。天下之恶一也，乡论清议，除之，过矣！

奉晋恭帝为零陵王，优崇之礼，皆仿晋初故事，即宫于故秣陵县，使冠军将军刘遵考将兵防卫。降褚后为王妃。

追尊皇考为孝穆皇帝，皇妣赵氏为孝穆皇后[①]；尊王太后萧氏为皇太后。上事萧太后素谨，及即位，春秋已高，每旦入朝太后[②]，未尝失时刻。

诏晋氏封爵，当随运改，独置始兴、庐陵、始安、长沙、康乐五公，降爵为县公及县侯，以奉王导、谢安、温峤、陶侃、谢玄之祀，其宣力义熙、豫同艰难者，一仍本秩。

【注释】

① 皇妣：对亡母的敬称。② 每旦：每天早上。

【译文】

裴子野评论说：以前虞舜接受国家大任时，曾经流放过四凶；武王讨伐殷商时，也曾经将顽劣的遗民迁到洛阳。天下的罪恶在任何时候都是相同的，但是刘裕将触犯众怒之人的罪名一概免除，确实是做得太过分了！

宋武帝封晋恭帝为零陵王；他对待晋室的优崇之礼，都仿照晋初优待魏室的先例，随即又在故秣陵县为晋恭帝兴建王宫，派冠军将军刘遵考率领军队防卫保护。将晋恭帝的皇后褚灵媛降为王妃。

刘裕追尊他的父亲为孝穆皇帝，母亲赵氏为孝穆皇后；尊封他的继母王太后萧氏为皇太后。刘裕侍奉萧太后一向十分恭谨，等到即帝位后，虽然年事已高，每天早晨也一定入后宫给太后请安，从来没有错过时辰。

帝刘裕又下诏说，晋朝时封的爵位，应当随着朝代的更替而有所更改，于是他将过去封置的始兴公、庐陵公、始安公、长沙公、康乐公降爵为县公或是县侯，以便延续王导、谢安、温峤、陶侃、谢玄等人的祭祀香火，凡是当年与刘裕共同抗击过桓玄的人，仍然保持他们的爵位和俸禄不变。

元嘉之治

【导语】

"元嘉之治"是指东晋南北朝宋武帝至宋文帝时国力最为强盛的历史时期，"元嘉"是南朝宋文帝刘义隆的年号，因其政治较为清明，又努力推行繁荣经济文化的各项政策，从而出现了短期内经济终于有所恢复、人民生活较为安定的政治局面。

刘宋武帝刘裕吸取东晋灭亡的教训，十分注意集权于中央。他重用寒门，压抑豪门士族，限制士族地主兼并土地。

宋武帝刘裕死后，长子刘义符即位，两年后，辅政大臣徐羡之、傅亮、谢晦借其嬉戏失德将其杀死，立刘裕三子宜都王刘义隆，史称宋文帝。宋文帝继续实行刘裕的治国方略，在东晋义熙土断的基础上清理户籍，下令免除百姓欠政府的"通租宿债"，又实行劝学、兴农、招贤等一系列措施，使百姓得以休养生息，社会生产有所发展，经济文化日趋繁荣。由是"三十年间，氓庶蕃息，奉上供徭，止于岁赋。晨出暮归，自事而已"，"民有所系，吏无苟得。家给人足，即事虽难，转死沟渠，于时可免。凡百户之乡，有市之邑，谣舞蹈，触处成群，盖宋世之极盛也"。宋文帝统治时期是东晋南北朝国力最为强盛的历史时期，史称"元嘉之治"。

宋文帝第二次北伐的失败导致"元嘉之治"衰败。其实，作为一种政治局面，"元嘉之治"衰败于宋孝武帝时期。孝武帝对元嘉时期的制度多有改革。但他的改革除少数有积极作用外，大多祸国殃民，从而导致了“元嘉之治”局面的衰败，加速了刘宋王朝的灭亡。

历史上将“元嘉”与“文景”、“贞观”并称为“三大治世”。“元嘉之治”是宋武帝刘裕和宋文帝刘义隆共同造就的。特别是宋文帝继位后，提倡节俭、轻徭薄赋，重视发展农业生产，使元嘉时期成为南朝的鼎盛时期。

【原文】

元嘉三年（丙寅，公元426年）

春，正月，谢晦弟黄门侍郎瞬驰使告晦①，晦犹谓不然，以傅亮书示咨议参军何承天曰②：“外间所闻，咸谓西讨已定③，幼宗岂有上理④！”晦尚谓虚妄⑤，使承天豫立答诏启草，言伐虏宜须明年。江夏内史程道惠得寻阳人书，言“朝

参军何承天向谢晦言说应对朝廷征讨之策。

廷将有大处分，其事已审”，使其辅国府中兵参军乐冏封以示晦[⑥]。晦问承天曰：“若果尔，卿令我云何？”对曰：“蒙将军殊顾，常思报德。事变至矣，何敢隐情！然明日戒严，动用军法，区区所怀，惧不得尽。”晦惧曰：“卿岂欲我自裁邪？”承天曰：“尚未至此。以王者之重，举天下以攻一州，大小既殊，逆顺又异。境外求全，上计也。其次以腹心将兵屯义阳，将军自帅大众战于夏口；若败，即趋义阳以出北境[⑦]，其次也。”晦良久曰：“荆州用武之地，兵粮易给，聊且决战，走复何晚！”乃使承天造立表檄，又与卫军咨议参军琅邪颜邵谋举兵，邵饮药而死。

【注释】

①谢晦：字宣明，陈郡阳夏人，谢朗之孙，谢重之子，谢瞻之弟，南朝刘宋大臣。为刘裕太尉参军。宋国建立，为右卫将军，加侍中。刘裕受禅，迁中领军，以佐命功封武昌县公。宋少帝即位，加领中书令，不久与徐羡之、傅亮行废立，领护南蛮校尉荆州刺史。宋文帝即位，加使持节，寻进号卫将军，加散骑常侍。元嘉三年（公元426年），因前废杀少帝事不自安，举兵拒命，为檀道济所破，伏诛，时年三十七岁。驰使：速派使者。②傅亮：南朝宋大臣。字季友，北地灵州人，晋司隶校尉傅咸玄孙。桓玄篡位，选为秘书郎，未拜。少帝即位，进中书监尚书令，领护军将军，寻行废立。文帝即位，加散骑常侍、左光禄大夫，进爵始兴郡公。元嘉三年伏诛。咨议参军何承天：何承天，南朝宋大臣、著名天文学家、无神论思想家。知识渊博，精天文律历和计算，对天文律历造诣颇深。咨议，旧时备顾问的幕僚。参军，参军事的简称，官职，起源于汉

末。③咸：都。④“幼宗岂有上理”一句：万幼宗怎么会有到这里来的道理。万幼宗，外监。⑤虚妄：没有事实根据。这里指不着边际的事。⑥“乐冏封以示晦”一句：乐冏将信封好送给谢晦看。封，把信封好。⑦趋：奔赴。

【译文】

元嘉三年（丙寅，公元426年）

春季，正月，谢晦的弟弟黄门侍郎谢皭，派专人骑马去警告谢晦，但是谢晦仍然认为还没有到这个地步，并拿出傅亮的信给谘议参军何承天看，说：“我估计万幼宗一两天内就会到达。傅亮是怕我招惹是非，所以先把这封信送过来。”何承天说：“我在外面听到的，人们都说向西讨伐我们的计划已经制定了，万幼宗又怎么会到这里来呢！”谢晦仍然认为那是谣言，他命令何承天先行起草回答诏书的奏章，建议朝廷最好延期到明年再讨伐北魏。江夏内史程道惠接到一封从寻阳送来的信，信中说“朝廷将有大规模的行动，事情已经确定了”，程道惠派遣辅国府中兵参军乐冏将信封好后送给谢晦。谢晦问何承天道：“如果真有不测，你认为我应该怎么做呢？”何承天说：“我蒙受将军的特殊照顾，经常想要报答您的恩惠。如今事情已经发生了变

谢晦命令何承天撰写檄文，又与诸将谋划起兵反抗之事。

化，怎么敢隐瞒真实情况呢！然而，一旦明日下令戒严，动用军法制裁，我心中想要说的话，恐怕就不能够说尽了。”谢晦惊恐地问道：“你难道是想让我自杀吗？”何承天说：“事情还没有到这个地步。以帝王的威严和全国的力量去攻打一个州，实力大小相差悬殊，民心的逆顺又十分不同。您到国外保全性命，这才是上策。其次，您派心腹将领驻军义阳，将军亲自率领大军与敌人在夏口作战；如果失败了，也可以取道义阳北上出境，这是中策。”谢晦沉默了很长时间才说：“荆州是兵家必争之地，兵力和粮草都容易供给，不妨先进行一场决战，打败了再逃跑也不晚啊！”于是，谢晦命令何承天撰写檄文；又与卫军谘议参军琅邪人颜卲谋划起兵反抗，颜卲服毒自杀。

【原文】

晦立幡戒严[①]，谓司马庾登之曰[②]：“今当自下，欲屈卿以三千人守城，备御刘粹。”登之曰：“下官亲老在都，又素无部众，情计二三，不敢受此旨。”晦仍问诸将佐：“战士三千足守城否？”南蛮司马周超对曰：“非徒守城而已，若有外寇，可以立功。”登之因曰：“超必能力，下官请解司马、南郡以授之。”晦即于坐命超为司马，领南义阳太守；转登之为长史，南郡如故。登之，蕴之孙也。

帝以王弘、檀道济始不预废弑之谋[③]，弘弟昙首又为帝所亲委，事将发，密使报弘，且召道济，欲使讨晦。王华等皆以为不可，帝曰：“道济止于胁从，本非创谋。杀害之事，又所不关。吾抚而使之，必将无虑。”乙丑，道济至建康[④]。

谢晦准备起兵反叛刘宋。

【注释】

①立幡：竖起旗子。幡，指用竿子挑起来直着挂的长条形旗子。②庾登之：字元龙，颍川鄢陵人也。少以强济自立，初为晋会稽王道子太傅参军。以预讨桓玄功，封曲江县五等男。与谢晦同为曹氏婿。谢晦拒王师，欲使登之留守，登之不许，语在《晦传》。晦败，登之以无任免罪，禁锢还家。③“帝以王弘、檀道济始不预废弑之谋”一句：刘宋文帝认为王弘、檀道济在开始时未参预废立弑逆的阴谋。弑逆，废立弑逆。帝，即宋文帝刘义隆，南朝宋皇帝。宋武帝刘裕第三子。刘裕病死后，太子义符继位（即宋少帝），因其不亲政事，辅政的司空徐羡之、中书令傅亮、领军将军谢晦于景平二年（公元424年）五月废黜刘义符，迎立当时任荆州刺史的刘义隆为帝，改元元嘉。刘义隆不能容忍大臣擅行废立，元嘉三年杀徐羡之、傅亮、谢晦，从此政由己出。在位期间，提倡文化，整顿吏治，清理户籍，重视农业生产。在位三十多年中相对安定，旧史常称“元嘉之治”。后被太子刘劭所杀。王弘，南朝宋琅邪临沂（今山东临沂）人，曾祖王导，王珣子，元嘉九年（公元432年）进位太保。檀道济，南朝宋将领。身出寒门，从军二十余年，由士兵升至大将军。东晋末，从刘裕攻后秦，屡立战功，官至征南大将军。文帝以其前朝重臣，诸子皆善战，忌而杀

之。檀道济戎马倥偬，战绩卓著。留有三十六计。④建康：今南京。

【译文】

谢晦竖起大旗，下令戒严，对司马庾登之说："我现在打算亲自东下出征，打算委屈你率领三千人守卫江陵，防备刘粹。"庾登之说："我的双亲年纪都大了，他们身在建康，而且我又从来没有过直属的部队，我经过慎重考虑，不敢接受这项命令。"谢晦又问其他的将领和佐臣："三千战士足够守城吗？"南蛮司马周超回答说："三千战士不仅足够守城，如果有外敌入侵，还可以建立战功。"庾登之于是说："周超一定可以胜任，我请求解除司马和南郡太守两个职务转授给他。"谢晦立即就在座位上任命周超为司马，兼领南义阳郡太守。改庾登之为长史，仍然担任南郡太守。庾登之是庾蕴的孙子。

宋文帝认为王弘、檀道济在开始时没有参预废弑刘义真、刘义符的阴谋，王弘的弟弟王昙首又被宋文帝所亲近信任，在开始行动之前，刘义隆秘密派人告诉王弘，并且召见檀道济，打算派他去讨伐谢晦。王华等大臣都认为不能这样做，刘义隆说："檀道济当初只是受到胁迫才随从徐羡之等行事的，原本就不是他主动提出的，谋杀的事情，更与他没有关系；我安抚并且任用他，不必有其他的顾虑。"乙丑（十五日），檀道济到达建康。

【原文】

丙寅，下诏暴羡之、亮、晦杀营阳、庐陵王之罪[①]，命有司诛之，且曰："晦据有上流[②]，或不即罪，朕当亲帅六师为其过防。可遣中领军到彦之即日电发，征北将军檀道济骆驿继路[③]，符卫军府州，以时收翦，已命雍州刺史刘粹等断其走

刘宋文帝杀傅亮，又逮捕诛杀谢晦的亲属。

伏[4]。罪止元凶，馀无所问。"

是日，诏召羡之、亮。羡之行至西明门外，谢皭正直，遣报亮云："殿内有异处分[5]。"亮辞以嫂病暂还，遣信报羡之，羡之还西州，乘内人问讯车出郭[6]，步走至新林，入陶灶中自经死[7]。亮乘车出郭门，乘马奔兄迪墓，屯骑校尉郭泓收之。至广莫门，上遣中书舍人以诏书示亮，并谓曰："以公江陵之诚，当使诸子无恙。"亮读诏书讫[8]，曰："亮受先帝布衣之眷[9]，遂蒙顾托。黜昏立明[10]，社稷之计也。欲加之罪，其无辞乎[11]！"于是诛亮而徙其妻子于建安；诛羡之二子，而宥其兄子佩之。诛晦子世休，收系谢皭。

【注释】

①暴：显露。羡之、亮、晦杀营阳、庐陵王之罪：指南朝宋景平二年（公元424年），谢晦与司空徐羡之、尚书令傅亮合谋行废立，并弑宋少帝刘义符，杀庐陵王刘义真，立宜都王刘义隆为帝一事。②晦据有上流：立刘义隆为帝，三位大臣为了制约朝廷，谢晦率领三万精兵出镇江陵（地处长江上游），以便和朝廷中枢徐羡之、傅亮相呼应。③骆驿：连续不断。骆，通"络"；驿，古同"绎"。④走伏：指逃匿之路。⑤处分：决策，措施。⑥内人：宫廷内的人。⑦自经：上吊自杀。⑧讫：完毕。《说文》：讫，止也。⑨布衣：平民。

⑩黜昏立明：废黜昏君，迎立明主。黜，废除。⑪“欲加之罪，其无辞乎”一句：表示坏人诬陷好人时，无端捏造罪名，还说得振振有词。《左传·僖公十年》：“不有废也，君何以兴？欲加之罪，其无辞乎？”其，语气，表示反问。

【译文】

丙寅（十六日），宋文帝下诏公布徐羡之、傅亮、谢晦杀害营阳王刘义符、庐陵王刘义真的罪状，并且命令有关部门逮捕诛杀他们，宋文帝还说：“谢晦据守长江上游，或许不会立即伏法，朕将亲自统率大军前往讨伐。可派遣中领军到彦之即日急速出发，征北将军檀道济陆续出发作为后继，符卫军府及荆州官属，应当及时逮捕并诛杀谢晦，已经命令雍州刺史刘粹等切断谢晦逃跑或潜伏的道路。罪犯只限于谢晦一个人，其他胁从者一概不加以追究。”

这天，宋文帝下诏召见徐羡之、傅亮。徐羡之走到西明门外，谢嚼正在当值，派人报告傅亮说：“殿内有异常的举动。”傅亮马上借口嫂嫂生病，暂时回家，派人通知徐羡之，徐羡之回到西城，乘坐宫廷内部人出差的车逃出建康城，步行到新林，进入一个烧陶器的窑里自缢身亡。傅亮乘车逃出建康城，又骑马逃到他的兄长傅迪的墓园，屯骑校尉郭泓逮捕了他。到广莫门的时候，宋文帝派中书舍人拿诏书给傅亮看，并且对他说：“因为你当初在江陵迎驾时，态度十分诚恳，所以饶恕你的儿子们不死。”傅亮读过诏书说：“我本来出身平民，承蒙先帝垂爱，所以承担了托孤的大任。废黜昏君，迎立明主，都是为了朝廷的百年大计打算啊。想要将罪过强加在我身上，难道还怕没有借口吗！”于是，傅亮被杀，他的妻子和儿女都被放逐到建安；又诛杀了徐羡之的两个儿子，而饶恕了他的侄儿徐佩之。又诛杀了谢晦的儿子谢世休，逮捕了谢嚼。

【原文】

帝将讨谢晦，问策于檀道济，对曰："臣昔与晦同从北征，入关十策，晦有其九，才略明练，殆为少敌。然未尝孤军决胜，戎事恐非其长[①]。臣悉晦智，晦悉臣勇。今奉王命以讨之，可未陈而擒也[②]。"丁卯，征王弘为侍中、司徒、录尚书事、扬州刺史，以彭城王义康为都督荆、湘等八州诸军事、荆州刺史。

乐冏复遣使告谢晦以徐、傅及嚼等已诛。晦先举羡之、亮哀，次发子弟凶问，既而自出射堂勒兵[③]。晦从高祖征讨，指麾处分，莫不曲尽其宜[④]，数日间，四远投集，得精兵三万人。乃奉表称羡之、亮等忠贞，横被冤酷。且言："臣等若志欲执权[⑤]，不专为国[⑥]，初废营阳，陛下在远，武皇之子尚有童幼，拥以号令，谁敢非之？岂得溯流三千里，虚馆七旬[⑦]，仰望鸾旗者哉[⑧]？故庐陵王，于营阳之世积怨犯上，自贻非命。不有所废，将何以兴！耿弇不以贼遗君、父，臣亦何负于宋室邪！此皆王弘、王昙首、王华险躁猜忌，谗构成祸。今当举兵以除君侧之恶[⑨]。"

【注释】

①戎事：带兵打仗。②陈：同“阵”。③射堂：古时习射的场所。勒兵：指挥军队。④曲尽其宜：曲，细致；尽，全部；宜，妥当。全部都办理得很妥当。⑤执权：掌握权柄。⑥专：专一，一心一意。⑦虚馆：空着馆舍等待。谓礼贤。⑧鸾旗：天子仪仗中的旗子。上绣鸾鸟，故称。《汉书·贾捐之传》："鸾旗在前，属车在后。"⑨除

君侧之恶：清除君主身边的小人、奸臣。

【译文】

宋文帝将要讨伐谢晦，他向檀道济询问计策，檀道济回答说："我当年与谢晦一同北伐，当时得以入关的十项计策，其中有九项是谢晦提出来的，谢晦才略精明老练，大概很少有敌手。但是他从来没有单独带领部队打过胜仗，军事恐怕不是他所擅长的。我非常了解谢晦的才智，谢晦也了解我的勇敢。如今我奉皇上的命令去讨伐他，可以在他还没有摆开阵势时就将他擒获。"丁卯（十七日），宋文帝召见王弘，任命他为侍中、司徒、录尚书事、扬州刺史，任命彭城王刘义康为都督荆湘等八州诸军事、荆州刺史。

辅国府中兵参军乐冏，再次派人报告谢晦，说徐羡之、傅亮、谢皭等都已经被杀了。于是，谢晦先为徐羡之、傅亮举行祭礼，接着又为弟弟和儿子发布死讯，然后亲自走出虎帐统率军队。谢晦

谢晦很快就聚集了精兵三万，以清君侧的名义起兵反叛。

当年随宋武帝南征北讨，发号施令，指挥调动，没有不切实妥当的，几天的时间里，人们就从四面八方来投奔谢晦，很快就聚集了精兵三万人。于是，谢晦上表盛赞徐羡之、傅亮等都是忠贞之臣，却受到了横暴的冤杀。谢晦又说："我们这些人如果想长久地把握国家大权，不一心一意为朝廷着想，当初在废黜营阳王时，陛下还远在荆州，武皇帝的儿子中还有幼童，我们完全可以拥戴小皇帝，向天下发号施令，谁敢出来反对呢？又怎么会逆流而上三千里，让皇位空虚七十多天，去迎接陛下的鸾旗呢？已故的庐陵王刘义真，当营阳王在位的时候，他就曾经积聚怨恨，冒犯皇上，是他自己死于非命。没有废黜，怎么能够有兴起呢？耿弇不曾把贼寇遗留给君王、父亲，我又哪里辜负了宋家皇室呢？这都是因为王弘、王昙首、王华一伙阴险、狂暴，他们多次进行猜忌和挑拨离间，因此才造成了现在的灾祸。如今，我要发动大军，为陛下清除身边的邪恶之徒。"

【原文】

谢晦自江陵东下，何承天留府不从。晦至江口，到彦之已至彭城洲。庾登之据巴陵，畏懦不敢进[①]；会霖雨连日[②]，参军刘和之曰："彼此共有雨耳；檀征北寻至，东军方强，唯宜速战。"登之恇怯[③]，使小将陈祐作大囊，贮茅悬于帆樯[④]，云可以焚舰，用火宜须晴，以缓战期。晦然之，停军十五日。乃使中兵参军孔延秀攻将军萧欣于彭城洲，破之。又攻洲口栅，陷之。诸将咸欲退还夏口，到彦之不可。乃保隐圻[⑤]。晦又上表自讼，且自矜其捷[⑥]，曰："陛下若枭四凶于庙庭，悬三监于降阙[⑦]，臣便勒众旋旗，还保所任。"

【注释】

参军刘和之劝谢晦速战。

①畏懦：胆怯软弱。②会霖雨：正赶上连绵大雨。③恇：害怕；惊恐，恐惧。④帆樯：船桅，桅杆。⑤隐圻：在彭城洲东北。⑥自矜其捷：谢晦夸耀自己旗开得胜。⑦“陛下若枭四凶于庙庭，悬三监于降阙”一句：枭，把头割下来悬挂在木上；四凶，是指传说中由中国上古时代的舜帝流放到四方的四个凶神（四凶在《尚书》和《左传》中均有记载）；庙庭，指宗庙或庙宇的前殿；周武王灭商后，以商旧都封给纣子武庚，并以殷都以东为卫，由武王弟管叔监之；殷都以西为墉，由武王弟蔡叔监之，殷都以北为邶，由武王弟霍叔监之；总称三监。阙，皇帝居处，借指朝廷。这句意思说，陛下如果把“四凶”在庙庭斩首，把“三监”的人头悬挂在宫墙上。

【译文】

谢晦从江陵东下，何承天留守江陵没有随从。谢晦到达西江口，到彦之的军队已经到达彭城洲。庚登之据守巴陵，畏缩怯懦不敢前进，当时正赶上大雨连绵，下了好几天也没有停，参军刘和之说：“我们与敌人都遇到了大雨；征北将军檀道济的大军不久就要到了，官军实力正强，我们应该速战速决。”庚登之仍旧是畏惧不敢战，命令手下的小军官陈祐制造了一个大口袋，装满茅草悬挂在桅杆上，声称可以用来焚毁敌人的战舰。用火攻必须等到天晴，他用这个办法来延缓会战的日期。谢晦同意了庾登之的做法，逗留了十五日。然后才派中兵参军孔延秀进攻驻守在彭城洲的将军萧欣，大败萧欣的军队。又进攻彭城洲口官军的营垒阵地，又大败官军。官军各将领都想撤退据守夏口，到彦之反对他们的建议，于是退保隐圻。谢晦又上疏为自己辩护，并且十分骄傲地倚仗自己在军事上取得的胜利，他说："陛下如果在庙庭把'四凶'斩首，把'三监'的人头悬挂在宫墙上，我就率领军队回转旌旗，返回保卫我的任所。"

【原文】

初，晦与徐羡之、傅亮为自全之计，以为晦据上流，而檀道济镇广陵，各有强兵，足以制朝廷[①]；羡之、亮居中秉权[②]，可得持久。及闻道济帅众来上[③]，惶惧无计。

道济既至，与到彦之军合[④]，牵舰缘岸。晦始见舰数不多，轻之，不即出战。至晚，因风帆上，前后连咽；西人离沮[⑤]，无复斗心，戊辰，台军至，忌置洲尾，列舰过江，晦军一时皆溃。晦夜出，投巴陵，得小船还江陵。

【注释】

①制：胁制。②居中秉权：在朝廷担任要职掌握大权。③及闻：等到听说了。④合：会合。⑤西人离沮：谢晦的军队涣散。离沮，分崩离析，涣散。

【译文】

当初，谢晦与徐羡之、傅亮为了保全自己定下了计策：用谢晦把守长江上游，命令檀道济镇守广陵，使他们各自拥有强兵，足以胁制朝廷；徐羡之、傅亮在朝中担任要职、掌握大权，可以维持长久的安定。等到谢晦听说檀道济率领军队来攻打自己，十分惶恐，束手无策。

檀道济的军队一到隐圻，立即与到彦之的军队汇合，战舰沿岸停泊。谢晦开始时看见战舰不多，就没有放在心上，也不马上发动攻击。到了晚上，因为东风大起，官军船舰的帆篷满张，陆续抵达，前后相连；谢晦军队的士气涣散，军心沮丧，不再有斗志。戊辰（十九日），官军舰队挺进到忌置洲尾，战舰排列着渡过长江，谢晦的军队一触即溃。谢晦在夜里逃走，投奔巴陵，找到一艘小船回到江陵。

【原文】

夏，五月乙未，以檀道济为征南大将军、开府仪同三司、江州刺史[①]，到彦之为南豫州刺史。遣散骑常待袁渝等十六人分行诸州郡县，观察吏政，访求民隐[②]；又使郡县各言损益[③]。丙午，上临延贤堂听讼，自是每岁三讯[④]。

左仆射王敬弘，性恬淡，有重名；关署文案，初不省读。尝预听讼，上问以疑狱，敬弘不对。上变色，问左右：“何故不以讯牒副仆射[⑤]？”敬弘曰：“臣乃得讯牒读

刘宋文帝刘义隆任命檀道济为征南大将军。

之，正自不解。”上甚不悦，虽加礼敬，不复以时务及之。

【注释】

①开府仪同三司：官名。“开府”意为建公府，自选僚属。“仪同三司”意为非三公官而得享受三公的礼遇。三公（司徒、司寇、司空）官名都有“司”字，故称三司。②民隐：民众的痛苦。《国语·周语上》：“先王非务武也，勤恤民隐而除其害也。”③损益：本义指增减、盈亏。这里指郡县的行政得失。④三讯：三次。⑤讯牒：审问的笔录。

【译文】

夏季，五月乙未（十七日），宋文帝任命檀道济为征南大将军、开府仪同三司、江州刺史，任命到彦之为南豫州刺史。又派遣散骑常侍袁渝等十六人分别巡察各州郡县，考察官员的政绩，访求民间无处申诉的疾苦；宋文帝又命郡县上疏奏报当地的行政得失。丙午（二十八日），宋文帝亲自到延贤堂听取诉讼，从此以后，宋文帝每年来三次。

左仆射王敬弘，性情恬然，甘于淡泊，声名显著；可是在核定文稿时，他从来不事先审阅。他曾经随同宋文帝听取民间诉讼，宋文帝用一件有疑问的案件询问王敬弘，王敬弘回答不上来。宋文帝脸色大变，问左右侍臣道：“你们为什么不将案卷的副本送给左仆射？”王敬弘回答说：“我已经看到了案卷的副本，但是我没有看懂。”宋文帝非常不高兴，虽然仍然对他加以礼敬，却不再与他讨论国家大事了。

【原文】

六月，以右卫将军王华为中护军，侍中如故。华以王弘辅政，王昙首为上所亲任，与己相埒[①]，自谓力用不尽，每叹息曰："宰相顿有数人[②]，天下何由得治！"是时，宰相无常官，唯人主所与议论政事、委以机密者，皆宰相也，故华有是言。亦有任侍中而不为宰相者；然尚书令、仆，中书监、令，侍中，侍郎，给事中[③]，皆当时要官也。

华与刘湛、王昙首、殷景仁俱为侍中，风力局干[④]，冠冕一时[⑤]。上尝与四人于合殿宴饮，甚悦。既罢出，上目送良久[⑥]，叹曰："此四贤，一时之秀，同管喉唇，恐后世难继也。"

黄门侍郎谢弘微与华等皆上所重，当时号曰五臣。弘微，琰之从孙也。精神端审，时然后言，婢仆之前不妄语笑，由是尊卑大小，敬之若神。从叔混特重之，常曰："微子异不伤物，同不害正，吾无间然[⑦]。"

【注释】

①相埒：相等。②顿有数人：一时之间多达数人。③尚书令、仆，中书监、令，侍中，侍郎，给事中：都是官职名。中书监，中国古代官制，三国魏始置。④风力局干：风力，指文辞的风格与笔力；局干，度量和才干。《宋书·殷景仁传》："四人并时为侍中，俱居门下，皆以风力局干，冠冕一时。"⑤冠冕一时：犹言体面，光彩。比喻受人拥戴或出人头地。

王华认为自己的才能无法得以完全施展。

王华与刘湛、王昙首、殷景仁为元嘉四贤臣。

《北史·寇洛等传论》："冠冕之盛，当时莫与比焉。"⑥目遂：目送。⑦吾无间然：我找不到非议他的地方。无间然：间，罅隙。这里指可以非议的对象。《论语》泰伯：子曰："禹，吾无间然矣。菲饮食，而致孝乎鬼神；恶衣服，而致美乎黻冕；卑宫室，而尽力乎沟洫。禹，吾无间然矣。"

【译文】

六月，宋文帝任命右卫将军王华为中护军，同时仍兼任侍中。王华认为司徒王弘是辅助文帝的大臣，侍中王昙首又被皇上信任，他们的地位与自己相当，因此，王华认为自己的才能无法得以完全施展，他经常叹息道："朝中宰相，一时之间多达数人，天下怎么能够治理啊！"当时，朝廷中没有固定的宰相，只要谁与皇帝讨论国家大事，就将国家机要大事交给谁办，谁就是宰相，所以王华才有这种言论。当时也有任侍中的职务而不是宰相的人；然而，尚书令、仆射、中书监、中书令、侍中、侍郎、给事中等，都是当时重要的官职。

王华与刘湛、王昙首、殷景仁都担任侍中的职务，他们风采出色，精明干练，显耀一时。宋文帝曾与他们四人在合殿宴饮，特别高兴。筵席散后，宋文帝目送他们好久，叹息道："这四位贤才，是一时的俊杰，如同我的喉唇一样重要，恐怕后世很难再出现这样的人了。”

黄门侍郎谢弘微与王华等都得到了宋文帝的重用，当时他与王华、刘湛、王昙首、殷景仁等号称五臣。谢弘微是谢琰的侄孙。他一向端庄严谨，审度时机然后才开口说话，在奴婢仆役面前也从不随便说笑，因此无论尊卑大小，都像对待神明一样恭敬地对待他。他的堂叔谢混对他格外推崇敬重，经常说：“谢弘微与别人不同时，他不会伤害别人；与别人相同时，他也不会违背正道，我挑不出他的毛病。”

【原文】

上欲封王昙首、王华等，拊御床曰[①]：“此坐非卿兄弟，无复今日。”因出封诏以示之。昙首固辞曰：“近日之事，赖陛下英明，罪人斯得。臣等岂可因国之灾以为身幸！”上乃止。

诏殿中将军吉恒聘于魏。

燕太子永卒，立次子翼为太子。

秦王炽磐伐河西[②]，至廉川，遣太子暮末等步骑三万攻西安，不克，又攻番禾。河西王蒙逊发兵御之，且遣使说夏主，使乘虚袭枹罕。夏主遣征南大将军呼卢古将骑二万攻苑川，车骑大将军韦伐将骑三万攻南安。炽磐闻之，引归。九月，徙其境内老弱、畜产于浇河及莫河仍寒川，留左丞相昙达守枹罕。韦伐攻拔南安，获秦秦州刺史翟爽、南安太守李亮。

吐谷浑握逵等帅部众二万落叛秦，奔昴川，附于吐谷浑王慕璝。

大旱，蝗。

【注释】

①拊：抚摸。②炽磐：十六国时期西秦国君主，乞伏乾归长子。

【译文】

宋文帝打算封王昙首、王华等人爵位，他抚摸着御座说："这个宝座，如果不是你们，我今天就不可能坐上。"于是，宋文帝就拿出封爵的诏书给他们看。王昙首坚决辞让说："近来发生的事，都是依赖陛下的英明决断，使罪人得到应有的惩罚，我们怎么可以因为国家的灾难而让自己得到好处呢！"宋文帝这才作罢。

宋文帝下诏，派遣殿中将军吉恒出使北魏。

北燕太子冯永去世，文成帝冯跋封次子冯翼为太子。

西秦王乞伏炽磐讨伐北凉，大军抵达廉川，乞伏炽磐派太子乞伏暮末等率领步、骑兵共三万人，进攻西安，没有攻下，于是又转攻番禾。北凉河西王沮渠蒙逊发兵抵御，同时又派遣使者出使夏国游说，请夏国国主赫连昌乘西秦国内空虚之际，袭击枹罕。夏国国主赫连昌派遣征南大将军呼卢古率领两万骑兵进攻西秦的苑川，派遣车骑大将军韦伐率领三万骑兵进攻南安。西秦国王乞伏炽磐听到这个消息后，立即从北凉撤军回国。九月，乞伏炽磐把境内的老弱妇孺和家畜，集中迁徙到浇河郡和莫河的仍寒川，同时命令左丞相乞伏昙达留守京师枹罕。夏国的车骑大将军韦伐率领大军攻陷了南安城，生擒了西秦秦州刺史翟爽和南安太守李亮。

隶属西秦的吐谷浑部落酋长慕容握逵，率领所属的两万多个部落背叛西秦，逃往昴川，归附了吐谷浑可汗慕容慕璝。

天下大旱，发生了蝗灾。

【原文】

左光禄大夫范泰上表曰："妇人有三从之义[①]，无自专之道[②]。谢晦妇女犹在尚方，唯陛下留意。"有诏原之。

秦左丞相昙达与夏呼卢古战于嵻崀山，昙达兵败。十一月，呼卢古、韦伐进攻枹罕。秦王炽磐迁保定连。呼卢古人南城，镇京将军赵寿生率死士三百人力战，却之。呼卢古、韦伐又攻沙州刺史出连虔于湟河，虔遣后将军乞伏万年击败之。又攻西平，执安西将军库洛干，坑战士五千馀人，掠民二万馀户而去。

仇池氐杨兴平求内附[③]。梁、南秦二州刺史吉翰遣始平太守庞谘据武兴。氐王杨玄遣其弟难当将兵拒谘，谘击走之。

【注释】

① 三从之义：旧礼教认为妇女应该做到在家从父，出嫁从夫，夫死从子，谓之"三从"。《仪礼·丧服》："妇人有三从之义，无专用之道，故未嫁从父，既嫁从夫，夫死从子。" ② 自专之道：一任己意的地方。③ 仇池：西晋王朝倾覆之际出现在氐族故地（约今陇南、陕南、川北交界处）的以氐族为主体的地方性割据政权。在十六国时期，为建国自雄的氐族三政权之一；进入南北朝后，又历事宋、齐、梁及北魏各朝，对南北朝政局亦有一定的影响。

【译文】

刘宋左光禄大夫范泰上疏说："女子有三从的大义，却没有自作主张的道理。如今谢晦家的妇女仍然被羁押在尚方作坊里做苦工，恳请陛下考虑一下。"于是，宋文帝下诏赦免了她们。

西秦左丞相乞伏昙达与夏国的征南大将军呼卢古在嵻崀山会战，乞伏昙达兵败。十一月，呼卢古与韦伐合兵进攻西秦都城枹

左光禄大夫范泰上表刘宋文帝请求赦免谢晦家的女眷。

罕。西秦王乞伏炽磐迁都保卫定连。夏国大将呼卢古攻入枹罕南城，西秦镇京将军赵寿生率领敢三百死士奋力抵抗，击退了呼卢古。呼卢古、韦伐又攻打沙州刺史出连虔据守的湟河，出连虔派后将军乞伏万年击退了他们的进攻。呼卢古、韦伐又率军进攻西平，俘获了西秦的安西将军库洛干，活埋了西秦战士五千多人，掠走两万多户居民，然后班师回国。

仇池氐族部落酋长杨兴平请求归附刘宋朝廷。刘宋梁州、南秦州二州刺史吉翰派遣始平太守庞谘进军占据武兴。氐王杨玄派他的弟弟杨难当人马顿对阻击庞谘，被庞谘击退而后逃走。

【原文】

元嘉四年（丁卯，公元 427 年）

春，正月辛巳，帝祀南郊。

乙卯，帝如丹徒[①]；己巳，谒京陵。初，高祖既贵，命藏微时耕具以示子孙[②]。帝至故宫见之，有惭色。近侍或进曰：“大舜躬耕历山[③]，伯禹亲事水土[④]。陛下不睹遗物，安知先帝之至德，稼穑之艰难乎[⑤]！”

丁亥，帝还建康。

庚戌，以廷尉王徽之为交州刺史，征前刺史杜弘文。弘文有疾，自舆就路[⑥]；或劝之待病愈，弘文曰：“吾杖节三世[⑦]，常欲投躯帝庭[8]，况被征乎[9]！”遂行，卒于广州。弘文，慧度之子也。

【注释】

① 丹徒：位于今江苏省西南部，镇江市附近。② 耕具：农具。③ 大舜躬耕历山：相传上古舜帝为民时，曾躬耕于历山之下，因称舜耕山。④ 伯禹亲事水土：《砥柱铭》记载："大哉伯禹，水土是职。挂冠莫顾，过门不息。让德夔龙，推功益稷。栉风沐雨，卑宫菲食。汤汤方割，襄陵伊始……"上古时代水患严重，给民众造成很大危害。尧选鲧子禹领导治水，即有名的大禹治水。⑤ 稼穑：农事的总称。春耕为稼，秋收为穑，即播种与收获，泛指农业劳动。⑥ 自舆：亲自准备车上路。舆，车。⑦ 杖节：执持旄节。古代帝王授予将帅兵权或遣使四方，给旄节以为凭信。后多以谓执掌兵权或镇守一方。⑧ 常欲投躯帝庭：时常想到京城。常，时常、经常。投躯，舍身、到。帝庭，宫廷、朝廷。⑨ 征：招请。

【译文】

元嘉四年（丁卯，公元427年）

春季，正月辛巳（初七），宋文帝前往都城建康南郊祭祀天神。

乙卯（十一日），宋文帝前往丹徒；己巳（二十五日），宋文帝拜谒京陵。最初，宋武帝在富贵之后，命令将他幼年贫穷微贱时耕田用的农具收藏起来，以展示给后代的子孙。宋文帝到达故宫，看到那些耕具后，感到十分惭愧。他身边有侍臣进言说："大舜曾亲自在历山耕田种地，大禹曾经亲自治理水土。陛下不看到这些遗物，怎么能够知道先帝崇高的仁德，又怎么知道耕种的艰难呢！"

丁亥（十四日），宋文帝返回建康。

庚戌（初七），宋文帝任命廷尉王徽之为交州刺史，征召前任交州刺史杜弘文回京。当时杜弘文患有重病，接到命令后，他亲自备车上路；有人劝告他等病痊愈了再上路，杜弘文说："我家祖孙三代镇守边关，平时就渴望到京城去，何况今日皇帝又征召我前往呢！"于是，杜弘文带病上路，走到广州就去世了。杜弘文是杜慧度的儿子。

【原文】

又以抚将军江夏王义恭为都督荆、湘等八州诸军事、荆州刺史，以侍中刘湛为南蛮校尉，行府州事。帝与义恭书[①]，诫之曰："天下艰难，家国事重，虽曰守成，实亦未易。隆替安危[②]，在吾曹耳[③]，岂可不感寻王业，大惧负荷！

"汝性褊急[④]，志之所滞，其欲必行[⑤]，意所不存，从物回改[⑥]。此最弊事[⑦]，宜念裁抑[⑧]。卫表遇士大夫以礼，与小人有恩[⑨]；西门、安于，矫性齐美[⑩]；关羽、张飞，任偏同弊[⑪]。行己举事，深宜鉴此！

"若事异今日，嗣子幼蒙，司徒当周公之事[⑫]，汝不可不尽祗顺之理[⑬]。尔时天下安危[⑭]，决汝二人耳[⑮]。

"汝一月自用钱不可过三十万，若能省此，益美[⑯]。西楚府舍，略所谙究，计当不须改作，日求新异。凡讯狱多决当时[⑰]，难可逆虑，此实为难。至讯日，虚怀博尽，慎无以喜怒加人[⑱]。能择善者而从之，美自归己；不可专意自决，以矜独断之明也！

"名器深宜慎惜[⑲]，不可妄以假人[⑳]。昵近爵赐，尤应裁量。吾于左右虽为少恩，如闻外论不以为非也。

"以贵凌物，物不服；以威加人，人不厌；此易达事耳[㉑]。

“声乐嬉游，不宜令过；蒲酒渔猎，一切勿为。供用奉身，皆有节度，奇服异器，不宜兴长㉒。

“又宜数引见佐史。相见不数，则彼我不亲；不亲，无因得尽人情；人情不尽，复何由知众事也！”

【注释】

① 帝与义恭书：宋文帝写信给刘义恭。义恭，即刘义恭，南朝宋武帝刘裕第五子，文帝的弟弟。② 隆替：盛衰，兴衰。③ 吾曹：我辈，我们。④ 褊急：气量狭小，性情急躁。⑤ 志之所滞，其欲必行：心里想什么，就不顾一切地去做。滞，指牵挂。⑥ 意所不存，从物回改：心里并没有愿望，只是受外界引诱产生了欲望。从物，指追求物质享受或功名富贵。回改，翻悔、改口。⑦ 弊事：有害的事，坏事。⑧ 宜念裁抑：应当时常提醒自己遏止这些。裁抑，制止、遏止。⑨ 卫表遇士大夫以礼，与小人有恩：卫青对士大大礼貌周到，不轻视低贱人士。卫青，西汉大司马大将军，与士卒同甘苦，威信很高。⑩ 西门、安于，矫性齐美：西门豹和董安于改正自己不好的习性都得到了好名声。西门，指西门豹，据《韩非子·观行》记载，西门豹知道自己平时脾气比较急躁，易动肝火，就找了一根柔软而富有韧性的熟皮带佩在腰间，时时提醒自己欲速则不达，遇事应缓而静思，克服性子急躁的毛病。安于，指董安于，春秋时晋国人，晋国大夫赵孟的家臣。据《韩非子·观行》记载，董安于性情太和缓，就佩带弓弦，促使自己性急。矫性：改正习性。⑪ 关羽、张飞，任偏同弊：关羽、张飞，二人的性格任性偏激，都有同样的毛病。⑫ 司徒：指刘义康。周公之事：相传西周初年，世风浇薄，婚俗混乱。辅佐天子执政的周公为整饬民风，亲自制礼教民。⑬ 祇顺：敬

顺。⑭尔时：到那个时候。⑮“决汝二人耳”一句：就全取决于你们二人了。指刘义恭和刘义康。⑯益美：更好。益，更加。⑰讯狱：问案治狱。⑱慎：谨慎。⑲慎惜：谨慎珍惜。⑳妄以假人：随便赏给他人。妄，胡乱；假，授予。㉑“以贵凌物，物不服；以威加人，人不厌；此易达事耳”一句：凭权势欺凌他人，人不服；用威望来统辖别人，别人便不会满意；这是显而易见的。凌，欺凌。服，悦服。物，指自己以外的人。㉒兴长：提倡，助长。

【译文】

宋文帝又任命抚军将军、江夏王刘义恭为都督荆湘等八州诸军事、荆州刺史，任命侍中刘湛为南蛮校尉，代理府州政务。宋文帝给刘义恭写信，告诫他说：“天下时事十分艰难，家事国事关系重大，虽然说是继承并保住已有的基业，实际上却并不容易。国家的兴隆更替、安定危覆都在我们身上，怎么可以不感到王业艰难而寻求治国之道，从而对自己肩负的重任感到惶恐不安呢！

“你的性情急躁偏激，心中想什么，就不顾一切地去做；有时你的心里并没有某些愿望，只是受外界引诱而产生欲望。这是最容易招致祸端的，你应当时常提醒自己，尽力克制。卫青对待士大夫礼貌谦恭，对小人也有恩惠；西门豹性情刚直急躁，常佩带熟皮带，董安于性情宽容，做事缓慢，常佩带弓弦，他们都是为了警示自己，以此来矫正自己的性情，因此他们的美名一齐得到了后世的传颂。关羽、张飞却不是这样，他们二人的性格都任性偏激，各趋极端。你待己处事，要深刻体会古人的行为，以此作为自己的借鉴啊！

“倘若有一天朝中发生不测，我的儿子年纪还小，身为司徒的刘义康必定要担负起周公的责任，你也不可不尽到恭敬辅助的道义。到那时，国家的安危就都取决于你们二人了。

“你每月的私人开支不能超过三十万，倘若还能再节省些，那就更好了。荆州的府舍，我大概了解了一些，估计还不用重新改建，去追求什么新异。凡是讯案断狱，大多要当时裁决，很难事先就考虑周全，这的确是一件很不容易的事。在审讯时，你一定要虚心听取各方面的陈述，千万要谨慎，不可以把自己的喜怒强加于人。平时做事，能选择好的并且坚持下去，自己就会获得好的声誉。千万不可以一意孤行，以此来炫耀自己的独断和英明啊！

“名分一定要谨慎珍惜，不可以随便赏给别人；对亲近的人封赐爵位，更应当谨慎考虑定夺。我对于身边的人，虽然很少有特别的恩惠，但是如果听到外面有人议论我，我也并不认为他们说得不对。

“凭权势欺凌别人，别人就不会信服；用威望统辖别人，别人就不会满意，这是非常明显的事。

“声色犬马、嬉戏游乐都不能过分。饮酒赌博、捕鱼狩猎，这一切都不要去做。日常用品、衣服饮食，都应当有节制。至于新奇的服饰和器物，不应鼓励制作。

刘宋文帝告诫刘义恭远离饮酒赌博、捕鱼狩猎等嬉戏游乐之事。

“你还应该多接见府中的官员。召见的次数少了，就会彼此不亲近；彼此不亲近，你就没有办法知道官员们的感情；不了解他们的感情，又从哪里知道民间的具体情况呢！”

【原文】

辛酉，以长沙王义欣为豫州刺史，镇寿阳。寿阳土荒民散，城郭颓败，盗贼公行[①]。义欣随宜经理[②]，境内安业，道不拾遗，城府完实，遂为盛籓[③]。芍陂久废，义欣修治堤防，引河水入陂，溉田万馀顷，无复旱灾。

【注释】

① 公行：公开抢劫。② 随宜经理：根据具体情况采取措施。经理，治理。③ 盛籓：强盛的藩镇。

【译文】

辛酉（初九），宋文帝任命长沙王刘义欣为豫州刺史，镇守寿阳。寿阳土地荒芜，百姓流散，城垣破旧坍塌，盗贼公开作案。刘义欣根据具体情况，采取适当措施治理寿阳，使得寿阳境内的百姓安居乐业，路不拾遗，城池坚固，粮仓充实，于是成为了强盛的藩镇势力。芍陂也早已经破旧了，刘义欣修整治理堤防，引肥河水入陂，灌溉农田一万多顷，从此没有再出现过旱灾。

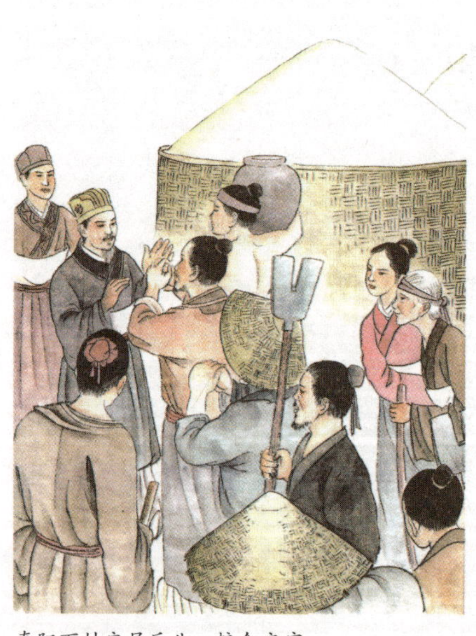

寿阳百姓安居乐业，粮仓充实。

齐纪

魏迁洛阳

【导语】

在南北朝的七十来个封建帝王中，真正有作为和对后世有影响的，是一位亲政只有九年的年轻皇帝——魏孝文帝。

孝文帝元宏是鲜卑拓跋族人。皇兴元年（公元467年）生于平城，3岁时被其父献文帝立为太子，5岁时受禅即位，成为北魏王朝的第六个皇帝。元宏3岁丧母，由祖母冯太后抚养长大。冯太后是汉族人，汉文化造诣很深，对汉族封建帝王的统治有比较深刻的了解。

旧史书对于魏孝文帝的评价，褒贬不一。作为一个当时较为落后的民族的统治者，孝文帝为了政权的巩固，抛弃狭隘的民族偏见，进行了一场自上而下、全盘速成的汉化改革，使落后的少数民族与较先进的汉民族逐渐融为一体。

北魏孝文帝把都城从平城（今山西大同市）迁到洛阳，是中国历史上的一个重大事件。迁都洛阳，与其说是一次迁都，不如说是鲜卑政权的一次全面汉化改革运动。

北魏孝文帝锐意进行政治改革，迁都洛阳，促进了中华民族的融合，缓和了当时的阶级矛盾和民族矛盾，使北方的社会、经济、文化都有了一定的恢复和发展。

但是，迁都洛阳以后，鲜卑上层渐染中原士风，轻视武人。孝文帝定姓氏，移植门阀士族制度，封官命爵。这些政策只涉及南迁的那一部分，没有涉及留守边镇的人。留镇兵将背着军籍就不能当官，因此他们以望生怨，由怨生愤。此外，移植门阀士族制度使孝文帝在经济利益上一味向鲜卑贵族让步，这对尚无文化积淀可言的鲜卑贵族来说，无疑是给了他们滋生腐化的肥沃土壤。他们比奢斗富，相互攀比，贪污受贿，极力聚敛。凡此种种，消蚀了北魏统治者的锐气与活力，激化了社会矛盾，致使北魏统治迅速由盛转衰，归于灭亡。

【原文】

世祖武皇帝下永明十一年（癸酉，公元493年）

魏主以平城地寒①，六月雨雪，风沙常起，将迁都洛阳；恐群臣不从，乃议大举伐齐②，欲以胁众。斋于明堂左个③，使太常卿王谌筮之④，遇《革》，帝曰："'汤、武革命⑤，应乎天而顺乎人。'吉孰大焉！"群臣莫敢言。尚书任城王澄曰⑥："陛下奕叶重光⑦，帝有中土；今出师以征未服，而得汤、武革命之象，未为全吉也。"帝厉声曰："繇云：'大人虎变'⑧，何言不吉！"澄曰："陛下龙兴已久，何得今乃虎变？"帝作色曰："社稷我之社稷，任城欲沮众邪⑨？"澄曰："社稷虽为陛下之有，臣为社稷之臣，安可知危而不言！"帝久之乃解⑩，曰："各言其志，夫亦何伤！"

【注释】

①魏主：即北魏孝文帝拓跋宏，也称元宏，鲜卑人。执政期间，对北魏的政治、经济、文化和社会习俗等各方面，进行大刀阔斧的改革。平城：今山西大同，北魏的都城。②齐：南朝的齐。③斋于明堂左个：在明堂南厢的东头大厅。明堂，古代帝王颁布政令，接受朝觐和祭祀天地诸神以及祖先的场所。④太常卿：官名，秦置奉常，

魏孝文帝想要迁都洛阳，拓跋澄劝谏他不可这样做。

汉改名太常，掌宗庙礼仪，兼选试博士。其后为专掌祭祀礼乐之官。北魏称太常卿。筮：古代用蓍草占卜的一种迷信活动。⑤汤、武革命：商汤讨伐夏，周武王讨伐商，都是改朝换代的征伐。这是革卦的卦辞。⑥任城王澄：拓跋澄，孝文帝叔父，北魏迁都的重要支持者。⑦奕叶重光：指孝文帝继承北魏先世光辉的基业。奕叶，即奕世，累世。重光，比喻累世盛德，辉光相承。⑧繇：《易经》的"繇辞"，即卜辞。大人虎变：大人，地位显赫的人；虎变，老虎身上斑纹的改变。用来比喻身居高位的人行动变化莫测。⑨沮：动词，令……沮丧。⑩解：消失，消解。

【译文】

齐武帝永明十一年（癸酉，公元493年）

魏孝文帝因为平城气候寒冷，夏季六月都会下雪，又经常有风沙，因此想要迁都洛阳；但他又担心群臣不愿意，于是，商议大规模进攻南齐，想以这种名义胁迫众人。孝文帝在明堂南厢的东头大厅斋戒之后，让太常卿王谌占卜，得《革》卦，孝文帝说："'商汤讨伐夏，周武王讨伐商，是适应上天之命，顺应百姓之心的。'没有比这更吉祥的了！"群臣不敢说话。尚书、任城王拓跋澄说："陛下继承几代累积下来的大业，并使之发扬光大，在中原称帝；如今却要出兵征伐还未臣服的对象，在这时得到了商汤王和周武王变革成功的迹象，恐怕这并不全是吉利。”孝文帝厉声说：“繇辞说：‘身居高位的人行动就像老虎身上的斑纹那样变化莫测’，你为什么要说这不吉利呢？”拓跋澄答道：“陛下作为飞龙兴起已经很久了，怎么今天又要实施如虎一般的变革呢？”孝文帝怒道：“国家是我的国家，任城王是想阻止我发兵吗？”拓跋澄说：“国家虽然是陛下所有，而我是国家的臣属，怎么可以明知危险而不说呢！”过了很久皇帝才平息怒气，说：“不过是各自表明自己的心意而已，这又有什么关系！”

【原文】

既还宫，召澄入见，逆谓之曰[①]：“向者《革》卦，今当更与卿论之。明堂之忿，恐人人竞言，沮我大计[②]，故以声色怖文武耳。想识朕意。”因屏人谓澄曰[③]：“今日之举，诚为不易。但国家兴自朔土，徙居平城；此乃用武之地，非可文治。今将移风易俗，其道诚难，朕欲因此迁宅中原，卿以为何如？”澄曰：“陛下欲卜宅中土以经略四海[④]，此周、汉之所以兴隆也。”帝曰：“北人习常恋故[⑤]，必将惊扰，奈何？”澄曰：“非常之事，故非常人之所及。陛下断自圣心，彼亦何所能为！”帝曰；“任城，吾之子房也[⑥]！”

【注释】

①逆：迎上前去。②沮：同“阻”，阻挠。③屏：屏退，让人退下。④卜宅：选择住地。这里指迁都。经略四海：经营治理天下。⑤习常恋故：习惯于旧有的、已经成为常例的事物，恋旧。⑥子房：张良，汉初刘邦的谋臣。

魏孝文帝召见拓跋澄。

【译文】

孝文帝回宫，立刻召见拓跋澄，迎上前去对他说："刚才说的《革》卦，现在和你再重新探讨一下。明堂上我之所以发怒，是因为害怕大家争先恐后地说话，阻挠我的大计，所以，我故意疾言厉色以吓唬那些文武官员罢了。想必你能了解我的心意。"孝文帝让随从退下，对拓跋澄说："今天我所要做的这件事确实很不容易。但我们国家是在北方疆土上兴起的，后来迁都到平城；平城是适合打仗的地方，不适合推行文治。如今我打算进行改变风俗习惯的重大变革，这条路实在艰难，朕因此想迁都中原，你有什么看法？"拓跋澄说："陛下想迁都中原，用以扩大疆土，征服四海，这一想法正是以前周王朝和汉王朝兴盛不衰的原因。"孝文帝说："北方人习惯留恋于旧有的生活方式，知道要迁都之后必定惊恐骚动起来，你说怎么办？"拓跋澄说："不平凡的事，本身就不是平凡的人所能做得了的。陛下的决断，是出自您圣明的内心，反对的人又能做什么呢！"孝文帝说："任城王真是我的张子房啊！"

【原文】

六月丙戌，命作河桥，欲以济师。秘书监卢渊上表，以为："前代承平之主，未尝亲御六军，决胜行陈之间；岂非胜之不足为武，不胜有亏威望乎！昔魏武以弊卒一万破袁绍[①]，谢玄以步兵三千摧苻秦[2]，胜负之变，决于须臾，不在众寡也。”诏报曰：“承平之主，所以不亲戎事，或以同轨无敌，或以懦劣偷安[3]。今谓之同轨则未然[4]，比之懦劣则可耻，必若王者不当亲戎，则先王制革辂[5]，何所施也？魏武之胜，盖由仗顺；苻氏之败，亦由失政；岂寡必能胜众，弱必能制强邪！”丁未，魏主讲武，命尚书李冲典武选。

【注释】

①“昔魏武以弊卒一万破袁绍”句：即官渡之战。②“谢玄以步兵三千摧苻秦”句：即淝水之战。③懦劣偷安：懦劣，懦弱。偷安，指不顾将来的祸患，只图眼前的安逸。④同轨：引申为同一，统一。⑤辂：古代车辕上用来挽车的横木。

【译文】

六月丙戌（初七），北魏孝文帝下令在黄河上修筑大桥，准备让南下的大军由桥上渡过黄河。秘书监卢渊上书，认为：“以前太平时代的君主，没有亲自统率大规模军队作战，在双方阵地前决一胜负的，还不是因为胜利了并不足以显示勇敢，失败了则会使自己的威望受到损失吗！以前魏武帝曹操统率一万名疲惫不堪的士卒打败了袁绍，谢玄率领三千名步兵摧毁了苻坚的大军，胜利与失败的变化，往往就在转眼的工夫，而不在于人数多少。”孝文帝下诏回答说：“太平时代的君主，之所以不亲自统率军队作战，有的是因为天下已经统一，没有了敌人；有的是因为懦弱卑怯，只图眼前的安逸。现在说天下已经统一，其实不是这样；与懦弱卑劣的人相比，又是十分可耻的。如果太平时期的君主一定不应当亲自统率军队作战，那么，古代的君王特别制造的战斗时使用的革车，又有什么用呢？曹操所以取得胜利，是因为他依仗名正言顺；苻坚之所以失败，其根源也是由于他失德无道。怎么能说人数少就一定能战胜人数多，力量弱就一定能战胜力量强的呢！”丁未（二十八日），孝文帝讲论武事，命令尚书李冲负责选拔将官。

【原文】

戊辰，魏主济河[①]；庚午，至洛阳；壬申，诣故太学观《石经》。

魏主自发平城至洛阳，霖雨不止[②]。丙子，诏诸军前发。丁丑，帝戎服[③]，执鞭乘马而出。群臣稽颡于马前[④]。帝曰：“庙算已定[⑤]，大军将进，诸公更欲何云？”尚书李冲等曰：“今者之举，天下所不愿，唯陛下欲之；臣不知陛下独行，竟何之也！臣等有其意而无其辞，敢以死请！”帝大怒曰：“吾方经营天下，期于混壹[⑥]，而卿等儒生，屡疑大计；斧钺有常[⑦]，

魏孝文帝渡过黄河，抵达洛阳。

卿勿复言！”策马将出，于是安定王休等并殷勤泣谏。帝乃谕群臣曰：“今者兴发不小，动而无成，何以示后！朕世居幽朔，欲南迁中土；苟不南伐，当迁都于此，王公以为何如？欲迁者左，不欲者右。”

南安王桢进曰：“‘成大功者不谋于众。’今陛下苟辍南伐之谋⑧，迁都洛邑，此臣等之愿，苍生之幸也。”群臣皆呼万岁。时旧人虽不愿内徙，而惮于南伐，无敢言者；遂定迁都之计。

【注释】

①济河：渡河。②霖雨：连绵大雨。③戎服：穿着军服。④稽颡：古代一种跪拜礼，屈膝下拜，以额触地，表示极度的虔诚。⑤庙算：朝廷确定的谋略。⑥混壹：统一天下。⑦斧钺有常：斧和钺，古代兵器，用于斩刑。这里借指重刑。常，规矩，规则。⑧辍：停止，停息。

【译文】

戊辰（二十日），孝文帝渡过黄河；庚午（二十二日）抵达洛阳。壬申（二十四日），又前往以前的太学观看《石经》。

孝文帝自平城出发抵达洛阳，天一直下雨，没有停过。丙子（二十八日），诏令各路大军继续进发。丁丑（二十九日），孝文帝穿着战袍，手持马鞭，骑马出发。群臣聚集在他的马前拦住马头，不断叩拜。孝文帝说：“朝廷的大计已定，大军就要出发，诸公还想说什么？”尚书李冲等人说：“陛下现在的行动，天下人都不愿意，只有陛下一个人想这样做。臣不知陛下您一个人走，将要到什么地方去？我们有一心报国效忠皇上的心愿，却无法表达出来，只有以死相劝。”孝文帝大怒，说：“我现在正要征服外邦，希望有朝一日可以完成统一大业，而你们这些儒生，屡屡怀疑我的重大决策；斧钺不饶人，你不要再多说什么了！”说完，策马要走，这时安定王拓跋休等都流泪劝谏孝文帝放弃出征。孝文帝于是对群臣说：“这一次，我们出动军队的规模不小，最后如果取消征伐，将来拿什么让后人看？朕世代居住在遥远的北方，想要南迁到中原；如果不南征，那么，我们就应该把京都迁到这里，各位王公以为如何？同意迁都的站在左面，不同意迁都的站到右面。”

南安王拓跋桢上奏说：“‘建立大功勋的人不征求大家的意见。’如今陛下如果能停止南征，迁都洛阳，这正是我们所希望的，也是百姓的幸运。”群臣都高呼万岁。当时，鲜卑人虽然不愿意向南迁移，但是又害怕向南征伐，所以，也就没有敢出来反对的；于是孝文帝就定下迁都之策。

【原文】

李冲言于上曰：“陛下将定鼎洛邑①，宗庙宫室，非可马上游行以待之。愿陛下暂还代都②，俟群臣经营毕功③，然后备文物、鸣和鸾而临之④。”帝曰：“朕将巡省州郡，至邺小停⑤，春首即还，未宜归北。”乃遣任城王澄还平城，谕留司百官以迁都之事，曰：“今日真所谓革也。王其勉之！”

【注释】

①定鼎：这里指迁都。②代都：即平城。③俟：等。经营毕功：指营建都城的工程结束。④备文物、鸣和鸾：准备好车驾及典章文物（迎接孝文帝）。和鸾，古代车上的铃铛。挂在车前横木上称“和”，挂在轭首或车架上称“鸾”。⑤邺：今河北临漳境内。

【译文】

李冲对孝文帝说："陛下将迁都洛阳，可是，皇家祖庙和皇宫、府宅，并非立刻可以建成，我们不能只骑在马上走来走去，等待它们建成。希望陛下暂回平城，待群臣将都城营造完毕，陛下再备齐仪仗，在銮铃声中莅临新的京都。"孝文帝说："朕要到各个州郡巡查，在邺城稍作停留，初春就会回洛阳，而不应该先回北方。"于是，派遣任城王拓跋澄回平城，向留守在那里的官员们宣布迁都的事宜，对任城王说："如今才是《革》卦上真正的'革'了，任城王要好好努力！"

李冲建议孝文帝暂回平城，待新都营建完毕再莅临迁入。

【原文】

帝以群臣意多异同，谓卫尉卿①、镇南将军于烈曰："卿意如何？"烈曰："陛下圣略渊远，非愚浅所测。若隐心而言②，乐迁之与恋旧，适中半耳。"帝曰："卿既不唱异，即是肯同，深感不言之益。"使还镇平城，曰："留台庶政③，一以相委。"

【注释】

①卫尉卿：官名，统率卫士守卫宫禁。②隐心：审度，忖度。③留台庶政：平城政府中的各种政务。

【译文】

由于文武官员的意见不一致，孝文帝就对卫尉卿、镇南将军于烈说："你觉得迁都之事如何？"丁烈回答说："陛下圣明的谋略，是为了国家长远的利益，不是愚笨和浅陋之辈可以猜测得知的。但如果推测一下大家的心意，愿意迁都的人和依恋故土的人，各占一半吧。"孝文帝说："你既然没有公开说自己反对，那就是表示认同了，我深感念你不说话的好处。"于是，派于烈回平城镇守，说："留守在朝廷里的一切事情，全都托付给你了。"

【原文】

冬，十月戊寅朔，魏主如金墉城[①]，征穆亮，使与尚书李冲、将作大匠董尔经营洛都[②]。己卯，如河南城；乙酉，如豫州；癸巳，舍于石济。乙未，魏解严[③]，设坛于滑台城东[④]，告行庙以迁都之意[⑤]。大赦。起滑台宫。任城王澄至平城，众

魏孝文帝到金墉城，召回穆亮，让他与尚书李冲、将作大匠董尔一起负责营造洛都。

始闻迁都，莫不惊骇。澄援引古今，徐以晓之，众乃开伏[⑥]。澄还报于滑台。魏主喜曰："非任城，朕事不成。"

【注释】

①金墉城：三国魏明帝时筑，为当时洛阳城（今河南洛阳东）西北角的一个小城。②将作大匠：官名，掌宫室、宗庙、陵寝等的土木营建。③魏解严：解除戒严令。④坛：祭坛。滑台：河南滑县。相传古有滑氏，于此筑垒，后人筑以为城，高峻坚固。汉末以来为军事要冲。北魏与金墉、虎牢、碻磝称河南四镇。⑤行庙：天子巡幸或大军出征临时所立的庙。⑥开伏：开悟心服。

【译文】

冬季，十月戊寅朔（初一），孝文帝到金墉城，召回穆亮，让他与尚书李冲、将作大匠董尔一起负责营造洛都。己卯（初二），前往河南城。乙酉（初八），前往豫州。癸巳（十六日），在石济住宿。乙未（十八日），下令北魏境内解除戒严，在滑台城东设祭坛，孝文帝将迁都之意禀报行庙。大赦天下。修建滑台宫。任城王拓跋澄回到平城，大家刚听说迁都的事时，没有不感到震惊的。拓跋澄引古论今，慢慢开导大家，让大家明白这样做的好处，最终，大家接受了这件事。拓跋澄回到滑台向孝文帝汇报了这一情况。孝文帝高兴地说："没有任城王，朕迁都之事就办不成。"

【原文】

癸卯，魏主如邺城。王肃见魏主于邺[①]，陈伐齐之策。魏主与之言，不觉促席移晷[②]。自是器遇日隆，亲旧贵臣莫能间也[③]。魏主或屏左右与肃语，至夜分不罢，自谓君臣相得之晚。

寻除辅国将军、大将军长史。时魏主方议兴礼乐，变华风[④]，凡威仪文物，多肃所定。

乙巳，魏主遣安定王休帅从官迎家于平城。

【注释】

① 王肃：出身世家大族，其父王奂在南齐被人诬陷，父子一起被杀，只有王肃逃到北魏，得到孝文帝的重用，对于北魏的改革贡献极大。② 促席移晷：坐席向前移动，时间流逝。形容孝文帝和王肃一见如故，谈话投机，不知不觉地时光就过去了，座位也越来越近。晷，日影。③ 间：隔阂，疏远。④ 华风：汉族或中原的风俗。

【译文】

癸卯（二十六日），孝文帝前往邺城。王肃在邺城觐见孝文帝，向他陈奏讨伐南齐的策略。孝文帝和他谈话，不知不觉地把自己的座位往前移，时间过去了很久。从那以后，孝文帝越来越器重王肃，对他的礼遇也越来越隆厚，无论是亲信故旧，还是重臣，都无法离间这君臣二人之间的关系。孝文帝有时屏退左右，单独和王肃交谈，到半夜还不停，自称君臣相见太晚了。不久，孝文帝任命王肃为辅国将军、大将军长史。这时，孝文帝正打算推广使用礼仪和雅乐，将鲜卑人传统的风俗习惯变成和汉人的一样，所以，只要是展示帝王威严仪容的文物制度，大多都是王肃制定。

乙巳（二十八日），孝文帝派安定王拓跋休率领侍从官员，到平城迎接眷属。

【原文】

建武元年（甲戌，公元494年）

戊申，魏主亲告太庙，使高阳王雍、于烈奉迁神主于洛阳；辛亥，发平城。

己巳，魏主如信都。庚午，诏曰："比闻缘边之蛮，多窃掠南土，使父子乖离[①]，室家分绝。朕方荡壹区宇[②]，子育万姓，若苟如此，南人岂知朝德哉！可诏荆、郢、东荆三州，禁勒蛮民，勿有侵暴。"

【注释】

①乖：不顺，不和谐。②区宇：境域，天下。

【译文】

建武元年（甲戌，公元494年）

戊申（初七），孝文帝亲自告祭太庙，派高阳王拓跋雍和于烈负责将祖宗牌位护送到洛阳。辛亥（初十），自平城出发迁都洛阳。

戊申，魏孝文帝亲告太庙。

己巳（二十八日），孝文帝抵达信都。庚午（二十九日），发布诏令说："近来听说边境上的蛮人，经常抢劫掠夺南方人，使他们父子相离，家庭破碎。朕正要统一天下，像对儿女一样安抚百姓，如果这样的话，南方人怎么能知道我魏朝的仁德呢！所以，应该诏令荆州、郢州、东荆州三个地方，要对那些蛮民们严加禁止，不许再有强暴掠夺的行为。"

【原文】

魏主至洛阳，欲澄清流品[①]，以尚书崔亮兼吏部郎。

魏主欲变易旧风，壬寅，诏禁士民胡服[②]。国人多不悦。

【注释】

①澄清流品：魏晋南北朝时特有的制度，按照门第的高低将士人分成不同等级，以此确定官员的地位高低。②胡服：鲜卑服装。

【译文】

孝文帝到达洛阳，他想效法南朝的门阀品第，让尚书崔亮兼任吏部郎。

魏主孝文帝想改革胡服。

孝文帝想改革鲜卑族的旧风俗，壬寅（初二），发布诏令，禁止士大夫与民众穿胡服。鲜卑族人大多不乐意。

【原文】

己亥，魏主济淮；二月，至寿阳，众号

三十万，铁骑弥望。甲辰，魏主登八公山[①]，赋诗。道遇甚雨，命去盖；见军士病者，亲抚慰之。

【注释】

①八公山：位于寿县。

【译文】

己亥（二十九日），孝文帝率大军渡过淮河；二月，抵达寿阳，号称三十万大军，铁甲骑兵一眼望不到头。甲辰（初五），孝文帝登上八公山，乘兴作诗。途中突然遇到大雨，孝文帝命令去掉自己的伞盖；他看到军中有生病的士兵，亲自去安抚慰问他们。

【原文】

癸未，魏主还洛阳，告于太庙。甲申，减冗官之禄以助军国之用。乙酉，行饮至之礼。班赏有差。

甲午，魏太子冠于庙。魏主欲变北俗，引见群臣，谓曰："卿等欲朕远追商、周，为欲不及汉、晋邪？"咸阳王禧对曰："群臣愿陛下度越前王耳[①]。"帝曰："然则当变风易俗，当因循守故邪？"对曰："愿圣政日新。"帝曰："为止于一身，为欲传之子孙邪？"对曰："愿传之百世。"帝曰："然则必当改作[②]，卿等不得违也。"对曰："上令下从，其谁敢违！"帝曰："夫'名不正，言不顺，则礼乐不可兴。'今欲断诸北语[③]，一从正音。其年三十已上，习性已久，容不可猝革[④]。三十已下，见在朝廷之人，语音不听仍旧；若有故为，当加降黜。各宜深戒！王公卿士以为然不？"对曰："实如圣旨。"帝曰："朕尝与李冲论此，冲曰：'四方之语，竟知谁是；帝者言之，即为正矣。'冲之此言，其罪当死！"因顾冲曰："卿负社稷，当令御史牵下！”冲免冠顿首谢。又责留守之官曰：“昨望见妇女犹服夹领小袖[⑤]，卿等何为不遵前诏！”皆谢罪。帝曰：“朕言非是，卿等当庭争[⑥]。如何入则顺旨，退则不从乎！”六月己亥，下诏：“不得为北俗之语于朝廷。违者免所居官。”

【注释】

①度越：超越。②改作：更改，变革。③北语：鲜卑语。④猝：突然，忽然。⑤夹领小袖：即鲜卑服装。⑥庭争：即廷争，在朝堂上当面提出反对意见。

【译文】

癸未（十五日），孝文帝回到洛阳，在太庙中向祖先祭拜。甲申（十六日），孝文帝诏令消减多余官员的俸禄用来补充军队的费用。乙酉（十七日），孝文帝在太庙举行饮酒仪式，对南伐有功的人论功行赏。

甲午（二十六日），皇太子在太庙举行加冠仪式。孝文帝想改变鲜卑人的风俗，于是召见文武群臣，问道：“各位希望朕远比商、周呢，还是想让朕连汉、晋都不如？”咸阳王拓跋禧回答说：“群臣愿陛下能超越前王。”孝文帝说：“那么我们应当移风易俗呢，还是因循守旧呢？”拔跋禧再回答：“愿陛下移风易俗，圣政日新。”孝文帝问：“朝廷基业是要只愿自身实行呢，还是希望传之于子孙后代呢？”答道：“愿传之百世。”于是，孝文帝说道：“那么一定要加以变革，你们不得有违朝廷颁布的法度。”答道：“朝廷颁布政令，臣下服从遵行，有谁敢违抗呢？”孝文帝说：“古语说‘名不正，言不顺，礼乐制度也建立不了。’现今朕想要禁止说鲜卑语，

孝文帝在太庙中向祖先祭拜。

全部改说汉话。年龄在三十岁以上的，由于习性已久，可以不必立刻改变。年龄在三十岁以下、现在朝廷为官的，不许再说鲜卑语；如果有谁故意不改，就降职免官。各位请严加自戒。王公卿士们以为怎么样？”拓跋禧答道：“遵从圣旨。”孝文帝接着说：“朕曾与李冲讨论过这件事，李冲说：‘四方之人，言语不同，所以不知道谁的是正确的；陛下用哪种语言，哪种就是标准。’李冲此话，其罪行应该处死。”因此看着李冲说：“你辜负了社稷，应当命令御史把你牵下去。”李冲脱帽，磕头谢罪。孝文帝又责备出巡时留守洛阳的官员们说：“昨天，朕看见妇人有的仍然穿着夹领小袖的鲜卑服装，你们为什么不遵行朕之前的诏令呢？”众官员都磕头谢罪。孝文帝说：“如果朕讲的不对，你们可以当庭争辩，但为什么上朝则顺从朕旨，退朝后就不肯遵行呢？”六月己亥（初二），孝文帝下令：“在朝廷中不得讲鲜卑语，违背者免去所任官职。”

【原文】

魏有司上奏：“广川王妃葬于代都①，未审以新尊从旧卑②，以旧卑就新尊？”魏主曰：“代人迁洛者，宜悉葬邙山③。其先有夫死于代者，听妻还葬；夫死于洛者，不得还代就妻。其馀州之人，自听从便。”丙辰，诏：“迁洛之民死，葬河南，不得还北。”于是代人迁洛者悉为河南洛阳人。

戊午，魏改用长尺、大斗，其法依《汉志》为之。

【注释】

①广川王妃：广川王拓跋谐的王妃。②审：弄明白。③邙山：在今河南境内。

【译文】

北魏有关官吏上奏说：“广川王妃葬在平城，现在广川王已去世，不知道是将广川王回平城安葬呢，还是将王妃移到洛阳和王爷一起安葬？”孝文帝说：“代人凡是迁到洛阳的，死后一律葬在邙山。如果丈夫先死葬在平城的，那么妻子死后可以送回代京安葬；丈夫死于洛阳的，不可以送回代京随他的妻子安葬。其余各州的人，可以自行决定。”丙辰（十九日），孝文帝诏令：“迁居到洛阳的鲜卑人死后，葬于河南，不得送回北边安葬。”于是，从代京迁居到洛阳的人全部成为河南洛阳人。

北魏有关官吏上奏广川王妃移灵与广川王合葬一事。

戊午（二十一日），北魏改用长尺、大斗，其度量法度依照《汉书》中的记载制定。

梁纪

侯景之乱

【导语】

“侯景之乱”是南朝后期一次重大的政治事件，是南朝期间一场由诸侯王发起的长达四年之久的叛乱。因这场叛乱的发动者是投降梁国的东魏将领侯景，史称“侯景之乱”。

梁武帝萧衍自天监元年（公元502年）称帝后，在长达四十多年的统治中，一贯执行宽纵皇族、优容士族的政策。为了避免前代皇族间骨肉相残局面的重演，他取消了宋、齐两代监视和限制皇族权力的典签制，给皇族以实权，令他们出任方镇，对他们的横征暴敛甚至公开抢劫和叛国行为均予以宽容。武帝晚年，出任方镇的诸王无不拥兵自重，以至窥视皇位。长期优容士族，大大加速了士族的腐朽过程，使统治集团的贪残、侈靡、轻视武备之风日益严重，吏治极端黑暗，阶级矛盾空前尖锐，形成了“人人厌苦，家家思乱”的局面。同时，南方与北方对峙，连年进行战争，南朝和北朝各国的内部统治阶级也不断杀伐，权臣当政，争权夺位，致使国鼎频易。统治者生活奢侈腐化，加重了人民的负担。

东魏丞相高欢死后，其子高洋建立北齐，河南大将军侯景因与高洋不和，叛离东魏，投靠西魏，失败以后，侯景转而投向梁武帝。虽然梁朝内部也一直有各种反对意见，而且侯景是个出名的反复无常的将军，但是梁武帝萧衍还是接纳了侯景，并一直给予他优厚的待遇。

梁武帝太清二年（公元548年）八月，侯景勾结京城守将萧正德举兵谋反。当时的梁朝自建立以来近五十年从未有过战事，在最初的惊慌失措之后，朝廷仓促应战，经过激烈的对峙，侯景的军队攻破了台城，控制了梁武帝父子和百官。

“侯景之乱”使南朝时期的江淮地区遭到最大的一次破坏，所造成的后果极其严重。“侯景之乱”后，江南社会遭到空前浩劫，使建康这个南北各四十里、拥有28万人口的繁华都市，变成了一片废墟。把东晋以来经营数百年而形成的三大经济文化中心，号称“最富庶”的三吴地区毁坏得残破不堪，长江中下游地区，出现了“千里绝烟、人迹罕见，白骨成聚如丘垅焉”（《南史·侯景传》）的残破景象。

【原文】

中大同元年（丙寅，公元546年）

东魏司徒、河南大将军、大行台侯景[①]，右足偏短，弓马非其长[②]，而多谋算。诸将高敖曹、彭乐等皆勇冠一时，景常轻之，曰：“此属皆如豕突[③]，势何所至！”景尝言于丞相欢：“愿得兵三万，横行天下，要须济江缚取萧衍老公[④]，以为太平寺主。”欢使将兵

侯景向高欢请求带兵横扫天下。

十万，专制河南，杖任若己之半体[⑤]。

【注释】

①大行台：台省在外者称行台。魏晋始有之，为出征时随其所驻之地设立的代表中央的政务机构。北朝后期，称尚书大行台，设置官属无异于中央，自成行政系统。侯景：鲜卑化羯人。南北朝时期著名将领，反复无常，他攻打南朝梁的战争，对江南地区的经济文化造成极大的破坏。②弓马：骑射武艺。③豕突：像野猪一样奔突窜扰。④萧衍老公：萧衍老家伙。萧衍，南朝梁武帝。⑤杖任：依靠，信任。

【译文】

中大同元年（丙寅，公元546年）

东魏司徒、河南大将军、大行台侯景，右足偏短，不擅长骑射，但富于谋略。高敖曹、彭乐等都是当时最勇猛的名将，侯景常常看不起他们，对人说："这些家伙就像猪一样东奔西跑，能做出什么事来！"他对丞相高欢说："我愿率领三万人马，横扫天下，必定能渡过长江把萧衍那老家伙绑来，让他来做太平寺的寺主。"高欢派他带领十万兵马，管理黄河以南地区，很信任他，就像是自己的半个身体一样。

【原文】

景素轻高澄[①]，尝谓司马子如曰[②]："高王在，吾不敢有异；王没，吾不能与鲜卑小儿共事！"子如掩其口。及欢疾笃，澄诈为欢书以召景。先是，景与欢约曰："今握兵在远，人易为诈，所赐书皆请加微点。"欢从之。景得书无点，辞不至；又闻欢疾笃，用其行台郎颍川王伟计[3]，遂拥兵自固。

侯景曾经和高欢约定，在高欢给他的书信上要做特殊标记。

【注释】

① 高澄：东魏高欢的长子，鲜卑人。② 司马子如：高欢的重臣之一，一度权倾朝野，但不为高澄信任。③ 行台郎：官名，大行台所任的郎官，护卫侍从，以备顾问。颍川：郡名，治阳翟（今河南禹州），辖境相当于今河南登封、宝丰以东。王伟：侯景心腹。

【译文】

侯景一贯看不起高澄，他曾经对司马子如说："高王在世的时候，我不敢存有异心；如果高王过世了，我不能和那个鲜卑小子共事！"司马子如立刻捂上他的嘴。到了高欢病重的时候，高澄假借高欢的名义拿书信召侯景前来。以前，侯景和高欢约定："我在外带兵，有人会轻易假传信息，以后凡是您赐给我的书信都请加上一个小点。"高欢答应了。这次，侯景拿到了高欢的书信，可信上没有点，侯景知道有诈，便推托没有去；后来他又听说高欢病重，于是采用行台郎颍川人王伟的计策，决定拥兵自重，巩固自己的势力。

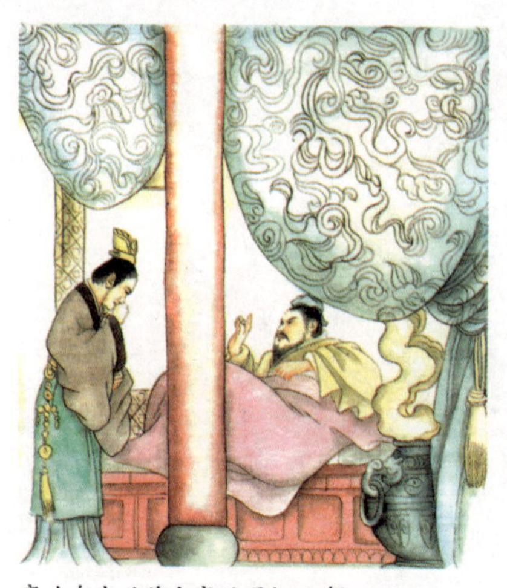
高欢在去世前向高澄嘱托后事。

【原文】

欢谓澄曰："我虽病，汝面更有馀忧，何也？"澄未及对，欢曰："岂非忧侯景叛邪？"对曰："然。"欢曰："景专制河南，十四年矣，常有飞扬跋扈之志，顾我能畜养，非汝所能驾御也。今四方未定，勿遽发哀。库狄干鲜卑老公，斛律金敕勒老公，并性遒直[①]，终不负汝。可朱浑道元、刘丰生，远来投我，必无异心。潘相乐本作道人，心和厚，汝兄弟当得其力。韩轨少戆[②]，宜宽借之。彭乐心腹难得，宜防护之。堪敌侯景者，唯有慕容绍宗[③]，我故不贵之，留以遗汝。"又曰："段孝先忠亮仁厚，智勇兼备，亲戚之中，唯有此子，军旅大事，宜共筹之。"又曰："邙山之战[④]，吾不用陈元康之言，留患遗汝，死不瞑目。"相乐，广宁人也。

【注释】

①遒直：刚强正直。②戆：傻，愣，鲁莽。③慕容绍宗：东魏大将，前燕太原王慕容恪之后，北魏恒州刺史慕容远之子。以军事才能著称。④邙山之战：东魏元象元年（西魏大统四年，公元538年），东魏大行台侯景和大都督高敖曹率军进攻西魏，双方交战于河桥（今河南孟州市西南）、邙山（今河南洛阳北）地区。河桥、邙山之战，以西魏军获胜而告结束。

【译文】

高欢对高澄说："虽然是我病了，你的脸上却有另外的忧虑，这是为什么？"高澄还没来得及回答，高欢又说："是不是担心侯景反叛啊？"高澄回答说："是的。"高欢又说："侯景专制河南有十四年了，他一直有飞扬跋扈、夺取天下的想法。只有我能驾驭他，你驾驭不了他。现在，天下还没有安定，如果我死了，不要马上发丧。库狄干这位鲜卑老人，斛律金这位敕勒老人，他们俩都是刚强正直的人，终不会对你负心的。可朱浑道元、刘丰生他们俩远道投奔我，一定没有背离我们的想法。潘相乐原本是个道人，心地和善厚道，你们兄弟会得到他的帮助的。韩轨有点鲁莽，你们应该待他宽容些。彭乐的内心很难推测，应该提防他。所有人中，能够对抗侯景的，只有慕容绍宗一人。我故意不让他得到富贵，就是要把他留下给你。"高欢接着又说："段孝先这个人忠实正直、仁慈厚道，既有勇又有谋，在所有内外戚中，只有这个人，军国大事要多跟他商量。"高欢又说道："邙山战役，我没有采纳陈元康的忠告，给你留下了隐患，我死不瞑目。"潘相乐是广宁人。

【原文】

丙午，东魏勃海献武王欢卒。欢性深密，终日俨然[①]，人不能测，机权之际[②]，变化若神。制驭军旅，法令严肃。听断明察，不可欺犯。擢人受任，在于得才，苟其所堪[③]，无问厮养，有虚声无实者，皆不任用。雅尚俭素，刀剑鞍勒无金玉之饰。少能剧饮，自当大任，不过三爵。知人好士，全护勋旧；每获敌国尽节之臣，多不之罪。由是文武乐为之用。世子澄秘不发丧，唯行台左丞陈元康知之。

高欢性格深沉慎密，善于掌握机会权变，侯景十分忌惮他。

【注释】

①俨然：庄重，严肃。②机权：机智权谋。之际：……的时候。③堪：能，可以，足以。

【译文】

丙午（初八），东魏勃海献武王高欢去世。高欢性格深沉慎密，整日一副庄重严肃的样子，谁也猜不透他内心想些什么，在掌握机会和权变的时候，他能千变万化，如有神助。在治理军队方面，又能做到严格执法。他听取和断决事情，能做到明察秋毫，谁也欺骗不了他。在选拔人才，提升任用官员时，注重其才能，如果能担当此任，不注重他的身份，那些徒有虚名而无实际能力的，都不被任用。高欢平时喜好节俭朴素，所用的刀、剑、马鞍以及缰绳都没用金银玉器装饰。他年轻时能饮酒，自担当大任之后，饮酒从不超过三杯。他了解下属，喜欢人才，极力保护有功勋的人及其老部下；每次打仗俘获到对方那些为本国尽忠尽节的大臣，大多不处罚他们。由于这样，文武百官都乐意被他使用。长子高澄封锁了高欢去世的消息，秘不发丧，只有行台左丞陈元康知道这件事。

【原文】

侯景自念己与高氏有隙，内不自安。辛亥，据河南叛，归于魏，颍州刺史司马世云以城应之[1]。景诱执豫州刺史高元成、襄州刺史李密、广州刺史怀朔暴显等[2]。遣军士二百人载仗暮入西兖州[3]，欲袭取之，刺史邢子才觉之，掩捕，尽获之，因散檄东方诸州，各为之备，由是景不能取。

【注释】

① 颍州：今河南许昌。② 豫州：今河南汝南。襄州：今河南襄城。广州：今河南鲁山。怀朔：今内蒙古固阳。③ 西兖州：今河南滑县。

【译文】

侯景想到自己和高氏有隔阂，内心感到不安。辛亥（十三日），侯景在河南叛变，归降西魏，颍州刺史司马世云带领全城百姓开城响应他。侯景引诱并捉住了豫州刺史高元成、襄州刺史李密、广州刺史怀朔暴显等人。又派二百军士用战车载着武器，趁黄昏时分进入了西兖州，想要偷袭夺取此地。西兖州刺史邢子才发觉了侯景的阴谋，趁敌人不备，将侯景派来的人马全部拿获，于是邢子才发檄文给东方各个州，这些州各自做好防备，

侯景归降西魏。

因此侯景未能夺取这些地方。

【原文】

魏以开府仪同三司若干惠为司空，侯景为太傅、河南道行台、上谷公。

庚辰，景又遣其行台郎中丁和来，上表言："臣与高澄有隙，请举函谷以东①，瑕丘以西②，豫、广、郢、荆、襄、兖、南兖、济、东豫、洛、阳、北荆、北扬等十三州内附③，惟青、徐数州④，仅须折简⑤。且黄河以南，皆臣所职，易同反掌。若齐、宋一平⑥，徐事燕、赵⑦。"上召群臣廷议。

尚书仆射谢举等皆曰："顷岁与魏通和⑧，边境无事，今纳其叛臣，窃谓非宜。"上曰："虽然，得景则塞北可清；机会难得，岂宜胶柱⑨！"

【注释】

①函谷：函谷关，今河南新安境内。②瑕丘：今山东兖州东北。③荆：今河南邓州市东南。兖：今山东兖州。南兖：今安徽蒙城。济：今山东茌平。东豫：今河南惠县。洛：今河南洛阳。阳：今河南宜阳。北荆：今河南嵩县。北扬：今河南项城。④青：今山东青州东。徐：今江苏徐州。⑤折简：书信。⑥齐、宋：今山东、河南一带。⑦燕、赵：指今河北地区。⑧通和：互相往来和好。⑨胶柱：胶住瑟上的弦柱，以致不能调节音的高低，比喻固执拘泥。

【译文】

西魏任命开府仪同三司若干惠为司空，侯景为太傅、河南道行台、上谷公。

庚辰，侯景又派行台郎中丁和到梁朝，上表说："臣与高澄之间有隔阂，请让我率领函谷关以东，瑕丘以西，包括豫州、广州、郢州、荆州、襄州、兖州、南兖州、济州、东豫州、洛州、阳州、北荆州、北扬州等十三个州来归附，而青州、徐州等几个州，我只要写封信就可以招降。况且黄河以南，都是臣管辖的范围，想得到那里易如反掌。如果齐、宋平定了，就可以慢慢收复燕、赵之地了。"梁武帝召集大臣来朝廷商议此事。

尚书仆射谢举等人都说："近年来，我们和魏友好往来，边境地区平安无事，如今如果收留魏的叛臣，我们私下都认为不太妥当。"梁武帝回答说："尽管如此，如果得到侯景的话，北方就可平定；机会难得，怎么能胶柱鼓瑟而不知变通呢。"

梁武帝召集大臣来朝廷商议收留侯景之事。

梁武帝最终决定接纳侯景。

【原文】

是岁，正月乙卯，上梦中原牧守皆以其地来降，举朝称庆。旦，见中书舍人朱异[1]，告之，且曰："吾为人少梦，若有梦必实。"异曰："此乃宇宙混壹之兆也。"及丁和至，称景定计以正月乙卯，上愈神之。然意犹未决，尝独言："我国家如金瓯[2]，无一伤缺，今忽受景地，讵是事宜[3]？脱致纷纭[4]，悔之何及？"朱异揣知上意，对曰："圣明御宇，南北归仰，正以事无机会，未达其心。今侯景分魏土之半以来，自非天诱其衷[5]，人赞其谋，何以至此！若拒而不内，恐绝后来之望。此诚易见，愿陛下无疑。"上乃定议纳景。

【注释】

①中书舍人：官名，舍人始于先秦，指国君、太子亲近属官，魏晋时于中书省内置中书通事舍人，掌传宣诏命。南朝沿置，梁朝称中书舍人，掌管起草诏令，参与机密，权力日重。朱异：博学多才，为梁武帝君臣器重。②金瓯：黄金之瓯。后用比喻疆土之完整坚固。③讵：岂，难道。④脱致纷纭：倘若引起纠纷。⑤天诱其衷：上天开导其心意。

【译文】

这一年，正月乙卯（十七日），梁武帝梦见中原地区的牧守都来献地归降，举朝上下一片欢庆。第二天早晨起来，梁武帝见到中书舍人朱异，便把做梦的事告诉了他，说：“我很少做梦，但如果做了梦，梦中的事一定会应验。”朱异说：“这是天下统一的预兆。”等到丁和到来，说侯景定下计策要在正月乙卯（十七日）这天行动，梁武帝更加感觉这个梦神奇了。但他仍犹豫不能决定下来，他曾自言自语说：“我的国家如金瓯一样，无一处伤缺，现在忽然接纳侯景送来的土地，难道是合乎事理的吗？倘若因此引起混乱，后悔怎么来得及呢？”朱异揣测到了梁武帝的心思，对梁武帝说：“陛下圣明，君临天下，南北方的人都仰慕、归心于您，只是没有合适的时机侍奉您，所以其心意一直没有实现。如今侯景带着东魏一半的土地前来归附您，如果不是上天引导他的心，又有人从旁协助的话，怎么会走到这一步呢！如果拒绝侯景，不收留他，恐怕会堵绝以后来归降的人的希望。这些实在是显而易见的，希望陛下您不要怀疑。”梁武帝于是决定接纳侯景。

【原文】

壬午，以景为大将军，封河南王，都督河南、北诸军事、大行台，承制如邓禹故事①。平西谘议参军周弘正，善占候，前此谓人曰：“国家数年后当有兵起。”及闻纳景，曰：“乱阶在此矣！”

【注释】

①承制：秉承皇帝旨意而便宜行事。邓禹：东汉中兴名将。

【译文】

壬午，梁武帝任命侯景为大将军，封河南王，让他担任都督河南、河北诸军事以及大行台之职，授权他可以如后汉的邓禹那样秉承皇帝的旨意发号施令。平西谘议参军周弘正擅长观察天象变化预测吉凶，在侯景投奔梁朝之前他曾对人说："国家几年之后会有兵戈之乱。"等他听说梁武帝接纳了侯景，说道："祸乱原因就在这里了。"

【原文】

高澄遣武卫将军元柱等将数万众昼夜兼行以袭侯景，遇景于颍川北，柱等大败。景以羊鸦仁等军犹未至，乃退保颍川。

韩轨等围侯景于颍川。景惧，割东荆、北兖州、鲁阳、长社四城赂魏以求救。尚书左仆射于谨曰："景少习兵，奸诈难测，不如厚其爵位以观其变，未可遣兵也。"荆州刺史王思政以为："若不因机进取，后悔无及。"即以荆州步骑万馀从鲁阳关向阳翟。丞相泰闻之，加景大将军兼尚书令，遣太尉李弼、仪同三司赵贵将兵一万赴颍川[①]。

高澄派武卫将军元柱等去袭击侯景。

【注释】

①仪同三司：官名，始于东汉。本意指非三公（司马、司徒、司空）而给以与三公同等的待遇。魏晋以后，将军开府置官属者称开府仪同三司。至南北

朝末，遂以仪同三司为一种官号，并置开府仪同大将军、仪同大将军等官。

元柱军大败。

【译文】

东魏高澄派武卫将军元柱等率领数万人马日夜兼程去袭击侯景，在颍川北面与侯景相遇，元柱军大败。侯景因为羊鸦仁等人的人马还没有赶到，便退守颍川。

韩轨的人马把侯景包围在颍川。侯景害怕了，便把东荆、北兖州、鲁阳、长社四座城割让给西魏用此来贿赂西魏，以便取得它的援救。西魏尚书左仆射于谨说："侯景在少年时就习武练兵，为人奸诈，难以揣测，不如封给他高官，看看他的变化，先不要派兵援救他。"荆州刺史王思政却认为："如果不抓住时机进取，后悔就来不及了。"于是派荆州一万多步兵和骑兵经鲁阳关向阳翟进发。西魏丞相宇文泰得知这一消息后，封侯景为大将军兼尚书令，派太尉李弼、仪同三司赵贵率领一万人马赶赴颍川。

【原文】

景恐上责之，遣中兵参军柳昕奉启于上，以为："王旅未接，死亡交急，遂求援关中，自救目前。臣既不安于高氏，岂见容于宇文！但螫手解腕[①]，事不得已，本图为国，愿不赐咎[②]！臣获其力，不容即弃，令以四州之地为饵敌之资，已令宇文遣人入守。自豫州以东，齐海以西，悉臣控压；见有之地，尽归圣朝，悬瓠、项城、徐州、南兖，事须迎纳。愿陛下速敕境上，各置重兵，与臣影响，不使差互！”上报之曰：“大夫出境，尚有所专；况始创奇谋，将建大业，理须适事而行，随方以应。卿诚心有本，何假词费！”

【注释】

①螫：毒虫或毒蛇咬。②咎：怪罪，处分。

【译文】

侯景怕梁武帝责怪他，便派中兵参军柳昕给梁武帝送去一封信，信上说：“陛下您派出的军队还没有来到，生死攸关、情况十分危急时，我便向关中求援，以便挽救自己面前的危机。臣既不能安处于高澄手下，又怎能被宇文泰容纳呢？但是手遭毒蛇螫咬而连同去掉手腕，也是事不得已，本想着是为国，希望您不要怪罪臣！臣得到了关中的帮助，所以不能马上背弃他们，现在臣把四个州的地方作为引敌上钩的诱饵，已经让宇文泰派军队进入颍川，帮我守卫这里。从豫州以东到齐海以西的地区，都在臣控制之下；臣现在有的土地，都归梁朝所有，悬瓠、项城、徐州、南兖这些地方，只需要派人去

侯景怕梁武帝责怪他，便给梁武帝送去一封信。

接管就行了。希望陛下立即向边境下发命令，让他们各置重兵，与臣呼应，相互之间不要发生误会！”梁武帝回话说：“大夫离开国境，还有自作主张的地方，何况你始创奇谋，将建大业，理应根据事情的发展而行事，随机应变。你一片诚意，何须多加解释呢。”

【原文】

东魏韩轨等围颍川，闻魏李弼、赵贵等将至，乙巳，引兵还邺。侯景欲因会执弼与贵，夺其军；贵疑之，不往。贵欲诱景入营而执之，弼止之。羊鸦仁遣长史邓鸿将兵至汝水，弼引兵还长安。王思政入据颍川。景阳称略地[①]，引兵出屯悬瓠[②]。

【注释】

①阳：同“佯”。②悬瓠：古城名。以城北汝水屈曲如垂瓠，故名。在今河南汝南。东晋南北朝时兵争要地。

【译文】

东魏韩轨等人包围了颍川，听说西魏的李弼、赵贵等人将领兵到来，便在乙巳那天，带领军队撤回了邺城。侯景想趁机抓获李弼和赵贵，夺取他们的军队；赵贵对侯景有所怀疑，没有去颍川。赵贵想把侯景诱到军营趁机拘捕他，李弼制止了赵贵。这时，羊鸦仁派长史邓鸿率军马到了汝水，李弼便率军回长安了。王思政带兵占据了颍川。侯景假称要攻取州郡，带领军队出颍川城，驻扎在悬瓠。

【原文】

景复乞兵于魏，丞相泰使同轨防主韦法保及都督贺兰愿德等将兵助之。大行台左丞蓝田王悦言于泰曰：“侯景之于高欢，

大行台左丞王悦劝宇文泰不要轻易出兵帮助侯景。

始敦乡党之情，终定君臣之契，任居上将，位重台司[1]；今欢始死，景遽外叛，盖所图甚大，终不为人下故也。且彼能背德于高氏，岂肯尽节于朝廷！今益之以势，援之以兵，窃恐贻笑将来也。”泰乃召景入朝。

【注释】

① 台司：指三公等宰辅大臣。

【译文】

侯景又向西魏乞求援兵，丞相宇文泰让同轨郡的防主韦法保及都督贺兰愿德等率领人马前去帮助他。大行台左丞蓝田人王悦对宇文泰说：“侯景同高欢之间，开始是亲密的乡党关系，最终变成了君臣关系，侯景位居上将，权力比宰辅大臣还高；而今高欢刚死去，侯景便很快外叛，是因为他的图谋很大，终不甘居人下的缘故。况且他能对高氏背信弃义，又怎肯为本朝尽忠尽节呢？现在您扩大他的势力，派兵援助他，我私下担心将来会让人耻笑的。”于是宇文泰便派人召侯景入朝。

【原文】

景阴谋叛魏，事计未成，厚抚韦法保等，冀为己用，外示亲密无猜间。每往来诸军间，侍从至少，魏军中名将，皆身自造谐。同轨防长史裴宽谓法保曰："侯景狡许，必不肯入关，欲托款于公，恐未可信。若伏兵斩之，此亦一时功也。如其不尔，即应深为之防，不得信其诳诱[①]，自贻后悔[②]。"法保深然之，不敢图景，但自为备而已；寻辞还所镇。王思政亦觉其诈，密召贺兰愿德等还，分布诸军，据景七州、十二镇。景果辞不入朝，遗丞相泰书曰："吾耻与高澄雁行，安能比肩大弟！[③]"泰乃遣行台郎中赵士宪悉召前后所遣诸军援景者。景遂决意来降。魏将任约以所部千馀人降于景。

【注释】

① 诳诱：欺骗，诱惑。② 贻：遗留，留下。③ 大弟：对朋辈中年龄小于己者的亲切称呼。

【译文】

侯景暗中打算反叛西魏，但计划没有实现，便优抚韦法保等人，希望他们能为己所用，对外界也做出亲密无间的样子。侯景每每来往于各个军队之间，带的侍从极少，西魏军中的著名将领，他都亲自去拜访。同轨防长史裴宽对韦法保说："侯景为人奸诈狡猾，一定不肯应宇文丞相之召入关，他肯定想要托您向朝廷讲情，对他恐怕不可以相信。如果埋下伏兵斩了他，这也是一时的功劳啊。如果你不这样，我们就应该好好地提防他，不能轻信他的欺骗和诱惑，为自己留下悔恨的事。"韦法保非常赞同裴宽的话，不敢杀掉侯景，只是自己加强防卫而已。后来，他找个借口回自己的镇所去了。王思政也觉得侯景欺骗他，就秘密召贺兰愿德等人回来，分别部署各路军马，占领了侯景所管辖的七个州和十二个镇。侯景果然推辞而不肯入朝，他在给宇文泰的信中说："我耻于同高澄并行，又怎么能同您比肩呢！"宇文泰收到信后便派行台郎中赵士宪将以前派去救援侯景的各路军马全部召回。于是，侯景便决心投降梁朝。西魏将领任约带领所属的一千多人投降了侯景。

【原文】

高澄将如晋阳，以弟洋为京畿大都督，留守于邺，使黄门侍郎高德政佐之。德政，颢之子也。丁丑，澄还晋阳，始发丧。

己卯，上遣使吊澄。景又启曰："臣与高氏，衅隙已深[①]，仰凭威灵，期雪仇耻；今陛下复与高氏连和，使臣何地自处？乞申后战，宣畅皇威。"上报之曰："朕与公大义已定，岂有成而相纳，败而相弃乎？今高氏有使求和，朕亦更思偃武[②]。进退之宜，国有常制。公但清静自居，无劳虑也！"景又启曰："臣今蓄粮聚众，秣马潜戈[③]，指日计期，克清赵、魏[④]，不容军出无名，故愿以陛下为主耳。今陛下弃臣遐外[⑤]，南北复通，将恐微臣之身，不免高氏之手。"上又报曰："朕为万乘之主，岂可失信于一物！想公深得此心，不劳复有启也。"

梁武帝派使者到东魏吊唁高欢。

【注释】

①衅隙：仇怨，隔阂。②偃武：停息武备。③秣马潜戈：

即秣马厉兵，磨戈喂马，喻做好战斗准备。④赵、魏：指今河北地区。⑤遐外：边远地区，蛮荒之地。

【译文】

高澄将要到晋阳，便任命他的弟弟高洋为京畿大都督，留守邺城，让黄门侍郎高德政辅佐他。高德政是高颢的儿子。丁丑（十二日），高澄回到晋阳，开始为高欢发丧。

己卯（十七日），梁武帝派使者到东魏吊唁高欢。侯景又上奏说："臣与高氏之间的嫌隙和仇恨已经很深，我仰仗陛下的威望，希望有朝一日报仇雪耻；现在陛下又和高氏修好讲和，让臣何处安身呢？请陛下答应臣再次和高氏作战，来显示梁朝的皇威。"武帝答复道："朕与你之间君臣大义已定，怎会有成功就接纳、失败就舍弃的道理呢？现在高氏派遣使者来求和，朕也想停息干戈。应该进还是应该退，国家自有正常的制度，你只管清静自居，无需费心去考虑这些！"侯景又启奏说："臣如今已积蓄了粮草，招募了士兵，喂饱了战马，做好战斗准备，指望很快就可以攻克赵、魏，我不能出师无名，所以希望陛下您能为我做主。如今，陛下弃臣于边远之地，南北双方又恢复往来，恐怕微臣的性命难免死在高氏之手。"武帝又答复说："朕为大国之君，怎么可以失信于人呢？想来你深深知道我的心意，不必再启奏了。"

【原文】

景乃诈为邺中书，求以贞阳侯易景[①]，上将许之。舍人傅岐曰："侯景以穷归义，弃之不祥；且百战之馀，宁肯束手就絷[②]！"谢举、朱异曰："景奔败之将，一使之力耳。"上从之，复书曰："贞阳旦至，侯景夕返。"景谓左右曰："我固知吴老公薄心肠！"王伟说景曰："今坐听亦死，举大事亦死，唯王图之！"于是始为反计：属城居民[③]，悉召募为军士，辄停责市估及田租[④]，百姓子女，悉以配将士。

【注释】

①贞阳侯：萧渊明，梁武帝之侄，叛梁投奔东魏。②絷：系绊马足。③属城：所属的城池。④停责：停止征收。市估：商税。

【译文】

侯景就伪造了一封来自邺城的书信，信中说要用贞阳侯交换侯景，梁武帝打算答应这一要求。舍人傅岐说："侯景因为走投无路才归至正道，投奔梁朝，舍弃他是不吉祥的。况且侯景历经百战，他怎么肯束手就擒呢！"谢举、朱异说："侯景是个败军之

侯景伪造了一封来自邺城的书信，信中说要用贞阳侯交换侯景，梁武帝打算答应这一要求。

将，派个使者就可以拿获他。”梁武帝听从了谢举、朱异的话，回信说：“贞阳侯早上一到，晚上就遣返侯景。”侯景对左右的人说：“我就知道这老家伙薄情寡义。”王伟劝侯景说：“如今，我们等着听候梁武帝的安排也是死，起兵造反也是一死，希望您考虑一下这件事！”于是侯景开始谋划造反：将寿阳城内所有的居民，都招募为军队的士兵，立即停止征收市场税和田租，百姓子女都分派给将士。

【原文】

侯景自至寿阳①，征求无已②，朝廷未尝拒绝。景请娶于王、谢③，上曰：“王、谢门高非偶，可于朱、张以下访之④。”景恚曰⑤：“会将吴儿女配奴！”又启求锦万匹为军人作袍⑥，中领军朱异议以青布给之。又以台所给仗多不能精⑦，启请东冶锻工⑧，欲更营造。景以安北将军夏侯夔之子谲为长史，徐思玉为司马，谲遂去“夏”称“侯”，托为族子。

【注释】

①寿阳：今安徽寿县。②已：停止。③王、谢：南朝门第显赫的两大家族。④朱、张：南朝高门，比王、谢门第稍低。⑤恚：愤怒。⑥锦：有彩色花纹的丝织品。⑦台所给仗：中央政府机构提供的武器。⑧东冶锻工：官府里专业的锻造工匠。东冶是朝廷专门从事冶炼的机构。

【译文】

侯景自从到了寿阳，提出各种要求从没停止过，朝廷没有拒绝过他。侯景请求梁武帝，想娶王家或谢家的女子为妻，梁武帝说:“王家和谢家门第高贵，和你不大相称，你可在朱、张以下的家族中寻找合适的人家。”侯景愤怒地说:“将来，我要让你的女儿许配给奴隶。”他又向梁武帝启奏，请求朝廷赐他万匹锦为军人做战袍，中领军朱异提议给他青布。侯景又以朝廷供给的武器不精良为由，奏请派来东冶的锻造工人，打算再营造一些武器。侯景任命安北将军夏侯夔的儿子夏侯谱为长史，任命徐思玉为司马，夏侯谱于是去掉了“夏”字，直接称“侯”，假托是侯景的同族后代。

【原文】

上既不用景言，与东魏和亲，是后景表疏稍稍悖慢[①]；又闻徐陵等使魏[②]，反谋益甚。元贞知景有异志[③]，累启还朝。景谓曰：“河北事虽不果，江南何虑失之，何不小忍！”贞惧，逃归建康，具以事闻；上以贞为始兴内史[④]，亦不问景。

【注释】

①悖慢：违逆不敬，背理傲慢。②徐陵：南朝梁陈时期著名诗人。公元548年，奉命出使东魏。次年因为侯景之乱，被迫留在邺城。③元贞：咸阳王元贞。④始兴：今广东韶关市曲江区。内史：官名，地方上掌民政的官员。

【译文】

梁武帝没有采纳侯景的意见，与东魏友好往来，和睦相亲，这以后，侯景写给梁武帝的奏折态度渐渐傲慢起来。后来，他又听说徐陵等人出使东魏，反叛的念头更强烈了。元贞知道侯景有反心，屡次上表请求返回朝廷。侯景对他说:“黄河北边的事虽然没有成功，又何必担心会失掉长江南边呢，何不稍稍忍耐一下！”元贞听后十分恐惧，逃回了建康，将侯景要反叛的事上奏梁武帝。梁武帝任命元贞为始兴内史，也没有追问侯景的事。

【原文】

鄱阳王范密启景谋反。时上以边事专委朱异，动静皆关之，异以为必无此理。上报范曰：“景孤危寄命，譬如婴儿仰人乳哺，以此事势，安能反乎？”范重陈之曰：“不早翦扑[①]，祸及生民。”上曰：“朝廷自有处分，不须汝深忧也。”范复请以合肥之众讨之，上不许。朱异谓范使曰：“鄱阳王遂不许朝廷有一客！”自是范启，异不复为通[②]。

【注释】

① 翦扑：剪除，扑灭。② 通：转达，通告。

【译文】

鄱阳王萧范密奏侯景谋反。当时，梁武帝把边境的事务都交付给朱异全权负责，边境有什么动静都直通朱异，朱异认为萧范所说的没有道理。于是武帝回信答复鄱阳王萧范说：“侯景在孤立危难之际归附我朝，就像婴儿要仰仗人的乳汁来哺育一样，从这些来看，他怎么能反叛呢？”鄱阳王萧范再次向梁武帝陈述

鄱阳王萧范密奏侯景谋反。

说："如果不尽早消灭侯景，必将祸及百姓。"梁武帝答复说："朝廷自有处置，此事你就不必多担心了。"鄱阳王萧范又请求梁武帝用合肥的军队去讨伐侯景，梁武帝没应许。朱异对萧范的使者说："鄱阳王竟不许朝廷养一个宾客。"自此，只要是萧范给梁武帝的奏表，朱异便不再呈报上去。

【原文】

景邀羊鸦仁同反①，鸦仁执其使以闻。异曰："景数百叛虏，何能为？"敕以使者付建康狱，俄解遣之。景益无所惮②，启上曰："若臣事是实，应罹国宪③；如蒙照察④，请戮鸦仁！"景又言："高澄狡猾，宁可全信！陛下纳其诡语，求与连和，臣亦窃所笑也。臣宁堪粉骨，投命雠门，乞江西一境，受臣控督。如其不许，即帅甲骑，临江上，向闽、越，非唯朝廷

朱异驳回萧范的奏表。

自耻，亦是三公旰食[⑤]。”上使朱异宣语答景使曰：“譬如贫家，畜十客、五客，尚能得意；朕唯有一客，致有忿言，亦朕之失也。”益加赏赐锦彩钱布，信使相望。

【注释】

①羊鸦仁：当时的司州刺史。②惮：畏惧。③罹国宪：遭到国家法律的制裁。④照察：明察，清楚地知道。⑤旰食：晚食。指事务繁忙不能按时吃饭。

【译文】

侯景邀羊鸦仁一起反叛，羊鸦仁捉住侯景的来使，把这事报告了朝廷。朱异说：“侯景手下只有几百个反叛的人，能有什么作为？”梁武帝下令将使者送到建康监狱，不久又释放了他。侯景更加肆无忌惮，向梁武帝启奏说：“若臣谋反是实，应该受到国家法律的制裁；如果陛下明察，请杀掉羊鸦仁！”侯景又启奏说：“高澄为人十分狡猾，怎么可以完全相信他呢？陛下听信了他的话，想与他和好，臣在私下里也觉着这件事可笑。臣怎敢冒粉身碎骨的危险，投到仇人那里呢？请求您将长江西部的一块地区，让臣来控制。如果您不答应，我就统率兵马，到长江上游地区，杀向闽、越地区，这样，不仅朝廷蒙受耻辱，也会使三公大臣们都顾不上吃饭。”梁武帝派朱异宣示上谕答复侯景的来使说：“譬如一个贫寒人家，养十个、五个食客，还能让他们满意；朕只有一个客人，却招致了你这些怨言，这也是朕的过失啊。”这之后，梁武帝更多地赏赐锦彩钱布给侯景以示安慰，信使往来不断。

【原文】

戊戌，景反于寿阳，以诛中领军朱异、少府卿徐驎、太子右卫率陆验、制局监周石珍为名①。异等皆以奸佞骄贪，蔽主弄权，为时人所疾，故景托以兴兵。

【注释】

① 少府卿：官名，掌皇室所用的山河池泽之税。太子右卫率：官名，掌管太子侍卫。制局监：官名，负责皇禁卫兵力的部署及监督包括近侍禁卫武官在内的臣僚的行为。

【译文】

戊戌（初十），侯景在寿阳反叛，以诛杀中领军朱异、少府卿徐驎、太子右卫率陆验、制局监周石珍为名起兵。朱异等人由于为人奸诈、善于花言巧语阿谀奉承，骄奢淫逸而又贪婪，欺骗梁武帝、玩弄权术，被当时的人所痛恨，所以侯景以此为借口起兵叛乱。

侯景在寿阳反叛。

【原文】

己酉，景至慈湖。建康大骇，御街人更相劫掠，不复通行。赦东、西冶、尚方钱署及建康系囚[①]，以扬州刺史宣城王大器都督城内诸军事[②]，以羊侃为军师将军副之，南浦侯推守东府[③]，西丰公大春守石头[④]，轻车长史谢禧、始兴太守元贞守白下[⑤]，韦黯与右卫将军柳津等分守宫城诸门及朝堂。

【注释】

① 东、西冶：朝廷冶炼的机构。尚方钱署：尚方为制造帝王所用器物的官署，指其中的钱署。系囚：关押的囚犯。② 宣城：今安徽宣城。③ 东府：指南京东南的宰相府。④ 石头：今江苏南京西。⑤ 轻车长史：轻车将军府长史。白下：今江苏江宁西北。

【译文】

己酉（二十二日），侯景率军到了慈湖。建康全城都非常惊恐，御街上屡屡发生抢劫，街道已不能通行。朝廷赦免了东冶、西冶、尚方钱署的工人和建康监狱里的犯人，任命扬州刺史宣城王萧大器都督城内诸军事，任命羊侃为军师将军，辅佐萧大器，命南浦侯萧推守卫宰相府，命西丰公萧大春守卫石头城，命轻车长史谢禧、始兴太守元贞守卫白下，命韦黯与右卫将军柳津等分别守宫城的各个城门和朝堂。

【原文】

庚戌，侯景至板桥，遣徐思玉来求见上，实欲观城中虚实。上召问之。思玉诈称叛景请间陈事[①]，上将屏左右，舍人高善宝曰：“思玉从贼中来，情伪难测，安可使独在殿上！”

朱异侍坐，曰："徐思玉岂刺客邪！"思玉出景启，言"异等弄权，乞带甲入朝[②]，除君侧之恶"。异甚惭悚。景又请遣了事舍人出相领解[③]，上遣中书舍人贺季、主书郭宝亮随思玉劳景于板桥。景北面受敕，季曰："今者之举何名？"景曰："欲为帝也！"王伟进曰："朱异等乱政[④]，除奸臣耳。"景既出恶言，遂留季，独遣宝亮还宫。

【注释】

①间：单独。陈事：叙事。②带甲：领兵。③了事：明白事理；精明能干。胡三省注："了事，犹言晓事也。"领解：谓辩难，辩正。胡三省注："领，总录也。解，分判也。领解，言总录景所欲言之事而分判是非也。"④乱政：败坏政治。

【译文】

庚戌（二十三日），侯景的军队来到板桥，他派徐思玉拜见梁武帝，实际是想察看建康城里的虚实。梁武帝召见了他并问了他一些事。徐思玉假称他背叛了侯景，请求单独向梁武帝报告情况，梁武帝要屏退左右，舍人高善宝说："徐思玉从叛贼那里来，真假难以推测，怎么可以让他单独在殿堂上！"当时朱异正坐在梁武帝身边侍奉，他说："徐思玉怎么会是刺客！"徐思玉取出了侯景的启奏，上面写道："朱异等人玩弄权术，臣请求带兵入朝，除掉国君身边的坏人。"朱异感到非常惭愧和恐惧。侯景又请梁武帝派一名明白事理的舍人出来总录侯景要说的事并分辨是非，梁武帝于是派中书舍人贺季、主书郭宝亮跟随徐思玉一起到板桥来慰劳侯景。侯景面向北方承接了诏书，贺季问："你现在举兵到底要干什么？"侯景回答说："是想称皇帝。"王伟上前说："朱异等人搞

贺季问侯景举兵到底要干什么，侯景回答说想称皇帝。

乱了国家政务，我们是要除掉奸臣。”侯景已经说出了要反叛的话，于是便扣留了贺季，只打发郭宝亮回去。

【原文】

百姓闻景至，竞入城，公私混乱，无复次第，羊侃区分防拟[①]，皆以宗室间之。军人争入武库，自取器甲，所司不能禁，侃命斩数人，方止。是时，梁兴四十七年，境内无事，公卿在位及闾里士大夫罕见兵甲[②]，贼至猝迫，公私骇震。宿将已尽，后进少年并出在外，军旅指㧑[③]，一决于侃，侃胆力俱壮，太子深仗之。

【注释】

①区分防拟：布置城区的防御事务。②闾里：民间。③指㧑：即指挥。

侯景率军到了建康，百姓争相逃入城里。

【译文】

百姓听说侯景率军到了建康，争相逃入城里，官员和百姓混杂在一起，完全没了秩序，羊侃布置防守事务，每处都安排皇室成员来监督。军队的官员争相进入武器库，擅自拿取武器盔甲，掌管武器库的人禁止不了，羊侃下令斩杀几个人，才控制住局面。当时，梁朝建立四十七年，国内太平无事，朝中公卿及闾里士大夫都很少见到兵器和铠甲，现在，叛贼突然兵临城下，事起仓促，官员与百姓都很震惊。当时有经验的老将大多已过世，后进少年可以作战的又大多领兵防守边境，军队的指挥，完全由羊侃一人决定，羊侃有胆有谋，太子非常仰仗他。

【原文】

辛亥，景至朱雀桁南①，太子以临贺王正德守宣阳门，东宫学士新野庾信守朱雀门②，帅宫中文武三千馀人营桁北。太子命信开大桁以挫其锋③，正德曰："百姓见开桁，必大惊骇，可且安物情。"太子从之。俄而景至，信帅众开桁，始除一舶，见景军皆著铁面，退隐于门。信方食甘蔗，有飞箭中门柱，信手甘蔗，应弦而落，遂弃军走。南塘游军沈子睦④，临贺王正德之党也，复闭桁渡景。太子使王质将精兵三千援信，至领军府，遇贼，未陈而走。正德帅众于张侯桥迎景，马上交揖，既入宣阳门，望阙而拜，歔欷流涕，随景渡淮。景军皆著青袍，正德军并著绛袍，碧里，既与景合，悉反其袍。景乘胜至阙下，城中恼惧，羊侃诈称得射书云："邵陵王、西昌侯援兵已至近路[⑤]。"众乃少安。西丰公大春弃石头，奔京口；谢禧、元贞弃白下走；津主彭文粲等以石头城降景[⑥]，景遣其仪同三司于子悦守之。

【注释】

①朱雀桁：朱雀桥。桁，浮桥。②新野：今河南新野。③信：即庾信，南北朝文学家。庾信早年曾任梁湘东国常侍等职，陪同太子萧纲（梁简文帝）等写作一些绮艳的诗歌。梁武帝末，侯景叛乱，庾信时为建康令，率兵御敌，战败。建康失陷，他被迫逃亡江陵，投奔梁元帝萧绎。元帝承圣三年（公元554年）他奉命出使西魏，抵达长安不久，西魏攻克江陵，杀萧绎。他被留在长安，官至骠骑大将军开府仪同三司，故又称"庾开府"。开大桁：拆除浮桥。④南塘游军：秦淮河南的军队。⑤邵陵王：萧纶。西昌侯：萧渊藻。⑥津主：负责要塞的长官。

【译文】

辛亥（二十四日），侯景到了朱雀门浮桥的南面，太子命临贺王萧正德守卫宣阳门，东宫学士新野庾信守朱雀门，带领宫中文武官员三千余人在浮桥北面安营扎寨。太子命庾信

梁军的指挥完全由羊侃一人决定。

拆掉浮桥以挫败侯景的先锋，萧正德说："百姓见到浮桥断了，一定会非常惊恐，还是暂且先安抚百姓的情绪。"太子接受了这个建议。一会儿，侯景的人马到了，庾信带人断开了桥，才解开一艘浮船，就见侯景军都戴着铁面具，庾信的手下便马上隐藏到城门楼上。庾信正在吃甘蔗，一支箭飞来射中了城门柱子，庾信手中的甘蔗应声落地，于是，他就丢下军队逃走了。南塘游军将领沈子睦，是临贺王萧正德的党羽，又修好了浮桥让侯景的人马通过。太子派王质带三千精兵增援庾信，王质率军到了领军府，遭遇叛军，士兵还没有摆开阵势就纷纷逃走了。萧正德率人马在张侯桥迎接侯景，他们在马上相互行礼，进入宣阳门后，萧正德望着宫门跪拜，感叹流泪，跟随侯景一起渡过淮河。侯景的士兵都穿青色战袍，萧正德的士兵都穿绿色里子的绛色战袍，与侯景军会合后，萧正德就命令他的士兵都把袍子反过来穿。侯景乘胜追到城楼下面，城中人十分恐惧，羊侃谎称得到一封射进来的书信，说："邵陵王、西昌侯的援兵已到达附近。"众人才稍微镇定了些。西丰公萧大春放弃石头城，逃往京口；谢禧、元贞放弃白下逃走；津主彭文粲等人率石头城军民投降了侯景，侯景派他的仪同三司于子悦镇守石头城。

【原文】

壬子，景列兵绕台城[①]，幡旗皆黑[②]，射启于城中曰："朱异等蔑弄朝权，轻作威福，臣为所陷，欲加屠戮。陛下若诛朱异等，臣则敛辔北归。"上问太子："有是乎？"对曰："然。"上将诛之。太子曰："贼以异等为名耳，今日杀之，无救于急，适足贻笑将来[③]，俟贼平诛之未晚。"上乃止。

【注释】

① 台城：即宫城。② 幡：旗帜。③ 贻笑：见笑。

侯景带兵包围台城。

【译文】

壬子（二十五日），侯景带兵包围台城，他的旗帜都是黑色的，他将一封信射入城中，信上说："朱异等人弄权乱政，作威作福，臣被他们陷害，想杀掉我。如果陛下诛除朱异等人，臣就收兵回北方。"梁武帝问太子："有这种事吗？"太子回答说："是这样。"梁武帝想斩杀朱异等人。太子说："侯景不过是用朱异等人为借口而已，现在即使杀了朱异等人，于眼下也无济于事，只会将来被人笑话罢了，等叛乱平定后再杀掉他也不晚。"梁武帝于是没有杀朱异。

【原文】

景绕城既匝[①]，百道俱攻，鸣鼓吹唇[②]，喧声震地。纵火烧大司马、东西华诸门。羊侃使凿门上为窍，下水沃火[③]；太子自捧银鞍，往赏战士；直阁将军朱思帅战士数人逾城出外洒水[④]，久之方灭。贼又以长柯斧斫东掖门[⑤]，门将开，羊侃凿扇为孔，以槊刺杀二人[⑥]，斫者乃退。景据公车府[⑦]，正德据左卫府[⑧]，景党宋子仙据东宫，范桃棒据同泰寺。景取东宫妓数百，分给军士。东宫近城，景众登其墙射城内。至夜，景于东宫置酒奏乐，太子遣人焚之，台殿及所聚图书皆尽。景又烧乘黄厩、士林馆、太府寺[⑨]。癸丑，景作木驴数百攻城，城上投石碎之。

景更作尖项木驴，石不能破。羊侃使作雉尾炬，灌以膏蜡，丛掷焚之，俄尽。景又作登城楼，高十馀丈，欲临射城中。侃曰："车高堑虚，彼来必倒，可卧而观之。"及车动，果倒。

【注释】

①匝：环绕一周。②吹唇：吹口哨。胡三省注："吹唇者，以齿啮唇作气吹之，其声如鹰隼；其下者以指夹唇吹之，然后有声，谓之啸指。"③沃火：用水浇灭火。④逾城：翻墙出城。⑤长柯斧：长柄斧子。斫：砍。⑥槊：长杆矛。⑦公车府：掌管宫门的官署。⑧左卫府：负责守卫皇宫的左卫部队官署。⑨乘黄厩：官署名。东汉太仆寺有未央厩，三国魏改乘黄厩，掌皇室车马及驾驭之法。士林馆：延集文士谈论学问的处所。在南京城西，梁武帝设立。太府寺：宫廷仓库。

侯景将建康城包围起来。

【译文】

侯景将城包围起来后，各处一齐攻城，他们敲着战鼓，吹起了口哨，喧嚣的声音震撼了大地。侯景叫人放火烧大司马门、东华门、西华门。羊侃派人在门上凿出洞，

太子派人纵火烧东宫。

用水灌入其中浇灭火焰；太子亲自捧着银制的马鞍，前去赏给有功的将士；直阁将军朱思率战士数人翻墙出城洒水，过了很久火才被浇灭。叛军又用长柄斧子砍东掖门，门就要被砍开的时候，羊侃叫人在门扇上凿出小孔，用槊刺杀了两名敌人，砍门的士兵才退了回去。侯景占领了公车府，萧正德占领了左卫府，侯景的党羽宋子仙占领了东宫，范桃棒占领了同泰寺。侯景把东宫里的几百名歌女分给了他手下的官兵。东宫靠近台城，侯景的士兵登上了东宫城墙向台城内射箭。到了夜里，侯景在东宫摆设酒宴，奏起音乐。太子派人纵火烧东宫，东宫建筑和所聚图书都化为灰烬。侯景又派人去焚烧乘黄厩、士林馆以及太府寺。癸丑（二十七日），侯景制作了几百个木驴用来攻打皇城，城上的人向木驴投掷石头击碎了木驴。侯景又改制了一种尖顶的木驴，石头无法将它击碎。羊侃让人制作了一种像鸡尾形状的火炬，灌上油脂和蜡，然后聚集众多火炬，点上火一起投向木驴，木驴很快就被烧掉了。侯景又制造了一种攀登城楼的战车，战车高十多丈，想用它居高

临下向城里射箭。羊侃说："战车高壕沟土虚，战车到了壕沟边一定会倒下，我们可以埋伏起来观看它。"等战车到了壕沟边，果然倒下了。

【原文】

景攻既不克，士卒死伤多，乃筑长围以绝内外，又启求诛朱异等。城中亦射赏格出外曰[①]："有能送景首者，授以景位，并钱一亿万，布绢各万匹。"朱异、张绾议出兵击之，问羊侃，侃曰："不可。今出人若少，不足破贼，徒挫锐气；若多，则一旦失利，门隘桥小，必大致失亡。"异等不从，使千馀人出战；锋未及交，退走，争桥赴水死者大半。

【注释】

① 赏格：悬赏所定的报酬条件。

【译文】

侯景攻城没有成功，死伤的士兵又很多，于是便修筑起一条长长的围子来隔断皇城内外的联系，同时又向梁武帝启奏请求诛杀朱异等人。皇城里也向城外射出悬赏所定的报酬条件，上面写道："有能把侯景首级送来的人，就把侯景的爵位授给他，并赏赐一亿万钱，一万匹布和一万匹绢。"朱异、张绾商议出兵攻打侯景，征询羊侃的意见，羊侃说："不可以现在出兵。如果出兵少，不能攻破贼兵，只会白白地挫伤自己的锐气；如果出兵多，一旦失利，城门狭窄、浮桥又小，一定会导致重大伤亡。"朱异等人不听从羊侃的劝告，派出一千多人出去与侯景交战；还没交锋，就退了回来，在争着过桥时掉进水中淹死了一大半。

【原文】

景声言上已晏驾，虽城中亦以为然。壬戌，太子请上巡城，上幸大司马门，城上闻跸声①，皆鼓噪流涕，众心粗安②。

【注释】

①跸声：谓古代帝王出入时左右侍卫止人清道的吆喝声。②粗安：略微安定下来。粗：略微，大略。安：平静，稳定。

【译文】

侯景造谣说梁武帝已经去世，就连城里的人也以为这是真的。壬戌（初五），太子请梁武帝巡视全城，梁武帝巡幸到大司马门时，城上的守军听到皇帝来了，都喧噪起来，流下了眼泪，军心这才稍稍安定下来。

【原文】

景初至建康，谓朝夕可拔，号令严整，士卒不敢侵暴①。及屡攻不克，人心离沮。景恐援兵四集，一旦溃去；又食石头常平诸仓既尽②，军中乏食；乃纵士卒掠夺民米及金帛子女。是后米一升至七八万钱，人相食，饿死者什五六。

侯景到建康后肆无忌惮强取豪夺。

【注释】

①侵暴：侵犯骚扰。

②石头常平诸仓：石头城中政府官仓。

【译文】

侯景刚到建康时，以为可以很快攻克建康，所以当初他的军队号令严格，仪容整齐，士兵们不敢侵扰凌暴百姓。等到屡攻不克，军心开始离散、沮丧。侯景担心救援建康的援兵从四面八方汇集到这里，自己的军队迟早会有溃退的一天；加上石头城中备用粮仓的粮食已经吃光了，军中缺粮；于是，侯景就放纵士卒掠夺百姓的粮食以及金银、丝织品和百姓的儿女。从这以后，米的价格一升涨到七八万钱，以致造成人吃人的情况，建康城饿死的人达到十分之五六。

【原文】

乙丑，景于城东、西起土山，驱迫士民，不限贵贱，乱加殴捶[①]，疲羸者因杀以填山[②]，号哭动地。民不敢窜匿[③]，并出从之，旬日间，众至数万。城中亦筑土山以应之。太子、宣城王已下，皆亲负土，执畚锸，于山上起芙蓉层楼，高四丈，饰以锦罽。募敢死士二千人，厚衣袍铠，谓之“僧腾客”，分配二山，昼夜交战不息。会大雨，城内土山崩；贼乘之，垂入，苦战不能禁。羊侃令多掷火，为火城以断其路，徐于内筑城，贼不能进。

【注释】

①殴捶：殴打。②羸：身体瘦弱。③窜匿：逃跑和躲藏。

【译文】

乙丑（初八），侯景在城东、城西堆起土山，他驱赶、强迫老

侯景驱赶、强迫士民干活。

百姓去干活，不分贵贱，都乱加殴打。那些疲劳瘦弱的人就被杀死填入土山中，百姓的哭号声惊天动地。百姓不敢躲藏逃跑，都只得出来听命，十来天的时间，人数达到几万。建康城中也筑起土山对付侯景建造的土山。太子及宣城王以下的人都亲自背土，手握簸箕与铁锹，在土山上筑起了几层芙蓉高楼，楼高四丈，用彩帛和毳布饰起来。朝廷又招募了二千名敢于拼死战斗的士兵，给他们穿上厚厚的战袍和铠甲，称之为“僧腾客”，把这些战士分配在东土山和西土山上，他们日夜不停地与侯景的军队交战。这天正赶上大雨，城内的土山崩塌了；贼兵趁机从高处往城内坠下士兵，守军与贼兵浴血奋战，但也没能拦住贼兵。羊侃命令手下多投掷火把，形成一道火墙以切断贼兵的来路，接着在城内筑起城墙，侯景的军队无法攻进来。

【原文】

俄而景遣王伟入文德殿奉谒①，上命褰帘开户引伟入②，伟拜呈景启，称："为奸佞所蔽，领众入朝，惊动圣躬，今诣阙待罪③。"上问："景何在？可召来。"景入见于太极东堂，以甲士五百人自卫。景稽颡殿下④，典仪引就三公榻⑤。上神色不变，问曰："卿在军中日久，无乃为劳！"景不敢仰视，汗流被面。又曰："卿何州人，而敢至此，妻子犹在北邪？"景皆不能对。任约从旁代对曰："臣景妻子皆为高氏所屠，唯以一身归陛下。"上又问："初渡江有几人？"景曰："千人。""围台城几人？"曰："十万。""今有几人？"曰："率土之内，莫非己有。"上俯首不言。

【注释】

①奉谒：拜见。②褰帘开户：打开门，掀起帘子。③诣阙待罪：到宫门请罪。④稽颡：古代一种跪拜礼，屈膝下拜，以额触地，表示极度的虔诚。⑤典仪：引导官员依照礼仪行事的官员。三公榻：三公的座位。

侯景到太极殿东堂晋见梁武帝。

【译文】

没过多久，侯景派王伟到文德殿拜见梁武帝，梁武帝命人揭起帘幕，打开房门带王伟进来，王伟拜呈侯景文书，声称："我们受到奸佞的蒙蔽，带领人马进入朝堂，惊动了皇上，现在特地到宫中等候降罪。"梁武帝问道："侯景在什么地方？可以把他叫来。"侯景到太极殿东堂晋见梁武帝，带了五百多全副武装的兵士保护自己。侯景在大殿下面屈膝下拜，以额触地，典仪带他来到三公坐的榻前。梁武帝神色不变，问侯景道："你在军队里的时间很长，真是劳苦功高！"侯景不敢抬头正视梁武帝，汗流满面。梁武帝又问："你是哪个州的人，敢到这里来，妻儿还在北方吗？"对这些问题侯景都不能回答。任约在旁边代侯景答道："臣下侯景的妻儿都被高氏杀光了，只有我单身一人投靠陛下。"梁武帝又问道："当初你渡江过来的时候有多少人？"侯景说道："一千人。""包围台城时有多少人？"回答说："十万人。""现在有多少人？"侯景回答："四海之内没有不属于我的人。"梁武帝低下头不再说话。

【原文】

景退，谓其厢公王僧贵曰[①]："吾常跨鞍对陈，矢刃交下，而意气安缓，了无怖心；今见萧公，使人自慑[②]，岂非天威难犯！吾不可以再见之。"于是悉撤两宫侍卫，纵兵掠乘舆、服御、宫人皆尽。收朝士、王侯送永福省，使王伟守武德殿，于子悦屯太极东堂。矫诏大赦，自加大都督中外诸军、录尚书事。

建康士民逃难四出。太子洗马萧允，至京口，端居不行，曰："死生有命，如何可逃！祸之所来，皆生于利；敬不求利，祸从何生！"

【注释】

①厢公：侯景对其亲信封加的官号。②自慑：慑服，从内心觉得畏惧。

【译文】

侯景退出后，对他的厢公王僧贵说道："我平时在战场上跨鞍对阵，面临刀丛箭雨，心绪平稳如常，没有觉得害怕；今天见到萧公，让人从内心觉得惶恐惊惧，这岂不是天子的威严难以触犯吗！我不能再见到他了。"于是他将两宫侍卫全部撤掉，放纵士兵将车马、服饰、宫人抢掠一空。收捕朝士、王侯送到永福省，派王伟守卫武德殿，于子悦驻守在太极殿的东堂。侯景又假传圣旨大赦天下，加封自己为都督中外诸军、录尚书事。

建康的老百姓从四面逃出建康。太子洗马萧允来到京口，端坐不走，说："死生都是命中注定，怎么可以逃掉呢！所有的灾祸都是因追逐利益造成的，如果不追求利益，灾祸从哪里来呢！"

【原文】

上虽外为侯景所制，而内甚不平。景欲以宋子仙为司空[①]，上曰："调和阴阳，安用此物！"景又请以其党二人为便殿主帅[②]，上不许。景不能强，心甚惮之。太子入，泣谏，上曰："谁令汝来！若社稷有灵，犹当克复；如其不然，何事流涕！"景使其军士入直省中，或驱驴马，带弓刀，出入宫庭，上怪而问之，直阁将军周石珍对曰："侯丞相甲士。"上大怒，叱石珍曰："是侯景，何谓丞相！"左右皆惧。是后上所求多不遂志，饮膳亦为所裁节，忧愤成疾。太子以幼子大圜属湘东王绎，并剪爪发以寄之。五月丙辰，上卧净居殿，口苦，索蜜不得，再曰："荷！荷！"遂殂[③]。年八十六。景秘不发丧，迁殡于昭阳殿，迎太子于永福省，使如常入朝。王伟、陈庆皆侍太子，太子呜咽流涕，不敢泄声，殿外文武皆莫之知。

【注释】

① 司空：负责最高国务的长官。② 便殿主帅：正殿以外的别殿主帅，负责宫廷警卫。③ 殂：死亡。

【译文】

梁武帝虽然表面上被侯景控制，但他的心里却非常不平。侯景想让宋子仙出任司空，梁武帝说："三公这个职位是负责调和阴阳的，怎么可以任用宋子仙这种人！"侯景又请求让他手下二人出任便殿主帅，梁武帝不同意。侯景不能强迫梁武帝，心里非常怕他。太子进来，流着泪劝告梁武帝，梁武帝说道："谁让你来的！如果国家的神灵还在，还可以恢复；如果不是这样，流泪又有什么用！"侯景派手下的士兵到几个省里值勤，有人赶着驴马，带着弓刀，在宫廷中出出进进。梁武帝觉得奇怪，问这是怎么回事，直阁将军周石珍回答说："这是侯丞相的卫兵。"梁武帝听了非常愤怒，斥责周石珍道："是侯景，为什么叫他丞相！"旁边的人都很害怕。从此以后梁武帝所提出的要求多数都不能满足，饮食也被侯景裁减，在忧虑与气愤交加的

梁武帝生病躺在净居殿。

情况下病倒了。太子把幼子萧大圜托付给湘东王萧绎，并将剪下的头发与指甲寄给他。五月丙辰（初二），梁武帝躺在净居殿，嘴里发苦，要喝蜂蜜水却没人给他，连说两声：“荷！荷！”就死去了。享年八十六岁。侯景封锁消息不发丧，将梁武帝的遗体收殓后移到昭阳殿，从永福省接来太子，叫他像平常一样入朝。王伟、陈庆都跟在太子身边，太子呜咽着泪流满面，不敢发出声音，殿堂外文武百官都不知道武帝死了。

【原文】

高祖之末，建康士民服食、器用，争尚豪华，粮无半年之储，常资四方委输[①]。自景作乱，道路断绝，数月之间，人至相食，犹不免饿死，存者百无一二。贵戚、豪族皆自出采稆[②]，填委沟壑[③]，不可胜纪。

【注释】

①委输：转运。②稆：野生的禾。③填委沟壑：指人倒毙在水沟山谷中。

【译文】

梁武帝末年，建康城的官民在吃、穿、用方面都竞相崇尚豪华，家中没有超过半年的存粮，常常要靠各地运来粮食。自从侯景叛乱后，交通断绝，数月之间，建康就到了人吃人的地步，很多人这样还免不了被饿死，一百个人里面活下来的也不到一两个人。皇亲国戚、豪门大族都自己出去采野生的稻子，一时间因饿死倒毙在水沟和山谷中的不计其数。

陈纪

杨坚篡周

【导语】

中国自汉末以来经历了魏晋南北朝四百多年的长期分裂，自十六国时起，黄河流域的汉族人民长期遭受非汉族统治者的歧视和虐待，北方士庶都渴望复汉。周武帝灭北齐后，汉族势力进一步加强。公元561年，周武帝即位，推行中央集权，扩大府兵兵源，出兵灭北齐，统一北方。周武帝死后，周宣帝继位。周宣帝昏狂暴虐，屠杀宗室和大臣，颁布《刑经圣制》，用法严苛。外至朝士，内至宫女，人人恐怖，均有朝不保夕之感。宣帝在位二年而卒，在他病重时，杨坚以后父之尊应诏侍疾。

到了周静帝时，杨坚的父亲杨忠是北周勋臣，他的女儿是周宣帝正后，作为杨皇后父亲的杨坚在朝中有很高的威望和势力，他是士族高门，宗兵多达三千人。王船山在《读通鉴论》中说，周宣帝临死时，谋士李德林和高颎合谋矫诏引杨坚入宫辅政。时周静帝仅八岁，以杨坚为左大丞相，总领朝纲，都督内外诸军事。是年十二月加九锡，晋爵隋王，坚遂握有军政大权。杨坚在辅政时，革除周宣帝所行暴政，删削《刑经圣制》，改作《刑书要制》，用法较为宽大。又令汉人各复本姓，废弃宇文泰所给鲜卑姓。这都是符合汉族人愿望的。

公元581年，杨坚灭周，建立隋朝。杨坚即位后，首先取消北周官制，恢复汉、魏官制，这是表示真正恢复了汉族政权。此外，杨坚又躬行节俭，努力营造良好的个人形象。到此时，杨坚已经准备好了一切，改周为隋不过是个仪式而已。

【原文】

太建十二年（庚子，公元580年）

周杨后性柔婉[①]，不妒忌，四皇后及嫔[②]、御等，咸爱而仰之。天元昏暴滋甚[③]，喜怒乖度[④]，尝谴后，欲加之罪。后进止详闲，辞色不挠[⑤]，天元大怒，遂赐后死，逼令引决[⑥]，后母独孤氏诣阁陈谢[⑦]，叩头流血，然后得免。

【注释】

① 周杨后：北周宣帝宇文赟的正室杨皇后，杨坚之女。② 四皇后：周宣帝立五位皇后，除了杨后外，还有朱氏、陈氏、元氏、尉迟氏。③ 天元：即周宣帝，称天元皇帝。滋甚：更加厉害。④ 乖度：背离常理。⑤ 不挠：不屈。⑥ 引决：自杀。⑦ 独孤氏：杨坚之妻，杨皇后母亲。诣阁陈谢：到皇宫请罪。诣，前往。

【译文】

太建十二年（庚子，公元580年）

北周杨皇后性格柔顺，不妒忌，其他四位皇后以及后宫中的九嫔、侍御等都爱戴并敬重她。天元皇帝越来越昏庸暴虐，喜怒无常，曾责备杨皇后，想强加给她罪名。杨皇后举止安详，言语态度没有屈服的表

天元皇帝曾责备杨皇后，想强加给她罪名。

示，天元皇帝大怒，遂将杨皇后赐死，逼着她自杀，杨皇后的母亲独孤氏闻讯后，急忙到皇宫为杨皇后求情，以至叩头流血，杨皇后才得以幸免。

【原文】

后父大前疑杨坚[①]，位望隆重，天元忌之，尝因忿谓后曰："必族灭尔家！"因召坚，谓左右曰："色动，即杀之。"坚至，神色自若，乃止。内史上大夫郑译[②]，与坚少同学，奇坚相表，倾心相结。坚既为帝所忌，情不自安，尝在永巷[③]，私于译曰："久愿出藩[④]，公所悉也，愿少留意！"译曰："以公德望，天下归心。欲求多福，岂敢忘也！谨即言之。"

【注释】

①大前疑：古官名。四辅之一。杨坚：隋朝的开国君主。②内史上大夫：北周官名，相当于统治者的辅佐。郑译：仕北周，官内史上大夫，参决朝政。与杨坚为同学，辅佐其代周建隋。③永巷：皇宫的长巷，是未分配到各宫去的宫女的集中居住处。④出藩：出任地方长官。

【译文】

杨皇后的父亲大前疑杨坚，地位尊崇，声望显赫，天元皇帝一直猜忌他，曾经发怒时对杨皇后说："我一定将你家灭族。"于是传令召杨坚进宫，对左右侍从说："要是他神色变了，立即杀死他。"杨坚到了以后，神色自若，天元皇帝就没有杀他。内史上大夫郑译，与杨坚是少时同学，对杨坚的相貌感到惊奇，诚心诚意与他结交。杨坚遭到天元皇帝的猜忌，心中忐忑不安，他曾经在长巷遇到郑译，悄悄地对郑译说：“一直想出朝镇守一方，这你是知道的，希望你能为我留意！”郑译说：“以你的德望，天下归心。我也想为将来求多福，岂敢遗忘您托付的事呢！我很快就向皇帝进言。”

【原文】

天元将遣译入寇[1]，译请元帅。天元曰：“卿意如何？”对曰：“若定江东，自非懿戚重臣[2]，无以镇抚，可令随公行，且为寿阳总管以督军事。”天元从之。己丑，以坚为扬州总管，使译发兵会寿阳。将行，会坚暴有足疾[3]，不果行。

天元皇帝问郑译谁可以担任元帅。

【注释】

① 入寇：南征陈朝。② 懿戚：皇亲国戚。③ 暴：突然。

【译文】

天元皇帝准备派郑译率军南征陈朝，郑译请求朝廷任命元帅。天元皇帝问：“你认为谁合适？”郑译答道：“如果要平定江东，不用朝廷懿戚重臣，无法镇抚，可以让随公杨坚随军前往，担任寿阳总管以掌管军事。”天元皇帝答应了郑译的请求。己丑（初五），天元皇帝任命杨坚为扬州总管，令郑译调遣军队与杨坚到寿阳会合。将要出发时，适逢杨坚突然患上了脚病，结果没有成行。

【原文】

甲午夜，天元备法驾，幸天兴宫，乙未，不豫而还。小御正博陵刘昉[①]，素以狡谄得幸于天元[②]，与御正中大夫颜之仪并见亲信[③]。天元召昉、之仪入卧内，欲属以后事[④]，天元喑[⑤]，不复能言。昉见静帝幼冲[⑥]，以杨坚后父，有重名，遂与领内史郑译、御饰大夫柳裘、内史大夫杜陵韦谟、御正下士朝那皇甫绩谋引坚辅政[⑦]，坚固辞，不敢当；昉曰："公若为，速为之；不为，昉自为也。"坚乃从之，称受诏居中侍疾。

【注释】

①小御正：官名。北周所置。博陵：今河北安平。刘昉：和郑译一起都是杨坚代周的重要帮手。②狡谄：狡猾，善于奉承。③御正中大夫：官名。北周所置。④同"属：嘱"，嘱托。⑤喑：哑，不能说话。⑥静帝：宇文阐，宣帝之子，其时八岁。⑦领内史：即内史上大夫。御饰大夫：掌管皇宫首饰的官员。内史大夫：官名，北周置。杜陵：今陕西西安东南。御正下士：官名。北周所置。朝那：今甘肃平凉西北。

【译文】

甲午（初十）夜，天元皇帝乘坐车驾，临幸天兴宫。乙未（十一日），因身体不适返回。小御正博陵人刘昉，一向以狡黠谄媚得到天元皇帝的宠爱，与御正中大夫颜之仪都为天元宣帝亲近和信任。天元皇帝召见刘昉、颜之仪到卧室，想向他们托付后事，但当时天元宣帝嗓子哑了，不能再说话。刘昉见静帝年幼，而杨坚是杨皇后的父亲，声名显赫，就和领内史郑译、御饰大夫柳裘、内史大夫杜陵人韦谟、御正下士朝那人皇甫绩商量请杨坚辅政。

杨坚执意辞让，不敢奉命，刘昉说："您如果想干，就赶快接受任命；如果不想干，我自己出任此职。"杨坚这才答应，对外则宣称奉天元皇帝诏命，要他住进宫中侍候宣帝的疾病。

【原文】

是日，帝殂[①]。秘不发丧。昉、译矫诏以坚总知中外兵马事。颜之仪知非帝旨，拒而不从。昉等草诏署讫[②]，逼之仪连署[③]，之仪厉声曰："主上升遐[④]，嗣子冲幼，阿衡之任[⑤]，宜在宗英。方今赵王最长，以亲以德，合膺重寄[⑥]。公等备受朝恩，当思尽忠报国，奈何一旦欲以神器假人[⑦]！之仪有死而已，不能诬罔先帝。"昉等知不可屈，乃代之仪署而行之。诸卫既受敕[⑧]，并受坚节度[⑨]。

刘昉、郑译假传诏命，颜之仪拒绝服从。

【注释】

①殂：去世。②讫：完毕，结束。③连署：共同署名。④升遐：帝王去世的婉称。⑤阿衡：指国家辅弼之任，宰相之职。⑥膺：承当，接受。⑦神器：比喻皇权。⑧诸卫：各禁卫军。⑨节度：节制，指挥。

【译文】

当天，天元皇帝驾崩。宫中对外秘而不宣。刘昉、郑译又假传诏命，让杨坚总管朝野内外的军队。颜之仪知道这不是天元皇帝的命令，就拒绝服从诏命。刘昉等人草拟好诏书并署上自己的名字后，逼颜之仪共同签署，颜之仪厉声说："主上驾崩，继位的皇帝年幼，辅政的重任应该由宗室中有能力的人担任。如今赵王年纪最大，他既是宗室至亲，又有德行和才干，理当担负辅政重任。你们诸位备受朝廷恩惠，应当考虑怎样尽忠报国，怎么能就这样把天下的权柄授予他姓之人呢！我颜之仪宁死也不能欺骗先帝。"刘昉等人知道无法使颜之仪屈从，于是代替颜之仪签上名字，然后颁行诏书。军队各部既然都接到了天元皇帝的诏命，于是都听从杨坚的指挥。

【原文】

坚恐诸王在外生变，以千金公主将适突厥为辞[①]，征赵、陈、越、代、滕五王入朝[②]。坚索符玺，颜之仪正色曰："此天子之物，自有主者，宰相何故索之！"坚大怒，命引出，将杀之；以其民望，出为西边郡守。

杨坚索要天元皇帝的兵符玺印，颜之仪厉声拒绝。

【注释】

①千金公主：北周宣帝的弟弟、赵王宇文招的女儿。适：嫁。②赵、陈、越、代、滕五王：

赵王宇文招、陈王宇文纯、越王宇文盛、代王宇文达、滕王宇文逌。

【译文】

杨坚担心宗室诸王在外发动叛乱，就以千金公主将要嫁到突厥为借口，征召赵王宇文招、陈王宇文纯、越王宇文盛、代王宇文达、滕王宇文逌五王入朝。杨坚索要天元皇帝的兵符玺印，颜之仪严厉地拒绝道："符玺是天子使用的东西，自然有职掌机构掌管，宰相为什么索要这些呢？"杨坚大怒，命人将颜之仪拉出去，准备杀掉他；后来杨坚考虑到他很有民望，于是就派他到西边去做郡守。

【原文】

丁未，发丧。静帝入居天台，罢正阳宫①。大赦，停洛阳宫作。庚戌，尊阿史那太后为太皇太后，李太后为太帝太后，杨后为皇太后，朱后为帝太后，其陈后、元后、尉迟后并为尼。以汉王赞为上柱国、右大丞相，尊以虚名，实无所综理。以杨坚为假黄钺、左大丞相，秦王贽为上柱国。百官总已以听于左丞相②。

【注释】

① 正阳宫：静帝原来居住的宫殿，天台是宣帝住的宫殿。② 总已：全部，总体。

【译文】

丁未（二十三日），北周为天元皇帝发丧。静帝入住天台，下令废除正阳宫的名称。静帝又下令大赦天下，停止洛阳宫的修建。庚戌（二十六日），静帝下诏尊称阿史那太后为太皇太后，李太后为太帝太后，杨皇后为皇太后，朱皇后为帝太后。陈皇后、元皇后、尉迟皇后出家为尼。任命汉王宇文赞为上柱国、右大丞相，外示尊崇，实际上没有任何权力。任命杨坚为假黄钺、左大丞相，秦王宇文贽为上柱国。还下令朝中百官服从左丞相的命令。

【原文】

坚初受顾命①，使邗国公杨惠谓御正下大夫李德林曰②："朝廷赐令总文武事，经国任重。今欲与公共事，必不得辞。"德林曰："愿以死奉公。"坚大喜。始，刘昉、郑译议以坚为大冢宰③，译自摄大司马④，昉又求小冢宰⑤。坚私问德林曰："欲何以见处？"德林曰："宜作大丞相、假黄钺、都督中外诸军事，不尔，无以压众心。"及发丧，即依此行之。以正阳宫为丞相府。

【注释】

①顾命：帝王临终前遗命。②李德林：隋初名臣。③大冢宰：周官名。为六卿之首，亦称太宰。④大司马：官名，南北朝以大将军、大司马为二大。⑤小冢宰：北周官名。

李德林对杨坚说：您应当担任大丞相。

【译文】

杨坚最初受命辅政时，就派邗国公杨惠对御正下大夫李德林说："朝廷赐令让左丞相总管文武事宜，治理国家的责任重大。如今想和您一起谋划大事，您一定不要推辞。"李德林说："愿以死侍奉左丞相。"杨坚非常高兴。最初，刘昉、郑译商议，想让杨坚出任大冢宰，郑译自己担任大司马，刘昉又求担任小冢宰。杨坚私下问李德林："你说我应该怎么办？"李德林说："您应当担任大丞相、假黄钺、都督中外诸军事，不这样做，就不能镇服众心。"等到为天元皇帝办完丧事，杨坚就按照李德林所说的去做了，将正阳宫改为丞相府。

【原文】

时众情未壹，坚引司武上士卢贲置左右[①]。将之东宫，百官皆不知所从。坚潜令贲部伍仗卫[②]，因召公卿，谓曰："欲求富贵者宜相随。"往往偶语[③]，欲有去就[④]，贲严兵而至，众莫敢动。出崇阳门，至东宫，门者拒不纳，贲谕之，不去；瞋目叱之[⑤]，门者遂却，坚入。贲遂典丞相府宿卫[⑥]。贲，辩之弟子也。以郑译为丞相府长史，刘昉为司马，李德林为府属，二人由是怨德林。

【注释】

①司武上士：北周武官名。②部伍仗卫：带领手持武器的侍卫。③偶语：相聚议论或窃窃私语。④去就：取舍。⑤瞋目：睁大眼睛。叱：大声责骂。⑥典：掌管。

【译文】

当时将帅大臣尚未归心于杨坚，杨坚把司武上士卢贲安排在自己的身边。杨坚将要去东宫，百官都不知道该怎么办。杨坚暗中令卢贲部署宿卫禁兵，然后召集公卿，对他们说："想求取富贵的人请跟随我。"公卿大臣们窃窃私语，有的想追随杨坚，有的想

杨坚暗中令卢贲部署宿卫禁兵，然后召集公卿。

留在朝廷。这时，卢贲带着全副武装的禁卫来到，公卿大臣们谁也不敢离去。杨坚和百官出了崇阳门，来到东宫，但守门禁兵阻挡他们进入，卢贲说明情况，守门禁兵仍然不离开。于是卢贲瞪大眼睛，厉声喝令他们闪开，守门禁兵这才退下，杨坚进入东宫。卢贲从此负责掌管丞相府的警卫。卢贲是卢辩弟弟的儿子。杨坚任命郑译为丞相府长史，刘昉为司马，李德林为府属，郑译、刘昉二人从此怨恨李德林。

【原文】

内史下大夫勃海高颎明敏有器局①，习兵事，多计略，坚欲引之入府，遣杨惠谕意。颎承旨，欣然曰："愿受驱驰②。纵令公事不成，颎亦不辞灭族。"乃以为相府司录③。

【注释】

①高颎：隋代名相，杨坚最信任和器重的宰相。②驱驰：比喻奔走效力。③相府司录：丞相府属官。

【译文】

内史下大夫勃海人高颎，聪明敏捷有度量，懂兵事，多谋略，杨坚想让他进丞相府任职，于是派杨惠向高颎转达此意。高颎接受了邀请，欣然回答说："愿为丞相奔走效力。即使杨公大事不成，高颎遭到灭族之祸也在所不辞。”于是杨坚就任命他为相府司录。

【原文】

时汉王赞居禁中，每与静帝同帐而坐[1]。刘昉饰美妓进赞，赞甚悦之。昉因说赞曰：“大王，先帝之弟，时望所归。孺子幼冲[2]，岂堪大事！今先帝初崩，人情尚扰。王且归第，待事宁后，入为天子，此万全计也。”赞年少，性识庸下，以为信然[3]，遂从之。

【注释】

①静帝：《通鉴》误记，应当为“杨坚”，当时杨坚为左丞相，汉王为右丞相。②孺子：幼儿，儿童。幼冲：年幼。③信然：信以为真。

【译文】

当时汉王宇文赞住在宫中，每天都与静帝同帐而坐。刘昉把经过打扮的美貌歌女进献给宇文赞，宇文赞对此很高兴。刘昉于是乘机对宇文赞说：“大王是先帝的弟弟，众望所归。天子年幼，岂能担当治理天下的大事！现在先帝刚刚去世，人心还不稳定。汉王不如暂时先回自己的府第，等待局势稳定后，就迎立您为天子，这方是万全之策。”宇文赞年轻，才识平庸低下，对刘昉的话信以为真，就听从了他的话出宫回府去了。

【原文】

坚革宣帝苛酷之政，更为宽大，删略旧律，作《刑书要制》，奏而行之；躬履节俭[1]，中外悦之。

【注释】

①躬履：亲身奉行。

【译文】

杨坚执政后，废除了宣帝苛刻残暴的政令，改行宽大之政，删改旧律，制定《刑书要制》，上奏静帝后颁行天下；他提倡节俭，并身体力行，朝野内外都很敬服他。

【原文】

坚夜召太史中大夫庾季才，问曰："吾以庸虚，受兹顾命。天时人事，卿以为何如？"季才曰："天道精微[1]，难可意察。窃以人事卜之[2]，符兆已定。季才纵言不可，公岂复得为箕、颍之事乎[3]！"坚默然久之，曰："诚如君言。"独孤夫人亦谓坚曰："大事已然，骑虎之势，必不得下，勉之！"

【注释】

①精微：精深微妙。②窃：谦辞，指自己。③箕、颍之事：相传帝尧要把天下让给许由，他不接受，到中岳嵩山的颍水之阳，箕山脚下（在今河南登封境内）隐居。尧又找到许由，让他做九州长。许由不愿意听，觉得这话把自己的耳朵都污染了，便在颍水里洗耳朵。

【译文】

杨坚夜里召见太史中大夫庾季才，问他说："我平庸没有才能，却得到了辅佐幼主的重任。无论从天时还是从人事来看，你以为我辅佐幼主这事怎么样呢？"庾季才回答说："天道精深微妙，很难全部看清楚。我只从人事方面来预测，觉得符命征兆已定。我即使说，天时和人事都对您不利，您难道会效仿尧帝时代的许由，逃往箕山，洗耳于颍水，而让天下吗？"杨坚沉默了很久，然后说："确实像你所说的那样。"夫人独孤氏也对杨坚说："事情已经到了这一步，骑虎难下，您就努力去做吧！"

隋军灭陈

【导语】

隋统一战争在中国战争史上占有重要地位，它结束了西晋以来长达 300 年之久的分裂局面，使中国重新归于统一。

南北朝末期，北周大定元年（公元 581 年），大丞相杨坚取代北周，建立隋朝，随即着手做灭陈准备。开皇三年（公元 583 年），隋出兵反击突厥获胜，北部边患基本消除，解除了南下灭陈的后顾之忧。又经数年治理，隋朝国力日强。陈朝传至后主陈叔宝，政治日益腐败，库空民穷，戒备懈怠。

开皇九年正月，下游隋军主力乘陈朝欢度元会（即春节）之机，分路渡江。行军总管韩擒虎、贺若弼两军配合钳击建康，至行军总管宇文述军占据石头（今南京城西清凉山），至此，隋军主力已完成对建康的包围。随后，贺若弼军与陈军主力激战于白土冈（今南京城东），陈军全线溃退。韩擒虎军首先进入建康城，俘获陈叔宝。杨广入城后，令陈叔宝以手书招降上游陈军。吴州（治吴县，今江苏苏州）、湘州（治今长沙）等地陈将拒降，二月间均为隋军击破。岭南数郡共奉高凉（今广东阳江西）冼夫人为主，保境拒守。隋派使臣安抚岭南，杨广亦命陈叔宝致书冼夫人，劝其归隋。冼夫人与其孙率众迎接隋使，岭南诸州悉为隋地。至此，隋文帝完成了统一南北的大业。

【原文】

祯明二年（戊申，公元588年）

秦王俊督诸军屯汉口，为上流节度。诏以散骑常侍周罗睺都督巴峡缘江诸军事以拒之[1]。

【注释】

①缘：沿着；顺着。

【译文】

祯明二年（戊申，公元588年）

隋朝秦王杨俊督率各部军队进驻汉口，节度指挥上游各军。南陈后主诏令散骑常侍周罗睺负责指挥监督巴峡一带沿江的军事防务，以抵抗隋朝军队。

【原文】

及隋军临江，间谍骤至[1]，宪等殷勤奏请[2]，至于再三。文庆曰[3]：“元会将逼，南郊之日，太子多从；今若出兵，事便废阙[4]。”帝曰：“今且出兵，若北边无事，因以水军从郊，何为不可！”又曰：“如此则声闻邻境，便谓国弱。”后又以货动江总[5]，总内为之游说，帝重违其意[6]，而迫群官之请，乃令付外详议。总又抑宪等，由是议久不决。

【注释】

①骤：屡次。②宪：袁宪，陈尚书仆射。③文庆：施文庆，是执掌机密的权臣。④元会：元旦，这天天子要朝会群臣。南郊：当时每隔一年正月第一个辛日在南北二郊举行祭祀天地的大典。废阙：指缺漏。⑤江总：陈尚书令。⑥重违：难以反对。

【译文】

到了隋军进至长江北岸的时候，江南地区突然出现了大批密探，袁宪等人多次上奏禀报此事。施文庆对陈后主说："正月的大朝会即将来临，南郊大祀那天，太子势必要率领较多的军马；现在如果向京口、采石以及江面派遣军队和舰船，南郊大祀之事就得废省。"陈后主说："现在暂且派出军队，到时候如果北边战场无事，就顺便使用这支水军跟从到南郊，参加祭祀，又有什么不可以！"施文庆又回答说："这样做会被邻国知道，隋朝会认为我国弱小。"后来施文庆又用金银财物贿赂尚书令江总，于是江总进宫为施文庆游说，陈后主不好违背江总的意见，但又迫于群臣百官再三奏请，于是下令由朝廷百官大臣再仔细商议决定。江总又利用职权多方压制袁宪等人，所以长时间商议都没有作出决定。

隋军进至长江北岸时，江南地区出现了大批密探。

【原文】

帝从容谓侍臣曰："王气在此①。齐兵三来②，周师再来③，无不摧败。彼何为者邪！"都官尚书孔范曰④："长江天堑，古以为限隔南北，今日虏军岂能飞渡邪！边将欲作功劳，妄言事急。臣每患官卑，虏若渡江，臣定作太尉公矣！"或妄言北军马死，范曰："此是我马，何为而死！"帝笑以为然，故不为深备，奏伎、纵酒、赋诗不辍。

【注释】

① 王气：王者之气，这是古人的迷信说法。② 齐兵三来：梁敬帝绍泰元年（公元 555 年）北齐徐嗣徽攻建康，太平元年（公元 556 年）北齐军再逼建康，陈文帝天嘉元年（公元 560 年）北齐刘伯球、慕容恃德等助梁叛将王琳攻芜湖，都告失败。③ 周师再来：陈文帝天嘉元年（公元 560 年）北周独孤盛、贺若敦率兵入湘川，陈废帝光大元年（公元 567 年）北周宇文直等助原陈湘州刺史华皎起兵，也都告失败。④ 都官尚书：主管刑部，相当于后来的刑部尚书。

【译文】

陈后主若无其事地对身边的侍卫说："帝王的气数在此地。自立国以来，北齐军曾经三次大举进犯，北周军也曾经两次大兵压境，无不遭到惨重失败。现在隋军又能把我怎么样呢？"都官尚书孔范附和说："长江是一道天堑，古人认为这是上天为了隔绝南方和北方而设的。现在敌军难道能飞渡不成？边镇的将帅想建立功勋，所以才谎报边事紧急。我常常担心自己现在的官职太低，如果敌军能越过长江，我一定会建功立业，荣升太尉的。"有人信口说隋军的马匹死了很多，孔范又说："这些军马都是我国的马，怎么会死亡呢！"陈后主听后大笑，认为孔范说得很对，所以根本不加以防备，每天不停地奏乐观舞，纵酒宴饮，赋诗

陈后主每天不停地奏乐观舞，纵酒宴饮。

取乐不止。

【原文】

是岁，吐谷浑裨王拓跋木弥请以千馀家降隋[①]。隋主曰：“普天之下，皆是朕臣，朕之抚育，俱存仁孝。浑贼惽狂，妻子怀怖，并思归化，自救危亡。然叛夫背父，不可收纳。又其本意正自避死，今若违拒，又复不仁。若更有音信，但宜慰抚，任其自拔，不须出兵应接。其妹夫及甥欲来，亦任其意，不劳劝诱也。”

【注释】

① 拓跋木弥：拓跋党项在隋朝时的首领，西夏的先祖。本是吐谷浑裨王，因为吐谷浑可汗夸吕年老昏庸，太子大臣都背叛他归附隋朝。开皇八年（公元 588 年），拓跋木弥请求率领所属部落一千余家降附隋朝。隋文帝为了表明自己不鼓励背叛行为，对归附部落慰勉安抚，听其自然，不出兵接应。

【译文】

这一年，吐谷浑裨王拓跋木弥请求率领所属部落一千余家降附隋朝。隋文帝说：“普天之下，都是朕的臣民，朕抚育苍生黎民，用的是仁孝之心。吐谷浑可汗夸吕昏聩狂暴，为政苛刻，以至连他的妻儿都心怀恐惧，都想归附我朝，拯求自己免遭屠戮。但背叛丈夫和父亲，有违忠孝，不能接纳他们。又因为他们的本意只是逃避死亡，现在如果拒绝了他们，又显得我大隋朝不仁不义。如果再有音信来，只应该加以慰勉安抚，听任他们自己率领所属部落前来归附，不要出兵接应。如果他的妹夫和外甥想来归附，也听任自便，不要进行劝诱。”

【原文】

高祖文皇帝上之上开皇九年（己酉，公元589年）

春，正月乙丑朔，陈主朝会群臣，大雾四塞，入人鼻，皆辛酸，陈主昏睡，至晡时乃寤[①]。

【注释】

①晡时：黄昏时。寤：醒。

【译文】

隋文帝开皇九年（己酉，公元589年）

春季，正月乙丑朔（初一），陈朝举行元旦朝会，陈后主朝会群臣百官时，大雾弥漫，吸入鼻孔，感到又辣又酸，陈后主昏睡过去，一直到黄昏才醒过来。

【原文】

是日，贺若弼自广陵引兵济江[①]。先是弼以老马多买陈船而匿之，买弊船五六十艘，置于渎内。陈人觇之[②]，以为内国无船[③]。弼又请缘江防人每交代之际，必集广陵，于是大列旗帜，营幕被野，陈人以为隋兵大至，急发兵为备，既知防人交代，其众复散；后以为常，不复设备。又使兵缘江时猎，人马喧噪。故弼之济江，陈人不觉。韩擒虎将五百人自横江宵济采石[④]，守者皆醉，遂克之。晋王广帅大军屯六合镇桃叶山[⑤]。

【注释】

①贺若弼：隋大将，在晋王杨广（即后来的隋炀帝）统率下领兵平陈。广陵：今江苏扬州。江：长江。②觇：侦察。③内国：指隋朝统治的北方。④韩擒虎：隋大将，在晋王统率下领兵平陈。横江：

在今安徽和县。采石：在今安徽当涂西北长江东岸。⑤六合镇：今江苏六合。桃叶山：在今六合，原为渡江之处，今距长江已远。

【译文】

这天，隋吴州总管贺若弼从广陵率军渡过长江。起先，贺若弼卖掉军中老马，大量购买陈朝的船只，把这些船只藏匿起来，又买了五六十艘破旧的船，停泊在小河里。陈军观察到的都是破船，以为隋军没有好船。贺若弼又请求朝廷，沿江防守的兵士每次调防，让他们务必都集中在广陵，于是隋军大举旗帜，帐篷布满原野，陈朝以为是隋朝大军来了，急忙调兵遣将准备迎战，随后知道是隋朝士卒换防交接，就将已聚集的军队又解散了；后来陈朝对此习以为常，就不再加强戒备。贺若弼又时常派遣军队沿江打猎，人喊马嘶。所以贺若弼渡江时，陈朝守军竟没有发觉。庐州总管韩擒虎率领将士五百人从横江浦夜渡到采石，陈朝守军全都喝醉了酒，隋军轻而易举攻下了采石。晋王杨广统帅大军驻扎在六合镇桃叶山。

【原文】

丙寅，采石戍主徐子建驰启告变；丁卯，召公卿入议军旅。戊辰，陈主下诏曰："犬羊陵纵，侵窃郊畿，蜂虿有毒，宜时扫定。朕当亲御六师，廓清八表，内外并可戒严。"以骠骑将军萧摩诃、护军将军樊毅、中领军鲁广达并为都督[①]，司空司马消难、湘州刺史施文庆并为大监军，遣南豫州刺史樊猛帅舟师出白下，散骑常侍皋文奏将兵镇南豫州。重立赏格，僧、尼、道士，尽令执役。

【注释】

①萧摩诃：陈骠骑将军。

【译文】

丙寅（初二），陈朝采石镇戍主将徐子建携带告急文书飞骑赶赴都城，报告隋军已渡江的消息；丁卯（初三），陈后主召集公卿大臣进宫商议军务事宜。戊辰（初四），陈后主下诏说："隋军胆敢任意兴兵凌逼，侵犯占据我都城近郊，就好似蜂虿有毒，应及时扫灭。朕当亲自统帅大军，廓清天下，朝廷内外要实施戒备。"于是任命骠骑将军萧摩诃、护军将军樊毅、中领军鲁广达三人为都督，任命司空司马消难、湘州刺史施文庆二人为大监军，派南豫州刺史樊猛统帅水军从白下城出发，散骑常侍皋文奏统帅军队镇守南豫州。陈后主下令设立重赏，僧、尼、道士等出家人都让他们从军服役。

【原文】

庚午，贺若弼攻拔京口[①]，执南徐州刺史黄恪[②]。弼军令严肃，秋毫不犯，有军士于民间酤酒者，弼立斩之。所俘获六千馀人，弼皆释之，给粮劳遣，付以敕书，令分道宣谕[③]。于是所至风靡。

【注释】

①京口：古城名。故址在今江苏省镇江市。因城西有京观山得名。②南徐州：今江苏省镇江市。③宣谕：解释、宣布命令，晓谕。

【译文】

庚午（初六），贺若弼率军攻克京口，生擒南徐州刺史黄恪。贺若弼的军队纪律严明，秋毫无犯，有士卒在民间买酒的，贺若

隋军所到之处，陈朝军队望风溃败。

弼令立即将其斩首。所俘获的陈朝军队六千余人，贺若弼把他们全部释放了，发给资粮，好言安慰，遣返回乡，并付给他们隋文帝敕书，让他们分道宣传散发。因此，隋军所到之处，陈朝军队望风溃败。

【原文】

于是贺若弼自北道，韩擒虎自南道并进，缘江诸戍，望风尽走；弼分兵断曲阿之冲而入。陈主命司徒豫章王叔英屯朝堂，萧摩诃屯乐游苑，樊毅屯耆阇寺，鲁广达屯白土冈①，忠武将军孔范屯宝田寺，己卯，任忠自吴兴入赴②，仍屯朱雀门。

【注释】

①白土冈：在今江苏南京市东。②任忠：陈镇东大将军、侍中。

【译文】

在此时，隋将贺若弼率军从北道，韩擒虎率军从南道，两军齐头并进，夹攻建康，陈朝沿江镇戍要塞的守军都望风而逃；贺若弼分兵占领曲阿，隔断了陈朝援军的通道，自己率主力进逼建康。陈后主命令司徒、豫章王陈叔英率军守卫朝堂，萧摩诃率军驻守乐游苑，樊毅率军驻守耆阇寺，鲁广达率军驻守白土冈，忠武将军孔范率军驻守宝田寺。己卯（十五日），任忠率军自吴兴到京师，驻守朱雀门。

【原文】

辛未，贺若弼进据钟山[①]，顿白土冈之东。晋王广遣总管杜彦与韩擒虎合军，步骑二万屯于新林[②]。蕲州总管王世积以舟师出九江破陈将纪瑱于蕲口，陈人大骇，降者相继。晋王广上状，帝大悦，宴赐群臣。

贺若弼占据钟山。

【注释】

①钟山：在今江苏南京市郊。②新林：在今江苏江宁西南。

【译文】

辛未，贺若弼率军占据钟山，驻扎在白土冈的东面。晋王杨广派遣总管杜彦和韩擒虎合军，共计步骑两万人驻扎在新林。隋蕲州总管王世积统帅水军出九江，在蕲口击败陈将纪瑱，陈朝将士大为惊恐，不断有将士向隋军投降。晋王杨广上表禀报军情，隋文帝非常高兴，于是宴请并赏赐百官群臣。

【原文】

时建康甲士尚十馀万人，陈主素怯懦，不达军士，唯日夜啼泣，台内处分，一以委施文庆。文庆既知诸将疾己，恐其有功，乃奏曰："此辈怏怏[①]，素不伏官[②]，迫此事机，那可专信！"由是诸将凡有启请，率皆不行[③]。

【注释】

① 怏怏：因不满而郁郁不乐。② 官：当时称皇帝为官。③ 率：大概，大抵。

【译文】

当时建康还有军队十余万人，但是陈后主生性怯懦软弱，又不懂军事，只是日夜哭泣，台城内的所有军情处置，全部交给施文庆办理。施文庆知道将帅们都恨自己，唯恐他们建立功勋，于是向陈后主上奏说："这些将士们平时总是心怀不满，一向不甘心服事陛下，现在到了危机时刻，怎么可以完全信任他们呢。"因此这些将帅们凡是有所启奏请求，绝大部分都不能获得批准。

【原文】

贺若弼之攻京口也，萧摩诃请将兵逆战，陈主不许。及弼至钟山，摩诃又曰："弼悬军深入，垒堑未坚，出兵掩袭，可以必克。"又不许。陈主召摩诃、任忠于内殿议军事，忠曰："兵法：客贵速战，主贵持重。今国家足兵足食，宜固守台城[①]，缘淮立栅，北军虽来，勿与交战；分兵断江路，无令彼信得通。给臣精兵一万，金翅三百艘[②]，下江径掩六合；彼大军必谓其渡江将士已被俘获，自然挫气。淮南土人与臣旧相知悉[③]，今闻臣往，必皆景从[④]。臣复扬声欲往徐州[⑤]，断彼归路，则诸军不击自去。待春水既涨，上江周罗睺等众军必沿流赴援[⑥]。

此良策也。”陈主不能从。明日，欻然曰：“兵久不决，令人腹烦，可呼萧郎一出击之[7]。”任忠叩头苦请勿战。孔范又奏：“请作一决，当为官勒石燕然[8]。”陈主从之，谓摩诃曰：“公可为我一决！”摩诃曰：“从来行陈，为国为身；今日之事，兼为妻子。”陈主多出金帛赋诸军以充赏。甲申，使鲁广达陈于白土冈，居诸军之南，任忠次之，樊毅、孔范又次之，萧摩诃军最在北。诸军南北亘二十里[9]，首尾进退不相知。

【注释】

①台城：东晋南朝中央政府机关和宫殿的所在地，筑有城墙。②金翅：战船的名称。③土人：当地人。④景从：景，通“影”。景从，如影相从。⑤徐州：治所在今江苏徐州。⑥上江：指长江上游今湖北地区。周罗睺：陈散骑常侍，在上江督水军。⑦欻然：突然。萧郎：指萧摩诃。⑧勒石燕然：东汉窦宪破匈奴，登燕然山，刻石纪功而还。燕然山，即今蒙古杭爱山。⑨亘：连贯。

【译文】

贺若弼进攻京口时，陈朝都督萧摩诃曾经请求率军迎战，陈后主不许。等到贺若弼的人马到了钟山，萧摩诃又上奏说：“贺若弼孤军深入，立足未稳，如果乘此时出兵袭击，可保必胜。”陈后主还是不许。陈后主招集萧摩诃、任忠在宫中内殿商议军事，任忠说：“兵法上说：来犯之军利在速战，守军利在坚持。现在国家兵足粮丰，应该固守台城，沿着秦淮河建立栅栏，隋军虽然来攻，不要与他们交战；分兵截断长江水路，让隋军音信无法相通。陛下可给我一万精兵，金翅战船三百艘，顺江而下，径直突袭六合镇；这样，隋朝大军一定会认为他们渡过江的将士已经被我们俘

陈主召摩诃、任忠于内殿议军事。

获，自然会挫败他们的锐气。淮南土著居民以前与我就互相熟悉，如今听说是我率军前往，必定会响应跟从。我再扬言将要率军进攻徐州，切断隋军的退路，这样，各路隋军就会不战自退。待到雨季春水涨了，上游周罗睺等军必定顺流而下赶来增援。这是一个很好的计策。”陈后主不听从。到了第二天，陈后主忽然说：“与隋军长久相持不进行决战，令人心烦，可叫萧摩诃出兵攻打一下。”任忠向陈后主跪地叩头，苦苦请求不要出战。忠武将军孔范又上奏说：“请求与隋军决一死战，我军必胜，我将为陛下在燕然山刻石立碑纪念战功。”陈后主听从了孔范的意见，对萧摩诃说：“你可为我率军与隋军一决胜负！”萧摩诃说：“从来作战都是为了国家与自已，今日与敌决战，兼为妻子儿女。”于是陈后主拿出很多金钱财物，分配给诸军用作奖赏。甲申（二十日），命令鲁广达在白土冈摆开阵势，在各军的最南边，由南往北，依次是任忠、樊毅、孔范，萧摩诃的军队在最北边。陈朝军队所摆开的阵势南北长达二十里，首尾进退彼此都不知晓。

【原文】

贺若弼将轻骑登山，望见众军，因驰下，与所部七总管杨牙、员明等甲士凡八千，勒陈以待之①。陈主通于萧摩诃之妻，故摩诃初无战意；唯鲁广达以其徒力战，与弼相当。隋师退走者数四，弼麾下死者二百七十三人，弼纵烟以自隐，窘而复振。陈兵得人头，皆走献陈主求赏，弼知其骄惰，更引兵趣孔范；范兵暂交即走，陈诸军顾之，骑卒乱溃，不可复止，死者五千人。员明擒萧摩诃，送于弼，弼命牵斩之，摩诃颜色自若，弼乃释而礼之。

【注释】

①陈：同“阵”。

【译文】

贺若弼率领轻骑登上钟山，望见陈朝的军马，于是骑马下山，与所部七位总管杨牙、员明等将领率兵士八千人，摆好阵势准备迎战。陈后主与萧摩诃的妻子私通，所以萧摩诃一开始就不想打这一仗；只有鲁广达率领部下拼死力战，与贺若弼的

陈朝诸军纷纷溃逃。

军队不相上下。隋军曾经四次被迫后退，贺若弼部下战死的有二百七十三人，后来贺若弼部下纵放烟火用来掩护，才摆脱困境重新振作起来。陈朝兵士获得隋军人头，纷纷跑去献给陈后主以求得奖赏，贺若弼看到陈朝军队骄傲轻敌，于是再次率军冲击孔范的军阵；孔范的兵士与隋军刚一交战即败走，陈朝诸军望见，骑兵、步卒大乱，纷纷溃逃，不可阻止，死了五千人。总管员明擒获萧摩诃，把他送交贺若弼，贺若弼命令推出去斩首，萧摩诃神色自若，贺若弼于是给他松绑并对他以礼相待。

【原文】

任忠驰入台，见陈主言败状，曰："官好住，臣无所用力矣！"陈主与之金两縢，使募人出战，忠曰："陛下唯当具舟楫，就上流众军，臣以死奉卫。"陈主信之，敕忠出部分[①]，令宫人装束以待之，怪其久不至。时韩擒虎自新林进军，忠已帅数骑迎降于石子冈[②]。领军蔡徵守朱雀航[③]，闻擒虎将至，众惧而溃。忠引擒虎直入朱雀门，陈人欲战，忠挥之曰："老夫尚降，诸军何事！"众皆散走。于是城内文武百司皆遁，唯尚书仆射袁宪在殿中，尚书令江总等数人居省中。陈主谓袁宪曰："我从来接遇卿不胜馀人，今日但以追愧。非唯朕无德，亦是江东衣冠道尽[④]。"

【注释】

① 部分：部署，安排。② 石子冈：今江苏江宁南。③ 朱雀航：即朱雀桥，建康南门外浮桥，跨秦淮河两岸，是当时重要的交通要道。④ 衣冠：当时南朝自以为衣冠之邦，而贱视北朝为夷狄。

【译文】

任忠驰马进入建康台城，谒见陈后主，述说了失败经过，说："陛下好自为之，我是无能为力了！"陈后主给他两串金子，让他再募兵出战，任忠说："陛下只有赶紧准备船只，前往上游会合周罗睺等人统领的大军，我拼死护送陛下。"陈后主相信了任忠，敕令他出外布置安排，又下令后宫宫女收拾行装，等待任忠，久等不至，觉得奇怪。当时韩擒虎率军从新林向台城进发，任忠已经率领部下数骑到石子冈去投降。当时陈朝领军将军蔡徵率军守卫朱雀桥，听说韩擒虎将到，手下惊惧害怕，都望风溃逃。任忠带领韩擒虎的人马径直进入朱雀门，还有一些陈军将士想进行抵抗，任忠对他们挥挥手说："我都投降了，你们还抵抗什么！"于是陈军全都逃散。此时，台城内文武大臣全都逃跑，只有尚书仆射袁宪在殿内，尚书令江总等数人在省府中。陈后主对袁宪感叹道："我从来待你不如别人好，今日只有你还留在我的身边，我对以前的事感到很惭愧。这不只是朕失德无道所致，也是江东士大夫的气节丧失净尽了。"

【原文】

陈主遑遽，将避匿，宪正色曰："北兵之入，必无所犯。大事如此，陛下去欲安之！臣愿陛下正衣冠，御正殿，依梁武帝见侯景故事。[①]"陈主不从，下榻驰去，曰："锋刃之下，未可交当，吾自有计！"从宫人十馀出后堂景阳殿，将自投于井，宪苦谏不从；后阁舍人夏侯公韵以身蔽井[②]，陈主与争，久之，乃得入。既而军人窥井，呼之，不应，欲下石，乃闻叫声；以绳引之，惊其太重，及出，乃与张贵妃、孔贵嫔同束而上[③]。

沈后居处如常[④]。太子深年十五，闭阁而坐，舍人孔伯鱼侍侧，军士叩阁而入，深安坐，劳之曰："戎旅在途，不至劳也！"军士咸致敬焉。时陈人宗室王侯在建康者百馀人，陈主恐其为变，皆召入，令屯朝堂，使豫章王叔英总督之，又阴为之备，及台城失守，相帅出降。

【注释】

① 梁武帝见侯景：侯景作乱，攻入建康，梁武帝坐于殿上见侯景，侯景未敢公然杀害。② 阁："阁"的异体字。后阁舍人：是皇帝亲近的官员。③ 张贵妃：名丽华，与孔贵嫔都是陈后主最宠爱的妃嫔。④ 沈后：陈后主的皇后，无宠，陈后主曾打算废掉她立张贵妃为皇后。

【译文】

陈朝后主惊慌失措，想躲藏起来，袁宪严肃地说道："隋军进入皇宫后，必不会对陛下有所侵侮。事已至此，陛下还能躲到什么地方去！我请求陛下把衣服冠冕穿戴整齐，端坐正殿，依照当年梁武帝见侯景的做法。"陈后主没有听从，下了坐床飞奔而去，说："兵刃之下，不能拿性命去冒险，我自有办法！"于是跟着十余个宫人逃出后堂景阳殿，要往井里跳，袁宪苦苦劝谏，陈后主不听。后阁舍人夏侯公韵用自己的身子挡住井口，陈后主极力相争，很长时间才得以跳进井里。不久，有隋军兵士向井里窥视，并大声喊叫，井下无人回应，士兵扬言要往下扔石头，这才听到井下有人呼叫，于是抛下绳索往上拉人，感到非常重，十分吃惊，直到把人拉上来，才看见是陈后主与张贵妃、孔贵嫔三人绑在一起上来了。而沈皇后仍像平常一样，毫不惊慌。皇太子陈深当时

陈后主与张贵妃、孔贵嫔逃入井中。

十五岁，关上阁门，安然端坐，太子舍人孔伯鱼在一旁侍奉，隋军兵士推门而入，陈深端坐不动，好言慰劳说："你们一路上鞍马劳顿，还不至于过于疲劳吧？"隋军兵士都纷纷向他致敬。当时陈朝宗室王侯在建康城中的人有一百多，陈后主恐怕他们发动政变，就把他们全都召进宫里，命令他们聚集在朝堂，派豫章王陈叔英监督他们，并暗中严加戒备。到台城失守以后，他们都相继出降。

【原文】

贺若弼乘胜至乐游苑，鲁广达犹督馀兵苦战不息，所杀获数百人，会日暮，乃解甲，面台再拜恸哭，谓众曰："我身不能救国，负罪深矣！"士卒皆流涕歔欷，遂就擒。诸门卫皆走，弼夜烧北掖门入，闻韩擒虎已得陈叔宝，呼视之，叔宝惶惧，流汗股栗，向弼再拜。弼谓之曰："小国之君当大国之卿，拜乃礼也。入朝不失作归命侯，无劳恐惧。"既而耻功在韩擒虎后，与擒虎相询，挺刃而出；欲令蔡徵为叔宝作降笺[1]，命乘骡车归己，事不果。弼置叔宝于德教殿，以兵卫守。

【注释】

①降笺：降书。

【译文】

隋将贺若弼率军乘胜进入乐游苑，陈朝都督鲁广达仍督率残兵败将苦战不止，共杀死俘虏隋军数百人，赶上天色近晚，鲁广达方才放下武器，面向台城拜了三拜，失声痛哭，对部下说："我没有能够拯救国家，负罪深重啊！"部下兵士也都痛哭流涕，于是被隋军俘获。台城的宫门卫士都四散逃走，贺若弼率军在夜间焚烧北掖门而进入皇宫，得知韩擒虎已抓住了陈叔宝，就把他叫来亲自察看，陈叔宝非常害怕，汗流浃背，浑身战栗，向贺若弼跪拜叩头。贺若弼对他说："小国的君主见了大国的公卿大臣，按照礼节应该跪拜。阁下到了隋朝仍不失封归命侯，所以不必恐惧。"过后，贺若弼因功在韩擒虎后觉得很没面子，就与韩擒虎发生争吵，随后怒气冲冲地拔刀而出，准备让陈朝前吏部尚书蔡徵为陈叔宝起草降书，又下令陈叔宝乘坐骡车归附自己，但没有实现。于是贺若弼将陈叔宝置于德教殿内，派兵守卫。

【原文】

高颎先入建康①，颎子德弘为晋王广记室，广使德弘驰诣所，令留张丽华，颎曰："昔太公蒙面以斩妲己，今岂可留丽华！"乃斩之于青溪。德弘还报，广变色曰："昔人云，'无德不报'，我必有以报高公矣！"

【注释】

①高颎：字昭玄，一名敏渤海蓨（今河北景县东）人，隋朝杰出的政治家，著名的军事家、谋臣，隋代名相。其父高宾是杨坚妻父的僚佐，官至刺史。

【译文】

高颎先进入建康，当时高颎的儿子高德弘是晋王府记室参军，杨广就派他驰马来见高颎，传令留下张丽华，高颎说："古时候姜太公吕尚蒙面斩了殷纣王的宠姬妲己，今天岂能留下张丽华！"于是在青溪将张丽华斩首。高德弘回去禀报杨广，杨广脸色大变说："古人云：'无德不报。'我一定要回报高公！"

【原文】

广以贺若弼先期决战，违军令，收以属吏。上驿召之，诏广曰："平定江表，弼与韩擒虎之力也。"赐物万段；又赐弼与擒虎诏，美其功。

【译文】

晋王杨广因为贺若弼率军与陈朝军队先期决战，违犯了军令，下令将他收捕送交执法官吏。隋文帝派驿使传令召贺若弼入朝，并对杨广下诏说："这次平定江表地区，全仗着贺若弼和韩擒虎二人之力。"于是下令赏赐贺若弼布帛等物一万匹。又赐给贺若弼和韩擒虎诏书，赞美他们二人的功绩。

·品读国学经典　汲取无穷智慧·

彩色详解

资治通鉴

③

〔北宋〕司马光　撰

任思源　主编

團结出版社

隋纪

杨广篡位

【导语】

有些野史，把那个善于蛰伏、长于自制、强毅隐忍、雄图大志的杨广描写成了一个多年没有亲近过女人的色情狂。

根据一些野史记载：仁寿四年七月，文帝病危时，太子杨广写信向杨素询问文帝的病情，杨素回信给太子时，宫人却误送到文帝手中，文帝大怒。同时，文帝的宠妾宣华夫人告诉他，太子杨广欲行非礼。文帝这才下决心将太子杨广废掉，于是令柳述、元岩紧急召前太子杨勇前来，准备让他继承皇位。杨素得知这一消息后，马上报告杨广，杨广立即伪造圣旨，逮捕柳述、元岩，将自己的心腹派到宫里，又派亲信宇文述等控制宫门，把后宫的人遣往别处。一切布置妥当后，杨广派张衡入宫侍疾，不久文帝就驾崩了。

隋炀帝杨广相貌堂堂、风流倜傥、聪明伶俐，但荒淫无度。《唐书》说其弑父、弑兄、奸母、淫妹，亲媚臣、杀忠良。司马光在《资治通鉴》中，称其“智可以拒谏，诈足以饰非”。

“杨广弑父”在史学界和学术界都颇具争议。关于文帝被弑的说法，唐朝编写的隋书在文帝和炀帝的本纪中均不采用。指控杨广“弑父”的资料都是出自野史和隋朝末年为了讨伐杨广而写的檄文，有可能为了政治需要而刻意歪曲事实，丑化隋炀帝。而唐朝既得天下，也必须将隋炀帝妖魔化，以证明自己取得帝位是顺应天意的。

也有学者说，秦始皇只留下了长城，杨广却给后世留下功在万代、远比长城更有实用价值的大运河。隋帝国的人口数量，已经创了历代之冠，国家财政实力也远远超过秦汉。

【原文】

开皇十九年（己未，公元599年）

时太子勇失爱于上①，潜有废立之志②，从容谓颎曰③："有神告晋王妃，言王必有天下，若之何？"颎长跪曰④："长幼有序，其可废乎！"独孤后知颎不可夺⑤，阴欲去之。

【注释】

①太子勇：杨勇，隋文帝杨坚长子，起初被立为太子，后被废。②潜：暗中。③从容：不慌不忙。④长跪：直身而跪。古时席地而坐，坐时两膝据地，以臀部着足跟。跪则伸直腰股，以示庄敬。⑤夺：夺志，改变想法。

【译文】

开皇十九年（己未，公元599年）

当时皇太子杨勇失去了隋文帝的宠爱，文帝暗中有废立的想法，闲时对宰相高颎说："有神告诉晋王杨广的妃子，说晋王必定享有天下，你说该怎么办？"高颎长跪回答说："长幼有序，怎么可以废黜呢！"独孤皇后知道高颎不会改变主意，暗中想要把他

隋文帝杨坚向宰相高颎表达了他想废立太子的想法。

隋文帝下令挑选东宫卫士到皇宫上台宿卫，高颎就此事上奏。

赶出朝廷。

【原文】

会上令选东宫卫士以入上台[①]，颎奏称："若尽取强者，恐东宫宿卫太劣。"上作色曰[②]："我有时出入，宿卫须得勇毅。太子毓德春宫[③]，左右何须壮士！此极弊法。如我意者，恒于交番之日[④]，分向东宫，上下团伍不别，岂非佳事！我熟见前代，公不须仍踵旧风[⑤]。"颎子表仁，娶太子女，故上以此言防之。

【注释】

①上台：指三公、宰辅出入的大殿。②作色：脸上变色。指神情变严肃或发怒。③毓德：修养德行。④交番：轮流值班。⑤踵：跟随，继续。

【译文】

正值文帝下令挑选东宫卫士到皇宫上台宿卫，高颎上奏说："如果把强壮的卫士都选走，恐怕东宫的宿卫力量太薄弱了。"文帝变了脸色说："我时常出入，宿卫之士必须要壮勇强健。太子在东宫修养仁德，哪里用得着壮士！在东宫保持强大的警卫力量是极大的弊政。要是按照我的意思，经常在轮换值班的时候，分到东宫宿卫，这样两宫宿卫合为一体，岂不是件好事吗！我熟悉前代各种制度的得失，你不必仍然遵行传统的做法了。”高颎的儿子高表仁，娶了太子之女，所以文帝用这些话提醒他。

【原文】

颎夫人卒，独孤后言于上曰：“高仆射老矣，而丧夫人，陛下何能不为之娶！”上以后言告颎。颎流涕谢曰：“臣今已老，退朝，唯斋居读佛经而已，虽陛下垂哀之深，至于纳室，非臣所愿。”上乃止。既而颎爱妾生男，上闻之，极喜，后甚不悦。上问其故，后曰：“陛下尚复信高颎邪？始，陛下欲为颎娶，颎心存爱妾，面欺陛下。今其诈已见，安得信之！”上由是疏颎。

【译文】

高颎夫人去世，独孤皇后对文帝说：“高仆射老了，现在夫人又去世，陛下怎么能不为他另娶一房继室！”文帝把皇后的话告诉了高颎。高颎流着眼泪辞谢说：“臣如今已老，退朝以后，不过斋戒读佛经而已，虽然陛下垂怜老臣至深，至于说到再娶，实非臣所愿。”文帝只好作罢。不久高颎的爱妾生了一个儿子，文帝听说以后，非常高兴，皇后却很不高兴。文帝询问缘故，皇后说：“陛下还会再信任高颎吗？开始时，陛下想为他再娶，高颎明明心里装着爱妾，却当面欺骗陛下，说他不愿再娶。如今他的欺诈已经暴露了，陛下怎么能再信任他！”文帝从此疏

独孤皇后劝文帝为高颎另娶一房继室。

远了高颎。

【原文】

初，上使太子杨勇参决军国政事，时有损益；上皆纳之。勇性宽厚，率意任情[①]，无矫饰之行。上性节俭，勇尝文饰蜀铠[②]，上见而不悦，戒之曰："自古帝王未有好奢侈而能久长者。汝为储后[③]，当以俭约为先，乃能奉承宗庙。吾昔日衣服，各留一物，时复观之以自警戒。恐汝以今日皇太子之心忘昔时之事，故赐汝以我旧所带刀一枚，并菹酱一合[④]，汝昔作上士时常所食也[⑤]。若存记前事，应知我心。"

【注释】

①率意：直率，按照本意。任情：任意，恣意。②铠：铠甲。③储后：储君。④菹酱：酱菜。⑤上士：军衔，军士的最高一级。

隋文帝赐给太子杨勇旧刀、酱菜告诫他要克勤克俭。

【译文】

当初，文帝让太子杨勇参与决策军国政事，杨勇经常会提出批评建议，文帝都采纳了。杨勇性情宽厚，直率热情，平易近人，不会弄虚作假。文帝本性崇尚节俭，杨勇曾经装饰自己蜀地出的铠甲，文帝见了很不高兴，告诫他说："自古以来喜好奢侈的帝王没有能长久的。你作为皇位继承人，应当以俭约为先，这样才能继承宗庙。我过去的衣服，都各留了一件，时常拿出来看看以告诫自己。我恐怕你如今做了皇太子而忘记过去的事，所以把我以前所佩带的刀赐给你，还有一盒酱菜，酱菜是你旧日做上士时经常食用的。如果你还记得以前的事，就应该懂得我的用心。"

【原文】

后遇冬至，百官皆诣勇，勇张乐受贺①。上知之，问朝臣曰："近闻至日内外百官相帅朝东宫，此何礼也？"太常少卿辛亶对曰："于东宫，乃贺也，不得言朝。"上曰："贺者正可三数十人，随情各去，何乃有司征召②，一时普集！太子法服设乐以待之③，可乎？"因下诏曰："礼有等差，君臣不杂。皇太子虽居上嗣④，义兼臣子，而诸方岳牧正冬朝贺⑤，任土作贡⑥，别上东宫；事非典则，宜悉停断。"自是恩宠始衰，渐生猜阻。

【注释】

①张乐：奏乐。②何乃：何故，为何。③法服：古代根据礼法规定的不同等级的服饰。这里指正式的礼服。④上嗣：君主的嫡长子。后指太子。⑤岳牧：泛称封疆大吏。⑥任土作贡：依据土地的具体情况，制定贡赋的品种和数量。

文帝下诏停止另外给太子上贡。

【译文】

冬至到了，百官都去见杨勇，杨勇排列乐队接受百官的祝贺。文帝知道了这件事，问朝臣说："最近听说冬至那天，朝廷内外百官去朝见太子，这是什么礼法？"太常少卿辛亶答道："百官到东宫，是祝贺，不能说是朝见。"文帝说："庆贺冬至的人应该是数十人，随意各自去，为什么由有关部门召集，百官同时汇集起来同去！太子身穿礼服奏乐来接待百官，能这样吗？"于是文帝下诏说："礼法有等级差别，君臣之间不能混杂。皇太子虽然位居储君，但从礼义上讲也是臣子，各地方长官冬至朝贺，进献自己辖地的特产，另外给皇太子上贡，不符合典章制度，应该全部停止。"从此，文帝对杨勇的恩宠开始减少，渐渐有了猜疑和戒心。

【原文】

勇多内宠，昭训云氏尤幸①。其妃元氏无宠，遇心疾②，二日而薨，独孤后意有他故，甚责望勇。自是云昭训专内政，生长宁王俨，平原王裕，安成王筠；高良娣生安平王嶷，襄城王恪；王良媛生高阳王该，建安王韶；成姬生颍川王煚；后宫生孝实，孝范。后弥不平，颇遣人伺察，求勇过恶。

【注释】

①昭训：皇太子侧室的名号，下文良娣、良媛也是。②心疾：劳思、

忧愤等引起的疾病。也指心脏病。

【译文】

太子杨勇的妃子元氏死于心疾。

杨勇有很多姬妾，尤其宠幸昭训云氏。他的妃子元氏不受宠爱，突然得了心疾，两天就死了。独孤皇后怀疑另有原因，狠狠地责备杨勇。自此以后，云昭训主理东宫内政，生了长宁王杨俨、平原王杨裕、安成王杨筠；高良娣生了安平王杨嶷、襄城王杨恪；王良媛生了高阳王杨该、建安王杨韶；成姬生了颍川王杨煚；其他的宫人生杨孝实、杨孝范。独孤皇后更加不高兴，经常派人窥伺东宫，寻找杨勇的过失和罪过。

【原文】

晋王广弥自矫饰①，唯与萧妃居处，后庭有子皆不育②，后由是数称广贤。大臣用事者，广皆倾心与交。上及后每遣左右至广所，无贵贱，广必与萧妃迎门接引，为设美馔③，申以厚礼；婢仆往来者，无不称其仁孝。上与后尝幸其第，广悉屏匿美姬于别室④，唯留老丑者，衣以缦彩⑤，给事左右；屏帐改用缣素⑥；故绝乐器之弦，不令拂去尘埃。上见之，以为不好声色，还宫，以语侍臣，意甚喜，侍臣皆称庆，由是爱之特异诸子。

【注释】

①晋王广：杨广，隋文帝杨坚次子，即隋炀帝。②不育：不养育。③馔：食物。④屏匿：隐藏。⑤缦彩：无花纹的丝织品。⑥缣素：双丝织成的细绢。

【译文】

晋王杨广知道了这件事，更加伪装自己，他只和萧妃住在一起，后宫生了孩子都不去抚育，独孤皇后因此多次称赞杨广贤德。朝廷中执掌朝政的重臣，杨广都倾心与他们结交。文帝和独孤皇后每次派身边的人到杨广的住处，无论来人的地位高低，杨广必定和萧妃一起在门口迎接，为来人准备丰盛的饮食，并厚赠礼品。凡是去过杨广那里的奴婢仆人，没有不称颂杨广为人仁爱贤孝的。文帝与独孤皇后曾经临幸他的府第，杨广将他的美姬都藏到别的

晋王杨广只和萧妃住在一起，以此彰示自己不好女色。

房间里，只留下年老貌丑的侍女，穿着没有文饰的衣服，侍奉左右；房间里的屏帐改用简单的幔帐；故意将乐器的弦弄断，不让拂去上面的灰尘。文帝见了，以为杨广不好声色，返回皇宫后，告诉侍臣这一情况，他感到非常高兴，侍臣们都向文帝祝贺，从此，文帝喜爱杨广超过了其他儿子。

【原文】

上密令善相者来和遍视诸子，对曰："晋王眉上双骨隆起，贵不可言。"上又问上仪同三司韦鼎："我诸儿谁得嗣位？"对曰："至尊、皇后所最爱者当与之，非臣敢预知也。"上笑曰："卿不肯显言邪①！"

【注释】

①显言：明白说出。

【译文】

文帝暗中命令善于看相的来和把他的儿子们都看了一遍，来和说："晋王杨广眉上双骨隆起，贵不可言。"文帝又问上仪同三司韦鼎："我这些儿子哪个可以继承皇位？"韦鼎回答："陛下和皇后最喜爱的儿子应当继承皇位，不是我敢预知的。"文帝笑着说："你不肯明说呀！"

【原文】

晋王广美姿仪，性敏慧，沉深严重；好学，善属文①；敬接朝士，礼极卑屈；由是声名籍甚②，冠于诸王。

【注释】

①属文：撰写文章。②籍：声名盛大。

【译文】

晋王杨广容貌俊美，举止优雅，生性聪慧，为人深沉持重；好学，擅长写文章；和朝中之士来往时礼节极其周到，待人非常礼貌谦卑，因此他的声名盛大，高于其他诸王。

【原文】

广为扬州总管，入朝，将还镇，入宫辞后，伏地流涕，后亦泫然泣下①。广曰："臣性识愚下，常守平生昆弟之意②，不知何罪失爱东宫，恒蓄成怒，欲加屠陷。每恐谗谮生于投杼③，鸩毒遇于杯勺④，是用勤忧积念，惧履危亡。"后忿然曰："睍地伐渐不可耐⑤，我为之娶元氏女，竟不以夫妇礼待之，专宠阿云，使有如许豚犬⑥。前新妇遇毒而夭⑦，我亦不能穷治⑧，何故复于汝发如此意！我在尚尔，我死后，当鱼肉汝乎⑨！每思东宫竟无正嫡，至尊千秋万岁之后，遣汝等兄弟向阿云儿前再拜问讯，此是几许苦痛邪！"广又拜，呜咽不能止，后亦悲不自胜。自是后决意欲废勇立广矣。

杨广进宫向独孤皇后辞行。

【注释】

①泫然：流泪貌。亦指流泪。②昆弟：兄弟。③谗谮生于投杼：春秋时，有个和曾参同名的人杀了人，有人告诉曾参的母亲，说曾参杀了人。起初曾母不信，但第三人来告诉她的时候，她扔下手里织布的梭子就逃走

了。用来比喻流言可畏或诬枉之祸。典出《战国策·秦策二》。谮，恶言中伤。杼，梭子。④鸩：传说中的一种毒鸟，把它的羽毛放在酒里，可以毒死人。⑤睍地伐：太子杨勇的小名。⑥豚犬：蔑称，不成器的儿子。⑦新妇：称儿媳。⑧穷治：追究。⑨鱼肉：侵害，摧残。

【译文】

杨广任扬州总管，去朝见文帝，即将返回扬州，他进宫向独孤皇后辞行，跪在地上流泪，独孤皇后也潸然泪下。杨广说："臣性情见识愚笨低下，一直顾念兄弟之间的感情，不知犯了什么过错得罪了皇太子，他常常含着怒气，想要陷害我。我常常恐惧谗言出于亲人之口，担心他会在酒具食器中对我下毒，因此一直都很忧虑，害怕遭到危亡的命运。"皇后愤怒地说："睍地伐越来越让人无法忍受了，我为他娶了元氏的女儿，他竟不以夫妇之礼对待元氏，专宠阿云，这样，元氏就好像许配给了猪狗一般。先前，才娶不久的妻子被毒害致死，我也不能特别地追究，为什么又对你生出这样歹毒的念头！我还活着，他都敢这样，我死后，他就该残害你们了！我每次想起东宫竟没有嫡长子，在你们父皇百年之后，要让你们兄弟在阿云的儿子前行礼问安，这是多么痛苦的事啊！"杨广再拜，呜咽不止，皇后也悲伤得不能自抑。自此皇后决定废黜太子杨勇，改立杨广为太子。

【原文】

广与安州总管宇文述素善[①]，欲述近己，奏为寿州刺史。广尤亲任总管司马张衡[②]，衡为广画夺宗之策[③]。广问计于述，述曰："皇太子失爱已久，令德不闻于天下。大王仁孝著

杨广与安州总管宇文述平时很要好，他想拉拢宇文述为自己所用。

称，才能盖世，数经将领，频有大功；主上之与内宫，咸所钟爱，四海之望，实归大王。然废立者国家大事，处人父子骨肉之间，诚未易谋也。然能移主上意者，唯杨素耳④，素所与谋者唯其弟约。述雅知约，请朝京师，与约相见，共图之。”广大悦，多赍金宝⑤，资述入关。

【注释】

①安州：治所在今湖北安陆。总管：武官名。隋代至唐代初在各州设总管，边镇和大州设大总管，为地方军政长官。宇文述：鲜卑族，隋朝名将。②总管司马：总管属官。张衡：杨广心腹。③画：计划，谋划。④杨素：隋朝著名将相。在文帝废立太子事件中，杨素是举足轻重的人物。⑤赍：携带。

【译文】

杨广与安州总管宇文述平时很要好，他想拉拢宇文述为自己所用，于是奏请任命宇文述为寿州刺史。杨广尤其亲近信任总管司马张衡，张衡为杨广筹划谋取皇太子地位的办法。杨广向宇文述请教计策，宇文述说：“皇太子失宠已经很久了，天下人也没听说他有什么好的德行。大王以仁孝著称，才能盖世，几次被任命为统帅军队的将领，屡建大功；皇帝与皇后，都对您非常钟爱，四海之内的声望，实际上已为大王所有。但太子的废立是国家大事，而我处在你们父子骨肉之间，实在不是一件容易谋划的事。然而能使陛下改变主意的人只有杨素，能与杨素商量筹划的人只有他弟弟杨约。我很了解杨约，请您派我去京师，与杨约相见，一起筹划这事。”杨广非常高兴，送给宇文述许多金银财宝，资助他入关进京。

【原文】

约时为大理少卿[①]，素凡有所为，皆先筹于约而后行之[②]。述请约，盛陈器玩，与之酣畅，因而共博[③]，每阳不胜[④]，所赍金宝尽输之约。约所得既多，稍以谢述。述因曰："此晋王之赐，令述与公为欢乐耳。”约大惊曰："何为尔？”述因通广意，说之曰[⑤]："夫守正履道，固人臣之常致；反经合义[⑥]，亦达者之令图[⑦]。自古贤人君子，莫不与时消息以避祸患[⑧]。公之兄弟，功名盖世，当涂用事有年矣，朝臣为足下家所屈辱者，可胜数哉！又，储后以所欲不行，每切齿于执政[⑨]；公虽自结于人主，而欲危公者固亦多矣！主上一旦弃群臣[⑩]，公亦何以取庇！今皇太子失爱于皇后，主上素有废黜之心，此公所知也。今若请立晋王，在贤兄之口耳。诚能因此时建大功，王必永铭骨髓，斯则去累卵之危[⑪]，成太山之安也[⑫]。”约然之，因以白素。素闻之，大喜，抚掌曰："吾之智思殊不及此，赖汝启予。”约知其计行，复谓素曰："今皇后之言，上无不用，宜因机会早自结托，则长保荣禄，传祚子孙[⑬]。兄若迟疑，一旦有变，令太子用事，恐祸至无日矣！”素从之。

【注释】

①大理少卿：掌刑法的官员。②筹：想办法，定计划。③博：古代

的一种棋戏，后来泛指赌博。④阳：佯装，假装。⑤说之：劝说他。⑥反经合义：虽违背常道，但仍合于义理。⑦令图：善谋，远大的谋略。⑧与时消息：指事物无常，随时间的推移而兴盛衰亡。⑨执政：宰相。⑩弃群臣：皇帝去世。⑪累卵之危：像垒起来的鸡蛋那样危险的局面。⑫太山：即泰山。⑬传祚：流传后世。

【译文】

杨约当时是大理少卿，杨素凡是要做的事，都先和杨约商量后再做。宇文述邀请杨约，陈设了许多玩物器皿，和他一起畅饮，然后一起下棋，宇文述每次都假装输了，把杨广所送的金银财宝都输给了杨约。杨约得到很多金银财宝，就向宇文述略表谢意，宇文述就说："这些金银财宝是晋王杨广赏赐给我的，让我陪您高兴的。"杨约大惊道："这是为什么？"宇文述就转达了杨广的意思，劝说杨约道："遵循常规，固然是人臣的本分；但是违反常规以符合道义，也是明智之人远大的谋略。自古贤人君子，没有不关注世情以避免祸患的。你们兄弟功名盖世，执掌大权有多年了，您家所得罪的朝臣数不胜数！还有，皇太子往往想做的事而不能做到，常常切齿痛恨当政的大臣；您虽然主动地结好于皇上，但是想要危害您的人实在很多啊！陛下一旦弃群臣而去，您又靠谁庇护呢？如今皇太子失宠于皇后，陛下一直就有废黜皇太子的想法，这您是知道的。现在如果请陛下立晋王杨广为太子，不过是令兄一句话罢了。要是真能在这个时候建立大功，晋王必定永远将这事铭记在心，这样您就可以去掉累卵一样的危难，成就此后稳固如泰山的权势了。"杨约觉得他说得有道理，就将此话转告了杨素。杨素听了后非常高兴，拍手道："我的智慧思虑远远达不到这儿，全仗着你启发了我。”杨约知道他的计策成功了，又对杨素说：“当今皇后所说的话，陛下无不采纳。应当趁机会早早自动结交依靠皇后，就会长久地保住荣华富贵，并传给子孙后世。兄长如果迟疑，一旦局势有变，陛下让太子执掌朝政，恐怕灾祸很快就要来了！”杨素听从了杨约的话。

【原文】

后数日，素入侍宴，微称“晋王孝悌恭俭[①]，有类至尊”，用此揣后意[②]。后泣曰：“公言是也！吾儿大孝爱，每闻至尊及我遣内使到，必迎于境首；言及违离，未尝不泣。又其新妇亦大可怜，我使婢去，常与之同寝共食。岂若睍地伐与阿云对坐，终日酣宴，昵近小人，疑阻骨肉！我所以益怜阿麽者[③]，常恐其潜杀之。”素既知后意，因盛言太子不才。后遂遗素金，使赞上废立。

杨素入宫为杨广美言。

【注释】

①悌：敬爱兄长。这里泛指敬重长上。②揣：试探。③阿麼：晋王杨广的小名。

【译文】

过了几天，杨素入宫侍奉宴会，他婉转地说“晋王孝悌恭俭，很像陛下”，用这话来揣摩独孤皇后的心思。皇后流着泪说：“您说得是啊！我儿非常孝顺仁爱，每次听说陛下和我派内使去了，必定亲自远迎；说到远离双亲，没有不落泪的。而且晋王的新婚妻子也很令人怜爱，我派婢女去她那里，晋王妃经常与婢女同寝共食。怎么像睍地伐和阿云对坐，整天沉溺于酒宴，亲近小人，猜忌防备骨肉！所以我愈加爱怜阿麼，常担心太子会暗中害他。”杨素已经了解了皇后的心思，就开始极力说太子不成器。于是皇后就送给杨素财物，让他辅佐文帝进行废立太子之事。

【原文】

勇颇知其谋，忧惧，计无所出，使新丰人王辅贤造诸厌胜[①]；又于后园作庶人村，室屋卑陋，勇时于中寝息，布衣草褥，冀以当之。上知勇不自安，在仁寿宫，使杨素观勇所为。素至东宫，偃息未入[②]，勇束带待之，素故久不进以激怒勇；勇衔之[③]，形于言色。素还言：“勇怨望，恐有他变，愿深防察！”上闻素谮毁，甚疑之。后又遣人伺觇东宫[④]，纤介事皆闻奏[⑤]，因加诬饰以成其罪。

【注释】

①厌胜：也作压胜，指以迷信的方法如符咒等，镇服或驱避可能出现的灾祸，或致灾祸于人。②偃息：止息，停止。③衔之：怀恨在

心。④ 伺觇：暗中窥视守候。⑤ 纤介：细微。

【译文】

杨勇非常清楚杨广他们的阴谋，对此感到忧虑恐惧，但是想不出办法来，就派新丰人王辅贤施制作了巫术诅咒之物，又在后园建造平民村，村里的房屋低矮简陋，杨勇常在里面睡觉休息，他身穿布衣，铺着草褥子，希望用这样的办法避祸。文帝知道杨勇内心不安，在仁寿宫派杨素观察杨勇的所作所为。杨素到了东宫，停下来不进去，杨勇换好衣服等待杨素，杨素故意很久不进去，以激怒杨勇；杨勇怀恨杨素，并且表现在言语和神色上。杨素回去禀报文帝："太子杨勇怨恨，恐怕会有别的变故，愿陛下多多防备观察！"文帝听到杨素的谗言和诋毁之词，更怀疑太子。后来独孤皇后又派人暗中窥视东宫，所有细微琐事都向皇帝奏报，搜寻诬陷之词构成杨勇的罪状。

【原文】

上遂疏忌勇，乃于玄武门达至德门量置候人[①]，以伺动静，皆随事奏闻。又，东宫宿卫之人，侍官以上[②]，名籍悉令属诸卫府，有勇健者咸屏去之[③]。出左卫率苏孝慈为淅州刺史[④]，勇愈不悦。太史令袁充言于上曰[⑤]："臣观天文，皇太子当废。"上曰："玄象久见，群臣不敢言耳。"充，君正之子也。

【注释】

① 玄武门：皇宫正北门。至德门：皇宫东北门。量置：酌量安置。候人：斥候，军中侦伺敌情者。② 侍官：在宫廷中轮番宿卫的军士。③ 屏去：退除，除却。④ 左卫率：统带东宫侍卫的武职官员。淅州：

今河南淅川。⑤太史令：官名，掌管起草文书，记载史事、天文历法、祭祀等。

【译文】

文帝于是疏远猜忌杨勇，就在玄武门到至德门之间的路上，派人观察杨勇的动静，看到什么都要随时上报。另外，东宫宿卫中侍官以上的人员，名册都令归属各个卫府管辖，勇猛矫健的人都要调走。左卫率苏孝慈被调出任淅州刺史，杨勇愈加不高兴。太史令袁充上奏文帝说："臣观察天象，皇太子应当废黜。"文帝说："天象出现很久了，群臣不敢说而已。"袁充是袁君正的儿子。

【原文】

晋王广又令督王府军事姑臧段达私赂东宫幸臣姬威[①]，令伺太子动静，密告杨素；于是内外喧谤[②]，过失日闻。段达因胁姬威曰："东宫过失，主上皆知之矣。已奉密诏，定当废立；君能告之，则大富贵！"威许诺，即上书告之。

【注释】

①督王府军事：掌管王府军事的官员。姑臧：今甘肃武威。②喧谤：大声指责。

【译文】

晋王杨广又让姑臧人督王府军事段达私下贿赂东宫宠臣姬威，要他暗中察看太子动静，密报给杨素；于是朝廷内外到处都对杨勇大声指责，天天可以听到杨勇的罪过。段达趁机要挟姬威说："东宫的过失，陛下全都知道了。我已得到密诏，定要废黜太子；如果你能告发太子，就会大富大贵！"姬威答应了，立即上书告发了太子。

【原文】

秋，九月壬子，上至自仁寿宫。翌日，御大兴殿，谓侍臣曰：“我新还京师，应开怀欢乐；不知何意翻邑然愁苦[①]？”吏部尚书牛弘对曰[②]：“臣等不称职，故至尊忧劳。”上既数闻谮毁，疑朝臣悉知之，故于众中发问，冀闻太子之过。弘对既失旨，上因作色，谓东宫官属曰：“仁寿宫此去不远，而令我每还京师，严备仗卫，如入敌国。我为下利[③]，不解衣卧。昨夜欲近厕，故在后房恐有警急，还移就前殿，岂非尔辈欲坏我家国邪！”于是执太子左庶子唐令则等数人付所司讯鞫[④]；命杨素陈东宫事状以告近臣。

【注释】

① 邑然：忧闷不安的样子。② 吏部尚书：吏部长官。掌官员升迁、

隋文帝召集群臣朝会。

任免。③下利：同“下痢”。④太子左庶子：东宫属官。讯鞫：同“讯鞫”，审讯。

【译文】

秋季，九月壬子（二十六日），文帝从仁寿宫归来。第二天，驾临大兴殿，他对侍臣说：“我刚刚回到京师，应当开怀欢乐，不知为什么变得抑郁愁闷？”吏部尚书牛弘答道：“是臣等不称职，使陛下忧愁劳累。”文帝已经听到很多诬陷太子的话，怀疑朝臣也都知道了，因此向朝臣们发问，希望能听到有关太子的过失。牛弘的回答不合文帝的心意，于是文帝脸色一变，对东宫的官吏僚属说：“仁寿宫离此不远，令我每次回京师，都要侍卫谨严，就像进了敌国。我因为得了痢疾，不脱衣服睡觉。昨夜要上厕所，担心在后边的房间有紧急情况发生，只好返回前殿就厕，难道不是你们这些人想要危害我们的家国吗！”于是捉拿太子左庶子唐令则等数人交付有关部门进行审讯，命令杨素把东宫的情况告诉近臣。

【原文】

素乃显言之曰：“臣奉敕向京，令皇太子检校刘居士馀党[①]。太子奉诏，作色奋厉[②]，骨肉飞腾[③]，语臣云：‘居士党尽伏法，遣我何处穷讨？尔作右仆射，委寄不轻，自检校之，何关我事！’又云：‘昔大事不遂，我先被诛，今作天子，竟乃令我不如诸弟，一事以上，不得自遂！’因长叹回视云：‘我大觉身妨[④]。’”上曰：“此儿不堪承嗣久矣，皇后恒劝我废之。我以布衣时所生，地复居长，望其渐改，隐忍至今。勇尝指皇后侍儿谓人曰：‘是皆我物。’此言几许异事！其妇初亡，我深疑其遇毒，尝责之，勇即怼曰[⑤]：‘会杀元孝矩[⑥]。’此欲害我而迁怒耳。长宁初生[7]，朕与皇后共抱养之，自怀彼此，连遣来索。且云定兴女，在外私合而生，想此由来，何必是其体胤[8]！昔晋太子取屠家女，其儿即好屠割。今傥非类，便乱宗祏[9]。我虽德惭尧、舜，终不以万姓付不肖子！我恒畏其加害，如防大敌；今欲废之以安天下！”

【注释】

① 检校：调查。刘居士：上柱国彭公刘昶之子，在东宫掌管皇太子宿卫，为七品官。刘居士不守朝廷法度，屡次犯罪，文帝由于刘昶的缘故，每次都赦免了他。于是刘居士有恃无恐，常无故殴打路人，侵夺财物，为非作歹，甚至连公卿大臣、后妃公主也都不敢和他计较。后来有人上告说刘居士图谋不轨，文帝下令将刘居士斩首，很多公卿子弟受到牵连而被除名为民。② 作色奋厉：神情凌厉凶狠。③ 骨肉飞腾：形容太子暴跳如雷、激动愤怒的样子。④ 妨：妨碍，受限。⑤ 怼：怨恨。⑥ 元孝矩：隋臣，太子妃元氏父亲。⑦ 长宁：太子勇的长子长宁王俨，云昭训所生。⑧ 体胤：亲生的后代。⑨ 宗祏：宗庙中藏神主的石室。亦借指宗庙、宗祠。

【译文】

于是杨素就公开地说：“我奉旨到京师，令皇太子追查刘居士余党。太子接到诏书，脸色大变，表情非常愤怒，他对我说：‘刘居士的余党都已经伏法了，让我到哪里去追讨呢？你作为右仆射，身负重任，你应该去追查此事，关我什么事！’又说：‘当年以隋代周要是不顺利，我先得被杀，如今父亲做了天子，竟然令我的处境还不如几个弟弟，凡事都不能自己做主！’他又长叹回头看着我说：‘我觉得太受妨碍了。’”文帝说：“朕很早就觉得这个儿子不能继承皇位了，皇后一直劝朕废黜他。朕认为他是我做平民时生的，又是长子，希望他能渐渐改过，所以才忍耐到现在。杨勇曾经指着皇后的侍女对人说：‘这些都是我的。’这话说得多么奇怪啊！他的妾元妃刚死时，朕十分怀疑她是被毒死的，曾经责问过杨勇，他就怨恨地说：‘早晚杀掉元孝矩。’这是想要害朕而迁怒他人。长宁王刚生下的时候，朕和皇后一起抱来抚养，杨勇却心中另有想法，连连派人来要回去。况且云定兴的女儿，是云定兴在外面私合而生，想到她的出身来历，何必用她的后代作为继承杨家基业的人！以前晋太子娶了屠户的女儿，他的儿子就喜欢屠宰之事。倘若他们不是咱们这一类人，会乱了宗祠。朕虽然没有尧、舜那样的德行，但终归不能把天下百姓交给品行不端的儿子！朕总担心他会谋害我，对他就像防备大敌一样；现在朕打算废掉他以安天下！”

【原文】

左卫大将军五原公元旻谏曰[①]：“废立大事，诏旨若行，后悔无及。谗言罔极[②]，惟陛下察之。”

【注释】

①左卫大将军：禁军大将军之一。②罔极：无极，无边际。

【译文】

左卫大将军五原公元旻劝谏说：“废立大事，诏旨一旦颁布，后悔就来不及了。谗言无边际，希望陛下再仔细调查这些事。”

【原文】

上不应，命姬威悉陈太子罪恶。威对曰：“太子由来与臣语，唯意在骄奢，且云：‘若有谏者，正当斩之，不杀百许人，自然永息。’营起台殿，四时不辍[①]。前苏孝慈解左卫率，太子奋髯扬肘曰[②]：‘大丈夫会当有一日，终不忘之，决当快意。’又宫内所须，尚书多执法不与，辄怒曰：‘仆射以下，吾会戮一二人，使知慢我之祸。’每云：‘至尊恶我多侧庶[③]，高纬、陈叔宝岂孽子乎[④]！’尝令师姥卜吉凶[⑤]，语臣云：‘至尊忌在十八年，此期促矣[⑥]。’”上泫然曰：“谁非父母生，乃至于此！朕近览《齐书》，见高欢纵其儿子，不胜忿愤，安可效尤邪！”于是禁勇及诸子，部分收其党与。杨素舞文巧诋[⑦]，锻炼以成其狱[⑧]。

【注释】

①辍：停止。②奋髯：抖动胡须。激愤或激昂貌。扬肘：挥舞手臂。③侧庶：嫡妻外的偏房。④高纬、陈叔宝：分别为北齐、陈朝的亡国之君。孽子：庶出之子。⑤师姥：巫婆。⑥促：快到了，逼近。⑦舞文巧诋：罗织罪名，蓄意毁谤。⑧锻炼：罗织罪状，陷人于罪。

【译文】

文帝不听，他令姬威把太子的罪恶都讲出来。姬威说：“太子历来和臣说话，口气都极为骄横，还说：‘要是有劝我的，就应当处死，杀百许人，自然就永远清静了。’太子营建楼台宫殿，

隋文帝令姬威把太子的罪恶都讲出来。

一年四季都不停止。之前苏孝慈被解除左卫率官职的时候，太子愤怒得胡子都翘起来了，他挥舞着手臂，很激愤地说：‘大丈夫终会有一天，总不会忘记此事，到时候就会有杀伐决断的快感。’另外，东宫内所需的东西，尚书经常恪守制度不肯给，太子就发怒说：‘仆射以下的人，我可以杀一两人，让你们知道怠慢我的灾祸。’太子常说：‘陛下厌恶我有许多姬妾，如果让他生了像高纬、陈叔宝这样的孽子，他又会怎样看呢？’太子曾经让巫婆占卜吉凶，对我说：‘陛下忌期在开皇十八年，这个期限快要到了。’”文帝流着泪说：“谁不是父母所生的，他竟做出这样的事来！朕最近看《齐书》，看到高欢纵容他的儿子，非常气忿，怎么能仿效这种人呢！”于是软禁了杨勇和他的几个儿子，收捕了他的部分党羽。杨素舞文弄墨，巧言诋毁，罗织罪名以构成太子杨勇下狱之罪。

【原文】

居数日，有司承素意，奏元旻常曲事于勇[①]，情存附托，在仁寿宫，勇使所亲裴弘以书与旻，题云：“勿令人见。”上曰：“朕在仁寿宫，有纤介事，东宫必知，疾于驿马，怪之甚久，岂非此徒邪！”遣武士执旻于仗。右卫大将军元胄时当下直[②]，不去，因奏曰：“臣向不下直者，为防元旻耳。”上以旻及裴弘付狱。

【注释】

① 曲事：曲意侍奉。② 右卫大将军：禁军大将之一。下直：在宫中当值结束。

【译文】

过了些天，有关部门的官员秉承杨素的意思，奏报文帝说元旻常常曲意迎逢杨勇，有阿谀结交之事，在仁寿宫，杨勇派亲信裴弘送信给元旻，信上说："不要暴露自己。"文帝说："朕在仁寿宫，有任何小事，东宫必定知道，比驿马传报的还要快，我觉得奇怪已经很长时间了，难道不是这家伙做的吗？"于是派武士在左卫仗中捉拿元旻。右卫大将军元胄当时在宫中当值结束，却没有离开，于是上奏说："臣先前不下值，就是为了防备元旻。"文帝将元旻和裴弘投入监狱。

【原文】

先是，勇见老枯槐，问："此堪何用？"或对曰："古槐尤宜取火。"时卫士皆佩火燧[①]，勇命工造数千枚，欲以分赐左右；至是，获于库。又药藏局贮艾数斛[②]，索得之，大以为怪，以问姬威，威曰："太子此意别有所在，至尊在仁寿宫，太子常饲马千匹，云：'径往守城门，自然饿死。'"素以威言诘勇，勇不服，曰："窃闻公家马数万匹，勇忝备太子[③]，马千匹，乃是反乎！"素又发东宫服玩，似加雕饰者[④]，悉陈之于庭，以示文武群官，为太子之罪。上及皇后迭遣使责问勇，勇不服。

杨勇问随从枯老的槐树能做什么用。

【注释】

①火燧：引火之物。②艾：草本植物，叶子有香气，可做药，点着后烟能熏蚊蝇，还可制艾绒，是灸法治病的燃料。斛：古量器名，也是容量单位，十斗为一斛。③忝：羞辱，愧对，表示愧于进行某事。④雕：治玉，引申为雕刻、刻镂，或指用彩绘装饰。

【译文】

当初，杨勇见到一棵老枯槐树，问道："这树能做什么用？"有人回答说："古槐最适宜做柴来取火。"当时杨勇的卫士都随身带着火燧，杨勇让工匠制作了几千枚火燧，打算分赐给身边的人；现在，在东宫的库房里找到了。另外，药藏局贮存着好几斛的艾绒，杨素收缴上来，觉得非常奇怪，就问姬威，姬威说："太子储存这些东西另有目的，陛下住在仁寿宫，太子经常饲养着一千匹马（艾叶可以为马治病），说：'这些马只是往来守城门，自然就会饿死。'"（言下之意是要用这些马随时到仁寿宫发动兵变）杨素以姬威的话来盘问杨勇，杨勇不服气，说："我听说你杨公家饲养的马有数万匹，我作为太子，养一千匹马就是造反吗！"杨素又找出东宫的服饰玩器，凡是有雕刻缕画装饰的器物全都陈列在宫庭里，展示给文武群臣，作为太子的罪证。文帝和独孤皇后多次派人去责问杨勇，杨勇不服气。

【原文】

冬，十月乙丑，上使人召勇，勇见使者惊曰："得无杀我邪[①]？"上戎服陈兵，御武德殿，集百官立于东面，诸亲立于西面，引勇及诸子列于殿庭，命内史侍郎薛道衡宣诏[②]，废勇及其男、女为王、公主者。勇再拜言曰："臣当伏尸都市[③]，为将来鉴戒；幸蒙哀怜，得全性命！”言毕，泣下流襟，既而舞蹈而去，左右莫不闵默[④]。长宁王俨上表乞宿卫，辞情哀切；上览之闵然[⑤]。杨素进曰：“伏望圣心同于螫手[⑥]，不宜复留意。”

【注释】

①得无：也作“得毋”“得微”，能不，岂不是。②内史侍郎：即内史省长官的副职。薛道衡：著名诗人，历仕北齐、北周、隋。③伏尸都市：在法场上被处死。④闵默：忧郁不语。⑤闵然：忧伤貌。⑥螫手：比喻为了顾全大局而忍痛牺牲局部。

【译文】

冬季，十月乙丑（初九），文帝派人召杨勇，杨勇看到使者，吃惊地说：“不是无故来杀我的吧？”文帝穿着戎装，陈列禁军，亲自来到武德殿，召集百官立于殿东面，皇室宗亲立在殿西面，引着杨勇和他的几个儿子排列在武德殿的庭院里，文帝命内史侍郎薛道衡宣读诏书，将杨勇和被封为王及被封为公主的子女，一律贬为庶人。杨勇再拜说：“臣本当被处死，作为后人的借鉴；幸而蒙陛下哀怜，才得以保全性命！”说完，眼泪流满了衣襟，随即跪拜行礼后离去，左右随从看到这一幕，无不为杨勇怜悯沉默。长宁王杨俨上表请求留京担任宿卫，言辞哀伤恳切；文帝看了很伤心。杨素向文帝进言：“希望圣上对这件事应像蝮蛇螫手一样，不应再留此意。”

【原文】

己巳，诏：“元旻、唐令则及太子家令邹文腾、左卫率司马夏侯福、典膳监元淹、前吏部侍郎萧子宝、前主玺下士何竦并处斩[①]，妻妾子孙皆没官。车骑将军榆林阎毗、东郡公崔君绰、游骑尉沈福宝、瀛州术士章仇太翼[②]，特免死，各杖一百，身及妻子、资财、田宅皆没官。副将作大匠高龙叉、率更令晋文建[③]、通直散骑侍郎元衡皆处尽。"于是集群官于广阳门外，宣诏戮之。乃移勇于内史省，给五品料食。赐杨素物三千段，元胄、杨约并千段，上赏鞫勇之功也。

文林郎杨孝政上书谏曰："皇太子为小人所误，宜加训诲，不宜废黜。"上怒，挞其胸。

【注释】

① 太子家令：管理东宫事务的属官。② 榆林：今内蒙古托克托。游骑尉：武职散官。③ 副将作大匠：将作大匠的副手，掌营造。率更令：官名，为太子属官，掌宫殿门户、赏罚之事，以及皇族次序、刑法事。

隋文帝下诏将太子近臣或杀或捕。

【译文】

己巳（十三日），文帝下诏书说："元旻、唐令则及太子家令邹文腾、左卫率司马夏侯福、典膳监元淹、前吏部侍郎萧子宝、前主玺下士何竦一并斩首，他们的妻妾子孙都没入官府。车骑将军榆林人阎毗、东郡公崔君绰、游骑尉沈福宝、瀛州术士章仇太翼，特赦免死，各受杖刑一百，本人和妻子儿女、资财、田宅都没入官府。副将作大匠高龙叉、率更令晋文建、通直散骑侍郎元衡都被判罪令其自尽。"于是在广阳门外召集百官宣读诏书，将上述判死刑的人处死。把杨勇迁到内史省，供给他五品官员的俸禄。赐给杨素帛物三千匹，赐给元胄、杨约财物一千匹，作为审讯杨勇的功劳的奖赏。

文林郎杨孝政上书给文帝进谏说："皇太子是被小人教坏了，应该加强训诫教诲，不应该废黜。"文帝发怒，用鞭子抽打他的胸部。

【原文】

初，云昭训父定兴，出入东宫无节，数进奇服异器以求悦媚[①]；左庶子裴政屡谏，勇不听。政谓定兴曰："公所为不合法度。又，元妃暴薨，道路籍籍[②]，此于太子，非令名也[③]。公宜自引退，不然，将及祸。"定兴以告勇，勇益疏政，由是出为襄州总管。唐令则为勇所昵狎，每令以弦歌教内人，右庶子刘行本责之曰："庶子当辅太子以正道，何有取媚于房帷之间哉[④]！"令则甚惭而不能改。时沛国刘臻、平原明克让、魏郡陆爽，并以文学为勇所亲；行本怒其不能调护，每谓三人曰："卿等正解读书耳！"夏侯福尝于阁内与勇戏，福大笑，声闻于外。行本闻之，待其出，数之曰："殿下宽容，赐汝颜色。汝何物小人，敢为亵慢！”因付执法者治之。数日，勇为福致请，乃释之。勇尝得良马，欲令行本乘而观之，行本正色曰：“至尊置臣于庶子，欲令辅导殿下，非为殿下作弄臣也。”勇惭而止。及勇败，二人已卒，上叹曰：“向使裴政、刘行本在，勇不至此。”

【注释】

①悦媚：逢迎取悦。②籍籍：喧哗纷乱的样子。③令名：指好的名声。④房帷：指宫闱，宫中。

【译文】

当初，云昭训的父亲云定兴出入东宫没有节制，他多次进献奇异的服饰器物给杨勇，以逢迎取悦杨勇；左庶子裴政屡次劝谏，杨勇不听。裴政对云定兴说：“您这样做不符合法度。还有，元妃突然暴死，外面议论纷纷，这对于太子，不是好名声。您最好自行引退，否则将会遭到灾祸。”云定兴将此话告诉杨勇，杨勇越发疏远裴政，并把裴政调任为襄州总管。唐令则被杨勇所亲近，杨勇常常令唐令则教给东宫的官人丝弦歌舞，右庶子刘行本责备唐令则说：“侍从官员应当辅佐太子走正路，为什么要用声色歌舞来取媚于太子呢！”唐令则甚感惭愧却改不了。当时沛国人刘臻、平原人明克让、魏郡人陆爽，都因为辞章修养被杨勇所亲近。刘行本对他们不能引导太子走正路而非常愤怒，常对三人说：“你们几位正好带着太子解读经书！”夏侯福曾在房间里与杨勇开玩笑，夏侯福哈哈大笑，声音传到门外。刘行本听见，等夏侯福出来，责备他说：“太子殿下性情宽容，给你面子。像你这样的小人物，敢这样轻慢！”于是把夏侯福交执法人员治罪。过了几天，杨勇替夏侯福讲情，才将他释放。杨勇曾得到一匹良马，想让刘行本骑马让他观看，刘行本正色道："陛下任命我为右庶子，是让我辅佐教导殿下，而不是陪殿下玩乐的弄臣。"杨勇听后感到惭愧，于是作罢。到杨勇被废黜时，裴政、刘行本二人都去世了，文帝叹息道："要是裴政、刘行本二人还在，杨勇不至于到这个地步。"

【原文】

勇尝宴宫臣，唐令则自弹琵琶，歌《娬媚娘》。洗马李纲起白勇曰："令则身为宫卿，职当调护；乃于广坐自比倡优[①]，进淫声，秽视听。事若上闻，令则罪在不测，岂不为殿下之累邪！臣请速治其罪！"勇曰："我欲为乐耳，君勿多事。"纲遂趋出。及勇废，上召东宫官属切责之，皆惶惧无敢对者。纲独曰："废立大事，今文武大臣皆知其不可而莫肯发言，臣何敢畏死，不一为陛下别白言之乎！太子性本中人[②]，可与为善，可与为恶。曩向使陛下择正人辅之，足以嗣守鸿基。今乃以唐令则为左庶子，邹文腾为家令，二人唯知以弦歌鹰犬娱悦太子，安得不至于是邪！此乃陛下之过，非太子之罪也。"因伏地流涕呜咽。上惨然良久曰："李纲责我，非为无理，然徒知其一，未知其二；我择汝为宫臣，而勇不亲任，虽更得正人，何益哉！"对曰："臣所以不被亲任者，良由奸人在侧故也。陛下但斩令则、文腾，更选贤才以辅

太子洗马李纲为太子辩护，呜咽流泪，隋文帝神色惨然。

太子，安知臣之终见疏弃也。自古废立冢嫡，鲜不倾危，愿陛下深留圣思，无贻后悔[3]。”上不悦，罢朝，左右皆为之股栗。会尚书右丞缺，有司请人，上指纲曰：“此佳右丞也！”即用之。

【注释】

①倡优：古代称以音乐歌舞或杂技戏谑娱人的艺人。倡伎及优伶的合称。倡，指乐人；优，指伎人。古本有别，后常并称。②中人：一般人。③无贻后悔：不要将来后悔。

【译文】

杨勇曾宴请东宫的臣僚，唐令则亲自弹奏琵琶，唱《娬媚娘》。洗马李纲起身对杨勇说：“唐令则身为宫卿，职责应是调教保护太子，他却在大庭广众之下自比倡伎优伶，进献靡靡之音，污浊视听。这事要是皇上知道了，唐令则的罪责就大了，这岂不是要连累殿下吗！我请求速将他治罪！”杨勇说：“我想听听音乐，你不要多管闲事。”于是李纲就赶快退出来。等到杨勇被废黜，文帝召集东宫的臣僚严厉责备他们，所有人都惶恐没人敢答话。只有李纲说：“太子的废立大事，如今文武大臣都知道这事不可更改了而不肯说话，臣怎能因为怕死就不把对此事的看法对陛下讲出来！太子的性情本是常人的性情，可以使之变好，也可以使之变坏。以前陛下如果挑选正直的人辅佐太子，他足以继承皇统鸿业。如今用唐令则为左庶子，邹文腾为太子府总管，这两个人只知道用声色犬马取悦太子，能不到这个地步吗？这是陛下的过失，并不是太子的罪过。”说完跪在地上呜咽流泪。文帝神色惨然，过了许久才说：“李纲责备我，不是没有道理。但是你只知其一，不知其二。我选择你做东宫的臣僚，但杨勇不亲近信任你，就是换上正直的人，又有什么用呢！”李纲回答说：“我所以不被太子亲近信任，实在是有佞人在太子身边的缘故，陛下只要将唐令则、邹文腾斩首，更换贤能才学之士辅佐太子，怎么会知道臣最后会被疏远抛弃呢。自古废立嫡长子，国家很少有不发生倾覆危险的，希望陛下好好考虑，不要将来后悔。”文帝不高兴，退朝后，文帝身边的人都替李纲担心。恰好尚书右丞空缺，有关部门请求派人，文帝指着李纲说：“此人是很好的尚书右丞。”立即任命李纲为尚书右丞。

【原文】

十一月戊子，立晋王广为皇太子。天下地震，太子请降章服，宫官不称臣。十二月戊午，诏从之。以宇文述为左卫率。始，太子之谋夺宗也[①]，洪州总管郭衍预焉，由是征衍为左监门率。

【注释】

① 夺宗：庶子夺宗嫡、主祭祀。

【译文】

十一月戊子（初三），文帝立晋王杨广为皇太子。很多地方地震，太子杨广请求免穿礼服，东宫的臣僚不对太子称臣。十二月戊午（初三），文帝下诏采纳杨广的建议。杨广任命宇文述为左卫率。当初，杨广谋划篡位时，洪州总管郭衍参与了这个阴谋，因此把郭衍召来任命他为左监门率。

【原文】

帝囚故太子勇于东宫，付太子广掌之。勇自以废非其罪，频请见上申冤，而广遏之不得闻。勇于是升树大叫，声闻帝所，冀得引见。杨素因言勇情志昏乱，为癫鬼所著[①]，不可复收。帝以为然，卒不得见。

【注释】

① 癫鬼：使人癫狂的鬼祟。

【译文】

文帝将前太子杨勇囚禁在东宫，交由太子杨广管束。杨勇认为自己没有犯下该被废黜的罪过，屡次请见文帝申冤，但杨广加以阻止，不让文帝知道。杨勇于是爬到树上大声喊叫，声音传到文帝的住所，希望能得到文帝的接见。杨素就说杨勇情志昏乱，就像癫鬼附体，无法可救。文帝信以为真，杨勇最终还是没有见到文帝。

杨素说杨勇情志昏乱，无法可救。文帝信以为真。

唐纪

玄武门之变

【导语】

因为李渊父子的同心协力，唐朝得以顺利地建立政权。但是在短短几年时间内，因为继承人问题，皇室内部起了极大的冲突。冲突的一方是太子李建成和齐王李元吉，另一方则是立下赫赫战功的秦王李世民。他们各自拥有自己的官属和军事力量，暗中招兵买马，笼络人心。随着天下局势的稳定，到武德六七年以后，双方的关系越来越紧张。

从《资治通鉴》的记载看，高祖李渊经常在两边摇摆。由于太子一方争取到了后宫的支持，所以随着时间的推移，李渊越来越倾向于太子。在数度暗算失败以后，李建成、李元吉分散秦王的属下，削夺他的兵权，准备寻找时机除掉秦王。

李世民的态度则一直不明确，他和对手一样，也在暗中扩大自身实力，甚至收买对方心腹，但在表面始终容忍退让。在对方的步步紧逼和下属的忠心劝谏之下，公元626年六月，秦王发动兵变，一举除掉了太子李建成和齐王李元吉。因为事变发生在皇宫北面的玄武门，所以被后世称为“玄武门之变”。事变的结果是李世民大获全胜，很快掌握了政权。

司马光在最后的评论中指出，从太原起兵开始，李世民就是李唐皇室真正的缔造者，所以在唐高祖立长的时候就埋下了祸根。换言之，这也是为李世民发动政变辩护的最主要的理论依据。事实上，这也是唐代修史以来一贯的思路，但是这一观点近年来遭到部分史家的质疑。考虑到贞观以后对于史书的修正，关于如何评价秦王、太子甚至是李渊在唐朝建立过程中的作用，还需要进一步的分析。

【原文】

武德七年（甲申，公元624年）

初，齐王元吉劝太子建成除秦王世民[①]，曰："当为兄手刃之！"世民从上幸元吉第，元吉伏护军宇文宝于寝内[②]，欲刺世民，建成性颇仁厚，遽止之。元吉愠曰[③]："为兄计耳，于我何有！"

齐王李元吉劝太子李建成除掉秦王李世民。

【注释】

①齐王元吉劝太子建成除秦王世民：唐高祖李渊四子，长子建成，次子世民，三子早逝，四子元吉。建成被立为太子，和齐王元吉关系友善。②护军：唐初秦王府和齐王府各置左右六府护军，武职。③愠：含怒，生气。

【译文】

武德七年（甲申，公元624年）

当初，齐王李元吉劝太子李建成除掉秦王李世民，他说："我自当为兄长亲手杀掉他！"李世民跟随高祖李渊驾临李元吉的府第，李元吉派护军宇文宝埋伏在寝室内，准备刺杀李世民，李建成生性颇为仁爱宽厚，马上制止了他。李元吉恼怒地说："我这都是为兄长着想，对我有什么好处呢！”

【原文】

建成擅募长安及四方骁勇二千馀人为东宫卫士，分屯左、右长林①，号长林兵。又密使右虞侯率可达志从燕王李艺发幽州突骑三百②，置东宫诸坊③，欲以补东宫长上④，为人所告。上召建成责之，流可达志于巂州⑤。

【注释】

①屯：驻军防守。左、右长林：长林门，太极宫东宫的宫门。②右虞侯：东宫官属，掌警卫伺查。突骑：精锐骑兵。③坊：官署。④长上：武官名。唐时九品，其职为守边和宿卫宫禁。⑤巂州：今四川西昌地区。

【译文】

太子李建成擅自招募了长安和各地的骁勇之士二千余人为东宫卫士，让他们分别驻扎在左、右长林门，号称长林兵。李建成又暗中让右虞侯率可达志从燕王李艺那里调来幽州三百精锐骑兵，将他们安置在东宫东面的各个坊市中，准备用这些骑兵补充东宫宿卫的军官。这件事被人告发，高祖召见李建成把他责备了一番，将可达志流放到巂州。

【原文】

杨文斡尝宿卫东宫，建成与之亲厚，私使募壮士送长安。上将幸仁智宫，命建成居守，世民、元吉皆从。建成使元吉就图世民①，曰：“安危之计，决在今岁。”又使郎将尔朱焕、校尉桥公山以甲遗文斡②。二人至豳州③，上变，告太子使文斡

李建成亲近并厚待杨文幹。

举兵，使表里相应。又有宁州人杜凤举亦诣宫言状[④]。上怒，托他事，手诏召建成，令诣行在[⑤]。建成惧，不敢赴。太子舍人徐师谟劝之据城举兵[⑥]；詹事主簿赵弘智劝之贬损车服[⑦]，屏从者，诣上谢罪，建成乃诣仁智宫。未至六十里，悉留其官属于毛鸿宾堡[⑧]，以十馀骑往见上，叩头谢罪，奋身自掷[⑨]，几至于绝。上怒不解，是夜，置之幕下，饲以麦饭，使殿中监陈福防守[⑩]，遣司农卿宇文颖驰召文幹[⑪]。颖至庆州[⑫]，以情告之，文幹遂举兵反。上遣左武卫将军钱九陇与灵州都督杨师道击之[⑬]。

【注释】

①图：图谋。②郎将：武官名。秦置，主宿卫、车骑。校尉：为武散官低品官号。③豳州：今陕西彬县。④宁州：今甘肃宁县。⑤行在：皇帝所在的地方。⑥太子舍人：东宫属官，掌文书。⑦詹事主簿：东宫属官，类似于秘书官。⑧毛鸿宾堡：今陕西淳化西。⑨奋身自掷：以头碰地，表示自责之意。⑩殿中监：殿中省长官，多以皇帝之亲戚、贵臣担任，掌管皇帝生活起居之事。⑪司农卿：官名，掌国家仓廪。⑫庆州：今甘肃庆阳。⑬左武卫将军：唐代十二卫中之一。灵州：治所在今宁夏灵武。都督：军事长官。

【译文】

杨文幹曾经在东宫担任东宫侍卫，李建成亲近并厚待他，悄

李建成向唐高祖李渊磕头请罪。

悄派他招募壮士送到长安。高祖准备去仁智宫，命令李建成留守京城长安，李世民、李元吉随驾。李建成让李元吉乘机除去李世民，他说："无论我们的打算是平安还是危险，就决定在今年了。"李建成又派郎将尔朱焕和校尉桥公山将盔甲送给杨文幹。二人到了豳州，就向皇帝禀报了太子的图谋，告发太子指使杨文幹起兵，让他与自己内外呼应。还有宁州人杜凤举也到仁智宫举报太子的事。高祖大怒，借口别的事，亲笔诏书传召李建成，让他到仁智宫来。李建成心里害怕，不敢前去。太子舍人徐师谟劝他占据长安城，发兵起事；詹事主簿赵弘智则劝他免去太子的车驾章服，屏除随从人员，单独进见皇帝去承认罪责，于是李建成决定前往仁智宫。还没走六十里的路程，李建成就将官属全部留在北魏毛鸿宾遗留下来的堡栅中，只带了十多个人骑马前去觐见皇帝，向皇帝磕头请罪，以头碰地，撞得几乎晕死过去。高祖怒气仍未消除，这天夜里，高祖将太子安顿在幕下，给他麦饭充饥，并派殿中监陈福看守着他，又派司农卿宇文颖速去传召杨文幹。宇文颖到了庆州，将太子的情况告诉了杨文幹。于是，杨文幹起兵造反。高祖派左武卫将军钱九陇和灵州都督杨师道迎击。

【原文】

甲子，上召秦王世民谋之，世民曰："文幹竖子，敢为狂逆，计府僚已应擒戮，若不尔，正应遣一将讨之耳。”上曰：“不然。文斡事连建成，恐应之者众。汝宜自行，还，立汝为太子。吾不能效隋文帝自诛其子，当封建成为蜀王。蜀兵脆弱，他日苟能事汝，汝宜全之；不能事汝，汝取之易耳！”

【译文】

甲子（二十六日），高祖召秦王李世民商议杨文斡叛乱的事，李世民说：“杨文斡这小子竟然敢做这样狂妄谋逆的事，想来他幕府的僚属应当已经将他捉拿并杀掉了，如果不是这样，朝廷就应该派一员将领率兵讨伐他。”高祖说：“不是这样的。杨文斡的事牵连着建成，恐怕响应的人会很多。你应该亲自出征讨伐，得胜回朝，我就立你为太子。我不能效法隋文帝去诛杀自己的儿子，到时候封建成为蜀王。蜀中兵力薄弱，这样的话，如果以后他能够侍奉你，你应该保全他的性命；如果他不肯侍奉你，你要制伏他

高祖召秦王李世民商议杨文斡叛乱的事。

也容易啊！”

【原文】

上以仁智宫在山中，恐盗兵猝发，夜，帅宿卫南出山外。行数十里，东宫官属将卒继至，皆令三十人为队，分兵围守之。明日，复还仁智宫。

【译文】

仁智宫建造在山中，高祖担心盗兵突然发难，便连夜率领担任警卫的军队从南面走出山来。走了数里地的时候，太子东宫所属的官员相继到来，高祖让大家一概以三十人为一队，将兵马分散开来，围绕并守卫着。第二天，高祖才又返回仁智宫。

【原文】

世民既行，元吉与妃嫔更迭为建成请，封德彝复为之营解于外[①]，上意遂变，复遣建成还京师居守。惟责以兄弟不睦，归罪于太子中允王珪、左卫率韦挺、天策兵曹参军杜淹[②]，并流于巂州。挺，冲之子也。初，洛阳既平，杜淹久不得调，欲求事建成。房玄龄以淹多狡数，恐其教导建成，益为世民不利，乃言于世民，引入天策府。

李元吉、后宫妃嫔和一些大臣相继为李建成求情。

【注释】

①营解：营救。②太子中允：东宫属官。王

珪：贞观名臣。天策兵曹参军：秦王的天策上将府属官。

【译文】

李世民出征以后，李元吉与后宫妃嫔相继为李建成求情，封德彝又在外朝设法营救他，高祖的想法就改变了，重新派李建成返回长安驻守。高祖只是责备他与兄弟不和，将罪责推给了太子中允王珪、左卫率韦挺、天策兵曹参军杜淹，将他们一并流放到嶲州。韦挺是韦冲的儿子。当初，洛阳平定以后，杜淹很久都不得调任，想侍奉李建成。房玄龄认为杜淹狡猾多计，担心他会教唆李建成，越发对李世民不利，便向李世民进言，将杜淹推荐到天策府任职。

【原文】

上校猎城南，太子、秦、齐王皆从，上命三子驰射角胜[①]。建成有胡马，肥壮而喜蹶[②]，以授世民曰："此马甚骏，能超数丈涧[③]，弟善骑，试乘之。"世民乘以逐鹿，马蹶，世民跃立于数步之外，马起，复乘之，如是者三，顾谓宇文士及曰："彼欲以此见杀，死生有命，庸何伤乎！"建成闻之，因令妃嫔谮之于上曰[④]："秦王自言，我有天命，方为天下主，岂有浪死[⑤]！"上大怒，先召建成、元吉，然后召世民入，责之曰："天子自有天命，非智力可求。汝求之一何急邪！"世民免冠顿首，请下法司案验。上怒不解，会有司奏突厥入寇，上乃改容劳勉世民，命之冠带，与谋突厥。闰月己未，诏世民、元吉将兵出豳州以御突厥，上饯之于兰池[⑥]。上每有寇盗，辄命世民讨之，事平之后，猜嫌益甚。

【注释】

① 角胜：争胜负。② 蹶：颠覆。③ 超：越过。涧：山间流水的沟。④ 谮：无中生有地说人坏话。⑤ 浪死：徒然死去，白白送死。⑥ 兰池：在今陕西咸阳东。

【译文】

高祖到城南设场围猎，太子李建成、秦王李世民、齐王李元吉都随同前往，高祖下令，让三人比赛骑马射猎，以决胜负。李建成有匹胡马，膘肥体壮，但是喜欢尥蹶子，李建成将这匹胡马交给李世民说："这匹马跑得很快，能跃过数丈宽的涧水，二弟善于骑马，骑上它试一试吧。"李世民骑马逐鹿，胡马忽然尥起后蹶，李世民跃身而起，跳到数步以外站稳，胡马站起来以后，李世民便再骑上去，这样连续好几次，李世民回头对宇文士及说："他想用这种方式来害我，可是死生有命，难道他能伤害我什么吗！"李建成听说了，就让妃嫔对高祖说李世民的坏话："秦王自己说，上天授命于我，将来要成为天下之主，怎么会这样白白死去呢！"高祖非常生气，先命人将李建成和李元吉二人召来，然后召李世民进见，责备他说："谁是天子，自然会有上天授命于他，不是人的智力所能够谋求的。你也未免太着急了吧！"李世民摘去王冠，伏地叩

李建成、李元吉促使李世民骑未经驯服胡马来伤害他。

头谢罪，请求将自己交付执法部门调查。高祖仍然怒气不息，正在此时，有司上奏突厥入侵，高祖这才换了脸色，安慰勉励李世民，让他重新戴上王冠，系好腰带，和他商量对付突厥的事。闰七月，己未（二十一日），高祖颁诏让李世民、李元吉带兵由豳州出发前去抵御突厥，高祖在兰池为他们饯行。每当有战事，高祖总是让李世民前去讨伐敌人，待战事平息以后，高祖对李世民的猜忌就越发厉害了。

【原文】

秦王世民既与太子建成、齐王元吉有隙，以洛阳形胜之地①，恐一朝有变，欲出保之，乃以行台工部尚书温大雅镇洛阳，遣秦府车骑将军荥阳张亮将左右王保等千馀人之洛阳，阴结纳山东豪杰以俟变，多出金帛，恣其所用②。元吉告亮谋不轨，下吏考验，亮终无言，乃释之，使还洛阳。

【注释】

① 形胜：地理位置优越，地势险要。② 恣：放纵，任凭，无拘束。

【译文】

秦王李世民因为和太子李建成、齐王李元吉结下嫌隙，想到洛阳地势险要，担心将来一旦发生变故，就打算离京防守此地，于是就让行台工部尚书温大雅去镇守洛阳，派秦府车骑将军荥阳人张亮率亲信王保等千余人前往洛阳，暗中结识接纳山东豪杰，等待时势的变化，并拿出大量金银布帛，任由他们使用。李元吉告发张亮图谋不轨，张亮被交付法官考察验证，张亮最终什么也没讲，法官便释放了他，让他返回洛阳。

【原文】

建成夜召世民，饮酒而鸩之。世民暴心痛[①]，吐血数升，淮安王神通扶之还西宫[②]。上幸西宫，问世民疾，敕建成曰："秦王素不能饮，自今无得复夜饮。"因谓世民曰："首建大谋，削平海内，皆汝之功。吾欲立汝为嗣[③]，汝固辞，且建成年长，为嗣日久，吾不忍夺也。观汝兄弟似不相容，同处京邑，必有纷竞，当遣汝还行台[④]，居洛阳，自陕以东皆王之。仍命汝建天子旌旗，如汉梁孝王故事[⑤]。"世民涕泣，辞以不欲远离膝下，上曰："天下一家，东、西两都，道路甚迩[⑥]，吾思汝即往，毋烦悲也。"将行，建成、元吉相与谋曰："秦王若至洛阳，有土地甲兵，不可复制；不如留之长安，则一匹夫耳[⑦]，取之易矣。"乃密令数人上封事[⑧]，言"秦王左右闻往洛阳，无不喜跃，观其志趣，恐不复来"。又遣近幸之臣以利害说上。上意遂移，事复中止。

【注释】

①暴：突然而猛烈。②淮安王神通：高祖李渊的堂弟。③嗣：继承人。④行台：台省在外者称行台。魏晋始有之，为出征时随其所驻之地设立的代表中央的政务机构，北朝后期，称尚书大行台，设置官属无异于中央，自成行政系统。唐贞观以后渐废。⑤汉梁孝王故事：汉梁孝王是汉景帝的同母弟，准许他建天子旌旗。⑥迩：近。⑦匹夫：泛指寻常的个人。⑧封事：密封的奏章。

【译文】

李建成在夜间叫来李世民，请他饮酒，借机在酒中下毒。李世民突然感到心痛，吐了几口血，淮安王李神通扶他回到西宫。

李建成毒害李世民。

高祖到西宫探望李世民，询问他的病情，下诏书给李建成说：“秦王平素不善于饮酒，以后再不要与他夜间饮酒了。”高祖为此又对李世民说：“第一个提出反隋的谋略，并平定了海内，这些都是你的功劳。我想立你为太子，你坚持推辞掉了，况且建成年长，又做了很长时间太子，我不忍心废黜他的储位。看你们兄弟之间好像彼此不能相容，一起待在京城长安肯定要发生纷争，我打算派你回行台，驻守洛阳，陕州以东都由你主持。让你建天子旌旗，一如汉梁孝王开创的先例。”李世民哭泣着，以不愿意远离高祖膝下为理由，表示推辞，高祖说：“天下都是一家，西都和东都离得很近，我想念你了就去看你，你不用烦恼悲伤。”秦王就要出发时，李建成和李元吉商议说：“秦王如果到了洛阳，有土地和军队，就无法再控制他了，不如将他留在长安，那他不过是个寻常人，制伏他也就容易了。”于是，他们暗中让几个人密奏皇帝，说：“秦王身边的人听说前往洛阳，无不欢喜雀跃，察看李世民的意向，恐怕去了之后就不会再回来了。”又派皇帝亲近宠信的大臣以秦王去留的得失利弊劝说高祖，高祖便改变了主意，李世民去洛阳的事就被半途搁置了。

李建成在高祖面前讲李世民的坏话。

【原文】

建成、元吉与后宫日夜谮诉世民于上，上信之，将罪世民。陈叔达谏曰："秦王有大功于天下，不可黜也。且性刚烈，若加挫抑，恐不胜忧愤，或有不测之疾，陛下悔之何及！"上乃止。元吉密请杀秦王，上曰："彼有定天下之功，罪状未著，何以为辞？"元吉曰："秦王初平东都，顾望不还，散钱帛以树私恩，又违敕命，非反而何！但应速杀，何患无辞！"上不应。

【译文】

李建成、李元吉与后宫嫔妃日夜不停地在高祖面前讲李世民的坏话，高祖信以为真，准备惩治李世民。陈叔达劝谏说："秦王为朝廷立下了巨大的功劳，是不能够废免的。况且他性情刚强严正，倘若加以压抑贬斥，恐怕经受不住内心的忧伤愤郁，一旦染上难以测知的疾病，到那时陛下可就后悔莫及了！"于是，高祖也就不再追究。李元吉秘密地向高祖奏请杀掉李世民，高祖说："秦王有平定天下的功劳，而他的罪状并不显著，用什么理由杀他呢？"李元吉说："秦王刚刚平定东都洛阳的时候，观望形势，不肯返回长安，广施财物树立个人的恩德，又违抗父皇的诏命，这不是造反又是什么！应该立刻处死他，何必担心找不到借口！"高祖没有回答他。

【原文】

秦府僚属皆忧惧不知所出。行台考功郎中房玄龄谓比部郎中长孙无忌曰[①]："今嫌隙已成，一旦祸机窃发，岂惟府朝涂地[②]，乃实社稷之忧，莫若劝王行周公之事以安家国[③]。存亡之机，间不容发[④]，正在今日！"无忌曰："吾怀此久矣，不敢发口。今吾子所言，正合吾心，谨当白之。"乃入言世民。世民召玄龄谋之，玄龄曰："大王功盖天地，当承大业！今日忧危，乃天赞也。愿大王勿疑。"乃与府属杜如晦共劝世民诛建成、元吉[⑤]。

【注释】

①行台考功郎中：秦府属官，吏部官员，掌官员考核事宜。房玄龄：唐代初年名相。比部郎中：刑部所属四司之一的比部司官，掌稽核簿籍。长孙无忌：先世为鲜卑拓跋氏，后改为长孙氏。长孙无忌是唐太宗李世民的内兄，文德顺圣皇后的哥哥。②涂地：彻底败坏而不可收拾。③周公之事：西周时，成王年幼，辅政的周公旦诛杀叛乱的管叔、蔡叔等诸侯，安定天下。④间不容发：中间容不下一根头发。比喻与灾祸相距极近，情势极其危急。⑤杜如晦：出身于西北望族，唐初名相。

【译文】

秦府官员都担心害怕，不知如何是好。行台考功郎中房玄龄对比部郎中长孙无忌说："如今秦王和太子的嫌隙已经造成，一旦祸患暗中发动起来，不只是秦王府会受到损害，实在也是国家的忧患，不如劝秦王效法周公诛管、蔡之事，以安定皇室和国家。如今正是一触即发的危急关头，采取行动就在今天！"长孙无忌说:“我早就有这样的想法了，只是不敢讲出来。如今你所说的话正合我意，让我去禀告秦王。”于是，长孙无忌进去告诉了李世民。李世民召房玄龄计议此事，房玄龄说:“大王的功劳足以遮盖天地，应当继承大业！如今局势危急，正是上天帮助我们。希望您不要犹豫。”于是，房玄龄和秦王府的属官杜如晦共同劝李世民诛杀李建成、李元吉。

【原文】

建成、元吉以秦府多骁将，欲诱之使为己用，密以金银器一车赠左二副护军尉迟敬德[①]，并以书招之曰:“愿迂长者之眷，以敦布衣之交。”敬德辞曰:“敬德，蓬户瓮牖之人[②]，遭隋末乱离，久沦逆地[③]，罪不容诛。秦王赐以更生之恩，今又策名藩邸，唯当杀身以为报。于殿下无功，不敢谬当重赐。若私交殿下，乃是贰心，徇利忘忠[④]，殿下亦何所用！”建成怒，遂与之绝。敬德以告世民，世民曰:“公心如山岳，虽积金至斗，知公不移。相遗但受，何所嫌也！且得以知其阴计，岂非良策！不然，祸将及公。”既而元吉使壮士夜刺敬德，敬德知之，洞开重门，安卧不动，刺客屡至其庭，终不敢入。元吉乃谮敬德于上，下诏狱讯治，将杀之，世民固请，得免。又谮左一马军总管程知节[⑤]，出为康州刺史[⑥]。知节谓世民曰:“大王股肱羽翼尽矣[⑦]，身何能久！知节以死不去，愿早决计。”又以金帛诱右二护军段志玄，志玄不从。建成谓元吉曰:“秦府智略之士，可惮者独房玄龄、杜如晦耳。”皆谮之于上而逐之。

李元吉、李建成想收买尉迟敬德，被他拒绝了。

【注释】

① 左二副护军：和下文的左一马军总管、右二护军等相似，都是唐初王府的武职官员。尉迟敬德：唐初著名大将。② 蓬户瓮牖：指贫穷人家。蓬户，用蓬草编成的门户。瓮牖，用破瓮做的窗户。③ 久沦逆地：指尉迟敬德在降唐之前曾经跟随刘武周。④ 徇利忘忠：即见利忘义。⑤ 程知节：唐初名将。⑥ 康州：今甘肃省成县。⑦ 股肱：比喻左右辅助得力的人。

【译文】

李建成、李元吉认为秦府有很多骁勇善战的将领，想要收买过来以为己用，于是就私下里将一车金银器物送给左二副护军尉迟敬德，并且写信给他，对他说："我希望得到您的顾念，以加深我们之间的布衣之交。"尉迟敬德辞谢道："敬德出身贫苦，遭逢隋末乱世，一直到现在沦落到抗拒朝廷的境地里，实在是罪大恶极，罪不容诛。秦王赐予我重生的恩德，如今又成为秦王府的属下，只能以死来报答秦王的知遇之恩。敬德没有为殿下立过尺寸之功，不敢凭空接受殿下如此丰厚的赏赐。如果我私下和殿下交往，就是对秦王怀有二心，因贪图财利而忘掉忠义，殿下要这种人又有什么用处呢！”李建成大怒，便与他断绝了往来。尉迟敬德把此事告诉了李世民，李世民说：“您的心就像山岳般坚定，即使成斗的黄金放在眼前，您的心也不会动摇的。如果太子再送礼物，您就收下，这有什么值得猜疑的呢！而且这样做还可以知道他们的阴谋，岂不是一个上好的计策！不然的话，祸事就要降临到您的头上了。”不久，李元吉派壮士夜里行刺尉迟敬德，尉迟敬德得知这一消息后，将重重门户都打开，自己安然躺着不动，刺客数次到了他的庭院里，最终还是没敢进屋。于是，李元吉就在高祖面前诬陷尉迟敬德，高祖下诏将尉迟敬德下狱并审讯拷打，想要处死他，由于李世民一直为他求情，尉迟敬德才得以幸免。李元吉又诬陷左一马军总管程知节，高祖将他外放为康州刺史。程知节对李世民说：“辅佐大王的人都被调走了，大王自身又怎么能够长久呢！知节宁死不离开京城，希望大王及早决定下来。”李元吉又用金银布帛引诱右二护军段志玄，段志玄不肯从命。李建成对李元吉说：“在秦府有谋略的人物中，值得畏惧的只有房玄龄、杜如晦而已。”李建成与李元吉在高祖面前说他们的坏话，让高祖把他们赶走。

【原文】

世民腹心唯长孙无忌尚在府中，与其舅雍州治中高士廉[①]、右候车骑将军三水侯君集及尉迟敬德等[②]，日夜劝世民诛建成、元吉。世民犹豫未决，问于灵州大都督李靖[③]，靖辞；问于行军总管李世勣[④]，世勣辞。世民由是重二人。

【注释】

①治中：官名，为州刺史的助理。②三水：今陕西省旬邑县北。侯君集：唐朝名将，凌烟阁二十四功臣之一。③李靖：唐朝名将。④行军总管：武官名。唐初在各州设总管，边镇和大州设大总管，均为地方军政长官，后恢复都督名称，但统兵出征的将帅仍称为总管。李世勣：本姓徐，入唐后赐姓李，后避唐太宗讳，单名勣。唐初名将。

【译文】

李世民的亲信只有长孙无忌还在秦王府中，他和他的舅舅雍州治中高士廉、右候车骑将军三水侯君集及尉迟敬德等人，日夜劝说李世民诛杀李建成和李元吉。李世民犹豫不决，向灵州大都督李靖问计，李靖推辞了；又问行军总管李世勣，李世勣也推辞了。从此，李世民便器重他们二人。

【原文】

会突厥郁射设将数万骑屯河南[①]，入塞，围乌城[②]，建成荐元吉代世民督诸军北征，上从之，命元吉督右武卫大将军李艺、天纪将军张瑾等救乌城。元吉请尉迟敬德、程知节、段志玄及秦府右三统军秦叔宝等与之偕行，简阅秦王帐下精锐之士以益元吉军。率更丞王晊密告世民曰[③]："太子语齐王：'今汝得秦王骁将精兵，拥数万之众，吾与秦王饯汝于昆明池，使壮士拉杀之于幕下，奏云暴卒，主上宜无不信。吾当使人进说，令授吾国事。敬德等既入汝手，宜悉坑之，孰敢不服！'"世民以晊言告长孙无忌等，无忌等劝世民先事图之。世民叹曰："骨肉相残，古今大恶。吾诚知祸在朝夕，欲俟其发，然后以义讨之，不亦可乎！”敬德曰：“人情谁不爱其死！今众人以死奉王，乃天授也。祸机垂发，而王犹晏然不以为忧④，大王纵自轻，如宗庙社稷何！大王不用敬德之言，敬德将窜身草泽⑤，不能留居大王左右，交手受戮也⑥！”无忌曰：“不从敬德之言，事今败矣。敬德等必不为王有，无忌亦当相随而去，不能复事大王矣！”世民曰：“吾所言亦未可全弃，公更图之。”敬德曰：“王今处事有疑，非智也；临难不决，非勇也。且大王素所畜养勇士八百馀人，在外者今已入宫，擐甲执兵⑦，事势已成，大王安得已乎！”

【注释】

①郁射设：阿史那郁射设，突厥将领。②乌城：今陕西定边南。③率更丞：官名，为太子属官，率更令下属。④晏然：安定的样子。⑤窜身：藏身。窜，躲藏。⑥交手受戮：合着双手等别人来杀自己。⑦擐甲：穿上甲胄，贯甲。执兵：手执武器。

长孙无忌也劝李世民先发制人。

【译文】

适逢突厥郁射设率领数万骑兵屯驻黄河以南，侵入边关，包围了乌城，李建成便推荐李元吉代替李世民率军北征突厥，高祖答应了，让李元吉督率右武卫大将军李艺、天纪将军张瑾等人前去援救乌城。李元吉请求让尉迟敬德、程知节、段志玄及秦府右三统军秦叔宝等人与他一同出征，检阅并挑选秦王帐下精锐之士编入李元吉军中，来增强李元吉的军力。率更丞王晊秘密禀告李世民说："太子对齐王说：'现在你得到秦王手下的骁将精兵，拥有数万人马，我同秦王在昆明池为你饯行，让勇士就在帐幕里摧折他的肋骨，将他杀死，上奏说他暴病身亡，皇上该不会不相信。我会让人进言，请陛下将国事交与我。敬德等人既然到你手中，你就全部活埋了他们，谁还敢不服呢！'"李世民将王晊的话告诉了长孙无忌等人，长孙无忌等人劝李世民先发制人。李世民叹息道："骨肉相残，是自古以来最大的恶行。我也知道早晚会有祸事，但一直想等他们先动手，然后再用有负道义的罪名讨伐他们，这不也是可以的吗！"尉迟敬德说："作为人之常情，谁能舍生死去呢！如今众人甘心冒着生命危险拥戴大王，这是上天所授。祸患随时都会发生，而大王仍旧态度安然，不以此事为忧，大王即使不把自己的生命看得那么重要，又怎么对得起宗庙社稷呢！如果大王不肯采用我的主张，敬德就将藏身于民间，不能再留在大王身边，拱手等着别人来杀我！"长孙无忌说："如果大王不肯听从尉迟敬德的主张，事情现在便已经败了。尉迟敬德等人不会再跟随大王，无忌也会随之离开，不能再侍奉大王了！"李世民说："我所说的意见也不能够完全舍弃，您再计议一下吧。"尉迟敬德说："如今大王处理此事犹有疑虑，这是不智；面临危难不能决断，这是不勇。况且，大王平时畜养的八百多名勇士，凡是在外面的，现在也已经进入宫中，他们穿好盔甲，手执兵器，起事的形势已经形成，大王怎么能够制止得住呢！"

【原文】

世民访之府僚，皆曰："齐王凶戾①，终不肯事其兄。比闻护军薛实尝谓齐王曰：'大王之名，合之成"唐"字，大王终主唐祀。'齐王喜曰：'但除秦王，取东宫如反掌耳。'彼与太子谋乱未成，已有取太子之心。乱心无厌②，何所不为！若使二人得志，恐天下非复唐有。以大王之贤，取二人如拾地芥耳③，奈何徇匹夫之节④，忘社稷之计乎！"世民犹未决，众曰："大王以舜为何如人？"曰："圣人也。"众曰："使舜浚井不出⑤，则为井中之泥，涂廪不下⑥，则为廪上之灰，安能泽被天下，法施后世乎！是以小杖则受，大杖则走⑦，盖所存者大故也。"世民命卜之，幕僚张公谨自外来，取龟投地，曰："卜以决疑；今事在不疑，尚何卜乎！卜而不吉，庸得已乎！"于是定计。

【注释】

①戾：凶暴，猛烈。②厌：满足。③如拾地芥：比喻取之极易。④徇：无原则地顺从。⑤浚：疏通，挖深。文中所举的舜的例子都是关于他遭受父亲和弟弟迫害的事例。⑥廪：米仓。⑦小杖则受，大杖则走：儒家讲究的孝道，父亲生气了要打人，儿子应该逆来顺受，但是如果父亲大怒，可能会致儿子于死地时，儿子就应该先行逃跑，以免真的被打死，陷父亲于不义不慈之地。

【译文】

幕僚张公谨劝秦王李世民从速行动。

李世民就此事向秦王府僚属询问，大家都说："齐王凶暴乖张，终究是不肯侍奉自己的兄长的。近来听说护军薛实曾经对齐王说：'大王之名，合起来可以成为一个"唐"字，看来大王最终是要主持大唐祭祀的。'齐王欢喜地说：'只要能够除掉秦王，再除东宫就易如反掌了。'李元吉和太子共同谋事还未成功，就已经有了夺取储位的心思。他作乱的心思没有满足的时候，什么事做不出来呢！假使太子和齐王如愿以偿了，恐怕天下就不再归大唐所有。以大王的贤明，捉拿这两个人如捡取草芥一样容易，怎么能为了信守平常人的节操，而忘记社稷大事呢！"李世民仍犹豫未决。众人说："大王认为舜是什么样的人呢？"李世民说："是圣人。"众人说："假如舜挖井的时候没能逃出来，他便化为井中的泥土了，假如他在粉刷粮仓的时候没能下来，就成为仓库上面的灰烬了，还怎么能够使自己的恩泽遍及天下，法度流传后世呢！所以，虞舜在遭到父亲用小棍棒笞打的时候便忍受了，在遭到父亲用大棍棒笞打的时候便逃走，这恐怕是因为虞舜心里所想的是大事啊。"李世民让人占卜一下这样做是否顺利，恰好幕僚张公谨从外面进来，他拿起占卜用的龟甲扔到地上说："占卜是用来决定疑难之事的，如今的事根本没有疑问，还占卜什么呢！如果占卜得到的结果是不吉的，难道就不采取行动了吗！"于是秦王做了决定。

【原文】

己未，太白复经天。傅奕密奏："太白见秦分，秦王当有天下。"上以其状授世民。于是世民密奏建成、元吉淫乱后宫，且曰："臣于兄弟无丝毫负，今欲杀臣，似为世充、建德报仇雠[①]。臣今枉死，永违君亲，魂归地下，实耻见诸贼！"上省之[②]，愕然[③]，报曰："明当鞫问[④]，汝宜早参。"

【注释】

①世充、建德：王世充、窦建德，都是唐朝建立时的对手，为李世民所平定。②省：知觉。③愕然：形容吃惊。④鞫问：审讯。

【译文】

己未（初三），金星再次白天出现在天空正南方的午位。傅奕密奏道："太白在秦地上空出现，这是秦王应当拥有天下的征兆。"高祖把傅奕的密状交给了李世民。于是，李世民向高祖奏陈李建成与李元吉淫乱后宫，并且说："儿臣丝毫没有对不起哥哥与弟弟的地方，如今他们想要杀死儿臣，好像是要为王世充、窦建德报仇。儿臣要是枉死，永远离开陛下和亲人，魂魄回到地下，实在羞于见到经我手除灭的那些贼人。"高祖有所醒悟，惊讶不已，答复道："明天我会审问此事，你最好及早前来朝参。"

【原文】

庚申，世民帅长孙无忌等人，伏兵于玄武门。张婕妤窃知世民表意，驰语建成。建成召元吉谋之，元吉曰："宜勒宫府兵[①]，托疾不朝，以观形势。"建成曰："兵备已严，当与弟入参，自问消息。”乃俱入，趣玄武门。上时已召裴寂、萧瑀、陈叔达等，欲按其事。

张婕妤派人前去告诉李建成李世民上表的大意。

【注释】

① 勒：统率，率领。

【译文】

庚申（初四），李世民率长孙无忌等人进宫，在玄武门埋伏好士兵。张婕妤私下里得知李世民上表的大意，派人前去告诉李建成。李建成召李元吉商议，李元吉说：“我们应该率领东宫与府中的兵力，称病不去上朝，看看形势再说。”李建成说：“我们的兵力已经布置严密了，我还是应该和你一同入朝，亲自打听消息。”于是二人一起入朝，向玄武门走来。当时，高祖已经召裴寂、萧瑀、陈叔达等人入宫，准备查问这件事情了。

【原文】

建成、元吉至临湖殿，觉变，即跋马东归宫府。世民从而呼之，元吉张弓射世民，再三不彀[①]，世民射建成，杀之。尉迟敬德将七十骑继至，左右射元吉坠马。世民马逸入林下，为木枝所绁[②]，坠不能起。元吉遽至[③]，夺弓将扼之[④]，敬德跃马叱之。元吉步欲趣武德殿，敬德追射，杀之。翊卫车骑将军冯翊冯立闻建成死，叹曰：“岂有生受其恩而死逃其难乎！”乃与副护军薛万彻、屈咥直府左车骑万年谢叔方帅东宫、齐府精兵二千驰趣玄武门。张公谨多力，独闭关以拒之，不得入。云麾将军敬君弘掌宿卫后，屯玄武门，挺身出战，所亲止之曰：“事未可知，且徐观变，俟兵集，成列而战，未晚也。”君弘不从，与中郎将吕世衡大呼而进，皆死之。君弘，显隽之曾孙也。守门兵与万徹等力战良久，万徹鼓噪欲攻秦府，将士大惧，尉迟敬德持建成、元吉首示之，宫府兵遂溃。万徹与数十骑亡入终南山。冯立既杀敬君弘，谓其徒曰：“亦足以少报太子矣！”遂解兵，逃于野。

【注释】

①彀：将弓拉满。②绁：牵绊，勾住。③遽：马上，立刻。④扼：用力掐住，抓住。

【译文】

李建成、李元吉来到临湖殿的时候，察觉有变故，立即勒转马头向东，准备返回东宫和齐王府。李世民跟在后面招呼他们，李元吉张弓射李世民，一连两三次，怎么也没将弓拉满，李世民射中李建成，杀死了他。尉迟敬德带领七十人相继赶到，左右把李元吉射下马来。李世民的马跑到林子里，被树枝挂住，李世民坠马倒在地上，不能起来。李元吉突然赶到，夺过弓来，想要掐死李世民，尉迟敬德骑马赶到，大声呵斥李元吉。李元吉打算步行逃往武德殿，尉迟敬德追上去，将他射死了。翊卫车骑将军冯翊人冯立得知李建成死去的消息，叹息道：“怎么能活着时蒙受人家的恩惠，人家一死便逃避人家的祸难吗！”于是就和副护军薛万徹、屈咥直府左车骑万年人谢叔方率领东宫、齐府二千精兵骑马赶往玄武门。张公谨膂力过人，独自关上宫门阻挡东宫、齐府兵，使他们不能进来。云麾将军敬君弘掌管宿卫军，驻扎在玄武门，他挺身而起，准备和冯立交战，手下阻止他说：“事情未见分晓，姑且慢慢观察事态的发展变化，等军队都到了以后，再结成阵列出战也不晚。”敬君弘不肯听，便与中郎将吕世衡大声呼喊着出战，结果都战死了。敬君弘是敬显隽的曾孙。

李世民射杀李建成。

把守玄武门的士兵与薛万徹等人奋力交战，持续了很长时间，薛万徹擂鼓呼喊着，准备攻打秦王府，秦府的将士们大为惊惧，这时，尉迟敬德提着李建成和李元吉的头颅给薛万徹等人看，东宫和齐王府的人马就溃散了。薛万徹带数十骑逃进终南山。冯立杀了敬君弘后，对手下人说：“这样也足够报答太子的了！”于是解散人马，落荒而逃。

【原文】

上方泛舟海池，世民使尉迟敬德入宿卫，敬德擐甲持矛，直至上所。上大惊，问曰：“今日乱者谁邪？卿来此何为？”对曰：“秦王以太子、齐王作乱，举兵诛之，恐惊动陛下，遣臣宿卫。”上谓裴寂等曰：“不图今日乃见此事，当如之何？”萧瑀、陈叔达曰：“建成、元吉本不预义谋，又无功于天下，疾秦王功高望重，共为奸谋。今秦王已讨而诛之，秦王功盖宇宙，率土归心，陛下若处以元良①，委之国务，无复事矣！”上曰：“善！此吾之夙心也②。”时宿卫及秦府兵与二宫左右战犹未已，敬德请降手敕，令诸军并受秦王处分，上从之。天策府司马宇文士及自东上阁门出宣敕，众然后定。上又使黄门侍郎裴矩至东宫晓谕诸将卒，皆罢散。上乃召世民，抚之曰："近日以来，几有投杼之惑[3]。"李世民跪而吮上乳，号恸久之。

【注释】

①元良：太子的代称。②夙心：本心，一贯的想法。③投杼：表示流言可畏，对某人的谣言一多，连最亲近者的信心也会被动摇。

【译文】

当时高祖正泛舟海池，李世民派尉迟敬德入宫守卫，尉迟敬德身披铠甲，手执长矛，径直来到高祖所在的地方。高祖很震惊，问他说："今日作乱的是谁？你来这里干什么？"尉迟敬德答道："由于太子和齐王作乱，秦王起兵诛杀了他们，秦王担心惊动陛下，所以派臣担任警卫。"高祖对裴寂等人说："想不到今天竟然会出现这种事情，现在该怎么办？"萧瑀和陈叔达说："李建成与李元吉本来就没有参与起兵反隋之事，又没有为天下立下功劳，他们嫉妒秦王功勋大、威望高，所以共同策划邪恶的阴谋。如今秦王既然已经讨伐诛杀了二人，加上秦王的功绩布满天下，百姓都诚心归向他，如果陛下立他为太子，将国家政务交托给他，就不会再发生事端了。"高祖说："好！这正是我一直以来的想法啊。"当时，宫廷宿卫、秦王府的兵马和东宫以及齐府的将士仍在激战，尉迟敬德请高祖颁布亲笔敕令，命令各军都由秦王统领，高祖答应了。天策府司马宇文士及从东上阁门出来宣布敕令，然后局势渐渐平息下来。高祖又派黄门侍郎裴矩到东宫开导各个将士，将他们罢兵解散。于是，高祖召见李世民，抚慰他说："近来，我几乎出现了曾母误听曾参杀人而丢开织具逃走的疑惑。"李世民跪下来，伏在高祖的胸前，放声痛哭了很长时间。

李世民绝除李元吉、李建成的子嗣。

【原文】

建成子安陆王承道、河东王承德、武安王承训、汝南王承明、钜鹿王承义，元吉子梁郡王承业、渔阳王承鸾、普安王承奖、江夏王承裕、义阳王承度皆坐诛，仍绝属籍。

【译文】

李建成的儿子安陆王李承道、河东王李承德、武安王李承训、汝南王李承明、钜鹿王李承义，李元吉的儿子梁郡王李承业、渔阳王李承鸾、普安王李承奖、江夏王李承裕、义阳王李承度等人都因为受到牵连而被杀，还在宗室的名册上除去他们的名字。

【原文】

初，建成许元吉以正位之后，立为太弟，故元吉为之尽死。诸将欲尽诛建成、元吉左右百馀人，籍没其家①，尉迟敬德固争曰："罪在二凶，既伏其诛，若及支党，非所以求安也！"乃止。是日，下诏赦天下。凶逆之罪，止于建成、元吉，自馀党与，一无所问。其僧、尼、道士、女冠并宜依旧。国家庶事，皆取秦王处分。

【注释】

①籍没：登记并没收家产。

【译文】

当初，李建成答应李元吉在自己即位以后，将他立为皇太弟，所以李元吉为李建成尽死效力。各位将领准备将李建成和李元吉手下的一百多名亲信全部诛除，将他们的家产没收充公，尉迟敬德再三争辩说："罪过都在两个元凶身上，如今他们已经受到死刑的处罚了，倘若还要牵连他们的党羽，就不是殿下谋求安定天下的本愿了！"秦王接受了他的建议不再追究。当天，高祖颁诏大赦天下。叛逆的罪名只加在建成和李元吉二人身上，对其余党羽一概不问。那些僧人、女尼、男女道士依照原先颁布的诏令处理。国家的各项政务，全部由秦王处置。

【原文】

辛酉，冯立、谢叔方皆自出。薛万徹亡匿，世民屡使谕之，乃出。世民曰："此皆忠于所事，义士也。"释之。

【译文】

辛酉（初五），冯立和谢叔方都自动出来。薛万徹逃亡躲避起来以后，李世民多次让人晓示他，薛万徹就出来了。李世民说："这些人都忠于自己所侍奉的人，真是义士啊！"于是免除了他们的罪。

【原文】

癸亥，立世民为皇太子。又诏："自今军国庶事，无大小悉委太子处决，然后闻奏。"

【译文】

癸亥（初七），高祖立李世民为皇太子。又颁布诏书说："从今以后，军队和国家的各项事务，无论大小，都交给太子处决，然后再上奏。”

【原文】

臣光曰：立嫡以长，礼之正也。然高祖所以有天下，皆太宗之功；隐太子以庸劣居其右，地嫌势逼，必不相容。向使高祖有文王之明，隐太子有泰伯之贤①，太宗有子臧之节②，则乱何自而生矣！既不能然，太宗始欲俟其先发，然后应之，如此，则事非获已，犹为愈也。既而为群下所迫，遂至喋血禁门③，推刃同气，贻讥千古，惜哉！夫创业垂统之君，子孙之所仪刑也④，彼中、明、肃、代之传继⑤，得非有所指拟以为口实乎！

【注释】

①隐太子：李建成，谥“隐”。泰伯：一作太伯，周太王长子，让位

礼制的正常法则是将嫡长子立为太子。

于其弟。②子臧：子臧贤能，曹国人想拥立他为君，取代无德的曹王，子臧拒绝并离开曹国。③蹀血：同“喋血”，血流遍地。④仪刑：效法，为法，做楷模。⑤中、明、肃、代之传继：这几任皇帝即位之际都发生过武装政变。

【译文】

司马光说：将嫡长子立为太子，是礼制的正常法则。然而，高祖之所以拥有天下，完全是倚仗李世民的功劳。太子李建成天资平庸，却位居李世民之上，所处的地位居于尴尬的境地，易生嫌猜，所拥有的权力相互威胁，兄弟二人势必不能相容。假如高祖有周文王的明智，太子李建成有泰伯的贤德，太宗有子臧那样的节操，变乱又会从哪里生出来呢！既然不能如此，那么太宗这才打算等待李建成首先发难，然后采取相应的行动，这样说，太宗也是迫不得已才这样做的，尚且算是做得较好的了。接着，秦王被各位下属施加压力，于是导致宫廷门前发生了流血事件，手刃兄弟，引起后世人的嘲笑，多么可惜啊！一般说来，创立基业传给后世的君主，是子孙后代效仿的楷模，后来中宗、玄宗、肃宗、代宗帝位传承的情形，岂不是对太宗的指顾与效法中找到借口的吗！

贞观治道

【导语】

唐太宗李世民，是唐朝第二位皇帝，他名字的意思是“济世安民”。他被史学家司马光誉为“太宗文武之才，高出前古。盖三代以还，中国之盛未之有也”。

唐太宗开创了历史上的“贞观之治”，它是中国历史上最为人称道的治世，或者可以说这是最接近古代理想社会的时期。

关于“贞观之治”，太宗所说的“去奢省费，轻徭薄赋，选用廉吏，使民衣食有余”大约是最简约的概括了，《通鉴》涉及贞观之治的内容都是围绕着这些主题展开的。

唐太宗能够倡导文教，以诚信治理天下，他充分发挥大臣的作用，重农桑，轻徭薄赋，纳忠谏。太宗的知人善任、虚己以听和归美群臣都为后世所称赞，因此这一时期的君臣关系也成为古代社会君臣关系的典范。

史书记载，贞观年间“官吏多自清谨。制驭王公、妃主之家，大姓豪猾之伍，皆畏威屏迹，无敢侵欺细人。商旅野次，无复盗贼，囹圄常空，马牛布野，外户不闭。又频致丰稔，米斗三四钱，行旅自京师至于岭表，自山东至于沧海，皆不粮，取给于路。入山东村落，行客经过者，必厚加供待，或发时有赠遗。此皆古昔未有也”。

唐太宗开创的“贞观之治”是封建时代太平盛世的典范。

唐太宗以其政治家的深谋远虑和思想家的远见卓识，为我们留下了丰富的治道资源。包括他居安思危的忧患意识、以史为鉴的反思精神、静抚天下的治国方针、民为邦本的民本情结、选贤任能的人才战略、从善如流的为政风格以及先正其身的安天下之道等，都值得后世认真研究和学习。

唐太宗李世民和群臣讨论如何平息盗贼。

【原文】

武德九年（丙戌，公元626年）

丙午，上与群臣论止盗。或请重法以禁之，上哂之曰①："民之所以为盗者，由赋繁役重，官吏贪求，饥寒切身，故不暇顾廉耻耳。朕当去奢省费，轻徭薄赋，选用廉吏，使民衣食有馀，则自不为盗，安用重法邪！"自是数年之后，海内升平，路不拾遗，外户不闭，商旅野宿焉②。

上又尝谓侍臣曰："君依于国，国依于民。刻民以奉君，犹割肉以充腹，腹饱而身毙，君富而国亡。故人君之患，不自外来，常由身出。夫欲盛则费广，费广则赋重，赋重则民愁，民愁则国危，国危则君丧矣。朕常以此思之，故不敢纵欲也。"

【注释】

①哂：嘲笑。②野宿：露宿。

【译文】

武德九年（丙戌，公元626年）

丙午（二十一日），唐太宗李世民和群臣讨论如何平息盗贼。

有人请求设严格的法令来禁止，太宗微微笑了笑说："百姓之所以成为盗贼，是因为赋役繁重，官吏贪污求贿，民众饥寒交集，所以才不顾廉耻了。朕应当绝弃奢侈浪费，轻徭薄赋，任用清廉的官员，让百姓衣食有余，他们就不会做盗贼了，何必用严刑重法呢！"自此过了几年后，天下太平，路不拾遗，外面的大门都不用关闭，商旅之人可以在荒郊野外露宿。

太宗又曾经对身边的大臣说："君主依靠国家，国家依仗百姓。欺压百姓来侍奉君主，就像割肉用来充饥一样，肚子饱了人却死了，君主富有了国家却要灭亡了。因此人君最担心的，不是外患，而是国家内部出现问题。欲望多了花费就大，花费大了赋税就重，赋税重则百姓愁苦，百姓愁苦则国家就危险了，国家危险君主也就难以自保了。朕经常思考这些，所以不敢放纵自己的欲望。"

【原文】

上厉精求治[①]，数引魏徵入卧内[②]，访以得失。徵知无不言，上皆欣然嘉纳。上遣使点兵，封德彝奏："中男虽未十八[③]，其躯干壮大者，亦可并点。"上从之。敕出，魏徵固执以为不可，不肯署敕，至于数四。上怒，召而让之曰："中男壮大者，乃奸民诈妄以避征役，取之何害，而卿固执至此！"对曰："夫兵在御之得其道，不在众多。陛下取其壮健，以道御之，足以无敌于天下，何必多取细弱以增虚数乎！且陛下每云：'吾以诚信御天下，欲使臣民皆无欺诈。'今即位未几，失信者数矣！"上愕然曰："朕何为失信？"对曰："陛下初即位，下诏云：'逋负官物[④]，悉令蠲免[⑤]。'有司以为负秦府国司者，非官物，征督如故。陛下以秦王升为天子，国司之物，非官物而何！又曰：'关

唐太宗询问魏徵他施政的得失。

中免二年租调，关外给复一年。⑥’既而继有敕云：‘已役已输者，以来年为始。’散还之后，方复更征，百姓固已不能无怪。今既征得物，复点为兵，何谓以来年为始乎！又陛下所与共治天下者在于守宰，居常简阅，咸以委之，至于点兵，独疑其诈，岂所谓以诚信为治乎！”上悦曰：“向者朕以卿固执，疑卿不达政事，今卿论国家大体，诚尽其精要。夫号令不信，则民不知所从，天下何由而治乎！朕过深矣！”乃不点中男，赐徵金瓮一⑦。

【注释】

①厉精求治：振奋精神，力图治理好国家。②魏徵：贞观名臣，以敢于进谏闻名。③中男：未成丁的男子。④逋负：拖欠，欠税。⑤蠲免：免除。⑥给复：免除赋税徭役。⑦瓮：一种口小腹大的陶制容器。

【译文】

太宗励精图治，多次将魏徵带入卧室，询问他施政的得失。魏徵知无不言，太宗都欣然采纳。太宗派人征兵，封德彝奏道：“未成丁的男子虽然未满十八，但是其中身材健壮的也可以征募。”太宗同意了。敕令传出后，魏徵坚持认为不可，不肯签署，以致往返四次。太宗发怒，召见魏徵责问道：“未成丁的男子中身材壮大的，都是狡猾的百姓虚报年龄欺骗官府，妄图用这种方法逃避征役，征募这些人又有什么害处，而你却这么固执己见！”魏徵答道：“军队在于统领得法，而不在人数众多。陛下征发成丁男子中身体健壮的，用合适的方法带领，便足以无敌于天下，又何必多征尚未成丁的男子以增加虚数呢！何况陛下经常说：‘我以诚信治理天下，欲使臣下百姓都没有欺诈行为。’如今陛下即位没多久，却已经失信好几次了！”太宗吃惊地问道：“朕怎么失信了？”魏徵答道：“陛下刚即位时，就下诏说：‘百姓所欠朝廷的赋税，全部免除。’有关部门认为欠秦王府库租税的，不属于官家财物，照旧征收。陛下从秦王升为天子，秦王府库之物不是朝廷之物又是什么呢！又下诏：‘关中免二年租调，关外免一年的赋税徭役。’不久又有敕令说：‘当年已经征发徭役和已经交纳赋税的，从第二年开始。’把百姓上交的赋税散还以后，又再征收，这样百姓不能没有责怪之意。如今已经征收赋役，还指派中男为兵，还谈什么从下一年开始免除呢！还有，辅佐陛下共同治理天下的都是这些地方官员，各方面要接受陛下的监督，日常公务陛下都交托给他们，可是到了征兵的时候，却怀疑他们欺骗，这难道是以诚信为治国之道吗！”太宗高兴地说：“以前朕觉得你固执，怀疑你不通达政务，如今见你议论国家大政方针，确实是说到了它的精要。朝廷政令没有诚信，则百姓不知道应当遵行什么，国家如何能得到治理呢！朕的过失很严重啊！”于是不再征募未成丁的男子，赏赐魏徵一件金瓮。

【原文】

上闻景州录事参军张玄素名[①]，召见，问以政道，对曰：

“隋主好自专庶务，不任群臣。群臣恐惧，唯知禀受奉行而已，莫之敢违。以一人之智决天下之务，借使得失相半，乖谬已多，下谀上蔽，不亡何待！陛下诚能谨择群臣而分任以事，高拱穆清而考其成败以施刑赏[②]，何忧不治！又，臣观隋末乱离，其欲争天下者不过十馀人而已，其馀皆保乡党、全妻子，以待有道而归之耳。乃知百姓好乱者亦鲜，但人主不能安之耳。”上善其言，擢为侍御史[③]。

【注释】

①景州：今河北衡水。录事参军：官名，刺史属官，掌管文书，纠察府事。②高拱：两手相抱，高抬于胸前。安坐时的姿势。穆清：太平祥和。③侍御史：官名，唐代属于御史台官员，举劾非法，督察郡县。

【译文】

太宗听说了景州录事参军张玄素的名声，召见他，向他询问为

唐太宗提拔张玄素为侍御史。

政之道，张玄素答道："隋朝皇帝喜欢自己把持所有事务，不委任给群臣。群臣内心恐惧，只知道奉命加以执行，没有敢违抗的。以一人的智慧决定天下事，即使能够做到得失参半，乖谬失误之处已经很多了，加上君主被下面阿谀奉承所蒙蔽，国家不灭亡还等什么！陛下如果能够谨慎地选择群臣，让他们各司其职，自己安坐在朝廷上，清和静穆，考查臣下的成败而施以刑法或者赏赐，如果能够这样，还担心国家治理不好吗！而且，我留心到隋末乱世，其中想要争夺天下的不过十余人，其余大部分都想保全乡里和妻子儿女，等待有道的君主出现而诚心归附。于是知道百姓很少有人喜欢乱世的，只不过君主不能使他们安定罢了。"太宗欣赏他的言论，提拔他为侍御史。

【原文】

上令封德彝举贤，久无所举。上诘之，对曰："非不尽心，但于今未有奇才耳！"上曰："君子用人如器，各取所长，古之致治者，岂借才于异代乎？正患己不能知，安可诬一世之人！"德彝惭而退。

御史大夫杜淹奏"诸司文案恐有稽失①，请令御史就司检校"。上以问封德彝，对曰："设官分职，各有所司。果有愆违②，御史自应纠举；若遍历诸司，搜擿疵颣③，太为烦碎。"淹默然。上问淹："何故不复论执？"对曰："天下之务，当尽至公，善则从之，德彝所言，真得大体，臣诚心服，不敢遂非。"上悦曰："公等各能如是，朕复何忧！"

【注释】

①稽失：延误，贻误。②愆违：过失。③擿：挑出。疵颣：缺

点，毛病。

【译文】

太宗让封德彝推荐贤才，过了很久也没有人选。太宗质问他是怎么回事，封德彝回答说："不是臣不尽心，只是如今没有杰出的人才！"太宗说："君子用人如用器物，各取其长处，古代国家达到大治的，难道依靠的是从别的时代借来的人才吗？应当忧虑自己不能识别人才，怎么能冤枉天下所有的人呢！"封德彝惭愧地退下了。

御史大夫杜淹上奏道："各部门文件案宗恐有稽延错漏，请求下令让御史到各部门检查核对。"太宗问封德彝，封德彝回答道："设立不同的官职，各有分工。如果各部门真的有过失，御史自当纠察检举；如果让御史查遍各部门，搜擿出各种毛病，实在是太烦琐。"杜淹沉默不语。太宗问杜淹："为什么不加争辩呢？"杜淹答道："处理天下事务，应当尽心尽力，务求公正，听到好的意见就要接受，德彝讲的话深得大体，臣心悦诚服，不敢有所非议。"太宗很高兴，说："各位如果都能做到这样，朕还有什么忧虑的呢！"

【原文】

初，隋末丧乱，豪桀并起，拥众据地，自相雄长。唐兴，相帅来归，上皇为之割置州县以宠禄之，由是州县之数，倍于开皇、大业之间。上以民少吏多，思革其弊。二月，命大加并省，因山川形便，分为十道①：一曰关内②，二曰河南③，三曰河东④，四曰河北⑤，五曰山南⑥，六曰陇右⑦，七曰淮南⑧，八曰江南⑨，九曰剑南⑩，十曰岭南⑪。

【注释】

①道：行政区域单位，相当于省。②关内：古雍州之地。③河南：古兖豫青徐四州之地。④河东：古冀州之地。⑤河北："河北"在唐代以前是个约定俗成的地域泛称，指太行山以东，黄河下游以北的广大地区，包括今河北省及其相邻地区。这里说的河北道是"河北"成为大政区名称的开始。⑥山南：古荆梁二州之地。⑦陇右：古雍梁二州之地。⑧淮南：古扬州之地。⑨江南：古苏州之地。⑩剑南：古梁州之地。⑪岭南：古荆州之地。

【译文】

起初，隋朝末年天下大乱，英雄豪杰蜂拥而起，拥兵占据地盘，各自称雄一方。唐兴起后，各路豪杰相继归附，高祖为他们分置州县，施以恩宠，由于这一原因导致州县的数目大大超过隋朝开皇、大业年间。太宗认为官多民少，想革除这一弊端。二月，下令对这些州县大力合并，依山川地势条件，将全国分为十个区域单位：一关内，二河南，三河东，四河北，五山南，六陇右，七淮南，八江南，九剑南，十岭南。

【原文】

有上书请去佞臣者，上问："佞臣为谁？"对曰："臣居草泽[①]，不能的知其人[②]，愿陛下与群臣言，或阳怒以试之。彼执理不屈者，直臣也；畏威顺旨者，佞臣也。"上曰："君，源也；臣，流也。浊其源而求其流之清，不可得矣。君自为诈，何以责臣下之直乎！朕方以至诚治天下，见前世帝王好以权谲小数接其臣下者[③]，常窃耻之。卿策虽善，朕不取也。"

太宗问上书的大臣谁是奸佞小人。

【注释】

①草泽：边野荒地，泛指社会下层。②的：准确。③权谲：狡诈。接：接触。

【译文】

有大臣上书给唐太宗请求去除奸佞的人，太宗问上书的人："奸佞小人是谁？"上书者回答说："臣下居住在边荒野地，不能准确地知道谁是奸佞小人，希望陛下和大臣们说，或者佯装大怒来测试大臣们。那些坚持真理不肯屈服的人，是正直的大臣；那些害怕权势顺从旨意的大臣，便是奸佞之人。"太宗说："君主，是水的源头；臣子，是水的支流。源泉浑浊而要求水流清澈，是不可能的。君主自己都做欺诈的事，怎么能要求臣子们的行为正直呢！朕正用诚信来治理天下，看到以前的帝王喜欢用狡诈的伎俩来对待臣下，私下常常认为这是可耻的。你所说的方法虽然很好，朕不能采纳啊。"

【原文】

上问公卿以享国久长之策，萧瑀言："三代封建而久长，秦孤立而速亡。"上以为然，于是始有封建之议。

【译文】

太宗向公卿大臣询问使国运长久的办法，萧瑀说："夏、商、周分封诸侯而统治时间长久，秦国孤立专制便迅速灭亡了。"太宗认为有道理，于是有了分封诸侯王的想法。

【原文】

上神采英毅，群臣进见者，皆失举措。上知之，每见人奏事，必假以辞色[①]，冀闻规谏[②]。尝谓公卿曰："人欲自见其形，必资明镜；君欲自知其过，必待忠臣。苟其君愎谏自贤[③]，其臣阿谀顺旨，君既失国，臣岂能独全！如虞世基等谄事炀帝以保富贵[④]，炀帝既弑[⑤]，世基等亦诛。公辈宜用此为戒，事有得失，无毋尽言！"

【注释】

①假以辞色：对别人和颜悦色。②冀：希望，期望。③愎谏自贤：对别人的劝告态度不诚恳，刚愎自用，认为只有自己才最聪明正确。④谄事：逢迎侍奉。虞世基：隋炀帝重臣。⑤弑：君主被臣下所杀。

【译文】

太宗神情、风采英武刚毅，进见的人看到他时，都手足失措。太宗知道后，每每见人上朝奏事，都对他们和颜悦色，希望听到大臣的规谏之言。太宗曾经对公卿说："人要想看见自己的样子，一定要借助于镜子；君主想要知道自己的过失，就一定要善待忠正耿直的大臣。如果君王刚愎自用，认为只有自己才最聪明正确，不听劝告，大臣阿谀逢迎，这样君主就会失去国家，君主亡了国，大臣又岂能独自保全！就像虞世基等人逢迎侍奉

进见的人看到唐太宗时，都手足失措。

隋炀帝以此来保全自身的富贵，隋炀帝被杀以后，虞世基等人也被处死。各位应当把这些当作前车之鉴，处事总有得失，你们要把听到想到的话都说出来。”

【原文】

上谓公卿曰：“昔禹凿山治水而民无谤讟者，与人同利故也。秦始皇营宫室而人怨叛者，病人以利己故也[①]。夫靡丽珍奇[②]，固人之所欲，若纵之不已，则危亡立至。朕欲营一殿，材用已具，鉴秦而止。王公已下，宜体朕此意。”由是二十年间，风欲素朴，衣无锦绣，公私富给。

【注释】

①病：损害，祸害。②靡丽：华丽。

【译文】

太宗对公卿说：“从前大禹凿山治水而百姓没有怨言，是因为大禹治水的事是与民利益攸关的缘故。秦始皇营造宫室而百姓怨声载道、图谋反叛，是因为秦始皇损害老百姓的利益以利他自己的缘故。华丽的奇珍异宝，本是每个人都想得到的，假如放纵自己不知适可而止，那么国家的危亡立刻就到了。朕想要建造一个宫殿，材料费用已经齐备，有鉴于秦的灭亡，建造宫殿的事便停止了。亲王公卿以下，应当体会朕的这个想法。”从此二十年间，民风更加质朴淳厚，穿的衣服不用锦绣，官府与百姓都很富足。

【原文】

上谓黄门侍郎王珪曰：“国家本置中书、门下以相检察[①]，中书诏敕或有差失，则门下当行驳正。人心所见，互有不同，苟论难往来，务求至当，舍己从人，亦复何伤！比来或护己之短，遂成怨隙，或苟避私怨[2]，知非不正，顺一人之颜情[3]，为兆民之深患，此乃亡国之政也。炀帝之世，内外庶官，务相顺从。当是之时，皆自谓有智，祸不及身。及天下大乱，家国两亡，虽其间万一有得免者，亦为时论所贬，终古不磨。卿曹各当徇公忘私，勿雷同也！”

【注释】

①中书：古代文官官职名。中书省、门下省都是三省六部制中的一省，负责执行国家的重要政令。②避：防止；私怨，私人之间的怨恨。③颜情：情面。

【译文】

太宗对黄门侍郎王珪说：“朝中本来设置中书省、门下省，是用来相互监督检察，中书省起草诏令制敕如有差误，门下省当予以纠驳指正。每个人的见解都各有不同，如果往来辩论，务求准确恰当，放弃个人见解从善如流，又有什么不好呢！近来有的人对自己的短处不能正确处理，于是产生仇怨隔阂，有的人为了避免私人之间的怨恨，明明知道其所作所为错误却也不加指正，顺从顾及某个人的情面，造成万民的灾患，这是亡国的政治。隋炀帝在位时，内外官吏都相互顺从。在那个时候，都自认为有智慧，祸患殃及不到自身。等到天下大乱，家庭与国家俱亡，虽然这中间偶然有得以幸免的，也要被舆论所针砭，永远难以磨灭。你们每个人都应徇公忘私，不要犯同样的错误！”

【原文】

上谓侍臣曰：“吾闻西域贾胡得美珠[1]，剖身以藏之，有

唐太宗与亲近的大臣谈论政事。

诸？”侍臣曰：“有之。”上曰：“人皆知彼之爱珠而不爱其身也。吏受赇抵法，与帝王徇奢欲而亡国者，何以异于彼胡之可笑邪！”魏徵曰：“昔鲁哀公谓孔子曰：‘人有好忘者，徙宅而忘其妻。’孔子曰：‘又有甚者，桀、纣乃忘其身。’亦犹是也。”上曰：“然。朕与公辈宜戮力相辅，庶免为人所笑也！”

【注释】

①贾胡：胡商。

【译文】

太宗对亲近的大臣说：“我听说西域有一个胡族的商人得到一颗宝珠，割开身上的肉来藏这颗宝珠，有这么回事吗？”大臣答道：“有这么回事。”太宗说：“人们都知道这个人爱珍珠而不爱惜自己的身体。有些官吏受贿贪赃受刑，帝王追求奢华而遭致国家灭亡，这些与胡族商人的可笑有什么区别呢！”魏徵说：“从前鲁哀公对孔子说：‘有的人非常健忘，搬家而忘记自己的妻子。’孔子说：‘还有比这严重的，夏桀、商纣均贪恋身外之物而忘记了自己的身体。’也是像这样啊。”太宗说：“对。朕与你们应当同心合力，相互辅助，以免被后人耻笑！”

【原文】

上谓房玄龄曰："官在得人[①]，不在员多。"命玄龄并省，留文武总六百四十三员。

【注释】

①得人：得到德才兼备的人，用人得当。

【译文】

太宗对房玄龄说："任用官吏最重要的是用人得当，而不在于人多。"命房玄龄裁减合并官职，只留下文武官员总计六百四十三人。

【原文】

上问魏徵曰："人主何为而明，何为而暗？[①]"对曰："兼听则明，偏信则暗。昔尧清问下民，故有苗之恶得以上闻[②]；舜明四目，达四聪[③]，故共、鲧、驩兜不能蔽也[④]。秦二世偏信赵高，以成望夷之祸[⑤]；梁武帝偏信朱异[⑥]，以取台城之辱[⑦]；隋炀帝偏信虞世基[⑧]，以致彭城阁之变[⑨]。是故人君兼听广纳，则贵臣不得拥蔽[⑩]，而下情得以上通也。[⑪]"上曰："善！"

【注释】

①人主：君主。明：明辨是非。暗：昏庸糊涂。②有苗：古部落名。③明四目，达四聪：《书·舜典》："明四目，达四聪。"眼睛明亮，耳朵灵敏。形容力图透彻了解。④共、鲧、驩兜：共，指上古传说中的共工；鲧，古人名，传说是夏禹的父亲，禹之父曰鲧；兜，又作欢兜或驩头，是中国古代传说中的三苗族首领，传说因为与共工、鲧一起作乱，而被舜流放至崇山。均为劣臣。蔽：遮，挡，蒙蔽。⑤望夷：秦代官名。⑥梁武帝：即萧衍，南朝梁的建立者。朱

魏徵阐述“兼听则明，偏信则暗”的道理。

异：中国南朝梁时代大臣，颇受梁武帝信任。史家批评他贪腐奸诈，是梁朝衰落的原因之一。⑦台城：城名。梁武帝因受贿在这里被下臣侮辱。⑧虞世基：隋朝大臣。陈时任太子中舍人、尚书左丞。隋时为通直郎、直内史省、内史舍人，受炀帝器重，专典机密，参掌朝政。隋大业八年（公元612年），从炀帝出征高句丽，以功进金紫光禄大夫。后数次劝谏均不纳，又见大臣相继诛戮，惧祸及己，遂唯诺取容，不敢逆帝，为时人所讥。十四年，宇文化及于江都兵变，杀隋炀帝，他也一同被杀。⑨彭城阁：隋炀帝被杀于扬州彭城阁。⑩广纳：广泛地采纳（建议）。贵臣，宦官。拥蔽，堵塞、遮掩。拥：堵塞。⑪上通：反映上来。

【译文】

太宗问魏徵：“君主怎样做叫明，怎样做叫暗？”魏徵回答说：“能广泛听取各方面的意见，就是明，偏听偏信，就是暗。从前尧帝明晰地向下面民众了解情况，所以才能知道有苗的恶行；舜帝耳听四面，眼观八方，所以共工、鲧、驩兜都不能蒙蔽他。秦二世偏信赵高，导致在望夷宫被赵高所杀；梁武帝偏信朱异，招致台城下臣的羞辱；隋炀帝偏信虞世基，死于扬州的彭城阁兵变。所以人君善于听取各方面意见，则亲贵大臣就无法阻塞言路，下面的情况得以反映上来。”太宗说：“好啊！”

【原文】

上谓黄门侍郎王珪曰[1]：“开皇十四年大旱，隋文帝不许赈给，而令百姓就食山东，比至末年，天下储积可供五十年。炀帝恃其富饶，侈心无厌，卒亡天下。但使仓廪之积足以备凶年，其馀何用哉！”

【注释】

①黄门侍郎：又称黄门郎，秦代初置，即给事于宫门之内的郎官，是皇帝近侍之臣，可传达诏令，汉代以降沿用此官职。秦汉时，宫门多油漆成黄色，故称黄门。东汉始设为专官，或称之给事黄门侍郎。隋唐时，黄门侍郎隶属门下省，成为门下省的副官，唐玄宗天宝元年（公元742年）改称门下侍郎。

唐太宗与黄门侍郎王珪讨论国库存粮的事。

【译文】

太宗对黄门侍郎王珪说：“隋朝开皇十四年天下大旱，隋文帝不准赈济百姓，而让百姓自己到关东地区寻找食物，等到了隋文帝末年，全国储备的粮食可供五十年食用。隋炀帝依仗着富足的粮食，奢侈无度，最后导致国家灭亡了。只要使仓库中的粮食足以应对灾年就可以了，多余的又有何用呢！”

【原文】

二月，上谓侍臣曰：“人言天子至尊[①]，无所畏惮。朕则不然，上畏皇天之监临[②]，下惮群臣之瞻仰[③]，兢兢业业，犹恐不合天意，未副人望。”魏徵曰：“此诚致治之要，愿陛下慎终如始，则善矣。”

【注释】

①至尊：最尊贵，最崇高。②监临：监督。《史记·张耳陈馀列传》：“且夫监临天下诸将，不为王不可，愿将军立为楚王也。”③瞻仰：仰望，恭敬地看。

【译文】

二月，太宗对亲近的大臣说：“人们都说君主最尊贵，最崇高，行事无所顾忌。然而朕并不是这样，上怕皇天的监督，下惧群臣的仰望，兢兢业业，唯恐不符合上天的旨意，不能满足百姓的期望。”魏徵说：“这的确是达到治世的要旨，希望陛下能慎终就像开始时那样，那就好了。”

【原文】

上谓房玄龄等曰：“为政莫若至公。昔诸葛亮窜廖立、李严于南夷[①]，亮卒而立、严皆悲泣，有死者，非至公能如是乎！又高颎为隋相，公平识治体，隋之兴亡，系颎之存没。

朕既慕前世之明君，卿等不可不法前世之贤相也！”

【注释】

① 廖立：三国时期人物，荆楚良才，蜀汉大臣，后因诽谤先帝刘备，疵毁众臣，被废立为民，最后得知诸葛亮死讯时，廖立郁郁而终。李严：三国时期蜀汉重臣，与诸葛亮同为刘备临终前的托孤之臣。公元 231 年，蜀军北伐时，李严延误押运粮草，为推卸责任而谎报军情，使诸葛亮不得不退兵，因而获罪，被废为平民。公元 234 年，诸葛亮病逝，李严得知这个消息，认为以后再也不会有人能够起用自己了，因此心怀激愤而死。

【译文】

太宗对房玄龄等人说：“处理政务没有比大公无私更重要的了。以前诸葛亮流放廖立、李严到南夷之地，诸葛亮死的时候，廖立悲痛万分，李严哀伤而死，如果不是大公无私能这样吗！再如高颎为隋朝丞相，公正无私，颇识治国之本，隋朝的兴亡，与高颎的生死休戚相关。朕既然仰慕前代的明君，你们也不可不效法历史上的贤相啊！”

【原文】

上谓侍臣曰：“古语有之：‘赦者小人之幸，君子之不幸。’‘一岁再赦[①]，善人喑哑。’夫养稂莠者害嘉谷[②]，赦有罪者贼良民，故朕即位以来，不欲数赦，恐小人恃之轻犯宪章故也！”

【注释】

① 一岁再赦：一年之中再次赦罪。指赦免过滥。② 稂莠：稂和莠，

唐太宗对亲近的大臣言说轻易宽赦有罪之人的危害。

都是形状像禾苗而妨害禾苗生长的杂草。古以粟（小米）为嘉谷，后为五谷的总称。

【译文】

太宗对亲近的大臣说："古语说道：'宽赦是小人的幸事，是君子的不幸。''一年中两次大赦，善良的人都会哑口不言。'养杂草则对好谷子有害，宽赦有罪的人则使善良的百姓遭殃，所以自从朕即位以来，不想屡次发布赦令，唯恐小人靠着赦令而不顾忌法令轻易犯罪！"

【原文】

上曰："为朕养民者，唯在都督、刺史，朕常疏其名于屏风，坐卧观之，得其在官善恶之迹，皆注于名下，以备黜陟①。县令尤为亲民，不可不择。"乃命内外五品已上，各举堪为县令者，以名闻。

【注释】

① 黜陟：官吏的升降。

【译文】

太宗说："为朕养护百姓的，唯有都督、刺史这些地方官，朕常常将他们的名字写在屏风上，坐卧的时候都看得到，了解了他们在任上做的好事和坏事，都一一注于他们的名下，以此作为他们升迁和降职时的依据。县令尤其与百姓亲近，不可不认真选择。”于是下令朝廷内外五品以上官员，各荐举能胜任县令职位的人，将名字奏报上来。

【原文】

丁巳，上谓房玄龄、杜如晦曰：“公为仆射，当广求贤人，随才授任，此宰相之职也。比闻听受辞讼①，日不暇给，安能助朕求贤乎！”因敕“尚书细务属左右丞②，唯大事应奏者，乃关仆射”。

【注释】

①辞讼：诉讼的言辞。②左右丞：尚书左右丞，为尚书令、仆射的助手，分别管理尚书省事，品秩与六部侍郎相等，为正四品。

【译文】

丁巳（十六日），太宗对房玄龄、杜如晦说：“你们身为仆射，应当广求天下贤才，根据他们的才能授予官职，这是宰相的职责。近来听说你们受理辞讼案情，日不暇给，怎么能帮助朕求得贤才呢！”于是下令“尚书省的日常事务交给尚书左右丞掌管，只有应当奏明的大事，才由左右仆射处理”。

唐太宗要求房玄龄、杜如晦广求天下贤才。

【原文】

玄龄明达政事，辅以文学，夙夜尽

心[①]，惟恐一物失所。用法宽平，闻人有善，若己有之，不以求备取人，不以己长格物。与杜如晦引拔士类，常如不及。至于台阁规模，皆二人所定。上每与玄龄谋事，必曰："非如晦不能决。"及如晦至，卒用玄龄之策。盖玄龄善谋，如晦能断故也。二人深相得[②]，同心徇国[③]，故唐世称贤相者，推房、杜焉。玄龄虽蒙宠待，或以事被谴，辄累日诣朝堂，稽颡请罪[④]，恐惧若无所容。

【注释】

①夙夜：朝夕，日夜。指日夜从事。②相得：彼此投合。③徇国：为国家利益奉献。④稽颡：古代一种跪拜礼，屈膝下拜，以额触地，表示极度的虔诚。

【译文】

房玄龄明敏通晓政务，又有文才，日夜尽心，唯恐一件事情处理不好有所失误。他用法宽大平和，听到别人的长处，就像他自己所有一样，待人不求全责备，不以自己的长处要求别人。与杜如晦一起引荐人才，常常不及杜如晦的样子。至于尚书省的制度程式，都由二人商议决定。太宗每次与房玄龄商议政事，一定要说："非杜如晦不能决定。"等到杜如晦来，最后总是采用房玄龄的建议。这是因为房玄龄善于谋略，杜如晦长于决断的缘故。二人相处彼此投合，同心为国出力，所以唐朝被称为贤相的，首推房、杜二人。房玄龄虽然多蒙太宗宠爱，有时因某件事受责备，总是一连数日到朝堂内，磕头请罪，惶恐敬畏得好像无地自容。

【原文】

乙丑，上问房玄龄、萧瑀曰[①]："隋文帝何如主也？"对曰："文帝勤于为治，每临朝，或至日昃，五品已上，引坐论事，卫士传餐而食；虽性非仁厚，亦励精之主也。"上曰："公得其一，未知其二。文帝不明而喜察。不明则照有不通，喜察则多疑于物，事皆自决，不任群臣。天下至广，一日万机，虽复劳神苦形，岂能一一中理！郡臣既知主意，唯取决受成，虽有愆违[②]，莫敢谏争，此所以二世而亡也。朕则不然。择天下贤才，寘之百官，使思天下之事，关由宰相，审熟便安，然后奏闻。有功则赏，有罪则刑，谁敢不竭心力以修职业，何忧天下之不治乎！"因敕百司："自今诏敕行下有未便者，皆应执奏，毋得阿从，不尽己意。"

【注释】

①萧瑀：萧皇后的弟弟。萧瑀自幼以孝行闻名天下，且善学能书，骨鲠正直。被隋炀帝疏斥，唐朝时深得李渊信任。唐太宗继位，拜为尚书左仆射。由于性情骨鲠，有一次与大臣在太宗面前厉声愤争，因不敬罪被免官，而后很少再能进入太宗政事裁决的核心班子。②愆违：罪过，过失。

【译文】

乙丑（初二），太宗问房玄龄、萧瑀道："隋文帝作为一代君主怎么样呢？"回答说："隋文帝勤于治理朝政，每次监朝听政，有时要到日落西山的时候，五品以上的官员，围坐在一起商议朝政，卫士都要传递食物来吃饭；虽然品性不算仁厚，也可称为是励精图治的君主。"太宗说："你们只知其一，不知其二。文帝不贤明却喜欢细致深刻地观察，不贤明则观察事情往往不能通达，喜欢细致深刻地观察事物往往对事物多有疑心，所有的事务都自行决定，

唐太宗问房玄龄、萧瑀对隋文帝的评价。

不信任群臣。天下如此之大，日理万机，虽然一再伤身劳神处理政事，怎么能每一件事都切中要领！群臣已经知道隋文帝的意思，便只有按照他的意思办，即使主上出现过失，也没人敢争辩谏议，所以到了第二代隋朝就灭亡了。朕则不是这样。选拔天下贤能之士，分别充任文武百官，让他们思考国家大事，汇总到宰相那里，经过宰相深思熟虑后，然后上奏到朕这里。有功就奖赏，有罪就处罚，谁还敢不尽心竭力各司其职，何愁天下治理不好呢！”因而敕令各部门：“今后诏敕文书有不当之处，都应该执意禀奏，不要阿谀顺从，不充分发表自己的见解。”

【原文】

诸宰相侍宴，上谓王珪曰：“卿识鉴精通[①]，复善谈论，玄龄以下，卿宜悉加品藻[②]，且自谓与数子何如？”对曰：“孜孜奉国[③]，知无不为，臣不如玄龄。才兼文武，出将入相，臣不如李靖。敷奏详明[④]，出纳惟允[⑤]，臣不如温彦博。处繁治剧，众务毕举，臣不如戴胄。耻君不及尧、舜，以谏争为己任，臣不如魏徵。至于激浊扬清[⑥]，嫉恶好善，臣于数子，亦有微长。”上深以为然，众亦服其确论。

【注释】

① 识鉴：见识和鉴别人才。② 品藻：评论。③ 孜孜：勤勉努力的样子。④ 敷奏：陈奏，向君上报告。⑤ 允：公平。⑥ 激浊扬清：冲去污水，让清水上来，比喻清除坏的，发扬好的。

【译文】

众位宰相陪太宗饮宴，太宗对王珪说："你精通鉴别人才，又善于言辞，房玄龄以下的官员，你要详细地加以品评，而且衡量一下自己与他们相比如何。"王珪答道："勤勉努力地为国出力，知道的没有不去做的，我不如房玄龄。文武全才，出将入相，我不如李靖。议事详尽周到，传达诏令，反映群臣意见，都平允恰当，我不如温彦博。将繁重的事务处理得井井有条，我不如戴胄。唯恐君王赶不上尧、舜，以进谏为己任，我不如魏徵。至于辨别清浊，嫉恶奖善，我与他们相比，是臣略有所长的地方。"太宗非常赞同，众人也钦佩他的说法。

众位宰相陪太宗饮宴，唐太宗劝勉他们各尽所长。

【原文】

上之初即位也，尝与群臣语及教化，上曰："今承大乱之后，恐斯民未易化也。"魏徵对曰："不然。久安之民骄佚[①]，骄佚则难教；经乱之民愁苦，愁苦则易化。譬犹饥者易为食，渴者易为饮也。"上深然之。封德彝非之曰："三代以还[②]，人渐浇讹[③]，故秦任法律，汉杂霸道，盖欲化而不能，岂能之而不欲邪！魏徵书生，未识时务，若信其虚论，必败国家。"徵曰："五帝、三王不易民而化，昔黄帝征蚩尤[④]，颛顼诛九黎[⑤]，汤放桀[⑥]，武王伐纣，皆能身致太平，岂非承大乱之后邪！若谓古人淳朴，渐至浇讹，则至于今日，当悉化为鬼魅矣，人主安得而治之！"上卒从徵言。

【注释】

①骄佚：骄奢安逸。②三代：指夏、商、周三代。③浇讹：浮薄诈伪。④蚩尤：传说中的古代九黎族首领，与黄帝战于涿鹿，失败被杀。⑤颛顼诛九黎：传说中颛顼消灭南方的九黎族。颛顼，远古传说中的帝王，号高阳氏。⑥桀：夏朝最后一位君主，相传是个暴君。

【译文】

太宗刚刚即位的时候，曾经和群臣讨论教化，太宗说："如今刚经过一场大劫乱，我担心百姓不容易教化。"魏徵回答说："不是这样的。长久安定的百姓容易骄逸，骄逸则难以教化；经过战乱的百姓易于忧患，忧患倒容易接受教化。这如同饥饿的人容易吃得下食物，口渴了的人容易喝得下水一样。"太宗深表赞同。封德彝不同意这种观点，说道："夏、商、周三代以后，人心逐渐浮薄诈伪，所以秦朝专用法律，汉代除了采用王道的同时还同时加以霸道，都是因为想教化百姓而不能收效，哪里是有能力做却不想去做呢！魏徵一介书生，不识时务，如果相信他的空谈，必然败坏国家。”魏徵说：“五帝、三王不是换掉百姓而施教化，昔日黄帝征伐蚩尤，颛顼诛杀九黎，成汤放逐夏桀，武王伐纣，都能够亲身努力造就太平盛世，这些难道不是承接大乱之后的缘故吗！如果说上古人淳朴，后代渐渐变得浮薄奸诈，那么到了今天，人早就全部化为鬼魅了，人主哪里还有天下治理！”太宗最后接受了魏徵的意见。

【原文】

元年，关中饥，米斗直绢一匹。二年，天下蝗。三年，大水。上勤而抚之，民虽东西就食①，未尝嗟怨②。是岁，天下大稔③，流散者咸归乡里，米斗不过三、四钱，终岁断死刑才二十九人。东至于海，南及五岭，皆外户不闭，行旅不赍粮④，取给于道路焉⑤。上谓长孙无忌曰：“贞观之初，上书者皆云：‘人主当独运威权，不可委之臣下。’又云：‘宜震耀威武，征讨四夷。’唯魏徵劝朕‘偃武修文⑥，中国既安，四夷自服’。朕用其言。今颉利成擒⑦，其酋长并带刀宿卫，部落皆袭衣冠，徵之力也，但恨不使封德彝见之耳！”徵再拜谢曰：“突厥破灭，海内康宁，皆陛下威德，臣何力焉！”上曰：“朕能任公，公能称所任，则其功岂独在朕乎！”

【注释】

①就食：谓出外谋生。②嗟怨：嗟叹怨恨。③稔：庄稼成熟。④赍粮：携带干粮。⑤取给：取得物力或人力以供需用。⑥偃武修文：停止战备，提倡文教。偃，停息。⑦颉利成擒：唐大败突厥，俘虏了颉利可汗。

【译文】

贞观元年（公元627年），关中闹饥荒，一斗米值一匹绢。贞观二年（公元628年），全国遭受蝗灾。贞观三年（公元629年），发大水。太宗勤勉听政，抚慰百姓，百姓虽然东乞西讨，却不曾嗟叹怨恨。到了贞观四年（公元630年），天下丰收，流散在外的都回到了家乡，每斗米不过三四钱，一年内被判死刑的才二十九人。东面到大海，南面到五岭，治安好到外门不关，出外旅行可以不必携带干粮，在路上就可以得到需要的物品。太宗对长孙无忌说："贞观初年，上书的大臣都说：'君王应当独自运用权威，不能委任给臣下。'又说：'应当炫耀武力，征讨四夷。'只有魏徵劝朕说'停止战备，提倡文教，只要中原安定，四夷自然臣服'。朕采纳了他的意见。如今突厥颉利可汗成了俘虏，其部族首领成为朝廷的带刀宿卫，其族人都改穿我们的衣服，戴我们的帽子，这都是魏徵的功劳，只恨没能让封德彝见到这些啊！"魏徵再拜辞让说："突厥灭亡，天下太平，都是陛下的威德，我又做了什么呢！"太宗说："朕能够任用你，你能够胜任这一职位，那么天下太平的功劳岂是朕一个人的！"

中宗复辟

【导语】

从武则天统治结束到唐玄宗的开元盛世，这一时期是唐朝上层统治飘摇动荡的一段时期。

继唐高宗之后，李显继位即为中宗，第二年改年号为“嗣圣”。中宗庸柔无能，他即位后，尊武则天为皇太后。裴炎受遗诏辅政，政事皆取决于武则天。中宗重用韦后亲戚，试图组成自己的集团。武则天对他的举动大为恼火，继位才两个月的中宗被武则天废为庐陵王，贬出长安。

武则天掌握了政权，改国号为周，从太后变成了皇帝。随着年纪的增长，武则天开始考虑身后事，心目中的继承者在儿子李显和武氏诸侄中摇摆不定。经过朝臣的劝说，她立李显为嗣，将他召回京师。但是她又担心李氏家族和武家的矛盾尖锐，他们在自己身后会互不相容，所以让他们发誓和好。当时朝中大臣大多支持太子李显，武氏家族也拥有相当的实力，而武则天又非常宠爱张易之兄弟，这几种力量之间的关系错综复杂，各集团之间矛盾重重。

长安四年（公元 704 年）武后患病，移居长生殿疗养。这时武后已年逾八十，体力衰弱，数月不能临朝，连宰相都不能相见，只有张易之兄弟随侍左右。狄仁杰在世时，武后曾要他推荐人才，狄仁杰便推举了姚元之、张柬之、桓彦范、敬晖等。这些人和狄仁杰一样，表面上接受武周的官位，内心却仍忠于唐室，当武后卧病之时，这些心怀唐室的朝臣便密谋政变。

公元705年，武则天病危。正月丙午日，凤阁侍郎张柬之、右羽林大将军李多祚等人发动政变，冲入玄武门，以禁军包围太后所在的迎仙宫，诛除张易之兄弟，并且向太后提出还政太子的要求。至此，局势已经完全扭转，太后迁居上阳宫，太子即位，恢复李唐国号，武周政权结束。唐中宗得以复辟，改年号为“神龙”。二月，复国号为唐。当他第二次坐上象征皇权的宝座时，其间已经相隔二十三年。

【原文】

圣历二年（己亥，公元699年）

太后春秋高[①]，虑身后太子与诸武不相容。壬寅，命太子、相王、太平公主与武攸暨等为誓文，告天地于明堂，铭之铁券[②]，藏于史馆。

武则天令李显、李旦、太平公主、武攸暨等在明堂祭告天地。

【注释】

①太后：武则天，唐初工部尚书武士彟的女儿，唐高宗李治的皇后，中国历史上唯一的女皇帝。《通鉴》中称“太后”，实际上当时武则天是称帝的。春秋：年龄。②铁券：帝王颁发给功臣、重臣的一种带有奖赏和盟约性质的凭证。

【译文】

圣历二年（己亥，公元699年）

武则天年事已高，她担心死后太子李显与武氏诸人不能相容。壬寅（十八日），命太子李显、相王李旦、太平公主与武攸暨等一起拟定互不伤害的誓词，在明堂祭告天地，将誓言记刻在铁券上，收藏于史馆中。

【原文】

太后春秋高，政事多委张易之兄弟[①]。邵王重润与其妹永泰郡主、主婿魏王武延基窃议其事[②]。易之诉于太后，九月壬申，太后皆逼令自杀。延基，承嗣之子也。

【注释】

①张易之兄弟：都是武则天的男宠。太平公主推荐张昌宗入侍禁中，张昌宗又推荐了其兄易之。武则天晚年，朝政多由张氏兄弟把持。神龙元年（公元705年）武则天病重，大臣张柬之等起兵迎中宗李显复位，张氏兄弟被杀。②邵王重润：太子李显（即唐中宗）之子李重润。

【译文】

武则天年事已高，朝廷政事多让张易之兄弟去处理。邵王李重润和他的妹妹永泰郡主、永泰郡主的丈夫魏王武延基一起私下

李多祚与张柬之定下计谋除去张氏兄弟，恢复李唐政权。

议论这件事。张易之知道后告诉了武则天，九月壬申（初三），武则天逼迫邵王等人自杀。武延基，是武则天的侄子武承嗣之子。

【原文】

神龙元年（乙巳，公元705年）

太后疾甚，麟台监张易之、春官侍郎张昌宗居中用事[①]，张柬之、崔玄暐与中台右丞敬晖、司刑少卿桓彦范、相王府司马袁恕己谋诛之[②]。柬之谓右羽林卫大将军李多祚曰[③]："将军今日富贵，谁所致也？"多祚泣曰："大帝也[④]。"柬之曰："今大帝之子为二竖所危[⑤]，将军不思报大帝之德乎！"多祚曰："苟利国家，惟相公处分，不敢顾身及妻子。"因指天地以自誓。遂与定谋。

【注释】

①麟台监：武周时官名，秘书监。春官侍郎：武周时官名，礼部侍郎。②桓彦范：字士则。自幼聪颖，才气过人。少时因祖荫调右翊卫。圣历元年秋升任司卫主簿。与宰相狄仁杰交往甚密，遂成忘年之交。后经狄热心推荐，被提升为监察御史，职掌纠视刑狱、整肃朝仪等事务。司刑少卿：掌管刑法的大理寺官员。③右羽林卫大将军：禁军大将。④大帝：指唐高宗。⑤大帝之子：指太子李显。二竖：指二张。

【译文】

神龙元年（乙巳，公元705年）

武则天病重，麟台监张易之、春官侍郎张昌宗在宫中把持朝政。张柬之、崔玄暐与中台右丞敬晖、司刑少卿桓彦范、相王府司马袁恕己商量要除掉张易之和张昌宗。张柬之对右羽林卫大将军李多祚说："将军今日富贵，是谁给的？"李多祚流泪说道："高宗皇帝。"张柬之说："现在高宗皇帝的儿子受到张易之兄弟的迫害，难道将军不想报答大帝的恩德吗！"李多祚说："只要有利于国家，一切都听您的安排，我不敢只考虑自身和妻儿的安危。"于是指天发誓，就与张柬之定下了计谋。

【原文】

初，柬之与荆府长史阌乡杨元琰相代[①]，同泛江，至中流，语及太后革命事，元琰慨然有匡复之志。及柬之为相，引元琰

张柬之与杨元琰曾一同泛舟于长江之中，二人都有匡复唐室的志向。

为右羽林将军，谓曰："君颇记江中之言乎？今日非轻授也。"柬之又用彦范、晖及右散骑侍郎李湛皆为左、右羽林将军，委以禁兵。易之等疑惧，乃更以其党武攸宜为右羽林大将军，易之等乃安。

【注释】

①阌乡：今河南灵宝。相代：互相代替。

【译文】

当初，张柬之与荆州都督府长史阌乡人杨元琰互相对调职务，二人一同泛舟于长江之中，当小船漂到江心时，谈到了武则天以周代唐的事，杨元琰慷慨激昂，有匡复唐室的志向。等到张柬之入朝做了宰相后，便推荐杨元琰担任右羽林将军，对他说："您大概还记得我们当初在江心泛舟时所说的话吧？今天这项任命可不是随便给您的呀。"张柬之还任用了桓彦范、敬晖以及右散骑侍郎李湛，都让他们担任左、右羽林将军，委任他们掌管禁兵。这件事引起了张易之等人的怀疑和忧虑，于是张柬之又改换他们的党羽武攸宜为右羽林大将军，张易之等人才放了心。

【原文】

俄而姚元之自灵武至[①]，柬之、彦范相谓曰："事济矣[②]！"遂以其谋告之。彦范以事白其母，母曰："忠孝不两全，先国后家可也。"时太子于北门起居，彦范、晖谒见，密陈其策，太子许之。

【注释】

①灵武：今宁夏灵武。②济：成，可以。

【译文】

不久，姚元之自灵武回到洛阳，张柬之、桓彦范交谈说："事情成了！"于是把商量好的计谋告诉了姚元之。桓彦范将此事告诉了母亲，母亲说："忠孝不能两全，应当先考虑国家，然后再考虑自家，你这样做是对的。"当时太子李显住在洛阳宫的北门，桓彦范、敬晖前往拜见太子，秘密地把他们的计策告诉太子，太子允许他们这样去做。

【原文】

癸卯，柬之、玄暐、彦范与左威卫将军薛思行等帅左右羽林兵五百馀人至玄武门，遣多祚、湛及内直郎、驸马都尉安阳王同皎诣东宫迎太子。太子疑，不出，同皎曰："先帝以神器付殿下，横遭幽废，人神同愤，二十三年矣。今天诱其衷，北门、南牙[①]，同心协力，以诛凶竖，复李氏社稷，愿殿下暂至玄武门以副众望。"太子曰："凶竖诚当夷灭，然上体不安，得无惊怛[②]！诸公更为后图。"李湛曰："诸将相不顾家族以徇社稷[③]，殿下奈何欲纳之鼎镬乎[④]！请殿下自出止之。"太子乃出。

【注释】

① 北门、南牙：北门指禁军，南牙指宰相和廷臣。② 惊怛：惊恐。③ 徇社稷：为社稷牺牲。④ 鼎镬：古代酷刑，用鼎镬烹人。鼎镬，都是烹饪用具。

【译文】

癸卯（二十二日），张柬之、崔玄暐、桓彦范和左威卫将军薛思行等人率领左右羽林兵五百余人来到玄武门，派李多祚、李湛和内直郎、驸马都尉安阳王同皎到东宫迎接太子李显。太子疑虑，不肯出宫，王同皎说："先帝将国家交付给殿下，殿下无故遭到幽禁废黜，这是人神共愤的事，到如今已经二十三年了。如今上天教人向善，赐予了这样的机会，北门禁军和南牙廷臣同心协力，就在今日诛除奸佞小人，恢复李氏的江山社稷，希望殿下暂到玄武门，以满足大家的期望。"太子说："奸佞小人确实应当诛灭，但是圣上圣体欠安，你们这样做圣上能不受惊吗！诸公还是以后再作打算吧。"李湛说："诸将相不顾身家性命和家族安危而扶保社稷，殿下为什么非要让他们面临鼎镬的酷刑呢！如果殿下要阻止大家，请您自己出去跟大家说。"太子这才出来。

【原文】

同皎扶抱太子上马，从至玄武门，斩关而入[①]。太后在迎仙宫，柬之等斩易之、昌宗于庑下[②]，进至太后所寝长生殿，环绕侍卫。太后惊起，问曰："乱者谁邪？"对曰："张易之、昌宗谋反，臣等奉太子令诛之，恐有漏泄，故不敢以闻。称兵宫禁，罪当万死！"太后见太子曰："乃汝邪？小子既诛，可还东宫。"彦范进曰："太子安得更归！昔天皇以爱子托陛下，今年齿已长，久居东宫，天意人心，久思李氏。群臣不忘太宗、天皇之德[③]，故奉太子诛贼臣。愿陛下传位太子，以顺天

张柬之等人起事诛杀张氏兄弟，武则天惊问详情。

人之望！”李湛，义府之子也。太后见之，谓曰：“汝亦为诛易之将军邪？我于汝父子不薄，乃有今日！”湛惭不能对。又谓崔玄暐曰：“他人皆因人以进，惟卿朕所自擢，亦在此邪？”对曰：“此乃所以报陛下之大德。”

【注释】

①斩关：砍断门闩，泛指攻破城门。②庑：廊。③天皇：指唐高宗。

【译文】

王同皎将太子扶抱到马上，大家跟随太子来到玄武门，斩断门闩进入宫中。当时武则天在迎仙宫，张柬之等在高堂之下的厢房中斩杀了张易之、张昌宗，然后进到武则天居住的长生殿，围绕着她的床第侍立卫护。武则天吃惊地坐起来，问道：“作乱的是谁？”众人回答道：“张易之、张昌宗谋反，臣等奉太子令诛杀了他们，怕事情会泄露，所以不敢事先奏知陛下。在皇宫禁地举兵诛杀逆贼，惊动天子，臣等罪该万死！”武则天看见了太子，说：“这事是你让干的吗？既然奸人已经杀掉了，你可以回东宫去了。”桓彦范上前说：“太子怎么可以再回去？当年高宗皇帝将爱子托付给陛下，如今太子年纪已大，一直在东宫当太子，天意人心，都希望李家重掌天下。群臣不忘太宗皇帝和高宗皇帝的恩德，所以尊奉太子诛灭犯上作乱的逆臣。希望陛下将帝位传给太子，以顺天意和人心。”李湛是李义府的儿子。武则天发现了他，对他说：“你也是杀张易之的将军吗？我待你们父子不薄，想不到也有今天！”李湛惭愧不能对答。武则天又对崔玄暐说：“别人都是经由他人举荐后提拔的，只有你是朕亲手提拔的，你怎么也在这里？”崔玄暐答道：“我这样做正是为了报答陛下对我的大恩大德。”

张同休、张昌仪等人全部被斩首。

【原文】

于是收张昌期、同休、昌仪等，皆斩之，与易之、昌宗枭首天津南[①]。是日，袁恕己从相王统南牙兵以备非常，收韦承庆、房融及司礼卿崔神庆系狱，皆易之之党也。

【注释】

① 枭首：砍头悬挂示众。天津：今河南洛阳西南的天津桥。

【译文】

接下来张柬之等收捕张昌期、张同休、张昌仪等人，将他们全部斩首，和张易之、张昌宗一起于天津桥南枭首示众。这一天，为防范突然事变的发生，袁恕己跟随相王李旦统领南牙兵马，收捕韦承庆、房融及司礼卿崔神庆入狱，这些人都是张易之的党羽。

【原文】

甲辰，制太子监国，赦天下。以袁恕己为凤阁侍郎、同平章事[①]，分遣十使赍玺书宣慰诸州。乙巳，太后传位于太子。

【注释】

① 凤阁侍郎：中书侍郎。同平章事：即宰相。

【译文】

甲辰（二十三日），武则天颁布制书，决定由太子李显代行处理国政，大赦天下。任命袁恕己为凤阁侍郎、同平章事，分别派出十使臣携带玺书前往各州进行安抚工作。乙巳（二十四日），武则天将帝位传给太子李显。

【原文】

丙午，中宗即位。赦天下，惟张易之党不原[①]。其为周兴等所枉者[②]，咸令清雪，子女配没者皆免之[③]。相王加号安国相王，拜太尉、同凤阁鸾台三品[④]，太平公主加号镇国太平公主。皇族先配没者，子孙皆复属籍，仍量叙官爵[⑤]。

【注释】

① 原：赦免。② 周兴：武则天重用的酷吏之一。周兴滥杀无辜竟达数千人，创造多种刑法，用刑残酷。③ 配没：把罪人的家属发配为奴隶。④ 同凤阁鸾台三品：即同中书门下三品，宰相。⑤ 量叙官爵：根据不同的情况分别录用。

【译文】

丙午（二十五日），唐中宗李显即皇帝位。中宗下诏大赦天下，只有张易之的党羽不在赦免之列。那些被周兴等人冤枉的人，都加以昭雪，他们的子女中如有被发配流放或者被没入官府做奴婢的都予以赦免。唐中宗还加相王李旦的封号为安国相王，并任命他为太尉、同凤阁鸾台三品；加太平公主封号为镇国太平公主。

唐中宗李显即皇帝位。

此外，皇族先前被发配或没入官府为奴的，子孙都恢复宗籍，并且根据情况酌情封授官爵。

【原文】

丁未，太后徙居上阳宫，李湛留宿卫。戊申，帝帅百官诣上阳宫，上太后尊号曰则天大圣皇帝①。

二月辛亥，帝帅百官诣上阳宫问太后起居，自是每十日一往。

甲寅，复国号曰唐。郊庙、社稷、陵寝、百官、旗帜、服色、文字皆如永淳以前故事②。复以神都为东都，北都为并州，老君为玄元皇帝。

【注释】

①尊号：指古代尊崇皇帝、皇后的称号。皇帝的称号有三种：尊号、谥号、庙号。根据司马光《司马文正集》二十六《请不受尊号札子》记载，从唐代起，皇帝有尊号。唐以前，天子尊称皇帝，嗣位皇帝

尊称前帝为太上皇，前皇后为皇太后、太皇太后，无其他称号。② 故事：旧制，旧事，先例。

【译文】

丁未（二十六日），武则天迁到上阳宫居住，李湛留下负责警卫。戊申（二十七日），唐中宗带领文武百官到上阳宫，上武则天尊号为则天大圣皇帝。

二月辛亥（初一），唐中宗带领文武百官到上阳宫去向武则天请安，问候她的日常生活状况；从此唐中宗每十天前来问候一次。

甲寅（初四），唐中宗下诏恢复大唐国号，并规定郊庙、社稷、陵寝、百官、旗帜、服色、文字等都恢复唐高宗永淳年间以前的旧制。恢复神都的旧名为东都，恢复北都的旧名为并州，老君仍称为玄元皇帝。

【原文】

太后之迁上阳宫也，太仆卿、同中书门下三品姚元之独呜咽流涕。桓彦范、张柬之谓曰："今日岂公涕泣时邪！恐公祸由此始①。"元之曰："元之事则天皇帝久，乍此辞违，悲不能忍。且元之前日从公诛奸逆，人臣之义也；今日别旧君，亦人臣之义也，虽获罪，实所甘心。"是日，出为亳州刺史。

武则天迁到上阳宫居住。

甲子，立妃韦氏为皇后，赦天下。追赠后父玄贞为上洛王、母崔氏为妃。

【注释】

①“今日岂公涕泣时邪！恐公祸由此始”一句：指姚崇因参与拥立中宗复位而受排斥。姚元之，本名元崇，字元之，避唐玄宗“开元”年号讳，改名姚崇。初拜侍郎（四品官），后连续升迁，成为武则天、中宗（李显）、睿宗（李旦）、玄宗（李隆基）四朝宰相，是中国封建史上一位杰出的政治家。睿宗在位时，因建议太平公主退居东都洛阳，以削弱公主权力而遭受贬职。玄宗继帝位后，召回姚崇复职。

【译文】

武则天迁到上阳宫的时候，只有太仆卿、同中书门下三品姚元之一人痛哭流涕。桓彦范、张柬之对他说：“今天哪里是您悲哀哭泣的日子啊！恐怕从今您就要大祸临头了。”姚元之回答说：“元之侍奉则天皇帝的时间很长，现在突然要分手了，悲痛难忍。况且元之前几天追随诸公诛灭恶逆之徒，是尽做臣子的本分啊；今天辞别旧主，也同样是在尽做臣子的本分。即使因此而获罪，我也心甘情愿。”这天，姚元之被任命为亳州刺史。

甲子（十四日），唐中宗立妃子韦氏为皇后，大赦天下。又追赠韦后之父韦玄贞为上洛王，追赠韦后之母崔氏为上洛王妃。

韦后乱政

【导语】

“韦后乱政”是指唐中宗皇后韦氏的专权乱政。

韦氏（？—公元710年），京兆万年（今陕西长安）人。弘道元年（公元683年）中宗即位，次年，立韦氏为皇后。同年，中宗被武则天废黜，迁于房州（今湖北房县），韦氏随行。神龙元年（公元705年），中宗复位。

中宗复位之后，政治局面仍然没有什么改善。武三思等武氏族人、韦皇后和安乐公主都干预国政，使得政出多门。

中宗每次临朝，韦后都要置幔坐在殿上，预闻政事。中宗任用曾为武则天掌文书的昭容（宫中女官）上官婉儿主持撰述诏令，以武三思为相。当时朝中形成一个以韦氏为首的武、韦专政集团。武三思通过韦后及其爱女安乐公主，诬陷并迫害拥戴中宗复位的张柬之、敬晖等功臣。中宗对揭发武、韦丑行的人都处以极刑，武三思因而权倾人主，作威作福，朝野上下对中宗复位充满了失望。

此时内地水旱为灾，百姓逃散，民不聊生。中宗却与韦后恣意淫乐，不理朝政，还处死上书告发韦氏乱政的人。据说，景龙四年（公元710年），韦氏恐其丑行暴露，安乐公主想要韦氏临朝，自为皇太女，遂合谋毒死中宗。韦后临朝摄政，立李重茂为帝，史称唐少帝。韦后又任用韦氏子弟统领南北衙军队，并欲效法武则天，自居帝位。

临淄王李隆基在这个时候崭露头角。他早已结交了很多有才能的人，又和禁军中的重要人物建立了密切的关系。在得知韦后的野心之后，他联合了太平公主（武则天女）以及禁军的势力，发动了宫廷政变，杀韦后、安乐公主、上官婉儿及诸韦子弟。在一夜之间顺利地铲除了韦氏家族，逼迫少帝让位，立相王李旦（李隆基父）为帝，即唐睿宗。韦后之乱，至此结束。

【原文】

景云元年（庚戌，公元710年）

初，则天之世，长安城东隅民王纯家井溢，浸成大池数十顷，号隆庆池。相王子五王列第于其北，望气者言："常郁郁有帝王气[①]，比日尤盛。"乙未，上幸隆庆池，结彩为楼[②]，宴侍臣，泛舟戏象以厌之。

定州人郎岌上言[③]："韦后、宗楚客将为逆乱。"韦后白上杖杀之。

【注释】

①郁郁：旺盛貌。②结彩：用彩色绸布结成美丽的装饰物。③"定州人郎岌上言"一句：郎岌冒死上书，揭发韦后与宗楚客勾结，企图谋反。中宗阅书后还没有任何回应，韦后看见郎岌上书后，勃然大怒，一定要中宗下令杀死郎岌。

隆庆池用彩色绸布结成美丽的楼台。

中宗只革去了郎岌的官职，命郎岌在家里反省。但韦后却不肯罢休，派人将郎岌活活杖死。唐睿宗时追赠郎岌为谏议大夫。

【译文】

景云元年（庚戌，公元710年）

早先，在武则天时期，长安城东边的居民王纯家的井中往外溢水，溢出的水渐渐形成一个占地数十顷的大池塘，被称为隆庆池。相王李旦的五个被封为王的儿子都把宅第并排建在隆庆池北面，善于观气的人说："这里常常有旺盛的帝王之气，近来这种帝王之气尤为强盛。"乙未（十四日），唐中宗来到隆庆池，用彩色绸布结成美丽的楼台，在这里大宴群臣，并在池中泛舟戏象，以此来抑制这里的帝王之气。

定州人郎岌上书说："韦后、宗楚客将要谋逆作乱。"韦后告诉中宗之后让人用杖将郎岌打死。

【原文】

五月丁卯，许州司兵参军偃师燕钦融复上言①："皇后淫乱，干预国政，宗族强盛；安乐公主、武延秀、宗楚客图危宗社②。"上召钦融面诘之。钦融顿首抗言③，神色不桡；上默然。宗楚客矫制令飞骑扑杀之④，投于殿庭石上，折颈而死，楚客大呼称快。上虽不穷问，意颇怏怏不悦⑤，由是韦后及其党始忧惧。

【注释】

①许州：今河南许昌。司兵参军：刺史属官，负责地方军务。偃师：今河南偃师。②安乐公主：中宗和韦后的女儿。武延秀：安乐

中宗与韦皇后曾是患难夫妻。

公主的丈夫。宗楚客：宰相，属于韦后一党。③顿首抗言：磕头，但是大声讲话，态度坚定。④飞骑：唐禁军名，贞观中唐太宗置左右屯营于玄武门，称“飞骑”。⑤怏怏：不高兴的神情。

【译文】

五月丁卯（十七日），许州司兵参军偃师人燕钦融又进言说：“皇后淫乱，干预国政，韦氏宗族强盛；安乐公主、武延秀、宗楚客图谋危害大唐的宗庙社稷。”中宗召燕钦融当面诘问他。燕钦融以头叩地，高声辩解，神色毫不屈服，中宗默然。宗楚客假传中宗诏令，让飞骑捕杀燕钦融，将燕钦融摔在宫殿堂前石上，燕钦融折断头颈而死，宗楚客大叫痛快。中宗虽然没有追究，但心里却非常不高兴，从此以后韦后和她的党羽们开始有些担忧害怕。

【原文】

散骑常侍马秦客以医术[①]，光禄少卿杨均以善烹调[②]，皆出入宫掖，得幸于韦后，恐事泄被诛。安乐公主欲韦后临朝，自为皇太女，乃相与合谋，于饼餤中进毒[③]。六月壬午，中宗崩于神龙殿。

【注释】

①散骑常侍：无实际职权，但为尊贵之官，多用作将相大臣的兼职。

② 光禄少卿：光禄寺卿的副手，掌皇室膳食。③ 馅：糕饼类食物。

【译文】

散骑常侍马秦客擅长医术，光禄少卿杨均擅长烹调，二人都凭借技艺出入宫廷，得到韦后的宠幸，马、杨二人担心事情泄露被杀。安乐公主想要韦后临朝主持政事，自己可以做皇太女，于是一起合谋杀掉唐中宗，他们在进献的馅饼中下毒。六月壬午（初二），唐中宗在神龙殿驾崩。

【原文】

韦后秘不发丧，自总庶政。癸未，召诸宰相入禁中，征诸府兵五万人屯京城，使驸马都尉韦捷、韦灌、卫尉卿韦璿、左千牛中郎将韦锜[①]、长安令韦播、郎将高嵩等分领之。璿，温之族弟；播，从子；嵩，其甥也。中书舍人韦元徼巡六街[②]。又命左监门大将军兼内侍薛思简等将兵五百人驰驿戍均州[③]，以备谯王重福。以刑部尚书裴谈、工部尚书张锡并同中书门下三品，仍充东都留守。吏部尚书张嘉福、中书侍郎岑羲、吏部侍郎崔湜并同平章事。

【注释】

① 卫尉卿：负责宫殿门户守卫。左千牛中郎将：禁卫官千牛备身。千牛卫简称千牛，侍卫宫廷，中郎将是其中的低级武职。② 徼巡：巡查。六街：长安城中左右六街。③ 驰驿：驾乘驿马疾行。均州：今湖北丹江口。

【译文】

韦后秘不发丧，自己总揽了朝廷的大小事务。癸未（初三），

唐中宗死后，韦后秘不发丧。

韦后召诸位宰相入宫，征调五万府兵驻扎在长安城中，派驸马都尉韦捷、韦濯、卫尉卿韦璿、左千牛中郎将韦锜、长安令韦播、郎将高嵩等人分别统领。韦璿是韦温的族弟；韦播是韦温的侄子；高嵩是韦温的外甥。韦后命中书舍人韦元负责巡察长安六街。又命左监门大将军兼内侍薛思简等人带兵五百迅速赶往均州戍守，以防备谯王李重福。韦后任命刑部尚书裴谈与工部尚书张锡为同中书门下三品，让他们仍然担任东都留守。韦后又任命吏部尚书张嘉福、中书侍郎岑羲、吏部侍郎崔湜三人为同平章事。

【原文】

太平公主与上官昭容谋草遗制[①]，立温王重茂为皇太子[②]，皇后知政事，相王旦参谋政事。宗楚客密谓韦温曰："相王辅政，于理非宜。且于皇后，嫂叔不通问[③]，听朝之际，何以为礼！”遂帅诸宰相表请皇后临朝，罢相王政事。苏瓌曰：“遗诏岂可改邪！”温、楚客怒，瓌惧而从之，乃以相王为太子太师。

【注释】

①上官昭容：上官婉儿，唐代著名女诗人。上官仪的孙女，祖父和父亲被杀，和其母郑氏配入掖庭。曾经在武则天身边为女官，掌诏命，参与政事，此时是中宗的后宫。景龙四年（公元710年），临淄王李隆基起兵诛讨韦皇后及其党羽，上官婉儿被处斩。②温王重茂：温王李重茂，中宗的儿子。③“嫂叔不通问”一句：古代讲究男女有别，礼教之防，等等，弟弟和嫂子之间，没有什么大事不能有太多的交流。

【译文】

太平公主与上官昭容商议起草唐中宗遗诏，立温王李重茂为太子，由韦皇后掌管政事，相王李旦参谋政事。宗楚客私下里对韦温说：“相王辅政，在情理上讲不通。再者，对皇后来说，相王与韦后是叔嫂关系，不应互相问候，如果两人在一起处理朝廷政务，上朝的时候，又如何恪守礼的规范呢！”于是宗楚客率领宰相们一同上表，请求韦皇后临朝主持政事，免去相王李旦参谋政事的职务。苏瓌质问道：“先帝的遗诏怎么可以随意更改呢！”韦温和宗楚客大怒，苏瓌害怕便顺从了他们，于是任命相王李旦为太子太师。

【原文】

甲申，梓宫迁御太极殿[①]，集百官发丧，皇后临朝摄政，赦天下，改元唐隆。进相王旦太尉，雍王李守礼为豳王，寿春王成器为宋王，以从人望。命韦温总知内外守捉兵马事。

【注释】

①梓宫：皇帝、皇后的棺材。

【译文】

甲申（初四），韦后将唐中宗的灵柩迁到太极殿，召集文武百官为中宗发丧，并宣布由她自己临朝摄政，大赦天下，改年号为唐隆。韦后将相王李旦晋升为太尉，改封雍王李守礼为豳王，寿春王李成器为宋王，以顺应人们的愿望。韦后又任命韦温全面主持内外守捉兵马事务。

【原文】

相王子临淄王隆基[①]，先罢潞州别驾[②]，在京师，阴聚才勇之士，谋匡复社稷。初，太宗选官户及蕃口骁勇者[③]，著虎文衣，跨豹文鞯[④]，从游猎，于马前射禽兽，谓之百骑。则天时稍增为千骑，隶左右羽林[⑤]。中宗谓之万骑，置使以领之。隆基皆厚结其豪杰。

李隆基在京师私下招集智勇双全之士，谋划匡复大唐社稷。

【注释】

①临淄王隆基：李隆基，唐睿宗李旦的第三个儿子，公元712年至公元756年在位，即唐玄宗，也称唐明皇。他开创了唐朝开元天宝盛世，晚年发生安史之乱，仓皇出逃。其时为临淄郡王。

②潞州：今山西长治。

别驾：官名，为州刺史的佐吏，隋唐时曾改为长史。唐中期以后各州仍并置别驾、长史，但职权已轻。③ 官户：犯罪者及其家属没入官府服役，并编入特殊户籍。蕃口：少数民族。④ 韀：衬托马鞍的垫子。⑤ 左右羽林：皇室禁军中的一种。

【译文】

相王李旦的儿子临淄王李隆基，之前被免去潞州别驾的职务，他在京师私下招集智勇双全之士，谋划匡复大唐社稷。当初，唐太宗选官户和少数民族中的骁勇善战之士，让他们身穿绘有虎皮花纹的衣服，骑在备有绘着豹皮花纹马鞍的骏马上，跟随自己游猎，让他们在马前射杀飞禽走兽，这些人称之为百骑。武则天时逐渐增到千骑，隶属于禁军中的左右羽林军。唐中宗时称为万骑，设置官员统领。李隆基与万骑中的杰出之士都有深交。

【原文】

兵部侍郎崔日用素附韦、武[①]，与宗楚客善，知楚客谋，恐祸及己，遣宝昌寺僧普润密诣隆基告之，劝其速发。隆基乃与太平公主及公主子卫尉卿薛崇暕、苑总监赣人钟绍京、尚衣奉御王崇晔、前朝邑尉刘幽求、利仁府折冲麻嗣宗谋先事诛之[②]。韦播、高嵩数榜捶万骑[③]，欲以立威，万骑皆怨。果毅葛福顺、陈玄礼见隆基诉之[④]，隆基讽以诛诸韦，皆踊跃请以死自效。万骑果毅李仙凫亦预其谋。或谓隆基当启相王，隆基曰："我曹为此以徇社稷[⑤]，事成福归于王，不成以身死之，不以累王也。今启而见从，则王预危事；不从，将败大计。"遂不启。

【注释】

① 兵部侍郎：兵部副长官。② 卫尉卿：负责宫殿门户守卫。薛崇暕：

李隆基说：不要将诛除韦后集团的事告诉相王。

太平公主之子。钟绍京：和王崇晔、刘幽求、麻嗣宗等人都是李隆基政变的主要参与者。尚衣奏御：管理皇室服饰的官员。邑尉：邑县县尉，掌管一县治安。邑县，今陕西大荔。利仁府折冲：折冲府是唐代府兵基层组织的名称，贞观十年（公元636年）军府统称为折冲府，长官为折冲都尉，其副为果毅都尉。③榜捶：责打。④果毅：唐禁卫军有折冲、果毅等郎将官。葛福顺、陈玄礼：均为李隆基政变的核心人物，开元以后成为禁军领袖，陈玄礼更成为玄宗的心腹重臣。⑤徇社稷：为挽救国家献身，不惜生命。

【译文】

兵部侍郎崔日用一向依附韦后及武氏，与宗楚客有交情，他知道了宗楚客的阴谋，担心牵连到自己，便派宝昌寺僧人普润秘密地去向李隆基报告，劝李隆基尽快发难。李隆基就与太平公主及其子卫尉卿薛崇暕、西京苑总监赣县人钟绍京、尚衣奉御王崇晔、前任朝邑尉刘幽求、利仁府折冲麻嗣宗等人谋划先行举兵发难，铲除韦氏集团。韦播、高嵩多次杖打万骑兵，想借此树立自己的威严，万骑将士都很怨恨。果毅葛福顺和陈玄礼进见李隆基，向李隆基诉说此事，李隆基暗示他们应当诛除韦后集团，两个人听后都慷慨激昂地表示愿效死力。万骑果毅李仙凫也参与了谋划。

有人建议李隆基应当把这件事告诉他的父亲相王李旦，李隆基回答说："我们做这些事，不惜牺牲以报效社稷，事情成功之后是我父相王的福分，万一事情失败了我们为宗庙牺牲也就是了，不必因此连累相王。如果告诉了他，他允许这样做，就等于让相王也参预这种危险的事；若是他不允许这样做，那我们的计划就失败了。"于是李隆基没有把这件事告诉相王李旦。

【原文】

庚子，晡时[①]，隆基微服与幽求等入苑中，会钟绍京廨舍[②]。绍京悔，欲拒之，其妻许氏曰："忘身徇国，神必助之。且同谋素定，今虽不行，庸得免乎[③]！"绍京乃趋出拜谒，隆基执其手与坐。时羽林将士皆屯玄武门，逮夜[④]，葛福顺、李仙凫皆至隆基所，请号而行。向二鼓，天星散落如雪，刘幽求曰："天意如此，时不可失！"福顺拔剑直入羽林营，斩韦璿、韦播、高嵩以徇，曰："韦后鸩杀先帝[⑤]，谋危社稷，今夕当共诛诸韦，马鞭以上皆斩之[⑥]。立相王以安天下。敢有怀两端助逆党者[⑦]，罪及三族。"羽林之士皆欣然听命。乃送璿等首于隆基，隆基取火视之，遂与幽求等出苑南门，绍京帅丁匠二百馀人，执斧锯以从，使福顺将左万骑攻玄德门，仙凫将右万骑攻白兽门，约会于凌烟阁前，即大噪[⑧]，福顺等共杀守门将，斩关而入。隆基勒兵玄武门外，三鼓，闻噪声，帅总监及羽林兵而入，诸卫兵在太极殿宿卫梓宫者，闻噪声，皆被甲应之。韦后惶惑走入飞骑营，有飞骑斩其首献于隆基。安乐公主方照镜画眉，军士斩之。斩武延秀于肃章门外，斩内将军贺娄氏于太极殿西。

【注释】

①晡时：傍晚。②廨舍：官舍。③免：幸免，免除灾祸。④逮夜：到了夜里。⑤鸩杀：毒死。⑥马鞭以上皆斩之：比马鞭高的都要杀掉。⑦怀两端：三心二意。⑧大噪：大声喊。

【译文】

庚子（二十日），傍晚，李隆基穿着便服与刘幽求等人进入禁苑中，在钟绍京的官舍集合。钟绍京后悔了想要拒绝，他的妻子许氏说："为了国家大事而不顾自身安危，必定得到神灵的庇佑。而且你一直与他们共同谋划这事，即使你不去亲自参加，难道就能免除祸患吗！"钟绍京听完后赶忙出来拜见李隆基，李隆基拉着他的手与他一起坐下。当时羽林将士都驻扎在玄武门，等到夜色降临，葛福顺、李仙凫都来到李隆基这里，请他颁发起事的标志并下达命令。将近二更，天上的星星散落如雪，刘幽求说道：

御林军将士攻打唐宫宫门以诛灭韦后及其死党。

“天意如此，机不可失！”葛福顺拔剑直入羽林营，斩杀韦璿、韦播、高嵩，将其示众，说：“韦后毒杀先帝，谋危社稷，今晚与各位一同诛灭韦后及其死党，凡是长得高过马鞭的人一律杀死。然后拥立相王以安定天下。敢怀有二心帮助逆党的，诛灭三族。”羽林将士都欣然从命。于是将韦璿等人的首级送到李隆基处，李隆基举火看过之后，便与刘幽求等人一同走出禁苑南门，钟绍京带领丁匠二百余人，手持斧锯在后面跟随。李隆基派葛福顺带左万骑攻打玄德门，李仙凫带右万骑攻打白兽门，约定在凌烟阁前会合，于是大声鼓噪，葛福顺等人杀掉守门的兵将，攻入宫中。李隆基率兵守在玄武门外，三更时分，听见鼓噪声，李隆基率总监及羽林兵进入宫中，那些在太极殿宿卫中宗灵柩的南牙士兵们听到鼓噪声，都穿上盔甲响应李隆基等人。韦后惶惑中逃入飞骑营，有个飞骑将士斩下韦后首级献给李隆基。安乐公主正在对镜画眉，被士兵斩杀。将武延秀斩首于肃章门外，将内将军贺娄氏斩首于太极殿西。

【原文】

初，上官昭容引其从母之子王昱为左拾遗[①]，昱说昭容母郑氏曰：“武氏，天之所废，不可兴也。今婕妤附于三思[②]，此灭族之道也，愿姨思之！”郑氏以戒昭容，昭容弗听。及太子重俊起兵诛三思[③]，索昭容，昭容始惧，思昱言，自是心附帝室，与安乐公主各树朋党。及中宗崩，昭容草遗制立温王，以相王辅政，宗、韦改之。及隆基入宫，昭容执烛帅宫人迎之，以制草示刘幽求。幽求为之言，隆基不许，斩于旗下。

王昱劝说上官婉儿的母亲郑氏不要让上官婉儿再依附武氏。

【注释】

①左拾遗：谏官。②三思：武三思，武则天之侄。③“太子重俊起兵诛三思”一句：圣历三年（公元707年）七月，皇太子李重俊与羽林将军李多祚等，率羽林千骑兵诛武三思等人，后兵败被杀。

【译文】

当初，上官昭容举荐她的姨母之子王昱为左拾遗，王昱劝说昭容的母亲郑氏说：“武氏，是上天废弃的家族，是不可能再复兴了。如今婕妤依附武三思，这是自取灭族，希望姨母仔细考虑一下！”郑氏于是用这些道理告诫上官昭容，上官昭容不肯听。等到太子李重俊起兵讨伐武三思，四处搜捕上官昭容，上官昭容才开始害怕，想起王昱的话，自此上官昭容才倾心依附唐中宗，与安乐公主各自结成帮派。到中宗驾崩后，上官昭容起草遗诏将温王李重茂立为太子，由相王辅政；宗楚客和韦温改掉遗诏的内容。等到李隆基率军进入宫中时，上官昭容率领宫人手执灯笼相迎，把原先起草的诏书拿给刘幽求看。刘幽求为她向李隆基求情，李隆基没有答应，将上官昭容斩于旗下。

【原文】

时少帝在太极殿，刘幽求曰：“众约今夕共立相王，何不早定！”隆基遽止之①，捕索诸韦在宫中及守诸门，并素为韦后所亲信者皆斩之。比晓[2]，内外皆定。辛巳，隆基出见相王，叩头谢不先启之罪。相王抱之泣曰："社稷宗庙不坠于地，汝之力也。"遂迎相王入辅少帝。

相王李旦流着泪抱住李隆基称赞他。

【注释】

① 遽：立即，马上。② 比晓：等到天亮。

【译文】

当时少帝李重茂在太极殿，刘幽求对众人说道："大家都约好今晚拥立相王为帝，为什么不早些定下来呢！"李隆基急忙阻止了他，下令搜捕在宫中和把守宫中各门的韦氏族人，平常得到韦后信任重用的人全部斩杀。等到天将要亮的时候，宫内外均已平定。辛巳（二十一日），李隆基出宫拜见相王，为自己事先没有启奏相王而叩头请罪。相王李旦流着泪抱住李隆基说："社稷宗庙得以保全，全是你的功劳啊！"李隆基随后率军迎接相王入宫辅佐少帝。

【原文】

闭宫门及京城门，分遣万骑收捕诸韦亲党。斩太子少保、同中书门下三品韦温于东市之北[1]。相王奉少帝御安福门，慰谕百姓[2]。

【注释】

① 韦温：唐中宗时礼部尚书、太子少保。② 慰谕：宽慰晓喻。

【译文】

李隆基下令将京城各门及所有宫门关闭，派万骑兵分头搜捕韦氏亲属及党羽。将太子少保、同中书门下三品韦温斩首于东市之北。相王李旦侍奉少帝来到安福门，安抚百姓。

【原文】

是日，赦天下，云："逆贼魁首已诛，自馀支党一无所问。"以临淄王隆基为平王，兼知内外闲厩，押左右厢万骑。薛崇暕赐爵立节王。以钟绍京守中书侍郎，刘幽求守中书舍人，并参知机务。麻嗣宗行右金吾卫中郎将。武氏宗属，诛死流窜殆尽[①]。

【注释】

① 流窜：被流放。殆尽：几乎罄尽。

【译文】

这一天，少帝颁诏赦免天下，诏书说："图谋叛逆的罪魁祸首已伏诛，其余有牵连的人一概不追究。"封临淄王李隆基为平王，并且让他主持内外闲厩事务，掌管左右厢万骑兵。薛崇暕赐爵立为节王。任命钟绍京署理中书侍郎职务，刘幽求署理中书舍人职务，二人均有参预商讨军国大事的资格。任命麻嗣宗署理右金吾卫中郎将职务。至此时，武氏家族成员，几乎全被诛杀或者流放了。

李林甫为相

【导语】

李林甫是唐玄宗后期有名的奸相，《新唐书》将其列入《奸臣传》，《资治通鉴》说他“养成天下之乱”。在某种程度上说，是李林甫的才能、吏干与为人处世的方式，契合了玄宗在当时的需要，因此他成了玄宗为当时朝局选中的宰相。玄宗晚年的时候，与给事中裴士淹品评朝中大臣，给李林甫的评价是“妒贤疾能，举无比者”。

《旧唐书·李林甫传》中说，李林甫自处台衡，动循格令，谨守格式，百官迁除，各有常度。可见他办事谨慎，纲纪严明，讲究效率。李林甫是以吏干精明而著称的，他精熟于官府运作和官僚事务，他在任期内使各项事务井井有条。如果没有这一点，恐怕李林甫很难独揽朝政达十九年之久。虽然李林甫依法办事的目的在于个人专权，但是完善立法，对于稳定封建统治秩序也起了一定的作用。天宝时期能维持十多年的安定局面，原因就在于此。

身居相位长达十九年，他曾对朝中大臣说过这样一句话：“明主在上，群臣将顺不暇，亦何所论？君等独不见立仗马乎，终日无声，而饫三品刍豆；一鸣，则黜之矣。后虽欲不鸣，得乎？”(《新唐书·李林甫传》)大意是讲，做臣下的，不要那么多嘴多舌，没见那些仪仗马吗？一言不发却享受三品的马料，而叫一声就被废斥不用，到那时候，后悔都来不及了。大臣们听了李林甫的“马料论”后，果然都不再多语，史称“由是谏诤路绝”。

【原文】

开元十四年（丙寅，公元726年）

夏，四月壬子，隐甫、融及御史中丞李林甫共奏弹说[①]：“引术士占星，徇私僭侈[②]，受纳贿赂。”敕源乾曜及刑部尚书韦抗、大理少卿明珪与隐甫等同于御史台鞫之。林甫[③]，叔良之曾孙。

【注释】

①御史中丞：官名。秦始置。汉朝为御史大夫的次官，或称御史中执法，秩千石。掌兰台图籍秘书事，综领十三州刺史和侍御史，指挥他们监察天下郡国官吏、审计上报的各类文件账簿等，对三公、九卿有弹劾之权。唐时大夫与中丞并置，唯大夫极少除授，仍以中丞为长官。说：张说，唐代文学家，诗人，政治家。世居河东（今山西永济），徙家洛阳。武后策贤良方正，张说年才弱冠，对策第一，授太子校书。累官至凤阁舍人。玄宗开元初，因不附太平公主，

崔隐甫、宇文融和李林甫一起上书弹劾张说。

罢知政事。复拜中书令，封燕国公。出为相州、岳州等地刺史，又召还为兵部尚书、同中书门下三品，迁中书令，俄授右丞相，至尚书左仆射，中与张嘉贞有过权力争斗，最后扳倒张嘉贞，自任首席宰相。②僭侈：奢侈过度。僭，超越本分，古代指地位在下的冒用在上的名义或礼仪、器物。③林甫：即李林甫。出自皇族。开元二十二年（公元734年）拜礼部尚书、同中书门下三品。收买嫔妃宦官，探得玄宗动静，迎合意旨，因而获得信任，掌握大权。在相位十九年。

【译文】

开元十四年（丙寅，公元726年）

夏季，四月壬子（初四），崔隐甫、宇文融和御史中丞李林甫，一起上书弹劾张说："请来术士观星象以测吉凶，为了私情放弃原则，做不合法的事，奢侈过度，收受贿赂。"唐玄宗命源乾曜和刑部尚书韦抗、大理少卿明珪与崔隐甫等人一起在御史台审讯张说。李林甫是李叔良的曾孙。

【原文】

开元二十二年（甲戌，公元734年）

吏部侍郎李林甫，柔佞多狡数[①]，深结宦官及妃嫔家，伺候上动静，无不知之，由是每奏对，常称旨[②]，上悦之。时武惠妃宠幸倾后宫[③]，生寿王清，诸子莫得为比，太子浸疏薄[④]。林甫乃因宦官言于惠妃，愿尽力保护寿王；惠妃德之，阴为内助，由是擢黄门侍郎。五月戊子，以裴耀卿为侍中[⑤]，张九龄为中书令[⑥]，林甫为礼部尚书、同中书门下三品[⑦]。

【注释】

①柔佞：伪善谄媚。佞，用花言巧语谄媚。狡数，狡诈的权术。②称旨：符合皇帝心意。③武惠妃：唐开元中，后宫皇后以下，立惠妃、丽妃、华妃三位，为正一品。④浸疏薄：渐渐疏远，关系淡薄。⑤裴耀卿：中唐时期著名的政治家，主要功绩是整顿漕运。⑥张九龄：唐代有名的贤相。⑦同中书：侍中、中书令、同中书门下三品均为宰相。

【译文】

开元二十二年（甲戌，公元734年）

吏部侍郎李林甫，伪善谄媚又擅长狡诈的权术，与宦官及后宫妃嫔结交很深，让他们暗中伺察玄宗的举动，对他的一举一动无不了解，因此每次上朝奏事，都能符合皇帝的心意，深受玄宗的喜爱。当时武惠妃在后宫的嫔妃中最受玄宗的宠爱，生有一子为寿王李清，也深得玄宗的喜欢，其余皇子的宠幸程度没有比过他的，太子和皇帝的关系也日渐疏远。李林甫于是通过宦官告诉武惠妃，表示愿意尽力保护寿王。武惠妃很感激他，就暗中帮助他，因此李林甫很快就升为黄门侍郎。五月戊子（二十八日），玄宗任命裴耀卿为侍中，张九龄为中书令，李林甫为礼部尚书、同中书门下三品。

【原文】

初，上欲以李林甫为相，问于中书令张九龄，九龄对曰：“宰相系国安危，陛下相林甫[①]，臣恐异日为庙社之忧。”上不从。时九龄方以文学为上所重，林甫虽恨，犹曲意事之[②]。侍中裴耀卿与九龄善，林甫并疾之[③]。是时，上在位岁久，渐肆奢欲[④]，怠于政事。而九龄遇事无细大皆力争；林甫巧伺上意，日思所以中伤之。

李林甫一有机会就在玄宗面前说张九龄的坏话。

【注释】

①相：以……为宰相。②曲意事之：委曲己意而奉承别人。③疾：恨。④肆奢欲：放纵欲望，喜好奢侈。

【译文】

当初，玄宗想用李林甫为宰相，询问中书令张九龄的意见，张九龄回答说："宰相一身关系到朝廷安危，陛下如果用林甫为宰相，臣担心他以后会成为朝廷的祸患。"玄宗不听。当时张九龄正因为文学才能为玄宗器重，李林甫虽然怨恨他，但表面上还不得不奉承他。侍中裴耀卿与张九龄关系密切，所以也受到李林甫的嫉恨。这时，玄宗在位日久，渐渐地放纵欲望，对政务也开始懈怠了。而张九龄遇到事情，觉得有不对之处，无论大小，都要与玄宗争论；李林甫小心观察玄宗的心思，每天都在考虑如何陷害中伤张九龄。

【原文】

上之为临淄王也，赵丽妃、皇甫德仪、刘才人皆有宠[①]，丽妃生太子瑛，德仪生鄂王瑶，才人生光王琚。及即位，幸武惠妃，丽妃等爱皆弛[②]；惠妃生寿王瑁，宠冠诸子。太子与瑶、琚会于内第，各以母失职有怨望语。驸马都尉杨洄尚咸宜公主，常伺三子过失以告惠妃[③]。惠妃泣诉于上曰："太子阴结党与，将害妾母子，亦指斥至尊。"上大怒，以语宰相，欲皆废之。九龄曰："陛下践阼垂三十年[④]，太子诸王不离深宫，日受圣训，天下之人皆庆陛下享国久长，子孙蕃昌。今三子皆已成人，不闻大过，陛下奈何一旦以无根之语，喜怒之际，尽废之乎！且太子天下本，不可轻摇。昔晋献公听骊姬之谗杀申生，三世大乱[⑤]。汉武帝信江充之诬罪戾太子，京城流血[⑥]。晋惠帝用贾后之谮废愍怀太子[⑦]，中原涂炭[⑧]。隋文帝纳独孤后之言黜太子勇，立炀帝，遂失天下。由此观之，不可不慎。陛下必欲为此，臣不敢奉诏。"上不悦。林甫初无所言，退而私谓宦官之贵幸者曰："此主上家事，何必问外人！"上犹豫未决。惠妃密使官奴牛贵儿谓九龄曰："有废必有兴，公为之援，宰相可长处。"九龄叱之，以其语白上，上为之动色，故讫九龄罢相，太子得无动。林甫日夜短九龄于上[⑨]，上浸疏之。

【注释】

①赵丽妃、皇甫德仪、刘才人：开元时期后宫中皇后以下，立惠妃、丽妃、华妃三位，为正一品。才人七人，正四品。②弛：这里指失宠。③伺：探察。④践阼：登基称帝。⑤昔晋献公听骊姬之谗杀申生，三世大乱：晋献公听信骊姬的阴谋，杀了太子申生，逼走公子重耳和夷吾，献公去世之后，传位骊姬之子奚齐，很快为大夫里克所杀。⑥京城流血：即戾太子事件。⑦晋惠帝用贾后之谮废愍怀太子：晋惠帝时贾皇后诬陷太子司马通造反，唆使惠帝废黜太子，后来又暗杀了他，引起群情激愤，引发了八王之乱。谮，无中生有地说人坏话。⑧涂炭：陷入泥沼，坠入炭火。比喻极其艰难困苦。⑨短：指责别人的缺点。

【译文】

玄宗为临淄王的时候，赵丽妃、皇甫德仪、刘才人都受到宠爱，赵丽妃生了太子李瑛，皇甫德仪生了鄂王李瑶，刘才人生了光王李琚。玄宗即帝位后，又宠幸武惠妃，赵丽妃等人都被冷落。武惠妃生寿王李瑁，李瑁受到的宠爱超过了其他皇子。太子与李瑶、李琚在内廷住所聚会，因为各自生母的境遇而出言抱怨。驸马都尉杨洄娶了咸宜公主，经常探察三位皇子的过失告诉武惠妃。武惠妃哭泣着告诉玄宗说:“太子暗中结党，想要谋害臣妾母子，他们还指责陛下。”玄宗听后大怒，把此事告诉了宰相，想要废掉太子和鄂王、光王。张九龄说:“陛下登基将近三十年，太子诸王都没有离开过深宫，得以经常听到陛下的教导，天下人都庆幸陛下治理得方，在位长久，子孙昌盛。如今三位皇子都已年长成人，没听说有什么大的过失，陛下怎么能因无根的传言，以一时的喜怒，把他们全部废掉呢！何况太子为天下的根本，不可轻易动摇。春秋时代晋献公听信骊姬的谗言杀太子申生，引起晋国三世大乱。汉武帝因为相信江充的诬告降罪戾太子，使京城发生了流血事件。晋惠帝听了贾后无中生有的话废掉了愍怀太子，使五胡乱华，中原涂炭。隋文帝听信了独孤皇后的话，废掉了太子杨勇而立隋炀帝，以致失掉了天下。可见废黜太子之事不可不慎重。陛下一定要这样做，则臣难以遵命。”玄宗不高兴。李林甫起初并没有说什么，退朝后私下对玄宗宠信的宦官说:“这是陛下的家事，何必问外人！”玄宗犹豫不决。武惠妃秘密派官奴牛贵儿对张九龄说:“有废必有立，太子废立之时，如果您能够加以援手，就可以长做宰相。”张九龄斥责了牛贵儿，并把这些话告诉了玄宗，玄宗听了为之变色，所以一直到张九龄罢相，太子的地位也没有动摇。李林甫一有机会就在玄宗面前说张九龄的坏话，所以玄宗逐渐疏远了张九龄。

【原文】

林甫引萧炅为户部侍郎①。炅素不学，尝对中书侍郎严挺之读“伏腊”为“伏猎”②。挺之言于九龄曰：“省中岂容有‘伏猎侍郎’！”由是出炅为岐州刺史③，故林甫怨挺之。九龄与挺之善，欲引以为相，尝谓之曰：“李尚书方承恩，足下宜一造门，与之款昵。”挺之素负气④，薄林甫为人，竟不之诣。林甫恨之益深。挺之先娶妻，出之，更嫁蔚州刺史王元琰⑤，元琰坐赃罪下三司按鞫⑥，挺之为之营解。林甫因左右使于禁中白上。上谓宰相曰：“挺之为罪人请属所由。”九龄曰：“此乃挺之出妻，不宜有情。”上曰：“虽离乃复有私。”

【注释】

① 户部侍郎：尚书省户部长官副手，掌财政。② 中书侍郎：中书省长官副手，职掌诏命。③ 岐州：今陕西凤翔。④ 负气：凭恃意气，不肯屈居人下。⑤ 蔚州：今河北蔚县。⑥ 三司：管理司法的衙门，大理寺、御史台、刑部。按鞫：审问。

严挺之为王元琰说情，李林甫乘机让左右的人到宫中告诉了玄宗。

【译文】

李林甫引荐萧炅为户部侍郎。萧炅一向不学无术，曾经在中书侍郎严挺之面前把“伏腊”读为“伏猎”。严挺之对张九龄说："尚书省怎么能容有'伏猎侍郎'呢！"于是萧炅被调出京城，外放为岐州刺史，为此李林甫怨恨严挺之。张九龄与严挺之关系很好，想要推荐严挺之为宰相，曾经对他说："李尚书正受到皇上的器重，你应该去登门拜望，与他和睦相处。"严挺之素来傲气，看不起李林甫的为人，竟不去拜访。李林甫就更加恨他。严挺之先前娶的妻子，被休掉后改嫁给蔚州刺史王元琰。王元琰因为贪污钱财罪交付御史大夫、中书省和门下省三司衙门审问，严挺之为他说情。李林甫就乘机让左右的人到宫中告诉了玄宗。玄宗对宰相说："严挺之在有关官吏面前为罪人说情是有私人原因的。"张九龄说："王元琰娶的是严挺之休掉的妻子，不可能有私情。"玄宗说："虽然已离婚，但还有私情。"

张九龄说王元琰娶的是严挺之休掉的妻子，不可能有私情。

【原文】

于是上积前事，以耀卿、九龄为阿党[①]；壬寅，以耀卿为左丞相，九龄为右丞相，并罢政事。以林甫兼中书令，仙客为工部尚书、同中书门下三品[②]，领朔方节度如故[③]。严挺之贬洺州刺史[④]，王元琰流岭南。

【注释】

①阿党：结党营私，相互勾结。②仙客：即牛仙客。开元二十四年（公元736年）秋，赴任朔方行军大总管。不久升任宰相。③朔方节

度：治所在今宁夏灵武。④洺州：今河北永年。

【译文】

于是玄宗联想到以前的事，认定裴耀卿、张九龄结为朋党；壬寅（二十七日），任命裴耀卿为左丞相，张九龄为右丞相，二人同时罢免参加政事。任命李林甫兼中书令，牛仙客为工部尚书、同中书门下三品，依兼领朔方节度使。严挺之贬为洺州刺史，王元琰流放到岭南。

【原文】

上即位以来，所用之相，姚崇尚通，宋璟尚法，张嘉贞尚吏，张说尚文，李元纮、杜暹尚俭，韩休、张九龄尚直，各其所长也。九龄既得罪，自是朝廷之士，皆容身保位，无复直言。

【译文】

玄宗即皇帝位以来，所任用的丞相中，姚崇主张通变，宋璟提倡法制，张嘉贞重视吏治，张说擅长文学，李元纮、杜暹崇尚节俭，韩休、张九龄则个性直率，这些人都各有所长。张九龄得罪被贬斥以后，朝廷中的百官从此都明哲保身，没有再直言的了。

【原文】

李林甫欲蔽塞人主视听，自专大权，明召诸谏官谓曰："今明主在上，群臣将顺之不暇，乌用多言！诸君不见立仗马乎①？食三品料，一鸣辄斥去。悔之何及！"补阙杜琎尝上书言事②，明日，黜为下邽令。自是谏争路绝矣。

【注释】

①立仗马：朝会上仪仗中的马，待遇优厚，但是有很严格的训练。

② 补阙：匡补君王的缺失。

【译文】

李林甫想要堵塞住玄宗的视听，自己独揽大权，于是公开召集谏官们明确地对他们说："如今明主在上，群臣顺从皇帝都顾不过来，哪里用得着多说话呢！你们难道没有看见那些立在正殿下面作为仪仗用的马吗？平时吃的是三品等级的食料，在仪仗中如果嘶鸣叫唤就立刻被拉下去，到时候后悔也来不及了。"补阙杜琎曾经向玄宗上书谈论政事，第二天就被贬为下县令。从此谏争之路断绝了。

【原文】

夏，四月辛酉，监察御史周子谅弹牛仙客非才，引谶书为证。上怒，命左右揕于殿庭①，绝而复苏；仍杖之朝堂②，流瀼州，至蓝田而死。李林甫言，"子谅，张九龄所荐也。"甲子，贬九龄荆州长史。

唐玄宗责罚周子谅并将他流放瀼州。

【注释】

① 揕：用棍敲打。② 杖：古代刑罚之一，用棍打。

【译文】

夏季，四月辛酉（十七日），监察御史周子谅弹劾牛仙客，说他非宰相之才，并引谶书中的谶语为证。玄宗大怒，命令左右的人在朝堂猛打周子谅，周子谅被打昏了又苏醒过来，然后又在朝堂用棍棒毒打，并流放瀼州。周子谅走到蓝田就死了。李林甫说："周子谅是张九龄推荐的人。"甲子（二十日），贬张九龄为荆州长史。

【原文】

李林甫为相，凡才望功业出己右及为上所厚、势位将逼己者，必百计去之；尤忌文学之士，或阳与之善，啖以甘言而阴陷之。世谓李林甫"口有蜜，腹有剑"。

【译文】

李林甫为宰相后，凡是才能、声望、功业超过自己以及受到玄宗宠信，在权位上对自己构成威胁的，一定想方设法除去；尤其忌恨因文学才能而进官的士人，有时候表面装出友好的样子，说些动听的话，而暗中却加以陷害。世人都说李林甫是"口蜜腹剑"。

【原文】

上尝陈乐于勤政楼[①]，垂帘观之。兵部侍郎卢绚谓上已起，垂鞭按辔，横过楼下。绚风标清粹[②]，上目送之，深叹其蕴藉[③]。林甫常厚以金帛赂上左右，上举动必知之，乃召绚子弟谓曰："尊君素望清崇，今交、广藉才，圣上欲以尊君为之[④]，可乎？若惮远行，则当左迁；不然，则以宾、詹分务东洛，亦优贤之命也，何如？"绚惧，以宾、詹为请。林甫恐乖众望，乃除华州刺史。到官未几，诬其有疾，州事不理，除詹事、员外同正。

玄宗在勤政楼排列乐舞。

【注释】

①陈：排列，摆设。②风标清粹：风标，风度；清粹，清高纯正。③蕴藉：藏在其内，隐藏而不外露。多形容君子气质。④尊君：令尊。

【译文】

玄宗曾经在勤政楼排列乐舞，正在垂帘观看。兵部侍郎卢绚以为玄宗已离开，于是就提鞭按辔，从楼下穿过。卢绚风度清雅，玄宗目送卢绚远去，感叹卢绚含蓄不露的气质。李林甫常常用金钱贿赂玄宗身边的人，玄宗的一举一动，李林甫都了如指掌。于是他就召来卢绚的儿子说："你父亲素来有名望，现今交州、广州需要有才能的人去治理，皇上想令你父亲去，可以吗？如果害怕远行，就要降官；否则，只有以太子宾客或詹事的身份在东都任官。这也算是对贤者比较好的任命了，你看怎么样？"卢绚听后，十分害怕，于是就主动奏请担任太子宾客或詹事。李林甫又恐怕违背众望，就任命卢绚为华州刺史。到官没多长时间，又诬陷说卢绚有病，不理州事，任命他为詹事、员外同正。

【原文】

初，太子之立，非林甫意。林甫恐异日为己祸，常有动摇东宫之志，而坚，又太子之妃兄也。皇甫惟明尝为忠王友[①]，时破吐蕃，入献捷，见林甫专权，意颇不平。时因见上，乘间微劝上去林甫，林甫知之，使杨慎矜密伺其所为。会正月望夜，太子出游，与坚相见，坚又与惟明会于景龙观道士之室。慎矜发其事，以为坚戚里，不应与边将狎昵[②]。林甫因奏坚与惟明结谋，欲共立太子。坚、惟明下狱，林甫使慎矜与御史中丞王鉷、京兆府法曹吉温共鞫之[③]。上亦疑坚与惟明有谋而不显其罪，癸酉，下制，责坚以干进不已[④]，贬缙云太守[⑤]，惟明以离间君臣，贬播川太守[⑥]；仍别下制戒百官。

唐玄宗将韦坚贬为缙云太守。

【注释】

①忠王：李亨曾封为忠王。②狎昵：亲近，亲昵。③御史中丞：御史台长官，监察官吏，有弹劾之权。王鉷：天宝年间，每年聚敛大量财物入内库，极受信任。京兆府法曹：京兆府掌司法的官吏。吉温：天宝年间的酷吏。④干进：

谋求仕进。⑤缙云：今浙江丽水。⑥播川：今贵州遵义。

【译文】

当初，李亨被立为太子，并非李林甫的意思。李林甫害怕以后对自己不利，一直有动摇太子地位的想法。而韦坚又是太子韦妃的哥哥。皇甫惟明在太子为忠王时，曾经是太子的朋友，当时打败吐蕃，入朝奏捷献俘，看到李林甫专权，心里愤愤不平，当时趁着进见玄宗的机会，劝玄宗罢黜李林甫。李林甫知道这件事后，就让杨慎矜暗中伺察皇甫惟明的行为。逢正月十五日夜，太子出游，与韦坚相见，韦坚又与皇甫惟明在景龙观道士房中会面。杨慎矜告发此事，认为韦坚是皇戚，不应该与边将过分亲密。李林甫乘机上奏说韦坚与皇甫惟明合谋，想推太子登基。韦坚和皇甫惟明下狱，李林甫让杨慎矜和御史中丞王鉷、京兆府法曹吉温共同审问。玄宗也怀疑韦坚与皇甫惟明结谋，但没有确凿的证据，癸酉（二十一日），下制书指责韦坚过度热衷谋求官职地位，贬为缙云太守，皇甫惟明因为离间君臣间的关系，贬为播川太守。又另下制书，以戒百官。

【原文】

以门下侍郎[①]、崇玄馆大学士陈希烈同平章事。希烈，宋州人，以讲《老》、《庄》得进，专用神仙符瑞取媚于上。李林甫以希烈为上所爱，且柔佞易制，故引以为相，凡政事一决于林甫，希烈但给唯诺。故事，宰相午后六刻乃出。林甫奏，今太平无事，巳时即还第，军国机务皆决于私家，主书抱成案诣希烈书名而已。

【注释】

①门下侍郎：为门下省长官侍中的副手。

【译文】

玄宗任命门下侍郎、崇玄馆大学士陈希烈同平章事。陈希烈是宋州人，因为善于讲《老子》、《庄子》而受到重用，又专门用神仙符瑞等道法讨好玄宗。李林甫看到陈希烈受到玄宗的宠爱，而且柔顺奸佞，容易控制，所以就引荐他为宰相。从此一切政事都由李林甫决定，陈希烈只是点头而已。按照旧例，宰相在午后六刻就可以离开，李林甫上奏说，现在天下太平无事，宰相巳时就可回家，军国大事都可以在自己家里决定。于是管理文书的官吏只是把办成的方案找陈希烈签名就可以了。

【原文】

李林甫屡起大狱，别置推事院于长安[①]。以杨钊有掖廷之亲[②]，出入禁闼[③]，所言多听，乃引以为援，擢为御史。事有微涉东宫者，皆指擿使之奏劾[④]，付罗希奭、吉温鞫之[⑤]。钊因得逞其私志，所挤陷诛夷者数百家，皆钊发之。幸太子仁孝谨静，张垍、高力士常保护于上前[⑥]，故林甫终不能间也。

【注释】

①推事院：勘断案件的场所。②杨钊：杨贵妃的堂兄，后改名国忠。③闼：小门。④指擿：同“指摘”，挑出缺点错误。⑤罗希奭：和吉温一样，也是当时著名的酷吏。⑥张垍：张说子，娶玄宗公主。高力士：唐代的著名宦官。他幼年时入宫，玄宗时期，其地位达到顶峰。

李岫认为父亲结怨太多。

【译文】

李林甫屡次制造冤案，在长安另设审判案子的推事院。因杨钊与杨贵妃的关系，能够随便出入宫廷，玄宗常常采纳他的话，李林甫就网罗杨钊为自己的党羽，升任杨钊为御史。案件有一点涉及太子的，都挑出来让杨钊上奏弹劾，又指使罗希奭与吉温审问。因此杨钊得以施展他的野心，被陷害和杀掉的达数百家，都是杨钊揭发的。幸好太子仁孝谨慎，张垍与高力士又常常在玄宗面前保护他，所以李林甫终究不能离间玄宗和太子的关系。

【原文】

林甫子岫为将作监，颇以满盈为惧，尝从林甫游后园，指役夫言于林甫曰："大人久处钧轴[①]，怨仇满天下，一朝祸至，欲为此得乎！"林甫不乐曰："势已如此，将若之何！"

先是，宰相皆以德度自处，不事威势，驺从不过数人[②]，士民或不之避。林甫自以多结怨，常虞刺客，出则步骑百馀人为左右翼，金吾静街，前驱在数百步外，公卿走避；居则重关复壁，以石瓷地，墙中置板，如防大敌，一夕屡徙床，虽家人莫知其处。宰相驺从之盛，自林甫始。

【注释】

① 钧轴：钧以制陶，轴以转车。比喻国家政务重任。② 驺从：古代贵族、官员出行时的骑马侍从。

【译文】

李林甫的儿子李岫为将作监，对父亲的权势过大十分畏惧，有一次与李林甫游后园，指着那些做工的民夫对李林甫说："您久为宰相，树敌结怨太多，一朝祸至，想要像这些民夫一样，恐怕也不能！"李林甫听后不高兴地说："大势已经这样了，有什么办法呢！"

先前，宰相都以德行处世，不炫耀威权，侍从不过几个人，所经过的地方，老百姓也不用回避。李林甫认为自己结怨太多，常常怕有刺客，出门时有步骑百余人在左右两边保护，让金吾卫的士卒赶走街上的人，走在前面数百步保护，王公卿士都要回避；所居住的地方重门复壁，用石头砌地，墙中置木板，如防大敌，一夜多次转换住处，就是他的家人也不知道他住在什么地方。唐朝的宰相随从人数增多，从李林甫开始。

【原文】

上晚年自恃承平[①]，以为天下无复可忧，遂深居禁中，专以声色自娱，悉委政事于林甫。林甫媚事左右，迎合上意，以固其宠；杜绝言路，掩蔽聪明，以成其奸；妒贤疾能，排抑胜己，以保其位；屡起大狱，诛逐贵臣，以张其势。自皇太子以下，畏之侧足[②]。凡在相位十九年，养成天下之乱，而上不之寤也[③]。

【注释】

① 自恃：仗着、依靠。② 畏之侧足：形容因畏惧而不敢正立。③ 寤：觉悟，认识到。

【译文】

玄宗晚年仗着天下太平，认为没有可忧愁的事了，于是安居深宫之中，一心沉湎于声色犬马，寻求欢娱，把政事都交给李林甫。李林甫巴结讨好玄宗身边的人，迎合玄宗心意来巩固自己受宠信的地位；杜绝堵塞向玄宗进谏的门路，蒙蔽玄宗，以施展自己的奸猾权术；妒忌贤能，排斥压抑才能胜过自己的人，以此来保住他的相位；多次制造冤假错案，杀戮驱逐朝中大臣，以扩大自己的势力。皇太子以下的人，没有不怕他的。李林甫当宰相共十九年，造成了天下大乱的局势，而玄宗始终没有醒悟。

安史之乱

【导语】

要读懂唐朝，先要读懂“安史之乱”。由于发起叛乱者乃是安禄山与史思明二人，事件被冠以“安史”之名。又由于其爆发于唐玄宗天宝年间，也称“天宝之乱”。

唐代在历经唐太宗“贞观之治”、唐高宗“永徽之治”、武则天及唐玄宗的“开元之治”后，国势大增，文治武功在唐玄宗开元年间达到鼎盛，属史无前例的盛世。

开元后期，由于安定繁荣的日子已久，唐玄宗逐渐丧失了以前那种励精图治的精神。改元天宝后，他纵情享乐，宠爱杨贵妃，信任宦官高力士，把朝政全交给宰相李林甫处理。李林甫对玄宗事事逢迎，私下却利用职权，专横独断。李林甫死后，杨贵妃的堂兄杨国忠继任宰相，更是排斥异己，贪污受贿，使政治日益败坏。加上当时土地兼并严重，贫富悬殊，政治、经济、社会渐呈衰败之象。

原来玄宗因对外开拓，在边境驻以重兵，设立十大兵镇，以节度使为最高军事长官。节度使领若干州，权力很大，初时由中央派大臣充任，立功后往往入朝拜相。天宝以后，李林甫为了巩固本身权位、堵塞边帅入相的路径，借口文官不懂军事，多用胡人担任节度使。结果给胡人节度使安禄山起兵反唐的机会。

安禄山本是混血胡人，貌似忠诚，生性狡诈，由于得到玄宗和杨贵妃的欢心，身兼范阳、河东、平卢三镇节度使。安禄山见唐室政治腐败，武备废弛，便于公元755年，以讨杨国忠为名，自范阳率兵南下，起兵反唐。

“安史之乱”是唐由盛而衰的转折点。它始于唐玄宗天宝十四载（公元755年），至唐代宗宝应元年（公元762年）结束，前后达八年之久。

“安史之乱”对中国后世的发展产生了重大影响，这场战乱结束了盛唐的神话。八年的安史之乱结束，唐朝出现了藩镇割据的局面。

关于这场叛乱的历史记录，《通鉴》原分散载于十余卷中，使事件发展线索颇难理清，袁枢把这些分散的材料集中在一起，比较清楚地展现“安史之乱”的全过程。

【原文】

开元二十四年（丙子，公元736年）

安禄山者，本营州杂胡[①]，初名阿荦山[②]。其母，巫也；父死，母携之再适突厥安延偃[③]。会其部落破散，与延偃兄子思顺俱逃来，故冒姓安氏，名禄山。又有史窣干者[④]，与禄山同里闬，先后一日生。及长，相亲爱，皆为互市牙郎[⑤]，以

安禄山本是营州地方的混血胡人，后来做了互市牙郎。

张守珪把安禄山认为养子。

骁勇闻。张守珪以禄山为捉生将⑥，禄山每与数骑出，辄擒契丹数十人而返⑦。狡猾，善揣人情，守珪爱之，养以为子。

【注释】

①营州杂胡：营州，唐代州名，治所在柳城（今辽宁朝阳）。安禄山即营州柳城人。胡为古代匈奴的专称。魏晋南北朝时，北方大批外族入居黄河流域，当时除五部匈奴（南匈奴）仍称为胡外，其余如屠各、羯、卢水胡、稽胡等都称为杂胡。唐代往往把同匈奴和东胡有关或无关的北方少数民族如奚、霫、契丹等，都泛称为杂胡。②阿荦山：《新唐书·安禄山传》作“轧荦山”，谓：禄山本姓康，其母阿史德氏居突厥中，祈祷于胡人的斗战神轧荦山而生禄山，因名轧荦山，后从母改嫁突厥人安延偃，遂改姓安氏，改名禄山。③突厥：这里指东突厥。隋初突厥分裂为东、西二汗国。唐初，东突厥在漠南游牧，时侵唐境，太宗发兵进击，擒颉利可汗，东突厥遂内附唐朝。高宗、武后时，东突厥势力复强，迫使唐在北部边境设重兵防御，但也常与唐进行互市贸易。玄宗天宝三载（公元744年），东突厥被回纥所灭。④史窣干：即史思明的本名，后赐名为思明。⑤互市牙郎：牙郎，又称牙侩、驵侩，买卖交易的中介人。互市牙郎，即唐朝与突厥等族进行互市贸易时的中介人。⑥张守珪：唐陕州河北（今山西平陆东北）人。玄宗开元中，以边功迁瓜州都督，又累官至幽州长史、河北节度副大使，屡败契丹，甚为朝廷所重。捉生将：唐代边镇主帅对部下能活俘敌人的骁将所加的

称号。⑦契丹：古少数民族名，源出东胡，游牧于今辽河上游。本臣属于突厥，唐初脱离突厥降唐，太宗贞观末以其地置松漠都督府，以其君长为都督，后累世受唐封号。武周时叛唐自称可汗，侵扰唐境，玄宗开元初复降唐。

【译文】

开元二十四年（丙子，公元736年）

安禄山本是营州地方的混血胡人，原名叫阿荦山。他的母亲是一个女巫；他父亲死后，母亲携带着他又嫁给了突厥人安延偃。正赶上突厥部落败散，他就与安延偃哥哥的儿子安思顺一起逃到幽州，于是冒姓安氏，名叫禄山。还有一个名叫史窣干的混血胡人，与安禄山原来是街坊邻居，两人生日相差一天。等长大后，二人成为朋友，都做了互市牙郎，以勇敢而闻名。张守珪任安禄山为捉生将，安禄山每次带领数名骑兵出去，总是能擒获数十名契丹人回来。再加上安禄山为人狡猾，善于揣摸人的心思，所以深受张守珪的喜爱，就把他认为养子。

【原文】

开元二十九年（辛巳，公元741年）

平卢兵马使安禄山[①]，倾巧，善事人，人多誉之。上左右至平卢者，禄山皆厚赂之，由是上益以为贤。御史中丞张利贞为河北采访使[②]，至平卢，禄山曲事利贞，乃至左右皆有赂。利贞入奏，盛称禄山之美。八月乙未，以禄山为营州都督，充平卢军使，两蕃、勃海、黑水四府经略使[③]。

【注释】

①平卢兵马使：平卢，唐方镇名，玄宗开元七年（公元719年），为

安禄山对张利贞刻意阿谀逢迎。

防御靺鞨、室韦等族，升平卢军使置，治所在营州（今辽宁朝阳），领平卢、卢龙二军及榆关守捉、安东都护府，屯辖营、平二州境，相当今河北滦河下游以东、辽宁大凌河以西地区。方镇长官称节度使，下属军的长官称军使，兵马使是军使下属的将领之一。唐代使职皆为差遣官的带职而非正式官称，无品秩，其官阶视差遣者的本官而定。②御史中丞张利贞为河北采访使：御史中丞，唐代御史台的副长官，位御史大夫之下。张利贞，两《唐书》无传，事迹不详。采访使，即采访处置使，玄宗开元二十二年（公元733年）改按察采访处置使置，每道设一人，常以宪官或谏官兼领，掌监察州县官吏，有时也兼考课地方官员之善恶。③两蕃、勃海、黑水四府经略使：唐称奚、契丹为两蕃。奚，原称库莫奚，匈奴别种，南北朝后游牧于饶乐水（今西拉木伦河）流域；唐太宗时于其地置饶乐都督府，武周后与契丹同叛唐；玄宗开元初复降唐，首领李大酺被封为饶乐郡王，尚唐公主。勃海，即勃海国，为靺鞨族一部粟末靺鞨所建，本居营州；武周时与奚、契丹同叛唐，其首领大祚荣自称震国王，开元初被封为勃海郡王。黑水，即靺鞨族另一部黑水靺鞨，居今松花江、黑龙江下游一带，唐时朝贡不绝，开元中于其地置黑水都督府，以其最大部落的首领为都督。经略使，唐代边防军事长官名称之一，玄宗时常以节度使或军使兼领。

【译文】

开元二十九年（辛巳，公元741年）

平卢兵马使安禄山性格巧诈，善于讨人喜欢，所以人们都称誉他。唐玄宗身边的人到了平卢，安禄山都用重金收买他们，因此唐玄宗更加认为安禄山是贤能之士。御史中丞张利贞担任河北采访使，到了平卢，安禄山对张利贞刻意阿谀逢迎，以至张利贞身边的人都受到安禄山的贿赂。张利贞入朝上奏，极力夸耀安禄山。八月乙未（十七日），唐玄宗任命安禄山为营州都督，兼任平卢军使，两蕃、勃海、黑水四府经略使。

【原文】

天宝元年（壬午，公元742年）

壬子，分平卢别为节度，以安禄山为节度使[①]。

三载（甲申，公元744年）[②]

三月己巳，以平卢节度使安禄山兼范阳节度使[③]，以范阳节度使裴宽为户部尚书[④]。礼部尚书席建侯为河北黜陟使[⑤]，称禄山公直；李林甫、裴宽皆顺旨称其美[⑥]。三人皆上所信任，由是禄山之宠益固不摇矣。

【注释】

①节度使：官名。唐初沿北周及隋朝旧制，重要地区置总管统兵，旋改称都督，唯朔方仍称总管，边州别置经略使，有屯田州置营田使。唐代开始设立的地方军政长官。因受职之时，朝廷赐以旌节，故称。《资治通鉴》第二百一十卷《唐纪·二十六》记载：唐睿宗景云元年，丁酉，以幽州镇守经略节度大使薛讷为左武卫大将军兼幽州都督，节度使之名自讷始。景云二年，贺拔延嗣为凉州都督充河

西节度使，节度使开始成为正式的官职。② 三载：玄宗天宝三年（公元 744 年），改“年”为“载”；肃宗乾元元年（公元 758 年），复改“载”为“年”。③ 范阳节度使：唐玄宗时所置边防十节度使之一。先天二年（公元 713 年），为防御奚、契丹和突厥而置幽州节度使，天宝元年（公元 742 年）改名范阳节度使，治所在幽州蓟县（今北京市西南），领辖幽、蓟、檀、妫、燕等州，约当今河北怀来、永清和北京市房山以东、长城以南地区。④ 裴宽：唐绛州闻喜（今山西闻喜）人。开元中历任河南尹、太原尹，天宝初任范阳节度使，为当地各族人所称道。后入京任户部尚书，兼御史大夫，为奸相李林甫所忌，屡遭贬斥。⑤ 席建侯：两《唐书》无传，事迹不详。黜陟使：唐使职名，太宗时始置，不常设。贞观时，曾派李靖等十三人为黜陟大使，巡行各地，褒贬赏罚官吏，寻访民间疾苦，赈济贫乏；玄宗时，亦时遣朝廷大员为黜陟使，出巡地方。⑥ 李林甫：出身于李唐宗室，玄宗朝著名奸相。开元中，任吏部侍郎，厚结武惠妃和宦官高力士，于开元二十二年（公元 734 年）以礼部尚书同中书门下三品入相，后阴谋排挤宰相张九龄、裴耀卿，得升中书令，封晋国公，专制朝政达十九年之久。在位期间，专权固位，谋废太子，逐杀大臣，闭塞言路，抑才忌贤，政治败坏。又善用阴谋，人称“口有蜜，腹有剑”。天宝十一载（公元 752 年），为外戚杨国忠所谮，忧疾而死，追削官爵，子孙远流，资财没官。

【译文】

天宝元年（壬午，公元 742 年）

壬子（初六），唐玄宗分平卢另为节度镇，任命安禄山为节度使。

三载（甲申，公元 744 年）

三月己巳（初五），唐玄宗任命平卢节度使安禄山兼任范阳节度使，任范阳节度使裴宽为户部尚书。礼部尚书席建侯为河北黜陟使，称赞安禄山公正无私；李林甫、裴宽都顺着皇上的意思称颂安禄山。席建侯、李林甫、裴宽这三个人都是唐玄宗所信任的大臣，由此安禄山愈加受到唐玄宗的宠信，其地位稳固不可动摇。

唐玄宗问安禄山大腹便便内装何物，安禄山回答是赤心。

【原文】

六载（丁亥，公元 747 年）

戊寅，以范阳、平卢节度使安禄山兼御史大夫。

禄山体充肥，腹垂过膝，尝自称腹重三百斤。外若痴直，内实狡黠。常令其将刘骆谷留京师诇朝廷指趣[①]，动静皆报之；或应有笺表者，骆谷即为代作通之。岁献俘虏、杂畜、奇禽、异兽、珍玩之物，不绝于路，郡县疲于递运。

禄山在上前，应对敏给[②]，杂以诙谐，上尝戏指其腹曰："此胡腹中何所有？其大乃尔[③]！"对曰："更无馀物，正有赤心耳！"上悦。

【注释】

① 诇朝廷指趣：诇，侦察、刺探。指趣，同"旨趣"，意图、意向。
② 敏给：同"敏捷"。③ 乃尔：如此。

【译文】

六载（丁亥，公元 747 年）

戊寅，唐玄宗任命范阳、平卢节度使安禄山兼任御史大夫。

安禄山身体肥胖，大腹便便，过了膝盖，曾自称腹重三百斤。他外表看似老实憨厚，内心实际上狡猾诡诈。他经常命令他的部将刘骆谷留在京师，刺探朝廷的动向，朝廷的一举一动都得向他报告；如果有事应当向皇上奏表，刘骆谷就替他代写上奏唐玄宗。安禄山每年都向朝廷献俘虏、杂畜、奇禽、异兽和珍宝玩物，一路不绝，沿途郡县都因转运这些东西而疲乏。

安禄山在唐玄宗面前应对敏捷，常常夹杂着诙谐幽默的语言，唐玄宗曾经指着安禄山的肚子开玩笑说："你这个胡人肚子里都有什么？竟如此大！"安禄山回答说："臣下的肚子里没有其他东西，只有对陛下您的一片赤心！"唐玄宗听后十分高兴。

【原文】

又尝命见太子，禄山不拜。左右趣之拜，禄山拱立曰："臣

安禄山花言巧语表示对玄宗的忠诚。

胡人，不习朝仪，不知太子者何官？”上曰：“此储君也，朕千秋万岁后，代朕君汝者也。”禄山曰：“臣愚，向者惟知有陛下一人，不知乃更有储君。”不得已，然后拜。上以为信然，益爱之。上尝宴勤政楼，百官列坐楼下，独为禄山于御座东间设金鸡障[①]，置榻使坐其前，仍命卷帘以示荣宠[②]。命杨铦、杨锜、贵妃三姊皆与禄山叙兄弟[③]。禄山得出入禁中，因请为贵妃儿。上与贵妃共坐，禄山先拜贵妃。上问何故，对曰：“胡人先母而后父。”上悦。

【注释】

①金鸡障：以金鸡羽毛装饰而成的屏风。②荣宠：指君王的恩宠。③杨铦、杨锜、贵妃三姊：贵妃，指唐玄宗的宠妃杨太真，小字玉环，天宝四载册立。杨铦、杨锜都是杨贵妃的从兄。贵妃三姊即天宝七载所赐封的韩国夫人、虢国夫人、秦国夫人。当时贵妃兄姊恩宠特甚，号称“诸杨”。

【译文】

唐玄宗又曾经让安禄山去见太子，安禄山见到太子不下拜。左右的人催促他下拜，安禄山却拱手站立说：“臣下是胡人，不熟悉朝廷中的礼仪，不知道太子是什么官？”唐玄宗说：“这位太子就是将来的皇上，朕去世以后，代替朕作为君主统治你们的人就是他。”安禄山说：“臣下愚笨，过去只知有陛下您一人，不知还有太子。”没有办法，说完后拜见了太子。玄宗相信安禄山说的这些话更加宠爱他。唐玄宗曾经在勤政楼上设宴，百官都坐在楼下，单独为安禄山在自己座位的东边设置了用金鸡羽毛装饰而成的障子，还设置了床榻，让安禄山坐在床塌前面，并命令卷起帘子以示恩宠。又命令杨铦、杨锜和杨贵妃姐妹三人都与安禄山叙兄弟之情。安禄山得以自由出入宫中，便乘机上奏请求做杨贵妃的儿子。唐玄宗与杨贵妃一起坐着，安禄山先拜杨贵妃。唐玄宗问他这是为什么，安禄山回答说："我们胡人的习惯是先母而后父。"玄宗听后十分高兴。

【原文】

李林甫以王忠嗣功名日盛[①]，恐其入相，忌之。安禄山潜蓄异志，托以御寇，筑雄武城，大贮兵器，请忠嗣助役，因欲留其兵。忠嗣先期而往，不见禄山而还，数上言禄山必反，林甫益恶之。

【注释】

①王忠嗣：唐华州郑县（今陕西华县）人。本名训，开元初，其父王海宾战死吐蕃，玄宗为其改名，养于宫中。及长，以战功累官至河西、陇右节度使，兼领朔方、河东节度使。唐名将哥舒翰、李光弼等都出其部下。后因与太子李亨友善，为李林甫所构陷，当死，哥舒翰请以官爵代为赎罪，才免死贬为汉阳太守。

【译文】

李林甫因为王忠嗣功绩名声一天比一天高，恐怕他入朝担任宰相，就忌恨他。安禄山暗中蓄谋反叛，假称要抵御外族入侵，修筑雄武城，大量储备武器。又请求王忠嗣率领部下来帮助筑城，打算乘机将他的兵马留下。王忠嗣先期前往雄武，没有见到安禄山就回去了，多次上言说安禄山一定会反叛，李林甫更加忌恨王忠嗣。

【原文】

李林甫以胡人没有文化为由上奏玄宗，想要杜绝边将入朝为宰相的路。

自唐兴以来，边帅皆用忠厚名臣，不久任，不遥领[①]，不兼统，功名著者，往往入为宰相[②]。其四夷之将，虽才略如阿史那社尔、契苾何力犹不专大将之任[③]，皆以大臣为使以制之。及开元中，天子有吞四夷之志，为边将者十馀年不易，始久任矣；皇子则庆、忠诸王，宰相则萧嵩、牛仙客，始遥领矣；盖嘉运、王忠嗣专制数道[④]，始兼统矣。李林甫欲杜边帅入相之路，以胡人不知书，乃奏言："文臣为将，怯当矢石，不若用寒畯胡人；胡人则勇决习战，寒族则孤立无党，陛下诚以恩洽其心，彼必能为朝廷尽死。"上悦其言，始用安禄山。至是，诸道节度使尽用胡人，精兵咸戍北边，天下之势偏重，卒使禄山倾覆天下，皆出于林甫专宠固位之谋也。

【注释】

①遥领：谓只担任职名不亲往任职。②功名著者，往往入为宰相：《通鉴》曰："如李靖、李勣、刘仁轨、娄师德之类是也。开元以来，薛讷、郭元振、张嘉贞、王晙、张说、杜暹、萧嵩、李适之等，亦皆自边帅入相。"③阿史那社尔：本为突厥处罗可汗次子，曾取得半国，自号都布可汗；贞观十年因被薛延陀、西突厥所败，降唐，累

官至交河道行军总管、昆山道行军总管。④盖嘉运：曾任碛西节度使，生擒突骑施可汗吐火仙、黑姓可汗尔微。次年，玄宗嘉其功，任为河西、陇右节度使，专事经略吐蕃。

【译文】

从唐朝建立以来，边防将帅用的都是忠厚名臣，不让久任，不让在朝中只担任职名不亲往任职，不让同时兼任数职，功名显著的常常入朝为宰相。那些四方少数民族的将领，虽然才略像阿史那社尔、契苾何力那样的名将，仍然不让他们单独为一方大将，都任命朝中大臣为使职来辖制他们。到了开元年间，天子有吞并周边的想法，为此为边将的人十多年都不换，边将开始久任了；皇子中则有庆王、忠王等人，宰相中则有萧嵩、牛仙客等人，开始遥领边将之职；盖嘉运与王忠嗣等一人统领数道之兵，开始兼任数职统领军队了。李林甫想要杜绝边将入朝为宰相的路，以胡人没有文化为由，就上奏说："文臣为将帅，怯懦不敢作战，不如用出身低贱的胡人；胡人都勇敢善战，出身低贱则孤立没有党援，陛下如果真能用恩惠笼络他们的心，他们一定能够为朝廷尽力死战。"唐玄宗对李林甫的话很感兴趣，就开始重用安禄山。到了这时，各道节度使几乎都是用胡人，精兵强将都戍守在北方边疆，形成里轻外重的局面，最后使安禄山得以发动叛乱，几乎推翻唐朝的天下，这都是因为李林甫追求专宠以巩固其宰相地位的阴谋导致的。

【原文】

七载（戊子，公元748年）

六月庚子，赐安禄山铁券[①]。

九载（庚寅，公元750年）

五月乙卯，赐安禄山爵东平郡王。唐将帅封王自此始。

十载（辛卯，公元751年）

上命有司为安禄山治第于亲仁坊，敕令但穷壮丽，不限财力。既成，具幄帟器皿，充牣其中，有帖白檀床二，皆长丈，阔六尺；银平脱屏风，帐方丈六尺；于厨厩之物皆饰以金银，金饭罂二，银淘盆二，皆受五斗，织银丝筐及笊篱各一。他物称是。虽禁中服御之物，殆不及也。上每令中使为禄山护役，筑第及造储偫赐物[②]，常戒之曰："胡眼大，勿令笑我。"

唐玄宗命令大臣为安禄山在亲仁坊建造宅第。

禄山入新第，置酒，乞降墨敕请宰相至第[③]。是日，上欲于楼下击球，遽为罢戏，命宰相赴之。日遣诸杨与之选胜游宴，侑以梨园教坊乐[④]。上每食一物稍美，或后苑校猎获鲜禽，辄遣中使走马赐之，络绎于路。

【注释】

① 铁券：古代皇帝赐给功臣的一种免罪符。功臣本人及其子孙如遇犯罪，可持铁券为证，予以赦免。券用铁铸成，取其坚久。或作丹书铁契、金书铁券。② 储偫：储备。③ 墨敕：墨笔所写的诏敕，由皇帝直接颁发给受诏者。④ 侑以梨园教坊乐：侑，劝人饮食、陪侍。梨园，唐玄宗亲自教习伶人之处，伶人称"梨园弟子"。教坊，即内教坊，唐高祖武德中置于宫廷，掌教习音乐，典管倡优，隶属于太

常寺；玄宗时又置，选任宦官为教坊使，不复隶太常。梨园教坊乐，即皇家乐队。

【译文】

七载（戊子，公元 748 年）

六月庚子（初一），唐玄宗赐给安禄山享有特权的铁制契书。

九载（庚寅，公元 750 年）

五月乙卯（二十八日），唐玄宗赐给安禄山东平郡王爵位。唐朝将帅封王从此开始了。

十载（辛卯，公元 751 年）

唐玄宗命令主管建造的大臣为安禄山在亲仁坊建造宅第，并下敕书说不管耗费多少钱财，越壮丽越好。宅第造成后，又装饰了各种幄帐，放置了很多器物，宅屋都放满了。其中有帖白檀香木床两个，都是长一丈，宽六尺；用银平脱工艺制成的屏风，长宽一丈六尺；厨房和马厩中所用的物品都用金银装饰，其中有金饭罂两个，银淘盆两个，都能装五斗粮；还有织银丝筐和笊篱各一个。其他器物还有许多。即使是宫禁中皇上所使用的器物，恐怕都比不上这里的。唐玄宗命令宦官监工，在建造宅第和制作屋中所用的器物时，唐玄宗常常告诫他们说："胡人大方，不要让人笑我小气。"

安禄山住进新建的宅第后，设置酒宴，并请求玄宗降下敕书让宰相至宅第赴宴。这一天，唐玄宗原来准备在楼下打马球，却立刻取消了游戏，命令宰相去赴会。又每天让杨家的人与安禄山选择风景优美的地方游玩宴会，并让梨园弟子和教坊乐队陪伴。唐玄宗每吃到一种鲜美的食物，或者在后苑中猎获了鲜禽，都要派宦官骑马赐给安禄山，以至走马络绎不绝于路。

【原文】

安禄山求兼河东节度。二月丙辰，以河东节度使韩休珉为左羽林将军，以禄山代之。

户部郎中吉温见禄山有宠[1]，又附之，约为兄弟。

禄山既兼领三镇，赏刑己出，日益骄恣。自以曩时不拜太子[2]，见上春秋高，颇内惧，又见武备堕驰，有轻中国之心。孔目官严庄、掌书记高尚因为之解图谶[3]，劝之作乱。

禄山养同罗、奚、契丹降者八千馀人[4]，谓之“曳落河”。曳落河者，胡言壮士也。及家僮百馀人，皆骁勇善战，一可当百。又畜战马数万匹，多聚兵仗，分遣商胡诣诸道贩鬻，岁输珍货数百万。私作绯紫袍、鱼袋，以百万计。

【注释】

① 吉温：唐河南府（今河南洛阳）人，著名酷吏。天宝初，任新丰丞、万年尉，与罗希奭助李林甫屡兴大狱，时称“罗钳吉网”。后媚附安禄山，被引任为河东节度副使。杨国忠为相，恨其依附安禄山，贬杀之。② 曩时：往时、从前。③ 孔目官严庄、掌书记高尚：孔目官，唐代使司衙前吏职，谓凡使司事务，一孔一目皆须经其手，故名。严庄，安禄山的重要谋士，与高尚、张通儒、孙孝哲等人都是安禄山的心腹。掌书记，唐代使府幕僚，位在节度判官之下，典掌笺奏文书。高尚，本名不危，唐雍奴（今河北武清）人。有才学，贫困不得志，安禄山引为幕僚，掌机密。禄山称帝，任为侍中。后被史思明所杀。④ 同罗：古族名，回纥部落联盟的外九部（九姓铁勒）之一，游牧于今蒙古国土拉河北，素以骁勇善战闻名。

【译文】

安禄山请求兼任河中节度使。二月丙辰（初二），唐玄宗任命河东节度使韩休珉为左羽林将军，由安禄山代韩休珉任河东节度使。

户部郎中吉温见安禄山受到唐玄宗的宠信，又依附安禄山，与他结拜为兄弟。

安禄山兼任范阳、平卢、河东三镇节度使，赏罚由自己做主，日益骄横放纵。自认为过去见太子没有下拜，如今唐玄宗年事已高，内心十分恐惧。又看到唐朝的武备松弛，有轻视中原朝廷之心。孔目官严庄和掌书记高尚借机为他讲解预卜吉凶祸福的图谶，劝他起兵反叛。

安禄山豢养了同罗、奚、契丹投降来的八千多士兵，称为“曳落河”。曳落河，胡语的意思是壮士。还有家奴一百多人，这些人个个骁勇善战，可以以一当百。又畜养战马数万匹，大量地聚集军械装备，分派胡商到各地去做买卖，每年输送珍宝货物，价值数百万缗钱。暗中制作绯色、紫色的袍子和金鱼袋等，数以百万计。

【原文】

安禄山将三道兵六万以讨契丹，以奚骑二千为向导。过平卢千馀里，至土护真水[①]，遇雨。禄山引兵昼夜兼行三百馀里，至契丹牙帐，契丹大骇。时久雨，弓弩筋胶皆弛[②]，大将何思德言于禄山曰：“吾兵虽多，远来疲弊，实不可用，不如按甲息兵以临之，不过三日，虏必降。”禄山怒，欲斩之，思德请前驱效死。思德貌类禄山，虏争击，杀之，以为已得禄山，勇气增倍。奚复叛，与契丹合，夹击唐兵，杀伤殆尽。射禄山，中鞍，折冠簪，失履，独与麾下二十骑走；会夜，追骑解，得入师州。归罪于左贤王哥解、河东兵马使鱼承仙而斩之。

安禄山率领范阳、河东、平卢三镇兵马六万讨伐契丹。

【注释】

① 土护真水：古水名。一作吐护真河，即今内蒙古老哈河。隋时称为托纥臣水，辽时称为陶猥思没里，皆一音之转。唐时奚族居留附近一带。② 弓弩筋胶皆弛：指弓弛矢脱不可用。

【译文】

安禄山率领范阳、河东、平卢三镇兵马六万讨伐契丹，以奚族骑兵二千作为向导。过了平卢一千多里，到了土护真水，遇到大雨。安禄山率兵昼夜兼程行军三百余里，来到契丹大本营，契丹十分惊骇。当时大雨连绵，弓箭和弩机的筋胶都因淋雨而松弛，大将何思德对安禄山说："我们虽然兵多，但远道而来士卒疲劳不堪，士卒无法战斗，不如暂时休兵，只与敌人对阵，这样用不了三天，敌人必定投降。"安禄山大怒，要杀何思德，何思德请求愿为先锋以效死力。何思德长相像安禄山，契丹人争着攻打他，杀了他，以为已经杀了安禄山，士气大盛。这时奚族也背叛了唐军，与契丹合兵，前后夹击唐军，唐军死伤殆尽。敌兵用箭射安禄山，射中了安禄山的马鞍，还折断了帽簪，丢掉了鞋子，仅与部下二十个骑兵逃走。正赶上天黑，追击的骑兵松懈下来，安禄山才得以逃入师州城。安禄山把战败的罪过归咎于左贤王哥解和河东兵马使鱼承仙，杀了他们。

【原文】

甲申，以平卢兵马使史思明兼北平太守，充卢龙军使①。

哥舒翰素与安禄山、安思顺不协②，上常和解之，使为兄弟。是冬，三人俱入朝，上使高力士宴之于城东③。禄山谓翰曰："我父胡，母突厥，公父突厥，母胡，族类颇同，何得不相亲？"翰曰："古人云，狐向窟嗥不祥，为其忘本故也。兄苟见亲，翰敢不尽心！"禄山以为讥其胡也，大怒，骂翰曰："突厥敢尔！"翰欲应之，力士目翰，翰乃止，阳醉而散，自是为怨愈深。

【注释】

①充：当，担任。②哥舒翰：突厥哥舒部落人，客居长安。初属陇右节度使王忠嗣部下，天宝六载（公元747年）代忠嗣任河西、陇右节度使，次年以破吐蕃功封平西郡王，后因病家居。安禄山反，起为兵马副元帅，统军二十万守潼关，为杨国忠所忌，被迫出战，兵败被俘，囚于洛阳，后为安庆绪所杀。安思顺：唐蕃将，安禄山之族兄。天宝六载（公元747年）由朔方节度充河西节度使。九载，又权知朔方

哥舒翰与安禄山不和。

节度使。素与哥舒翰不睦。次年，任河西节度使。十一载，改任朔方节度使。安禄山叛变后，朝廷罢其朔方节度使职，入为户部尚书。郭子仪和李光弼曾是他的属下。③高力士：唐玄宗朝著名宦官。高州良德（今广东高州东北）人，本姓冯，为宦官高延福养子，因姓高。玄宗时，任右监门卫将军，知内侍省事，甚见亲信，四方表奏皆经其手，权力极大。当时太子兄事之，诸皇子、公主尊呼其为翁，将相如李林甫、杨国忠、安禄山等都与他有勾结。累官至骠骑大将军，封齐国公。后随玄宗由蜀返京，于上元元年（公元760年）被肃宗放逐黔中，两年后赦归，中途病死。

【译文】

甲申（十二日），唐玄宗任命平卢兵马使史思明兼任北平太守，担任卢龙军使。

哥舒翰一向和安禄山、安思顺不和，唐玄宗经常为他们调解，让他们结拜为兄弟。这年冬天，三人一起上朝，玄宗让高力士在长安城东设宴招待他们。席间安禄山对哥舒翰说："我的父亲是胡人，母亲是突厥人，明公您的父亲是突厥人，母亲是胡人，我们的族类十分相近，为什么不互相亲善呢？"哥舒翰说："古人说，狐狸向着自己的洞窟嚎叫不吉祥，这是因为忘本的缘故。老兄如果能与我亲善，我怎敢不尽心呢！"安禄山认为哥舒翰讥讽他是胡人，极为愤怒，骂哥舒翰说："你这个突厥人竟敢无礼！"哥舒翰要回应他，高力士用眼示意哥舒翰，哥舒翰就没再理会安禄山，假装喝醉了酒便散了席，从此两人积的怨恨更深了。

【原文】

杨国忠使人说安禄山诬李林甫与阿布思谋反[1]，禄山使阿

杨国忠派人劝说安禄山诬告李林甫与阿布思谋反。

布思部落降者诣阙[②]，诬告林甫与阿布思约为父子。上信之，下吏按问；林甫婿谏议大夫杨齐宣惧为所累，附国忠意证成之。时林甫尚未葬，二月癸未，制削林甫官爵，子孙有官者除名，流岭南及黔中，给随身衣及粮食，自馀赀产并没官；近亲及党与坐贬者五十馀人。剖林甫棺，抉取含珠，褫金紫[③]，更以小棺如庶人礼葬之。己亥，赐陈希烈爵许国公，杨国忠爵魏国公，赏其成林甫之狱也。

【注释】

① 杨国忠：唐蒲州永乐（今山西永济）人，杨贵妃的堂兄，玄宗朝著名奸相。本名钊，天宝初因贵妃之故，为玄宗所宠，赐名国忠，身兼十五使职，权倾内外。天宝十一载（公元 752 年）代李林甫为右相，仍兼领四十余使职。在位期间，专断朝政，结党营私，卖官鬻爵，又与安禄山争宠倾轧，导致后者提前反叛。安禄山反后，他随玄宗逃亡奔蜀，中途因“马嵬驿兵变”被杀。阿布思：原为突厥西叶护（突厥中地位仅次于可汗的世袭官），天宝初率众降唐，玄宗赐名李献忠，后累迁朔方节度副使，赐爵奉信王。天宝十一载（公元 752 年）为安禄山所逼，率所部叛归漠北，次年被唐北庭都护程千里联合西突厥葛逻禄叶护执送长安，被杀。② 诣：至、前往；阙：借指皇宫、朝廷。③ 褫：脱去，解下。

【译文】

杨国忠派人劝说安禄山，让他诬告李林甫与阿布思谋反，安禄山让阿布思部落投降的人到朝廷，诬告说李林甫与阿布思曾经结为父子。玄宗相信了，就派人去调查。李林甫的女婿谏议大夫杨齐宣怕牵连自己，就按照杨国忠的意图证明说有此事。当时李林甫还没有埋葬，二月癸未（十一日），玄宗下制书削去李林甫的官爵，子孙中有官职的被罢免，流放到岭南和黔中，只给随身穿的衣服和所吃的粮食，其余的家产全部没收。李林甫的亲戚和党羽被贬官的有五十余人。剖开李林甫的棺材，取出口中所含的珍珠，脱下金紫色衣服，换了一个小棺材，按照一般平民的礼仪埋葬了他。己亥（二十七日），玄宗赐陈希烈许国公爵位，赐杨国忠魏国公爵位，以奖赏他们揭发和处置李林甫案件一事。

【原文】

安禄山以李林甫狡猾逾己，故畏服之[①]。及杨国忠为相，禄山视之蔑如也[②]，由是有隙。国忠屡言禄山有反状，上不听。

杨国忠欲厚结翰共排安禄山，奏以翰兼河西节度使。秋，八月戊戌，赐翰爵西平郡王。翰表侍御史裴冕为河西行军司马。

【注释】

① 畏服：因畏惧而服从。② 蔑如：没有什么了不起。

【译文】

安禄山因为李林甫的狡猾超过自己，所以因畏惧他而服从。到杨国忠为宰相，安禄山觉着他没有什么了不起，看不起他，因此二人有矛盾。杨国忠多次说安禄山有谋反的迹象，玄宗不听。

杨国忠想和哥舒翰深交，共同对付安禄山，就奏请玄宗任命哥舒翰兼任河西节度使。秋季，八月戊戌（三十日），玄宗赐哥舒翰为西平郡王。哥舒翰上表奏请任命侍御史裴冕为河西行军司马。

【原文】

十二载（癸巳，公元753年）

阿布思为回纥所破[①]，安禄山诱其部落而降之，由是禄山精兵，天下莫及。

【注释】

①回纥：原为铁勒诸部中游牧于鄂尔浑河和色楞格河流域的袁纥部落，隋时与同罗、仆固、拔野古等部结成联盟，总称回纥。唐天宝三载（公元744年），灭突厥，建汗国于今鄂尔浑河流域，疆域最盛时西达中亚细亚费尔干盆地，成为唐时继突厥之后又一个强大的北方民族。回纥部落由九个氏族组成，称“内九族”；其部落联盟由以回纥为首的九个部落组成，称“外九族”；两者通称“九姓回纥”。唐文宗开成末年，回纥被黠戛斯所灭。

【译文】

十二载（癸巳，公元753年）

阿布思被回纥打败，安禄山诱降了他的部落，从此安禄山的军队兵强马壮，天下没有谁能赶得上他。

【原文】

十三载（甲午，公元754年）

春，正月己亥，安禄山入朝。是时杨国忠言禄山必反，且曰：“陛下试召之，必不来。”上使召之，禄山闻命即至。庚子，见上于华清宫，泣曰："臣本胡人，陛下宠擢至此[①]，为国忠所疾，臣死无日矣！"上怜之，赏赐巨万，由是益亲信禄山，国忠之言不能入矣。太子亦知禄山必反，言于上，上不听。

安禄山求兼领闲厩、群牧[②]。庚申，以禄山为闲厩、陇右群牧等使。禄山又求兼总监[③]。壬戌，兼知总监事。禄山奏以御史中丞吉温为武部侍郎[④]，充闲厩副使，杨国忠由是恶温。禄山密遣亲信选健马堪战者数千匹，别饲之。

己丑，安禄山奏："臣所部将士讨奚、契丹、九姓、同罗等[⑤]，勋效甚多，乞不拘常格，超资加赏，仍好写告身付臣军授之[⑥]。"于是除将军者五百馀人、中郎将者二千馀人[⑦]。禄山欲反，故先以此收众心也。

三月丁酉朔，禄山辞归范阳。上解御衣以赐之，禄山受之惊喜。恐杨国忠奏留之，疾驱出关。乘船沿河而下，令船夫执绳板立于岸侧，十五里一更，昼夜兼行，日数百里，过郡县不

玄宗召见安禄山。

下船。自是有言禄山反者，上皆缚送，由是人皆知其将反，无敢言者。

【注释】

①擢：提拔，提升。②闲厩、群牧：皆唐代使职名。闲厩使掌畜养宫马事务；群牧使掌地方牧马事务。③总监：即群牧总监，总管唐四十八监牧马事，为群牧使的上级主管。一说指宫苑总监，掌宫苑营造及管理事务。④武部侍郎：即兵部侍郎。玄宗天宝十一载（公元752年），改称吏部为文部，兵部为武部，刑部为宪部。⑤九姓：指九姓回纥。⑥告身：任官的凭证，俗称“委任状”。⑦除：任命官职。

【译文】

十三载（甲午，公元754年）

春季，正月己亥（初三），安禄山入朝。当时杨国忠进言说安禄山必反，并且说：“陛下试召他，他一定不会来。”玄宗派人召见安禄山，安禄山听说皇上召见立刻来了。庚子（初四），安禄山在华清宫觐见玄宗，哭诉说：“我本是一名胡人，只是受到陛下的信任才有今天，却为杨国忠所嫉恨，我恐怕死期将近，没有多少日子了！”玄宗十分怜爱他，重加赏赐，由此更加信任安禄山，杨国忠的话一点也听不进去。太子李亨也知道安禄山一定会谋反，对玄宗说了

安禄山向玄宗哭诉表忠心。

这事，玄宗不听。

安禄山请求兼任闲厩、群牧的职位。庚申（二十四日），唐玄宗任命安禄山为闲厩、陇右群牧等使。安禄山又请求兼任群牧总监。壬戌（二十六日），安禄山兼任群牧总监。安禄山上奏请求任命御史中丞吉温为武部侍郎，担任闲厩副使。杨国忠由于这事憎恨吉温。安禄山暗中派亲信挑选善战的健壮军马几千匹，另选地方饲养。

己丑（二十三日），安禄山上奏说："臣下所率领的将士讨伐奚、契丹、九姓回纥、同罗等，功勋卓著，乞请陛下能够打破常规，封官赏赐，并希望写好委任状交给我，让我在军中授予他们。"于是安禄山的部将被唐玄宗任命为将军的有五百多人，任命为中郎将的有二千多人。安禄山要谋反，所以先用这种办法收买人心。

三月丁酉朔（初一），安禄山向玄宗告辞，要回范阳。玄宗脱下自己的衣服赐给他，安禄山得到玄宗的衣服十分惊喜。他恐怕杨国忠向玄宗上奏把他留在朝中，所以急忙出了潼关。然后乘船沿黄河而下，命令船夫手执挽船用的绳板立在岸边，十五里一换，昼夜兼程，日行几百里，经过郡县也不下船。从此有说安禄山谋反的人，玄宗都把他们捆绑起来送给安禄山，因此人们都知道安禄山要谋反，但没有敢说的了。

【原文】

冬，十月庚寅，上幸华清宫。

安禄山专制三道，阴蓄异志，殆将十年，以上待之厚，欲俟上晏驾然后作乱。会杨国忠与禄山不相悦，屡言禄山且反，上不听；国忠数以事激之，欲其速反以取信于上。禄山由是决意遽反[①]，独与孔目官太仆丞严庄、掌书记、屯田员外郎高尚、将军阿史那承庆密谋[②]，自馀将佐皆莫之知，但怪其自八月以来，屡飨士卒[③]，秣马厉兵而已。会有奏事官自京师还，禄山诈为敕书，悉召诸将示之曰："有密旨，令禄山将兵入朝讨杨国忠，诸君宜即从军。"众愕然相顾，莫敢异言。十一月甲子，禄山发所部兵及同罗、奚、契丹、室韦凡十五万众[④]，号二十万，反于范阳。命范阳节度副使贾循守范阳，平卢节度副使吕知诲守平卢，别将高秀岩守大同[⑤]。诸将皆引兵夜发。

诘朝[⑥]，禄山出蓟城南，大阅誓众，以讨杨国忠为名，榜军中曰："有异议扇动军人者，斩及三族！"于是引兵而南。禄山乘铁轝[⑦]，步骑精锐，烟尘千里，鼓噪震地。时海内久承平，百姓累世不识兵革，猝闻范阳兵起，远近震骇。河北皆禄山统内，所过州县，望风瓦解，守令或开门出迎，或弃城窜匿，或为所擒戮，无敢拒之者。禄山先遣将军何千年、高邈将奚骑二十，声言献射生手[⑧]，乘驿诣太原。乙丑，北京副留守杨光翙出迎[⑨]，因劫之以去。太原具言其状。东受降城亦奏禄山反[⑩]。上犹以为恶禄山者诈为之，未之信也。

【注释】

①遽：急，仓促。②阿史那承庆：安史之乱时，安庆绪（安禄山之子）的宰相。唐军光复长安、洛阳后，安庆绪兵败邺郡，令阿史那承庆和亲王安守忠前去范阳征调史思明的军队。阿史那承庆和安守忠率五千精锐骑兵到了幽州城下，史思明带着数万兵马出城迎接。阿史那承庆和安守忠赤手空拳走进史思明为他们精心准备的洗尘

宴。酒足饭饱的阿史那承庆和安守忠第二天就成了史思明的阶下囚。③飨：用酒食招待客人，泛指请人受用。④室韦：或作失韦，古族名。北朝时有五部，分布在今嫩江流域及黑龙江北岸一带；唐时有二十余部，各不统属，常向唐朝纳贡。⑤大同：即大同军，唐开元五年（公元717年）始置，隶属于河东节度使，军城在马邑县（今山西朔县东北）。⑥诘朝：诘，翌日、第二天；朝，早晨。诘朝，明晨、第二天早晨。⑦轝：同“舆”，车。⑧射生手：指技艺高超、能箭无虚发地射中奔驰的敌人或野兽的射手。⑨北京：即今山西太原。因乃唐高祖李渊起兵发祥之地，故唐代置为太原府，称北京，玄宗时为河东节度使的治所。⑩东受降城：唐代三受降城之一，中宗景龙二年（公元708年）张仁愿筑，在今内蒙古托克托南，隔黄河与胜州相对。

【译文】

冬季，十月庚寅（初四），玄宗前往华清宫。

安禄山一身兼任三道节度使，阴谋作乱已将近十年，只是因

安禄山军队经过的州县都望风瓦解。

为玄宗待他很好，所以想等到玄宗死后再反叛。适逢杨国忠与安禄山不和，多次上言说安禄山要谋反，玄宗不听他的这些话。杨国忠又做出种种事来想激怒安禄山，使安禄山立刻反叛以取信于玄宗。安禄山为此仓促决定举兵反叛，行动前只与孔目官、太仆丞严庄和掌书记、屯田员外郎高尚以及将军阿史那承庆等人密谋，其他将领都不知道，那些将领只是觉得奇怪，安禄山为什么从八月份以来多次招待士卒，秣马厉兵，准备打仗。这时有入朝奏事的人从京师回来，安禄山就假造敕书，召来所有将领，将密诏向他们展示，说："皇上有密诏给我，让我率兵入朝讨伐杨国忠，你们要立即随军行动。"众将十分惊愕，彼此相顾而不敢反对。十一月甲子（初九），安禄山率领所统辖的三镇军马及同罗、奚、契丹、室韦兵共十五万人，号称二十万，在范阳起兵反叛。安禄山命令范阳节度副使贾循留守范阳，平卢节度副使吕知诲留守平卢，别将高秀岩守大同。其余将领都率兵连夜出发了。

第二天早晨，安禄山出蓟城南门，检阅全军，召开誓师大会，以讨伐杨国忠为名，在军中发文告说："胆敢有反对出兵惑乱军心的人，灭杀他的三族！"然后率兵向南进军。安禄山坐着铁车，精锐步骑浩浩荡荡，战尘千里，鼓声震地。当时唐朝国内长治久安，老百姓几代没有经过战争，突然听说范阳起兵，远近惊骇。河北地区都在安禄山的统辖之内，叛军经过的州县望风瓦解，郡守与县令有的大开城门出来迎接敌人，有的弃城逃命，有的被叛军俘虏杀害，没有敢抵抗的人。安禄山先派将军何千年与高邈率领奚族骑兵二十名，声称是向朝廷献射生手，乘驿马到太原。乙丑（初十），太原副留守杨光翙出城迎接，被劫持而去。太原向朝廷详细报告了当时的情况。东受降城也上奏说安禄山反叛。玄宗还认为这是恨安禄山的人故意编造的，不相信真有其事。

【原文】

玄宗听说安禄山确实率兵反叛，才召来宰相商议这事。

庚午，上闻禄山定反，乃召宰相谋之。杨国忠扬扬有德色，曰："今反者独禄山耳，将士皆不欲也。不过旬日，必传首诣行在①。"上以为然，大臣相顾失色。上遣特进毕思琛诣东京②，金吾将军程千里诣河东③，各简募数万人，随便团结以拒之。辛未，安西节度使封常清入朝④，上问以讨贼方略，常清大言曰："今太平积久，故人望风惮贼。然事有逆顺，势有奇变，臣请走马诣东京，开府库，募骁勇，挑马棰渡河⑤，计日取逆胡之首献阙下⑥！"上悦。壬申，以常清为范阳、平卢节度使。常清即日乘驿诣东京募兵，旬日，得六万人；乃断河阳桥⑦，为守御之备。

【注释】

①行在："行在所"的省称，专指皇帝行幸所至的地方。这里当指华清行宫，在今陕西西安市临潼区南骊山西北麓，有温泉，故玄宗每年都居此过冬。②东京：即今河南洛阳。唐代以地理位置之故，称首都长安为西京，洛阳为东京，太原为北京。③程千里：玄宗时，以军功累官安西副都护，兼北庭都护，入朝任金吾将军。安禄山叛

后，出任上党长史，募兵拒守河东，后城破被俘，为严庄所杀。④安西节度使：唐开元六年（公元 718 年）置，统龟兹、焉耆、于阗、疏勒四镇，治龟兹镇（今新疆库车）。封常清，唐蒲州（今山西永济西）人，少孤贫，曾任安西节度使高仙芝的僚属，后屡立边功，继代高仙芝之职。安禄山反叛后，玄宗命其为范阳、平卢节度使，至洛阳募兵讨叛，兵败退归高仙芝部，为监军宦官边令诚杀害。⑤马棰：即马鞭。⑥阙下：阙，指宫殿、庙陵前的高台建筑物，左右各一，两阙间有空缺，故名。阙下，即宫阙之下，借指朝廷。⑦河阳桥：亦称河桥，古桥名，故址在今河南孟州市西南、孟津东北黄河上，为洛阳外围戍守要地。每遇战争，攻者常夺据此桥以逼洛阳郊郭，守者常于上流纵火船以烧毁此桥。

【译文】

庚午（十五日），玄宗听说安禄山确实率兵反叛，才召来宰相商议这事。杨国忠一副得意的样子，说："现在要反叛的只是安禄

封常清向玄宗请兵平定安禄山之乱。

山一个人，所部将士都不想反叛。不过十天，一定会把安禄山的首级送到行在。”玄宗觉得杨国忠的话有道理，大臣们听后彼此相看大惊失色。玄宗派特进毕思琛到洛阳，金吾将军程千里到河东，各招募数万人，各随便利，编组教练，以抗拒叛军。辛未（十六日），安西节度使封常清入朝，玄宗问他平叛的事，封常清夸大其辞地说：“现在因为天下太平已久，所以看见叛军人人都十分害怕。但事情有逆顺，形势也会不断变化。我请求立刻到洛阳，打开府库，招募勇士，然后跃马挥师渡过黄河，用不了几天就会把逆贼安禄山的首级献给朝廷！”玄宗大喜。壬申（十七日），玄宗任命封常清为范阳、平卢节度使。封常清当天就乘驿马到洛阳募兵，十天募得六万人；然后毁坏河阳桥，准备抵御叛军。

【原文】

丁丑，以荣王琬为元帅①，右金吾大将军高仙芝副之②，统诸军东征。出内府钱帛，于京师募兵十一万，号曰天武军，旬日而集，皆市井子弟也。

十二月丙戌，高仙芝将飞骑、彍骑及新募兵、边兵在京师者合五万人③，发长安。上遣宦者监门将军边令诚监其军④，屯于陕⑤。

【注释】

①荣王琬：即李琬。玄宗第六子，初名嗣玄。开元二年三月，封为甄王。十二年三月，改名滉，封为荣王。十五年，授京兆牧，又遥领陇右节度大使。二十三年，加开府仪同三司，余如故。二十五年，改名琬。天宝元年六月，授单于大都护。十四载十一月，安禄山反于范阳，其月制以琬为征讨元帅，高仙芝为副，令仙芝征河、陇兵募屯于陕郡

以御之。数日，琬薨。琬素有雅称，风格秀整，时士庶冀琬有所成功，忽然殂谢，远近咸失望焉。②高仙芝：本为高句丽人，随父来朝仕唐，以军功官封安西副都护。天宝六载（公元747年），为防御吐蕃进攻安西四镇，率军越过波密川（今帕米尔高原），横跨兴都库什山，击败受吐蕃唆使叛唐的小勃律国（今克什米尔东北部吉尔吉特），以功升任安西节度使。九载，出兵攻打石国，次年被石国所邀大食（阿拉伯）援兵败于怛逻斯城（今中亚江布尔），军中有通造纸术的军士被大食所俘，造纸术由此西传。后入朝，任为右金吾大将军。安禄山叛，任兵马副元帅，统军东讨，兵败退守潼关，为监军宦官边令诚所构杀。③飞骑、彍骑：皆唐代中央禁卫军名。飞骑始置于太宗时，为京城玄武门左右屯营，以诸卫将军统领，初选府兵充任，至玄宗时改为招募。彍骑始置于玄宗开元中，因当时宿卫京师的府兵大量逃亡，玄宗从宰相张说之议，募取强壮，不问所来，免其所有杂役，分隶诸卫，更番上下宿卫，初号“长从宿卫”，开元十三年（公元725年）改名彍骑。④上遣宦者监门将军边令诚监其军：唐玄宗信任宦官，凡大将出征，常命亲信宦官随军监督，称“监军”，主将多受其牵制。⑤陕：唐州郡名，治所在今河南陕县。

【译文】

丁丑（二十二日），玄宗任命荣王李琬为元帅，右金吾大将军高仙芝为副元帅，统帅各路军马东征。又拿出内府中的金钱布帛，在京师招募兵士十一万，号为天武军，十天便集合起来，这些人都是市民子弟。

十二月丙戌（初一），副元帅高仙芝率领飞骑、彍骑及新招募的兵士，再加上留在京师的边镇兵共五万人，从长安出发。玄宗派监门将军宦官边令诚监军，大军在陕郡驻扎下来。

【原文】

高仙芝之东征也，监军边令诚数以事干之，仙芝多不从。令诚入奏事，具言仙芝、常清挠败之状[①]，且云："常清以贼摇众，而仙芝弃陕地数百里，又盗减军士粮赐。"上大怒，癸卯，遣令诚赍敕即军中斩仙芝及常清。初，常清既败，三遣使奉表陈贼形势，上皆不之见。常清乃自驰诣阙，至渭南[②]，敕削其官爵，令还仙芝军，白衣自效[③]。常清草遗表曰："臣死之后，望陛下不轻此贼，无忘臣言！"时朝议皆以为禄山狂悖，不日授首，故常清云然。令诚至潼关，先引常清，宣敕示之；常清以表附令诚上之。常清既死，陈尸蘧蒢[④]。仙芝还，至听事[⑤]，令诚索陌刀手百馀人自随[⑥]，乃谓仙芝曰："大夫亦有恩命[⑦]。"仙芝遽下，令诚宣敕。仙芝曰："我遇敌而退，死则宜矣。今上戴天，下履地，谓我盗减粮赐则诬也。"时士卒在前，皆大呼称枉，其声振地，遂斩之。以将军李承光摄领其众。

【注释】

①挠败：亦作"桡败"，即战败、失败之意。②渭南：唐县名，即今陕西渭南县。③白衣：本为无官爵的普通平民所穿的服装，后借指平民身份。④蘧蒢：亦作籧篨，用芦苇或竹篾编织而成的席子。⑤听事：亦作"厅事"，即处理公务的厅堂。

监军边令诚向玄宗报告高仙芝、封常清战败的情况。

⑥陌刀手：陌刀，即长刀；陌刀手，即手持长刀的军士，以骁勇著称。⑦大夫：即御史大夫的省称。按高仙芝当时带有御史大夫官衔，故此指高仙芝。

【译文】

高仙芝率兵东征，监军边令诚多次以私事相托，高仙芝大都不听。边令诚入朝奏事，向玄宗报告了高仙芝、封常清战败的情况，并且说："封常清借叛军的强大势力动摇军心，高仙芝丧失陕郡数百里之地，还贪污军士的粮饷。"玄宗大怒，癸卯（十八日），派边令诚手持敕书到军中杀高仙芝及封常清。起初，封常清兵败后，三次派使者入朝上表陈述叛军的形势，玄宗都不见。于是封常清就亲自骑马入朝报告，到了渭南，玄宗下敕书削去他的官职和爵位，让他回到高仙芝的军中，作为一名普通的士卒去效命。封常清草写遗表说："我死了以后，希望陛下千万不要轻视逆贼安禄山，不要忘记我说的话！"当时朝臣都认为安禄山狂傲叛逆，用不了多长时间就会失败，所以封常清这样告诫玄宗。边令诚到了潼关，先把封常清叫来，向他宣示了敕书；封常清把自己草写的遗表交给边令诚，要他呈送玄宗。封常清被杀后，尸体陈放在一张席子上。高仙芝回到官署后，边令诚带领着陌刀手一百余人，对高仙芝说："高大夫也有皇帝的恩命。"高仙芝听后立刻下了厅堂，边令诚遂宣示敕书。高仙芝说："我遇到叛军没有抵抗而退却，死了是应该的。现在上有天，下有地，说我贪污士兵的粮饷，这是在诬陷我。"当时高仙芝部下的士卒都在场，都大呼高仙芝冤枉，吼声震地，边令诚还是杀了他。然后命令将军李承光代理统领军队。

【原文】

河西、陇右节度使哥舒翰病废在家，上藉其威名，且素与禄山不协，召见，拜兵马副元帅，将兵八万以讨禄山，仍敕天下四面进兵，会攻洛阳。翰以疾固辞，上不许，以田良丘为御史中丞，充行军司马，起居郎萧昕为判官，蕃将火拔归仁等各将部落以从，并仙芝旧卒，号二十万，军于潼关。翰病，不能治事，悉以军政委田良丘；良丘复不敢专决，使王思礼主骑①，李承光主步，二人争长，无所统壹。翰用法严而不恤，士卒皆懈弛，无斗志。

至德元载（丙申，公元756年）

春，正月乙卯朔，禄山自称大燕皇帝，改元圣武，以达奚珣为侍中②，张通儒为中书令。高尚、严庄为中书侍郎。

初，户部尚书安思顺知禄山反谋，因入朝奏之③。及禄山

哥舒翰、田良丘奉命率大军出守潼关。

反，上以思顺先奏，不之罪也。哥舒翰素与之有隙，使人诈为禄山遗思顺书，于关门擒之以献[④]，且数思顺七罪，请诛之。丙辰，思顺及弟太仆卿元贞皆坐死，家属徙岭外。杨国忠不能救，由是始畏翰。

郭子仪至朔方[⑤]，益选精兵，戊午，进军于代[⑥]。

【注释】

①主骑：掌管骑兵。②达奚珣：安史之乱前任河南尹，曾疑安禄山有异谋，奏请制止禄山献马之计，后因洛阳为叛军攻陷，遂降于安禄山。③户部尚书安思顺知禄山反谋，因入朝奏之：安思顺本为安禄山的非血缘从兄弟，天宝中任河西节度使，又转朔方节度使，后受奸相杨国忠拉拢和指使，于安禄山叛前入朝奏告禄山反谋。及禄山叛起，玄宗乃不加罪于他，调任其为户部尚书，而以朔方右厢兵马使、九原太守郭子仪接任朔方节度使。④关门：指潼关东门。⑤郭子仪：唐华州郑县（今陕西华县）人，唐代名将。初以武举高等，累官天德军使，兼九原太守、朔方右厢兵马使。安禄山叛，代安思顺为朔方节度使，与河东节度使李光弼合军屡败史思明于河北。肃宗即位，与李光弼率军五万赴灵武，进位兵部尚书、同中书门下平章事。后拜关内、河东副元帅，统军与回纥兵共同收复长安、洛阳，以功升中书令，封汾阳郡王。⑥代：唐州郡名，治所在今山西代县。

【译文】

河西、陇右节度使哥舒翰因病在家中休养，玄宗因他有威名，而且素来与安禄山关系不好，于是就召见他，拜为兵马副元帅，率兵八万去征讨安禄山。还下敕让各地进军，一齐攻打洛阳。哥舒翰因病坚辞不受，玄宗不答应，任命田良丘为御史中丞，担任行军司马，起居郎萧昕为判官，蕃人将领火拔归仁等都率领部落归哥舒翰指挥，再加上高仙芝原来的军队，号称二十万，守卫潼关。哥舒翰因病不能料理军务，把军政大事都交给田良丘处理。田良丘又不敢一人决定，于是就让王思礼统领骑兵，李承光统领步兵，因为二人争权，军令无法统一。哥舒翰用法严厉而不体恤士卒，士卒都意志松懈消极，没有斗志。

至德元载（丙申，公元 756 年）

春季，正月乙卯朔（初一），安禄山自封为大燕皇帝，改年号为圣武，任命达奚珣为侍中，张通儒为中书令，高尚、严庄为中书侍郎。

起初，户部尚书安思顺得知安禄山要谋反，借入朝之机向玄宗奏报了此事。到了安禄山起兵反叛时，玄宗因为安思顺先已奏报，所以不加问罪。哥舒翰素来与安思顺有矛盾，他让人伪造了一封安禄山给安思顺的书信，在潼关城门口抓住送信的人，献给朝廷，并且列举了安思顺的七条罪状，请求玄宗杀了他。丙辰（初三），安思顺和他的弟弟太仆卿安元贞都因此事被处死，家人被流放到岭南。杨国忠无法救他们，因此开始惧怕哥舒翰。

郭子仪回到朔方，增加了精兵强将，戊午（初五），向代州进军。

【原文】

郭子仪、李光弼还常山①，史思明收散卒数万踵其后。子仪选骁骑更挑战，三日，至行唐②，贼疲，乃退。子仪乘之，又败之于沙河③。蔡希德至洛阳④，安禄山复使将步骑二万人北就思明，又使牛廷玠发范阳等郡兵万馀人助思明，合五万馀人，而同罗、曳落河居五分之一。子仪至恒阳⑤，思明随至，子仪深沟高垒以待之，贼来则守，去则追之，昼则耀兵，夜斫其营，贼不得休息。数日，子仪、光弼议曰："贼倦矣，可以出战。"壬午，战于嘉山[6]，大破之，斩首四万级，捕虏千馀人。思明坠马，露髻跣足步走，至暮，杖折枪归营，奔于博陵[7]，光弼就围之，军声大振。于是河北十馀郡皆杀贼守将而降。渔阳路再绝[8]，贼往来者皆轻骑窃过，多为官军所获，将士家在渔阳者无不摇心。

【注释】

①李光弼：柳城（今辽宁朝阳）契丹人，唐代名将。天宝中累官朔方节度副使。安禄山叛，任河东节度使，与郭子仪合兵屡败史思明。肃宗时，任天下兵马副元帅，率军击败安庆绪，但为史思明所败；未几，又克怀州，进攻洛阳，但为宦官鱼朝恩所牵制，复败于北邙山。代宗时，出镇徐州，封临淮郡王。常山：唐郡名，天宝中改恒州置，治所在今河北正定，为河北重镇。②行唐：唐县名，属常山

唐军大败叛军。

郡，在今河北行唐县。③ 沙河：唐县名，在今河北沙河。④ 蔡希德：安史之乱时史思明手下部将。安禄山叛乱时，蔡希德随史思明攻击太原。⑤ 恒阳：唐县名，在今河北曲阳。⑥ 嘉山：古山名，在今河北曲阳境内。⑦ 博陵：唐郡名，天宝中改深州置，治所在今河北安平。⑧ 渔阳：唐郡名，天宝中改蓟州置，治所在今天津蓟县。这里系指幽州范阳郡（治今北京市西南）。因蓟州渔阳郡原从幽州范阳郡分置，范阳节度使尽统幽、蓟等州，安禄山的大本营也在范阳，故唐人多把范阳通称为渔阳。

【译文】

郭子仪与李光弼率兵退回常山，史思明收罗散兵数万随后追击，郭子仪挑选骁勇善战的骑兵轮番挑战，三天后，到了行唐县，叛军疲劳，无力再战，就退兵了。郭子仪乘机出击，又败叛军于沙河县。蔡希德到了洛阳，安禄山又让他率领步、骑兵两万人向北靠近史思明，又派牛廷玠发范阳等郡兵一万多人增援史思明，合兵五万多人，其中同罗、曳落河的兵力占五分之一。郭子仪抵达恒阳，史思明也率兵随后赶到，郭子仪依靠深沟高垒对付叛军，如果叛军来攻就固守，撤兵就追击，白天以大兵向叛军炫耀武力，夜里则派部队袭击敌营，使叛军不得安宁。这样持续了数天，郭子仪与李光弼商议说："叛军已经疲劳，现在可以出战了。"壬午（二十九日），两军战于嘉山，唐军大败叛军，斩杀叛军四万多人，俘获一千多人。史思明从马上坠落下来，发髻散乱，赤脚步行而逃，到了晚上，拄着折断的长枪回到军营，然后又逃往博陵。李光弼率兵包围博陵，军势大振。于是河北地区原先被叛军占据的十多个州郡都杀了叛军的守将而归降朝廷。范阳的归路再次被切断，叛军往来都是轻骑偷偷地通过，大多被官军俘获，家在范阳的叛军将士军心没有不动摇的。

【原文】

禄山大惧，召高尚、严庄诟之曰："汝数年教我反，以为万全。今守潼关，数月不能进，北路已绝，诸军四合，吾所有者止汴、郑数州而已，万全何在？汝自今勿来见我！"尚、庄惧，数日不敢见。田乾真自关下来[①]，为尚、庄说禄山曰："自古帝王经营大业，皆有胜败，岂能一举而成！今四方军垒虽多，皆新募乌合之众，未更行陈，岂能敌我蓟北劲锐之兵，何足深忧！尚、庄皆佐命元勋，陛下一旦绝之，使诸将闻之，谁不内惧！若上下离心，臣窃为陛下危之！"禄山喜曰："阿浩，汝能豁我心事。"即召尚、庄，置酒酣宴，自为之歌以侑酒[②]，待之如初。阿浩，乾真小字也。禄山议弃洛阳，走归范阳，计未决。

安禄山设宴安抚高尚、严庄。

【注释】

① 田乾真：文武双全，是叛军中有名的骁将。很受安禄山器重。公元 755 年，安禄山叛乱，田乾真随同叛军南下，攻取洛阳，之后，又跟随崔乾佑屯兵陕郡，谋划攻取潼关。② 侑酒：劝酒，为饮酒者助兴。

【译文】

安禄山十分恐惧，召来高尚、严庄，骂道："你们数年来都劝我反叛，认为一定能够成功。现在大军被阻于潼关，数月不能攻破，北归的路也被切断，官军正四面八方朝这里涌来，我们占据的只有汴州、郑州等几个州郡，如何能够取胜呢？从现在起你们不要来见我！"高尚、严庄听后极为害怕，好多天都不敢去见安禄山。这时田乾真从潼关回来，为高尚、严庄说话，劝安禄山说："自古以来，帝王要成就大事业的，都有胜有败，怎么能够指望一举成功呢！现在四面八方的官军虽然多，但都是新招募的乌合之众，没有经过战阵，怎么能够敌得过我们蓟北的精兵强将，何必担忧呢！高尚、严庄都是跟随您多年的功臣元勋，陛下就这样一下子把他们抛弃，让诸将知道了这事，哪一个心中不恐惧呢！如果上下不是一条心了，我觉得陛下的处境就危险了！"安禄山听后高兴地说："阿浩，你真能体会我的心事。"于是就把高尚与严庄召来，摆设宴席招待他们，安禄山还亲自为他们唱歌劝酒，仍像以前那样对待他们。阿浩是田乾真的小名。安禄山打算放弃洛阳，率军回保范阳，但没有最后决定。

马嵬事变

【导语】

唐玄宗天宝十四载（公元755年），平卢、范阳、河东三镇节度使安禄山在范阳发动叛乱。由于事先没有防备，安禄山的军队势如破竹，很快便打到了潼关。

天宝十五载（公元756年）六月九日，哥舒翰大败，潼关失守。潼关一失，京师大门洞开，再无险可守了。据《旧唐书·韦见素传》记载："是月，玄宗仓惶出幸，莫知所诣。杨国忠以身领剑南旄钺，请幸成都。"

《旧唐书·玄宗本纪》记载："凌晨，自延秋门出，微雨沾湿，扈从惟宰相杨国忠、韦见素、内侍高力士及太子，亲王。妃主、皇孙已下多从之不及。"

六月十四日中午，玄宗一行到达兴平西北的马嵬驿，由于粮食供应短缺，引发禁军哗变。左龙武大将军陈玄礼得到太子的支持，将禁军的怒火引向宰相杨国忠以保证玄宗的安全。禁军杀死了杨国忠，并进一步包围驿站逼玄宗赐死杨贵妃。杨贵妃的两个姐妹，韩国夫人和虢国夫人也被乱兵所杀。事变以玄宗赐死贵妃而告终。太子李亨留下对抗叛军，禁军重新集结护卫玄宗入蜀。

兵变的经过，《旧唐书·杨贵妃传》中有一段记载："及潼关失守，从幸至马嵬，禁军大将陈玄礼密启太子，诛国忠父子。既而四军不散，玄宗遣力士宣问，对曰'贼本尚在'，盖指贵妃也。

力士复奏，帝不获已，与妃诏，遂缢死于佛室。时年三十八，瘗于驿西道侧。”

《旧唐书·肃宗本纪》记载：“至马嵬顿，六军不进，请诛杨氏。于是诛国忠，赐贵妃自尽。车驾将发，留上在后宣谕百姓。众泣而言曰：‘逆胡背恩，主上播越，臣等生于圣代，世为唐民，愿戮力一心，为国讨贼，请从太子收复长安。’玄宗闻之曰：‘此天启也。’乃令高力士与寿王瑁送太子内人及服御等物，留后军厩马从上。”

马嵬兵变，是唐代历史上一次重要的政治事件。它标志着唐玄宗统治的结束和唐肃宗统治的开始，在唐代政治史上具有十分重要的意义。

【原文】

至德元载（丙申，公元756年）

是时，天下以杨国忠骄纵召乱，莫不切齿。又，禄山起兵以诛国忠为名，王思礼密说哥舒翰[①]，使抗表请诛国忠，翰不应。思礼又请以三十骑劫取以来，至潼关杀之，翰曰：“如此，乃翰反，非禄山也。”或说国忠：“今朝廷重兵尽在翰手，翰若援旗西指，于公岂不危哉！”国忠大惧，乃奏：“潼关大军虽盛，而后无继，万一失利，京师可忧，请选监牧小儿三千于苑中训练[②]。”上许之，使剑南军将李福德等领之。又募万人屯灞上[③]，令所亲杜乾运将之，名为御贼，实备翰也。翰闻之，亦恐为国忠所图，乃表请灞上军隶潼关。六月癸未，召杜乾运诣关，因事斩之。国忠益惧。

有人劝杨国忠提防手握重兵的哥舒翰。

【注释】

①王思礼：唐朝将领。高句丽人。善守计，短攻战，持法严整。上元元年（公元760年），加司空。翌年卒，追赠太尉。谥武烈。②监牧小儿：《通鉴》胡三省注曰："时监牧、五坊、禁苑之卒，率谓之小儿。"按监牧小儿即指在宫苑中驯养宫马的兵卒，隶属于监牧使。③灞上：古地名，在今陕西西安市东郊、灞河西岸。

【译文】

至德元载（丙申，公元756年）

这个时候，国人都认为是杨国忠骄横放纵招致安禄山叛乱，对杨国忠无不切齿痛恨。而且安禄山起兵是以讨杨国忠为名，王思礼悄悄劝哥舒翰，让他上表请求玄宗杀掉杨国忠，哥舒翰没有答应。王思礼又请求率领三十个骑兵把杨国忠劫持出京师，到潼关杀了他，哥舒翰说："如果这样做，就是我哥舒翰谋反，而不是安禄山谋反了。"有人劝杨国忠说："现在朝廷的重兵都在哥舒翰掌握之中，哥舒翰如果挥兵向西回京城，您不就危险了吗！"杨国忠大为恐惧，于是就上奏玄宗说："把守潼关的大军虽然处于强势，但后无援兵，一旦潼关失守，京师就堪忧了，请求挑选牧马的士卒三千人于禁宛中训练，以应付不测。"玄宗同意了，派剑南军将李福德等人统领这支队伍。杨国忠又招募了一万人屯兵于灞上，命令他的亲信杜乾运率领，名义上是抵御叛军，实际是为了防备哥舒翰。哥舒翰得知后，也怕被杨国忠谋算，就上表玄宗请求把驻扎在灞上的军队归潼关统一指挥。六月癸未（初一），哥舒翰把杜乾运召到潼关，借机杀了他，杨国忠更加害怕。

【原文】

及暮，平安火不至[①]，上始惧。壬辰，召宰相谋之。杨国忠自以身领剑南[②]，闻安禄山反，即令副使崔圆阴具储偫[③]，以备有急投之，至是首唱幸蜀之策。上然之。癸巳，国忠集百官于朝堂，惶懅流涕[④]；问以策略，皆唯唯不对。国忠曰："人告禄山反状已十年，上不之信，今日之事，非宰相之过。"仗下，士民掠扰奔走，不知所之，市里萧条。国忠使韩、虢入宫[⑤]，劝上入蜀。

虢国夫人劝玄宗入蜀。

【注释】

①平安火：唐制，每隔三十里置一堠，每日初夜举烽火报无事，称之为“平安火”。②剑南：今四川地区。③储偫：储备，特指存储物资以备需用。④惶懅：惊慌害怕。⑤韩、虢：韩国夫人、虢国夫人，杨贵妃的堂姐妹。

【译文】

到了晚上，没有看到报告平安的烽火，玄宗开始害怕了。壬辰（初十），玄宗召集宰相商量这事。杨国忠因为自己兼任剑南节度使，听说安禄山谋反，立即让副使崔圆暗中储备物资，以防备危急时投奔那里，所以到此时他首先提出入蜀避难的计策。玄宗同意了。癸巳（十一日），杨国忠在朝堂上召集百官，惊慌害怕以至流泪；他问百官有什么计策，众人都支支吾吾说不出来。杨国忠说：“有人告发安禄山谋反已经有十年了，皇上不相信，现在安禄山果然反了，这不是宰相之过。”朝散以后卫兵退下，百姓都惊慌失措地奔跑，不知道该往哪里躲避，市场萧条。杨国忠让韩国夫人和虢国夫人入宫，劝玄宗入蜀。

【原文】

甲午，百官朝者什无一二。上御勤政楼，下制，云欲亲征，闻者皆莫之信。以京兆尹魏方进为御史大夫兼置顿使；京兆少尹灵昌崔光远为京兆尹[①]，充西京留守；将军边令诚掌宫闱管钥。托以剑南节度大使颍王璬将赴镇，令本道设储偫。是日，上移仗北内[②]。既夕，命龙武大将军陈玄礼整比六军[③]，厚赐钱帛，选闲厩马九百馀匹[④]，外人皆莫之知。乙未，黎明，上独与贵妃姊妹、皇子、妃、主、皇孙、杨国忠、韦见素、魏方进、陈玄礼及亲近宦官、宫人出延秋门，妃、主、皇孙之在外者，皆委之而去。上过左藏[⑤]，杨国忠请焚之，曰："无为贼守。"上愀然曰[⑥]："贼来不得，必更敛于百姓，不如与之，无重困吾赤子[⑦]。"是日，百官犹有入朝者，至宫门，犹闻漏声[⑧]，三卫立仗俨然[⑨]。门既启，则宫人乱出，中外扰攘[⑩]，不知上所之。于是王公、士民四出逃窜，山谷细民争入宫禁及王公第舍[⑪]，盗取金宝，或乘驴上殿。又焚左藏大盈库[⑫]。崔光远、边令诚帅人救火，又募人摄府、县官分守之，杀十馀人，乃稍定。光远遣其子东见禄山，令诚亦以管钥献之。

【注释】

①灵昌：今河南滑县。②移仗北内：移住到北内，唐长安宫城太极宫为西内，兴庆宫为南内，大明宫为东内，北内究竟何指，似有分歧，

玄宗下制书说要亲征。

有认为是太极宫北部的宫苑。③陈玄礼：唐朝禁军将领。初任果毅都尉，随李隆基起兵诛杀韦后及安乐公主。玄宗即位后，宿卫宫中。安史之乱时，随玄宗逃蜀，行至马嵬驿（今陕西兴平西），在太子李亨支持下，与士兵杀杨国忠，并逼玄宗缢死杨贵妃。后随玄宗入蜀。至德二载，从玄宗回长安，封蔡国公后辞官，旋病死。整比六军：整顿禁军。当时只有左右龙武军和左右羽林军，合称北门四军，这里记载有误。④闲厩马：宫中马匹。闲厩，武则天时期，有六闲厩，后又置闲厩使专掌乘舆车马事。闲厩中除了马以外，还养象、驼及其他动物。⑤左藏：唐代国库，掌钱帛、杂彩、天下赋调。⑥愀然：忧愁的样子。⑦赤子：比喻百姓。⑧漏声：漏壶的声音。漏是指古代滴水计时的仪器。⑨三卫：唐禁卫军，有亲卫、勋卫、翊卫，合称“三卫”。⑩扰攘：混乱；骚乱。⑪细民：平民。⑫左藏大盈库：唐玄宗私库，王每岁进钱百亿，以供皇帝宫廷享乐及赏赐之用。

【译文】

甲午（十二日），百官上朝的不到平时的十分之一二。玄宗驾临勤政楼，下制书说要亲征，听到的人都不相信。玄宗任命京兆尹魏方进为御史大夫兼置顿使；京兆少尹灵昌人崔光远为京兆尹，担任西京留守；将军边令诚掌管皇宫钥匙。玄宗假称剑南节度大使颍王李璬将要赴镇，下令剑南道准备物资储备。当天，玄宗移居北内。到了晚上，玄宗下令龙武大将军陈玄礼整顿禁军，赏赐给将士丰厚的钱帛，选出闲厩中的骏马九百余匹，外人都不知道这些事。乙未（十三日），天刚发亮，玄宗独自与贵妃姊妹、皇子、皇妃、公主、皇孙、杨国忠、韦见素、魏方进、陈玄礼及贴身宦官、宫人从延秋门出发，在外的皇妃、公主及皇孙，都不顾他们而去。玄宗经过左藏库时，杨国忠请求烧掉，说："不要落到叛军手里。"玄宗心情凄惨地说："叛军进城得不到东西，一定会从百姓那里征敛，不如留给他们，不再给百姓增加负担。"这天，百官还有照常入朝的，到宫门时，还听到漏壶滴水的声音，仪仗队的卫士们仍然整齐地站在那里。宫门打开以后，宫人乱纷纷跑出来，朝廷内外一片混乱，不知玄宗到什么地方去了。于是王公士民四处逃难，平民百姓争相进入皇宫和王公府第，盗取金银珠宝，有人乘驴上殿。又有人在左藏大盈库纵火。崔光远、边令诚带人救火，又招募人员暂时代理府、县长官分别守卫，杀了十余人，才稍稍使局面安定下来。崔光远派儿子向东去见安禄山，边令诚也把宫殿各门的钥匙献给了安禄山。

【原文】

上过便桥[①]，杨国忠使人焚桥。上曰："士庶各避贼求生，奈何绝其路！"留内侍监高力士，使扑灭乃来。上遣宦者王洛卿前行，告谕郡县置顿。食时，至咸阳望贤宫[②]，洛卿与县令俱逃，中使征召[③]，吏民莫有应者。日向中[④]，上犹未食，杨国忠自市胡饼以献[⑤]。于是民争献粝饭[⑥]，杂以麦豆。皇孙辈争以手掬食之[⑦]，须臾而尽，犹未能饱。上皆酬其直[⑧]，慰劳之。众皆哭，上亦掩泣。有老父郭从谨进言曰："禄山包藏祸心，固非一日，亦有诣阙告其谋者，陛下往往诛之，使得逞其奸逆，致陛下播越[⑨]。是以先王务延访忠良以广聪明[⑩]，盖为此也。臣犹记宋璟为相，数进直言，天下赖以安平。自顷以来，在廷之臣以言为讳，惟阿谀取容，是以阙门之外，陛下皆不得而知。草野之臣，必知有今日久矣，但九重严邃[⑪]，区区之心无路上达。事不至

玄宗不许杨国忠焚烧便桥。

此，臣何由得睹陛下之面而诉之乎！”上曰：“此朕之不明，悔无所及。”慰谕而遣之。俄而尚食举御膳以至[12]，上命先赐从官，然后食之。令军士散诣村落求食，期未时皆集而行[13]。夜将半，乃至金城[14]。县令亦逃，县民皆脱身走，饮食器皿具在，士卒得以自给。时从者多逃，内侍监袁思艺亦亡去。驿中无灯，人相枕藉而寝[15]，贵贱无以复辨。

【注释】

① 便桥：在长安城外渭水上。② 咸阳望贤宫：距长安四十里。③ 中使：官名，宫中派出的使者，多指宦官。④ 日向中：近午。⑤ 胡饼：类似于今天的烧饼。⑥ 粝饭：糙米饭。⑦ 掬：双手捧着。⑧ 酬其直：偿还所值价钱。直，值，价值。⑨ 播越：流亡。⑩ 以广聪明：以扩展自己所看到的和听到的，使自己耳聪目明。⑪ 九重：指天子所居住的地方。⑫ 尚食：掌管皇帝膳食的官署。⑬ 未时：下午一点到三点。⑭ 金城：金城县，今陕西兴平。⑮ 枕藉：纵横交错地躺卧在一起。

【译文】

玄宗过了便桥后，杨国忠令人焚烧了桥。玄宗说：“老百姓要避贼逃难，怎么能把人家求生的路断掉呢！”留下内侍监高力士，让他灭了火再跟上来。玄宗派宦官王洛卿前行，告知郡县准备安顿皇帝一行。吃午饭的时候，到了咸阳望贤宫，王洛卿和县令都已逃走，宦官派人召集人，官员、百姓没有奉命应召的。将近正午，玄宗仍然没有进食，杨国忠亲自去买了胡饼给玄宗。于是百姓争相进献糙米饭，掺杂着麦豆。皇孙们争着用手捧着吃，不一会儿就吃光了，还没能吃饱。玄宗都付给了他们钱，并慰劳了他们。众人都哭了，玄宗也遮住了脸流泪。有一名叫郭从谨的老人进言说：“安禄山包藏祸心，一定不是一天两天的事了，也有人到宫门口去告发他，陛下往往杀了他们，使得安禄山的奸谋得逞，致使陛下不得不流亡。所以先王致力于寻找忠良之士来让自己耳聪目明，正是这个道理。臣还记得宋璟为相时，屡进直言，天下靠着这些才得以太平。但从那时候以后，在朝廷的大臣忌讳直言，只有阿谀奉承，取悦于陛下，因此对于宫门之外所发生的事陛下都不能够知道。草野臣民，知道一定有今天已经很久了，但天子深居九重之上，区区效忠之心没有办法向上报告。事情不到这个地步，我哪能见到陛下当面向陛下说这些话呢！”玄宗说：“这都是朕不明鉴，后悔也来不及了。”安慰了一番郭从瑾，让他走了。不久，管理皇上吃饭的官吏将御膳送到，玄宗下令先赐给随从的官吏吃，然后自己再吃。令军士分散到村落中寻找食物，约定未时集合出发。将近夜半时分才到金城县。县令也逃走了，当地百姓都逃离，但饮食器皿还在，因此士卒得自己做饭吃。当时跟随玄宗的官吏多有逃跑的，内侍监袁思艺也逃走了。驿中没有灯火，人们纵横交错地躺卧在一起，贵贱无法再分辨。

【原文】

丙申，至马嵬驿[①]，将士饥疲，皆愤怒。陈玄礼以祸由杨国忠，欲诛之，因东宫宦者李辅国以告太子[②]，太子未决。会吐蕃使者二十馀人遮国忠马[③]，诉以无食，国忠未及对，军士呼曰："国忠与胡虏谋反！"或射之，中鞍。国忠走至西门内，军士追杀之，屠割支体[④]，以枪揭其首于驿门外，并杀其子户部侍郎暄及韩国、秦国夫人。御史大夫魏方进曰："汝曹何敢害宰相！"众又杀之。韦见素闻乱而出[⑤]，为乱兵所挝[⑥]，脑血流地。众曰："勿伤韦相公。"救之，得免。军士围驿，上闻喧哗，问外何事，左右以国忠反对。上杖屦出驿门[⑦]，慰劳军士，令收队，军士不应。上使高力士问之，玄礼对曰："国忠谋反，贵妃不宜供奉，愿陛下割恩正法。"上曰："朕当自处之。"入门，倚杖倾首而立[⑧]。久之，京兆司录韦谔前言曰："今众怒难犯，安危在晷刻[⑨]，愿陛下速决！"因叩头流血。上曰："贵妃常居深宫，安知国忠反谋？"高力士曰："贵妃诚无罪，然将士已杀国忠，而贵妃在陛下左右，岂敢自安！愿陛下审思之，将士安则陛下安矣。"上乃命力士引贵妃于

玄宗一行到了马嵬驿。

佛堂，缢杀之。舆尸置驿庭[⑩]，召玄礼等人视之。玄礼等乃免胄释甲，顿首请罪，上慰劳之，令晓谕军士。玄礼等皆呼万岁，再拜而出，于是始整部伍为行计。谔，见素之子也。国忠妻裴柔与其幼子晞及虢国夫人、夫人子裴徽皆走，至陈仓[⑪]，县令薛景仙帅吏士追捕，诛之。

【注释】

① 马嵬驿：今陕西兴平西北。② 李辅国：本名静忠，后改名辅国。幼年进宫，曾经侍奉高力士，后掌闲厩，入东宫侍候太子李亨。马嵬事变后建议太子分兵北上，因功渐渐掌握大权，声势显赫。③ 遮：拦住。④ 支体：即“肢体”。⑤ 韦见素：左相。⑥ 挝：敲打，击打。⑦ 杖屦：手杖和鞋子。屦，鞋子。⑧ 倾首：低头。⑨ 晷刻：片刻，顷刻。⑩ 舆：抬。⑪ 陈仓：今陕西宝鸡。

【译文】

丙申（十四日），玄宗一行到了马嵬驿，将士又累又饿，都很愤怒。陈玄礼认为祸患是由杨国忠造成的，想要杀掉他，通过东宫宦官李辅国告知太子，太子不能决定。正在此时，吐蕃使者二十余人拦着杨国忠的马，诉说没有食物，杨国忠还没来得及回答，军士高喊道：“国忠与胡人谋反！”有人向他射箭，射中了马鞍。杨国忠跑到驿站西门内，军士追上去杀了他，将他分尸，用枪挑着他的首级挂在驿门外，又杀了他的儿子户部侍郎杨暄及韩国夫人、秦国夫人。御史大夫魏方进说：“你们怎么敢杀害宰相！”将士又杀了魏方进。韦见素听到骚乱声出来查看，被乱兵击打得头破血流。众人说：“别伤了韦相公。”韦见素被人救起，才得以幸免。军士围住驿馆，玄宗听到喧哗声，问外面发生了什么事，左右回报说杨国忠谋反。玄宗拄杖出了驿门，慰劳军士，下令收队，军士无人响应。玄宗派高力士问他们怎么回事，陈玄礼答道："杨国忠谋反，贵妃不应再侍奉陛下，愿陛下割断恩情，将贵妃处死。"玄宗说："朕自会处理这件事。"然后进了驿门，玄宗拄着手杖低头而立。过了很久，京兆司录韦谔上前进言说："如今众怒难犯，安危就在顷刻之间，愿陛下速速决断！"于是叩头流血不止。玄宗说："贵妃久居深宫，怎么会知道国忠谋反的阴谋呢？"高力士说："贵妃确实无罪，但是将士已经杀了杨国忠，而贵妃仍然在陛下左右侍奉，他们怎么敢安心跟随陛下！愿陛下慎重考虑，只有将士安心，陛下才会安全。"玄宗于是让高力士带贵妃到佛堂，将她缢死。然后把尸体抬到驿站的庭中，召陈玄礼等入驿站察看。陈玄礼等才脱下盔甲，磕头请罪，玄宗慰劳他们，让他们告谕军士。陈玄礼等都高呼万岁，拜了两拜后出了驿庭，于是开始整理好队伍准备继续前行。韦谔是韦见素之子。杨国忠的妻子裴柔与其幼子杨晞、虢国夫人与她的儿子裴徽都逃跑了，逃到陈仓，县令薛景仙率吏士追捕，诛杀了他们。

【原文】

丁酉，上将发马嵬，朝臣惟韦见素一人，乃以韦谔为御史中丞，充置顿使。将士皆曰："国忠谋反，其将吏皆在蜀，不可往。"或请之河、陇[①]，或请之灵武[②]，或请之太原，或言还京师。上意在入蜀，虑违众心，竟不言所向。韦谔曰："还京，当有御贼之备。今兵少，未易东向，不如且至扶风[③]，徐图去就[④]。"上询于众，众以为然，乃从之。及行，父老皆遮道请留，曰："宫阙，陛下家居，陵寝，陛下坟墓，今舍此，欲何之？”上为之按辔久之[⑤]，乃命太子于后宣慰父老。父老因曰：“至尊既不肯留，某等愿帅子弟从殿下东破贼，取长安。若殿下与至尊皆入蜀，使中原百姓谁为之主？”须臾，众至数千人。太子不可，曰：“至尊远冒险阻，吾岂忍朝夕离左右。且吾尚未面辞，当还白至尊，更禀进止。”涕泣，跋马欲西。建宁王倓与李辅国执鞚谏曰[⑥]：“逆胡犯阙，四海分崩，不因人情，何以兴复！今殿下从至尊入蜀，若贼兵烧绝栈道[⑦]，则中原之地拱手授贼矣。人情既离，不可复合，虽欲复至此，其可得乎！不如收西北守边之兵，召郭、李于河北[⑧]，与之并力东讨逆贼，克复两京[⑨]，削平四海，使社稷危而复安，宗庙毁而更存，扫除宫禁以迎至尊，岂非孝之大者乎！何必区区温情，为儿女之恋乎！”广平王俶亦劝太子留。父老共拥太子马，不得行。太子乃使俶驰白上。上总辔待太子[⑩]，久不至，使人侦之，还白状，上曰：“天也！”乃分后军二千人及飞龙厩马从太子，且谕将士曰：“太子仁孝，可奉宗庙，汝曹善辅佐之。”又谕太子曰：“汝勉之，勿以吾为念。西北诸胡，吾抚之素厚，汝必得其用。”太子南向号泣而已。又使送东宫内人于太子，且宣旨欲传位，太子不受。俶、倓皆太子之子也。

【注释】

①河、陇：河西、陇右地区。②灵武：今宁夏灵武。③扶风：今陕西凤翔。④徐图去就：慢慢地商议该如何取舍。⑤按辔：扣紧马缰使马缓行或停止。⑥鞚：带嚼子的马笼头。⑦栈道：又称“阁道”“复道”，古代沿悬崖峭壁修建的一种道路，多出现在今川、陕、甘、滇诸省境内。⑧郭、李：郭子仪、李光弼，唐代平定安史叛乱

的名将。⑨两京：长安和洛阳。⑩总辔：抓住马的缰绳，让马停下来。

【译文】

丁酉（十五日），玄宗就要从马嵬出发，朝里的大臣只有韦见素一人随行，玄宗任命韦谔为御史中丞，担任置顿使。将士都说："杨国忠谋反，他的属下都在蜀地，御驾不可去蜀地。"有人请皇上去河西、陇右地区，有人请皇上去灵武，有人请皇上去太原，还有人说回京师。玄宗心里想要入蜀，担心违背众意，就不肯说出到哪里。韦谔说："回京就应当有御贼的准备。现在兵少，不能轻易向东行进，不如暂且先到扶风，慢慢地商议去哪里合适。"玄宗问大家的意见，众人都觉得这样比较好，于是采纳了韦谔的建议。等到出发的时候，父老都拦路挽留，说："宫殿是陛下的家，陵寝是陛下祖先的坟墓，如今放弃这些，准备到哪里去呢？"听了这话玄宗扣紧

随行唐军将士反对玄宗入蜀。

马缰，停下很久，才让太子在后面代表皇帝宣扬政令，安抚父老。父老就说："陛下既然不肯留下，我们愿意率领子弟跟随太子殿下向东攻打叛军，收复长安。如果太子和皇上都进入蜀地，让中原百姓奉谁为主呢？"没多长时间，就聚集了数千人。太子不肯答应，说："陛下冒险远行，我怎么忍心离开他呢。而且我还没有当面向他辞别，应当回去向陛下说这事，听从陛下的安排。"说着流泪哭泣，想要拨马西行。这时建宁王李倓和李辅国抓住太子的马笼头劝谏说："安禄山这逆贼举兵入犯朝廷，致使四海沸腾，国家分裂，如果不顺应民意，怎么能恢复大唐天下呢！如今太子殿下跟随皇上入蜀，如果叛军烧毁栈道，那么中原之地就拱手让给叛军了。民心已经散了就很难聚合，到时候就算是想要有今天这样的局面，又怎么能得到呢！不如征集西北守边的将士，从黄河以北召回郭子仪、李光弼，与他们联合东进讨伐逆贼，光复东西两京，平定天下，使社稷转危为安，使毁坏的宗庙重新建立起来，然后清扫好宫禁来迎回陛下，岂不是最大的孝顺吗！何必在意区区冷暖问候之礼，做儿女之恋呢！"广平王李俶也劝太子留下。父老一起围住太子的马，太子无法前行。太子就派李俶骑马禀告玄宗。玄宗抓住马的缰绳，让马停下来，等待太子，很久都不到，就派人去察看，派去的人回来将情形禀告玄宗，玄宗说："这真是天意啊！"就下令分后军二千人及飞龙厩马跟随太子，并且告谕将士说："太子仁孝，能够继承我们大唐的帝业，你们要好好辅佐他。"又派人传谕太子说："你努力做吧，不要以我为念。西北地区的各族胡人，我平时厚待过他们，你一定会得到他们的帮助。"太子向南大声哭泣。玄宗又派人将东宫内人送到太子那里，而且宣旨要传位给他，太子不接受。广平王李俶和建宁王李倓都是太子的儿子。

【原文】

已亥，上至岐山[①]。或言贼前锋且至，上遽过，宿扶风郡[②]。士卒潜怀去就，往往流言不逊，陈玄礼不能制，上患之。会成都贡春彩十馀万匹，至扶风，上命悉陈之于庭，召将士入，临轩谕之曰[③]："朕比来衰耄，托任失人，致逆胡乱常，须远避其锋。知卿等皆苍猝从朕，不得别父母妻子，芨涉至此[④]，劳苦至矣，朕甚愧之。蜀路阻长，郡县褊小[⑤]，人马众多，或不能供，今听卿等各还家，朕独与子、孙、中官前行入蜀[⑥]，亦足自达。今日与卿等诀别，可共分此彩以备资粮。若归，见父母及长安父老，为朕致意，各好自爱也！"因泣下沾襟。众皆哭，曰："臣等死生从陛下，不敢有贰！"上良久曰："去留听卿。"自是流言始息。

【注释】

①岐山：唐时设关内道凤翔府，岐山为其所属。②扶风郡：治所在陕西省宝鸡市东部沣河流域。③临轩：皇帝不坐正殿而御前殿。殿前堂陛之间近檐处两边有槛楯，如车之轩，故称。④芨涉：爬山涉水。形容旅途艰苦。芨，同"跋"。胡三省注："草行为芨，水行为涉。"⑤褊：狭小，狭隘。⑥中官：宦官。

【译文】

已亥（十七日），玄宗到达岐山县。有传言说叛军的前锋不久就要到了，玄宗仓促离开了，晚上宿于扶风郡。随从保驾的士卒心里有离开的打算，往往出言不逊，大将军陈玄礼无法控制，玄宗十分担忧。适逢成都进献给朝廷的春织丝绸十余万匹到了扶风，玄宗命令把这些丝绸都陈放在庭中，召来随从将士，然后在前殿告诉他们说："朕近年来由于衰老糊涂，任人失当，以致造成安禄山举兵反叛，逆乱天常，朕不得不远行避难，躲其兵锋。朕知道你们仓促之间跟随出来，来不及与自己的父母妻子告别，跋山涉水到了这里，非常辛苦，朕感到十分惭愧。去蜀中的道路艰险长远，而且那里地方狭小，如此众多的人马，恐怕难以供应，现在允许你们各自回家，朕只与儿子、孙子以及侍奉的官员前往蜀中，这些人也足以保朕到达。现在与你们众人分别，你们可把这些丝绸分了作为资费。如果回去了，见到你们的父母与长安城中的父老们，请代朕向他们问好，让他们多多保重！"说着泪流沾襟。将士们听完玄宗的话都哭了，说："我们无论生死都愿意永远跟随陛下，不敢有二心！"玄宗等了一会儿说："去留你们自愿吧。"从此那些不恭敬的言语才平息下来。

张巡守城

【导语】

张巡，河南南阳邓州人，唐朝著名军事将领。

天宝十四载（公元755年）十一月，安禄山以讨伐杨国忠为名，从范阳发兵南下反唐。当时中原已多年没有战事，很多郡县无兵可用，毫无应变准备。地方官吏闻叛军将至，或弃城逃跑，或开门出迎。安禄山的军马长驱南下，几乎没有遭到什么抵抗，很快占领了黄河以北大部分地区。

在洛阳失守后，朝廷迅速调集和组织兵力，在洛阳南、北两个方向抗击叛军。在河北的常山（今河北正定）太守颜杲卿、平原（今山东陵县）太守颜真卿、东平太守吴王李祗、济南太守李随、饶阳（今河北深州西南）太守卢全诚等，皆领兵讨伐安禄山，阻击和牵制了叛军，使其不能西进。此时唐军逐渐形成了两大战场：一是牵制叛军西进的战场；二是阻截叛军南下江淮的战场。江淮地区是唐朝的财赋供应之地，一旦被叛军攻占，后果不堪设想。而雍丘则是从洛阳通往江淮地区的要道，有着极为重要的战略意义。所以当叛军初次攻打雍丘失败后，并不就此甘心，准备再次攻打雍丘，一场大仗已是不可避免。

睢阳之战，张巡临敌应变，出奇制胜，面对强敌，坚守长达十月之久，历经大小四百余战，斩将三百、歼灭叛军达数万人。加上此前的雍丘之战，共计二十一个月之久，使得唐朝财赋供应基地得以保全，并为唐军组织反攻赢得了时间。史称：“以寡敌众，以饥御饱，食尽救不至，终以身殉国。从来战斗之苦恶，临难之壮烈，孰有过于张巡者？”

张巡死后，唐肃宗诏封其为邓国公，史称张中丞。大中年间，还将张巡、许远、南霁云三人的画像置于凌烟阁。张巡的事迹一直为后人颂扬，为纪念张巡，后人在睢阳、杞县、南阳等地为他建立祠庙，并把他与张衡、张仲景誉为“南阳三张”。

【原文】

至德元载（丙申，公元756年）

初，雍丘令令狐潮以县降贼[①]，贼以为将，使东击淮阳救兵于襄邑[②]，破之，俘百馀人，拘于雍丘[③]，将杀之，往见李庭望[④]。淮阳兵遂杀守者，潮弃妻子走，故贾贲得以其间入雍丘。庚子[⑤]，潮引贼精兵攻雍丘，贲出战，败死。张巡力战却

令狐潮打败淮阳来的唐朝援军。

贼[⑥]，因兼领贲众，自称吴王先锋使[⑦]。

【注释】

①雍丘：属汴州，今河南杞县。贼：指安禄山。②淮阳：属陈州，今河南淮阳县西南。襄邑：属宋州，今河南睢县。③拘：拘禁。④李庭望：时为陈留节度使。⑤庚子：指二月十六日。⑥张巡：邓州南阳（今属河南）人。开元进士。安史之乱时，以真源令起兵守雍丘，抵抗安禄山军。至德二载（公元757年）移守睢阳（今河南商丘），与太守许远共同作战，在内无粮草、外无援兵的情况下，依靠人民坚守数月不屈。睢阳失守后，遭杀害。却贼：打退贼军。⑦吴王：唐宗室吴王李祗。时为河南都知兵马使。

【译文】

至德元载（丙申，公元756年）

最初，雍丘县令令狐潮带领全县城的民众投降叛军安禄山，安禄山任命他为将军，派他率领军队向东到襄邑阻击淮阳来的唐朝援军，令狐潮打败了他们，并俘虏了一百多人，把俘虏拘禁在雍丘，准备杀掉他们，然后去见叛军大将李庭望。被俘的淮阳士兵趁机杀了看守的人，令狐潮丢弃了妻子儿女狼狈逃走，贾贲趁这个机会进入雍丘。庚子（十六日），令狐潮率领叛军中的精锐部队攻打雍丘，贾贲出城迎战，战败阵亡。张巡努力奋战打退了叛军，于是，同时统领贾贲的军队，自称是河南都知兵马吴王李祗的先锋使。

【原文】

三月乙卯[①]，潮复与贼将李怀仙、杨朝宗、谢元同等四万

令狐潮与贼将李怀仙、杨朝宗、谢元同等率大军至雍丘城下。

馀众奄至城下[②]，众惧，莫有固志。巡曰："贼兵精锐，有轻我心。今出其不意击之，彼必惊溃。贼势小折，然后城可守也。"乃使千人乘城[③]，自帅千人，分数队，开门突出。巡身先士卒，直冲贼陈，人马辟易[④]，贼遂退。明日，复进攻城，设百炮环城，楼堞皆尽[⑤]。巡于城上立木栅以拒之。贼蚁附而登，巡束蒿灌脂，焚而投之，贼不得上。时伺贼隙，出兵击之，或夜缒斫营[⑥]，积六十馀日，大小三百馀战，带甲而食，裹疮复战，贼遂败走。巡乘胜追之，获胡兵二千人而还，军声大振。

【注释】

①乙卯：初二日。②奄：突然。③乘：登。④辟易：惊退。⑤楼：指城楼。堞：城墙上的矮墙。⑥缒：用绳子拴住人或物，从上往下送。斫：用刀斧砍。斫营，强袭敌营。

【译文】

三月乙卯（初二），令狐潮与叛将李怀仙、杨朝宗、谢元同等率领四万多人突然到了雍丘城下，城内军民都非常畏惧，没有坚守的信心。张巡说："贼兵精锐，有轻视我们的心理。现在，如果我们出其不意地向他们发起进攻，他们一定惊惶溃败。贼军的气焰受到点儿挫折之后，我们的城池就可守住了。"于是，张巡派一千士兵登上城墙，自己亲率一千人，分成数队，打开城门，突然杀出。张巡身先士卒，直冲敌阵，贼兵受到意外攻击，就退走了。第二天，叛军又来进攻，摆设上百门火炮包围城池，雍丘的城楼和矮墙被炸毁。张巡令士兵在城墙上竖立木栅，抵挡叛军的进攻。叛军像蚂蚁一样攀附着登墙往上攀登，张巡命士兵捆起干枯的蒿草，浇上油脂，点燃后投向叛军，使叛军不能登城。张巡利用叛军松懈的机会，突然出兵发起进攻，有时乘夜从城上用绳子把士兵放下袭击叛军的军营，共守城六十多天，经过大小三百余战，战士们穿着盔甲吃饭，受伤了裹住伤口继续战斗，叛军最终败走。张巡乘胜追击，俘敌二千多人而回，军威大振。

【原文】

令狐潮复引兵攻雍丘。潮与张巡有旧[①]，于城下相劳苦如平生，潮因说巡曰[②]："天下事去矣，足下坚守危城，欲谁为乎[③]？"巡曰："足下平生以忠义自许，今日之举，忠义何在！"潮惭而退。

【注释】

①有旧：有旧交情。②说：劝说。③谁为：即为谁。

【译文】

令狐潮再次率领叛军攻打雍丘。令狐潮与张巡是旧交，两人在城下像平时一样问好，令狐潮借机劝张巡说："唐朝的气数已尽，你坚守危城，又是为了谁呢？"张巡说："你平生自称是讲忠义的人，现在却做出这种叛逆的事，忠义又在哪里呢！"令狐潮惭愧地退了下去。

【原文】

张巡将六位劝降的大将斩首。

令狐潮围张巡于雍丘，相守四十馀日[①]，朝廷声问不通[②]。潮闻玄宗已幸蜀[③]，复以书招巡[④]。有大将六人，官皆开府、特进[⑤]，白巡以兵势不敌[⑥]，且上存亡不可知，不如降贼。巡阳许诺[⑦]。明日，堂上设天子画像，帅将士朝之，人人皆泣。巡引六将于前，责以大义[⑧]，斩之。士心益劝[⑨]。

【注释】

①相守：有双方对峙的意思。四十馀日：系从五月算起，这时已七月。②声问：音信。指张巡和朝廷失去联系。③幸蜀：封建时代，皇帝到某地称幸某地。天宝十五载六月，安禄山的叛军攻占潼关，唐玄宗仓皇逃往四川。④招：指招降。⑤开府、特进：都是当时闲散而无职事的文散官。⑥白：告诉，陈述。⑦阳：同“佯”，假装。⑧责以大义：以忠君爱国的大道理责备六将。⑨士心益劝：将士们斗志更坚，相互勉励。劝，劝勉、勉励。

【译文】

令狐潮在雍丘包围了张巡，双方对峙了四十多天，张巡与朝廷失去了联系。令狐潮听说玄宗皇帝已经仓皇逃往四川，又写书信招降张巡。张巡部下有六位大将，都是开府、特进一类的官员，他们告诉张巡，说“我们兵力敌不过叛军，况且皇帝的生死也不知道，不如投降安禄山”。张巡假装答应。第二天，张巡在大厅上悬挂皇帝的画像，带领将士朝拜，人人都流泪哭泣。张巡拉着六个大将来到皇帝的画像前，以忠君爱国的大道理责备他们，并把他们斩首。从此军心更加坚定。

【原文】

中城矢尽[①]，巡缚藁为人千馀[②]，被以黑衣[③]，夜缒城下，潮兵争射之，久乃知其藁人，得矢数十万。其后复夜缒人，贼笑不设备[④]，乃以死士五百斫潮营[⑤]；潮军大乱，焚垒而遁[⑥]，追奔十馀里。潮惭[⑦]，益兵围之。

【注释】

①矢尽：箭用完了。②缚藁为人千馀：用草扎成一千多个草人。藁，谷类植物的茎杆。为人，做成人形。③被：披。④不设备：不做防备。⑤死士：指敢死的勇士。⑥垒：古代军中做防守用的墙壁。⑦潮惭：令狐潮因被张巡偷袭营垒而感到不安。

【译文】

城里的箭用完了，张巡就命令士卒用草扎成一千多个草人，披上黑衣服，夜晚用绳子拴住草人放到城下，贼兵都争先恐后地向他们射箭，很久才发现那些是草人，张巡得到十多万支箭。这以后又在夜间把士兵放下城去，叛军大笑，还以为是草人，于是不再做防备，张巡就让五百名勇士组成敢死队，偷袭令狐潮的营垒，放火烧掉营垒，令狐潮的人马大乱，狼狈奔逃，张巡的人马追杀了十几里。令狐潮因被张巡偷袭营垒而感到不安，就派更多的人马包围雍丘。

【原文】

中郎将雷万春脸上中了六箭，仍然站在城楼岿然不动。

巡使郎将雷万春于城上与潮相闻①，贼弩射之②，面中六矢而不动。潮疑其木人③，使谍问之④，乃大惊，遥谓巡曰："向见雷将军⑤，方知足下军令矣⑥，然其如天道何⑦！"巡谓之曰："君未识人伦⑧，焉知天道！"未几⑨，出战，擒贼将十四人，斩首百馀级。贼乃夜遁，收兵入陈留⑩，不敢复出。

【注释】

①郎将：即中郎将，官名。与潮相闻：与令狐潮通话。相，互相；闻，传知。他本及《纪事本末》在这句下面有"语未绝"三字。②贼弩射之：令狐潮的兵用弩射雷万春。弩，用机关发箭的弓。③疑其木人：疑其为木头人。④谍：间谍，侦察敌方举动的人。问：探听。⑤向：前些时候，过去。⑥方知足下军令矣：才知道足下军令的严肃。"军令"之下含有"之严"的意味。⑦然其如天道何：但是对天命又怎么样呢？意思是说，但是天命将终，又有什么办法！天道，上天的运行之道，就是"天命"的意思。⑧人伦：封建礼教所规定的人与人之间的关系。这里主要指君臣关系。⑨未几：不久。⑩陈留：郡名，今河南开封市一带。

【译文】

张巡派中郎将雷万春在城楼上与令狐潮对话，贼兵用弩箭射雷万春，雷万春脸上中了六箭，仍然站在那里不动。令狐潮怀疑那是木头人，就派间谍探听，知道确实是雷万春，大为惊讶，远远地对张巡说："前些时候看见雷将军，才知道你的军令是多么森严了，然而这对于天道又能怎样呢！"张巡对他说："你已丧尽人伦，又怎么能知道天道呢！"没多久，张巡又出城迎战，活捉叛军十四个将领，杀死一百多人。叛军于是连夜逃走，收兵退入陈留，不敢再出来交战。

【原文】

顷之①，贼步骑七千馀众屯白沙涡②，巡夜袭击，大破之。还，至桃陵③，遇贼救兵四百馀人，悉擒之。分别其众，妫、檀及胡兵，悉斩之④；荥阳、陈留胁从兵⑤，皆散令归业⑥。旬日间，民去贼来归者万馀户⑦。

【注释】

①顷之：不久，过些时候。与"未几"意思差不多。②白沙涡：今河南中牟县。③桃陵：今河南延津县。④妫：即妫州，今河北怀来县。檀：即檀州，今北京市密云县。安禄山是唐朝营州柳城郡胡人，叛唐之前，为范阳节度使兼河北采访使。妫州、檀州、营州都在河北采访使统治区域内，妫、檀的兵和胡兵都是安禄山的嫡系部队，所以要"悉斩之"。⑤荥阳：郡名，今河南荥阳市。⑥散令归业：把他们解散，让他们回去做原来的事。⑦去贼：离开贼军。去，离、弃。

【译文】

不久，叛军步、骑兵七千多人马驻扎在白沙涡，张巡在夜间突袭，大破敌军。部队回到桃陵，遇到叛军的救兵四百多人，把他们全部俘虏了。张巡把这些叛军分开，凡是妫州、檀州和胡兵，全部斩首；而荥阳、陈留等地被迫跟从叛军的士兵，全部遣散，让他们回家从事原来的职业。十天之内，民众离弃贼军来归附张巡的有一万多户。

【原文】

李庭望将蕃、汉二万馀人东袭宁陵、襄邑[①]，夜，去雍丘城三十里置营，张巡帅短兵三千掩击[②]，大破之，杀获太半。庭望收军夜遁。

甲申，令狐潮、王福德复将步骑万馀攻雍丘。张巡出击，大破之，斩首数千级，贼遁去。

【注释】

① 宁陵：位于豫东平原。② 掩击：袭击，冲杀。

【译文】

李庭望率领蕃、汉兵二万多人向东袭击宁陵与襄邑，夜里在雍丘城外三十里处扎营，张巡率领三千名士卒，手持短兵器袭击叛军，叛军大败，死伤大半。李庭望收兵连夜逃跑了。

甲申（初四），令狐潮与王福德又率领步、骑兵一万多人进攻雍丘。张巡领兵出击，大败叛军，杀死数千人，叛军败逃而去。

【原文】

令狐潮、李庭望攻雍丘，数月不下，乃置杞州，筑城于雍丘之北[①]，以绝其粮援。贼常数万人，而张巡众才千馀，每战辄克。河南节度使虢王巨屯彭城[②]，假巡先锋使。是月，鲁、东平、济阴陷于贼。贼将杨朝宗帅马步二万，将袭宁陵，断巡

叛军攻打雍丘，数月不克。

后。巡遂拔雍丘，东守宁陵以待之，始与睢阳太守许远相见。是日，杨朝宗至宁陵城西北，巡、远与战，昼夜数十合，大破之，斩首万馀级，流尸塞汴而下，贼收兵夜遁。敕以巡为河南节度副使。巡以将士有功，遣使诣虢王巨请空名告身及赐物[③]，巨唯与折冲、果毅告身三十通[④]，不与赐物。巡移书责巨，巨竟不应。

【注释】

①筑：建造。②巨：即李巨，唐高祖第十四子。刚锐果决，颇涉猎书史，好属文。开元中为嗣虢王。③告身：委任官职的文凭。即官告，或作官诰，授官凭信，似后代任命状。④通：古代土地面积单位。十井为通，地方一里为井。

【译文】

令狐潮与李庭望攻打雍丘，数月攻打不下来，就设置了杞州，在雍丘北面建杞州城，以断绝雍丘城的粮食援助。叛军经常出动数万兵力来进攻，而张巡的兵力才有一千多人，但每次交战都打退叛军。河南节度使虢王李巨率兵屯驻在彭城，命张巡为代理先锋使。这月，鲁郡、东平、济阴都落入叛军之手。叛军大将杨朝宗率领步、骑兵二万准备袭击宁陵，来断绝张巡的后路。张巡于是率兵撤出雍丘，向东坚守宁陵，以抵抗叛军，到了宁陵才与睢阳太守许远见面。当天，杨朝宗率兵到达宁陵城西北，张巡、许远与叛军交战，一昼夜达数十次，大败叛军，杀死一万余人，死尸塞满汴水，顺流而下，叛军收兵连夜逃走了。肃宗下敕书任命张巡为河南节度副使。张巡认为部下将士有功，派遣使者向虢王李巨请求给予空名的委任状以及赏赐物品，虢王李巨只给了折冲都尉与果毅都尉的委任状三十通，没有给赏赐的物品。张巡写信责备李巨，李巨竟不回信。

【原文】

庆绪以尹子奇为汴州刺史、河南节度使。甲戌，子奇以归、檀及同罗、奚兵十三万趣睢阳①。许远告急于张巡，巡自宁陵引兵入睢阳。巡有兵三千人，与远兵合六千八百人。贼悉众逼城，巡督励将士，昼夜苦战，或一日至二十合；凡十六日，擒贼将六十馀人，杀士卒二万馀，众气自倍。远谓巡曰：“远懦，不习兵，公智勇兼济，远请为公守，公请为远战。”自是之后，远但调军粮②，修战具，居中应接而已，战斗筹划一出于巡。贼遂夜遁。

【注释】

①趣睢阳：进攻睢阳。此次安禄山派兵东进的主要目的是要占据运

张巡率兵救援睢阳。

河沿线，所以首先向睢阳推进。②但：只，仅，只是。

【译文】

安庆绪任命尹子奇为汴州刺史、河南节度使。甲戌（二十五日），尹子奇率领归州、檀州以及同罗、奚人部兵共十三万来进攻睢阳。许远向张巡求援，张巡率兵从宁陵进入睢阳。张巡有兵三千人，与许远合兵共六千八百人。叛军全力攻城，张巡亲自督战，勉励将士，昼夜与叛军苦战，有时一天交战二十次，共交战十六天，俘虏叛军将领六十多人，杀死叛军士卒二万多，士气倍增。许远对张巡说："我性情懦弱，不懂得军事，你智勇双全，请让我为你坚守，你代我指挥作战。"从这以后，许远只调集军粮，修理作战器具，在军中处理杂事接应而已，作战指挥命令都由张巡发出。叛军攻城不下，就乘夜退去了。

·品读国学经典　汲取无穷智慧·

|彩色详解|

资治通鉴

〔北宋〕司马光　撰

任思源　主编

團結出版社

元和中兴

【导语】

元和中兴，又称“宪宗中兴”，是中国唐代宪宗时出现的安定繁荣的局面。

唐代自中期以来，中央宦官专权，地方藩镇割据，政治局面混乱。永贞元年（公元 805 年），宦官逼迫顺宗禅位，拥李纯即位，即唐宪宗。唐宪宗是唐朝中后期一位锐意进取、颇有作为、颇具特色的皇帝。他知人善任，虚怀纳谏，卓有成效地实行政治经济改革，不失时机地开展平藩斗争，终于再创一统局面，史称“元和中兴”。

宪宗在位期间，整顿江淮财赋，以增加财政收入。后以李绛、裴度为相，利用藩镇间矛盾，取消宦官监军，先后平定了剑南西川节度使刘辟、镇海节度使李锜的叛乱，招降河北强藩魏博节度使田弘正，并集中全力消灭淮西节度使吴元济。为此，很多藩镇相继归属，后又平定了淄青节度使李师道。

李锜的叛乱发生在元和初年。因为朝廷势力增强，各地藩镇态度变得温和起来，请求入朝。李锜也作了相同的表示，但是他又不想真的入朝，在推托无效之后，起兵造反。他的属下却不情愿跟随他对抗朝廷，所以这一次叛变很快就被平息下去。

宪宗虽然平定了部分藩镇的叛乱，却不能从根本上消除造成割据的根源。宪宗宠信宦官吐突承璀，元和十五年（公元 820 年）因皇位继承问题，宪宗被宦官毒死。“元和中兴”只是唐中期政治上的一度振作。宪宗死后，各藩镇重又变乱或不禀朝命，且形成宦官专权的局面。

“元和中兴”是旧史家对唐宪宗统治时期重振朝纲的赞誉之辞。

宪宗最主要的功绩是改变了对藩镇的姑息政策，宪宗在削弱藩镇势力，加强朝廷集权方面是有显著成绩的。但是，官僚地主的剥削和压迫，造成广大农民的逃亡，影响生产的发展。这些根本问题，宪宗都没有解决。由此可见，所谓的“元和中兴”，并没有恢复唐朝富强繁荣的局面。

【原文】

元和元年（丙戌，公元806年）

上与杜黄裳论及藩镇，黄裳曰：“德宗自经忧患[①]，务为姑息，不生除节帅；有物故者，行遣中使察军情所与则授之。中使或私受大将赂，归而誉之，即降旄钺，未尝有出朝廷之意者。陛下必欲振举纲纪，宜稍以法度裁制藩镇，则天下可得而理也。”上深以为然，于是始用兵讨蜀，以至威行两河[②]，皆黄裳启之也。

【注释】

①“德宗自经忧患”一句：自经忧患指泾原兵变。泾原兵变，唐代中期爆发的一场兵变。自此事件后唐朝皇帝又开始重用宦官。建中四年，唐德宗带着皇妃、太子、诸王等仓皇出逃，由咸阳到奉天（今陕西乾县），朱泚进入宣政殿，自称大秦皇帝，改元“应天”。朱泚围攻奉天一月有余，未果，退回长安固守。李怀光自恃功高，德宗听信宰相卢杞谗言，竟不肯召见，李怀光按兵不前，多次上表揭

唐宪宗与杜黄裳谈论藩镇问题。

露宰相卢杞、宦官翟文秀等人之罪。后李怀光逃往河中，朱泚陷入孤立，唐大军进逼长安。朱泚和姚令言向西奔逃，在途中被部下杀死。从此，唐朝的中央权力进一步削弱。唐德宗成为第三个逃离长安的皇帝，从此不再信任宰相，并开始重用宦官。② 两河：河南、河北一带。

【译文】

元和元年（丙戌，公元806年）

宪宗与杜黄裳谈论到藩镇问题，杜黄裳说："德宗自从经过泾原兵变后，对于藩镇总是宽容姑息，不在节度使生前免除他们的职务；有节度使去世的，他就先派中使探察军中人心归向的人物，之后将节度使授给其人。中使有的私自收受大将的贿赂，回朝后在皇帝面前称誉其人，德宗便立即将该人授为节度使，对节度使的任命不曾有过出自朝廷本意的例子。陛下如果一定要振兴法纪，应该逐渐按照法令制度削弱和约束藩镇的势力，那么天下便能够得到治理了。"宪宗认为说得很有道理，于是开始调兵遣将征讨蜀中，终于使朝廷的威严遍及河南、河北，这都是因为听取了杜黄裳的建议。

【原文】

戊午，上与宰相论："自古帝王，或勤劳庶政，或端拱无为[①]，互有得失，何为而可？”杜黄裳对曰：“王者上承天地宗庙，下抚百姓四夷，夙夜忧勤，固不可自暇自逸[②]。然上下有分，纪纲有叙；苟慎选天下贤材而委任之，有功则赏，有罪则刑，选用以公，赏刑以信，则谁不尽力，何求不获哉[③]！明主劳于求人而逸于任人，此虞舜所以能无为而治者也。至于狱市烦细之事，各有司存[④]，非人主所宜亲也。昔秦始皇以衡石程书[⑤]，魏明帝自按行尚书事[⑥]，隋文帝卫士传餐[⑦]，皆无补于当时，取讥于后来，其耳目形神非不勤且劳也，所务非其道也。夫人主患不推诚，人臣患不竭忠。苟上疑其下，下欺其上，将以求理[⑧]，不亦难乎！”上深然其言。

【注释】

①端拱：指帝王庄严临朝，清简为政。②自暇自逸：自己找空闲安逸。暇，空闲，闲暇；逸，安乐，安闲。③获：得到，达到。④司存：执掌；职掌。⑤“昔秦始皇以衡石程书”一句：司马迁《史记·卷六·秦始皇本纪》：秦始皇天性刚愎自用，不相信别人。等他灭了诸侯，统一了六国，心愿得到实现后，更认为自古以来没有人能比得上自己。全国的事无论大小必须由他亲自处理。他每天要看一石（一百二十斤）重的文书奏章（竹木简），白天看不完，夜里接着看，看不到额定的份量便不休息。后人遂用“衡石程书”来表示抓紧时间读书或规定读书数量，用以形容君主勤于国政。⑥“魏明帝自按行尚书事”一句：曹睿时，陈矫为尚书令，曹睿尝猝至尚书门，矫跪问睿：“陛下欲何之？”睿答：“欲案行文书耳。”矫曰：“此自臣职分，非陛下所宜临也。若臣不称职，则请就黜退，陛下宜还。”于是睿惭而返。⑦“隋文帝卫士传餐”一句：隋文帝在开始掌

握北周政权的时候，就一反周宣帝所为，大崇惠政，法令清简，躬履节俭，天下悦之。他做了皇帝以后，更是勤于为治，每临朝，或至日昃，五品已上，引坐论事，卫士传餐而食。⑧理：治。

宪宗与宰相谈论政事。

【译文】

戊午（二十四日），宪宗与宰相谈论政事，宰相道：“自古以来，有的帝王为各项政务勤勉地操劳，有的却端身拱手，清静无为，他们彼此都有成功或失败的地方，怎么做才是最适当的呢？”杜黄裳回答说：“作为帝王，上承受着天地与国家赋予的使命，下负有安抚百姓与周边民族和邦国的重任，朝夕忧心劳作，固然不可贪图清闲，自求安逸。然而，君主与臣下是各有职分的，国家的法度是有一定的程序的；如果能够慎重地选拔天下的贤才，并且将重任托付给他们，有功便予以奖赏，有罪便处以刑罚，选拔与任用出以公心，奖赏与惩罚不失信义，还有什么人不肯尽心尽力为朝廷办事呢，朝廷还会有什么目标不能实现呢！贤明的君主把功夫下在选拔人才上，而用起人来则比较安逸，这便是虞舜能够清静无为而使政治修明的原因啊。至于诉讼交易等烦琐细小的事情，各有有关部门执掌，不是君主所应躬亲过问的。过去，秦始皇用衡器称取所阅疏表奏章，魏明帝亲自到尚书台按验发行文书，隋文帝议事不息，侍卫人员只好互传食物吃饭，对于当世都没有什么补益，却被后人讥笑。他们的耳目、身心并非不勤劳、辛苦，但是他们致力的事情，并不合乎事理啊！一般说来，君主最怕不推心置腹，臣下最怕不竭尽忠心。如果君主怀疑他的臣下，臣下诓骗他的君主，要以此求得治理好国家，不是很困难吗！”宪宗认为他的话很有道理。

【原文】

稹上疏论谏职[①]，以为：“昔太宗以王珪、魏徵为谏官，宴游寝食未尝不在左右，又命三品以上入议大政，必遣谏官一人随之，以参得失，故天下大理。今之谏官，大不得豫召见，次不得参时政，排行就列，朝谒而已。近年以来，正牙不奏事，庶官罢巡对，谏官能举职者，独诰命有不便则上封事耳。君臣之际，讽谕于未形，筹画于至密，尚不能回至尊之盛意[②]，况于既行之诰令，已命之除授，而欲以咫尺之书收丝纶之诏，诚亦难矣。愿陛下时于延英召对，使尽所怀，岂可置于其位而屏

元稹上书谈论谏官的职责。

弃疏贱之哉！”

【注释】

①稹：指元稹。唐代文学家。贞元九年（公元 793 年）明经及第，官至同中书下平章事，后借重宦官排挤名相裴度。②盛意：盛情，浓厚的情意。

【译文】

元稹上书谈论谏官的职责，他认为：“过去，太宗任命王珪与魏徵为谏官，自己无论宴饮游玩，还是寝息就餐，无时不让他们跟随在身边，还命三品以上的官员入朝计议重大政务的时候，务必要派一名谏官跟随，以检验议论的得失，所以当时天下政治修明。现在的谏官，首先不能得到圣上的召见，其次不能参究当前的政治措施，只是跻身于朝班的行列之中，按时上朝拜见圣上罢了。近些年来，正殿不奏事，百官停止轮流奏事，谏官能够奉行的职责，只有在诏诰命令不尽合宜时，献上一本奏章而已。臣下借着与君见面的机会，在事情发生以前便委婉规劝，进行极为周密的谋划，尚且难以回转圣上的盛意，何况诏诰命令已经颁行，对官员的任命已经发布，要想凭着谏官进呈一纸奏章收回圣上的诏书，实在是够难的了。希望陛下经常在延英殿召见谏官奏对，让他们把心里的话都讲出来，怎么可以将他们安置在谏官的职位上，而又对他们弃置不顾，并且疏远贱视呢！”

【原文】

元和二年（丁亥，公元 807 年）

夏、蜀既平[①]，藩镇惕息[②]，多求入朝，镇海节度使李

藩镇请求入京朝见。

锜亦不自安[3]，求入朝；上许之，遣中使至京口慰抚[4]，且劳其将士。锜虽署判官王澹为留后[5]，实无行意，屡迁行期，澹与敕使数劝谕之；锜不悦，上表称疾，请至岁暮入朝。上以问宰相，武元衡曰[6]："陛下初即政，锜求朝得朝，求止得止，可否在锜，将何以令四海！"上以为然，下诏征之。锜诈穷，遂谋反。

【注释】

①蜀既平：元和元年，宪宗李纯在杜黄裳、李吉甫的支持下，派人平定了西川节度副使刘辟的叛乱。②愓息：恐惧得不敢出声。形容提心吊胆的样子。③镇海节度使：治所在润州，今江苏镇江。李锜：李唐宗室。势力主要在润州一带。④京口：今江苏镇江。⑤判官：地方节度使的属官。留后：官职名。唐中叶后，节度使遇有事故，往往以其子侄或亲信将吏代行职务，称节度留后或观察留后。⑥武元衡：宪宗时期的宰相，因力主削藩，遭到藩镇忌恨。元和十年六月，被淄青藩镇李师道派刺客暗杀。

【译文】

元和二年（丁亥，公元807年）

夏州、蜀中的叛乱被平定之后，藩镇极为恐惧，大多请求入京朝见。镇海节度使李锜也感到不安，请求入京朝见；宪宗答应了，派使者到京口安抚慰问，同时慰劳他的将士。李锜虽然派了判官王澹暂且担任留后，其实并没有离开的打算，好几次拖延了启程的日期，王澹与朝廷使者多次劝告他；李锜心中不快，上表声称身染疾病，请求延缓到了年底再入京朝见。宪宗就此事征求宰相的意见，武元衡说："陛下刚开始执掌朝政大权，如果李锜想入朝就入朝，不想入朝就不入朝，那么决定权就在李锜手中了，陛下将用什么来号令天下呢！"宪宗认为有理，于是便颁发诏书征召李锜前来。李锜计谋已穷，于是便策划起兵谋反。

【原文】

乙丑，制削李锜官爵及属籍。以淮南节度使王锷统诸道兵为招讨处置使；征宣武、义宁、武昌兵并淮南、宣歙兵俱出宣州，江西兵出信州，浙东兵出杭州，以讨之。

【译文】

乙丑（十一日），宪宗颁布制书，命令革除李锜的官职爵位，并在宗室名册中除名。命令淮南节度使王锷统领各道兵马，出任招讨处置使；征调宣武、义宁、武昌兵马，连同淮南、宣歙兵马一起由宣州出发，江西兵马由信州出发，浙东兵马由杭州出发，共同讨伐李锜。

【原文】

李锜以宣州富饶①，欲先取之，遣兵马使张子良、李奉仙、田少卿将兵三千袭之②。三人知锜必败，与牙将裴行立同谋讨之③。行立，锜之甥也，故悉知锜之密谋。三将营于城外，将发，召士卒谕之曰：“仆射反逆，官军四集，常、湖二将继死，其势已蹙[④]。今乃欲使吾辈远取宣城，吾辈何为随之族灭！岂若去逆效顺，转祸为福乎！”众悦，许诺，即夜，还趋城。行立举火鼓噪，应之于内，引兵趋牙门[⑤]。锜闻子良等举兵，怒，闻行立应之，抚膺曰[⑥]：“吾何望矣！”跣走[⑦]，匿楼下。亲将李钧引挽强三百趋山亭[⑧]，欲战；行立伏兵邀斩之。锜举家皆哭，左右执锜，裹之以幕，缒于城下，械送京师[⑨]。挽强、蕃落争自杀[⑩]，尸相枕藉[⑪]。癸酉，本军以闻。乙亥，群臣贺于紫宸殿。上愀然曰[⑫]：“朕之不德，致宇内数有干纪者[⑬]，朕之愧也，何贺之为！”

【注释】

①宣州：今安徽宣城。②兵马使：作战将领。③牙将：军中的中下级军官。④蹙：紧迫，急促。⑤牙门：驻军时主将帐前树牙旗以为军门，称“牙门”。或指官署。⑥抚膺：捶胸。膺，胸。⑦跣：赤足。⑧挽强：拉硬弓。⑨械送：戴上刑具押送。⑩蕃落：外族人。⑪枕藉：纵横交错地躺卧在一起。⑫愀然：忧愁的样子。⑬干纪：违抗法令。

【译文】

李锜觉得宣州富庶丰饶，想要先攻占宣州，便派兵马使张子良、李奉仙、田少卿带领三千将士袭击宣州。三人知道李锜必败，便和牙将裴行立策划共同讨伐李锜。裴行立是李锜的外甥，所以他知道李锜所有的机密策谋。三将在镇海军城外扎下营，准备出发的时候，召集将士，并开导他们说：“李仆射谋反叛逆，征讨的官军从四面包围过来，常州和湖州的李深与赵惟忠二位将领相继

李锜派张子良、李奉仙、田少卿领兵袭击宣州。

败死，李锜的局势已经相当紧迫。现在，李锜在准备派我们远取宣城，我们为什么要跟随他遭受灭族之祸呢！还不如离开他转而投效朝廷，将祸殃转变为福缘呢！”众将士都很高兴，便应承下来了，当夜，三位将领率军返回镇海军城。裴行立点着火，擂鼓呐喊，在镇海军城内响应，带领士兵真奔军府牙门而来。李锜听说张子良等人起兵，大怒，听到裴行立接应的消息，捶胸说：“我还有什么希望呢！”于是，他光着脚逃走，躲藏在楼下。李锜的亲信将领李钧率领三百名弓弩手赶往山亭，准备交战，被裴行立的伏兵斩杀。李锜全家人都哭泣，李锜的随从抓住李锜，用帐幕裹起他，用绳索将他缒到城下，给他带上刑具送往京师。李锜的弓弩手和番兵纷纷自杀，尸体纵横交错地躺在一起。癸酉（十九日），镇海军将本军发生的事情上奏朝廷。乙亥（二十一日），群臣在紫宸殿向宪宗道贺。宪宗愁容满面地说：“由于朕不施恩德，致使天下屡屡有违犯法纪的人，这是让朕羞愧的事啊，有什么值得祝贺的呢！”

【原文】

宰相议诛锜大功以上亲[1]，兵部郎中蒋乂曰：“锜大功亲，皆淮安靖王之后也。淮安有佐命之功，陪陵、享庙[2]，岂可以末孙为恶而累之乎！”又欲诛其兄弟，乂曰：“锜兄弟，故都统国贞之子也，国贞死王事，岂可使之不祀乎！”宰相以为然。辛巳，锜从父弟宋州刺史铦等皆贬官流放。

【注释】

① 大功：丧服五服之一，服期九月。其服用熟麻布做成，较齐衰稍细，较小功为粗，故称大功。旧时堂兄弟、未婚的堂姊妹、已婚的姑、姊妹、侄女及众孙、众子妇、侄妇等之丧，都服大功。已婚女为伯父、叔父、兄弟、侄、未婚姑、姊妹、侄女等服丧，也称大功。

唐朝廷商议如何处置李锜的亲属。

②陪陵：古代指臣子的灵柩葬在皇帝坟墓的近旁。

【译文】

宰相商议诛杀李锜叔伯兄弟姊妹以上的亲属，兵部郎中蒋乂说："李锜叔伯兄弟姊妹以上的亲属，都是淮安靖王李神通的后裔。淮安靖王有辅佐太祖、太宗、创建国家的功勋，因此得以陪葬于献陵，配享于高祖祠庙，怎么可以因后代子孙做了坏事而受到连累呢！"宰相们又想杀李锜的兄弟，蒋乂说："李锜的兄弟，是已故都统李国贞的儿子，李国贞为朝廷献身，难道能让他失去后人的祭祀吗！"宰相觉得他说得有道理。辛巳（二十七日），李锜的叔伯弟弟宋州刺史李铦等人都被贬官流放。

【原文】

十一月甲申朔，锜至长安，上御兴安门，面诘之[①]。对曰："臣初不反，张子良等教臣耳。"上曰："卿为元帅，子良等谋反，何不斩之，然后入朝？"锜无以对。乃并其子师回腰斩之。

【注释】

①诘：责问。

【译文】

十一月甲申朔（初一），李锜被押送到长安，宪宗驾临兴安门，当面责问他。李锜回答说："臣起先并没有造反，是张子良等人教臣这样做的。"宪宗说："你作为主帅，既然张子良等人策划造反，你为什么不将他们杀了，然后再入京朝见呢？"李锜答不出来。于是宪宗就下令将李锜连同他的儿子李师回一并腰斩。

翰林学士裴垍、李绛进言将李锜的物资钱财赐给浙西的百姓。

【原文】

有司籍锜家财输京师。翰林学士裴垍、李绛上言，以为："李锜僭侈，割剥六州之人以富其家，或枉杀其身而取其财。陛下闵百姓无告[①]，故讨而诛之，今辇金帛以输上京[②]，恐远近失望。愿以逆人资财赐浙西百姓，代今年租赋。"上嘉叹久之，即从其言。

【注释】

①闵：古同"悯"，忧虑。无告：有苦无处诉。②辇：古代用人拉着走的车子，后多指天子或王室坐的车子。

【译文】

有关部门准备将没收的李锜的家财运送到京城，翰林学士裴垍、李绛进言，认为："李锜过度奢侈，残酷掠夺润、睦、常、苏、湖、杭六州百姓，使自己家富足，甚至滥杀无辜，从中夺取资财。陛下怜悯百姓有苦无处诉，所以征讨并杀了他，现在要将没收的金银丝帛装载成车，运到京城，恐怕会使百姓感到失望。希望将李锜的物资钱财赐给浙西的百姓，用以替代他们今年应交纳的赋税。"宪宗嘉许赞叹良久，随即听从了他们的建议。

【原文】

盩厔尉、集贤校理白居易作乐府及诗百馀篇[①]，规讽时事[②]，流闻禁中；上见而悦之，召入翰林为学士。

十二月丙辰，上谓宰相曰："太宗以神圣之资，群臣进谏者犹往复数四[③]，况朕寡昧，自今事有违，卿当十论，无但一二而已。"

【注释】

① 白居易：唐代诗人，字乐天，号香山居士、醉吟先生。原籍山西太原，祖上迁陕西渭南。晚年官太子少傅，谥号"文"，世称白傅，白文公。② 规讽：规劝讽谕。③ 进谏：对君主进言规劝。

【译文】

盩厔县尉、集贤校理白居易作乐府与诗一百多篇，规劝讽谕时事，流传到宫廷之中。宪宗看了白居易的乐府与诗歌很是喜爱，便传召白居易进入翰林院，担任翰林学士。

白居易作乐府与诗一百多篇，规劝讽喻时事，流传到宫廷中。

十二月丙辰（初三），宪宗对宰相说："就凭着太宗那样的圣明资质，群臣进谏的奏章尚且需要往返三四次，何况朕是愚昧寡闻的呢！从今以后，如果有什么不对的事情，你们应当论说十次，不能一两次就了事了。"

【原文】

元和三年（戊子，公元 808 年）

夏，四月，上策试贤良方正直言极谏举人[①]，伊阙尉牛僧孺、陆浑尉皇甫湜、前进士李宗闵皆指陈时政之失[②]，无所避；户部侍郎杨於陵、吏部员外郎韦贯之为考策官，贯之署为上第。上亦嘉之，诏中书优与处分。李吉甫恶其言直，泣诉于上，且言“翰林学士裴垍、王涯覆策。湜，涯之甥也，涯不先言；垍无所异同。”上不得已，罢垍、涯学士，垍为户部侍郎，涯为都官员外郎，贯之为果州刺史。后数日，费之再贬巴州刺史，涯贬虢州司马。乙亥，以杨於陵为岭南节度使，亦坐考策无异同也。僧孺等久之不调，各从辟于籓府。

【注释】

① 策试：古代以策问试士，因称对臣下或举子的考试为“策试”。极谏：尽力规劝。② 牛僧孺：牛李党争中牛党的领袖，唐穆宗、唐文宗时任宰相。

【译文】

元和三年（戊子，公元 808 年）

夏季，四月，宪宗对有关部门推举的贤良方正、直言极谏科的举人进行考试，伊阙县尉牛僧孺、陆浑县尉皇甫湜、前科进士李宗闵等人，都指明并陈述当时政务的过失，没有什么避讳的。吏部侍郎杨於陵、吏部员外郎韦贯之担任主考策对的官员，韦贯之将牛僧孺等人纳入成绩优秀的名册中。宪宗对他们也很嘉许，颁诏命令中书省对他们从优安排。李吉甫对他们直言直语很反感，哭泣着向宪宗陈诉，而且说：“策对考试是由翰林学士裴垍和王涯

宪宗考核举人。

来复核审定的。皇甫湜是王涯的外甥，王涯没有事先说明，裴垍也没有提出异议。”宪宗没有办法，免除了裴垍与王涯翰林学士的职务，让裴垍出任户部侍郎，王涯出任都官员外郎，韦贯之出任果州刺史。几天后，韦贯之又被贬为巴州刺史，王涯被贬为虢州司马。乙亥（二十三日），宪宗任命杨於陵为岭南节度使，他也是由于主考策对时没有提出异议而受到处罚。牛僧孺等人长期不得调任，分别被藩镇征用去做幕府的僚属。

雪夜袭蔡州

【导语】

自从曾国藩把《资治通鉴》记载的唐朝“裴度李愬平蔡之役”选入《经史百家杂钞》后，“李愬雪夜入蔡州”的故事便广为流传。

李愬雪夜袭取蔡州，擒获吴元济之役，是唐王朝与藩镇割据势力之间的战争。割据势力对人民残酷剥削，激起人民对藩镇割据的深恶痛绝，是唐王朝取得战争胜利的根本原因。此次战争虽是一次局部作战，但却对制伏各地藩镇起了关键性作用。李愬在指挥作战中表现出来的机智果敢，给后人以非常有益的启示。

“官军”前来偷袭，吴元济毫无防备。裴度和李愬经过多次谋划和精心准备，最后奇袭蔡州，生擒吴元济，平定了蔡州。李愬袭击蔡州之所以取得成功，与他示弱骄敌，使吴元济恃胜不备，因而出其不意乘虚而入是有密切关系的。此外，李愬出兵那一天是十月辛未日，当夜幕降临时，风雪交加。大风雪的天气虽然对“官军”行军极为不利，但因敌方根本意想不到在这种极其恶劣的气候条件下“官军”会突然发动袭击，因而一点防备也没有。李愬正是巧妙运用了天气因素，才使“官军”一路畅通，神不知、鬼不觉地直达吴元济的老巢。天气变化往往是偶然现象，指挥者如果能及时利用这种偶然因素，有助于克敌制胜。

“李愬雪夜袭取蔡州”是一成功的奇袭战的典型战例，在中外军事史上被人广为称道。李愬奇袭的成功并非出于偶然。就主观而言，李愬治军有方，奉己俭约，待将士丰厚，能得士心；又明于知人，敢于重用降将，能得敌情；他当机立断，敢于抓住蔡州空虚的时机，实施奇袭；又长于谋略，善于麻痹敌方，瓦解其民心和士气。这些，都使他能利用风雪阴晦、烽火不接的天气，孤军深入，置全军于死地而后取得奇袭的胜利。从客观上来说，唐宪宗和裴度始终未改其平定淮西的决心，又能集中力量对吴元济用兵，甚至撤去监阵中使，而北线唐军则牵制、吸引了淮西的主力，这都为奇袭的胜利创造了有利的条件。

淮西平定后，藩镇割据的局面暂告结束，唐朝又恢复了统一。

【原文】

元和十二年（丁酉，公元817年）

李愬至唐州[①]，军中承丧败之馀[②]，士卒皆惮战，愬知之，有出迓者[③]，愬谓之曰："天子知愬柔懦，能忍耻，故使来拊循尔曹[④]。至于战攻进取，非吾事也。"众信而安之。

【注释】

①李愬：唐代大将。字元直，洮州临潭（今属甘肃）人，李晟子。有韬略，善骑射。初任坊、晋二州刺史。当时新任唐、随、邓节度使。唐州：治所在今河南泌阳，当时唐、随、邓节度使的治所。②丧败之馀：元和十年（公元815年）以来讨伐蔡州的官军屡屡失利。③迓：迎接。④拊循：抚慰。

【译文】

元和十二年（丁酉，公元817年）

李愬到了唐州，唐州的军士在经过死丧败亡后，将士们都害怕作战，李愬知道这种状况，有些人出来迎接他，李愬便对他们说："天子知道我柔弱怯懦，能忍受耻辱，所以让我来抚慰你们。至于采取军事行动，就不是我的事情了。"众人相信了他的话，都放心了。

【原文】

愬亲行视士卒，伤病者存恤之，不事威严。或以军政不肃为言，愬曰："吾非不知也。袁尚书专以恩惠怀贼[①]，贼易之，闻吾至，必增备，吾故示之以不肃。彼必以吾为懦而懈惰，然后可图也。"淮西人自以尝败高、袁二帅[②]，轻愬名位素微，遂不为备。

【注释】

①袁尚书：袁滋，原为尚书有丞，元和十一年七月被任命为彰义节度，申、光、蔡、唐、随、邓诸州观察使，主持讨伐吴元济的军事。所谓以恩惠怀贼，是指撤去对吴元济方面的侦察、巡逻，禁止官军侵入吴的辖区，吴出兵打他，他又卑辞请和。②淮西：淮

李愬亲自看望将士们。

南西道的淮西节度使管区，淮西节度使曾改名为申、光、蔡节度使。高：指高霞寓，元和十年十月，被任命为唐、随、邓州节度使，负责对吴元济作战，多次战败，被撤职，以袁滋继任。

【译文】

李愬亲自去看望将士们，慰问抚恤受伤和生病的人，不摆威严的架子。有人对他说军中政事不够整肃，李愬说："我并不是不知道。袁尚书专门以恩惠安抚敌人，敌人轻视他。敌人听说我来了，肯定要增设防备，我故意让敌人看到我军不够整肃。他们肯定以为我是懦弱而又懒惰的，此后就可以设法对付他们了。"淮西人自认为曾经打败过高霞寓和袁滋两名主帅，因李愬的名望与官位卑微而轻视他，便不做防备。

【原文】

李愬谋袭蔡州[①]，表请益兵；诏以昭义、河中、鄜坊步骑二千给之[②]。丁酉，愬遣十将马少良将十馀骑巡逻[③]，遇吴元济捉生虞候丁士良[④]，与战，擒之。士良，元济骁将，常为东边患[⑤]；众请刳其心[⑥]，愬许之。既而召诘之，士良无惧色。愬曰："真丈夫也！"命释其缚。士良乃自言："本非淮西士，贞元中隶安州[⑦]，与吴氏战[⑧]，为其所擒，

李愬给丁士良松绑。

丁士良表示要以死报答李愬不杀之恩。

自分死矣[9]，吴氏释我而用之，我因吴氏而再生，故为吴氏父子竭力。昨日力屈，复为公所擒，亦分死矣，今公又生之，请尽死以报德。”愬乃给其衣服器械，署为捉生将[10]。

【注释】

①蔡州：淮西节度使治所，在今河南汝南。②昭义：昭义节度使，治所在今山西长治。河中：河中节度使，治所在今山西蒲州。鄜坊：鄜坊节度使，治所在今陕西富县。③十将：军中下级军官名称。④捉生虞候：虞候是节度使下属的重要武官，捉生是捕捉俘虏的意思，但捉生虞候未必专门干这项工作，仅是一种武官的名称而已。⑤东边：唐、邓二州的东边，和淮西节度使管区相邻。⑥刳：剖开，挖出。⑦贞元：唐德宗年号，共二十一年（公元785—805年）。安州：治所在今湖北安陆。⑧吴氏：指吴少阳。⑨自分：自己料想。⑩捉生将：捉生将是当时一类武官的名称。

【译文】

李愬策划袭击蔡州，上表请求增派兵力，宪宗颁诏将昭义、河中、鄜坊的步、骑兵两千人给了他。丁酉（初七），李愬派十将马少良率骑兵十余人巡回侦察，遇到吴元济的捉生虞候丁士良，与他交战，将他擒获。丁士良是吴元济骁勇善战的将领，经常为害东部的唐州、邓州等地。众人请求将丁士良的心剜出来，李愬答应了众人的请求。过一会儿，李愬把丁士良叫来，当面责问他，丁士良没有恐惧的神色。李愬说："丁士良真是一位大丈夫！"他命令给丁士良松绑。于是，丁士良就主动说："我不是淮西的官吏，贞元年间我隶属安州，与吴氏交战，被吴氏擒获，料想要被处死，吴氏却释放并起用了我。我因为吴氏而得以再次存活下来，所以我为吴氏父子竭力效命。昨天我力不能支，又被您所擒获，也料想要被处死，现在您又让我活下来，请让我竭尽死力报答您的恩德。"于是，李愬就将衣服和器具又给了他，任命他为捉生将。

【原文】

丁士良言于李愬曰："吴秀琳拥三千之众，据文城栅①，为贼左臂，官军不敢近者，有陈光洽为之谋主也②。光洽勇而轻③，好自出战，请为公先擒光洽，则秀琳自降矣。"戊申，士良擒光洽以归。

【注释】

①文城栅：在蔡州西南。②谋主：主要的出谋划策者。③轻：轻率，轻敌。

【译文】

丁士良对李愬说："吴秀琳手下有三千人马，据守文城栅，犹如敌军的左臂，官军之所以不敢进攻，是因为有陈光洽做军师。陈光洽勇敢善战但不够稳重，喜欢亲自出来接战，请让我为您先捉住陈光洽，吴秀琳自然就会投降了。"戊申（十八日），丁士良

吴秀琳率文城栅兵马向李愬投降。

捉获了陈光洽，带他回到大营。

【原文】

吴秀琳以文城栅降于李愬。戊子，愬引兵至文城西五里，遣唐州刺史李进诚将甲士八千至城下，召秀琳，城中矢石如雨，众不得前。进诚还报："贼伪降，未可信也。"愬曰："此待我至耳。"既前至城下，秀琳束兵投身马足下；愬抚其背慰劳之，降其众三千人。秀琳将李宪有材勇，愬更其名曰忠义而用之。悉迁妇女于唐州。于是唐、邓军气复振，人有欲战之志。贼中降者相继于道，随其所便而置之；闻有父母者，给粟帛遣之①，曰："汝曹皆王人，勿弃亲戚。"众皆感泣。

【注释】

①帛：丝织品的总称。

【译文】

吴秀琳率文城栅兵马向李愬投降。戊子（二十八日），李愬领兵到文城栅西边五里处，派唐州刺史李进诚带领兵士八千到城下，召呼吴秀琳，城上箭和石块像雨一般地打下来，大家无法向前。李进诚回来报告说："贼军假投降，不可相信。"李愬说："这是要等我前去才行。"李愬当即到了城下，吴秀琳收起兵器，拜倒在李愬的马前；李愬抚着他的背好言安慰他，收降了他的三千人马。

吴秀琳的部将李宪既有才能，又很勇敢，李愬给他改名为忠义并加以任用。李愬又把文城栅里的妇女全都迁移到唐州。于是，唐州与邓州军的士气重新振作起来，人人有了准备打仗的决心。前来投降的敌军一路上络绎不绝，李愬便根据具体情况安置了他们。得知归降者家中有父母的，就发给粮食和布帛，打发他们回去，说："你们都是皇帝的百姓，不要丢下亲属。"这些人都感动得流下泪。

【原文】

愬每得降卒，必亲引问委曲，由是贼中险易远近虚实尽知之。愬厚待吴秀琳，与之谋取蔡。秀琳曰："公欲取蔡，非李祐不可，秀琳无能为也。"祐者，淮西骑将，有勇略，守兴桥栅①，常陵暴官军。庚辰，祐率士卒刈麦于张柴村②，愬召厢虞候史用诚③，戒之曰："尔以三百骑伏彼林中，又使人摇帜于前，若将焚其麦积者。祐素易官军，必轻骑来逐之。尔乃发骑掩之，必擒之。"用诚如言而往，生擒祐以归。将士以祐向日多杀官军，争请杀之；愬不许，释缚，待以客礼。

【注释】

①兴桥栅：在今河南上蔡南。②刈：割。张柴村：在今河南遂平东。③厢虞候：当时节度使的兵常分左厢、右厢等。

【译文】

每当李愬得到归降的士兵，一定亲自领来询问淮西的底细，因此他对敌方的地形和兵力分布都了解得很清楚。李愬待吴秀琳很好，与他策划夺取蔡州的事。吴秀琳说："如果您要攻取蔡州，必须得到李祐不可，我是无能为力的。"李祐是淮西的骑兵将领，有勇有谋，驻守在兴桥栅，经常侵凌欺辱官军。庚辰（二十一日），李祐带着士兵在张柴村收割麦子，李愬叫来厢虞候史用诚，告诫他说："你带领三百骑兵埋伏在那片树林中，再让人在前面摇动旗帜，就像是要焚烧他们麦堆的样子。李祐平时轻视官军，肯定会率轻骑前来驱赶你们。这时，你就派骑兵袭取他，一定能将他擒获。"史用诚按照李愬吩咐的那样前往，把李祐活捉回来。因为李祐过去杀害了许多官军，将士们争着请求杀掉他。李愬不允许，给他松了绑，用宾客的礼节对待他。

【原文】

时愬欲袭蔡，而更密其谋，独召祐及李忠义屏人语[①]，或至夜分，他人莫得预闻。诸将恐祐为变，多谏愬；愬待祐益厚。士卒亦不悦，诸军日有牒称祐为贼内应，且言得贼谍者具言其事。愬恐谤先达于上，己不及救，乃持祐泣曰："岂天不欲平此贼邪！何吾二人相知之深而不能胜众口也。"因谓众曰："诸君既以祐为疑，请令归死于天子。"乃械祐送京师，先密表其状，且曰："若杀祐，则无以成功。"诏释之，以还愬。愬见之喜，执其手曰："尔之得全，社稷之灵也！"乃署散兵马使[②]，令佩刀巡警，出入帐中；或与之

李愬与部将商议谋划准备袭取蔡州。

同宿，密语不寐达曙，有窃听于帐外者，但闻祐感泣声。时唐、随牙队三千人③，号六院兵马，皆山南东道之精锐也④。愬又以祐为六院兵马使。

【注释】

①屏：也作“摒”，摒退，叫人避开。②散兵马使：兵马使是节度使手下最有实权的统兵大将，散兵马使是署上兵马使的官衔，但未能直接掌管部队。③随：随州，治所在今湖北随州。牙队：节度使直接掌握的精锐卫队，也叫牙兵。胡三省注：牙队者，节度使牙卫从之队，犹今之簇帐部。④山南东道：唐代十五道之一。唐、随等州都属山南东道。

【译文】

当时，李愬准备袭取蔡州，谋划更加隐秘。他单独叫来李祐和李忠义，屏退旁人后才进行交谈，有时谈话直到夜里，别人都不知道他们说些什么。将领们都担心李祐制造变故，多次规劝李愬，而李愬对待李祐更为优厚。士兵们也不高兴，各军每天都有文书说李祐是贼军的内应，而且说是听敌方奸细亲口说的。李愬担心这些流言蜚语先传到皇上那里，自己来不及搭救，于是握着李祐的手哭泣着说：“难道是上天不愿意平定吴贼吗！为什么你我二人相知深切，却敌不过众人之口。”因而，李愬对大家说：“既然诸位怀疑李祐，那就请天子处置他吧！”于是，李愬给李祐戴上刑具，将他送往京城，事先暗中上表说明情况，而且说：“如果杀了李祐，就无法取得成功。”宪宗颁诏释放李祐，将他还给李愬。李愬见到李祐十分高兴，拉着李祐的手说：“你得以保全，真是社稷有灵啊！！”于是任命李祐为散兵马使，让他带着佩刀，巡视警戒，在自己的帐中往来。有时，李愬与他一同就寝，秘密交谈，直到天快亮了也不入睡，有在帐外暗中偷听的人，只能听到李祐感动的哭泣声。当时，唐州、随州的卫队有三千人，号称六院兵马，都是山南东道精悍勇锐的军队，李愬又任命李祐为六院兵马使。

【原文】

旧军令，舍贼谍者屠其家。愬除其令，使厚待之，谍反以情告愬，愬益知贼中虚实。乙酉，愬遣兵攻朗山①，淮西兵救之，官军不利；众皆怅恨，愬独欢然曰："此吾计也！"乃募敢死士三千人，号曰突将，朝夕自教习之，使常为行备，欲以袭蔡。会久雨，所在积水②，未果。

奸细将实情报告给李愬。

【注释】

①朗山：今河南确山。②所在：处处。

【译文】

原先的军令规定，对留宿敌方奸细的人，要屠杀他的全家。李愬去除了这一军令，让人优待吴军的奸细，奸细反而将实情报告给李愬，李愬更加了解到吴军的情况。乙酉（二十六日），李愬派兵攻打朗山，淮西兵前去援救，官军失利；众人都惆怅恼恨，只有李愬欢快地说："这是我的计策啊！"于是，李愬募集敢死之士三千人，号称突将，每天不停地亲自教练他们，让他们经常做好出发的准备，李愬打算用这支军队袭击蔡州。适值多雨天气，到处积满雨水，这一计划没有实现。

【原文】

吴元济见其下数叛[①]，兵势日蹙[②]，六月壬戌，上表谢罪，愿束身自归[③]。上遣中使赐诏，许以不死；而为左右及大将董重质所制，不得出。

【注释】

① 吴元济：节度使吴少阳之子，少阳死后不经任命自立，和朝廷对抗。② 日蹙：一天比一天紧迫。③ 束身：绑缚起来。

【译文】

吴元济看到部下很多人背叛了自己，形势一天比一天紧迫，六月壬戌（初四），他上表认罪，表示愿意亲自到京城请罪。宪宗派中使向他颁赐诏书，答应免他一死。然而，吴元济被亲信和大将董重质等人控制住了，无法离开蔡州。

【原文】

甲寅，李愬将攻吴房[①]，诸将曰："今日往亡[②]。"愬曰："吾兵少，不足战，宜出其不意。彼以往亡不吾虞，正可击也。"遂往，克其外城，斩首千馀级。馀众保子城[③]，不敢出，愬引兵还以诱之，淮西将孙献忠果以骁骑五百追击其背；众惊，将走，愬下马据胡床[④]，令曰："敢退者斩！"返旌力战[⑤]，献忠死，淮西兵乃退。或劝愬乘胜攻其子城，可拔也。愬曰："非吾计也。"引兵还营。

【注释】

① 吴房：今河南遂平。② 往亡：旧时的迷信说法，说农历八月的白露以后第十八日为往亡，九月的寒露以后第二十七日为往亡，往亡日不宜出征、远行。③ 子城：内城。④ 胡床：轻便的折叠椅，本是新疆、中亚一带的所谓胡人用的，东汉末传入中原，称之为胡床，后来也叫绳床、交床、交椅。⑤ 返旌：旌，大旗。返旌就是回军。

【译文】

甲寅（二十八日），李愬准备攻打吴房县，诸将领都说："今天是不利前往的往亡日。"李愬说："我们兵少，不能正面作战，应当出其不意。敌人因今天是往亡日便不会防备我们，正可以去突袭。"于是，李愬率军前往，攻克了吴房的外城，斩首一千余级。余下的贼军防守内城，不敢出来。李愬引兵撤退，以便诱使吴房兵马出动，淮西将孙献忠果然率领五百骁勇的骑兵在背后追来。

李愬率军攻打吴房县。

大家惊惶失措，准备逃走，李愬跳下马，坐在胡床上，下令说："有胆敢退却的，一概斩杀！"大家回军尽力作战，孙献忠战死，淮西兵败退。有人劝说李愬乘胜攻打吴房内城，认为是能够攻克的。李愬说："这不是我的计策。"于是，李愬率领兵马返回营地。

【原文】

李祐言于李愬曰："蔡之精兵皆在洄曲①，及四境拒守，守城者皆羸老之卒，可以乘虚直抵其城。比贼将闻之，元济已成擒矣。"愬然之。冬，十月甲子，遣掌书记郑澥至郾城②，密白裴度。度曰："兵非出奇不胜，常侍良图也。"

【注释】

① 洄曲：在今河南郾城，因溵水在此回曲而得名。② 郑澥：李愬检校天散骑常侍，镇唐、邓、随。

【译文】

李祐向李愬进言说："蔡州的精锐兵马全都在洄曲及四周的边境上驻扎把守，防守蔡州城的都是老弱残兵，可以乘蔡州空虚，直抵蔡州城。等外边的贼将听到消息时，吴元济已经就擒了。"李愬认为言之有理。冬季，十月甲子（初八），李愬派掌书记郑澥到郾城，秘密禀报裴度。裴度说："用兵打仗，不出奇兵不能取胜，李常侍提出了一个很好的计划啊。"

【原文】

辛未，李愬命马步都虞候、随州刺史史旻留镇文城，命李祐、李忠义帅突将三千为前驱，自与监军将三千人为中军，命李进诚将三千人殿其后。军出，不知所之；愬曰："但东行！"

行六十里，夜，至张柴村，尽杀其戍卒及烽子[①]。据其栅，命士少休，食干糒[②]，整羁靮[③]，留义成军五百人镇之[④]，以断洄曲及诸道桥梁，复夜引兵出门；诸将请所之，愬曰："入蔡州取吴元济！"诸将皆失色。监军哭曰[⑤]："果落李祐奸计！"时大风雪，旌旗裂，人马冻死者相望。天阴黑，自张柴村以东道路，皆官军所未尝行，人人自以为必死；然畏愬，莫敢违。夜半，雪愈甚，行七十里，至州城；近城有鹅鸭池，愬令击之以混军声。

【注释】

①烽子：当时设置烽候，有警就点燃烽火，烽子就是守卫烽候的兵。②干糒：干粮。③羁靮：马络。靮，缰绳。④义成：义成节度使，治所在今河南曹县。⑤监军：唐自玄宗以后各节度使处以及用兵时都派有宦官监军。

【译文】

辛未（十五日），李愬命马步都虞候、随州刺史史旻等人留下镇守文城，派李祐、李忠义率领三千突将为前导，自己和监军率领三千人为中军，命李进诚率领三千人居于军队的尾部。军队出发以后，不知往哪里去。李

李愬部队在张柴村将屯戍村中的淮西士兵和守候烽火的人全部斩杀。

愬说："只管往东行进！"军队走了六十里，天黑了，来到张柴村，将屯戍村中的淮西士兵和守候烽火的人全部杀了。占据了敌军的栅垒，叫战士稍作休息，吃点干粮，整理好马具，将义成军的五百人留下来镇守张柴村，以截断洄曲与各条道路间的桥梁。李愬又连夜率领兵马出了张柴村的栅门；将领们请示去哪里，李愬说："到蔡州城捉拿吴元济！"将领们都大惊失色。监军哭着说："果然中了李祐的奸计！"当时，风雪大作，旌旗被风撕裂，冻死的战士与马匹到处可见。天色阴暗，由张柴村往东的道路，都是官军不曾走过的，人人都以为必死无疑；但是他们畏惧李愬，不敢违抗命令。到了半夜，雪下得更大了，官军走了七十里路，到达蔡州城；靠近城边有个喂养鹅鸭的池塘，李愬命令哄打鹅鸭，以此遮掩军队行走的声音。

【原文】

自吴少诚拒命，官军不至蔡州城下三十馀年[①]，故蔡人不为备。壬申，四鼓，愬至城下，无一人知者。李祐、李忠义𨭚其城，为坎以先登[②]，壮士从之；守门卒方熟寐，尽杀之，而留击柝者[③]，使击柝如故。遂开门纳众，及里城，亦然，城中皆不之觉。鸡鸣，雪止，愬入居元济外宅。或告元济曰："官军至矣！"元济尚寝，笑曰："俘囚为盗耳！晓当尽戮之。"又有告者曰："城陷矣！"元济曰："此必洄曲子弟就吾求寒衣也。"起，听于廷，闻愬军号令曰："常侍传语[④]。"应者近万人。元济始惧，曰："何等常侍，能至于此！"乃帅左右登牙城拒战[⑤]。

【注释】

① 官军不至蔡州城下三十馀年：吴少诚在贞元二年（公元 786 年）割据淮西后被任命为节度使，死后吴少阳继位，吴少阳死后子吴元济自立，到这时已三十余年。② 镬：锄，这里指以锄挖掘。坎：坑，洞。③ 柝：打更的木梆。④ 常侍：当时李愬的官职是检校左散骑常侍，但只是个空衔头，实职是节度使，但在唐代节度使不算正式官职，并无品级。⑤ 牙城：节度使官署筑有城圈，叫牙城。

【译文】

自从吴少诚抗拒朝廷以来，官军不到蔡州城下已有三十多年，所以蔡州人毫无防范。壬申（十六日），四更时分，李愬来到蔡州城下，城里没有一个知道的人。李祐、李忠义用锄头在城墙上凿出坑坎，抢先爬上去，壮士便跟在他们身后；守卫城门的士卒正在熟睡，李祐等人将他们全部杀掉，只留下巡夜打更的人，叫他照常敲着木梆。于是，李祐等人打开城门让大军入城。到了内城，也是采用这种办法，城里都没有发觉。鸡叫时，雪停了下来，李愬进入吴元济的外宅。有人向吴元济报告说："官军到了！"吴元济还在睡觉，笑着说："不过是那些被俘虏的囚徒在偷东西罢了！等天亮后把他们都杀掉。"又有人报告说："州城已被攻陷了！"吴元济说："这一定是驻守洄曲的子弟们来向我要求发放冬季服装的。"他站起身来，到院子里听外面动静，只听到李愬军在发布号令说："常侍传话。"响应号令的有近万人。吴元济这才开始恐惧起来，说："是什么样的常侍，能到这里来！"于是，吴元济率领亲信，登上牙城，抵御官军。

【原文】

时董重质拥精兵万馀人据洄曲[①]。愬曰：“元济所望者，重质之救耳！”乃访重质家，厚抚之，遣其子传道持书谕重质；重质遂单骑诣愬降。

【注释】

①董重质：吴少诚的女婿，吴元济手下大将。

【译文】

当时，董重质拥有精兵一万多人，驻扎在洄曲。李愬说：“吴元济所期望的，只是董重质前来援救蔡州而已！”于是，李愬找到董重质的家人，好好地安抚他们，派他的儿子董传道带着书信去晓谕董重质；董重质便单人匹马前往李愬处投降了。

【原文】

愬遣李进诚攻牙城，毁其外门，得甲库[①]，取器械。癸酉，复攻之，烧其南门，民争负薪刍助之，城上矢如猬毛[②]。晡时，门坏，元济于城上请罪，进诚梯而下之。甲戌，愬以槛车送元济诣京师[③]，且告于裴度[④]。是日，申、光二州及诸镇兵二万馀人相继来降[⑤]。

自元济就擒，愬不戮一人，凡元济官吏、帐下、厨厩之卒，皆复其职，使之不疑，然后屯于鞠场以待裴度。

李愬用囚车把吴元济送往京城。

【注释】

①甲库：兵器库。②猬毛：刺猬的毛。这是说射在城上的箭多得像刺猬身上长满了硬毛一样。③槛车：囚车。④裴度：当时是宰相兼彰义（淮西）节度使、淮西宣慰处置使，是负责讨伐淮西的统帅。⑤申、光二州：申州治所在今河南信阳，光州治所在今河南潢川，都属淮西管辖。

【译文】

李愬派李进诚攻打牙城，毁去牙城的外门，占领了兵械库，取出了军用器具。癸酉（十七日），李进诚再次攻打牙城，火烧牙城的南门，百姓争着背来柴草帮助官军，射到城上的箭就像刺猬毛那样密集。到了申时，城门毁坏了，吴元济在城上请罪，李进诚用梯子将他接了下来。甲戌（十八日），李愬用囚车把吴元济送往京城，并且向裴度报告。这天，申、光二州及其他镇兵二万多人相继前来归降。

自从吴元济被擒获后，李愬没有再杀戮一人。凡是吴元济的官吏及帐下、厨房、马厩的士卒，李愬都恢复了他们的职事，使他们没有疑虑。然后，李愬将兵马驻屯在鞠毬场上，等候裴度前来。

【原文】

董重质之去洄曲军也，李光颜驰入其壁[①]，悉降其众。庚辰，裴度遣马总先入蔡州慰抚[②]。辛巳，度建彰义军节[③]，将降卒万馀人入城，李愬具櫜鞬出迎[④]，拜于路左[⑤]。度将避之，愬曰："蔡人顽悖，不识上下之分[⑥]，数十年矣，愿公因而示之，使知朝廷之尊。"度乃受之。

【注释】

李愬全副武装迎接裴度。

①李光颜：当时是征讨淮西的大将。②马总：当时是淮西宣慰副使。③节：节度使的旌节，是节度使权威的象征。④櫜鞬：又称“撒袋”，盛弓箭的器具，櫜装箭，鞬装弓。具櫜鞬：指全副武装。⑤路左：古人乘车贵者在左，故迎拜于车下者也都拜于路左，这里是路边的意思。⑥分：名分。

【译文】

董重质离开洄曲军后，李光颜奔进他的营垒，将他的兵马全部招降。庚辰（二十四日），裴度派马总先来到蔡州抚慰将士。辛巳（二十五日），裴度手执彰义军的符节，带领投降的士兵一万多人进入蔡州城，李愬全副武装，出来迎接，在路边向裴度行礼。裴度要避开李愬的拜礼，李愬说：“蔡州人愚妄悖逆，不懂得长官与下属的名分，已经几十年了，希望您就此显示给他们，使他们知道朝廷的尊严。”于是，裴度接受了李愬的拜礼。

【原文】

李愬还军文城，诸将请曰：“始公败于朗山而不忧，胜于吴房而不取，冒大风甚雪而不止，孤军深入而不惧，然卒以成功，皆众人所不谕也，敢问其故？”愬曰：“朗山不利，则贼轻我而不为备矣。取吴房，则其众奔蔡，并力固守，故存之以分其兵。

风雪阴晦，则烽火不接，不知吾至。孤军深入，则人皆致死，战自倍矣。夫视远者不顾近，虑大者不详细，若矜小胜[①]，恤小败，先自挠矣[②]，何暇立功乎[③]！”众皆服。愬俭于奉己而丰于待士，知贤不疑，见可能断，此其所以成功也。

【注释】

①矜：骄傲。②自挠：自己扰乱自己。③暇：空闲。这里指时间。

【译文】

李愬回文城栅驻扎，各位将领请教说：“起初，您在朗山战败了，但并不忧虑；在吴房取胜了，但并不夺取吴房；冒着大风暴雪，但并不肯停止行军；带着孤立无援的军队深入敌境，但并不畏惧。然而，您最后成功了，这都是大家所不明白的，请让我们冒昧地问您这是为什么呢？”李愬说：“朗山失利，敌人便轻视我们，因而不作防备了。夺取吴房，吴房的人马就要逃奔蔡州，合力坚守，所以我不去攻打吴房，以便分散敌人的兵力。急风暴雪，天色昏暗，便不能够用烽火取得联系，敌人不知道我们已经到来。孤军深入敌境，人人都拼死而战，打起仗来就会加倍出力。一般说来，眺望远处的人不必顾及近处，考虑大事的人不必知悉细事。倘若夸耀小小的胜利，顾惜小小的失败，首先就把自己搅乱了，哪里还有时间去建立功劳呢！”众人都叹服。李愬生活节俭，但对将士的供养却是丰厚的，他知道一个人是贤能的，就不会对他疑心，见到可以实行的事，便能做出决断，这就是他获得成功的原因。

甘露之变

【导语】

“安史之乱”后，唐朝宦官势力开始坐大，唐德宗委任宦官掌管禁军并且成为定制，从此宦官势力变得不可抑制。从唐穆宗以后，唐朝的皇帝都是由宦官拥立的。

宦官专权是唐代后期政治的重要特点之一，他们掌握禁军，掌管皇帝的废立，甚至弑君，宪宗和敬宗就死于宦官之手。文宗即位以后，不愿意忍受宦官的专横，一直在寻找能够帮助他解决这一问题的大臣。

太和九年十一月二十一日，文宗与百官在紫宸殿早朝，左金吾卫大将军韩约奏称左金吾仗院内石榴树夜生甘露，为祥瑞之兆。李训等人劝文宗亲自前往观看，文宗到含元殿，命宰相及中书、门下两省官员前去左仗视察，众人回报那不是真甘露。文宗派仇士良等一众宦官前去查验，李训等人事先暗藏甲兵，以伏杀宦官。仇士良抵达后，看到韩约神色惊慌，又发现周围有伏兵，立即返回含元殿劫持文宗回内殿。李训见状，叫金吾军上前护驾。金吾军及其他举事兵卒虽然杀了少数宦官，却阻止不了宦官带走文宗，仇士良等人带文宗返回内殿后，派出神策军五百人砍杀众大臣，举事兵卒溃败。李训逃出长安，但最终被捕杀。仇士良等人又密令凤翔监军诛杀在外地的郑注。此次事变中，死者数以千计，除李训、郑注外，李训党羽多人被捕杀，宰相王涯、舒元舆等人被腰斩，亲属无问亲疏皆死，妻女不死者没为官婢。历史上将这次事变称为“甘露之变”。李训和郑注的计划彻底失败，大量官员被杀，长安陷入混乱之中，而宦官的权力则更加难以撼动了。

“甘露之变”后，宦官一直牢固地掌握军政大权，君主的废立、生杀也是掌握在宦官手中。此后很长一段时期，中书、门下省官员入朝都要与家人辞别，因为说不定何时就会被杀。唐文宗更是受到家奴歧视，直到朱温在903年大杀宦官后，唐朝的宦官势力才被消灭，然而唐朝不久亦为朱温所篡而灭亡。

【原文】

太和四年（庚戌，公元830年）

上患宦者强盛，宪宗、敬宗弑逆之党犹有在左右者[①]；中尉王守澄尤为专横[②]，招权纳贿，上不能制。尝密与翰林学士宋申锡言之[③]，申锡请渐除其偪。上以申锡沉厚忠谨，可倚以事，擢为尚书右丞；七月癸未，以申锡同平章事。

宦官王守澄专横跋扈，唐文宗无法驾驭。

【注释】

①宪宗、敬宗弑逆之党：宦官于元和末年和宝历年杀害宪宗和敬宗。②中尉：神策军中尉，禁军统领。王守澄：唐宪宗李纯时的宦官，主张册立穆宗李恒，后为文宗鸩杀。③宋申锡：

文宗曾选中宋申锡共谋除掉宦官，事泄，宋被诬蔑谋反，远贬。

【译文】

太和四年（庚戌，公元830年）

唐文宗担心宦官势力过于强盛，杀害宪宗、敬宗的逆党还有在左右侍奉的。神策军中尉王守澄尤其专横跋扈，招权纳贿，文宗无法驾驭。曾经秘密地对翰林学士宋申锡说到此事，宋申锡请求慢慢翦除宦官势力。文宗觉得宋申锡沉稳厚重，忠正谨慎，可依靠他做这件事，于是，提拔他为尚书右丞；七月癸未（十一日），任命宋申锡为同平章事。

【原文】

太和五年（辛亥，公元831年）

上与宋申锡谋诛宦官，申锡引吏部侍郎王璠为京兆尹，以密旨谕之。璠泄其谋，郑注、王守澄知之[①]，阴为之备。

上弟漳王凑贤，有人望，注令神策都虞候豆卢著诬告申锡谋立漳王[②]。戊戌，守澄奏之，上以为信然，甚怒。守澄欲即遣二百骑屠申锡家，飞龙使马存亮固争曰："如此，则京城自乱矣！宜召他相与议其事。"守澄乃止。

是日，旬休[③]，遣中使悉召宰相至中书东门。中使曰："所召无宋公名。"申锡知获罪，望延英[④]，以笏叩额而退[⑤]。宰相至延英，上示以守澄所奏，相顾愕眙[⑥]。上命守澄捕豆卢著所告十六宅宫市品官晏敬则及申锡亲事王师文等，于禁中鞫之；师文亡命。三月庚子，申锡罢为右庶子[⑦]。自宰相大臣无敢显言其冤者，独京兆尹崔琯、大理卿王正雅连上疏请出内狱付外廷核实，由是狱稍缓。正雅，翊之子也。晏敬则等自诬服，称

文宗和宋申锡谋划诛灭宦官。

申锡遣王师文达意于王，结异日之知。

【注释】

①王守澄：唐朝末年宦官，活跃于宪、穆、敬、文四朝，曾三度参与皇帝的废立，在朝中掌权达十五年之久。与朝廷朋党势力结合，卖官行为让官场风气为之败坏。文宗时，以他为首的宦官集团与素来憎恶宦官的皇帝势力发生多次激烈冲突，后来皇帝成功促成了宦官集团内部的分裂，终因失势而被杀。②神策都虞候：神策军军官。③旬休：旬假，官员每十天有一次假期。④延英：唐代宫殿名，在延英门内。⑤笏：朝见时大臣所执的竹板，用以记事。⑥愕眙：惊视。⑦右庶子：东宫属官。

【译文】

太和五年（辛亥，公元831年）

文宗和宋申锡谋划诛灭宦官，宋申锡推荐吏部侍郎王璠为京兆尹，将文宗的密旨告诉了他。王璠泄露了文宗的意图，郑注、王守澄得知后，暗中做了准备。

文宗的弟弟漳王李凑德才兼备，很有声望。郑注令神策军都虞候豆卢著诬告宋申锡阴谋拥立漳王，戊戌（二十九日），王守澄把豆卢著诬告的事奏报文宗，文宗相信真有其事，大为恼怒。王守澄随即要派二百个骑兵屠杀宋申锡全家，飞龙使马存亮坚决不同意，他说：“如果这样，京城就乱了！应该召其他宰相一起商议这件事。”王守澄这才作罢。

这天，正值宰相休假，文宗派宦官召集全体宰相到中书省东门。宦官说：“皇上所召集的名单中没有宋申锡。”宋申锡知道自己被人诬告，于是，遥望延英殿，用笏板敲着头退下。宰相到延英殿后，文宗拿出王守澄的奏折让宰相看，宰相们大吃一惊，面面相觑。文宗命令王守澄派人抓捕豆卢著所诬告的管理十六宅宫市品官晏敬则、宋申锡的亲信侍从王师文等人，宦官在宫中审讯他们。王师文出逃。三月庚子（初二），宋申锡被罢免宰相职务，担任太子右庶子。从宰相到大臣百官，几乎没有人敢公开上书为宋申锡辩冤，只有京兆尹崔琯、大理卿王正雅接连上疏，请求将宫中审讯的结果交付御史台核实。于是，宦官对此案的审理才稍微放缓一些。王正雅是王翊的儿子。晏敬则等人承认豆卢著所诬告的都是事实，并声称确是宋申锡派王师文向漳王转达他的意向，将来拥立漳王为皇帝。

【原文】

初，宋申锡获罪，宦官益横；上外虽包容，内不能堪。李训、郑注既得幸[①]，揣知上意，训因进讲，数以微言动上[②]。上见其才辨，意训可与谋大事；且以训、注皆因王守澄以进，冀宦官不之疑，遂密以诚告之。训、注遂以诛宦官为己任，二人相挟[③]，朝夕计议，所言于上无不从，声势炟赫[④]。注多在禁中，或时休沐[⑤]，宾客填门，赂遗山积[⑥]。外人但知训、注倚宦官擅作威福，不知其与上有密谋也。

上之立也，右领军将军兴宁仇士良有功[⑦]；王守澄抑之，由是有隙。训、注为上谋，进擢士良以分守澄之权。五月乙丑，以士良为左神策中尉，守澄不悦。

【注释】

①李训：肃宗时宰相李揆的族孙。郑注：为人诡谲狡险，由宦官王守澄推荐，为文宗任用。想和李训里应外合一举消灭宦官势力。“甘露之变”失败后，被杀。②微言：隐微不显、委婉讽谏的言辞。③相挟：互相扶持。④烜赫：盛大显著。⑤休沐：休息洗沐，犹休假。⑥赂遗：赠送或买通他人的财物。⑦右领军将军：掌握中央军事力量的重要军事长官。仇士良：唐文宗时当权宦官。

【译文】

当初，自宋申锡获罪后，宦官更加专横；文宗表面上虽然不露声色，内心却不能容忍。李训、郑注得到皇帝的宠信之后，揣摩得知皇帝的心思，李训借讲读经典的机会，多次用婉转的言辞打动文宗。文宗觉得李训很有才能，能言善辩，认为李训是可以共同谋划大事的人；而且李训、郑注都是通过王守澄的引荐被皇帝任用的，估计和二人商议，宦官不会起疑心，于是就把自己的意图秘密地告诉了他们。李训、郑注因此以诛除宦官为

宋申锡获罪后，宦官更加专横。

已任，二人互相扶持，昼夜商议对策，凡给文宗的建议，文宗无不采纳，因此一时声势显赫。郑注经常待在宫中，有时休假在家，要求拜见他的人站满他的门前，贿赂他的财物堆得像山一样。外人只知道李训、郑注倚仗宦官的权势擅自作威作福，不知道他们和文宗有密谋。

当初文宗被拥立为皇帝时，右领军将军、循州兴宁县人仇士良曾经有功劳；但王守澄排挤仇士良，因此二人有嫌隙。这时，李训、郑注为文宗出主意，提拔仇士良以分夺王守澄的权力。五月乙丑（二十一日），文宗任命仇士良为左神策军护军中尉，王守澄不高兴。

【原文】

始，郑注与李训谋，至镇，选壮士数百，皆持白棓①，怀其斧，以为亲兵。是月，戊辰，王守澄葬于浐水②，注奏请入护葬事，因以亲兵自随。仍奏令内臣中尉以下尽集浐水送葬，注因阖门③，令亲兵斧之，使无遗类④。约既定，训与其党谋："如此事成，则注专有其功，不若使行馀、璠以赴镇为名，多募壮士为部曲⑤，并用金吾、台府吏卒⑥，先期诛宦者，已而并注去之。"行馀、璠、立言、约及中丞李孝本，皆训素所厚也，故列置要地，独与是数人及舒元舆谋之，他人皆莫之知也。

【注释】

①棓：同"棒"。②浐水：今浐河。③阖门：关闭门户。④使无遗类：不留一个人，斩尽杀绝。⑤部曲：魏晋南北朝时指家兵、私兵，隋唐时期指介于奴婢与良人之间属于贱口的社会阶层。部曲在汉代本是军队编制的名称，大将军营有五部，部下有曲。联称泛指某人

郑注和李训计划诛除宦党。

统率下的军队。以后，部曲地位卑微化。⑥金吾、台府吏卒：负责京师治安的金吾，负责监察的御史台、京兆府的士兵。

【译文】

最初，郑注和李训商议，待郑注到凤翔上任后，挑选数百名壮士，全都手持白木棒，怀揣一把利斧，作为亲兵。二人约定，本月戊辰（二十七日），朝廷在浐河旁埋葬王守澄时，由郑注奏请文宗批准率兵护卫葬礼，于是便可带亲兵随从前往。同时奏请文宗，命神策军护军中尉以下所有宦官全部到浐河旁为王守澄送葬，届时，郑注趁机关闭墓门，命亲兵用利斧杀死他们，全部诛除。计划已经定好，李训和他的党羽们商量说："如果这个计划成功，那么，诛除宦官的功劳就全部归于郑注，不如派郭行馀和王璠以赴邠宁、河东上任为名，多招募一些壮士，作为私兵，同时调动韩约统领的金吾兵和御史台、京兆府的官吏和士卒，提前行动，诛灭宦官，然后连郑注一起除掉。"郭行馀、王璠、罗立言、韩约及中丞李孝本，都是李训平常所信用的官员，因此，李训把他们都安置在重要位置上，李训只和这几个人以及宰相舒元舆密谋这件事，朝廷其他人都一概不知。

【原文】

壬戌，上御紫宸殿。百官班定，韩约不报平安，奏称：

“左金吾听事后石榴夜有甘露，臣递门奏讫[①]。”因蹈舞再拜，宰相亦帅百官称贺。训、元舆劝上亲往观之，以承天贶[②]，上许之。百官退，班于含元殿。日加辰，上乘软舆出紫宸门，升含元殿。先命宰相及两省官诣左仗视之[③]，良久而还。训奏：“臣与众人验之，殆非真甘露，未可遽宣布，恐天下称贺。”上曰：“岂有是邪！”顾左、右中尉仇士良、鱼志弘帅诸宦者往视之。宦者既去，训遽召郭行馀、王璠曰[④]：“来受敕旨！”璠股栗不敢前[⑤]，独行馀拜殿下。时二人部曲数百，皆执兵立丹凤门外，训已先使人召之，令入受敕。独东兵入[⑥]，邠宁兵竟不至[⑦]。

【注释】

①门奏：夜间的紧急奏章要从门缝里塞进去，故称门奏。②贶：赏赐。③两省：门下省、中书省。左仗：即左金吾卫官署。④遽：立刻，马上。⑤股栗：害怕紧张得双腿颤抖。⑥东兵：王璠的河东军。⑦邠宁兵：郭行馀的邠宁军。

【译文】

壬戌（二十一日），文宗御临紫宸殿。百官列班已定，左金吾卫大将军韩约不像往常一样报告平安，奏称：“左金吾官署后院的石榴树上，昨晚发现有甘露降临，这是祥瑞的征兆，臣已通过守卫宫门的宦官向皇上报告。”于是，行礼舞蹈，再次下拜称贺，宰相也率领百官向文宗祝贺。李训、舒元舆劝文宗亲自去那里观看，以承受上天的恩赐，文宗同意了。百官退下，列班于含元殿。辰时刚过，文宗乘软轿出紫宸门，到含元殿升朝。先命宰相和门下、中书两省官员到左金吾后院察看甘露，过了很久才回来。李训上奏说:“臣与众人去检查过了,似乎不是真正的甘露,不可马上宣布,否则,全国各地会向陛下祝贺。”文宗说:“难道还有这种事!”随即吩咐左、右神策军护军中尉仇士良、鱼志弘率领诸位宦官再次前往左金吾后院察看。宦官去了之后,李训急忙召郭行馀、王璠说:“来接受皇上的圣旨!”王璠双腿颤抖不敢上前,只有郭行馀拜倒在含元殿下接旨。当时二人招募的私兵几百人,都手执兵器立在丹凤门外等待命令,李训已先派人去叫他们来含元殿前,下令进入禁中听受诏令。但只有郭行馀率领的河东兵来了,王璠率领的邠宁兵却没有来。

【原文】

仇士良等至左仗视甘露,韩约变色流汗,士良怪之曰:“将军何为如是?”俄风吹幕起,见执兵者甚众,又闻兵仗声。士

左金吾卫大将军韩约报告有甘露降临。

良等惊骇走出，门者欲闭之，士良叱之，关不得上[①]。士良等奔诣上告变。训见之，遽呼金吾卫士曰："来上殿卫乘舆者，人赏钱百缗[②]！"宦官曰："事急矣，请陛下还宫！"即举软舆，迎上扶升舆，决殿后罘罳[③]，疾趋北出。训攀舆呼曰："臣奏事未竟，陛下不可入宫！"金吾兵已登殿；罗立言帅京兆逻卒三百馀自东来[④]，李孝本帅御史台从人二百馀自西来，皆登殿纵击，宦官流血呼冤，死伤者十馀人。乘舆迤逦入宣政门[⑤]，训攀舆呼益急，上叱之，宦者郗志荣奋拳殴其胸，偃于地。乘舆即入，门随阖，宦者皆呼万岁，百官骇愕散出。训知事不济，脱从吏绿衫衣之[⑥]，走马而出，扬言于道曰："我何罪而窜谪[⑦]！"人不之疑。王涯、贾𫗧、舒元舆还中书，相谓曰："上且开延英，召吾属议之。"两省官诣宰相请其故，皆曰："不知何事，诸公各自便！"士良等知上豫其谋，怨愤，出不逊语，上惭惧不复言。

【注释】

①关：门闩。②缗：成串的铜钱，每串一千文。③决：冲破，打破。罘罳：古代的一种屏风，设在门外。④逻卒：巡逻的士兵。⑤迤逦：渐次。⑥绿衫：唐制，六品以下穿绿袍。⑦窜谪：贬官放逐。

【译文】

仇士良等到左金吾官署去察看甘露，韩约紧张得脸色都变了，直冒冷汗。仇士良觉得很奇怪，问："将军为什么这个样子？"过了一会儿，一阵风把帘幕吹起来，仇士良发现很多手执兵器的士卒，又听到兵器的碰撞声。仇士良等大惊失色，急忙往外跑，守门的人想要关门，仇士良大声呵斥，门闩没能关上。仇士良等人

仇士良等到左金吾官署去察看甘露。

急奔含元殿，到文宗面前报告发生兵变。李训见此情形，急呼金吾士卒说："上殿来保卫陛下的，每人赏钱百缗！"宦官对文宗说："事态紧急，请陛下赶快回宫！"立刻抬起软轿，迎上前去搀扶文宗上轿，打破殿后的丝网，迅速向北奔逃。李训拉住文宗的软轿大声说："臣奏请朝政还没有完，陛下不可回宫！"这时，金吾兵已经来到含元殿。罗立言率京兆府三百多士兵从东边冲来，李孝本率御史台随从二百多人从西边冲来，一齐登上含元殿，击杀宦官，宦官血流如注，大声喊冤，死伤十多人。文宗的软轿一路向北跌跌撞撞地进入宣政门，李训抓住软轿不放，喊得更加急迫。文宗呵斥李训，宦官郗志荣用拳猛击李训的胸部，李训被打倒在地。文宗的轿子进了宣政门，大门随即关上，宦官都呼万岁，百官惊骇，四散而走。李训知道事情失败了，于是脱下随从官吏的绿色官服自己穿上，骑马出宫，一路上大声扬言说："我有什么罪而被贬逐！"因而，人们也不怀疑他。王涯、贾餗、舒元舆回到中书省，相互商议说："陛下过一会儿就会开延英殿，召我们商议朝政。"中书、门下两省的官员询问王涯三人发生了什么事，三人都说："我们也不知怎么回事，诸位各自随便先去吧！"仇士良等人知道文宗参预了这次密谋，十分愤恨，在文宗面前出言不逊，文宗羞愧惧怕，不再说话。

【原文】

士良等命左、右神策副使刘泰伦、魏仲卿等各帅禁兵五百人，露刃出閤门讨贼。王涯等将会食，吏白："有兵自内出，逢人辄杀！"涯等狼狈步走，两省及金吾吏卒千馀人填门争出；门寻阖，其不得出者六百馀人皆死。士良等分兵闭宫门，索诸司，捕贼党。诸司吏卒及民酤贩在中者皆死[①]，死者又千馀人，横尸流血，狼藉涂地，诸司印及图籍、帷幕、器皿俱尽。又遣骑各千馀出城追亡者，又遣兵大索城中。舒元舆易服单骑出安化门，禁兵追擒之。王涯徒步至永昌里茶肆，禁兵擒入左军。涯时年七十馀，被以桎梏[②]，掠治不胜苦[③]，自诬服，称与李训谋行大逆，尊立郑注。王璠归长兴里私第[④]，闭门，以其兵自防。神策将至门，呼曰："王涯等谋反，欲起尚书为相，鱼护军令致意！"璠喜，出见之。将趋贺再三，璠知见绐[⑤]，涕泣而行；至左军，见王涯曰："二十兄自反，胡为见引？"涯曰："五弟昔为京兆尹，不漏言于王守澄，岂有今日邪！"璠俯首不言。又收罗立言于太平里，及涯等亲属奴婢，皆入两军系之。户部员外郎李元皋，训之再从弟也，训实与之无恩，亦执而杀之。故岭南节度使胡证，家钜富，禁兵利其财，托以搜贾𫗧入其家，执其子溵，杀之。又入左常侍罗让、詹事浑鐬、翰林学士黎埴等家，掠其赀财[⑥]，扫地无遗。鐬，瑊之子也[⑦]。坊市恶少年因之报私仇，杀人，剽掠百货[⑧]，互相攻劫，尘埃蔽天。

【注释】

①酤贩：买卖酒的商贩。②桎梏：刑具，脚镣手铐。③掠治：拷打讯问。④里：里巷。⑤见绐：被欺哄。⑥赀财：钱财，财物。赀：通“资”。⑦瑊：即浑瑊，唐朝名将。曾任中郎将、左厢兵马使、大都护、节度使、左金吾卫大将军等职。善骑射，屡立战功，以忠勇著称。⑧剽掠：攻抢，劫掠。

【译文】

仇士良等命左、右神策军副使刘泰伦、魏仲卿等各率禁兵五百人，手持兵器从紫宸殿冲出讨伐贼党。王涯等在政事堂正要吃饭，忽然有官吏报告说：“有一大群士兵自宫内涌出，逢人就杀！”王涯等狼狈徒步逃奔，两省官员、金吾卫的士卒和官吏一千多人争相夺门而出；宫门很快关闭，尚未逃出的六百多人全被杀死。仇士良等分兵关闭所有宫门，搜查南衙各司衙门，逮捕贼党。各司的官吏和担负警卫的士卒，以及民间卖酒的商贩也都被杀死，被杀的大约有千余人，尸体狼藉，流血遍地，各司的印章、地图和户籍档案、衙门的帷幕、器皿都被捣毁。仇士良等人又派千余骑兵出城追拿逃亡的人，还派兵在京城大搜捕。舒元舆换了衣服，一人骑马逃出安化门，被骑兵追上抓获。王涯步行来到永昌里的一个茶馆，被禁军捉住押送到左神策军中。王涯当时已经七十多岁，被戴上脚镣手铐，遭受毒打，无法忍受，于是违心地承认和李训一起谋反，企图拥立郑注为皇帝。王璠回到长兴里家中，关门不出，以河东兵护卫。神策将前来搜捕，快到他的门口时，大声喊道：“王涯等谋反，朝廷想任命您为宰相，鱼护军让我们来向您致意！”王璠大喜，出来相见。神策军再三假意道贺，王璠发现被骗了，流着眼泪跟随神策将去了；到了左神策军中，见到王涯说：“你参预谋反，为什么要牵连我呢？”王涯说：“你过去做京兆尹的时候，如果不把宋申锡的计划泄露给王守澄，哪里会有今日呢！”王璠低头不语。神策军又在太平里收捕到罗立言，以及王涯等人的亲属奴婢，都关在左、右神策军中。户部员外郎李元皋是李训的远房表弟，李训其实对他没有什么恩德，也被抓捕处死。前岭南节度使胡证，家资巨富，禁兵贪图他的钱财，借搜捕贾悚为由，进入胡家进行搜查，把他的儿子胡溵抓住杀死。禁军又闯入左常侍罗让、詹事浑锣、翰林学士黎埴等人的家中，将他们的家财抢掠一空。浑锣是中唐名将浑瑊的儿子。民间地痞恶少也趁机报平日的私仇，随意杀人，剽掠商人和百姓的财物，甚至相互攻打，搞得尘埃四起，漫天蔽日。

仇士良等命左、右神策军讨伐贼党。

【原文】

癸亥，百官入朝，日出，始开建福门，惟听以从者一人自随，禁兵露刃夹道。至宣政门，尚未开。时无宰相御史知班，百官无复班列。上御紫宸殿，问：“宰相何为不来？”仇士良曰：“王涯等谋反系狱。”因以涯手状呈上，召左仆射令狐楚、右仆射郑覃等升殿示之。上悲愤不自胜，谓楚等曰："是涯手书乎？"对曰："是也！""诚如此，罪不容诛！"因命楚、覃留宿中书，参决机务。使楚草制宣告中外。楚叙王涯、贾餗反事浮泛[1]，仇士良等不悦，由是不得为相。

【注释】

①浮泛：虚夸不实。

【译文】

癸亥（二十三日），百官开始上朝，直到太阳出来时，大明宫右侧的建福门才打开，百官每人只准带一名随从进门，禁军手持刀枪，夹道防卫。到宣政门时，大门尚未打开。这时，由于没有宰相和御史大夫率领，百官队伍混乱，不成班列。文宗亲临紫宸

癸亥（二十三日），百官开始上朝。

殿，问："宰相为什么没有来？"仇士良回答："王涯等人谋反，已经被抓捕入狱。"接着，把王涯的供词呈给文宗，文宗召左仆射令狐楚、右仆射郑覃等上前，让他们看王涯的供词。文宗悲愤交加，难以自持，问令狐楚和郑覃："是不是王涯亲手写的？"二人回答说："是！"文宗说："如果真的这样，那就罪不容诛！"于是，命令狐楚和郑覃二人留在政事堂，参预决策朝廷重大事务。同时命令狐楚起草制书，将此事宣告朝廷内外。令狐楚在制书中叙述王涯、贾悚谋反的事实时，浮泛而不切要害，仇士良等人对此很不满，为此令狐楚未能被擢拔为宰相。

【原文】

臣光曰：论者皆谓涯、悚有文学名声，初不知训、注之谋，横罹覆族之祸①。臣独以为不然。夫颠危不扶，焉用彼相！涯、悚安高位，饱重禄；训、注小人，穷奸究险，力取将相。涯、悚与之比肩②，不以为耻；国家危殆，不以为忧。偷合苟容，日复一日，自谓得保身之良策，莫我如也。若使人人如此而无祸，则奸臣孰不愿之哉！一旦祸生不虞③，足折刑剭，盖天诛之也，士良安能族之哉！

【注释】

①罹：遭受苦难或不幸。②比肩：并列，居同等地位。③虞：预料。

【译文】

臣司马光说：凡是谈论甘露之变的人都认为王涯、贾悚享有文学方面的声誉，他们开始并不知道李训、郑注企图诛除宦官的密谋，但最后却意外地惨遭灭族的灾难。我却不这样认为。作为宰相，当国家出现危难的时候，不能奋起救扶，还要宰相干什么呢！王涯、贾悚官居朝廷高位，领取丰厚的俸禄；而李训、郑注是小人，施展奸邪和阴险的才能，为的是窃取节度使和宰相的职务。王涯、贾悚和他们一起共事，却不以为耻；国家危难，不以为忧；苟且偷安，一天接一天，自以为获得保护自己的万全良策，没有人能和自己相比。如果百官人人都像他们那样却遭受不到灾祸，那么，奸臣谁不愿意这样呢！然而，一旦发生意想不到的灾难，就不免家破人亡，是上天诛杀他们，仇士良怎么能够轻易灭他们全族呢！

黄巢进京

【导语】

黄巢建立大齐政权后，一改之前战无不胜、攻无不取的威风形象，既没有出台什么改革措施，以稳定人心，也没有及时出兵，乘胜追击望风而逃的唐僖宗，更没有消灭关中附近的禁军，以致给了唐朝廷难得的喘息机会。

黄巢当了皇帝后，开始了花天酒地的享乐生活。上行下效，农民军将领们在得到高官厚禄后，也沉湎于纸醉金迷的生活，不思进取。

黄巢虽然四处作战，或胜或败，但始终未能打开局面。他不知道建立根据地，即使在其声势十分强大时，也往往是攻下一城，不久又丢弃，像东都洛阳这样的经济、军事重地也不留一兵一卒驻守。这就使唐军得以重新占领曾被农民军占领的地区，并逐渐收缩包围圈。而农民军到长安后，仍然未能巩固。这样，农民军得不到充足的供给，后勤没有保障，农民军的队伍虽壮大发展，但给养困难。黄巢虽然称帝，基本上仍然局限于长安一隅之地。

黄巢起义军在大规模的运动战中，牵着唐军疲于奔命，顾此失彼，使唐朝对洛阳、淮南、江南不能兼顾，暂时取得了攻占长安的胜利。一些乡绅富豪多入深山，“筑栅自保，农事俱废，长安城中斗米直三十缗”。到了后来，农民军将士不得不以树皮来充饥，甚至发生了吃人事件。在这样的情况下，当唐诸路大军云集长安，向农民军发起总攻时，形势便急转直下，历时三年的大齐政权也就很快瓦解了。

【原文】

乾符二年（乙未，公元875年）

冤句人黄巢亦聚众数千人应仙芝[1]。巢少与仙芝皆以贩私盐为事，巢善骑射，喜任侠，粗涉书传，屡举进士不第，遂为盗，与仙芝攻剽州县，横行山东，民之困于重敛者争归之，数月之间，众至数万。

黄巢聚集数千人响应王仙芝反唐。

【注释】

①冤句：位于今山东曹县西北。由于黄河水患，故址已无存。黄巢：唐末农民战争领袖。屡举进士不第，以贩私盐为业。家富于财，善击剑骑射。

【译文】

乾符二年（乙未，公元875年）

冤句人黄巢也聚集了数千人响应王仙芝。黄巢少年时与王仙芝都以贩私盐为生，黄巢善于骑马射箭，性格豪爽任侠，粗略猎涉了史传经书，屡次参加进士科考试都未及第，于是成为盗贼，与王仙芝攻略州县，横行于山东，农民无法忍受繁重的苛捐杂税，争相投奔黄巢，几个月内，跟随黄巢的达数万人。

【原文】

广明元年（庚子，公元880年）

丁卯，黄巢陷东都，留守刘允章率百官迎谒；巢入城，劳问而已，闾里晏然[①]。

乙亥，张承范等将神策弩手发京师[②]。神策军士皆长安富家子，赂宦官窜名军籍，厚得禀赐，但华衣怒马[③]，凭势使气，未尝更战陈；闻当出征，父子聚泣，多以金帛雇病坊贫人代行[④]，往往不能操兵。是日，上御章信门楼临遣之。承范进言："闻黄巢拥数十万之众，鼓行而西，齐克让以饥卒万人依托关外[⑤]，复遣臣以二千馀人屯于关上，又未闻为馈饷之计[⑥]，以此拒贼，臣窃寒心。愿陛下趣诸道精兵早为继援[⑦]。"上曰："卿辈第行[⑧]，兵寻至矣！"丁丑，承范等至华州[⑨]。会刺史裴虔馀徙宣歙观察使[⑩]，军民皆逃入华山，城中索然，州库唯尘埃鼠迹，赖仓中犹有米千馀斛[⑪]，军士裹三日粮而行。

【注释】

① 闾里：唐长安、洛阳等在城内都有坊，也叫里。闾里也就是坊里。② 神策：神策军，安史之乱以后建立的中央禁军兼野战部队。后分左右两军，由宦官任左右神策中尉来统率，起初颇有战斗力，后来逐渐腐化。③ 怒马：策马快跑。④ 病坊：唐代长安、洛阳所设收容救济贫病者的机构。⑤ 齐克让：原任汝、郑指挥使，这时率军撤退到潼关外防守。⑥ 馈：供应。⑦ 趣：赶快，催促。⑧ 第：但，只管。⑨ 华州：治所在今陕西华县。⑩ 宣歙观察使：宣歙，今安徽宣州、歙县地区。观察使是与节度使同样性质的地区军政长官，地位比节度使略低一点。⑪ 斛：十斗为一斛。

【译文】

广明元年（庚子，公元880年）

丁卯（十七日），黄巢攻下东都洛阳，留守刘允章率领百官出城迎拜；黄巢进城，对城中百姓只是慰问安抚，坊里和平常一样，人民生活正常。

乙亥（二十五日），张承范等率领神策军弓弩手从京师出发，神策军的将士都是长安有钱人家子弟，贿赂宦官在神策军的簿籍上挂名，以多得给养赏赐，但这些人平时穿着华丽的衣服，骑着快马疾驰，仗势耍弄威风，却从未参加过战阵；听说要出征，父子相聚抱头哭泣，许多人用金帛雇佣居住在病坊的贫苦人代行，这些人往往连兵器都不会拿。这一天，唐僖宗登上章信门楼送征人出发，张承范向唐僖宗进言道："听说黄巢拥兵数十万，擂着战鼓向西涌来，齐克让仅率领饥饿不堪的万名士卒在潼关外拒敌，现在又派我率二千多人驻屯在潼关，也没有听到有供应粮饷的计划，就这样去

张承范等率领神策军弓弩手从京师出发。

抗拒强敌，实在令我寒心。希望陛下调集诸道精兵尽早前来支援我们。”唐僖宗回答说：“你们先行一步，援兵很快就到了！”丁丑（二十七日），张承范等率军到了华州。正值华州刺史裴虔馀迁任宣歙观察使，军民全都逃入华山，城中空荡荡的，州库只剩下尘埃鼠迹，幸亏粮仓中仍有米千余斛，军士们每人带上三天的粮食继续前行。

【原文】

十二月庚辰朔，承范等至潼关，搜菁中①，得村民百许，使运石汲水，为守御之备；与齐克让军皆绝粮，士卒莫有斗志。是日，黄巢前锋军抵关下，白旗满野，不见其际，克让与战，贼小却，俄而巢至，举军大呼，声振河、华②。克让力战，自午至酉始解③，士卒饥甚，遂喧噪，烧营而溃，克让走入关。关左有谷，平日禁人往来，以榷征税，谓之“禁坑”。贼至仓猝，官军忘守之，溃兵自谷而入，谷中灌木寿藤茂密如织④，一夕践为坦途。承范尽散其辎囊以给士卒，遣使上表告急，称：“臣离京六日，甲卒未增一人，馈饷未闻影响。到关之日，巨寇已来，以二千馀人拒六十万众，外军饥溃，蹋开禁坑⑤。臣之失守，鼎镬甘心⑥；朝廷谋臣，愧颜何寄！或闻陛下已议西巡⑦，苟銮舆一动⑧，则上下土崩。臣敢以犹生之躯奋冒死之语，愿与近密及宰臣熟议⑨，急征兵以救关防，则高祖、太宗之业庶几犹可扶持，使黄巢继安禄山之亡，微臣胜哥舒翰之死⑩！”

【注释】

①菁中：草丛里。②河、华：黄河、华山。③自午至酉：古人把一

唐军溃败的士兵进入“禁坑”。

昼夜分为十二时，日过现在的中午十二时为午时，日过现在的晚上六时为酉时。④寿藤：即万年藤。⑤蹋：踏。⑥鼎镬：古时煮东西用鼎用镬，还有一种酷刑用鼎镬来煮人。⑦巡：本指皇帝出巡，给皇帝留面子把皇帝出逃也称巡。唐代皇帝出逃多西出长安到成都，所以叫西巡。⑧銮舆：皇帝的车驾。⑨近密：和皇帝亲近的，指大宦官们，当时通称中贵。⑩哥舒翰：兵败丢失潼关，为安禄山所俘，后被杀。

【译文】

十二月庚辰朔（初一），张承范等来到潼关，在青草茂密处搜得村民一百来人，叫他们运石汲水，做守御准备；这时张承范与齐克让军中都已绝粮，士卒全无斗志。当天，黄巢前锋抵达潼关城下，白旗遍野，不见边际，齐克让率军出战，黄巢军稍微后退，很快黄巢率大军到了，全军呐喊，声音震动黄河、华山。齐克让奋力死战，从午时打到酉时双方才收兵，齐克让的士卒饿极了，于是呼喊喧闹，把营寨烧毁，溃散而去，齐克让只好退进潼关。潼关左面有一山谷，平时禁止人往来，以便榷征出入潼关的商税，人们称此谷为“禁坑”。黄巢大军来得仓促，官军忘了派人在这里守卫，溃退的士兵从这里进去，谷里灌木长藤茂密犹如蜘蛛网，一晚上就践踏成了一条平坦的大路。张承范把辎重和私人财物全都分发给士卒，派使者上表告急，说：“我率军离京六日，士卒没有增援一个，军饷连影子也未见到，到达潼关那天，黄巢大军已来到关下，我以二千余人抵御六十万敌众，在关外的齐克让军因饥饿而溃退，踏开禁坑。我如果失守潼关，就是处以投身油锅的极刑也心甘情愿；但朝廷上那些出谋划策的人，羞愧之颜又寄托于何处！有人说陛下已在议论西巡，如果陛下的金銮舆驾一动，恐怕朝廷上下将土崩瓦解。臣敢在战死之前，以尚存一刻的身躯，大胆说几句冒死的话，希望陛下与亲近的宦官及宰相大臣商量，赶快征兵来救援潼关的关防，这样，高祖、太宗创下的基业或许还可以扶持维系，使黄巢继安禄山的后尘遭到灭亡，微臣战死也比哥舒翰要强！”

【原文】

辛巳，贼急攻潼关，承范悉力拒之，自寅及申[①]，关上矢尽，投石以击之。关外有天堑，贼驱民千馀人入其中，掘土填之，须臾，即平，引兵而度。夜，纵火焚关楼俱尽。承范分兵八百人，使王师会守禁坑，比至，贼已入矣。壬午旦，贼夹攻潼关，关上兵皆溃，师会自杀，承范变服帅馀众脱走。至野狐泉[②]，遇奉天援兵二千继至[③]，承范曰：“汝来晚矣！”博野、凤翔军还至渭桥[④]，见所募新军衣裘温鲜[⑤]，怒曰："此辈何功而然，我曹反冻馁！"遂掠之，更为贼向导，以趣长安。

【注释】

①自寅及申：从当天的清晨四时以后到下午四时以后。②野狐泉：在今陕西潼关西。③奉天：今陕西乾县。④博野、凤翔军还至渭桥：博野军是原在今河北博野的地区部队，后投归中央。凤翔军是在今陕西凤翔的凤翔节度使的部队。渭桥：在今陕西西安东渭河上。⑤新军：宦官在长安城里新招募的军队。

【译文】

辛巳（初二），黄巢猛攻潼关，张承范全力抵抗黄巢军的进攻，从寅时打到申时，关上官军的箭都用完了，于是就往下投石头。潼关外边有条自然形成的沟堑，黄巢军驱赶平民千余人来壕中挖土填堑，一会儿便填平了，于是，黄巢军渡过壕沟。到夜里，放火把关上的城楼都烧掉。张承范分兵八百交给王师会，令他拒守禁坑，等他们赶到时，黄巢的部队已经攻进来了。壬午（初三）清晨，黄巢大军夹攻潼关，关上守兵溃逃，王师会自杀，张承范身穿便服率领余众逃向长安。逃到野狐泉，遇到相继到来的奉天援兵两千人，张承范说："你们来迟了！"博野镇和凤翔镇的军队退至渭桥，见田令孜所招募的新军穿着新衣皮裘，发怒道："这些家伙有什么功劳能穿上这样好的衣服，我们殊死拼战反倒受冻挨饿！"于是抢劫新军，并为黄巢军做向导，直奔长安。

【原文】

百官退朝，闻乱兵入城，布路窜匿。令孜帅神策兵五百奉帝自金光门出[①]，惟福、穆、泽，寿四王及妃嫔数人从行[②]，百官皆莫知之。上奔驰昼夜不息，从官多不能及。车驾既去，军士及坊市民竞入府库盗金帛。

【注释】

①金光门：长安城的西门。②福、穆、泽、寿四王：都是唐僖宗兄弟。

【译文】

百官退朝，听说乱兵已攻入城来，分道逃窜躲藏。田令孜率领神策兵五百人护着僖宗从金光门出来，只有福、穆、泽、寿四王和几个妃嫔跟随，百官都不知道皇帝的去向。僖宗昼夜不停地狂逃，随从官员都赶不上。僖宗的车驾既已离去，长安城中的军士及坊市百姓争着到府库盗取金帛。

【原文】

晡时，黄巢前锋将柴存入长安，金吾大将军张直方帅文武数十人迎巢于霸上。巢乘金装肩舆[①]，其徒皆被发，约以红缯[②]，衣锦绣，执兵以从，甲骑如流，辎重塞途，千里络绎不绝。民夹道聚观，尚让历谕之曰[③]：“黄王起兵，本为百姓，非如李氏不爱汝曹，汝曹但安居无恐。”巢馆于田令孜第，其徒为盗久，不胜富，见贫者，

大将军张直方率文武数十人在灞上迎接黄巢。

往往施与之。居数日，各出大掠，焚市肆，杀人满街，巢不能禁；尤憎官吏，得者皆杀之。

【注释】

①肩舆：肩，用人抬。肩舆就是后来的轿子。②约：束札。缯：一种丝织物。③尚让：黄巢的大将。历谕：普告遍谕，宣告。

【译文】

临近傍晚时，黄巢部下前锋将柴存进入长安，唐金吾大将军张直方率文武官数十人在灞上迎接黄巢。黄巢坐着用黄金装饰的轿子，其部下全都披着头发，扎着红丝，身穿锦绣衣裳，手持兵器跟从着，铁甲骑兵行如流水，辎重车辆塞满道路，大军延绵千里络绎不绝。长安居民夹道聚观，尚让向士民宣谕说："黄王起兵，本是为了百姓！不像唐朝李氏皇帝不爱惜你们，你们只管安居乐业，不要恐慌。"黄巢住进田令孜的府第里，其部下将士为盗贼很久了，极为富有，看到贫穷的人，往往施舍财物给他们。在长安居住几天后，又各自出来大肆抢劫，焚烧坊市，到处杀人，使死尸满街，黄巢无法禁止；黄巢部下尤其憎恨唐朝官吏，凡抓获的全部杀掉。

【原文】

庚寅，黄巢杀唐宗室在长安者无遗类。辛卯，巢始入宫。壬辰，巢即皇帝位于含元殿，画皂缯为衮衣[①]，击战鼓数百以代金石之乐。登丹凤楼，下赦书；国号大齐，改元金统。谓廣明之号，去唐下体而著黄家日月，以为己符瑞。唐官三品以上悉停任，四品以下位如故。以妻曹氏为皇后。

【注释】

①衮衣：简称“衮”，亦称“衮服”。为古代天子及王公的礼服，因上有龙的图案得名。

黄巢在含元殿即皇帝位。

【译文】

庚寅（十一日），黄巢将留在长安的唐朝宗室全部杀光。辛卯（十二日），黄巢才进入禁宫。壬辰（十三日），黄巢在含元殿即皇帝位，将布和绸画作天子礼服，敲响数百只战鼓替代金石音乐。黄巢登上丹凤楼，颁下赦书；定国号为大齐，改年号为金统。宣称当朝年号廣明是“唐”字去“書”而留“广”，“广”字加“黄”字为“廣”，再将日、月合并为“明”字，指的是黄家明，认为这是自己将当皇帝的符瑞。黄巢又发布命令，凡唐朝三品以上官员全部停任，四品以下官员保留官位如故。册立其妻曹氏为皇后。

【原文】

诸葛爽以代北行营兵屯栎阳，黄巢将砀山朱温屯东渭桥①，巢使温诱说之，爽遂降于巢。温少孤贫，与兄昱、存随母王氏依萧县刘崇家，崇数笞辱之，崇母独怜之，戒家人曰：“朱三非常人也，汝曹善遇之。”巢以诸葛爽为河阳节度使，爽赴镇，罗元杲发兵拒之，士卒皆弃甲迎爽，元杲逃奔行在。

【注释】

①砀山：位于安徽省北部。

黄巢让朱温诱降诸葛爽。

【译文】

唐将诸葛爽率领代北行营的军队屯驻于栎阳，黄巢的大将砀山人朱温率军驻扎在东渭桥，黄巢让朱温游说诱降诸葛爽，于是诸葛爽向黄巢投降。朱温年少时失去父亲，家境贫困，与哥哥朱昱、朱存随母亲王氏依靠萧县刘崇家为生，刘崇多次鞭笞侮辱朱温一家，只有刘崇的母亲可怜朱温，告诫家人说："朱三不是平常人，你们要好好待他。"诸葛爽被黄巢任命为河阳节度使，当诸葛爽回到河阳之时，将军罗元杲调军队抗拒，但罗元杲部下士卒都抛弃兵器迎接诸葛爽，罗元杲只好逃奔唐僖宗的行宫。

【原文】

丁酉，车驾至兴元，诏诸道各出全军收复京师。

黄巢遣使调发河中，前后数百人，吏民不胜其苦[①]。王重荣谓众曰："始吾屈节以纾军府之患，今调财不已，又将征兵，吾亡无日矣！不如发兵拒之。"众皆以为然，乃悉驱巢使者杀之。巢遣其将朱温自同州，弟黄邺自华州，合兵击河中，重荣与战，大破之，获粮仗四十馀船，遣使与王处存结盟，引兵营于渭北。

【注释】

① 不胜：无法承担，不能承受。

【译文】

丁酉（十八日），唐僖宗的车驾来到兴元，向天下诸道颁发诏书，命令各道调发全军收复京师。

黄巢派使者到河中调发兵粮，使者前后达数百人，河中吏民无法负担，苦不堪言。王重荣对部众说："起初我屈节事贼，是想缓解军府的急患，如今黄巢调财不已，又要征调士兵，我们早晚要死于他手，不如发兵抗拒黄巢。"手下都认为应加以抗拒，于是将黄巢派来的使节全部处死。黄巢派部将朱温从同州发兵，弟弟黄邺从华州发兵，两军会合攻打河中，王重荣出兵迎战，大破黄巢军，缴获粮食兵仗四十多船，又派使者与唐义武节度使王处存结盟，率军到渭北扎营。

【原文】

壬午，黄巢帅众东走，程宗楚先自延秋门入，弘夫继至，处存帅锐卒五千夜入城。坊市民喜，争欢呼出迎官军，或以瓦砾击贼，或拾箭以供官军。宗楚等恐诸将分其功，不报凤翔、鄜夏，军士释兵入第舍，掠金帛、妓妾。处存令军士系白𦈡为号，坊市少年或窃其号以掠人。贼露宿霸上，诇知官军不整[①]，且诸军不相继，引兵还袭之，自诸门分入，大战长安中，宗楚、弘夫死，军士重负不能走，是以甚败，死者什八九。处存收馀众还营。

丁亥，巢复入长安，怒民之助官军，纵兵屠杀，流血成川，谓之洗城。于是诸军皆退，贼势愈炽[②]。

黄巢进入长安，纵兵进行屠杀。

【注释】

①诇：侦察，探听。

②炽：旺盛。

【译文】

壬午（初五），黄巢率军出长安城向东撤退，唐将程宗楚率军先从延秋门进入长安城，唐弘夫紧接着率军赶到，王处存率领精锐士卒五千于夜晚进入长安。长安坊市居民十分欢喜，争先恐后出来欢迎官军，有的用瓦砾投击黄巢没有来得及出城的人马，有的收拾弓箭给官军。入城的程宗楚等人恐怕其他将领入城分去他们的战功，没有向凤翔节度使郑畋和鄜夏节度使拓跋思恭通报，入城的官军士兵们放下军器进入居民私宅，抢夺金帛，掠取妓妾。王处存下令军士在头上系上白色丝绸作为记号，坊市无赖少年有的也偷偷系上白丝掠人劫货，长安城内一片混乱。黄巢率军露宿灞上，侦察到城内官军号令不整，而且诸路官军互不联系，于是回军突袭长安，黄巢军自诸城门分别进入，大战长安城中，唐将程宗楚、唐弘夫被杀死，官军士兵由于抢劫财物太多，负重走不动路，被黄巢军杀得大败，死者有十之八九。王处存收拾残兵回到渭桥扎营。

丁亥（十日），黄巢再次进入长安，对长安居民帮助官军感到极为愤怒，于是纵兵进行屠杀，长安城血流成河，将此称之为洗城。于是唐诸路军全部撤退，黄巢军的声势更盛了。

后梁纪

朱温之死

【导语】

公元907年二月，朱温逼迫唐哀帝退位，自己称帝，建国号为梁，定都汴，建年号为“开平”，史称后梁。朱温称帝后，改名朱晃。他改革了一些唐末的弊政，但因连年用兵，又经常诛杀将帅功臣，致使统治集团内部矛盾日益尖锐，政权不稳。

公元912年，朱温亲自率领五十万大军乘虚进攻成德镇。他日夜兼程赶到观津冢时，巡逻兵报告说，后唐李克用之子李存勖的大军来了。朱温曾几次败在李存勖手下，听到消息后，他仓惶逃奔到枣强。黄昏时，李存勖派兵数百冲进朱温军营中乱砍滥杀。朱温以为李存勖大军杀到，连夜烧营狂逃，急奔冀州，辎重损失无数。事后知道只有李存勖的几百兵士冲营，朱温羞恼，因此大病。返回洛阳，便卧床不起。

朱温沉迷于女色，淫乱如禽兽，连儿媳们都要入宫侍候，儿子们也借此谋取继承权。公元912年五月，朱温在病中应允儿媳王氏的要求，要将皇位传于朱友文。三子朱友珪和妻张氏听到后，十分妒恨，决心杀死朱温，夺取皇位。

六月，朱友珪和家将冯廷锷带着五百牙兵，混入皇宫，分散埋伏。夜深人静时，牙兵集中起来，冲进朱温寝宫。左右侍从早就怨恨朱温荒淫暴虐，都纷纷逃散，只剩朱温一人。冯廷锷一剑刺入朱温腹部，将其刺死。

【原文】

乾化二年（壬申，公元 912 年）

闰月壬戌，帝疾增甚，谓近臣曰："我经营天下三十年，不意太原余孽更昌炽如此！吾观其志不小，天复夺我年，我死，诸儿非彼敌也，吾无葬地矣！"因哽咽，绝而复苏。

高季昌潜有据荆南之志，乃奏筑江陵外郭，增广之。

丙寅，蜀门下侍郎、同平章事王锴罢为兵部尚书。

帝长子郴王友裕早卒[①]。次假子博王友文[②]，帝特爱之，常留守东都，兼建昌宫使。次郢王友珪，其母亳州营倡也，为左右控鹤都指挥使，无宠。次均王友贞，为东都马步都挥指使。

初，元贞张皇后严整多智，帝敬惮之。后殂[③]，帝纵意声色，诸子虽在外，常征其妇入侍，帝往往乱之。友文妇王氏色美，帝尤宠之，虽未以友文为太子，帝意常属之。友珪心不平。友珪尝有过，帝挞之，友珪益不自安。帝疾甚，命王氏召友文于东都，欲与之诀，且付以后事。友珪妇张氏亦朝夕侍帝侧，知之，密告友珪曰："大家以传国宝付王氏，怀往东都，吾属死无日矣！"夫妇相泣。左右或说之曰："事急计生，何不改图？时不可失！"

六月丁丑朔，帝使敬翔出友珪为莱州刺史，即令之官。已宣旨，未行敕。时左迁者多追赐死，友珪益恐。

【注释】

①卒：死。②假子：非亲生的儿子，如干儿子、前夫之子等。③殂（cú）：死亡。

后梁太祖纵情歌舞女色。

【译文】

乾化二年（壬申，公元912年）

闰五月壬戌（十五日），后梁太祖的病情加重，对亲近的大臣说："我管理天下三十年，想不到太原李克用的余孽更加强大了，以至到了这般地步！我看他的志向不小，上天又削除我的年寿，我死了，我的儿子们都不是他们的敌手，我没有葬身之地了！"于是哽咽失声，呼吸停止后又苏醒过来。

荆南节度使高季昌暗中有盘踞荆南的志向，于是奏请修筑江陵的外城，把它增广扩大。

丙寅（十九日），前蜀门下侍郎、同平章事王锴被免职，降为兵部尚书。

后梁太祖的长子郴王朱友裕早死。次养子博王朱友文，特别受太祖喜爱，经常留守东都大梁，兼任建昌宫使。郢王朱友珪，担任左右控鹤都指挥使，他的母亲是亳州营妓。均王朱友贞担任东都马步都指使。

当初，元贞张皇后严肃端正，聪明多智，后梁太祖对她既恭敬又畏惧。张皇后死后，后梁太祖纵情歌舞女色，儿子们即使在外地，也常征召他们的妻子入宫侍奉，太祖往往与她们淫乱。朱友文的妻子王氏容貌美丽，太祖尤其宠爱她，虽然没有立友文为太子，太祖的意向也经常放在他身上。朱友珪心里愤愤不平。朱友珪曾经犯过错，太祖用鞭子打了他，朱友珪更加不能自安。后梁太祖病情严重，命王氏到东都大梁召朱友文来西都洛阳，想要与他诀别，并且将后事托付给他。朱友珪的妻子张氏也日夜侍奉在太祖身边，知道了这件事，秘密地告知朱友珪说："皇上把传国宝玺交给王氏带往东都，我们的死期没有几天了。"夫妇二人相对流泪。左右有人劝解他们说："事情紧急了就要另外想计策，为什么不想别的办法呢，时机不可错过啊！"

六月丁丑朔（初一），后梁太祖命敬翔将朱友珪调出任莱州刺史，立即让他赴任。已经传旨了，但没有颁行敕书。当时贬官者大多追命赐死，朱友珪越发恐慌。

【原文】

戊寅，友珪易服微行入左龙虎军[①]。见统军韩勍，以情告之。勍亦见功臣宿将多以小过被诛，惧不自保，遂相与合谋。勍以牙兵五百人从友珪杂控鹤士入，伏于禁中，中夜斩关入，至寝殿，侍疾者皆散走。帝惊起，问："反者为谁？"友珪曰："非他人也！"帝曰："我固疑此贼，恨不早杀之。汝悖逆如此，天地岂容汝乎！"友珪曰："老贼万段！"友珪仆夫冯廷谔刺帝腹，刃出于背。友珪自以败氈裹之[②]，瘗于寝殿，秘不发丧。遣供奉官丁昭溥驰诣东都，命均王友贞杀友文。

己卯，矫诏称："博王友文谋逆，遣兵突入殿中，赖郢王友珪忠孝，将兵诛之，保全朕躬。然疾因震惊，弥致危殆，宜令友珪权主军国之务。”韩勍为友珪谋，多出府库金帛赐诸军及百官以取悦。

辛巳，丁昭溥还，闻友文已死，乃发丧，宣遗制，友珪即皇帝位。

时朝廷新有内难，中外人情恟恟。许州军士更相告变，匡国节度使韩建皆不之省，亦不为备。丙申，马步都指挥使张厚作乱，杀建，友珪不敢诘。甲辰，以厚为陈州刺史。

秋，七月丁未，大赦。

丙寅，废建昌宫使，以河南尹张宗奭为国计使，凡天下金谷旧隶建昌宫者悉主之。

【注释】

① 微行：便服私访。② 氈：同“毡”。

朱温被杀。

【译文】

朱友珪即皇帝位。

戊寅（初二），朱友珪改换服装隐藏身份，进入左龙虎军，会见统军韩勍，把实情告诉了他。韩勍也见功臣老将多因小的过错被杀，害怕不能保全自己，于是与朱友珪共同策划。韩勍领牙兵五百人随从朱友珪混杂在控鹤军士中进入皇宫，埋伏在宫内，半夜砍断门闩进入，到达寝殿，侍候病人的都逃散了。后梁太祖惊起，问："谋反的是谁？"朱友珪说："不是别人。"太祖说："我原来怀疑你这贼子，只恨没有早把你杀死。你如此叛逆，天地难道能容你吗！"朱友珪说："把老贼碎尸万段。"朱友珪的马夫冯廷谔猛刺太祖的肚子，刀尖从背上穿出。朱友珪亲自用毁坏的毡子把太祖裹起来，埋在寝殿里，封锁消息，不发丧。派遣供奉官丁昭溥驰往东都大梁，命令均王朱友贞杀死朱友文。

己卯（初三），朱友珪假造诏令称："博王朱友文谋反，派兵冲入殿中，朕依赖郢王朱友珪忠诚孝敬，率领军队把朱友文杀死，保全朕身。但朕的病因为震动惊恐，更加危险，应令朱友珪暂时主持军队国家事务。"韩勍替朱友珪谋划，取出府库内的大量金帛赐给各军及百官来取悦他们。

辛巳（初五），供奉官丁昭溥返回，朱友珪听说朱友文已经死了，这才发丧，宣布先帝遗留的制书，朱友珪即皇帝位。

当时朝廷内部出现新的变故，内外人情纷扰不安。许州军士轮番报告事变，匡国节度使韩建不检查，也不防备；丙申（二十日），马步都指挥使张厚发动叛乱，杀死韩建，朱友珪不敢追究，甲辰（二十八日），任命张厚为陈州刺史。

秋季，七月丁未（初二），后梁宣布大赦。

丙寅（二十一日），后梁撤销建昌宫使，任命河南尹张宗奭为国计使，凡天下钱粮过去隶于建昌宫的，都由他掌管。

后唐纪

后唐灭梁

【导语】

五代十国是继春秋战国、三国鼎立、南北朝之后，又一个天下大乱、事态百变的动荡纷争时期。在五代十国的历史事件中，“后唐灭梁”可谓重中之重。

《通鉴纪事本末》中记载：李存勖进取大梁之前，“魏遣魏国夫人刘氏，皇子继发归兴唐，与之决曰：‘事之成败，在此一举，若其不济，当聚吾家于魏宫而焚之。’”这表现了李存勖破釜沉舟的壮气，明末史学家张溥在《通鉴纪事本末·后唐灭梁》篇末史论中，盛赞“晋王志气远大”。

唐朝末年，各藩镇借抗击黄巢农民起义为名，拥兵割据。朱全忠消灭了许多割据者，初步统一了黄河流域，朱全忠本来参加黄巢的起义，后叛变降唐，被封为梁王。他逼唐哀帝以禅让形式将帝位让给自己，国号梁，是为五代十国的梁太祖。

朱全忠篡唐称帝后，对其威胁最大的是河东李克用的割据势力。李克用原为唐朝河东节度使，拥有一支较强的骑兵部队，因镇压黄巢起义有功，被唐朝封为晋王。李克用父子，用了六年的时间与梁展开了殊死的争夺战，其中反反复复，有胜有败。期间柏乡（河北柏乡西南）与魏州之战，是两次规模较大的作战，对争夺河北，乃至晋、梁最后的胜败兴亡起了较为重要的作用。公元 908 年，朱全忠称帝后的次年，李克用病死，其子李存勖继位，据有太原，与后梁连年混战。

李存勖整顿军纪，训练士卒，作战时亲自冲锋陷阵。不久，李存勖与后梁在潞州作战中取胜，稳定了晋的统治地位，继而又在政治、军事上采取了一些改进措施，为与后梁争夺北方统治权创造了条件。

李存勖父亲李克用活着的时候，他对梁的威胁很忧虑，“晋王慰以养尊待时，勿轻沮丧”。他说，“夫为天下者，不顾小怨”。李存勖一即帝位，立即直入大梁，“兵败而复胜，师正而出奇，询谋良将，决断胸中，履险若夷，及锋即用”。早年他牢记父亲遗恨，卧薪尝胆，夙夜忧劳和朱金忠血战二十年，终于在公元923年在上党打败朱梁军队，得以报仇雪恨。梁末帝自杀后，李存勖自立为帝，是为庄宗，国号唐，史学家称之为“后唐”。

【原文】

开平二年（戊辰，公元908年）

夹寨奏余吾晋兵已引去，帝以援兵不能复来[①]，潞州必可取，丙午，自泽州南还；壬子，至大梁。梁兵在夹寨者亦不复设备[②]。晋王与诸将谋曰[③]：“上党，河东之藩蔽[④]，无上党，是无河东也。且朱温所惮者独先王耳[⑤]，闻吾新立，以

后梁太祖以为晋的援兵不再来，就自泽州南下返回。

为童子未闲军旅[⑥]，必有骄怠之心。若简精兵倍道趣之，出其不意，破之必矣。取威定霸，在此一举，不可失也！”张承业亦劝之行。乃遣承业及判官王缄乞于凤翔，又遣使赂契丹王阿保机求骑兵。岐王衰老，兵弱财竭，意不能应。晋王大阅士卒，以前昭义节度使丁会为都招讨使。甲子，帅周德威等发晋阳。

【注释】

①帝：指后梁太祖朱温。曾被赐名朱全忠，称帝后改名朱晃。晚年大肆荒淫，后为三子朱友珪所杀，传位给后梁末帝朱友贞。②设备：布置防备。③晋王：李存勖，即后唐庄宗，五代时期后唐政权的建立者。唐末河东节度使、晋王李克用的长子。沙陀人，本姓朱邪氏，小名“亚子”。公元908年继晋国王位，之后经过多年的南征北战，北却契丹、南击朱梁、东灭桀燕，使得晋国逐渐强大起来。公元923年四月在魏州称帝，国号“唐”，史称后唐，是为后唐庄宗。同年十二月灭后梁，实现了对中国北方的统一。④藩蔽：屏障。⑤惮：害怕，畏惧。⑥闲：熟习。这个意义后来写作“娴”。

【译文】

开平二年（戊辰，公元908年）

潞州夹寨的后梁军将领奏报余吾寨的晋兵已经退走，后梁太祖以为晋的援兵不再来，潞州一定能够夺取，丙午（初六），自泽州南下返回；壬子（十二日），到大梁。后梁兵在夹寨也不再布置防备。晋王李存勖与诸将商议说：“上党是河东的屏障；没有上党，就没有河东啊。况且朱温惧怕的只是先王罢了，听说我新立为王，以为小孩不熟习军事，一定有骄傲懈怠的心理。如果选派精锐部队兼程急速前去，出其不意，一定能打败梁军的。取得威势，确定霸业，在此一举，不可失掉机会啊！”张承业也劝他亲自出征。于是，李存勖派张承业及判官王缄到凤翔请求李茂贞发兵援助，又派使者贿赂契丹王阿保机请求借给骑兵。岐王李茂贞衰老，兵弱财竭，结果没能答应出兵。李存勖大阅士卒，任命前昭义节度使丁会为都招讨使。甲子（二十四日），晋王率领周德威等由晋阳出发。

【原文】

己巳，晋王军于黄碾[①]，距上党四十五里。五月辛未朔，晋王伏兵三垂冈下，诘旦大雾[②]，进兵直抵夹寨。梁军无斥候[③]，不意晋兵之至，将士尚未起，军中惊扰。晋王命周德威、李嗣源分兵为二道，德威攻西北隅，嗣源攻东北隅，填堑烧寨[④]，鼓噪而入。梁兵大溃，南走，招讨使符道昭马倒，为晋人所杀；失亡将校士卒以万计，委弃资粮、器械山积[⑤]。

【注释】

①军：驻扎军队。②诘旦：次日凌晨。③斥候：侦察敌情的士兵。④堑：深沟。⑤委弃：丢弃，抛弃。山积：堆积如山。

【译文】

己巳（二十九日），李存勖在黄碾驻扎军队，此地距上党四十五里。五月，辛未朔（初一），李存勖在三垂冈下埋伏军队，次日清晨大雾，晋军直达夹寨。后梁军没有侦察放哨的士兵，没有预料到晋兵的到来，将士们还没起床，军中一片混乱。李存勖命周德威、李嗣源分兵两路，周德威进攻西北角，李嗣源进攻东北角，填渠沟烧营寨，擂鼓呐喊攻入敌营。后梁兵溃不成军，向南逃跑，招讨使符道昭的战马倒地，被晋兵杀死；后梁逃失死亡将士以万计，丢弃的物资、粮草和军用器械堆积如山。

【原文】

周德威等至城下，呼李嗣昭曰："先王已薨，今王自来，破贼夹寨。贼已去矣，可开门！"嗣昭不信，曰："此必为贼所得，使来诳我耳。"欲射之。左右止之，嗣昭曰："王果来[①]，可见乎？"王自往呼之。嗣昭见王白服，大恸几绝[②]，城中皆哭，遂开门。初，德威与嗣昭有隙[③]，晋王克用临终谓晋王存勖曰："进通忠孝，吾爱之深。今不出重围，岂德威不忘旧怨邪！汝为吾以此意谕之[④]。若潞围不解，吾死不瞑目。"进通，嗣昭小名也。晋王存勖以告德威，德威感泣，由是战夹寨甚力；既与嗣昭相见，遂欢好如初。

【注释】

①果：果真。②几：差一点儿，几乎。③隙：缝隙，此指感情上的隔阂。④谕：告诉。

李嗣昭在城上想用箭射周德威。

【译文】

周德威等到了潞州城下，呼唤李嗣昭说："先王已经去世，现在嗣王亲自前来，已攻破梁贼夹寨。梁贼已逃走了，可以开城门！"李嗣昭不信，说："这一定是被后梁贼兵俘获了，让他来骗我们的。"想用箭射周德威。左右的人阻止了他。李嗣昭说："嗣王果真来了，可以相见吗？"李存勖自己到前面呼喊他。李嗣昭见李存勖穿着白色孝服，放声痛哭，几乎气绝，城中的人都哭了，于是开了城门。当初，周德威与李嗣昭有仇怨，晋王李克用临终前对李存勖说："进通忠诚孝敬，我很爱他。现在没有突出重围，难道周德威还没有忘记过去的仇怨吗！你替我把这个意思告诉他。如果潞州的重围不解除，我死不瞑目。"进通是李嗣昭的小名。李存勖将这番话告诉给周德威，周德威感激哭泣，由此他攻打夹寨非常卖力；与嗣昭相见后，两人和好如初。

【原文】

康怀贞以百馀骑自天井关遁归[①]。帝闻夹寨不守，大惊，既而叹曰："生子当如李亚子，克用为不亡矣！至如吾儿，豚犬耳！"诏所在安集散兵。

【注释】

①遁：逃跑。

【译文】

后梁潞州行营都虞候康怀贞率领骑兵一百余人自天井关逃回大梁。后梁太祖朱温听说潞州夹寨没有守住，大惊失色，过了一会儿感叹说："生子当如李亚子，李克用的家业是不会亡的了！至于像我的儿子，只是猪狗罢了！"诏令当地安抚召集逃散的兵卒。

【原文】

周德威、李存璋乘胜进趣泽州[①]，刺史王班素失人心，众不为用。龙虎统军牛存节自西都将兵应接夹寨溃兵，至天井关，谓其众曰："泽州要害地，不可失也；虽无诏旨[②]，当救之。"众皆不欲[③]，曰："晋人胜气方锐，且众寡不敌。"存节曰："见危不救，非义也；畏敌强而避之，非勇也。"遂举策引众而前[④]。至泽州，城中人已纵火喧噪[⑤]，欲应晋王，班闭牙城自守，存节至，乃定。晋兵寻至[⑥]，缘城穿地道攻之，存节昼夜拒战，凡旬有三日；刘知俊自晋州引兵救之，德威焚攻具，退保高平。

【注释】

①趣：奔赴。②诏旨：诏书圣旨。③欲：愿意。④策：马鞭子。⑤喧噪：喧嚣叫嚷。⑥寻：随即，不久。

【译文】

周德威、李存璋乘胜进赴泽州，泽州刺史王班一向不得人心，众人不愿跟从他。龙虎统军牛存节自西都率军前来接应夹寨溃败的士卒，到天井关，对他的部下说："泽州是要害之地，不可丢失；即使没有诏书圣旨，也应当救援。"众人都不想救，说："晋军胜气正锐，况且众寡不敌。"牛存节说："见到危难不救，是不义；怕强敌而躲避，是不勇。"于是挥鞭带领众士卒前进。到了泽州，城中人已放火喧嚷，想要响应晋王李存勖，刺史王班关闭牙城自己坚守，牛存节到后，城中才安定下来。晋兵随后赶到，沿城挖掘地道进攻，牛存节日夜抵御作战，一共十三天；刘知俊率军从晋州来救援，周德威焚烧了攻城的器械，撤军退保高平。

【原文】

晋王归晋阳，休兵行赏，以周德威为振武节度使、同平章事。命州县举贤才，黜贪残①，宽租赋，抚孤穷，伸冤滥，禁奸盗，境内大治。以河东地狭兵少，乃训练士卒，令骑兵不见敌无得乘马；部分已定，无得相逾越，及留绝以避险；分道并进，期会无得差晷刻②。犯者必斩。故能兼山东，取河南，由士卒精整故也。

晋王李存勖整顿军队，论功行赏。

【注释】

①黜：贬退，清除。②晷：按日影测定时刻的仪器。

【译文】

晋王李存勖回到晋阳，整顿军队，论功行赏，任命周德威为振武节度使、同平章事。诏令州县举荐有才德的人，罢斥贪婪凶残的官吏，减轻田租赋税，抚恤孤寡贫困，昭雪冤案，禁止奸诈偷盗，境内太平。由于河东地狭兵少，于是训练士卒，命骑兵不见敌人不准骑马。军队的部署及职分定下后，不得相互超越和停留、中断来躲避危险；军队分路并进，约定会合的时间不得相差片刻。有违犯者，一律斩首。晋之所以能兼并山东、攻取河南，是由于军队精锐整齐的缘故。

【原文】

同光元年（癸未，公元923年）

晋王筑坛于魏州牙城之南，夏，四月己巳，升坛，祭告上帝，遂即皇帝位，国号大唐，大赦，改元。尊母晋国太夫人曹氏为皇太后，嫡母秦国夫人刘氏为皇太妃[①]。以豆卢革为门下侍郎，卢程为中书侍郎，并同平章事；郭崇韬、张居翰为枢密使，卢质、冯道为翰林学士，张宪为工部侍郎、租庸使，又以义武掌书记李德休为御史中丞。

【注释】

① 嫡母：妾所生的子女称父亲的正妻为嫡母。

【译文】

同光元年（癸未，公元923年）

晋王在魏州牙城南面修筑坛宇，夏季，四月己巳（二十五日），晋王登上祭坛，祭告上帝，随即登皇帝位，国号大唐，实行大赦，改年号。尊其母晋国太夫人曹氏为皇太后，尊嫡母秦国夫人刘氏为皇太妃。任命豆卢革为门下侍郎，卢程为中书侍郎，两人都为同平章事；任命郭崇韬、张居翰为枢密使，卢质、冯道为翰林学士，张宪为工部侍郎、租庸使，又任命义武节度掌书记李德休为御史中丞。

【原文】

以魏州为兴唐府[①]，建东京；又于太原府建西京[②]，又以镇州为真定府，建北都。以魏博节度判官王正言为礼部尚书，行兴唐尹；太原马步都虞候孟知祥为太原尹，充西京副留守[③]；潞州观察判官任圜为工部尚书，兼真定尹，充北京副留守；皇子继岌为北都留守、兴圣宫使，判六军诸卫事[④]。时唐国所有凡十三节度、五十州。

【注释】

① 魏州：古地名，今河北大名东北。同光初，升为东京兴唐府。三年，改东京为邺都。② 西京：指即位前的晋王旧都太原府。③ 充：担任。④ 六军诸卫事：官名。

【译文】

后唐把魏州升为兴唐府，在这里建东京，又在太原府建西京，同时把镇州升为真定府，建北都。任命魏博节度判官王正言为礼部尚书，兼任兴唐尹。任命太原马步都虞候孟知祥为太原尹，担任西京副留守。任命潞州观察判官任圜为工部尚书，兼真定尹，担任北京副留守。任命皇子李继岌为北都留守、兴圣宫使，兼管六军诸卫事。当时的南唐共有十三个节度、五十个州。

【原文】

闰月，追尊皇曾祖执宜曰懿祖昭烈皇帝，祖国昌曰献祖文皇帝，考晋王曰太祖武皇帝[①]。立宗庙于晋阳，以高祖、太宗、懿宗、昭宗洎懿祖以下为七室。

后唐在魏州建东京。

【注释】

① 考：原指父亲，后多指已死的父亲。

【译文】

闰三月，庄宗李存勖追尊曾祖父李执宜为懿祖昭烈皇帝，追尊祖父李国昌为献祖文皇帝，追尊父亲晋王李克用为太祖武皇帝。在晋阳建立宗庙，从高祖、太宗、懿宗、昭宗至懿祖以下，共七个庙宇。

【原文】

时契丹屡入寇，钞掠馈运，幽州食不支半年，卫州为梁所取，潞州内叛，人情岌岌，以为梁未可取，帝患之。会郓州将卢顺密来奔。先是，梁天平节度使戴思远屯杨村，留顺密与巡检使刘遂严、都指挥使燕颙守郓州。顺密言于帝曰："郓州守兵不满千人，遂严、颙皆失众心，可袭取也。"郭崇韬等皆以为"悬军远袭，万一不利，虚弃数千人，顺密不可从"。帝密召李嗣源于帐中谋之曰："梁人志在吞泽潞，不备东方，若得东平，则溃其心腹。东平果可取乎？"嗣源自胡柳有渡河之惭，常欲立奇功以补过，对曰："今用兵岁久[1]，生民疲弊，苟非出奇取胜，大功何由可成！臣愿独当此役，必有以报。"帝悦。壬寅，遣嗣源将所部精兵五千自德胜趣郓州。比及杨刘，日已暮，阴雨道黑，将士皆

李从珂杀死守郓州城的士卒。

不欲进，高行周曰：“此天赞我也，彼必无备。”夜，渡河至城下，郓人不知，李从珂先登，杀守卒，启关纳外兵，进攻牙城，城中大扰。癸卯旦，嗣源兵尽入，遂拔牙城，刘遂严、燕颙奔大梁。嗣源禁焚掠，抚吏民，执知州事节度副使崔筜、判官赵凤送兴唐。帝大喜曰：“总管真奇才，吾事集矣。”即以嗣源为天平节度使。

【注释】

① 岁久：长时间。

【译文】

当时契丹经常入侵后唐，抢夺他们的粮食，幽州的粮食不够半年用。卫州被后梁夺取，潞州发生叛乱，人们都感到很危险，认为不能消灭后梁，庄宗也为此担忧。这时正好后梁郓州将领卢顺密来投奔。在此之前，后梁天平节度使戴思远驻扎在杨村，留下卢顺密和巡检使刘遂严、都指挥使燕颙驻守郓州。卢顺密告诉庄宗说：“驻守郓州的士兵不足一千人，刘遂严和燕颙都失掉了民心，可以攻取。”郭崇韬等都认为“孤军远袭，万一不利，白白损失数千人，卢顺密的话不可听”。庄宗在帷帐中秘密召见李嗣源，谋划说：“梁人志在吞并泽州、潞州，东边没有什么防备，如果能取得东平，就击败了他的心腹之地。东平真的可以夺取吗？”李嗣源自从在胡柳战役中因为没有跟从晋王，率兵北渡黄河，一直感到惭愧，经常想建立奇功来弥补过去的过错。于是回答说：“现在长时间用兵，百姓们很疲惫，如果不出奇制胜，怎能成就大的功业呢！我希望一个人担当这一战的重任，定会有好消息报告。”

庄宗很高兴。壬寅（二十八日），庄宗派李嗣源率领他的五千精锐军马从德胜直取郓州。到达杨刘时，太阳已经落山，阴雨绵绵，道路漆黑，将士们都不想继续走了。高行周说："这是上天帮助我们，他们一定毫无准备。"黑夜，渡过黄河到了城下，郓州人没有发觉，李从珂先登上城，杀死守城门的士卒，打开城门让队伍进去，接着进攻牙城，城中大乱。癸卯（二十九日）早晨，李嗣源的军马全部进入城内，攻取了牙城。刘遂严、燕颙逃奔到大梁。李嗣源禁止士卒在城内焚烧强掠，安抚百姓，把知州事节度副使崔筜、判官赵凤押送到兴唐。庄宗十分高兴地说："总管真是奇才，我们的事情成功了。"马上任命李嗣源为天平节度使。

【原文】

梁主闻郓州失守，大惧，斩刘遂严、燕颙于市，罢戴思远招讨使，降授宣化留后，遣使诘让北面诸将段凝、王彦章等，趣令进战。敬翔知梁室已危，以绳内靴中，入见梁主曰："先帝取天下，不以臣为不肖，所谋无不用。今敌势益强，而陛下弃忽臣言，臣身无用，不如死。"引绳将自经。梁主止之，问所欲言，翔曰："事急矣，非用王彦章为大将，不可救也。"梁主从之，以彦章代思远为北面招讨使，仍以段凝为副。

【译文】

后梁主听说郓州失守，十分惊惧，在街市上把刘遂严、燕颙斩了，罢免了戴思远的招讨使官职，降为宣化留后，派使者去责问驻守在北面的段凝、王彦章等将领，命令他们前进作战。敬翔知道后梁王室已经很危险了，把绳子装在靴子里，进宫求见后梁主说："先帝夺取天下的时候，不认为我没有才能，无论什么谋划都让我参与。现在敌人的势力越来越强大，而陛下不听或忽视我的话，我已经没有什么用了，不如死

后梁主问敬翔有什么话想说。

去。"把绳子从靴子里取出来要上吊自缢。后梁主制止了他，并问他有什么话想说。敬翔说："现在的事情十分紧急，不用王彦章为大将，则不能挽救梁王室的危亡。"后梁主听从了他的建议，让王彦章代替戴思远为北面招讨使，仍然用段凝为副招讨使。

【原文】

帝闻之，自将亲军屯澶州，命蕃汉马步都虞候朱守殷守德胜，戒之曰："王铁枪勇决，乘愤激之气，必来唐突，宜谨备之！"守殷，王幼时所役苍头也①。

【注释】

① 苍头：奴仆。

【译文】

庄宗听说这件事后，亲自率领亲军驻守在澶州，命蕃汉马步都虞候朱守殷守卫德胜，告诫他说："王铁枪勇敢果断，他们乘士卒愤怒激动的气势，一定会来骚扰，应当谨慎小心地防备他们。"朱守殷是庄宗小时候用的奴仆。

【原文】

梁主召问王彦章以破敌之期，彦章对曰："三日。"左右皆失笑。彦章出，两日，驰至滑州。辛酉，置酒大会，阴遣人具舟于杨村；夜，命甲士六百，皆持巨斧，载冶者，具鞴炭[①]，乘流而下。会饮尚未散，彦章阳起更衣，引精兵数千循河南岸趋德胜。天微雨，朱守殷不为备，舟中兵举锁烧断之，因以巨斧斩浮桥，而彦章引兵急击南城。浮桥断，南城遂破，时受命适三日矣。守殷以小舟载甲士济河救之，不及。彦章进攻潘张、麻家口、景店诸寨，皆拔之，声势大振。

【注释】

① 鞴炭：鼓风囊和木炭。泛指冶具。

【译文】

后梁主召见王彦章，问他击败敌人的时间，王彦章回答说："三天。"左右大臣都不禁笑起来。王彦章率兵出发，两天后，飞速到达滑州。辛酉（十八日），王彦章大办宴会，秘密派人在杨村准备舟船。晚上，命六百名全副武装的士卒都拿着大斧，船上载着冶炼的工匠，准备了吹火用的皮囊和炭，顺流而下。这时宴会还没有结束，王彦章装作换衣服，实际上率领数千精兵沿着黄河南岸直奔德胜。天下着小雨，朱守殷没

王彦章暗中率军袭击德胜。

有防备，王彦章船上的士兵将城门的锁用火烧断，用大斧把浮桥砍断。王彦章率兵迅速向南城发起进攻。浮桥被砍断，南城很快就被攻破了，此时正好是接受命令后的第三天。朱守殷用小船载着全副武装的士卒渡过黄河援救，但已来不及了。王彦章又向潘张、麻家口、景店诸寨发起进攻，都攻了下来，后梁军声势大振。

【原文】

帝遣宦者焦彦宾急趣杨刘，与镇使李周固守，命守殷弃德胜北城，撤屋为筏，载兵械浮河东下，助杨刘守备，徙其刍粮薪炭于澶州①，所耗失殆半。王彦章亦撤南城屋材浮河而下，各行一岸，每遇湾曲，辄于中流交斗，飞矢雨集，或全舟覆没，一日百战，互有胜负。比及杨刘，殆亡士卒之半。己巳，王彦章、段凝以十万之众攻杨刘，百道俱进，昼夜不息，连巨舰九艘，横亘河津以绝援兵。城垂陷者数四，赖李周悉力拒之，与士卒同甘苦，彦章不能克，退屯城南，为连营以守之。

【注释】

①刍粮：粮草。

【译文】

庄宗派宦官焦彦宾急速赶到杨刘，与杨刘镇使李周坚守杨刘，命朱守殷放弃德胜北城，把房屋拆掉做成木筏，载着士兵和武器从黄河向东顺流而下，帮助杨刘坚守，把德胜的粮草薪炭运往澶州，损失近一半。王彦章也把德胜南城的房屋拆掉，做成木筏，顺着黄河漂下去。王彦章和朱守殷各走一边，每遇上弯曲的地方，就在河中间交战，射出的箭像雨一般密集，有时整船覆没，一日交战百次，两军互有胜负。等到了杨刘，朱守殷的士卒有一半伤亡。己巳（二十六日），王彦章、段凝率领十万大军向杨刘发起进攻，四面八方一齐推进，昼夜不停。把九艘大船连在一起，横放在黄河的渡口上，来阻挡朱守殷的援兵。杨刘城几次都险些被攻陷，全靠李周与士卒同甘共苦，全力抵御，王彦章才没攻下，于是退兵到城南驻扎，把营寨连起来坚守。

【原文】

杨刘告急于帝，请日行百里以赴之；帝引兵救之，曰："李周在内，何忧！"日行六十里，不废畋猎[①]，六月乙亥，至杨刘。梁兵堑垒重复，严不可入，帝患之，问计于郭崇韬，对曰："今彦章据守津要，意谓可以坐取东平；苟大军不南，则东平不守矣。臣请筑垒于博州东岸以固河津，既得以应接东平，又可以分贼兵势。但虑彦章诇知，径来薄我[②]，城不能就。愿陛下募敢死之士，日令挑战以缀之，苟彦章旬日不东，则城成矣。"时李嗣源守郓州，河北声问不通，人心渐离，不保朝夕。会梁右先锋指挥使康延孝密请降于嗣源，延孝者，太原胡人，有罪，亡奔梁，时隶段凝麾下。嗣源遣押牙临漳范延光送延孝蜡书诣帝，延光因言于帝曰："杨刘控扼已固，梁人必不能取，请筑垒马家口以通郓州之路。"帝从之，遣崇韬将万人夜发，倍道趣博州，至马家口渡河，筑城昼夜不息。帝在杨刘，与梁人昼夜苦战。崇韬筑新城凡六日，王彦章闻之，将兵数万人驰至，戊子，急攻新城，连巨舰十馀艘于中流以绝援路。时板筑仅毕，城犹卑下，沙土疏恶，未有楼橹及守备；崇韬慰劳士卒，以身先之，四面拒战，遣间使告急于帝。帝自杨刘引大军救之，陈于新城西岸，城中望之增气，大呼叱梁军，梁人断绁敛舰[③]；帝舣舟将渡，彦章解围，退保邹家口。郓州奏报始通。

郭崇韬领兵昼夜不停地修筑城堡。

【注释】

①畋猎：打猎。②薄：迫近。③绁：绳索。

【译文】

杨刘方面向庄宗告急，请求皇帝日行百里赶赴杨刘。庄宗率兵救援杨刘，说："有李周在那里，有什么忧虑的。"于是日行六十里，在路上照常打猎。六月乙亥（初二），到达杨刘。后梁军修筑了重重营垒，防守十分严密，无法进去，庄宗十分担忧，向郭崇韬问计，郭崇韬回答说："现在王彦章据守着重要的渡口，意思是想坐取东平。如果大军不向南开进，那么东平就难以坚守。我请求在博州东岸修筑营垒来巩固黄河渡口，这样既可以接应东平，又可以分散敌人的兵力。只是担心王彦章得知我们的情况，直接逼近我们，那时城还没修好。希望陛下招募敢死的士卒，每天让他们向敌人挑战，以此牵制他们，如果王彦章十天不向东去，城垒就可以修好。"当时李嗣源在郓州坚守，黄河以北的消息一点也不知晓，人心离散，朝不保夕。恰好后梁军右先锋指挥使康延孝秘密请求投降李嗣源，康延孝是太原胡人，因为有罪，逃奔到后梁，当时属于段凝的部下。李嗣原派押牙临漳人范延光把康延孝请求投降的信用蜡封好送到庄宗那里，范延光为此对庄宗说："杨刘把守很坚固，梁军一定攻不下来，请在马家口修筑城堡，打通通往郓州的道路。"庄宗听从了他的意见，派郭崇韬率领万人连夜出发，兼程赶奔博州，到马家口渡过黄河，昼夜不停地修筑城堡。庄宗在杨刘，与后梁军昼夜苦战。郭崇韬修筑新城共用了六天，王彦章听到此事，率数万大军直奔新城，戊子（十五日），向新城突然发起进攻，把十余艘战船连起来放到河的中间，断绝郭崇韬的援兵。当时马家口城垒的板墙刚刚修好，城墙还很低，修墙用的沙土质量不好，没有修建瞭望台和守备设施。郭崇韬慰劳部下，身先士卒，四面抗击，同时派出密使向庄宗告急。庄宗从杨刘率大军援救郭崇韬，在新城西岸摆开阵势，城里的士卒望见援兵来到，斗志倍增，大声斥骂后梁军，后梁军砍断了连接战船的绳子收回了战船。庄宗的船刚要渡河，王彦章便撤除了包围，退到邹家口坚守。郓州向庄宗奏报的道路才打通。

【原文】

秋，七月丁未，帝引兵循河而南，彦章等弃邹家口，复趋杨刘。甲寅，游弈将李绍兴败梁游兵于清丘驿南。段凝以为唐兵已自上流渡，惊骇失色[1]，面数彦章，尤其深入。

段凝当面指责王彦章。

【注释】

① 惊骇失色：惊慌害怕得变了脸色。

【译文】

秋季，七月丁未（初五），庄宗率军沿着黄河向南开进，王彦章等放弃了邹家口，又奔向杨刘。甲寅（十二日），游弈将李绍兴在清丘驿的南面击败了后梁军的流动部队。段凝以为后唐兵已从上游渡过了黄河，惊慌害怕得变了脸色，当面指责王彦章不该深入郓州之境。

【原文】

戊午，帝遣骑将李绍荣直抵梁营，擒其斥候，梁人益恐，又以火筏焚其连舰。王彦章等闻帝引兵已至邹家口，己未，解杨刘围，走保杨村；唐兵追击之，复屯德胜。梁兵前后急攻诸城，士卒遭矢石、溺水、暍死者且万人，委弃资粮、铠仗、锅幕，动以千计。杨刘比至围解①，城中无食已三日矣。

梁主命于滑州决河，东注曹、濮及郓以限唐兵。

【注释】

①比至：及至，到。

【译文】

戊午（十六日），庄宗派骑将李绍荣直抵后梁大营，抓获后梁军的侦察兵，后梁军更加恐惧，李绍荣又用火点着木筏焚烧了后梁军连在一起的战船。王彦章等听说庄宗率兵已经到达邹家口，己未（十七日），撤去对杨刘的包围，逃到杨村去坚守；后唐军追击后梁军，再次驻扎在德胜。后梁军先后紧急攻打后唐的几座城，

后梁军紧急攻打后唐城池。

士卒们遭到箭石射击、河水淹死、中暑而死的近万人，丢弃的物资、粮食、铠甲、武器、军锅、幕帐等，常常数以千计。等到杨刘解除包围时，城中已经三天没有粮食吃了。

后梁主命令从滑州打开黄河堤，引水向东灌注曹、濮以及郓州三城，来阻止后唐兵。

【原文】

初，梁主遣段凝监大军于河上，敬翔、李振屡请罢之，梁主曰："凝未有过。"振曰："俟其有过，则社稷危矣。"至是，凝厚赂赵、张求为招讨使，翔、振力争以为不可①；赵、张主之，竟代王彦章为北面招讨使，于是宿将愤怒，士卒亦不服。天下兵马副元帅张宗奭言于梁主曰："臣为副元帅，虽衰朽，犹足为陛下扞御北方②。段凝晚进，功名未能服人，众议汹汹，恐贻国家深忧③。"敬翔曰："将帅系国安危，今国势已尔，陛下岂可尚不留意邪！"梁主皆不听。

【注释】

① 力争：极力争辩。② 扞御：保卫，防御。③ 贻：留下。

【译文】

当初，后梁主曾派段凝在黄河上监督大军作战，敬翔、李振多次请求罢免他，后梁主说："段凝没有过错。"李振说："等到他有了过错时，国家就危险了。"这时，段凝用厚礼贿赂赵岩、张汉杰，请求出任招讨使，敬翔、李振极力争辩说不能任命段凝；最后由赵岩、张汉杰作主，竟用段凝代替了王彦章北面招讨使的职务，于是老将们很愤怒，士卒们也不服气。天下兵马副元帅张宗奭对后梁主说："我做天下兵马副元帅，虽然已经老了，但足以为陛下保卫北方。段凝是个晚辈，他的功名不能服人，众人议论纷纷，恐怕要给国家留下深深的忧患。"敬翔说："军队的将帅关系到国家的安危，现在国家的形势已经危急，陛下怎么能还不留意呢！"这些话后梁主都没有听进去。

【原文】

戊戌，康延孝帅百馀骑来奔，帝解所御锦袍玉带赐之，以为南面招讨都指挥使，领博州刺史。帝屏人问延孝以梁事，对曰："梁朝地不为狭，兵不可少；然迹其行事，终必败亡。何则？主既暗懦，赵、张兄弟擅权，内结宫掖[①]，外纳货赂，官之高下唯视赂之多少，不择才德，不校勋劳。段凝智勇俱无，一旦居王彦章、霍彦威之右，自将兵以来，专率敛行伍以奉权贵。每出一军，不能专任将帅，常以近臣监之，进止可否动为所制。近又闻欲数道出兵，令董璋引陕、虢、泽、潞之兵自石会关趣太原，霍彦威以汝、洛之兵自相、卫、邢、洺寇镇定，王彦章、张汉杰以禁军攻郓州，段凝、杜晏球以大军当陛下②，决以十月大举。臣窃观梁兵聚则不少，分则不多。愿陛下养勇蓄力以待其分兵，帅精骑五千自郓州直抵大梁，擒其伪主，旬月之间，天下定矣。”帝大悦。

【注释】

①宫掖：宫廷，皇宫。掖，掖廷，宫中的旁舍，妃嫔居住的地方。

②当：阻挡。

【译文】

戊戌（二十七日），康延孝率一百多骑兵来投奔后唐，庄宗脱下身上的锦袍玉带赏赐给他，并任命他为南面招讨都指挥使，兼任博州刺史。庄宗屏退身边的人，然后向康延孝询问后梁的事情。康延孝回答说：“梁朝的地盘不算小，兵力也不算少，然而看看过去所干的事情，最后一定会灭亡。为什么呢？梁主愚昧软弱，赵岩、张汉杰兄弟独揽大权，在内勾结皇宫的人，外面接受贿赂，官职的高低只看贿赂的多少而定，用人不是看人的才能和品德，也不管有无功劳。段凝智勇都没有，一夜之间竟升到王彦章、霍彦威的上面，自从段凝统兵以来，任意约束士卒，以此来讨好权贵。梁王每次出兵，不能把军权交给将帅，常常用亲信的大臣来监军，军队前进与否常受这些人制约。最近又听说梁主打算四面出击，令董璋率领陕州、虢州、泽州、潞州的军马从石会关直驱太原，命令霍彦威率汝州、洛州的军马从相州、卫州、邢州、洺州侵犯镇定，命令王彦章、张汉杰率领禁卫军攻打郓州，段凝、杜晏球率领大军抵挡陛下，决定在十月大举进攻。我认为梁兵集中在一起确实不少，但一分散开就不多了。希望陛下养精蓄锐等待他们分兵作战，到那时您率领五千精锐的骑兵从郓州出发直捣大梁，抓获后梁王，十天一个月之间，天下即可平定。”庄宗十分高兴。

庄宗向康延孝询问后梁的事情。

【原文】

帝在朝城，梁段凝进至临河之南，澶西、相南，日有寇掠。自德胜失利以来，丧刍粮数百万，租庸副使孔谦暴敛以供军，民多流亡，租税益少，仓廪之积不支半岁。泽、潞未下。卢文进、王郁引契丹屡过瀛、涿之南，传闻俟草枯冰合，深入为寇，又闻梁人欲大举数道入寇，帝深以为忧，召诸将会议。宣徽使李绍宏等皆以为郓州城门之外皆为寇境，孤远难守，有之不如无之，请以易卫州及黎阳于梁，与之约和，以河为境，休兵息民[①]，俟财力稍集，更图后举。帝不悦，曰："如此吾无葬地矣。"乃罢诸将，独召郭崇韬问之。对曰："陛下不栉沐，不解甲，十五馀年，其志欲以雪家国之雠耻也。今已正尊号[②]，河北士庶日望升平，始得郓州尺寸之地，不能守而弃之，安能尽有中原乎！臣恐将士解体，将来食尽众散，虽画河为境，谁为陛下守之！臣尝细询康延孝以河南之事，度己料彼，日夜思之，成败之机决在今岁。梁今悉以精兵授段凝，据我南鄙，又决河自固，谓我猝不能渡，恃此不复为备。使王彦章侵逼郓州，其意冀有奸人动摇[③]，变生于内耳。段凝本非将材，不能临机决策，无足可畏。降者皆言大梁无兵，陛下若留兵守魏，固保杨刘，自以精兵与郓州合势，长驱入汴，彼城中既空虚，必望风自溃。苟伪主授首[4]，则诸将自降矣。不然，今秋谷不登，军粮将尽，若非陛下决志，大功何由可成！谚曰：'当道筑室，三年不成。'帝王应运，必有天命，在陛下勿疑耳。"帝曰："此正合朕志。丈夫得则为王，失则为虏，吾行决矣！"司天奏[5]："今岁天道不利，深入必无功。"帝不听。

【注释】

①息民：谓使人民得到休养生息。②尊号：皇帝、皇太后在世时的称呼。③冀：希望。④授首：投降或被杀。⑤司天：司，值掌。这里指司天监，官名，掌管观察天文。

【译文】

庄宗在朝城，段凝率兵到临河县南面，澶州西面、相州南面每天都有后梁军来侵扰。自从德胜失利以来，损失粮草数百万，租庸副使孔谦残暴地收取赋税以供应军需，很多百姓逃跑了，收上来的租税越来越少，仓库里的积蓄支持不了半年。泽州、潞州尚未攻下，卢文进、王郁率领契丹人多次经过瀛、涿的南面，传说等到草枯结冰时就进一步深入后唐境。又听说后梁主准备从四面八方大举进攻后唐，庄宗为此深感忧患，召集诸将商议对策。宣徽使李绍宏等都认为郓州城门之外都是后梁军占领区，孤立遥远，难以坚守，占有不如放弃，请求用这些地方换取后梁的卫州和黎阳，和后梁定约和好，以黄河为界，停止战争，使人民得到休养生息，等到财力稍有积蓄时，再计划以后的行动。庄宗听后很不高兴，说："这样下去我就没有葬身之地了。"于是停止与诸将商议，单独召见郭崇韬问他有什么想法。郭崇韬回答说："陛下不梳头洗浴、不解甲已经十五年多了，您的志向是想雪洗朝廷的耻辱。现在已经名正言顺地做了皇帝，黄河以北的士卒百姓们天天盼望天下太平，现在刚刚得到郓州这块很小的地方，不能坚守而要放弃它，怎么能占有整个中原呢！我担心将士们灰心丧气，将来粮食吃完了，大家都散了，虽然划河为界，又有谁来为陛下坚守它呢！我曾详细地向康延孝询问过黄河以南的情况，揣度自己，估计敌人，日夜思考这些事，我认为成败的时机就在今年。梁国现在将全部精锐部队交给段凝，占领我们的南边，又把河堤决开来保护自己，说我们不能很快渡过黄河，他依靠这些有利条件不再设防。他们派王彦章逼近郓州，目的是希望有奸人动摇，在我们内部发生变故。段凝本来不是将材，他不能临阵决策，没有什么可畏惧的。投降过来的人都说大梁没有什么军队，如果陛下留下部分兵力坚守魏州，保卫杨刘，之后亲自率领精锐部队与郓州人马会合，长驱直入汴梁，梁国城中本来就空虚，一定会望风自溃。如果伪主投降或者被杀，那么他们的将领自然也会投降。不然的话，今年秋天粮食不丰收，军粮将要吃完，如果陛下不下决心，大的功业怎么可以成功！俗谚说：'当道筑室，三年不

租庸副使孔谦残暴地收取赋税以供应军需。

成。’帝王顺应天运，一定会有天命，关键是陛下不能再迟疑了。”庄宗说：“这话正合乎我的想法。大丈夫成则为王，败则为虏，我已经决定行动了！”有司天监上奏说：“今年天道不利，深入敌境一定不会成功。”庄宗没有听这话。

【原文】

王彦章引兵逾汶水，将攻郓州，李嗣源遣李从珂将骑兵逆战，败其前锋于递坊镇，获将士三百人，斩首二百级，彦章退保中都。戊辰，捷奏至朝城，帝大喜，谓郭崇韬曰：“郓州告捷，足壮吾气。”已巳，命将士悉遣其家属归兴唐。

【译文】

王彦章率兵过了汶水，将进攻郓州，李嗣源派李从珂率骑兵迎战，在递坊镇打败了王彦章的前锋部队，擒获三百多名将士，斩杀二百多人，王彦章退守中都。戊辰（二十七日），捷报上奏到朝城，庄宗十分高兴，对郭崇韬说：“郓州首战告捷，足以鼓舞我们的士气。”已巳（二十八日），命令将士们把全部家属送回兴唐府。

【原文】

壬申，帝以大军自杨刘济河，癸酉，至郓州，中夜，进军逾汶，以李嗣源为前锋，甲戌旦，遇梁兵，一战败之，追至中都，围其城。城无守备，少顷，梁兵溃围出，追击，破之。王彦章以数十骑走，龙武大将军李绍奇单骑追之，识其声，曰：“王铁枪也！”拔矟刺之，彦章重伤，马踬[①]，遂擒之，并擒都监张汉杰、曹州刺史李知节、裨将赵廷隐、刘嗣彬等二百馀人，斩道数千级。

【注释】

①踬：被东西绊倒。

【译文】

壬申（初二），庄宗率大军从杨刘渡过黄河，癸酉（初三），到达郓州，半夜，大军过了汶水，命李嗣源为前锋部队，甲戌（初四）早晨，与后梁军相遇，一战打败了后梁军，一直追到中都，包围了中都城。城中没有防备，时间不长，后梁军冲出包围，后唐军追击，打败后梁军。王彦章率数十名骑兵逃跑，龙武大将军李绍奇单枪匹马追击，李绍奇听出是王彦章的声音，说："王铁枪！"拔出长槊刺向王彦章，王彦章负重伤，马被东西绊倒，李绍奇抓获了王彦章，同时抓获了后梁军都监张汉杰、曹州刺史李知节、副将赵廷隐、刘嗣彬等二百多人，斩杀了好几千人。

【原文】

彦章尝谓人曰："李亚子斗鸡小儿，何足畏！"至是，帝谓彦章曰："尔常谓我小儿，今日服未？"又问："尔名善将，何不守兖州？中都无壁垒，何以自固？"彦章对曰："天命已去，无足言者。"帝惜彦章之材，欲用之，赐药傅其创，屡遣人诱谕之[①]。彦章曰："余本匹夫，蒙梁恩，位至上将，与皇帝交战十五年；今兵败力穷，死自其分，纵皇帝怜而生我，我何面目见天下之人乎！岂有朝为梁将，暮为唐臣！此我所不为也。"帝复遣李嗣源自往谕之，彦章卧谓嗣源曰："汝非邈佶烈乎？"彦章素轻嗣源，故以小名呼之。于是诸将称贺，帝举酒属嗣源曰："今日之功，公与崇韬之力也。向从绍宏辈语，大事去矣。"

【注释】

①诱谕：诱导教喻。

【译文】

王彦章曾经对人说："李存勖是个斗鸡小儿，有什么可怕的！"到现在，庄宗对王彦章说："你常说我是小儿，今天服不服？"又问王彦章说："你名为善战将领，为什么不坚守兖州？中都没有修筑防御工事，怎么能守住？"王彦章回答说："天命已去，没有什么可说的。"庄宗怜惜王彦章的才能，打算起用他，赐药让他疗治伤口，曾多次派人去诱导劝说他。王彦章说："我本是个平民，承蒙梁国的恩爱，把我提拔成上将，与皇帝交战了十五年。今天兵败力穷，死是预料之中的事，纵使皇帝可怜我让我活着，我有什么面目去见天下的人呢？哪里有早晨还是梁国的将领，晚上就变成唐朝的大臣的道理呢。这是我不能做的。"庄宗又派李嗣源去说服他，王彦章躺着对李嗣源说："你不是邈佶烈吗？"王彦章平素轻视李嗣源，所以用小名来叫他。这时，各位将领都在举杯庆贺胜利，庄宗也举杯对李嗣源说："今日之功，全靠你和郭崇韬的力量。如果从前听了李绍宏等人的话，大事就完了。"

【原文】

帝又谓诸将曰："向所患惟王彦章，今已就擒，是天意灭梁也。段凝犹在河上，进退之计，宜何向而可？"诸将以为："传者虽云大梁无备，未知虚实。今东方诸镇兵皆在段凝麾下，所

庄宗问王彦章服不服。

馀空城耳，以陛下天威临之，无不下者。若先广地，东傅于海，然后观衅而动，可以万全。”康延孝固请亟取大梁。李嗣源曰：“兵贵神速。今彦章就擒，段凝必未之知；就使有人走告，疑信之间尚须三日。设若知吾所向，即发救兵，直路则阻决河，须自白马南渡，数万之众，舟楫亦难猝办。此去大梁至近，前无山险，方陈横行，昼夜兼程，信宿可至①。段凝未离河上，友贞已为吾擒矣。延孝之言是也。请陛下以大军徐进，臣愿以千骑前驱。”帝从之。令下，诸军皆踊跃愿行②。

【注释】

① 信宿：连宿两夜。② 踊跃：争先恐后。

庄宗下达命令，急速攻取大梁。

【译文】

庄宗又对各位将领说："过去我所忧患的只有王彦章，今天他已被抓获，这是天意要灭掉梁国。段凝目前还在黄河边上，是进是退，应该向哪个方向去呢？"诸将领认为："虽然传话的人说梁国没有什么防备，但不知道是真是假。现在东方各镇的兵力都集中到段凝的手中，剩下的全是空城，靠陛下的天威去攻打这些城，没有攻不下的。如果先扩大我们占据的地方，东面靠近海边，然后乘机会行动，可以万无一失。"康延孝坚决请求急速攻取大梁。李嗣源说："兵贵神速。现在王彦章已被抓获，段凝一定还不知道，即使有人跑去告诉他，段凝是否相信也需要三天时间来决定。假使他知道了我军所向，就会发兵援救。我们从直路去，有决口的黄河阻挡，需从白马以南渡过黄河，数万人马，船只和船桨也难以很快筹办到。从这里去大梁最近，前面没有高山险要的地方，把部队排成方阵，昼夜兼程，过两个晚上就能到达。段凝还没离开黄河边，朱友贞就会被我们抓获。康延孝的话是对的，请陛下率领大军慢慢前进，我愿率领一千骑兵作为前锋。"庄宗听从了他的意见。命令下达后，各路军马都争先恐后希望赶快行动。

【原文】

是夕，嗣源帅前军倍道趣大梁。乙亥，帝发中都，舁王彦章自随[①]，遣中使问彦章曰："吾此行克乎？"对曰："段凝有精兵六万，虽主将非材，亦未肯遽尔倒戈[②]，殆难克也。"帝知其终不为用，遂斩之。

【注释】

① 舁：抬着。② 遽尔：迅速。

【译文】

这天晚上，李嗣源率领前锋部队快速行军直奔大梁。乙亥（初五），庄宗从中都出发，抬着王彦章跟随在后面。庄宗派中使问王彦章说："我们此行能得胜吗？"王彦章回答说："段凝率领精锐部队六万人，虽然主将没有才能，但也不会马上投降，几乎很难击败他们。"庄宗知道他最终也不会为己所用，于是就把他杀了。

【原文】

丁丑，至曹州，梁守将降。

王彦章败卒有先至大梁，告梁主以"彦章就擒，唐军长驱且至"者，梁主聚族哭曰："运祚尽矣[①]！"召群臣问策，皆莫能对。梁主谓敬翔曰："朕居常忽卿所言[②]，以至于此。今事急矣，卿勿以为怼[③]。将若之何？"翔泣曰："臣受先帝厚恩，殆将三纪，名为宰相，其实朱氏老奴，事陛下如郎君。臣前后献言[④]，莫匪尽忠[⑤]。陛下初用段凝，臣极言不可，小人朋比[⑥]，致有今日。今唐兵且至，段凝限于水北，不能赴救。臣欲请陛下出避狄，陛下必不听从；请陛下出奇合战，陛下必不果决；虽使良、平更生，谁能为陛下计者！臣愿先赐死，不忍见宗庙之亡也。”因与梁主相向恸哭。

【注释】

①运祚：犹言国运祚福。②居常：平时，经常。③怼：怨恨。④献言：进言，进献意见。⑤莫匪：同“莫非”。尽忠：竭尽忠诚。⑥朋比：依附，互相勾结。

【译文】

丁丑（初七），后唐军到达曹州，后梁军的将领投降了后唐军。

王彦章的败卒有先到大梁的，告诉后梁主“王彦章已经被后唐军抓获，后唐军长驱直入，不久就到来了”的话。后梁主把全家聚在一起哭着说：“我朝的气数已经尽了。”召集大臣们问询办

王彦章的败卒告诉后梁主王彦章已被后唐军抓获。

法，大臣都不能回答。后梁主对敬翔说："我平时忽视你所说的话，才到了今天这步。现在事情非常紧急，你不要对我有怨恨。眼下该怎么办呢？"敬翔哭着说："我蒙受先帝的厚恩，差不多三十年了，名为宰相，其实是朱家的老奴，侍奉陛下如同少主人一般。我前后所提出的意见，无一不是竭尽忠诚。陛下当初起用段凝时，我极力说不可，小人们互相勾结，才导致有今天这样。现在唐军就要到来，段凝隔在黄河以北，不能赶来援救。我打算请陛下到北面契丹那里躲避一下，陛下一定不会听我的意见；请求陛下出奇兵与唐军交战，陛下一定不会果断决定。即使张良、陈平再生，谁又能为陛下想出好办法来呢？我希望陛下赐我先死，我不忍看到朝廷的灭亡。"于是和后梁主面对面痛哭。

【原文】

时城中尚有控鹤军数千，朱珪请帅之出战；梁主不从，命开封尹王瓒驱市人乘城为备。

梁主登建国楼，面择亲信厚赐之，使衣野服，赍蜡诏，促段凝军，既辞，皆亡匿。或请幸洛阳，收集诸军以拒唐，唐虽得都城，势不能久留。或请幸段凝军，控鹤都指挥使皇甫麟曰："凝本非将才，官由幸进，今危窘之际，望其临机制胜[①]，转败为功[②]，难矣。且凝闻彦章败，其胆已破，安知能终为陛下尽节乎！"赵岩曰："事势如此，一下此楼，谁心可保！"梁主乃止。复召宰相谋之，郑珏请自怀传国宝诈降以纾国难[③]，梁主曰："今日固不敢爱宝，但如卿此策，竟可了否？"珏俯首久之，曰："但恐未了。"左右皆缩颈而笑。梁主日夜涕泣，不知所为；置传国宝于卧内，忽失之，已为左右窃之迎唐军矣。

【注释】

①临机制胜：抓住机会，以谋略取胜。②转败为功：将失败转化为胜利。③纾：缓和，解除。

【译文】

当时城中还有几千控鹤军，朱珪请求率领他们出去迎战，后梁主没有答应，命令开封尹王瓒驱赶市民登城守备。

后梁主登上建国楼，当面选择亲信，丰厚地赏赐他们，让他们穿上百姓的衣服，送给他们一份用蜡封的诏书，让他们去催促段凝的军队，刚刚告别，这些人就都逃跑躲藏起来了。有人请后梁主到洛阳，集合各军抵御后唐军，后唐军虽然占领了都城，势必不能在那里久留。有人请求到段凝的军队那里，控鹤都指挥使皇甫麟说："段凝本不是将才，他的官位是因为他妹妹才晋升的，现正值危难之际，希望他抓住机会以谋略取胜，将失败转化为胜利，很难啊。况且段凝听到王彦章已被击败，他的胆子已被吓破，怎么知道他能在最后时刻为陛下尽忠尽节呢！"赵岩说："事态到现在这样，一下此楼，谁的心都难保证。"后梁主于是不这样做了。又召来宰相郑珏商量，郑珏请求自己拿着传国之宝去假装投降后唐军来缓解国难。后梁主说："今天一定不是吝惜国宝，只是如果按你的办法去办，真能解除国难吗？"郑珏低下头好久，说："恐怕不能。"左右大臣们都缩着脖子发笑。后梁主日夜哭泣，不知道怎么办。他把传国之宝放在卧室里，忽然没有了，原来是左右大臣偷去迎接后唐军去了。

【原文】

后梁主要求皇甫麟把自己杀死。

梁主谓皇甫麟曰："李氏吾世雠，理难降首，不可俟彼刀锯。吾不能自裁，卿可断吾首。"麟泣曰："臣为陛下挥剑死唐军则可矣，不敢奉此诏。"梁主曰："卿欲卖我邪？"麟欲自刭，梁主持之曰："与卿俱死。"麟遂弑梁主，因自杀。梁主为人温恭约，无荒淫之失；但宠信赵、张，使擅威福，疏弃敬、李旧臣，不用其言，以至于亡。

【译文】

后梁主对皇甫麟说："李氏是我世世代代的仇人，按理难向他们投降，不能等着让他们杀害我。我不能自杀，你可以把我的头砍下来。"皇甫麟哭着说："我为陛下挥剑抗战死于唐军之手是可以的，但不敢接受这个诏令。"后梁主说："你打算出卖我吗？"皇甫麟想自杀，后梁主拉住他说："我和你一起死。"皇甫麟于是杀了梁主，随即自杀。后梁主为人温和恭敬，而且简朴，没有荒淫方面的过失；只是宠信赵岩、张汉杰，使他们独断专行，作威作福，丢弃和疏远了敬翔、李振等旧臣，不采用他们的意见，所以导致灭亡了。

【原文】

已卯旦，李嗣源军至大梁，攻封丘门，王瓒开门出降，嗣源入城，抚安军民。是日，帝入自梁门，百官迎谒于马首[①]，拜伏请罪，帝慰劳之，使各复其位。李嗣源迎贺，帝喜不自胜，手引嗣源衣，以头触之曰："吾有天下，卿父子之功也，天下与尔共之。"帝命访求梁主，顷之，或以其首献。

【注释】

①迎谒：迎接拜见。

【译文】

已卯（初九）早晨，李嗣源的军队到达大梁城，向封丘门发起进攻，王瓒开门出来投降，李嗣源进城，安抚军民。这一天，庄宗从梁门进入城内，后梁国的百官在庄宗的马前迎接庄宗，跪在地上请罪，庄宗慰劳他们，让他们恢复各自的官位。李嗣源出来迎接并祝贺庄宗，庄宗喜不自胜，用手拉着李嗣源的衣服，用头撞了一下李嗣源说："我取得天下，是你父子二人的功劳，我和你们共享天下。"庄宗命令访求后梁主，时间不长，有人拿着后梁主的首级献给了庄宗。

【原文】

李振谓敬翔曰："有诏洗涤吾辈[①]，相与朝新君乎？"翔曰："吾二人为梁宰相，君错不能谏，国亡不能救，新君若问，将何辞以对！"是夕未曙，或报翔曰："崇政李太保已入朝矣。"翔叹曰："李振谬为丈夫[②]！朱氏与新君世为仇雠[③]，今国亡君死，纵新君不诛，何面目入建国门乎！"乃缢而死。

【注释】

① 洗涤：除去。② 谬为：假装。③ 仇雠：仇敌，仇家。

【译文】

李振对敬翔说："如果唐帝下诏除去我们的罪过，我们朝见新君吗？"敬翔说："我二人是梁国的宰相，君主昏庸不能接受进谏，国家灭亡了不能拯救，新君如果问我们，将用什么话来回答呢！"这天晚上天还未亮的时候，有人来报敬翔说："崇政使太保李振已经入朝投降了。"敬翔叹息说："李振枉为大丈夫！朱氏与新君世代为仇敌，现在国亡君死，即使新君不杀我，我还有什么脸再进大梁的建国门呢！"于是自缢而死。

【原文】

庚辰，梁百官复待罪于朝堂，帝宣敕赦之。

后梁百官迎接庄宗。

段凝自滑州济河入援，以诸军排陈使杜晏球为前锋；至封丘，遇李从珂，晏球先降。壬午，凝将其众五万至封丘，亦解甲请降。凝帅诸大将先诣阙待罪[①]，帝劳赐之，慰谕士卒[②]，使各复其所。凝出入公卿间，扬扬自得无愧色，梁之旧臣见者皆欲龁其面[③]，抉其心。

【注释】

① 诣阙：谓赴朝堂。② 慰谕：宽慰晓喻。③ 龁：咬。

【译文】

庚辰（初十），后梁百官又在朝廷大堂内等待治罪，庄宗宣布赦免他们。

段凝从滑州渡过黄河前往增援，命令诸军排阵，命杜晏球为前锋；到封丘后，遇上李从珂的部队，杜晏球先投降了。壬午（十二日），段凝率领五万大军到达封丘，也脱去铠甲请求投降。段凝带领将领先到朝堂等待治罪，庄宗慰劳赏赐了他们，并宽慰晓喻士卒，让他们各自回到自己住的地方。段凝出入于后唐公卿之间，扬扬自得，脸上没有一点愧色，后梁的旧臣见了，都想咬他的脸，挖他的心。

段凝脱去铠甲请求投降。

【原文】

段凝、杜晏球上言："伪梁要人赵岩、赵鹄、张希逸、张汉伦、张汉杰、张汉融、朱珪等，窃弄威福[①]，残蠹群生，不可不诛。”诏："敬翔、李振首佐朱温，共倾唐祚；契丹撒剌阿拨叛兄弃母，负恩背国，宜与岩等并族诛于市；自馀文武将吏一切不问。”又诏追废朱温、朱友贞为庶人[②]，毁其宗庙神主。

【注释】

① 窃弄：盗用；玩弄。威福：指当权者妄自尊大，恃势弄权。② 追废：废除死者原有的封诰。

【译文】

段凝、杜晏球上书庄宗说："伪梁的要害人物赵岩、赵鹄、张希逸、张汉伦、张汉杰、张汉融、朱珪等窃取权力，作威作福，残害百姓，不可不杀。”庄宗下诏："敬翔、李振带头帮助朱温颠覆唐帝；契丹撒剌阿拨叛兄弃母，辜负恩德，背叛国家，应当和赵岩等在街市上诛灭全族；其余的文武将吏一概不追究。”又下诏废除朱温、朱友贞原有的封诰，降为平民，毁掉他们的宗庙神主。

【原文】

梁诸藩镇稍稍入朝[①]，或上表待罪，帝皆慰释之[②]。宋州节度使袁象先首来入朝，陕州留后霍彦威次之。象先辇珍货数十万，遍赂刘夫人及权贵、伶官、宦者，旬日[③]，中外争誉之，恩宠隆异[④]。己丑，诏伪庭节度、观察、防御、团练使、刺史及诸将校[⑤]，并不议改更，将校官吏先奔伪庭者一切不问。

帝遣使宣谕诸道，梁所除节度使五十馀人皆上表入贡。

【注释】

① 稍稍入朝：逐渐谒见天子。稍稍，逐渐。入朝，属国使臣或地方

官员谒见天子。②慰释：宽慰，宽解。③旬日：十天。亦指较短的时日。④隆异：优厚异常。⑤伪庭：亦作“伪廷”，犹伪朝。这里指后梁。

【译文】

后梁的各藩镇进朝投降。

后梁的各藩镇逐渐进朝投降，有的上表请求治罪，庄宗都宽慰、释放了他们。宋州节度使袁象先首先谒见庄宗投降，陕州留后霍彦威稍晚一点。袁象先首先用车拉着数十万珍宝财货，贿赂了刘夫人以及权贵、伶官、宦者等人，十几天来，朝内朝外都争相说他好，受到庄宗格外的宠爱。己丑（十九日），庄宗下诏，后梁的节度使、观察使、防御使、团练使、刺史以及各位将校官员，都不更改，将校官吏中原先投奔后梁的人一律不追究。

庄宗派使者去各道宣谕，后梁任命的五十多名节度使都向庄宗上表进贡。

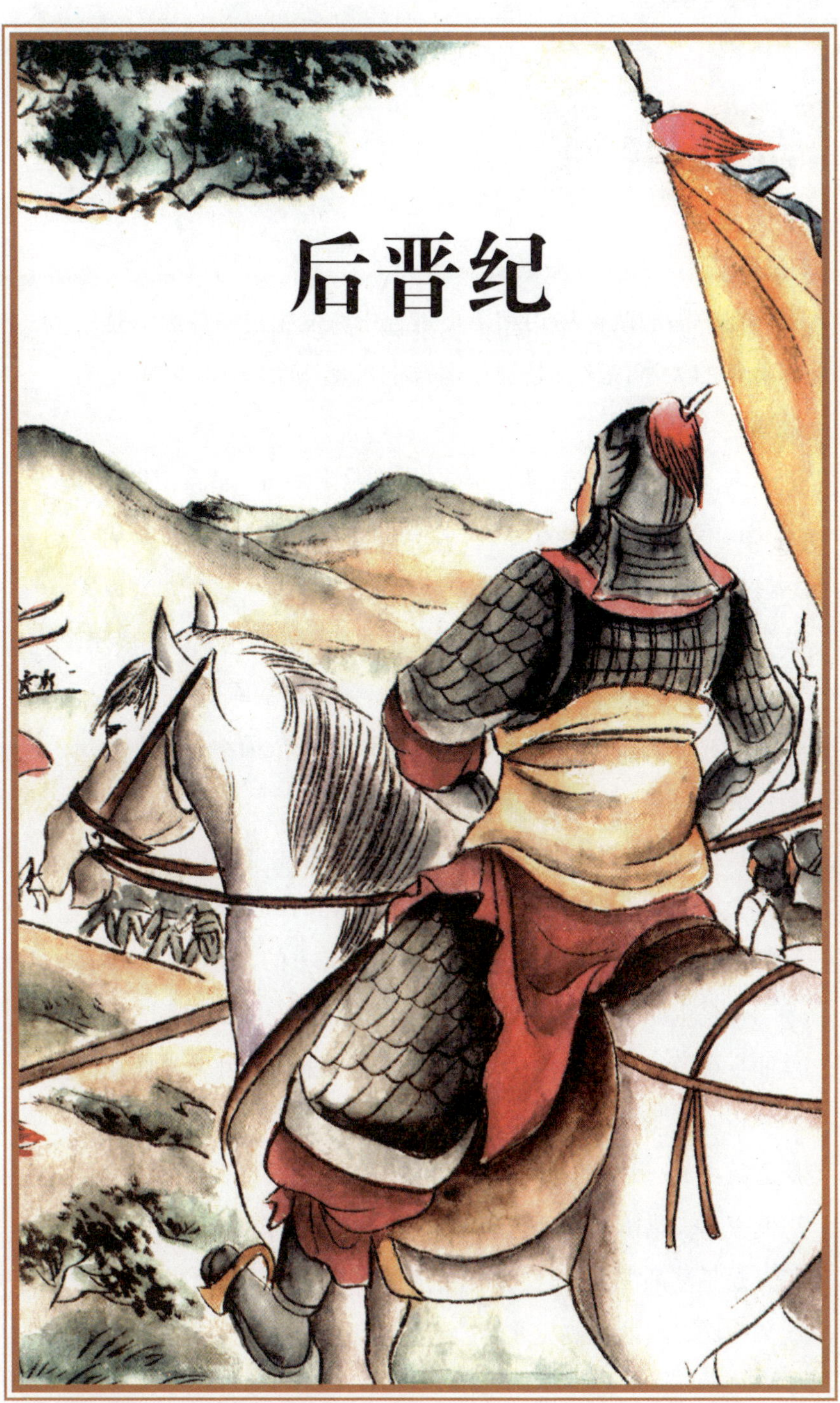

后晋纪

割让幽蓟

【导语】

在中国的政治格局和历史进程中，发生过一件影响持续四百年的大事，这就是割让幽云十六州。而始作俑者就是石敬瑭。

幽云十六州，又称燕云十六州、幽蓟十六州。清泰三年（公元 936 年）五月，作为河东节度使的石敬瑭反于晋阳，后唐发兵讨伐。石敬瑭求救于契丹，向契丹主耶律德光称臣，并以父礼事之，约定解围称帝事成后割让卢龙一道及雁门关以北诸州。九月，耶律德光亲率骑兵击破包围晋阳的后唐军队。十一月，耶律德光立石敬瑭为“大晋皇帝”。石敬瑭依前约，将十六州割付契丹。

长城以北的少数民族在东汉末、西晋至北朝、唐代都曾进入长城以南，正因为如此，才导致了当时激烈的民族矛盾以及随之而来的大规模的民族融合。作为北方的天然屏障，幽云十六州是重要的战略要冲，进可攻，退可守，中原政权占据它，就能抵御游牧民族的侵扰，而游牧民族占据它，则是冲击中原的跳板。它是重要的生产资料供应基地，还是中原汉民族和其他游牧民族分片而居的天然分界线。唐玄宗时期，安禄山和史思明就是凭借幽云之地作为强有力的战略后方，把唐帝国推入了万劫不复的深渊。这次割让的直接恶果是，燕云十六州从此脱离中原政权的控制，北部边防几乎无险可守，中原完全暴露在契丹铁蹄之下，而契丹昼夜之间即可饮马黄河。

但是有一点要说明的是，胡三省在《资治通鉴》的注文中也谈到自撤藩篱并不始于石敬瑭。契丹是自己起兵灭了赵延寿，才得到幽州的。

纵观石敬瑭之一生，初以骁勇善战发迹，继因廉政而闻名。在战乱频繁之际，他借重契丹援助得以问鼎、建立后晋王朝。

因为石敬瑭割让燕云十六州以及岁输布帛三十万给契丹，并甘当百依百顺的“儿皇帝”以换取契丹对自己的支持，将北方百姓置于契丹铁蹄之下，所以民心尽失。

石敬瑭的帝位并不稳固。他对契丹的屈辱行为，遭到人民的唾弃；尽管石敬瑭卑屈地侍奉契丹，仍常遭到契丹的责备。天福七年，石敬瑭忧郁而死，契丹得石知敬瑭死讯，契丹主驱兵南下。

【原文】

天福元年（丙申，公元936年）

初，石敬瑭欲尝唐主之意①，累表自陈羸疾②，乞解兵柄，移他镇③；帝与执政议从其请④，移镇郓州⑤。房暠、李崧、吕琦等皆力谏⑥，以为不可，帝犹豫久之。

【注释】

①尝：试探。唐主：后唐末帝李从珂。②羸：瘦弱。③乞解兵柄，移他镇：石敬瑭当时是河东节度使、北面总管。④帝：后唐末帝李从珂。镇州（今河北正定）人，五代时期后唐皇帝，原为后唐明宗李嗣源义子，本姓王。公元934年至公元936年在位，死后无谥号及庙号，史称后唐末帝或后唐废帝。执政：宰相。⑤郓州：今山东东平。

⑥房暠、李崧、吕琦：都是后唐的重要官员。

【译文】

天福元年（丙申，公元936年）

最初，石敬瑭想试探后唐朝廷的意图，多次上表陈述身体羸弱，请求解除他的兵权，调迁到别的镇所；末帝与执政大臣商议后答应了他的请求，调迁郓州。房暠、李崧、吕琦等人都极力谏劝，认为不能这样，末帝犹疑了很久。

【原文】

五月庚寅夜，李崧请急在外[①]，薛文遇独直，帝与之议河东事，文遇曰："谚有之：'当道筑室，三年不成[②]。'兹事断自圣志；群臣各为身谋，安肯尽言！以臣观之，河东移亦反，不移亦反，在旦暮耳，不若先事图之。"先是，术者言国家今年应得贤佐，出奇谋，定天下，帝意文遇当之，闻其言，大喜，曰："卿言殊豁吾意，成败吾决行之。"即为除目[③]，付学士院使草制[④]。辛卯，以敬瑭为天平节度使[⑤]，以马军都指挥使、河阳节度使宋审虔为河东节度使[⑥]。制出，两班闻呼敬瑭名[⑦]，相顾失色。

末帝让薛文遇起草封授官职的拟议。

【注释】

①请急：请假。请假一般要有急事，所以说请急。②当道筑室，三

年不成：意思是在路边盖房子，过路人会纷纷议论，使主人不知听谁的好，这样闹上三年也盖不成房子。③ 除目：御笔亲自任免付外执行的叫除目。④ 草制：起草诏制。从唐玄宗以后，多由翰林学士起草诏制。⑤ 天平节度使：治所在郓州，即今山东东平。⑥ 河阳节度使：治所在今河南孟州市。⑦ 两班：上朝时文武官员分班排列叫两班。

【译文】

五月庚寅（初二）夜间，李崧有急事请假在外，薛文遇独自值夜班，末帝与他议论河东的事，薛文遇说："俗谚说：'在道路当中盖房，三年也盖不成。'这种事只能由主上根据自己的意志来决断。群臣各为自身打算，怎么肯把心里的话都说出来呢！以臣看来，河东方面的事，移镇反，不移也要反，这是早晚的事，不如先动手把这事解决了。"以前，术士说朝廷今年当有贤人辅佐，提出奇谋，安定天下，末帝还以为这个人当由薛文遇来应验，听到他的话，心里很高兴，于是说道："爱卿的话使我豁然开朗，不论成败我决心这样做了。"立即让薛文遇起草封授官职的拟议，交付学士院草拟任命制书。辛卯（初三），任命石敬瑭为天平节度使，任用马军都指挥使、河阳节度使宋审虔为河东节度使。制令一出，文武两班听到叫石敬瑭的名字，相顾失色。

【原文】

甲午，以建雄节度使张敬达为西北蕃汉马步都部署[①]，趣敬瑭之郓州。敬瑭疑惧，谋于将佐曰："吾之再来河东也，主上面许终身不除代[②]；今忽有是命，得非如今年千春节与公主所言乎[③]？我不兴乱，朝廷发之，安能束手死于道路乎！今且发表称疾以观其意，若其宽我，我当事之；若加兵于我，我则改图耳。”幕僚段希尧极言拒之，敬瑭以其朴直，不责也。节度判官华阴赵莹劝敬瑭赴郓州；观察判官平遥薛融曰：“融书生，不习军旅。”都押牙刘知远曰[④]：“明公久将兵，得士卒心；今据形胜之地，士马精强，若称兵传檄，帝业可成，奈何以一纸制书自投虎口乎！”掌书记洛阳桑维翰曰：“主上初即位，明公入朝，主上岂不知蛟龙不可纵之深渊邪？然卒以河东复授公，此乃天意假公以利器。明宗遗爱在人，主上以庶孽代之[⑤]，群情不附。公明宗之爱婿，今主上以反逆见待，此非首谢可免，但力为自全之计。契丹素与明宗约为兄弟[⑥]，今部落近在云、应[⑦]，公诚能推心屈节事之，万一有急，朝呼夕至，何患无成。”敬瑭意遂决。

【注释】

① 建雄节度使：治所在今山西临汾。② 除代：委派人接替职务。③ 千春节：即唐主末帝诞辰。自唐玄宗开元年间开始，屡有以皇帝诞辰为节日的规定。④ 都押牙：当时节度使手下的重要武官。刘知远：后来后汉的开国皇帝。⑤ 庶孽：不是正妻所生的儿子。⑥ 契丹：后改国号为辽。⑦ 云、应：云州在今山西大同，应州在今山西应县。

【译文】

甲午（初六），末帝任命建雄节度使张敬达为西北蕃汉马步都部署，催石敬瑭赶赴郓州。石敬瑭又疑惑又害怕，便与他的将佐计议说：“我第二次来河东时，主上当面答应我终身不派别人接替我；现在忽然来了这样的命令，莫不是像今年过千春节时，主上同公主所说的那样吗？我如果不起兵，朝廷先发制人，怎么能束手被擒，死于道路之间呢！今天暂且上表说有病，以此观察朝廷对我的意向，如果他对我宽容，我就以臣子之礼对他；如果他对我用兵，那我就要另做打算了。”幕僚段希尧极力反对，石敬瑭因为段希尧为人直率，没有责怪他。节度判官华阴人赵莹劝石敬瑭赶赴郓州；观察判官平遥人薛融说：“我是个书生，不懂得带兵作战的事。”都押牙刘知远说：“明公您长期统率兵将，受到士兵的拥护；现在占据着有利的地方，人马都很精锐强悍，如果起兵，传发檄文宣示各道，可以完成帝王大业，怎么能只为一道朝廷制令便自投虎口呢！”掌书记洛阳人桑维翰说：“主上当初即位的时候，明公您入京朝贺，主上岂能不知道蛟龙不可放归深渊的道理？然而最后还是把河东再次交给您，这是天意要借一把快刀给您。先帝明宗把遗爱留给了后人，主上却用旁支的庶子取代大位，众人心里是不愿依附他的。您是明宗的爱婿，可是现在主上却把您当作叛逆看待，这不是仅仅靠表示低头服从就能取得宽免的，为保全自己只能努力想办法了。契丹向来同明宗协约做兄弟之邦，现在，他们的部落近在云州、应州，您如果能推心置腹地曲意讨好他们，万一有急事，早上叫他晚上就能到，还担心不能成功吗？”石敬瑭于是下了反叛的决心。

末帝催石敬瑭赶赴郓州，石敬瑭与他的将佐计议。

【原文】

戊戌，昭义节度使皇甫立奏敬瑭反[①]。敬瑭表："帝养子，不应承祀[②]，请传位许王。"帝手裂其表抵地，以诏答之曰："卿于鄂王固非疏远，卫州之事，天下皆知；许王之言，何人肯信！"壬寅，制削夺敬瑭官爵。乙巳，以张敬达兼太原四面排陈使，河阳节度使张彦琪为马步军都指挥使，以安国节度使安审琦为马军都指挥使，以保义节度使相里金为步军都指挥使，以右监门上将军武廷翰为壕寨使。丙午，以张敬达为太原四面兵马都部署，以义武节度使杨光远为副部署。丁未，又以张敬达知太原行府事[③]，以前彰武节度使高行周为太原四面招抚、排陈等使。光远既行，定州军乱，牙将千乘方太讨平之。

【注释】

① 昭义节度使：治所在今山西长治。② 承祀：祀是祭祀，在古代祭

末帝下制令，削夺石敬瑭的官爵。

是国之大事，因此，继承帝位也叫承祀。③ 知：主管。

【译文】

戊戌（初十），昭义节度使皇甫立奏报石敬瑭叛乱。石敬瑭上表说："皇帝是养子，不应继承帝位，请把皇位传给许王李从益。"末帝把石敬瑭的表章撕碎扔在地上，用诏书回答他说："你与鄂王李从厚本来并不疏远，卫州的事情，天下人都知道；许王的话，谁能相信！"壬寅（十四日），末帝下制令，削夺石敬瑭的官爵。乙巳（十七日），任命张敬达兼太原四面排陈使，河阳节度使张彦琪为马步军都指挥使，任命安国节度使安审琦为马军都指挥使，任命保义节度使相里金为步军都指挥使，任命右监门上将军武廷翰为壕寨使。丙午（十八日），任命张敬达为太原四面兵马都部署，任命义武节度使杨光远为副部署。丁未（十九日），又任命张敬达主管太原行府事，任命前彰武节度使高行周为太原四面招抚、排陈等使。杨光远离任后，定州军作乱，牙将千乘县人方太讨伐平定了定州军的叛乱。

【原文】

石敬瑭遣间使求救于契丹，令桑维翰草表称臣于契丹主[①]，且请以父礼事之，约事捷之日，割卢龙一道及雁门关以北诸州与之。刘知远谏曰："称臣可矣，以父事之太过。厚以金帛赂之，自足致其兵[②]，不必许以土田，恐异日大为中国之患，悔之无及。"敬瑭不从。表至契丹，契丹主大喜，白其母曰："儿比梦石郎遣使来[③]，今果然，此天意也。"乃为复书，许俟仲秋倾国赴援。

【注释】

①草表：草拟章奏。②致其兵：达到让他们出兵的目的。③比：近来。

【译文】

石敬瑭派使者向契丹求救，让桑维翰草拟表章向契丹主称臣，并请求用对待父亲的礼节来侍奉他，约定事情成功之日，划割卢龙一道及雁门关以北诸州给契丹。刘知远劝谏他说："称臣就可以了，用父亲的礼节对待他就太过分了。用丰厚的金银财宝贿赂他，就足以达到让他们出兵的目的了，不必许诺割给他土地，恐怕那样以后要成中原的大患，后悔就来不及了。"石敬瑭不听。表章送到契丹，契丹国主耶律德光非常高兴，告诉他的母亲说："孩儿最近梦见石郎派遣使者来，现在果然来了，这真是天意啊。"于是给石敬瑭写了回信，答应等到仲秋时节，发动所有人马去支援他。

【原文】

九月，契丹主将五万骑，号三十万，自扬武谷而南，旌旗不绝五十馀里。代州刺史张朗、忻州刺史丁审琦婴城自守[①]，虏骑过城下，亦不诱胁[②]。

【注释】

①婴城：谓环城而守。②诱胁：引诱恐吓。

【译文】

九月，契丹主耶律德光率领五万骑兵，号称三十万，从代州扬武谷向南进发，旌旗连绵不断达五十余里。代州刺史张朗、忻州刺史丁审琦绕城自守，敌人骑兵经过城下时，也不引诱恐吓。

【原文】

辛丑，契丹主至晋阳，陈于汾北之虎北口。先遣人谓敬瑭曰："吾欲今日即破贼可乎？"敬瑭遣人驰告曰："南军甚厚，不可轻，请俟明日议战未晚也。"使者未至，契丹已与唐骑将高行周、符彦卿合战，敬瑭乃遣刘知远出兵助之①。张敬达、杨光远、安审琦以步兵陈于城西北山下，契丹遣轻骑三千，不被甲，直犯其陈。唐兵见其羸②，争逐之，至汾曲③，契丹涉水而去。唐兵循岸而进，契丹伏兵自东北起，冲唐兵断而为二，步兵在北者多为契丹所杀，骑兵在南者引归晋安寨④。契丹纵兵乘之，唐兵大败，步兵死者近万人，骑兵独全。敬达等收馀众保晋安，契丹亦引兵归虎北口。敬瑭得唐降兵千馀人，刘知远劝敬瑭尽杀之。

【注释】

①助：帮助协同。②羸：弱。③汾曲：汾河东南流经太原市至新绛县西折入黄河，其西折处谓汾曲。④引归：率军退回。

【译文】

辛丑（十五日），契丹主率军到达晋阳，把兵马分布在汾北的虎北口。先派人对石敬瑭说："我打算今天攻打贼兵，可以吗？"石敬瑭派人立刻告诉他说："南军力量很雄厚，不可以轻敌，请等到明天商议好

契丹主率军到达晋阳。

契丹伏兵从东北冲出来，把后唐兵冲截为两段。

再开战也不晚。”使者还没到达契丹军营，契丹兵已经同后唐骑将高行周、符彦卿打了起来，石敬瑭便派刘知远出兵协同契丹作战。张敬达、杨光远、安审琦用步兵在城西北山下列阵，契丹派轻骑兵三千人，不披铠甲，直冲后唐兵阵列。后唐兵看到契丹兵单薄，争相驱赶，到了汾水西折处，契丹兵涉水逃跑。后唐兵沿着河岸追击，契丹伏兵从东北冲出来，把后唐兵冲截为两段，在北面的步兵大多被契丹所杀，在南面的骑兵退回到晋安营寨。契丹放开兵马乘乱攻击，后唐兵大败，步兵死亡近万人，只有骑兵保全了。张敬达等收集余众退保晋安，契丹也率兵返回虎北口。石敬瑭俘获后唐降兵一千余人，刘知远劝石敬瑭把他们都杀了。

【原文】

是夕，敬瑭出北门，见契丹主。契丹主执敬瑭手，恨相见之晚。敬瑭问曰："皇帝远来，士马疲倦，遽与唐战而大胜，何也？"契丹主曰："始吾自北来，谓唐必断雁门诸路，伏兵险要，则吾不可得进矣。使人侦视，皆无之，吾是以长驱深入，知大事必济也①。兵既相接，我气方锐②，彼气方沮，若不乘此急击之，旷日持久，则胜负未可知矣。此吾所以亟战而胜，不可以劳逸常理论也。"敬瑭甚叹伏。

【注释】

①济：成。②锐：勇往直前的气势。

【译文】

这天晚上，石敬瑭出北门，会见契丹主。契丹主握住石敬瑭的手，只恨相见晚了。石敬瑭问道："皇帝远道而来，兵马疲倦，仓促之间同后唐兵作战却获大胜，这是什么原因？"契丹主说："开始我从北面来，以为后唐兵一定会切断雁门的各条道路，埋伏兵众在险要之地，那样我就不能顺利前进了。我使人侦察，发现断路和埋伏都没有，我才得以长驱直入，知道大事必然成功。兵马相接以后，我方气势正旺盛，对方却是意志消沉，如果不乘此时急速攻击他，时间拖得久了，那谁胜谁负就不知道了。这就是我之所以速战而胜的道理，不能用谁

石敬瑭会见契丹主，契丹主握住石敬瑭的手表示友好。

紧张谁安逸的通常道理来衡量了。”石敬瑭很是叹服。

【原文】

壬寅，敬瑭引兵会契丹围晋安寨，置营于晋安之南，长百馀里，厚五十里，多设铃索吠犬[①]，人跬步不能过[②]。敬达等士卒犹五万人，马万匹，四顾无所之。甲辰，敬达遣使告败于唐，自是声问不复通。唐主大惧，遣彰圣都指挥使符彦饶将洛阳步骑兵屯河阳，诏天雄节度使兼中书令范延光将魏州兵二万由青山趣榆次，卢龙节度使、东北面招讨使兼中书令北平王赵德钧将幽州兵出契丹军后，耀州防御使潘环纠合西路戍兵，由晋、绛两乳岭出慈、隰，共救晋安寨。契丹主移帐于柳林，游骑过石会关，不见唐兵。

【注释】

①吠犬：善于叫的狗。②跬步：半步，跨一脚。

【译文】

壬寅（十六日），石敬瑭率领兵马会合契丹包围晋安寨，在晋安的南面安营扎寨，长一百多里，宽五十里，密布带铃索善叫的狗，人们连半步也不能过去。张敬达等率领的士兵尚有五万人，马有万匹，四面张望不知往哪里去好。甲辰（十八日），张敬达派出使者把打败仗的经过向后唐朝廷报告，此后再没通音讯。末帝极为恐惧，派彰圣都指挥使符彦饶率洛阳的步兵、骑兵屯扎在河阳，末帝下诏命天雄节度使兼中书令范延光率领魏州兵两万从邢州青山赶奔榆次，卢龙节度使、东北面招讨使兼中书令北平王赵德钧率领幽州兵从契丹军后面出击，耀州防御使潘环会合西路守戍的兵士从晋州、绛州间的两乳岭出兵慈州、隰州，共同营救晋安寨。契丹主把军帐移到柳林，流动的骑兵过了石会关，没有遇到后唐兵。

【原文】

丁未，唐主下诏亲征。雍王重美曰："陛下目疾未平，未可远涉风沙；臣虽童稚[①]，愿代陛下北行。"帝意本不欲行，闻之，颇悦。张延朗、刘延皓及宣徽南院使刘延朗皆劝帝行，帝不得已，戊申，发洛阳，谓卢文纪曰："朕雅闻卿有相业[②]，故排众议首用卿，今祸难如此，卿嘉谋皆安在乎[③]？"文纪但拜谢，不能对。己酉，遣刘延朗监侍卫步军都指挥使符彦饶军赴潞州，为大军后援。诸军自凤翔推戴以来，骄悍不为用[④]，彦饶恐其为乱，不敢束之以法。

【注释】

① 童稚：童年。② 雅：素常，向来。③ 嘉谋：好的计谋。④ 不为用：

雍王李重美劝末帝不要亲征。

不听指挥。

【译文】

丁未（二十一日），末帝下诏宣布亲征。雍王李重美说：“陛下眼疾还没有好，不能长途跋涉到风沙之地，为臣虽然尚在童稚之年，愿意代替陛下去北方征讨。”末帝心里本来不想北行，听了这些话，颇为高兴。张延朗、刘延皓和宣徽南院使刘延朗都劝末帝亲征，末帝不得已，戊申（二十二日），从洛阳出发，对卢文纪说：“朕向来听说你有宰相才干，所以排除众议首先任用你，现在遭到如此祸难，你的好谋略都在哪里呢？”卢文纪只是拜谢，不能回答。己酉（二十三日），末帝命刘延朗监督侍卫步军都指挥使符彦饶的部队开赴潞州，为前线晋安寨的大军做后援。诸路军马自从凤翔推戴李从珂以来，日益骄悍不听指挥，符彦饶害怕他们作乱，不敢用法纪来约束他们。

末帝召集宰相、枢密使讨论进攻的方法与谋略。

【原文】

帝至河阳，心惮北行，召宰相、枢密使议进取方略[①]，卢文纪希帝旨[②]，言“国家根本，太半在河南[③]。胡兵倏来忽往[④]，不能久留；晋安大寨甚固，况已发三道兵救之。河阳天下津要，车驾宜留此镇抚南北，且遣近臣往督战，苟不能解围，进亦未晚。”张延朗欲因事令赵延寿得解枢务⑤，因曰：“文纪言是也。”帝访于馀人⑥，无敢异言者。泽州刺史刘遂凝鄩之子也，潜自通于石敬瑭，表称车驾不可逾太行。帝议近臣可使北行者，张延朗与翰林学士须昌和凝等皆曰：“赵延寿父德钧以卢龙兵来赴难，宜遣延寿会之。”庚戌，遣枢密使、忠武节度使、随驾诸军都部署、兼侍中赵延寿将兵二万如潞州。辛亥，帝如怀州。以右神武统军康思立为北面行营马军都指挥使，帅扈从骑兵赴团柏谷⑦。思立，晋阳胡人也。

【注释】

①进取方略：进攻的方法与谋略。②希：迎合。③太半：大半，多半。河南：黄河的南面。④倏来忽往：倏，极快的；忽，突然。指来去迅速。⑤枢务：枢府的政务。⑥访于馀人：向其他的人询问。⑦扈从：随从。

【译文】

末帝到了河阳，心里害怕北行，召集宰相、枢密使讨论进攻的方法与谋略，卢文纪迎合末帝的想法，说：“国家的根本，大半在黄河之南。契丹军来去迅速，不能久留；晋安的大寨非常坚固，况且已经派出范延光、赵德钧、潘环三路兵马救援那里。河阳是天下的津渡要路，主上的车驾应该留在这里镇守，安抚南方和北方。可以暂且派近臣前去督战，如果不能解围，再向前进发也不晚。”张延朗想借个因由使赵延寿解除枢府的政务，便说：“文纪的意见是对的。”末帝向其他的人询问，没有敢讲不同意见的。泽州刺史刘遂凝，是刘鄩的儿子，暗中和石敬瑭有来往，上表言称车驾不可越过太行山。末帝同他们商议近臣中可派去北边的人。张延朗与翰林学士须昌人和凝等人都说："赵延寿的父亲赵德钧带着卢龙兵马来勤王赴难，应该派赵延寿去与他会合。"庚戌（二十四日），末帝派枢密使、忠武节度使、随驾诸军都部署、兼侍中赵延寿率兵二万人开赴潞州。辛亥（二十五日），末帝到怀州。任命右神武统军康思立为北面行营马军都指挥使，率随从骑兵开赴团柏谷。康思立是晋阳的胡人。

【原文】

帝以晋安为忧，问策于群臣，吏部侍郎永清龙敏请立李赞华为契丹主，令天雄、卢龙两镇分兵送之，自幽州趣西楼，朝廷露檄言之[①]，契丹主必有内顾之忧[②]，然后选募军中精锐以击之，此亦解围之一策也。帝深以为然，而执政恐其无成，议竟不决。

末帝向群臣询问对策。

【注释】

①露檄：发布公告。②内顾之忧：形容没有妻子，身在外又要顾虑家事。这里指有内部的忧虑。

【译文】

末帝忧虑晋安的形势，向群臣询问对策，吏部侍郎永清人龙敏建议立李赞华为契丹国主，命天雄、卢龙二镇分兵送他归国，从幽州到西楼，朝廷透露了檄文讲出这件事情，契丹主必有内顾不安的忧虑，然后选拔募集军中的精锐之兵攻击他，这也是解围的一种办法。末帝认为这个意见可行，而执政诸人担心不能成功，只是议论竟然作不出决定。

【原文】

帝忧沮形于神色，但日夕酣饮悲歌。群臣或劝其北行，则曰："卿勿言，石郎使我心胆堕地！"

冬，十月壬戌，诏大括天下将吏及民间马[①]；又发民为兵，每七户出征夫一人，自备铠仗，谓之"义军"，期以十一月俱集，命陈州刺史郎万金教以战陈[②]，用张延朗之谋也。凡得马二千馀匹，征夫五千人，实无益于用，而民间大扰。

【注释】

①括：搜求。②战陈：犹"战阵"，指作战的阵势。

【译文】

末帝的忧愁沮丧在神色上表现出来，从早到晚只是酣饮悲歌。群臣有人劝他北行，末帝却说："你不要说了，石朗已经使我的心胆掉落在地上了！"

冬季，十月壬戌（初七），下诏大力搜求天下将吏以及民间的马匹，又发动百姓当兵，每七户出一个征夫，自己准备铠甲兵器，称作“义军”，定期在十一月全部集中，命令陈州刺史郎万金训练他们作战的阵势，这是采用张延朗的谋划。结果只得到马二千余匹，征夫五千人，实在没有多大用处，但民间却因此受到很大骚扰。

【原文】

初，赵德钧阴蓄异志，欲因乱取中原，自请救晋安寨。唐主命自飞狐踵契丹后[①]，钞其部落[②]，德钧请将银鞍契丹直三千骑[③]，由土门路西入，帝许之。赵州刺史、北面行营都指挥使刘在明先将兵戍易州，德钧过易州，命在明以其众自随。在明，幽州人也。德钧至镇州，以董温琪领招讨副使，邀与偕行，又表称兵少，须合泽潞兵；乃自吴兒谷趣潞州，癸酉，至乱柳。时范延光受诏将部兵二万屯辽州，德钧又请与魏博军合；延光知德钧合诸军，志取难测，表称魏博兵已入贼境，无容南行数百里与德钧合，乃止。

【注释】

①踵：走到。②钞：同“抄”。③银鞍契丹直：契丹直，是一支契丹族骑兵部队。古来，中原王朝都有招募能征惯战的边地民族、充实军队的传统。后唐屡败契丹军，将俘获的契丹降军组成部队。最多的一次，定州（今属河北）战役后，明宗两败耶律德光，俘获甚多，从中挑选了五千多名健壮精兵充实到“契丹直”中。赵德钧的幽州镇，有一支名为“银鞍契丹直”的骑兵部队。

【译文】

起初，赵德钧暗中怀有异志，想乘乱夺取中原，自己请求去救援晋安寨。末帝命他从飞狐道出代州，绕到契丹后面，抄袭其部落，赵德钧请求率领银鞍契丹直三千骑兵，从土门路向西进军，末帝同意了。赵州刺史、北面行营都指挥使刘在明原先领兵戍守易州，赵德钧过易州，命令刘在明带着自己的兵马跟随他。刘在明是幽州人。赵德钧到了镇州，任用董温琪为招讨副使，邀他一起行动。又上表朝廷说自己兵少，要同泽潞的兵力会合；于是从吴兒谷向潞州进发，癸酉（十八日），到达乱柳。当时范延光受诏命率领所属兵士二万人屯驻在辽州，赵德钧又请求与魏博军会合；范延光知道赵德钧会合诸军，其意图难于测料，便上表称魏博的军马已经进入贼境，不能再向南行军数百里与赵德钧会合，赵德钧便停止会合的打算。

【原文】

十一月，以赵德钧为诸道行营都统，依前东北面行营招讨使。以赵延寿为河东道南面行营招讨使，以翰林学士张砺为判官。庚寅，以范延光为河东道东南面行营招讨使，以宣武节度使、同平章事李周副之。辛卯，以刘延朗为河东道南面行营招讨副使。赵延寿遇赵德钧于西汤，悉以兵属德钧。唐主遣吕琦赐德钧敕告，且犒军。德钧志在并范延光军，逗留不进①，诏书屡趣之，德钧乃引兵北屯团柏谷口。

【注释】

① 逗留：中途停留。

赵德钧率领部队向北屯扎在团柏谷口。

【译文】

十一月，末帝任命赵德钧为诸道行营都统，依旧任东北面行营招讨使。任命赵延寿为河东道南面行营招讨使，任用翰林学士张砺为判官。庚寅（初五），任用范延光为河东道东南面行营招讨使，任命宣武节度使、同平章事李周为副使。辛卯（初六），任用刘延朗为河东道南面行营招讨副使。赵延寿在西汤遇到赵德钧，把所统领的兵马全部交给赵德钧。末帝派吕琦赐给赵德钧敕告，并且犒赏军队。赵德钧的意图是要兼并范延光的军队，逗留不肯前进，末帝屡次下达诏书催促他，赵德钧于是率领部队向北屯扎在团柏谷口。

【原文】

契丹主谓石敬瑭曰："吾三千里赴难，必有成功。观汝器貌识量，真中原之主也。吾欲立汝为天子。"敬瑭辞让者数四，将吏复劝进，乃许之。契丹主作册书，命敬瑭为大晋皇帝，自解衣冠授之，筑坛于柳林，是日，即皇帝位。割幽、蓟、瀛、莫、涿、檀、顺、新、妫、儒、武、云、应、寰、朔、蔚十六州以与契丹[1]，仍许岁输帛三十万匹。己亥，制改长兴七年为天福元年，大赦；敕命法制，皆遵明宗之旧[2]。以节度判官赵莹为翰林学士承旨、户部侍郎、知河东军府事，掌书记桑维翰为翰林学士、礼部侍郎、权知枢密使事，观察判官薛融为侍御史知杂事，节度推官白水窦贞固为翰林学士，军城都巡检使刘知远为侍卫马军都指挥使，客将景延广为步军都指挥使。延广，陕州人也。立晋国长公主为皇后。

【注释】

① 十六州：即燕云十六州，又称“幽云十六州”“幽蓟十六州”。“燕云”一名最早见于《宋史·地理志》。幽、蓟、瀛、莫、涿、檀、顺七州位于太行山北支的东南方，其余九州在山的西北，十六州大致是今北京、天津和河北北部、山西北部的大片土地。石敬瑭把燕云十六州之地献出来，使得辽国的疆域扩展到长城沿线。② 明宗：李嗣源，是五代时期的开明皇帝，其统治时期社会稳定，政治清明，人民休养生息，对历史起了一定的促进作用。

【译文】

契丹主对石敬瑭说：“我南下三千里帮助你解决危难，必然会成功。看你的器宇容貌和见识气量，真是中原的国主啊。我想立你做天子。”石敬瑭假意辞让了好几次，将吏又反复劝他进大位，于是便答应了。契丹主制作册封的文书，命石敬瑭为大晋皇帝，解下衣服冠冕亲自授给他，在柳林搭筑坛台，就在这一天，即了皇帝之位。割让幽、蓟、瀛、莫、涿、檀、顺、新、妫、儒、武、云、应、寰、朔、蔚十六个州给予契丹，仍答应每年输送帛三十万匹与契丹。己亥（十四日），石敬瑭下制令更改长兴七年为天福元年，实行大赦；敕命各种法制都遵守明宗时的旧规。任命节度判官赵莹为翰林学士承旨、户部侍郎、知河东军府事，掌书记桑维翰为翰林学士、礼部侍郎、权知枢密使事，观察判官薛融为侍御史知杂事，节度推官白水人窦贞固为翰林学士，军城都巡检使刘知远为侍卫马军都指挥使，客将景延广为步军都指挥使。景延广是陕州人。立晋国长公主为皇后。

石敬瑭即大晋皇帝之位。

后汉纪

严酷之政

【导语】

公元947年，刘知远在太原正式称帝。刘知远称帝后，立即下令清除境内的契丹势力。

位居邺都留守的杜重威打了败仗后，在契丹引诱下遣使送表，屈膝投降。刘知远称帝后，不惜亲自出征率军进行讨伐，兵临邺都城下逼杜重威归顺。对这位反复无常、生性难驯的邺都叛帅，刘知远在临终前还不时提醒左右“善防重威”，并授意将其诛杀。

刘知远来自相对野蛮的沙陀部族，长期生活在军旅之中，既无礼义仁爱之心，更无治国安邦之能。因此，在他统治时期，中原地区政治腐败，社会黑暗，兵灾不止，人民生活在水深火热之中。

苏逢吉用法苛严、喜好杀戮。

【原文】

逢吉为人，文深好杀。在河东幕府，帝尝令静狱以祈福[①]，逢吉尽杀狱囚还报。及为相，朝廷草创，帝悉以军旅之事委杨邠、郭威，百司庶务委逢吉及苏禹珪。二相决事，皆出胸臆，不拘旧制。虽事无留滞，而用舍黜陟[②]，惟其所欲。帝方倚信之，无敢言者。逢吉尤贪诈，公求货财，无所顾避。继母死，不为服；庶兄自外至，不白逢吉而见诸子，逢吉怒，密语郭威，以他事杖杀之。

初，帝与吏部尚书窦贞固俱事晋高祖，雅相知重，及即位，欲以为相，问苏逢吉："其次谁可相者？"逢吉与翰林学士李涛善，因荐之，曰："昔涛乞斩张彦泽，陛下在太原，尝重之，此可相也。"

会高行周、慕容彦超共讨杜重威于邺都，彦超欲急攻城，行周欲缓之以待其弊。行周女为重威子妇，彦超扬言："行周以女故，爱贼不攻。"由是二将不协。帝恐生他变，欲自将击重威，意未决。涛上疏请亲征。帝大悦，以涛有宰相器。九月，甲戌，加逢吉左仆射兼门下侍郎，苏禹珪右仆射兼中书侍郎；贞固司空兼门下侍郎，涛户部尚书兼中书侍郎，并同平章事。

【注释】

①尝：曾。②黜陟：罢免或升迁。

【译文】

苏逢吉为人，用法苛严、喜好杀戮。在河东幕府时，后汉高祖曾经命他"静狱"来祈求福祐，苏逢吉将狱中囚犯都杀死后回来报告。等苏逢吉做到宰相时，朝廷才刚刚建立，高祖将一切军务都委交给杨邠、郭威，各部的事务委交给苏逢吉和苏禹珪。这两位宰相决断事务，都根据自己的想法，不拘泥于旧有的典章制度；虽然事情没有被耽搁滞留，但他们的任用舍弃、罢免升迁，只是随心所欲而已。当时高祖正依靠、信任他们，没有人敢说他们。苏逢吉尤其贪婪奸诈，公开索取钱财，毫无顾忌避讳。他的继母死后，他不为继母服丧；他的异母哥哥从外地归来，没禀报他就去看各个侄子，苏逢吉十分恼怒，私下告诉郭威，以其他事由将哥哥用杖打死。

当初，后汉高祖和吏部尚书窦贞固都在后晋高祖处供职，他们互相了解并敬重对方，等到后汉高祖当了皇帝，想任命窦贞固为宰相，就问苏逢吉道："除了你之外，还有谁能做宰相呢？"苏逢吉和翰林学士李涛交好，于是就推荐李涛，说："过去李涛请求斩掉张彦泽，陛下在太原时，曾经看重他，此人可以做宰相。"

正好高行周、慕容彦超到邺都共同讨伐杜重威，慕容彦超想要加紧攻城，但是高行周想要放慢进攻来等待敌人的漏洞。高行周的女儿是杜重威的儿媳，慕容彦超扬言道："高行周是因为他女儿的缘故，所以爱护敌人而不发动进攻。"从此他们二人不和。高祖怕生出别的变故，就想亲自去攻打杜重威，但是还没拿定主意。李涛上疏请求皇帝御驾亲征。高祖十分高兴，认为李涛有宰相的才器。九月甲戌（二十三日），苏逢吉加官为左仆射兼门下侍郎，苏禹珪加官为右仆射兼中书侍郎，窦贞固加官为司空兼门下侍郎，李涛加官为户部尚书兼中书侍郎，都为同平章事。

【原文】

戊戌，帝至邺都城下，舍于高行周营。行周言于帝曰："城中食未尽，急攻，徒杀士卒，未易克也。不若缓之，彼食尽自溃。"帝然之。慕容彦超数因事陵轹行周，行周泣诉于执政，掬粪壤实其口，苏逢吉、杨邠密以白帝。帝深知彦超之曲，犹命二臣和解之。又召彦超于帐中责之，且使诣行周谢。

杜重威声言车驾至即降，帝遣给事中陈观往谕指[①]，重威复闭门拒之。城中食浸竭，将士多出降者。慕容彦超固请攻城，帝从之。丙午，亲督诸将攻城，自寅至辰，士卒伤者万余人，死者千余人，不克而止。彦超乃不敢复言。

初，契丹留幽州兵千五百人戍大梁。帝入大梁，或告幽州兵将为变，帝尽杀之于繁台之下。乃围邺都，张琏将幽州兵二千助重威拒守，帝屡遣人招谕，许以不死。琏曰："繁台之卒，何罪而戮？今守此，以死为期耳。"由是城久不下。十一月，丙辰，内殿直韩训献攻城之具，帝曰："城之所恃者，众心耳。众心苟离，城无所保，用此何为！"

杜重威之叛，观察判官金乡王敏屡泣谏，不听。及食竭力尽，甲戌，遣敏奉表出降。乙亥，重威子弘琏来见；丙子，妻石氏来见。石氏，即晋之宋国长公主也，帝复遣入城。丁丑，重威开门出降，城中馁死者什七八，存者皆尪瘠无人

高祖将在繁台下面所有幽州兵都杀死。

状[②]。张琏先邀朝廷信誓，诏许以归乡里。及出降，杀琏等将校数十人，纵其士卒北归。将出境，大掠而去。

郭威请杀重威牙将百余人，并重威家赀籍之以赏战士，从之。以重威为太傅兼中书令、楚国公。重威每出入，路人往往掷瓦砾诟之。

臣光曰：汉高祖杀幽州无辜千五百人，非仁也；诱张琏而诛之，非信也；杜重威罪大而赦之，非刑也。仁以合众，信以行令，刑以惩奸，失此三者，何以守国！其祚运之不延也，宜哉！

【注释】

① 谕：旧时上告下的通称。② 瘠：身体瘦弱。

【译文】

戊戌（十七日），高祖来到邺都城下，在高行周的军营中住了下来。高行周对高祖说："城中粮食未尽，现在猛攻，只是白白地损失士卒，不容易攻克城池，不如慢慢围困它，城中粮食吃光了，敌人自然就会溃败的。"后汉高祖认为他说得对。慕容彦超屡次寻找事端凌辱高行周，高行周向执政大臣哭诉，慕容彦超将粪土塞进他的嘴里，苏逢吉、杨邠将这个情况密报给了高祖。高祖深知慕容彦超理屈，但仍然命令两位大臣和解；高祖又把慕容彦超召到营帐里责备，并让他去向高行周道歉。

杜重威曾声称后汉高祖的车驾到达就投降，高祖派遣事中陈观前去宣布旨意，杜重威却又关闭城门拒绝投降。城中粮食渐渐被吃光了，将士多有出城投降的。慕容彦超坚持请求攻城，后汉高祖同意了他的请求。丙午（二十五日），高祖亲自监督众将攻城，从寅时攻到辰时，士卒伤了一万多人，死了一千多人，却仍然未能攻下城池，后汉高祖收兵。慕容彦超于是不敢再说攻城。

当初，契丹留下幽州兵一千五百人守卫大梁。高祖进入大梁后，有人密报说幽州兵将要发动兵变，高祖将在繁台下面的所有幽州兵都杀死了。等到如今围困邺都，张琏率领幽州兵两千人帮助杜重威拒守，后汉高祖屡次派人劝谕招降，许诺不杀他们。张琏说:“繁台下面的幽州士兵，有什么罪而要遭到杀戮呢？现在坚守此城，只求一死。”因此城池久攻不下。十一月丙辰（初六），内殿直韩训进献攻城的器械，高祖说:“守城所倚仗的，不过是众人的心罢了。如果众人离心离德，城池就没有人保卫了，还用这些器械干什么啊！”

杜重威背叛后汉，观察判官金乡人王敏屡次哭泣劝谏，杜重威不听从他的话。等到粮食吃光、气力用尽时，甲戌（二十四日），杜重威派王敏出城奉上降表。乙亥（二十五日），杜重威的儿子杜弘琏前来朝见；丙子（二十六日），杜重威的妻子石氏前来朝见。石氏就是后晋的宋国长公主。后汉高祖再次派人将他们送回城中。丁丑（二十七日），杜重威大开城门，出城投降，这时，城中十有七八的人都饿死了，活着的也都骨瘦如柴没有人样。张琏先要求朝廷遵守信用发誓，后汉高祖下诏令允许士兵返归家乡，等到出去投降以后，高祖杀

高祖杀死了张琏等将领军校几十人。

死了张琏等将领军校几十人；释放其他士兵北归家乡，那些幽州兵将要离开魏州地界时，大肆抢掠而去。

郭威请求杀死杜重威的一百多名牙将，并抄没杜重威家中的资财赏给战士们，高祖同意了他的请求。高祖任命杜重威为太傅兼中书令、楚国公。杜重威每次出入，路上的人经常向他扔碎砖烂瓦诟骂他。

臣司马光说：后汉高祖杀害无辜的幽州士卒一千五百人，这是不讲仁义；引诱张琏投降而又杀死他，这是不讲信用；杜重威罪刑严重却赦免了他，这是不讲刑罚。仁义是用来团结大众的，信用是用来执行命令的，刑罚是用来惩罚奸佞的。失掉这三者，还凭借什么守卫朝廷！他的皇位不能够延续，也是应该的啊！

后周纪

高平之战

【导语】

五代十国时期，继后梁、后唐、后晋、后汉四个短命朝代之后，郭威建立了后周，虽然历史极短促，但在历史趋势上却出现了转机。周朝整顿纲纪，减轻民困，准备统一，改革了五代不少的积弊，开辟了统一全国的道路，推动社会向前发展。高平之战发生于公元954年，这时周世宗刚继位，北汉主刘崇勾结辽国，大举入侵。周军与北汉军决战于高平，后周大胜。这是决定存亡的一次战争，具有重要意义，它稳固了历史逐渐向统一方向发展的趋势。

【原文】

显德元年（甲寅，公元954年）

北汉主闻太祖晏驾①，甚喜，谋大举入寇，遣使请兵于契丹②。二月，契丹遣其武定节度使、政事令杨衮将万馀骑如晋阳③。北汉主自将兵三万④，以义成节度使白从晖为行军都部署，武宁节度使张元徽为前锋都指挥使，与契丹自团柏南趣潞州⑤。

【注释】

①北汉主：即刘崇，本为后汉河东节度使，郭威即位建立后周后，他在晋阳称帝，史称北汉。太祖：后周太祖郭威。晏驾：指帝王去世。②契丹：北部少数民族契丹族所建立的契丹国。③如：到，往。④将兵：率领军队。⑤趣：奔赴。

【译文】

显德元年（甲寅，公元954年）

北汉主听说后周太祖去世的消息，极为高兴，图谋大举入侵后周，于是派遣使者到契丹请求出兵。二月，契丹派遣它的武定节度使、政事令杨衮率领一万多骑兵到晋阳。北汉主亲自领兵三万，任命义成节度使白从晖为行军都部署，武宁节度使张元徽为前锋都指挥使，与契丹军队一起从团柏南下奔赴潞州。

北汉主派遣使者到契丹请求出兵。

【原文】

北汉兵屯梁侯驿，昭义节度使李筠遣其将穆令均将步骑二千逆战①，筠自将大军壁于太平驿②。张元徽与令均战，阳不胜而北③，令均逐之，伏发④，杀令均，俘斩士卒千馀人。筠遁归上党，婴城自守⑤。筠，即李荣也，避上名改焉。

【注释】

①逆战：迎战。逆，迎。②壁：安营扎寨。③阳：通“佯”。假装。北：败退。④伏发：伏兵突然出击。⑤婴城：环城固守。

【译文】

北汉刘崇的部队驻扎在梁侯驿，昭义节度使李筠派他的属将穆令均率领两千步兵和骑兵迎战，李筠自己率领大军驻扎在太平驿。张元徽与穆令均交战，假装打败仓惶而逃，穆令均紧追不舍，张元徽埋伏的人马突然出击，杀死穆令均，俘虏斩杀后周士兵一千多人。李筠逃回上党，坚城自守。李筠就是李荣，为避世宗柴荣的名讳而改了名。

【原文】

世宗闻北汉主入寇[①]，欲自将兵御之，群臣皆曰："刘崇自平阳遁走以来，势蹙气沮[②]，必不敢自来。陛下新即位，山陵有日[③]，人心易摇，不宜轻动，宜命将御之。"帝曰："崇幸我大丧[④]，轻朕年少新立，有吞天下之心，此必自来，朕不可不往。"冯道固争之[⑤]，帝曰："昔唐太宗定天下，未尝不自行，朕何敢偷安[⑥]。"道曰："未审陛下能为唐太宗否[⑦]？"帝曰："以吾兵力之强，破刘崇如山压卵耳！"道曰："未审陛下能为山否？"帝不悦。惟王溥劝行[⑧]，帝从之。

后周世宗准备亲自率领军队抗击北汉军。

【注释】

①世宗：周世宗柴荣。②蹙：穷，困。沮：颓丧。③山陵：山岳与高原，因其高而固用来比喻帝王。④幸：庆幸。大丧：帝王、皇后及其嫡长子的丧礼。此指后周太祖的去世。⑤冯道：时为太师、中书令。固：固执。⑥偷安：不顾将来，只求眼前安全。⑦审：详知，明悉。⑧王溥：时为中书侍郎、同平章事。

【译文】

后周世宗柴荣得知北汉主率兵入侵的消息后，准备亲自率领军队抗击，大臣们都说："刘崇从平阳逃跑以来，势力大减，士气沮丧，一定不敢亲自来。君主刚刚继位，得天下不久，人心容易动摇，不宜轻举妄动，应该派遣将帅去抵御。"世宗说："刘崇乘我父丧之机入侵我们，他这是轻视我年少新即位，有吞并天下的野心，这次他必定会亲自来，我不能不去。"太师冯道再三争执，世宗说："过去唐太宗平定天下，没有不亲自出征的，我怎么敢苟且偷安。"冯道说："不知道陛下是否能成为唐太宗？"世宗说："以我军强大的兵力，打败刘崇如同用大山压鸡蛋一般。"冯道说："不知道陛下是否能成为大山？"世宗很不高兴。只有王溥一人支持世宗出征，世宗就按王溥的意见行动了。

【原文】

北汉乘胜进逼潞州。丁丑，诏天雄节度使符彦卿引兵自磁州固镇出北汉军后，以镇宁节使度郭崇副之①；又诏河中节度使王彦超引兵自晋州东北邀北汉军②，以保义节度使韩通副之；又命马军都指挥使宁江节度使樊爱能、步军都指挥使清淮节度使何徽、义成节度使白重赞、郑州防御使史彦超、前耀州团练使符彦能将兵先趣泽州，宣徽使向训监之③。重赞，宪州人也。

【注释】

① 副：做副帅。② 邀：半路拦截。③ 监：监督、监视。

【译文】

北汉的军队乘胜向潞州逼近。丁丑（初三），世宗命天雄节度使符彦卿领兵从磁州固镇出击北汉军队的背后，任命镇宁节度使郭崇为副帅，同时诏令河中节度使王彦超率兵从晋州的东北拦截北汉的军队，任命保义节度使韩通为副帅；又任命马军都指挥使、宁江节度使樊爱能，步军都指挥使、清淮节度使何徽，义成节度使白重赞，郑州防御使史彦超，前耀州团练使符彦能带领军队率先奔赴泽州，宣徽使向训监督各部队的行动。白重赞是宪州人。

【原文】

乙酉，帝发大梁[①]；庚寅，至怀州。帝欲兼行速进[②]，控鹤都指挥使真定赵晁私谓通事舍人郑好谦曰："贼势方盛[③]，宜持重以挫之[④]。"好谦言于帝，帝怒曰："汝安得此言！必为人所使，言其人则生，不然必死。"好谦以实对，帝命并晁械于州狱[⑤]。壬辰，帝过泽州，宿于州东北。

【注释】

①大梁：后周都城，即今开封。②兼行：加倍赶路。③方：正，正当。④持重：慎重，稳重。挫：挫败。⑤械：用刑具拘系。

【译文】

乙酉（十一日），世宗从大梁出发，庚寅（十六日），到达怀州。世宗想日夜兼程快速进军，控鹤都指挥使真定人赵晁私下对通事舍人郑好谦说："眼下敌人气势正旺盛，应慎重进兵，以此挫败敌人的锐气。"郑好谦把这话告诉了世宗，世宗发怒说："你从哪里听来的这种话！一定是他人唆使你这样说的，说出那人就饶你

周世宗从大梁出发。

性命，不然的话只有死路一条。”郑好谦只好说出实情，世宗下令将他和赵晁一同拘押在怀州狱中。壬辰（十八日），世宗率军经过泽州，就驻扎在州城的东北。

【原文】

北汉主不知帝至，过潞州不攻，引兵而南，是夕，军于高平之南①。癸巳，前锋与北汉军遇，击之，北汉兵却②；帝虑其遁去，趣诸军亟进③。北汉主以中军陈于巴公原，张元徽军其东，杨衮军其西，众颇严整。时河阳节度使刘词将后军未至，众心危惧，而帝志气益锐④，命白重赞与侍卫马步都虞候李重进将左军居西，樊爱能、何徽将右军居东，向训、史彦超将精骑居中央，殿前都指挥使张永德将禁兵卫帝⑤。帝介马自临陈督战。

【注释】

①军：驻扎。②却：退却。③趣：催促。亟：急速，赶快。④益：更加。⑤张永德：后周太祖女婿，跟随周世宗征伐北汉、南唐，战功卓著。

【译文】

北汉主不知道世宗率兵到达了这里，所以经过潞州时没有进攻而绕了过去，率领军队向南去了，这天晚上，军队驻扎在高平城南。癸巳（十九日），后周的前锋部队与北汉军队相遇，便攻打他们，北汉军队退却。世宗怕敌军逃走，督促各路部队急速前进。北汉主把中军布置在巴公原，张元徽率部在东边，杨衮率部在西边，队伍十分严整。此时，周将河阳节度使刘词所率的后续部队还未到达，大家都感到危险惧怕，而此时世宗斗志却更加的坚定，命令白重赞与侍卫马步都虞候李重进率领左路军在西边，樊爱能、何徽率领右路军在东边，向训、史彦超率领精锐骑兵在中央，殿前都指挥使张永德率领禁兵护卫世宗。世宗骑着披甲的战马亲自临阵督战。

【原文】

北汉主见周军少，悔召契丹，谓诸将曰："吾自用汉军可破也，何必契丹！今日不惟克周，亦可使契丹心服。"诸将皆以为然。杨衮策马前望周军，退谓北汉主曰："勍敌也，未可轻进！"北汉主奋髯曰："时不可失，请公勿言，试观我战。"衮默然不悦。时东北风方盛，俄而忽转南风，北汉副枢密使王延嗣使司天监李义白北汉主云："时可战矣。"北汉主从之。枢密直学士王得中扣马谏曰[①]："义可斩也！风势如此，岂助我者邪！”北汉主曰：“吾计已决，老书生勿妄言，且斩汝！”麾东军先进，张元徽将千骑击周右军。

北汉主认为不必借助契丹力量便可战胜周军，诸将都认为他说得对。

【注释】

① 扣马：牵马使停下来。谏：直言规劝，使改正错误。

【译文】

北汉主见后周军队人数少，后悔召来契丹军，他对诸将说：“我只用汉家军队就可以打败周军，何必再用契丹！今天不但可以战胜周军，并且还可以让契丹心悦诚服。”诸将都认为他说得对。杨衮策马上前观望北周的军队，退回来对北汉主说：“周军是劲敌啊，不可贸然出击！”北汉主愤然说道：“机不可失，请你不要说了，试看我出战。”杨衮沉默不快。这时东北风正大，一会儿忽然转成南风，北汉副枢密使王延嗣让司天监李义禀报北汉主说：“现在可以开战了。”北汉主听从所言。枢密直学士王得中牵住北汉主的马劝谏说：“李义当斩！这样的风向，哪里是在帮助我军呢！”北汉主说：“我的主意已定，老书生不要胡言乱语，再说就杀了你！”于是指挥东面军队首先发起进攻，张元徽率领一千骑兵攻击北周右路的军队。

后世宗亲自督战。

【原文】

合战未几①，樊爱能、何徽引骑兵先遁，右军溃；步兵千馀人解甲呼万岁，降于北汉。帝见军势危，自引亲兵犯矢石督战。太祖皇帝时为宿卫将②，谓同列曰："主危如此，吾属何得不致死！"又谓张永德曰："贼气骄，力战可破也！公麾下多能左射者，请引兵乘高出为左翼，我引兵为右翼以击之。国家安危，在此一举！"永德从之，各将二千人进战。太祖皇帝身先士卒，驰犯其锋，士卒死战，无不一当百，北汉兵披靡。内殿直夏津马仁瑀谓众曰："使乘舆受敌③，安用我辈！"跃马引弓大呼④，连毙数十人，士气益振。殿前右番行首马全乂言于帝曰："贼势极矣⑤，将为我擒，愿陛下按辔勿动⑥，徐观诸将破之。"即引数百骑进陷陈⑦。

【注释】

①未几：不久。②太祖皇帝：指宋太祖赵匡胤，此时仕于后周。③乘舆：皇帝乘坐的车子，借指皇帝。④引弓：拉开弓。⑤极：到达尽头，尽。⑥按辔：扣紧马缰，使马慢走。辔：马缰。⑦陷陈：深入敌阵。

【译文】

交战不久，樊爱能、何徽就领着骑兵首先逃跑了，右路军溃散，一千多步兵脱下盔甲高呼万岁，投降了北汉。后世宗见军情危急，亲自率领亲兵冒着流矢飞石督战。宋太祖赵匡胤当时是后周的宿卫将领，这时他对同伴们说："主上如此危险，我等怎能不拼死力战！"又对张永德说："敌人只不过气焰嚣张，只要我们全力作战就可以打败他们！你的部下中有许多能左手射箭的士兵，请领兵登上高处从左翼攻击敌人，我领兵作为右翼进攻敌军。国家安危存亡，就在此一举！"张永德听从了赵匡胤的指挥，各自率领两千人进行战斗。太祖赵匡胤身先士卒，策马冲向北汉的前锋，士兵们都拼力死战，无不以一当百，北汉军队四处逃散。内殿直夏津人马仁瑀对众人说："如果让皇上受到敌人的攻击，那还用我们干什么！"策马飞奔，拉弓射敌，大声呼喊，连续击敌数十人，后周军队的士气更加振奋。殿前右番行首马全义对世宗说："敌军气势已经尽了，就要被我们擒获，请陛下抓住马缰别动，慢慢观看众将如何打败敌军。"随即带领数百名骑兵冲进敌阵。

【原文】

北汉主知帝自临陈，褒赏张元徽，趣使乘胜进兵①。元徽前略陈②，马倒，为周兵所杀。元徽，北汉之骁将也，北军由是夺气③。时南风益盛，周兵争奋，北汉兵大败，北汉主自举赤帜以收兵，不能止。杨衮畏周兵之强，不敢救，且恨北汉主之语，全军而退④。

【注释】

①趣：催促。②略陈：攻阵。③夺气：慑于威势，丧失胆气。④全军：保全队伍。

【译文】

北汉主得知世宗亲临战场，便嘉奖重赏张元徽，催促他乘胜进军。张元徽上前攻阵，坐骑摔倒，被后周士兵杀了。张元徽是北汉的一员猛将，北汉军队由此丧失了士气。这时南风越刮越大，后周士兵人人奋勇争先，北汉兵大败。北汉主亲自举红旗收集败阵的人马，但还是不能阻止士兵的溃散。杨衮畏惧后周军队的强大，不敢来救援，而且嫉恨北汉主的大话，便保全自己的部队撤退了。

【原文】

樊爱能、何徽引数千骑南走，控弦露刃[①]，剽掠辎重[②]，役徒惊走，失亡甚多。帝遣近臣及亲军校追谕止之，莫肯奉诏，使者或为军士所杀，扬言："契丹大至，官军败绩[③]，馀众已降虏参。"刘词遇爱能等于涂，爱能等止之，词不从，引后而北。时北汉主尚有馀众万馀人，阻涧而陈[④]，薄暮[⑤]，词至，复与诸军击之，北汉兵又败，杀王延嗣，追至高平，僵尸满山谷，委弃御物及辎重、器械、杂畜不可胜纪。

【注释】

①控弦露刃：拉满弓，露出刀刃。②剽掠：抢劫掠夺。辎重：军用物资。③败绩：军队溃败。④阻涧：隔着山涧。陈：列阵。⑤薄暮：接近日落，傍晚。

【译文】

樊爱能、何徽带领数千骑兵向南溃逃，箭上弦、刀出鞘，抢劫军用物资，负责运送的役徒惊慌奔逃，走失、死亡的很多。世宗派身边的大臣和军校追赶他们，去宣命制止他们抢掠，但没有人肯接受诏令，派去的人有的被士兵杀死，他们还扬言：“契丹的大军来了，官军溃败，其他的人都已投降做俘虏了。”刘词在路上遇见樊爱能等人，樊爱能等劝阻他，刘词不听，率领军队继续向北。当时北汉主还有余部一万多人，凭借山涧摆下阵式，傍晚，刘词到达，又联合各军进攻北汉，北汉军队又被击败，后周军杀死了王延嗣，一直追击北汉溃败的人马到高平，僵卧的尸体布满山谷，丢弃的皇帝专用物品以及军用物资、用具、各种牲畜不计其数。

【原文】

是夕，帝宿于野次[①]，得步兵之降敌者，皆杀之。樊爱能等闻周兵大捷，与士卒稍稍复还[②]，有达曙不至者。甲午，休兵于高平，选北汉降卒数千人为效顺指挥，命前武胜行军司马唐景思将之，使戍淮上[③]，馀二千馀人赐赀装纵遣之[④]。李穀为乱兵所迫，潜窜山谷，数日乃出。丁酉，帝至潞州。

【注释】

①野次：野外。②稍稍：逐渐。③戍：防守。④赀装：路费服装。纵遣：释放遣归。

世宗将投降北汉的步兵都杀了。

【译文】

这天晚上，世宗在野外宿营，碰到投降北汉的步兵，把他们都杀了。樊爱能等听说后周大捷，才同士卒逐渐回来，有的至天亮还没有到。甲午（二十日），世宗在高平休整部队，挑选北汉投降的几千名士卒组成效顺指挥，任命前武胜行军司马唐景思率领，派他们戍守淮上，其余二千多人发给路费和衣服释放遣送回北汉。李穀被乱兵逼迫，潜逃山谷之中，数日之后才出来。丁酉（二十三日），世宗到达潞州。

【原文】

北汉主自高平被褐戴笠①，乘契丹所赠黄骝②，帅百馀骑由雕窠岭遁归，宵迷，俘村民为导，误之晋州③，行百馀里，乃觉之，杀导者。昼夜北走，所至，得食未举箸④，或传周兵至，辄苍黄而去⑤。北汉主衰老力惫，伏于马上，昼夜驰骤⑥，殆不能支⑦，仅得入晋阳。

【注释】

①被褐：穿着粗布衣服。②黄骝：一种骏马。③之：去，往。④举箸：拿起筷子。箸，筷子。⑤辄：就。苍黄：急遽，慌张。⑥驰骤：疾奔。⑦殆：几乎，近乎于。

【译文】

北汉主从高平起就穿着粗布衣服，戴着斗笠，乘着契丹赠送的黄骝马，率领一百多个骑兵从雕窠岭逃往北汉，夜晚迷失了道路，抓来村民做向导，错向晋州行走，走了一百多里才发觉，于是杀死向导。北汉主日夜兼程向北奔逃，刚到一处，得到食物还未来得及举起筷子，有人传言后周的追兵到了，就又丢下筷子仓皇逃走。北汉主年老体衰，伏在马上，日夜疾驰，几乎不能支持了，才勉强到了晋阳。

【原文】

世宗杀掉樊爱能等人以正军法。

帝欲诛樊爱能等以肃军政①，犹豫未决。己亥，昼卧行宫帐中②，张永德侍侧，帝以其事访之，对曰：“爱能等素无大功，忝冒节钺③，望敌先逃，死未塞责④。且陛下方欲削平四海，苟军法不立，虽有熊罴之士⑤，百万之众，安得而用之！”帝掷枕于地，大呼称善。即收爱能、徽及所部军使以上七十馀人，责之曰：“汝曹皆累朝宿将，非不能战，今望风奔遁者，无他，正欲以朕为奇货，卖与刘崇耳⑥！”悉斩之。帝以何徽先守晋州有功，欲免之，既而以法不可废，遂并诛之，而给槥车归葬⑦。自是骄将惰卒始知所惧，不行姑息之政矣。

【注释】

①樊爱能等：樊为后周马军都指挥使，何徽为步军都指挥使。肃：严肃，整肃。②行宫：京城以外供帝王出行时居住的营殿。③忝：有愧于。节钺：古代朝廷所用的信物。节，符节；钺，大斧。④塞责：尽责。⑤熊罴：熊和罴为两种猛兽，借以比喻勇士。⑥刘崇：郭威（即后周太祖）弑后汉隐帝后，立河东节度使兼中书令刘崇之子为帝，后废之自立，刘崇于是在晋阳称帝，史称北汉。⑦给槥车：运载棺木的车子。

【译文】

后世宗想杀掉樊爱能等人以正军法，却又犹豫不决。己亥（二十五日），白天躺在行宫的帐篷中，张永德侍立在旁边，世宗询问他对此事的想法，张永德回答说："樊爱能等人平常就没有什么大功，白当了一方将帅，望见敌人首先逃跑，死也抵塞不了他们的罪责。况且陛下正想平定四海，一统天下，如果军法不严明，即使有勇猛之士，百万大军，又怎能为陛下所用！"世宗把枕头扔到地上，大声称好。随即拘捕了樊爱能、何徽以及他们部队军使以上的军官七十多人，斥责他们说："你们都是历朝的老将，不是不能打仗，如今望风而逃，没有别的原因，正是想将朕当作珍稀货物，出卖给刘崇罢了！"随即下令将他们全部斩首。世宗因何徽先前守卫晋州有功，于是想赦免他，但马上又认为军法不可废弃，于是将他一起斩首了，之后赐给运载棺木的车子将他送回老家安葬。从此骄横的将领、懈怠的士卒开始知道军法的可怕，姑息养奸的政令再也行不通了。

【原文】

庚子，赏高平之功，以李重进兼忠武节度使，向训兼义成节度使，张永德兼武信节度使，史彦超为镇国节度使。张永德盛称太祖皇帝之智勇，帝擢太祖皇帝为殿前都虞候①，领严州刺史②，以马仁瑀为控鹤弓箭直指挥使，马全义为散员指挥使；其馀将校迁拜者凡数十人③，士府有自行间擢主军厢者④。释赵晁之囚。

【注释】

①擢：提拔。②领：兼任。③迁拜：升官。④行间：即行伍间，古

代军队编制，五人为伍，二十五人为行。军厢：古代军队的编制，诸军两厢。

世宗赏赐高平战役中的有功人员。

【译文】

庚子（二十六日），赏赐高平战役中的有功人员，任命李重进兼忠武节度使，向训兼义成节度使，张永德兼武信节度使，史彦超为镇国节度使。张永德极力称赞赵匡胤的机智勇敢，后周世宗提拔赵匡胤为殿前都虞候，兼任严州刺史，任命马仁瑀为控鹤弓箭直指挥使，马士乂为散员指挥使；其余将校升职的有几十人，士兵有从行伍中提拔担任军厢统帅的。解除对赵晁的禁囚。

【原文】

北汉主收散卒，缮甲兵，完城堑以备周。杨衮将其众北屯代州①。

【注释】

①代州：即今忻州市代县，位于山西省东北部，北踞北岳恒山余脉，南跨佛教圣地五台山麓。

【译文】

北汉主刘崇收拾残兵，修缮武器装备，加固城池守卫工事以此防备后周。杨衮率领他的部众北上屯驻代州。

世宗征淮南

【导语】

周世宗柴荣是五代第一明君，他为政英明练达，果敢敏捷，言谈开明，薛居正监修的《五代史》（《旧五代史》）谓柴荣："神武雄略，乃一代之英主也。"

欧阳修《五代史记》称柴荣："世宗区区五六年间，取秦陇，平淮右，复三关，威武之声震慑夷夏，而方内延儒学文章之士，考制度、修《通礼》、定《正乐》、议《刑统》，其制作之法皆可施于后世。其为人明达英果，论议伟然。"

司马光也对周世宗厚加褒赞，在《通鉴》中评论："若周世宗，可谓仁矣！不爱其身而爱民；若周世宗，可谓明矣！不以无益废有益。"世宗未登皇位时，韬光养晦，人们不知其能。继位后，破高平北汉、契丹联军，人们始知其英武。他治军严，号令明，人不敢稍有违犯。对敌攻城，矢石纷落，左右皆恐惧失色，他却声色不动。他又勤于治国，百司簿籍过目不忘；他识忠辨奸，聪明如神。闲暇时则召儒者读前史，论大义，不喜声色珍玩奢侈。使群臣能各尽其能。群臣有功则厚赏之，有过则面责之，服过则赦免之。故臣下无不畏其明察而怀其恩惠。

周世宗是位志在四方、有能力统一河山的军事家，更是目光远大、胆识过人的政治家和改革家。他自幼生活在社会底层，深知民间疾苦。他希望能做三十年皇帝："以十年开拓天下，十年养百姓，十年致太平”。他以务实的态度、宏大的魄力，革故鼎新，所进行的改革卓有成效、影响深远。只是他去世太早，很多事情都没能够完成，但很多事业在北宋初期都沿袭了下去。征讨淮南是世宗统一大业的一部分。

柴荣的人生很短暂，他在位只有五年半，去世时也只有三十九岁。但就是这短短的的五年半时间，柴荣却深深震撼了历史。史称，柴荣采纳王朴《平边策》，“先易后难”，开始了“平天下”的艰难进程，连续三年三次率兵亲征南唐，并创建水军，占领了战略位置非常重要的南唐江北、淮南十四州，为日后北宋统一江东打下了坚实的基础。

后周和南唐的这场战争胜败之势非常明显，后周拥有极大的优势，这一点也同样出现在后来北宋征伐南唐的过程中。

【原文】

显德二年（乙卯，公元 955 年）

上谓宰相曰[①]：“朕每思致治之方，未得其要，寝令不忘。又自唐、晋以来，吴、蜀、幽、并皆阻声教[②]，未能混壹[③]，宜命近臣著《为君难为臣不易论》及《开边策》各一篇[④]，朕将览焉。”

后周世宗与宰相议政。

【注释】

①上：周世宗柴荣，公元 954 至公元 959 年在位，

在经济、政治及军事等各方面进行了整顿和改革，为统一事业作出了重要的贡献。② 声教：声威教化。③ 混壹：同“混一”，统一。④《开边策》：比部郎中王朴所作。王朴，字文伯，东平（今山东东平县）人。周世宗初即位，锐意征伐，排除众议，多次召集大臣询问治国之道，选拔文士徐台符等二十人，让他们写作《为君难为臣不易论》及《平边策》，王朴就在被选的行列中。当时的大部分文士都建议世宗不急于用兵，认为平定叛乱，应该先修德，收买民心。只有翰林学士陶谷、窦仪、御史中丞杨昭俭和王朴积极上奏用兵之策，王朴认为江淮地区可以首先平定。世宗于是采用他的建议。显德三年，征讨淮河地区，任命王仆为东京副留守。回师后，加封他为户部侍郎、枢密副使，又升为枢密使。显德四年，再次征讨淮河地区，让王朴留守京师。

【译文】

显德二年（乙卯，公元955年）

世宗对宰相说：“朕常常思考达到大治的方略，没有得到它的要领，以致睡觉吃饭都不能忘记。又从后唐、后晋以来，吴地、蜀地、幽州、并州都被隔断了政令教化，不能统一，应该命令左右大臣撰写《为君难为臣不易论》和《开边策》各一篇，朕将一一阅览。”

【原文】

比部郎中王朴献策，以为：“中国之失吴、蜀、幽、并，皆由失道。今必先观所以失之之原，然后知所以取之之术。其始失之也，莫不以君暗臣邪，兵骄民困，奸党内炽[1]，武夫外横，因小致大，积微成著。今欲取之，莫若反其所为而已。夫进贤

比部郎中王朴进献策略。

退不肖，所以收其才也；恩隐诚信[②]，所以结其心也；赏功罚罪，所以尽其力也；去奢节用，所以丰其财也；时使薄敛，所以阜其民也。俟群才既集[③]，政事既治，财用既充，士民既附，然后举而用之，功无不成矣！彼之人观我有必取之势，则知其情状者愿为间谍[④]，知其山川者愿为向导，民心既归，天意必从矣。

"凡攻取之道，必先其易者。唐与吾接境几两千里[⑤]，其势易扰也。扰之当以无备之处为始，备东则扰西，备西则扰东，彼必奔走而救之。奔走之间，可以知其虚实强弱，然后避实击虚，避强击弱。未须大举，且以轻兵扰之。南人懦怯，闻小有警，必悉师以救之。师数动则民疲而财竭，不悉师则我可以乘虚取之。如此，江北诸州将悉为我有。既得江北，则用彼之民，行我之法，江南亦易取也。得江南则岭南、巴蜀可传檄而定[⑥]。南方既定，则燕地必望风内附；若其不至，移兵攻之，席卷可平矣。惟河东必死之寇，不可以恩信诱，当以强兵制之，然彼自高平之败，力竭气沮，必未能为边患，宜且以为后图，俟天下既平，然后伺间[⑦]，一举可擒也。今士卒精练，甲兵有备，群下畏法，诸将效力，期年之后可以出师，宜自夏秋蓄积实边矣。"

【注释】

①炽：气焰高涨。②恩隐：犹恩私，恩惠。③俟：等待。④情状：情景，情况。⑤几：将近。⑥传檄而定：比喻不待出兵，只要用一纸文书，就可以降服敌方，安定局势。檄，讨敌文书；定，平定。⑦伺间：利用空隙。

【译文】

比部郎中王朴进献策略，认为："中原朝廷丧失吴地、蜀地、幽州、并州，都是由于丧失了治国之道。现在一定要先考察所以丧失土地的原因，然后才能知晓收取失地的方法。当初丧失国土时，没有不是因为君主昏庸臣子奸邪，军队骄横百姓穷困，奸人乱党在朝内气焰高涨，强将武夫在外面横行霸道，由小到大，积微成著。如今要收复失地，只不过是反其道而行罢了。选用贤人罢免庸人，是收罗人材的办法；讲恩惠信用，是团结人心的办法；奖赏功劳惩罚罪过，是鼓励大家尽力做事的办法；革除奢侈节约费用，是增加财富的办法；按时来使用民力，减少赋税，是使百姓富足的办法。等到群贤毕集，政事得到治理，财用充足，士民归附，到那时起兵而使用他们，千秋功业没有不成功的！对方的人看到我方有必定取胜的势头，到那时知道情况的愿为我们当间谍，熟悉山川地理的愿为我们当向导，民心已经归附，那么天意必然会顺从了。

"大凡进攻夺取的方法，必定先从容易的地方下手。南唐与我们接壤的地方将近二千里，这样就很利于我们骚扰对方。骚扰对方应当从没有防备的地方下手，南唐防备东面我们就骚扰西面，防备西面我们就骚扰它的东面，对方必定东奔西走去救援。敌方东奔西走的时候，我们就可以探明对方的虚实强弱，然后避实击虚，避强击弱。不须大举出兵，暂且用小部队骚扰他们。南方人生性懦弱胆小，听说有小小的警报，必定会出动全部军队去救援。军队频繁出动就会使百姓疲劳财物耗竭，如果不出动全国的军队去救援，我们就可以乘其空虚夺取土地。像这样，长江以北各州将全部归我们所有。既得长江以北，就可以用他们的百姓，实行我们的办法，那长江以南也容易夺取了。取得江南，那么岭南、巴蜀之地不待出兵，只要用一纸文书就可以平定了。南方既已平定，那燕地必定望风归附中原；倘若它不归附，就调动军队进攻它，犹如卷席子那样很快就可以平定。只有河东北汉是必然要拼死一战的敌人，不能用恩惠信义使之屈服，应当用强大的军队制伏它，但是，北汉自从高平失败以后，国力空虚士气沮丧，一定不会再起边患，应当暂且等以后再谋取它，等待天下已经平定，然后利用时机，一举就可以擒获。如今士兵精干，武器齐全，部下畏服军法，众将愿意效力，一年以后可以出师，应当从夏秋季开始积蓄粮草来充实边疆了。”

【原文】

上欣然纳之。时群臣多守常偷安，所对少有可取者，惟朴神峻气劲①，有谋能断，凡所规画②，皆称上意，上由是重其气识，未几，迁左谏议大夫，知开封府事。

【注释】

① 气劲：语气坚定严厉。② 规画：筹划，谋划。

【译文】

世宗欣然接受了王朴的建议。当时群臣大多墨守常规，苟且偷安，所对策略很少有可取的，只有王朴神情峻逸，气势刚劲，有智谋能决断，凡是他所谋划的，都合乎世宗的心意，世宗因此看重王朴的气质胆识，不久，迁升他为左谏议大夫，主持开封府政务。

【原文】

唐主性和柔，好文章，而喜人佞己，由是谄谀之臣多进用，政事日乱。既克建州，破湖南，益骄，有吞天下之志。李守贞、慕容彦超之叛，皆为之出师，遥为声援，又遣使自海道通契丹及北汉，约共图中国[①]；值中国多事，未暇与之校[②]。

【注释】

①中国：指中原地区。②校：计较，考虑。

南唐主喜好文采辞章。

【译文】

南唐主生性温和柔顺，喜好文采辞章，而且喜欢人奉承自己，于是那些善于花言巧语、献媚取宠的臣子大多晋升任用，政事日益混乱。既已攻克建州，击破湖南，就更加骄傲，大有吞并天下的志向。李守贞、慕容彦超叛乱，南唐都为之出兵，远远地作为声援，又派遣使者从海道联络契丹和北汉，约定共同图谋中原。后周正值中原多事，没有时间与南唐计较。

【原文】

先是，每冬淮水浅涸，唐人常发兵戍守，谓之“把浅”，寿州监军吴廷绍以为疆场无事，坐费资粮，悉罢之。清淮节度使刘仁赡上表固争，不能得。十一月乙未朔，帝以李穀为淮南道前军行营都部署兼知庐、寿等行府事[①]，以忠武节度使王彦超副之，督侍卫马军都指挥使韩令坤等十二将以伐唐。

汴水自唐末溃决，自埇桥东南悉为污泽[②]。上谋击唐，先命武宁节度使武行德发民夫，因故堤疏导之，东至泗上。议者皆以为难成，上曰：“数年之后，必获其利。”

【注释】

① 李穀：北周征发南唐的统帅。② 埇：地名。

【译文】

从前，每年冬天淮河水浅干涸，南唐经常发兵戍守，称作“把浅”。寿州监军吴廷绍认为边境平安，戍守淮河白费钱粮，把戍守的军队全部撤回。清淮节度使刘仁赡上表一再坚持争辩，最终也没有什么结果。十一月乙未朔（初一），世宗任命李穀为淮南道前军行营都部署兼知庐州、寿州等行府事务，任命忠武节度使王彦超为行营副都部署，督领侍卫马军都指挥使韩令坤等十二名将领攻伐南唐。

汴水自唐朝末年溃堤决口以来，自埇桥东南全都成为污泥沼泽。世宗谋划攻击南唐，先命令武宁节度使武行德征发民夫，顺着原来的河堤疏通引水，东面一直到泗水。议事的人都认为难以成功，世宗说："数年以后，一定能得到好处。"

【原文】

唐人闻周兵将至而惧。刘仁赡神气自若，部分守御，无异平日，众情稍安。唐主以神武统军刘彦贞为北面行营都部署[①]，将兵二万趣寿州，奉化节度使、同平章事皇甫晖为应援使，常州团练使姚凤为应援都监，将兵三万屯定远。召镇南节度使宋齐丘还金陵，谋国难，以翰林承旨、户部尚书殷崇义为吏部尚书、知枢密院。

南唐人闻周兵将至而惧。

【注释】

① 刘彦贞：南唐将领。

【译文】

南唐听说后周军队即将到来大为恐惧。刘仁赡神态自若，部署军队守卫抵御，与平日没有两样，大家的情绪稍稍安稳了些。南唐主任命神武统军刘彦贞为北面行营都部署，率领二万人马赶往寿州，奉化节度使、同平章事皇甫晖为应援使，常州团练使姚凤为应援都监，率兵三万屯驻定远。征召镇南节度使宋齐丘返回金陵，商讨应付国难，任命翰林承旨、户部尚书殷崇义为吏部尚书、知枢密院。

【原文】

李榖等为浮梁①，自正阳济淮②。十二月甲戌，榖奏王彦超败唐兵二千馀人于寿州城下。己卯，又奏先锋都指挥使白延遇败唐兵千馀人于山口镇。

帝以诏谕弘俶，使出兵击唐。

【注释】

① 浮梁：河上的浮桥。② 正阳：今安徽寿县西南正阳关。

【译文】

李榖等架设浮桥，从正阳渡过淮河。十二月甲戌（初十），李榖奏报王彦超在寿州城下击败南唐军二千余人。己卯（十五日），又奏报先锋都指挥使白延遇在山口镇击败南唐军一千余人。

世宗赐诏书安抚钱弘俶，让他出兵进攻南唐。

【原文】

显德三年（丙辰，公元956年）

丁酉，李穀奏败唐兵千馀人于上窑。

戊戌，发开封府、曹、滑、郑州之民十馀万筑大梁外城[①]。

庚子，帝下诏亲征淮南，以宣徽南院使、镇安节度使向训权东京留守[②]，端明殿学士王朴副之，彰信节度使韩通权点检侍卫司及在京内外都巡检。命侍卫都指挥使、归德节度使李重进将兵先赴正阳[③]，河阳节度使白重赞将亲兵三千屯颍上。壬寅，帝发大梁。

【注释】

①大梁：隋唐以后，通称今开封市为大梁（后改称汴梁）。②权：暂且。③李重进：北周将领。

【译文】

显德三年（丙辰，公元956年）

丁酉（初三），李穀奏报在上窑击败南唐军一千余人。

戊戌（初四），后周征发开封府、曹州、滑州、郑州的百姓十多万人修筑大梁外城。

庚子（初六），世宗颁下诏书亲自出征淮南，任命宣徽南院使、镇安节度使向训暂且代理东京留守，端明殿学士王朴为副留守，彰信节度使韩通暂且代理点检侍卫司以及在京内外都巡检。命令侍卫都指挥使、归德节度使李重进率兵先赶赴正阳，河阳节度使白重赞率领随身亲兵三千驻扎在颍上。壬寅（初八），世宗从大梁出发。

【原文】

李穀攻寿州[①]，久不克；唐刘彦贞引兵救之，至来远镇，距寿州二百里，又以战舰数百艘趣正阳，为攻浮梁之势。李穀畏之，召将佐谋曰："我军不能水战，若贼断浮梁，则腹背受敌，皆不归矣！不如退守浮梁以待车驾。"上至圉镇[②]，闻其谋，亟遣中使乘驿止之[③]。比至，已焚刍粮[④]，退保正阳。丁未，帝至陈州[⑤]，亟遣李重进引兵趣淮上。

【注释】

① 寿州：今安徽寿县。② 圉镇：今河南杞县西南。③ 亟：立刻，急切。乘驿：乘驿站的马行进。④ 刍：喂牲口的草。⑤ 陈州：今河南淮阳。

【译文】

李穀攻打寿州，很久没攻下；南唐刘彦贞领兵救援，到达来远镇，距离寿州二百里，又派数百艘战舰赶赴正阳，做出要攻打浮梁的架势。李穀畏惧南唐水军，召集将领僚佐商量说："我军不善水战，倘若敌人截断浮桥，那么我们就会腹背受敌，都回不去了！不如退守浮桥等待陛下到来。"世宗到达圉镇，听到李穀的计划，立即派朝廷使臣乘驿马前去阻止他。等使者到达时，李穀已将粮草焚毁，退守正阳浮桥。丁未（十三日），世宗到达陈州，立刻派李重进领兵赶赴淮上。

【原文】

辛亥，李穀："奏贼舰中流而进，弩炮所不能及[①]，若浮梁不守，则众心动摇，须至退军。今贼舰日进，淮水日涨，若车驾亲临，万一粮道阻绝，其危不测。愿陛下且驻跸陈、颍[②]，俟李重进至，臣与之共度贼舰可御，浮梁可完，立具奏闻。但若厉兵秣马[③]，春去冬来，足使贼中疲弊，取之未晚。”帝览奏，不悦。

【注释】

①弩：弓箭。②驻跸：帝王出行途中停留暂住。颍：今安徽阜阳。③厉兵秣马：磨好兵器，喂好马。

【译文】

辛亥（十七日），李榖上奏说：“敌军的战船在淮河中央行进，弓弩石炮都射不到，如果浮桥守不住，就会军心动摇，势必要退兵。如今敌船一天天逼近，淮水一天天上涨，如果陛下大驾亲临，万一粮道断了，那危险是难以预测的。希望陛下暂且驻在陈、颍一带，等李重进到了，臣下与他共同商量如何抵御敌军战船，浮桥可以保证完好，立即陈奏报告。如果我军厉兵秣马做好准备，春去冬来等待时机，足以使敌人疲惫不堪，到那时再作战也不晚。”世宗看到奏章，很不高兴。

【原文】

刘彦贞素骄贵，无才略，不习兵[①]，所历藩镇，专为贪暴，积财巨亿，以赂权要，由是魏岑等争誉之[②]，以为治民如龚、黄[③]，用兵如韩、彭[④]，故周师至，唐主首用之。其裨将咸师朗等皆勇而无谋[⑤]，闻李榖退，喜，引兵直抵正阳，旌旗辎重数百里，刘仁赡及池州刺史张全约固止之[⑥]。仁赡曰：“公军未至而敌人先遁，是畏公之威声也，安用速战！万一失利，则大事去矣！”彦贞不从。既行，仁赡曰：“果遇，必败。”乃益兵乘城为备⑦。李重进渡淮，逆战于正阳东，大破之，斩彦贞，生擒咸师朗等，斩首万馀级，伏尸三十里，收军资器械三十馀万。是时江、淮久安，民不习战，彦贞既败，唐人大恐，张全约收馀众奔寿州，刘仁赡表全约为马步左厢都指挥使。皇甫晖、姚凤退保清流关⑧。滁州刺史王绍颜委城走⑨。

【注释】

①不习兵：不熟悉军事。②魏岑：南唐元宗李煜信任的大臣。③治民如龚、黄：像龚遂、黄霸那样长于治理地方。二人均是西汉著名的良吏。④用兵如韩、彭：像韩信和彭越那样善于用兵。二人是刘邦手下著名的大将。⑤裨将：副将，佐将。裨，辅佐。⑥刘仁赡：南唐守卫寿州的官员，忠心于南唐。池州：今安徽贵池。⑦乘城：守城。⑧皇甫晖：南唐大将。清流关：今安徽滁州西南。⑨滁州：今安徽滁州。

【译文】

刘彦贞向来骄横宠贵，没有什么才能谋略，不熟悉军事，在历次藩镇任上专行贪污暴虐，积累了巨亿资财，用来贿赂当权要人，因此魏岑等权臣争相称誉他，说他治理百姓如龚遂、黄霸，用兵打仗如韩信、彭越，所以周师来到，南唐主首先就起用他。刘彦贞的副将咸师朗等人都有勇无谋，听说李穀退兵，大喜，领兵直抵正阳，各色旗帜、军需运输前后长达数百里，刘仁赡和池州刺史张全约坚决阻止刘彦贞这样做。刘仁赡说：“你的军队未到而敌人先逃，这是畏惧你的声威，怎么能用速战速决的办法！万一失利的话，大事就完了。”刘彦贞不听。他已经出行，刘仁赡说:“如果真的遇到敌军,必定失败。”于是增加兵员登上城楼,做好准备。李重进渡过淮河,在正阳东面迎战刘彦贞,大破南唐军,斩杀刘彦贞,生擒咸师朗等人,斩首万余级,躺伏地上的尸体长达三十里,缴获军用物资器材三十多万件。当时江淮一带长久平安无事,百姓不习惯打仗,刘彦贞败了以后,南唐人大为惊恐,张全约收集残余的部众投奔寿州,刘仁赡上表荐举张全约为马步左厢都指挥使。皇甫晖、姚凤退保清流关。滁州刺史王绍颜弃城逃走。

【原文】

壬子,帝至永宁镇[①],谓侍臣曰:“闻寿州围解,农民多归村落,今闻大军至,必复入城。怜其聚为饿殍,宜先遣使存抚,各令安业。”甲寅,帝至正阳,以李重进代李穀为淮南道行营都招讨使,以穀判寿州行府事。丙辰,帝至寿州城下,营于淝水之阳[②],命诸军围寿州,徙正阳浮梁于下蔡镇[③]。丁巳,征宋、亳、陈、颍、徐、宿、许、蔡等州丁夫数十万以攻城,昼夜不息。唐兵万馀人维舟于淮[④],营于涂山之下[⑤]。庚申,帝命太祖击之[⑥],太祖皇帝遣百馀骑薄其营而伪遁,伏兵邀之,大败唐兵于涡口[⑦],斩其都监何延锡等,夺战舰五十馀艘。

【注释】

① 永宁镇:今安徽阜阳东南。② 淝水之阳:淝水的北面。阳,山的南面、水的北面称之阳。③ 下蔡镇:安徽凤台。④ 维舟:系船停泊。⑤ 涂山:今安徽怀远东南。⑥ 太祖:指赵匡胤。⑦ 涡口:今安徽怀远东。

【译文】

壬子(十八日),世宗到达永宁镇,他对侍臣说:“听说寿州围困解除，农民大多回村落去了，如今听说大军到了，必定再次入城。可怜他们聚到城中就会饿死，应先派使者安抚，让他们各安其业。”甲寅（二十日），世宗到达正阳，任命李重进代替李穀为淮南道行营都招讨使，任命李穀兼理寿州行府政务。丙辰（二十二日），世宗到达寿州城下，在淝水北面扎营，命令各军包围寿州，将正阳浮桥迁移到下蔡镇。丁巳（二十三日），征发宋、亳、陈、颍、徐、宿、许、蔡等州壮丁数十万攻城，昼夜不停。南唐一万多人将船只拴在淮河边，在涂山脚下宿营。庚申（二十六日），世宗命令太祖赵匡胤出战，赵匡胤派出百余骑兵靠近南唐军营后假装逃走，埋伏的部队乘机拦击南唐追兵，在涡口大败南唐军，斩杀南唐都监何延锡等人，夺得战船五十多艘。

世宗要求官员安抚百姓，使百姓各安其业。

【原文】

诏以武平节度使兼中书令王逵为南面行营都统，使攻唐之鄂州。逵引兵过岳州，岳州团练使潘叔嗣厚具燕犒①，奉事甚谨。逵左右求取无厌，不满望者谮叔嗣于逵②，云其谋叛，逵怒形于词色，叔嗣由是惧而不自安。

【注释】

①燕犒：慰劳军士的酒食。②谮：说人的坏话。

【译文】

世宗下诏任命武平节度使兼中书令王逵为南面行营都统，命他进攻南唐的鄂州。王逵率兵经过岳州，岳州团练使潘叔嗣准备丰厚的酒食来慰劳，招待非常恭敬。王逵手下的人贪得无厌，不满足而抱怨的人在王逵面前说潘叔嗣的坏话，说他谋划叛变，王逵忿怒溢于言表，潘叔嗣因此感到恐惧而不能自安。

【原文】

唐主闻湖南兵将至，命武昌节度使何敬洙徙民入城，为固守之计；敬洙不从，使除地为战场，曰："敌至，则与军民俱死于此耳！"唐主善之[①]。

【注释】

①善：赞许。

【译文】

南唐主听说湖南军队将要到达，命令武昌节度使何敬洙将百姓都迁移到城里，筹划固守鄂州之计。何敬洙没有听从，他让百姓清理地方作为战场，说："敌军到达，就和军民一齐战死在这里！"南唐主对他的做法很赞赏。

【原文】

二月丙寅，下蔡浮梁成，上自往视之。

戊辰，庐、寿、光、黄巡检使司超奏败唐兵三千馀人于盛唐[①]，擒都监高弼等，获战舰四十馀艘。

上命太祖皇帝倍道袭清流关[②]。皇甫晖等陈于山下，方与前锋战，太祖皇帝引兵出山后。晖等大惊，走入滁州，欲断桥自守，太祖皇帝跃马麾兵涉水，直抵城下。晖曰："人各为其主，愿容成列而战。"太祖皇帝笑而许之。晖整众而出，太祖皇帝拥马颈突陈而入，大呼曰："吾止取皇甫晖，他人非吾敌也！"手剑击晖，中脑，生擒之，并擒姚凤，遂克滁州。后数日，宣祖皇帝为马军副都指挥使[③]，引兵夜半至滁州城下，传呼开门。太祖皇帝曰："父子虽至亲，城门王事也，不敢奉命。"

【注释】

① 盛唐：今安徽六安。② 倍道：兼程。③ 宣祖皇帝：赵弘殷，赵匡胤之父。

【译文】

二月丙寅（初三），下蔡镇的浮桥建成，世宗亲自前往视察。

戊辰（初五），庐、寿、光、黄巡检使司超上奏说在盛唐大败唐兵三千余人，活捉都监高弼等人，缴获战船四十余艘。

世宗命太祖赵匡胤兼程袭取清流关。皇甫晖等在山下列阵，正与后周前锋部队交战，赵匡胤领兵从山后出来。皇甫晖等大惊，逃入滁州城中，打算毁断桥坚守，赵匡胤跃马指挥士兵渡河，直抵城下。皇甫晖说："人都各自为自己的主子效力，希望容我排好队列再战。"赵匡胤笑着答应了。皇甫晖整理好军队率众而出，赵匡胤抓住马颈突然驰入敌阵，大喊道："我只取皇甫晖，别人都不是我的敌人！"手持长剑攻击皇甫晖，击中头部，生擒了他，并擒获姚凤，于是攻克滁州。数日以后，赵匡胤的父亲宋宣祖为马军副都指挥使，半夜带兵到了滁州城下，传令呼喊开门。赵匡胤说："父子虽是至亲，但城门开启是王朝大事，不敢随便从命。"

【原文】

上遣翰林学士窦仪籍滁州帑藏[①]，太祖皇帝遣亲吏取藏中绢。仪曰："公初克城时，虽倾藏取之，无伤也。今既籍为官物，非有诏书，不可得也。"太祖皇帝由是重仪。诏左金吾卫将军马崇祚知滁州。

初，永兴节度使刘词遗表荐其幕僚蓟人赵普有才可用。会滁州平，范质荐普为滁州军事判官，太祖皇帝与语，悦之。时获盗百馀人，皆应死，普请先讯鞫然后决，所活十七八。太祖皇帝益奇之。

【注释】

① 窦仪：后晋进士，历任后汉、后周朝官职。宋太祖时，任工部尚书，判大理寺事。

【译文】

世宗派翰林学士窦仪前往滁州清点登记府库财务，赵匡胤派心腹官吏提取库藏绢帛。窦仪说："若是太尉刚打下州城之时，即使把库中东西取光，也无妨碍。如今已经登记造册为官府物资，没有诏书命令，是不可提取的。"赵匡胤因此器重窦仪。世宗诏令左金吾卫将军马崇祚主持滁州政务。

当初，永兴节度使刘词送表书举荐他的幕僚蓟州人赵普有才能可以重用。适逢滁州平定，范质推荐赵普为滁州军事判官，赵匡胤和他交谈，很喜欢他。当时捕获强盗一百余人，都应处死，赵普请求先审讯然后处决，结果活下来的占十分之七八。赵匡胤愈发认为他是个奇才。

【原文】

唐主遣泗州牙将王知朗赍书抵徐州[1]，称："唐皇帝奉书大周皇帝，请息兵修好，愿以兄事帝，岁输货财以助军费。"甲戌，徐州以闻；帝不答。戊寅，命前武胜节度使侯章等攻寿州水寨，决其壕之西北隅，导壕水入于淝。

【注释】

①赍：带着。

【译文】

南唐主派泗州牙将王知朗携带书信到徐州，称："唐皇帝奉上书信致大周皇帝，请求休战讲和，愿把皇帝当作兄长来侍奉，每年贡献货物财宝来资助军用。"甲戌（十一日），徐州将书信奏报；世宗没作回答。戊寅（十五日），世宗命令前武胜节度使侯章等人进攻寿州水寨，在护城河的西北角打开决口，将护城河水引入淝水。

【原文】

帝诇知扬州无备，己卯，命韩令坤等将兵袭之，戒以毋得残民；其李氏陵寝，遣人与李氏人共守护之。

【译文】

世宗探知扬州没有防备，己卯（十六日），命令韩令坤等率兵袭击扬州，告诫他们不得残害百姓；并派人与李氏族人共同守卫看护那里的李氏陵墓寝庙。

【原文】

唐主兵屡败，惧亡，乃遣翰林学士、户部侍郎钟谟、工部侍郎文理院学士李德明奉表称臣[1]，来请平，献御服、汤药及金器千两，银器五千两，缯锦二千匹，犒军牛五百头，酒二千斛，壬午，至寿州城下。谟、德明素辩口，上知其欲游说，盛陈甲兵而见之，曰："尔主自谓唐室苗裔，宜知礼义，异于他国。与朕止隔一水，未尝遣一介修好[2]，惟泛海通契丹，舍华事夷，礼义安在？且汝欲说我令罢兵邪？我非六国愚主，岂汝口舌所能移邪！可归语汝主：亟来见朕，再拜谢过，则无事矣。不然，朕欲观金陵城，借府库以劳军，汝君臣得无悔乎！"谟、德明战栗不敢言。

【注释】

①奉表：指上表。②一介修好：一介，一个；修好，指国与国之间结成友好关系。

【译文】

由于战事屡遭败绩，南唐主惧怕南唐灭亡，于是派翰林学士、

世宗命全副武装的士兵严整列队接见钟谟、李德明。

户部侍郎钟谟、工部侍郎、文理院学士李德明奉持表书称臣，前来请求和平，进献皇帝专用的服装、汤药以及金器一千两，银器五千两，缯帛锦缎二千匹，犒劳军队五百头牛，酒二千斛，壬午（十九日），到达寿州城下。钟谟、李德明一向能说善辩，世宗知道他们打算游说，命全副武装的士兵严整列队接见他们，说："你们君主自称是唐皇室的后裔，应该懂得礼义，同别的国家有区别。与朕只有一水之隔，未曾派过一位使者来与我们建立友好关系，反而漂洋过海去勾结契丹，舍弃华夏而臣事蛮夷，礼义在哪里呢？再说你们准备向我游说，是想让我休战吗？我不是战国时代六国那样的愚蠢君主，岂是你们用口舌就能改变我的主意呢！你们可以回去告诉你们的国君，马上来见朕，下跪再拜认罪谢过，那就没事了。不然的话，朕打算看看金陵城，借用金陵国库来慰劳军队，到那时你们君臣可不要后悔啊！"钟谟、李德明全身发抖不敢说话。

【原文】

吴越王弘俶遣兵屯境上以俟周命。苏州营田指挥使陈满言于丞相吴程曰："周师南征，唐举国惊扰，常州无备，易取也。"会唐主有诏抚安江阴吏民，满告程云："周诏书已至。"程为之言于弘俶，请亟发兵从其策。丞相元德昭曰："唐大国，未可轻也。若我入唐境而周师不至，谁与并力，能无危乎！请姑俟之[①]。"程固争，以为时不可失，弘俶卒从程议。癸未，遣程督衢州刺史鲍修让、中直都指挥使罗晟趣常州。程谓将士曰："元丞相不欲出师。"将士怒，流言欲击德昭。弘俶匿德昭于府中，令捕言者，叹曰："方出师而士卒欲击丞相，不祥甚哉！"

【注释】

①姑：暂且，苟且。

【译文】

吴越王钱弘俶派军队驻扎在边境上等待后周的命令。苏州营田指挥使陈满向丞相吴程进言说："后周军队南下征伐，南唐举国震惊骚乱，常州没有防备，很容易攻取的。"适逢南唐主有诏书安抚江阴官吏百姓，陈满禀告吴程说："后周诏书已到。"吴程为此向钱弘俶进言，请求采用陈满的计策立即发兵。丞相元德昭说："南唐是大国，不可轻视。倘若我军进入南唐境内而周兵没到，谁来与我们合力作战，能没有危险吗！请暂且等一下。"吴程再三争辩，认为时机不可错过，钱弘俶最后听从了吴程的建议。癸未（二十日），钱弘俶派吴程督领衢州刺史鲍修让、中直都指挥使罗晟奔赴常州。吴程对将士们说："元丞相不想出兵。"将士们恼怒，有流言说要袭击元德昭。钱弘俶把元德昭藏匿在府中，下令抓捕散布流言的人，叹道："正要出兵而士卒却要袭击丞相，不吉利得很呀！"

【原文】

乙酉，韩令坤奄至扬州[①]；平旦，先遣白延遇以数百骑驰入城，城中不之觉。令坤继至，唐东都营屯使贾崇焚官府民舍，弃城南走，副留守工部侍郎冯延鲁髡发被僧服，匿于佛寺，军士执之。令坤慰抚其民，使皆安堵。

庚寅，王逵奏拔鄂州长山寨，执其将陈泽等，献之。

【注释】

①奄：忽然，突然。

【译文】

韩令坤慰问安抚扬州百姓。

乙酉（二十二日），韩令坤突然到达扬州；天大亮，先派白延遇率数百骑兵奔驰入城，城中没有发觉。韩令坤接着到达，南唐东都营屯使贾崇焚烧官邸和百姓房屋，弃城往南逃奔，副留守工部侍郎冯延鲁剃光头发披上僧服，藏进佛寺，军士抓获了他。韩令坤慰问安抚扬州百姓，让他们都安居乐业。

庚寅（二十七日），王逵奏报攻破鄂州长山寨，抓获南唐将领陈泽等人献上。

【原文】

辛卯，太祖皇帝奏唐天长制置使耿谦降，获刍粮二十馀万。

韩令坤攻唐泰州，拔之，刺史方讷奔金陵。

唐主遣人以蜡丸求救于契丹。壬辰，静安军使何继筠获而献之。

【译文】

辛卯（二十八日），赵匡胤奏报南唐天长制置使耿谦投降，缴获粮草二十多万。

韩令坤等进攻泰州，占领泰州，刺史方讷逃奔金陵。

南唐主派人拿着封有书信的蜡丸向契丹求救。壬辰（二十九日），静安军使何继筠截获后献给世宗。

【原文】

三月甲午朔，上行视水寨，至淝桥，自取一石，马上持之至寨以供炮，从官过桥者人赍一石。太祖皇帝乘皮船入寿春壕中，城上发连弩射之[①]，矢大如屋椽[②]。牙将馆陶张琼遽以身蔽之，矢中琼髀[③]，死而复苏。镞著骨不可出[④]，琼饮酒一大卮，令人破骨出之，流血数升，神色自若。

【注释】

①连弩：装有机栝，可以同发数矢或连发数矢之弓。②椽：椽子，架在房檩承托屋面板和瓦的长木条。③髀：大腿。④镞：箭头。

【译文】

三月甲午朔（初一），世宗巡视水寨，到了淝桥，自己取了一块石头，骑在马上拿着到寨中供炮使用，过桥的随从官员每人也携带一块石头。赵匡胤乘坐牛皮船进入寿春的护城河中，城上发连弩射击，箭矢像房屋的椽子那样粗。牙将馆陶人张琼立即用身体遮挡，箭射中张琼的大腿，昏死过去又苏醒过来。箭头射入骨头不能拔出，张琼喝下一大杯酒，命令人敲破骨头取出箭头，流血好几升，神色仍从容自如。

【原文】

丁酉，行舒州刺史郭令图拔舒州，唐蕲州将李福杀其知州王承巂，举州来降。遣六宅使齐藏珍攻黄州[①]。

秦、凤之平也，上赦所俘蜀兵以隶军籍，从征淮南，复亡降于唐。癸卯，唐主表献百五十人。上悉命斩之。

丙午，孙晟等至上所[②]。庚戌，上遣中使以孙晟诣寿春城下，示刘仁赡，且招谕之。仁赡见晟，戎服拜于城上。晟谓仁赡曰："君受国厚恩，不可开门纳寇。"上闻之，甚怒，晟曰："臣为唐宰相，岂可教节度使外叛邪！"上乃释之。

【注释】

① 六宅使：官名。唐玄宗建造大宅供受封诸子分居，称十王宅，以宦官充任十王宅使，管理诸王子事务。嗣封王渐多，或总称十六宅，省称六宅使。② 孙晟：密州人。好学有文辞，尤长于诗。李升父子用之为相，事升及璟二十余年。周世宗征淮，璟惧，遣晟等奉表求和。世宗召问江南事，不对，杀之。

【译文】

丁酉（初四），行舒州刺史郭令图攻克舒州，南唐蕲州将领李福杀死知州王承嶲，率领蕲州所有的人前来投降。世宗派六宅使齐藏珍进攻黄州。

秦州、凤州平定时，世宗赦免所俘获的后蜀士兵，将他们编入军籍，跟随征伐淮南，他们又逃亡投向南唐。癸卯（初十），南唐主上表献出降卒一百五十人，世宗命令将他们全部斩首。

丙午（十三日），孙晟等人到了世宗所在之处。庚戌（十七日），世宗派朝廷使者带孙晟到寿春城下，并且让他招降南唐守将。刘仁赡见到孙晟，身着戎装在城上行拜礼。孙晟对刘仁赡说："您受到国君深厚的恩泽，不可打开城门迎纳敌寇。"世宗听说后，十分恼怒，孙晟说："臣下身为南唐宰相，岂能教唆节度使叛变投敌呢！"世宗于是放了他。

【原文】

唐主使李德明、孙晟言于上，请去帝号，割寿、濠、泗、楚、光、海六州之地。仍岁输金帛百万以求罢兵。上以淮南之地已半为周有，诸将捷奏日至，欲尽得江北之地，不许。德明见周兵日进，奏称："唐主不知陛下兵力如此之盛，愿宽臣五日之诛，得归白唐主，尽献江北之地。"上乃许之。晟因奏遣王崇质与德明俱归。上遣供奉官安弘道送德明等归金陵，赐唐主书，其略曰："但存帝号，何爽岁寒！傥坚事大之心[①]，终不迫人于险[②]。"又曰："俟诸郡之悉来，即大军之立罢。言尽于此，更不烦云；苟曰未然，请从兹绝。"又赐其将相书，使熟议而来。唐主复上表谢。

【注释】

①傥：如果。②迫人于险：逼迫他人处于危险的困难境地。

【译文】

唐主派李德明、孙晟见世宗说，请求废除帝号，割让寿、濠、泗、楚、光、海六州之地，并且每年送金帛百万以求休兵停战。世宗认为淮南之地已经一半归后周占有，诸将的捷报连日到达，想要得到所有长江以北的地方，不肯答应唐主所请。李德明眼看后周军队日益推进，上奏称述："唐主不知道陛下的兵力如此强盛，希望给臣下五日不作讨伐的宽限，使臣下得以返回禀告唐主，献出长江以北全部地区。"于是世宗准许了。孙晟奏请派王崇质与李德明一道回去。世宗派供奉官安弘道送李德明等人返回金陵，赐南唐主书信，信中大致说："只管保存帝号，为什么要失去松柏不怕天寒地冻依旧郁郁葱葱的品格！倘若能坚定自己侍奉大周的信念，终究不会被人逼入危险的困难境地。”又说：“等到江北各州全部献来，我的大军立即休战。话已在此说尽，不再赘述；倘若说还不行，请从此决绝。”又赐给南唐将相书信，让他们好好商议后再来。南唐主又上表道谢。

【原文】

夏，四月甲子，以侍卫新军都指挥使、归德节度使李重进为庐、寿等州招讨使，以武宁节度使武行德为濠州城下都部署。

唐右卫将军陆孟俊自常州将兵万馀人趣泰州，周兵遁去[①]，孟俊复取之，遣陈德诚戍泰州。孟俊进攻扬州，屯于蜀冈，韩令坤弃扬州走。帝遣张永德将兵救之，令坤复入扬州。帝又遣太祖皇帝将兵屯六合。太祖皇帝令曰：“扬州兵有过六合者，折其足！”令坤始有固守之志。

帝自至寿春以来，命诸军昼夜攻城，久不克；会大雨，营中水深数尺，攻具及士卒失亡颇多，粮运不继，李德明失期不

世宗命令各军昼夜攻城。

至，乃议旋师。或劝帝东幸濠州，声言寿州已破；从之。己巳，帝自寿春循淮而东，乙亥，至濠州。

韩令坤败唐兵于城东，擒陆孟俊。

【注释】

① 遁去：逃走。

【译文】

夏季，四月甲子（初二），世宗任命侍卫亲军都指挥使、归德节度使李重进为庐、寿等州招讨使，任命武宁节度使武行德为濠州城下都部署。

南唐右卫将军陆孟俊领兵一万多从常州赶赴泰州，后周军逃走，陆孟俊收复泰州，派陈德诚守卫泰州。陆孟俊进攻扬州，屯兵于蜀冈，韩令坤丢弃扬州逃跑。世宗派张永德率兵救援，韩令坤再入扬州。世宗又派赵匡胤领兵屯驻六合。赵匡胤下令说："扬州士兵有过六合的，折断他的脚！"韩令坤这才有固守的决心。

世宗自从到了寿春以来，命令各军昼夜攻城，长久未能攻克；适逢大雨，军营中水深数尺，攻城器具以及士兵损失逃亡很多，粮草运输接不上，李德明超过约定的期限仍没有到达，于是商议回师。有人劝说世宗往东巡视濠州，声称寿州已经攻破；世宗听从了。己巳（初七），世宗自寿春沿着淮河东进，乙亥（十三日），到达濠州。

韩令坤在扬州城东击败南唐军队，活捉了陆孟俊。

【原文】

初，孟俊之废马希萼立希崇也，灭故舒州刺史杨昭恽之族而取其财，杨氏有女美，献于希崇。令坤入扬州，希崇以杨氏遗令坤，令坤嬖之①。既获孟俊，将械送帝所；杨氏在帘下，忽抚膺恸哭，令坤惊问之，对曰："孟俊昔在潭州，杀妾家二百口，今日见之，请复其冤。"令坤乃杀之。

唐齐王景达将兵二万自瓜步济江②，距六合二十馀里③，设栅不进④。诸将欲击之，太祖皇帝曰："彼设栅自固，惧我也。今吾众不满二千，若往击之，则彼见吾众寡矣；不如俟其来而击之，破之必矣！"居数日，唐出兵趣六合，太祖皇帝奋击，大破之，杀获近五千人，馀众尚万馀，走渡江，争舟溺死者甚众，于是唐之精卒尽矣。

【注释】

①嬖：宠幸。②瓜步：今江苏六合东南。③六合：今江苏六合。④栅：栅栏。

【译文】

当初，陆孟俊废黜马希萼拥立马希崇，诛灭原舒州刺史杨昭恽全家而取得杨家财产，杨家有个女儿长得美丽，陆孟俊把她献给马希崇。韩令坤进入扬州，马希崇把杨氏送给韩令坤，韩令坤宠爱她。既已抓获陆孟俊，于是给他带上刑具准备押送到世宗所在之处；杨氏站在竹帘下，突然捶胸痛哭，韩令坤感到惊讶，问她为什么痛哭，回答说："陆孟俊昔日在潭州，杀死妾家人二百口，今日见到陆孟俊被擒获，请报冤仇。"韩令坤就杀了陆孟俊。

南唐齐王李景达率二万人马从瓜步渡过长江，在距离六合二十余里的地方不再前进，设置栅栏防守。后周诸将想出战攻打李景达，赵匡胤说："敌人设栅防守，是害怕我们。如今我军部众不满二千，倘若去攻打李景达，那么敌军就会看出我们人数的多少了；不如等他们来进攻时再出战迎击，到那时一定能够打败他们！”过了几天，后唐军出兵奔赴六合，赵匡胤带兵奋力出击，大破后唐军，杀死抓获近五千人，余下的南唐军还有一万多，逃奔渡江，争船淹死的很多，于是南唐的精锐部队丧尽。

【原文】

甲申，以太祖皇帝为定国节度使兼殿前都指挥使。太祖皇帝表滑州军事判官赵普为节度推官。

张永德与李重进不相悦，永德密表重进有二心，帝不之信。时二将各拥重兵，众心忧恐。重进一日单骑诣永德营，从容宴饮，谓永德曰：“吾与公幸以肺腑俱为将帅，奚相疑若此之深邪[①]？”永德意乃解，众心亦安。唐主闻之，以蜡丸遗重进，诱以厚利，其书皆谤毁及反间之语；重进奏之。

【注释】

①奚：为什么。

【译文】

甲申（二十五日），世宗任命赵匡胤为定国节度使兼殿前都指挥使。赵匡胤表举滑州军事判官赵普为节度推官。

张永德和李重进关系不和，张永德秘密上表说李重进有外心，世宗不相信这话。当时两位将领各自拥有重兵，众人心里担忧恐惧。李重进有一天单人匹马到张永德的营帐，从容自如地欢宴饮酒，对张永德说：“我和您有幸成为皇上的心腹都做将帅，为什么相互疑忌如此之深呢？”张永德的敌意就消除了，众人心里也踏实了。南唐主听到后，派人将封有书信的蜡丸带给李重进，以高官厚禄引诱他，书信中都是毁谤朝廷和策反离间的话；李重进将来信奏报世宗。

【原文】

初，唐使者孙晟、钟谟从帝至大梁，帝待之甚厚，每朝会，班于中书省官之后，时召见，饮以醇酒，问以唐事。晟但言“唐主畏陛下神武，事陛下无二心。”及得唐蜡书，帝大怒，召晟，责以所对不实。晟正色抗辞[①]，请死而已。问以唐虚实，默不对。十一月乙巳，帝命都承旨曹翰送晟于右军巡院，更以帝意问之[②]；翰与之饮酒数行，从容问之，晟终不言。翰乃谓曰：“有敕，赐相公死。”晟神色怡然，索袍笏，整衣冠，南向拜曰：“臣谨以死报国。”乃就刑。并从者百馀人皆杀之，贬钟谟耀州司马。既而帝怜晟忠节，悔杀之，召谟，拜卫尉少卿。

【注释】

①正色抗辞：正色，神色庄重、态度严肃；抗辞，严厉的言辞。

②更：再。

【译文】

当初，南唐使者孙晟、钟谟跟随世宗到大梁，世宗待他们很优厚，每次朝会，让他们排在中书省官员的后面，时常召见，给他们美酒喝，询问南唐的情况。孙晟只说：“唐主畏服陛下神武，侍奉陛下没有二心。”等到获得南唐蜡丸中的书信，世宗勃然大怒，召见孙晟，斥责他回答的不是实情。孙晟神色庄重言辞激昂，只求一死。再问南唐国中虚实，缄口不答。十一月乙巳（十七日），世宗命令都承旨曹翰送孙晟到右军巡院，再按世宗意思问他。曹翰与他饮酒，酒过几巡后，和言悦色地问他，孙晟始终不说。曹翰于是对他说："我有敕书，赐相公自杀。"孙晟神色安详，寻找朝袍朝笏，整理衣帽，向南叩拜说："臣下谨以死报效朝廷。"于是赴刑。连同随从一百多人都杀死，钟谟贬为耀州司马。事后世宗怜惜孙晟的忠诚节操，后悔杀了他，召回钟谟，授予卫尉少卿。

【原文】

十二月壬申，以张永德为殿前都点检。

分命中使发陈、蔡、宋、亳、颍、兖、曹、单等州丁夫数万城下蔡[①]。

周兵围寿春，连年未下，城中食尽。齐王景达自濠州遣应援使、永安节度使许文稹，都军使边镐、北面招讨使朱元将兵数万，溯淮救之，军于紫金山，列十馀寨如连珠，与城中烽火晨夕相应，又筑甬道抵寿春[②]，欲运粮以馈之，绵亘数十里[③]。将及寿春，李重进邀击[④]，大破之，死者五千人，夺其二寨。丁未，重进以闻。戊申，诏以来月幸淮上。

【注释】

①城：动词用法，指修城。②甬道：两旁有墙的通道。③绵亘：绵延不断。④邀击：拦击；截击。

【译文】

十二月壬申（十四日），世宗任命张永德为殿前都检点。

世宗分别命令宫中使者征发陈州、蔡州、宋州、亳州、颍州、兖州、曹州、单州等地壮丁民夫修筑下蔡城。

后周军围攻寿春，连年没有攻下，城中粮食吃光了。齐王李景达从濠州派应援使、永安节度使许文稹和都军使边镐、北面招讨使朱元领兵数万，沿淮水救援寿春，军马驻扎在紫金山，排列的十几个营寨如同串连起来的珠子，与城中的烽火早晚相呼应，又修筑两旁有墙的通道直达寿春，准备运粮来供应城中，绵延不断长达几十里。通道快修到寿春城下时，李重进截击，大败南唐军，南唐军死的有五千人，夺得南唐军两个营寨。丁未（十九日），李重进奏报。戊申（二十日），世宗下诏说下月亲临淮水。

【原文】

议者以唐援兵尚强，多请罢兵，帝疑之。李穀寝疾在第[①]，二月丙寅，帝使范质、王溥就与之谋，穀上疏[②]，以为："寿春危困[③]，破在旦夕，若銮驾亲征，则将士争奋，援兵震恐，城中知亡，必可下矣！"上悦。

【注释】

①寝疾在第：卧病在家。寝疾，卧病；第，大官的住宅。本指古代按一定品级为王侯功臣建造的大宅院，后通称上等房屋为第。②上疏：在朝官员专门上奏皇帝的一种文书形式。③危困：危急困穷。

【译文】

议事的人认为南唐援军还很强，多数人请求撤兵，世宗怀疑所议。李穀卧病在家，二月丙寅（初八），世宗派范质、王溥前去与他商议，李穀上疏，认为："寿春危急困穷，朝夕之间可以攻破，倘若皇上亲自出征，将士就会奋勇争先，南唐援军震惊恐慌，城

世宗决定御驾亲征。

中守军知道危亡，就必定可以攻下了！”世宗很高兴。

【原文】

乙亥，帝发大梁。先是周与唐战，唐水军锐敏，周人无以敌之，帝每以为恨。返自寿春，于大梁城西汴水侧造战舰数百艘，命唐降卒教北人水战，数月之后，纵横出没，殆胜唐兵[①]。至是命右骁卫大将军王环将水军数千自闵河沿颍入淮，唐人见之大惊。

【注释】

①殆：大概，几乎。

【译文】

乙亥（十七日），世宗从大梁出发。在这之前后周与南唐交战，南唐水军精锐敏捷，后周无法同它抗衡，世宗常以此为恨。从寿春返回后，在大梁城西汴水岸边制造战船数百艘，命令南唐投降的士卒教北方兵水战，几个月后，后周水军纵横江湖，出没水中，大概能胜过南唐水军了。到这时，世宗命令右骁卫大将军王环率领水军数千人从闵河沿颍水进淮水，南唐军见了大为震惊。

【原文】

乙酉，帝至下蔡；三月己丑夜，帝渡淮，抵寿春城下。庚寅旦，躬擐甲胄[①]，军于紫金山南，命太祖皇帝击唐先锋寨及山北一寨，皆破之，斩获三千馀级，断其甬道，由是唐兵首尾不能相救[②]。至暮，帝分兵守诸寨，还下蔡。

【注释】

①躬擐甲胄：亲自穿上铠甲和头盔。言长官坐镇军中亲自指挥。②由是：由于唐先锋寨及山北一寨被攻破，断其甬道。可译成“于是”。由，由于，因此；是，代词，这，这个。

【译文】

乙酉（二十七日），世宗到了下蔡；三月己丑（初二）夜晚，世宗渡过淮水，抵达寿春城下。庚寅（初三）早晨，世宗穿上盔甲亲自指挥，大军驻扎在紫金山南面，命令赵匡胤攻击南唐先锋寨以及山北营寨，二寨全都被击破，斩获首级三千多，切断南唐军通道，于是南唐军队首尾无法相互救援。到了傍晚，世宗诏令分兵把守各个营寨，然后返回了下蔡。

【原文】

帝虑其馀众沿流东溃[①]，遽命虎捷左厢都指挥使赵晁将水军数千沿淮而下。壬辰旦，帝军于赵步，诸将击唐紫金山寨，大破之，杀获万馀人，擒许文稹、边镐、杨守忠。馀众果沿淮东走，帝自赵步将骑数百循北岸追之，诸将以步骑循南岸追之，水军自中流而下，唐兵战溺死及降者殆四万人，获船舰粮仗以十万数。

【注释】

①沿流：顺流而下。

【译文】

世宗担心南唐其余部众会顺流而下向东逃跑，立刻命令虎捷左厢都指挥使赵晁带领数千水军沿淮水而下。壬辰（初五）早晨，世宗的军马驻扎在赵步，众将攻击南唐紫金山营寨，大败唐军，杀死俘获一万多人，活捉许文稹、边镐、杨守忠。其余人马果然沿着淮水向东逃跑，世宗从赵步率领数百骑兵沿淮水北岸追击败军，众将率步兵、骑兵沿南岸追赶，水军从淮水中流而下，南唐军队战死淹死及投降的大概四万人，缴获船舰粮食兵器数以十万计。

【原文】

甲午，发近县丁夫数千城镇淮军，为二城，夹淮水，徙下蔡浮梁于其间，扼濠、寿应援之路①。会淮水涨，唐濠州都监彭城郭廷谓以水军溯淮②，欲掩不备，焚浮梁；右龙武统军赵匡赞觇知之③，伏兵邀击，破之。

【注释】

①扼：把守，控制。②溯：逆水而行。③觇：偷偷地察看。

【译文】

甲午（初七），后周征发附近州县壮丁民夫修筑镇淮军城，建成两座城，中夹淮水，将下蔡浮桥迁移到两城之间，控制濠州、寿州接应救援的道路。适逢淮水上涨，南唐濠州都监彭城人郭廷谓率水军沿淮水逆水而上，想乘后周军不备之时突然袭击，焚毁浮桥；右龙武统军赵匡赞窥察知道了这一情况，于是埋伏军队拦击，打败了南唐军。

【原文】

唐齐王景达及陈觉皆自濠州奔归金陵，惟静江指挥使陈德诚全军而还。

戊戌，以淮南节度使向训为武宁节度使、淮南道行营都监，将兵戍镇淮军。

【译文】

南唐齐王李景达和陈觉都从濠州逃回金陵，只有静江指挥使陈德诚全军而还。

戊戌（十一日），世宗任命淮南节度使向训为武宁节度使、淮南道行营都监，领兵戍守镇淮军。

【原文】

甲辰，帝耀兵于寿春城北[①]。唐清淮节度使兼侍中刘仁赡病甚，不知人。丙午，监军使周廷构、营田副使孙羽等作仁赡表，遣使奉之来降。丁未，帝赐仁赡诏，遣阁门使万年张保续入城宣谕[②]，仁赡子崇让复出谢罪。戊申，帝大陈甲兵[③]，受降于寿春城北，廷构等舁仁赡出城[④]，仁赡卧不能起，帝慰劳赐赉，复令入城养疾。

【注释】

① 燿兵：检阅军队。② 宣谕：宣布命令，晓谕。③ 大陈甲兵：军马隆重列队。④ 舁：抬。

【译文】

甲辰（十七日），世宗在寿春城北显示兵力。南唐清淮节度使兼侍中刘仁赡病得很重，不省人事，丙午（十九日），监军使周廷

世宗在寿春城北显示兵力。

构、营田副使孙羽等以刘仁赡的名义起草表书，派使者拿着表书前来投降。丁未（二十日），世宗赐刘仁赡诏书，派阁门使万年人张保续入城宣布命令，刘仁赡儿子刘崇让又出城告罪。戊申（二十一日），世宗命军马隆重列队，在寿春城北面接受投降，周廷构等抬着刘仁赡出城，刘仁赡躺着不能起来，世宗慰劳赏赐后，又让他进城养病。

【原文】

壬申，帝发大梁；十一月丙戌，至镇淮军，是夜五鼓，济淮；丁亥，至濠州城西。濠州东北十八里有滩，唐人栅于其上，环水自固，谓周兵必不能涉。戊子，帝自攻之，命内殿直康保裔帅甲士数百，乘橐驼涉水[①]，太祖皇帝帅骑兵继之，遂拔之[②]。李重进破濠州南关城。癸巳，帝自攻濠州，王审琦拔其水寨。唐人屯战船数百于城北，又植巨木于淮水以限周兵。帝命水军攻之，拔其木，焚战船七十馀艘，斩首二千馀级，又攻拔其羊马城，城中震恐。丙申夜，唐濠州团练使郭廷谓上表言："臣家在江南，今若遽降，恐为唐所种族，请先遣使诣金陵禀命，然后出降。"帝许之。辛丑，帝闻唐有战船数百艘在涣水东，欲救濠州，自将兵夜发水陆击之。癸卯，大破唐兵于洞口，斩首五千馀级，降卒二千馀人，因鼓行而东，所至皆下。乙巳，至泗州城下，太祖皇帝先攻其南，因焚城门，破水寨及月城。帝居于月城楼，督将士攻城。

【注释】

① 槖驼：同“橐驼”，骆驼。② 拔：夺取军事上的据点。

【译文】

壬申（十九日），世宗从大梁出发。十一月丙戌（初四），到达镇淮军，当夜五更，渡过淮水。丁亥（初五），到达濠州城西。濠州东北十八里的地方有个滩，南唐人在滩上设置栅栏，四周环水据以固守，认为后周军队必定无法渡河。戊子（初六），世宗亲自攻打，命令内殿直康保裔率领全副武装的士兵数百人，乘着骆驼涉水，赵匡胤率领骑兵随后，于是夺取滩上的据点。李重进攻破濠州南关城。癸巳（十一日），世宗亲自率军进攻濠州，王审琦夺取了南唐军水寨。南唐军队在城北聚集数百艘战船，又在淮水中竖起大木头来阻挡后周军队。世宗命令水军向濠州城北进攻，拔掉大木头，烧毁战船七十多艘，斩首二千多级，又攻破南唐羊马城，城中震动恐慌。丙申（十四日）夜晚，南唐濠州团练使郭廷谓上表给世宗说：“臣下家在江南，现在倘若马上投降，恐怕被南唐诛灭全族，请先派遣使者到金陵请命，然后出城投降。”世宗答应了他。辛丑（十九日），世宗听说南唐有数百艘战船在涣水东面，准备救援濠州，便亲自领兵趁夜晚从水陆同时进攻。癸卯（二十一日），在洞口大败南唐军队，斩首五千余级，投降的士卒有二千多人，后周军队乘势击鼓向东行进，所到之处都被攻克。乙巳（二十三日），到达泗州城下，赵匡胤先攻城南，乘势焚烧城门，攻破水寨和月城。世宗在月城楼上，监督将士攻打泗州城。

【原文】

十二月乙卯，唐泗州守将范再遇举城降，以再遇为宿州团练使。上自至泗州城下，禁军中刍荛者毋得犯民田[①]，民皆感悦，争献刍粟[②]；既克泗州，无一卒敢擅入城者。帝闻唐战船数百艘泊洞口，遣骑诇之，唐兵退保清口。

【注释】

① 刍荛者：割草打柴的人。② 刍粟：刍粮，粮草。指供军队用的饲料和粮食。

【译文】

十二月乙卯（初三），南唐泗州守将范再遇率全城的人投降，世宗任命范再遇为宿州团练使。世宗亲自到泗州城下，下令军中割草打柴的人不得侵犯农民田地，农民都感激喜悦，争相献送粮草；攻克泗州以后，没一个敢擅自入城的人。世宗闻悉南唐数百艘战船停泊在洞口，派骑兵侦察，南唐军队退守清口。

【原文】

戊午，上自将亲军自淮北进[①]，命太祖皇帝将步骑自淮南进，诸将以水军自中流进，共追唐兵。时淮滨久无行人[②]，葭苇如织[③]，多泥淖沟堑，士卒乘胜气茇涉争进[④]，皆忘其劳。庚申，追及唐兵，且战且行，金鼓声闻数十里。辛酉，至楚州西北，大破之。唐兵有沿淮东下者，帝自追之，太祖皇帝为前锋，行六十里，擒其保义节度使、濠泗楚海都应援使陈承昭以归。所获战船烧沉之馀得三百馀艘，士卒杀溺之馀得七千馀人。唐之战船在淮上者，于是尽矣。

【注释】

①亲军：犹“亲兵”，皇帝身边的随从护卫。②滨：水边；近水的地方。③葭苇：芦苇。④茇涉：爬山涉水，形容旅途艰苦。茇，同“跋”。

【译文】

戊午（初六），世宗亲自率领身边的随从护卫从淮水北岸进发，命令赵匡胤率步兵、骑兵从淮水南岸进发，众将率水军从淮水中流进发，共同追击南唐军队。当时淮水之滨长久没有行人，芦苇茂密如织，到处是沼泽沟坑，士兵凭借胜利的气势跋涉泥泞争相前进，都忘却了劳累。庚申（初八），追上南唐军，边打边向前推进，金鼓的声音传到周围数十里。辛酉（初九），到达楚州西北，大败南唐军。南唐军队有沿淮水向东而下的，世宗亲自率军追赶，赵匡胤担任前锋，追了六十里，擒获南唐保义节度使、濠、泗、楚、海都应援使陈承昭后返回。所缴获的战船除去烧毁沉没之外共得三百多艘，士兵除斩杀淹死之外共俘获七千多人，南唐人在淮水上的战船，全在这场战斗中毁灭了。

【原文】

郭廷谓使者自金陵还，知唐不能救，命录事参军鄱阳李延邹草降表。延邹责以忠义，廷谓以兵临之，延邹掷笔曰：“大丈夫终不负国为叛臣作降表！”廷谓斩之，举濠州降，得兵万人，粮数万斛。唐主赏李延邹之子以官。

【译文】

郭廷谓的使者从金陵回来，得知南唐朝廷不能救援，便命录事参军鄱阳人李延邹起草投降书。李延邹用忠义来斥责郭廷谓，郭廷谓用兵器相逼，李延邹扔掉笔说："大丈夫最终决不辜负国家而为叛臣写投降书！"郭廷谓杀了他，率濠州全城的人投降，后周得到降兵一万人，粮食数万斛。南唐主用官位赏赐李延邹的儿子。

【原文】

壬戌，帝济淮，至楚州，营于城西北。

乙丑，唐雄武军使、知涟水县事崔万迪降。

戊辰，帝攻楚州，克其月城。

庚午，郭廷谓见于行宫，帝曰："朕南征以来，江南诸将败亡相继，独卿能断涡口浮梁，破定远寨，所以报国足矣。濠州小城，使李璟自守，能守之乎！"使将濠州兵攻天长。帝遣铁骑左厢都指挥使武守琦将骑数百趋扬州，至高邮；唐人悉焚扬州官府民居，驱其人南渡江，后数日，周兵至，城中馀癃病十馀人而已[①]，癸酉，守琦以闻。

帝闻泰州无备，遣兵袭之，丁丑，拔泰州。

【注释】

① 癃病：衰弱疲病。

【译文】

壬戌（初十），世宗渡过淮水，到达楚州，在城西北安下营寨。

郭廷谓率濠州全城的人投降。

乙丑（十三日），南唐雄武军使、知涟水县事崔万迪投降。

戊辰（十六日），世宗进攻楚州，攻克城外的月城。

庚午（十八日），郭廷谓在行宫拜见世宗，世宗说："朕南下征伐以来，江南众将相继战败逃亡，只有你能切断涡口浮桥，击破定远寨，用以报答国家的战功足够了。濠州是个小城，让李璟自己把守，能守得住吧！"派郭廷谓率领濠州军马攻打天长。世宗派铁骑左厢都指挥使武守琦率数百骑奔赴扬州，到达高邮；南唐人烧毁扬州所有官府民宅，驱赶扬州百姓向南渡过长江，几天后，后周军队到达，城中只剩下十几个癃病患者，癸酉（二十一日），武守琦将情况向世宗报告。

世宗闻悉泰州没有防备，派兵袭击。丁丑（二十五日），夺取泰州。

【原文】

上欲引战舰自淮入江，阻北神堰[①]，不得渡；欲凿楚州西北鹳水以通其道，遣使行视，还言地形不便，计功甚多。上自往视之，授以规画[②]，发楚州民夫浚之，旬日而成，用功甚省，巨舰百艘皆达于江，唐人大惊，以为神。

【注释】

①北神堰：在今江苏淮安北五里古邗沟入淮处。古邗沟水高于淮水，故立堰以防其泄。②授以规画：教导他们如何计划。规画，计划、安排。

【译文】

世宗打算率领战舰从淮水进入长江，受到北神堰阻挡，没法渡过，打算开凿楚州西北的鹳水来通淮水、长江的河道。派使者巡视，回来说地形条件不便利，预计费工很多。世宗亲自去视察，教导他们如何规划，征发楚州民夫疏通河道，十天便完成了，花费工日很少，数百艘巨大战舰都直接到达长江，南唐人大为惊讶，觉得这事太神奇了。

【原文】

壬辰，拔静海军，始通吴越之路。先是帝遣左谏议大夫长安尹日就等使吴越，语之曰："卿今去虽泛海，比还，淮南已平，当陆归耳。"已而果然[①]。

【注释】

①已而：后来。

【译文】

壬辰（初十），后周攻取静海军，开始打通与吴越的道路。在这之前世宗曾派左谏议大夫长安人尹日就等人出使吴越，对他们说："你们此去虽然还要泛舟过海，但等到回来时，淮南已经平定，当从陆上返回了。"后来果然如此。

【原文】

周兵攻楚州，逾四旬，唐楚州防御使张彦卿固守不下。乙巳，帝自督诸将攻之，宿于城下，丁未，克之。彦卿与都监郑昭业犹帅众拒战，矢刃皆尽，彦卿举绳床以斗而死，所部千馀人，至死无一人降者。

【译文】

后周军队进攻楚州，超过四十天，南唐楚州防御使张彦卿坚守无法攻下。乙巳（二十三日），世宗亲自监督众将攻城，世宗住在城下，丁未（二十五日），攻克楚州。张彦卿与都监郑昭业仍率领部众抵抗，弓箭都用光了，张彦卿举起折椅搏斗而死，所部一千多人，至死没有一人投降。

【原文】

辛卯，上如迎銮镇，屡至江口，遣水军击唐兵，破之。上闻唐战舰数百艘泊东洋沛州，将趣海口扼苏、杭路，遣殿前都虞候慕容延钊将步骑①，右神武统军宋延渥将水军，循江而下。甲午，延钊奏大破唐兵于东沛州；上遣李重进将兵趣庐州。

【注释】

①慕容延钊：五代、宋初名将，字化龙，太原人，后汉初从军。后

周世宗柴荣即位后为殿前散指挥使都校。显德元年于高平之战中，引军出北汉军之后，突袭获胜，以功升虎捷左厢都指挥使，迁殿前都虞候。五年，从周世宗征淮南，大破南唐军，迁殿前副都指挥使、领淮南节度使。

【译文】

辛卯（初十），世宗到迎銮镇，多次到长江口，派水军攻击南唐军队，打败南唐军。世宗听说南唐数百艘战舰停泊在东沛州，将要赶赴入海口扼守通往苏州、杭州的路，便派殿前都虞候慕容延钊率领步兵和骑兵，右神武统军宋延渥率领水军，沿江而下。甲午（十三日），慕容延钊奏报在东沛州大败南唐军；世宗派李重进率军赶赴庐州。

【原文】

唐主闻上在江上，恐遂南渡，又耻降号称籓，乃遣兵部侍郎陈觉奉表，请传位于太子弘冀，使听命于中国。时淮南惟庐、舒、蕲、黄未下，丙申，觉至迎銮，见周兵之盛，白上，请遣人渡江取表，献四州之地，画江为境，以求息兵，辞指甚哀[①]。上曰："朕本兴师止取江北[②]，今尔主能举国内附，朕复何求！"觉拜谢而退。丁酉，觉请遣其属閤门承旨刘承遇如金陵，上赐唐主书，称"皇帝恭问江南国主"，慰纳之[③]。

【注释】

①辞指：言词和所要表达的内容。②止：同"只"。③慰纳：安抚招纳。

【译文】

世宗派水军攻击南唐军队。

南唐主听说世宗在长江岸，恐怕就要南下渡江，又耻于降帝号改称藩臣，于是派兵部侍郎陈觉上表，请求传位给太子李弘冀，让他听从后周的命令。当时淮南只有庐州、舒州、蕲州、黄州没有攻下。丙申（十五日），陈觉到达迎銮镇，看到后周军队的盛状，向世宗禀报，请求派人渡过长江取表章，进献四州土地，划江为界，以此求得休战，言词和所要表达的内容非常悲哀。世宗说："朕兴师出兵本只为取得江北之地，现在你的君主能率国归附，朕还要求什么呢！"陈觉叩拜道谢后退下。丁酉（十六日），陈觉请求派他的属官阁门承旨刘承遇到金陵，世宗赐给南唐主书信，说"皇帝恭问江南国主"，安慰接纳他。

【原文】

唐主复遣刘承遇奉表称唐国主，请献江北四州，岁输贡物数十万。于是江北悉平，得州十四，县六十。

壬寅，上自迎銮复如扬州[①]。

【注释】

① 迎銮：即迎銮镇。古真州，位于长江北岸、扬州之西，为冲击沙

洲，名曰白沙洲。五代时，因吴主杨溥到此检阅水军，改白沙镇为迎銮镇。

【译文】

南唐主再次派刘承遇上表自称唐国主，请求献出长江以北的庐、舒、蕲、黄四州，每年献送贡品数十万。于是长江以北全部平定，得到十四个州、六十个县。

壬寅（二十一日），世宗从迎銮镇再次到扬州。

【原文】

癸卯，诏吴越、荆南军各归本道。

夏，四月乙卯，帝自扬州北还。

诏赏劳南征士卒及淮南新附之民。

【译文】

癸卯（二十二日），世宗诏令吴越、荆南的军队各自返回本地。

夏季，四月乙卯（初四），世宗从扬州北上返回。

世宗颁诏赏赐南征的士兵和淮南新归附的百姓。